长大隧道穿越富水变粒岩断层带的超前固结与掌子面高温控制技术研究

——以五老山隧道为例

谢飞鸿　李占先　冯国森　周宝龙　编著

西南交通大学出版社
·成　都·

图书在版编目（CIP）数据

长大隧道穿越富水变粒岩断层带的超前固结与掌子面高温控制技术研究：以五老山隧道为例 / 谢飞鸿等编著. —成都：西南交通大学出版社，2022.12
ISBN 978-7-5643-9083-9

Ⅰ. ①长… Ⅱ. ①谢… Ⅲ. ①长大隧道 – 隧道施工 – 施工技术 – 研究 Ⅳ. ①U455

中国版本图书馆 CIP 数据核字（2022）第 246464 号

Chang-Da Suidao Chuanyue Fushui Bianliyan Duancengdai de Chaoqian Gujie yu Zhangzimian Gaowen Kongzhi Jishu Yanjiu
—Yi Wulao Shan Suidao Wei Li

长大隧道穿越富水变粒岩断层带的超前固结与掌子面高温控制技术研究

——以五老山隧道为例

谢飞鸿　李占先　冯国森　周宝龙 / **编著**

责任编辑 / 姜锡伟
封面设计 / GT 工作室

西南交通大学出版社出版发行
（四川省成都市金牛区二环路北一段 111 号西南交通大学创新大厦 21 楼　610031）
发行部电话：028-87600564　028-87600533
网址：http://www.xnjdcbs.com
印刷：成都蜀通印务有限责任公司

成品尺寸　185 mm × 260 mm
印张　20.5　字数　514 千
版次　2022 年 12 月第 1 版　印次　2022 年 12 月第 1 次

书号　ISBN 978-7-5643-9083-9
定价　80.00 元

前　言

地下空间开发利用是我国 21 世纪经济建设的重点，也是关系到我国经济和工程建设可持续发展的关键问题。隧道是高速公路快速发展不可或缺的地下工程，而近年来我国加快了基础设施的建设速度，与此伴随的是高速公路里程的增加，长大隧道的增多。长大隧道涉及的工程地质情况复杂多变，当前的设计施工理论尚不完备，建设过程带有较强的不确定性，是一项复杂的高风险性系统工程，需在方案设计上做到随情况及时调整。地下工程的核心环节是地下洞室的开挖，隧道穿越软弱破碎围岩时，开挖扰动会引起较大的围岩变形，如果初期支护施作不及时，围岩变形可能超过其容许范围，严重时引起掌子面失稳、隧道塌方，造成生命财产损失。而在隧道整个施工作业过程中，由于机械设备、爆破、人员等释放出的热量难以排出，在长大上行隧道中极易形成高温积热现象，对施工进度、工人人身安全造成重大影响。为了改善长大隧道作业面的工作环境，施工单位多采用竖井这种通风方式，而传统施工方法的不足和缺陷在通风竖井的应用中也愈益明显。传统施工方法不仅施工效率低，施工安全性也无法得到保证。

本书从具体的工程实际出发，依托中缅国际大通道——墨临高速公路五老山隧道施工段，对其亟待解决的围岩稳定性、穿越破碎带、高温施工以及爆破问题和竖井施工岩石稳定性问题进行研究。本书采用定性和定量两种研究方法，通过地球物理勘探手段和室内试验对项目隧道段变质岩进行岩石特性研究，对隧道穿越断层破碎带及富水破碎带进行不同进程的开挖和支护模拟，结合定性和定量方法的分析结果，设计出隧道断层带专项施工方案；对长大隧道掌子面高温环境的温度场进行了模拟研究，并结合模拟结果提出隧道降温设计方案；利用有限差分法对隧道大高差通风竖井进行开挖进程的模拟，并对反井钻井法的疑难点进行优化，提出隧道通风竖井施工方案。

本书研究成果已在云南临沧五老山隧道施工中得到了推广应用，在隧道施工安全、建造成本、施工进度和整体项目质量的控制方面做出了突出贡献，取得了显著的社会、经济效益，有力支撑了国家相关的重大战略交通工程建设。其中的主要创新点如下：

（1）通过现场调查、室内试验以及数值分析研究，明确不同开挖进程所需的支护反力，从而提出合理经济的隧道断层带超前支护方案。

（2）基于工程实际对隧道热环境的形成机理进行了综合分析，对长大上行隧道的积热高温现象以及隧道降温后的温度场进行模拟，得到了隧道内空气温度场分布和变化规律，并由此提出经济适宜的隧道降温方案。

（3）通过对隧道大高差通风竖井开挖进程的模拟，明确了竖井开挖过程中的井壁围岩的应力位移变化以及断层破碎带对竖井施工的影响，发明了高速公路长大隧道竖井围护破碎围岩井壁预防塌方的施工方法。

本书的撰写分工如下：第 1 章由中铁十四局集团建筑工程有限公司冯国森高级工程师、成都大学谢飞鸿教授撰写；第 2 章由中铁十四局集团建筑工程有限公司李占先教授级高级工程师、冯国森高级工程师撰写；第 3 章由成都大学谢飞鸿教授、中铁十四局集团建筑工程有限公司周宝龙高级工程师撰写；第 4 章由成都大学谢飞鸿教授、中铁十四局集团建筑工程有限公司冯国森高级工程师撰写；第 5 章由成都大学谢飞鸿教授、中铁十四局集团建筑工程有限公司李占先教授级高级工程师撰写；第 6 章由成都大学谢飞鸿教授、中铁十四局集团建筑工程有限公司周宝龙高级工程师撰写；全书由成都大学董建辉教授校稿。

在本项目研究的现场测试和室内外试验、数据处理和资料收集整理过程中，成都理工大学邱茂博士、董阳丹、冯霖，成都大学张华副教授、赵蒙博士，重庆交通大学李涛硕士，中铁十四局集团建筑工程有限公司王孝波、王伟伟、朱礼臣、田动动、李帅，中铁西北科学研究院有限公司朱兆荣高级工程师等提供了很多帮助，在此表示衷心的感谢。

书中引用了部分国内外著作、文章、规范等的成果，在此向作者及相关单位表示感谢；特别感谢中铁十四局集团建筑工程有限公司协助完成本项目的现场测试工作。

由于作者水平所限，书中难免存在疏漏之处，请读者批评指正。

作 者

2022 年 6 月

目　录

1 工程概要

五老山隧道（图 1.1）位于云南省西南部的临沧市，隧道岩温为 28 °C，水温为 26 °C。隧道右幅起点里程为 K260+450，止点里程为 K267+300，全长为 6 850 m，最大埋深为 541.5 m；左幅起点里程为 K260+440，止点里程为 K267+380，全长为 6 940 m，最大埋深为 543.9 m。隧址海拔介于 1 667.45 ~ 2 263.10 m，相对高差 595.65 m。隧道区域属亚热带低纬度山地季风气候区，四季温差较小，年平均气温为 16.8 ~ 17.7 °C，现场实测夏季室外最高温度为 27 °C。工程现场卫星图如图 1.2 所示。

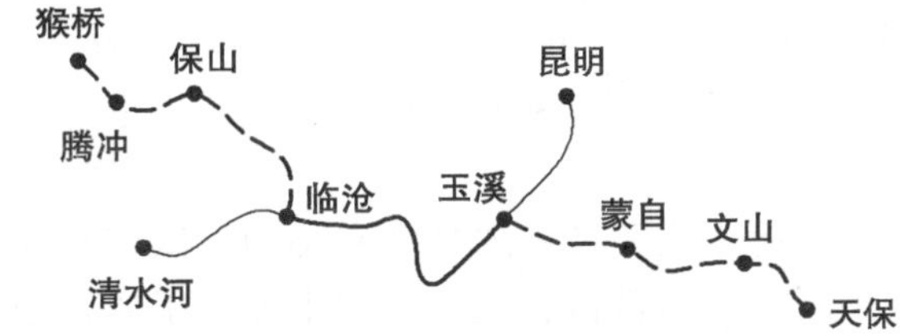

图 1.1　五老山隧道在公路网中的位置示意图

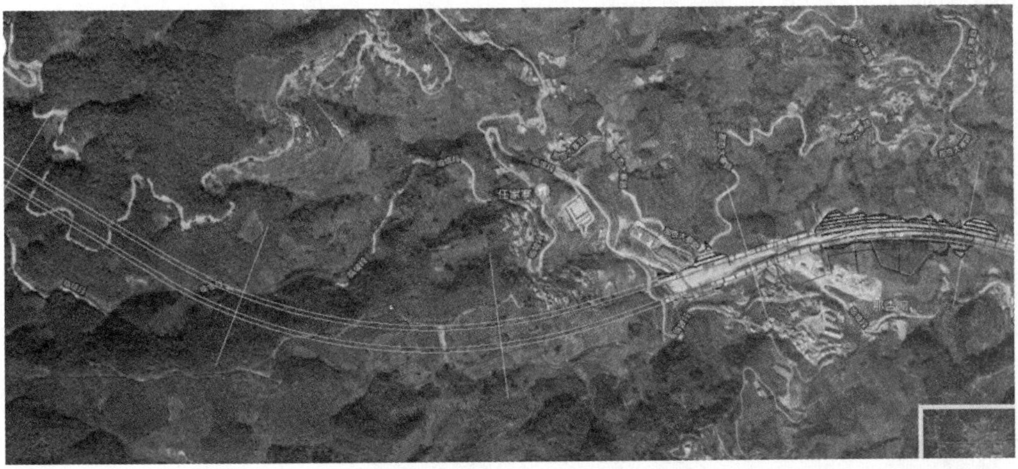

图 1.2　工程现场卫星图

云南省西南部大部分地区气候温和宜人，日照多，霜期短。由于地形高差起伏大，该区域气候垂直分带现象较为显著：低海拔和河谷地区气候炎热，全年无霜；高海拔山区气候较冷，霜期在 50 d 以上，常遭云雾笼罩和冰雹侵袭，年平均气温在 15 °C 左右，最低气温在 0 °C 以下，偶有霜雪，属温带气候；海拔在 800 ~ 1 700 m 的广大地区，年平均气温在 18 °C 左右，属亚热带气候。全区年平均气温一般在 16.4 ~ 21.5 °C，最高极值达 42.3 °C，最低极值为-0.2 °C；雨量充沛，旱雨季分明，年平均降雨量为 1 112.0 ~ 1 964.4 mm，年平均相对湿度为 70% ~ 80%，绝对湿度在 1.3 ~ 2.1 kPa；80%的雨量集中在 6 ~ 9 月，且多雾而潮湿，连续降雨日可达 20 d，11 月至次年 4 月为干季，降雨量极少，气候干燥多风。

根据实地走访调查与收集查阅资料得知，隧道区发育有一断层，为一逆断层，长约 8.5 km，走向 345°。隧道于 K261+360 附近与该断层大角度相交，相交段倾向南西，倾角 67°。断裂两侧岩体破碎，构造片状岩较发育，对隧道围岩稳定性不利。隧道区范围内主要地层为第四系坡残积（Q^{dl+el}）层、第四系坡洪积（Q^{dl+pl}）层、元古宇（PR）岩层、印支期（γ_{m5}^{1}）岩层。以上各地层按照工程力学性能并结合工程特征共划分为① ~ ⑥六个工程地质单元层。

隧址区进口外侧有那杏河发育，常年流水，河床纵坡较小，具有山区河谷暴涨暴跌的特征，最高洪水位涨幅约 1 m。河流宽度为 2 ~ 3 m，水深 0.2 ~ 0.5 m，调查期间流速约 1 m/s。隧道洞身段及出口均有季节性冲沟呈树枝状发育，水量大小不一，总体水量均不大，水流量 Q = 0.03 ~ 5 L/s 不等。隧址区降雨充沛，植被茂密，地表水系较发育，地表水主要接受大气降雨的补给，汇水面积较大，径流量受区内降雨量和季节控制。

路线左 K263+880 左侧约 100 m 处为一水塘，面积约 900 m^2，水深 0.5 ~ 2 m，周边无流水补给，主要接受大气降雨的补给。左 K264+300 左侧约 300 m 为一水库，调查期间水位面积约 0.01 km^2，水深 3 ~ 8 m，水库北东侧有两股地表水汇入，流量 Q = 1.5 L/s 左右。库区水主要用于彭家村农用灌溉。

隧道区地下水为第四系孔隙水类型及基岩裂隙水类型：第四系孔隙水多赋存于第四系松散土体中，多以潜水形式出现，水量甚微；基岩裂隙水埋藏于变粒岩、片麻岩的构造裂隙和风化裂隙中，受地形地层岩性、地貌、气候及风化裂隙和构造裂隙发育程度的控制，水量相对较小。隧址区沟谷地带均有泉点出露。

隧道路线原有断层上下两盘的相对运动，常使断层面附近岩石破碎成碎石和粉末状，形成断层破碎带（图1.3）。其岩体一般自稳性极差，且常伴有地下水。左、右幅围岩目前进入 F_{47} 大生地断层施工带，围岩以糜棱岩（mylonite）为主。糜棱岩是颗粒很细、呈条带状分布的动力变质岩。岩石中大部分矿物不能用肉眼分辨。原来的粗粒岩石（花岗岩等）受到强烈的定向压力，被破碎成粉末状（断层泥），强度低，易引起渗漏和形成软弱夹层，对岩体稳定不利，自稳能力较差，开挖后存在塑性流动变形；且该段物探显示为相对低阻区，岩体富水性强，开挖时存在较大量的滴水、流水，施工极为困难。本书主要研究的是穿越隧道工程的 9 m 宽超长破碎带，其主断层及次生断层厚度超过 650 m。破碎带周围岩类多为花岗岩；在破碎带内，岩类多为糜棱岩和变质花岗岩。

在隧道段施工中，所遇到的工程问题分别有主洞施工中的围岩稳定性、穿越破碎带、高温施工以及爆破和竖井施工中的竖井施工岩石稳定性等。

主洞围岩多为Ⅲ级、Ⅳ级、Ⅴ级：Ⅲ级围岩稳定性较好，不易出现坍塌现象；对于稳定性较差的Ⅳ级、Ⅴ级围岩以及破碎带地段，由于危险性较高，在实际工程中，Ⅴ级围岩及破碎带地段均采用三级台阶开挖方式，如图 1.4 和图 1.5 所示，在进行一定程度的评估后才能着手施工。故对Ⅳ级、Ⅴ级围岩、破碎带地段的围岩情况以及支护后的围岩稳定性分析，采用根据离散元原理设计的 UDEC 软件分别进行数值模拟与计算。

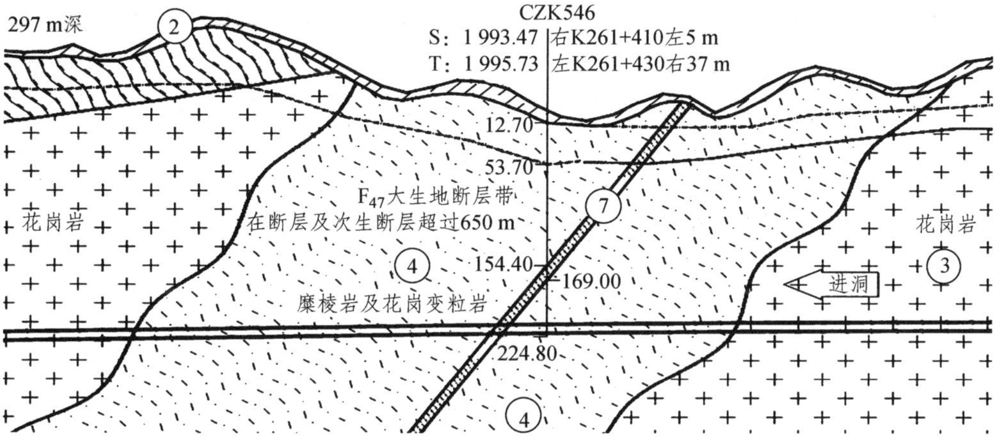

图 1.3　破碎带位置

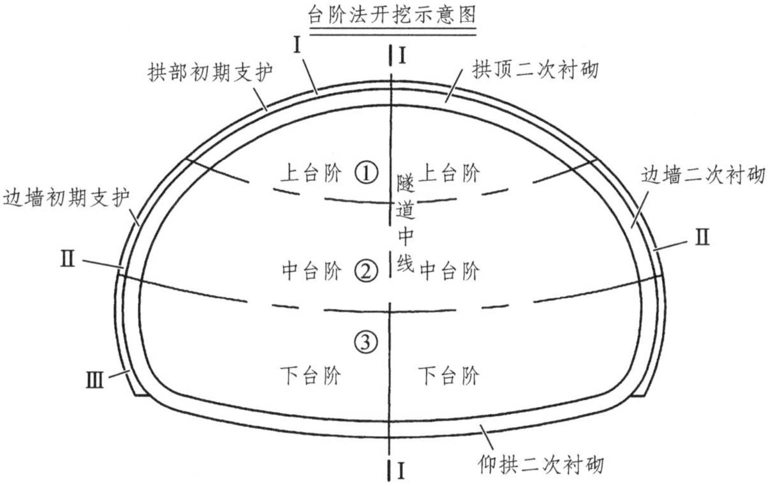

图 1.4　隧道分台阶开挖横断面大样图

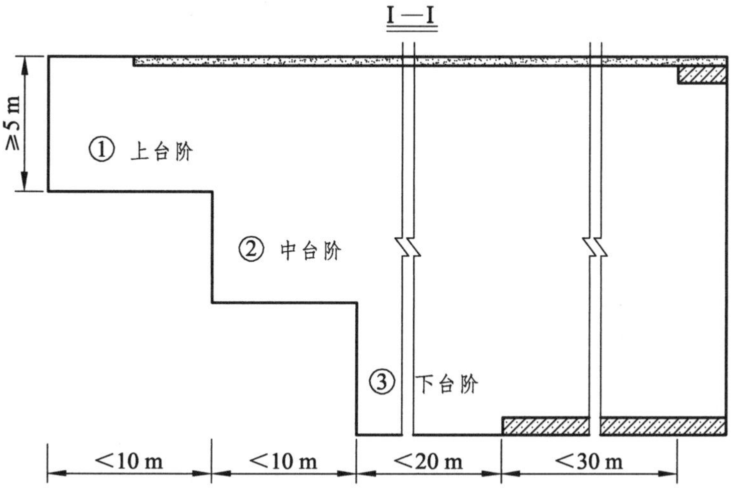

图 1.5　隧道分台阶开挖纵断面大样图

隧道中的高温问题主要由于隧道中各类机械大量散热，通风、降温条件较差，使掌子面温度最高可达 45 °C。为解决高温带来的施工困难问题，采用计算流体力学（CFD，Computational Fluid Dynamics）软件对隧道内的温度场进行模拟研究，然后利用软件模拟结果进一步对隧道热环境的主要影响因素进行分析。竖井施工涉及正井施工和反井施工问题。竖井施工的危险性较大，为优化、完善施工方案，采用 FLAC^{3D} 的显式拉格朗日算法和混合-离散分区技术，模拟竖井在开挖过程中可能遇到的各类坍塌问题，并采用相应的措施予以规避。

2

高速公路隧道变质岩性研究

2.1 隧道地球物理勘探

2.1.1 声波法

1. 岩体测试方法及原理

单孔声波测试是采用单发双收井下换能器（发射至接收一间距 0.5 cm，接收一至接收二间距 20 cm），在钻孔（赋存井液的裸孔）内沿井壁发射、接收声波信息[1]。测井时将换能器下至井底或置于井口，按测井点距向上或向下测试，由计算机完成波列数据采集与数据存储，室内通过回放和资料处理拾取纵波，在仪器采集的波形中根据波形起跳点确定纵波初至走时，计算纵波波速。

声波测井首先是测定声波在钻孔岩壁上传播一定距离所需要的时间，然后运用公式（2.1）计算岩体声波波速，以及通过其他多种方法对岩体波速进行分析整理，取得多种岩体动力学属性参数。它主要是由井下探管、地面控制仪器和记录处理系统等三部分组成，如图 2.1 所示。其所反映的地质特性为钻孔周围一定范围内垂直方向上的岩体质量。

$$V_{\mathrm{P}} = \frac{\Delta L}{\Delta T_2} \tag{2.1}$$

式中：ΔL——两接收换能器间的距离（m）；

ΔT_2——第一接收换能器外第二接收换能器之间的时间差（s）。

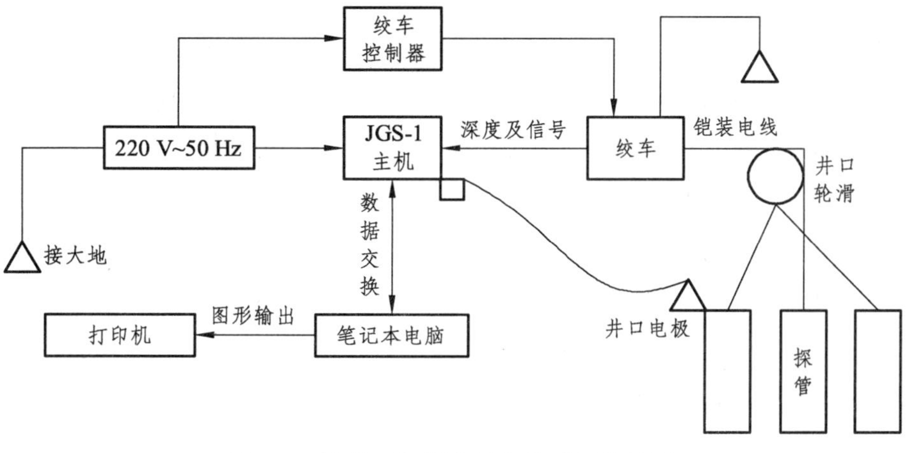

图 2.1　智能工程测井系统构成及连接图

实际工作时，接通电源电子线路即开始工作。时序电路 1D10 的 6 脚输出约 106 ms 周期的同步信号，加外发射线路，使可控硅 SCR1 导通储能电容 5C2-5 放电，经脉冲变压器升压后加外发射换能器 BT，使发射换能器产生一族 20 kHz 左右的声波射向井壁。

在发射换能器发出声波信号的同时，同步信号打开门Ⅰ（1D5-1、1D7-1 脚）见图 2.1 和图 2.2。计数器Ⅰ（2D3-10）开始计数，计数频率为 1.225 MHz，当第一道接收换能器 BR1 接收到声波的首波后，经放大鉴别电路Ⅰ（1D8-9）产生一个 90 μs 的信号防止鉴别电路产生误关门，此时计数器Ⅰ所计的数为发射换能器外第一接收换能器之间的时间 ΔT_1。在关闭门Ⅰ的同时，打开门Ⅱ（1D5-2、1D7-1 脚），计数器Ⅱ开始计数（2D5-10）。当第二接收换能器 BP2 接收外声波的首波时，通过放大鉴别电路Ⅱ关闭门Ⅱ，为了防止误关门，延时电路Ⅱ在关闭门Ⅰ的同时延时 20 μs。计数器Ⅱ所计的数为第一接收换能器外第二接收换能器之间的时间差 ΔT_2。

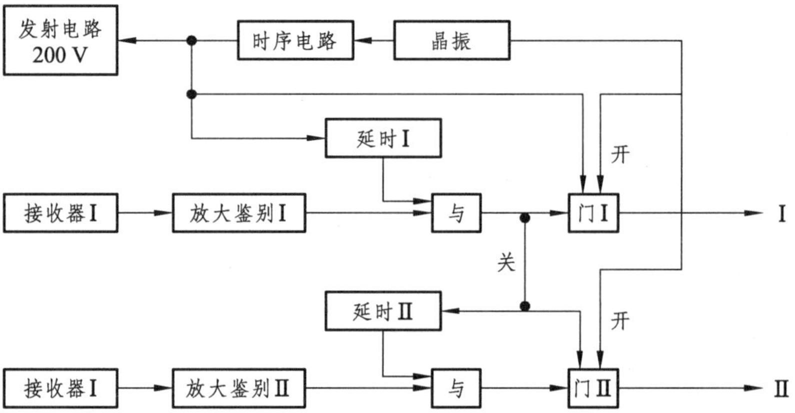

图 2.2　探管工作原理图

由于水是不可压缩、不可剪切的液体，因而采用此套声波测井系统无法测读到岩体的横波波速，一般采用钻孔岩芯试件测试纵波、横波速度。

在实际观测时，通常是将一发双收换能器置于孔底，由下往上进行测试，遇到波速异常地段，需进行多次复检测试。

2. 试验室岩块测试方法

采用中国科学院武汉岩土力学研究所生产的 RSM-SY5 型智能声波仪外加纵、横波换能器测试出检测岩块在饱水状态下的纵波波速、横波波速、密度。可以根据《工程地质手册》（第 4 版）10-5-5 规范公式计算出岩块的泊松比、动弹性模量、动剪切模量；同时也可以据此计算出相应部位岩块的纵波波速平均值。

3. 岩体完整性系数 K_v

通过计算出岩体平均纵波波速（V_{pm}）与室内饱水状态相对应的岩块纵波平均波速（V_{pr}），由岩体完整性系数公式（2.2）可得出各层岩体的完整性系数。

$$K_v = \left(\frac{V_{pm}}{V_{pr}}\right)^2 \tag{2.2}$$

式中：K_v——岩体完整性指数；

V_{pm}——岩体纵波速度（m/s）；

V_{pr}——室内岩石（块）纵波速度（m/s）。

4. 检测结果

根据 6 个钻孔的声波测井综合计算结果，本场地：

钻孔右 K259+800 左 5 m：测试深度为 9 ~ 41.8 m 全风化变粒岩岩体完整性系数为 0.45，完整程度为较破碎；测试深度为 41.8 ~ 52.8 m 强风化变粒岩岩体完整性系数为 0.55，完整程度为较破碎；测试深度为 52.8 ~ 115 m 强风化变粒岩岩体完整性系数为 0.59，完整程度为较完整。

钻孔左 K260+770 左 5 m：测试深度为 11.6 ~ 27 m 强风化变粒岩岩体完整性系数为 0.53，完整程度为较破碎；测试深度为 27 ~ 153.6 m 中风化变粒岩岩体完整性系数为 0.60，完整程度为较完整。

钻孔右 K261+410 左 5 m：测试深度为 12 ~ 54 m 强风化变粒岩岩体完整性系数为 0.53，完整程度为较破碎；测试深度为 54 ~ 155 m 中风化变粒岩岩体完整性系数为 0.58，完整程度为较完整；测试深度为 155 ~ 169 m 糜棱岩岩体完整性系数为 0.55，完整程度为较完整；测试深度为 169 ~ 225 m 中风化变粒岩岩体完整性系数为 0.63，完整程度为较完整。

钻孔右 K263+775 左 5 m：测试深度为 1 ~ 22 m 全风化花岗片麻岩岩体完整性系数为 0.41，完整程度为较破碎；测试深度为 22 ~ 95.5 m 中风化花岗片麻岩岩体完整性系数为 0.44，完整程度为较破碎；测试深度为 95.5 ~ 185.3 m 中风化花岗片麻岩岩体完整性系数为 0.61，完整程度为较完整；测试深度为 185.3 ~ 442.8 m 混合花岗岩岩体完整性系数为 0.74，完整程度为较完整。

钻孔左 K264+670 右 5 m：测试深度为 17 ~ 76 m 强风化花岗片麻岩岩体完整性系数为 0.46，完整程度为较破碎；测试深度为 76 ~ 220 m 中风化花岗片麻岩岩体完整性系数为 0.64，完整程度为较完整；测试深度为 220 ~ 316 m 混合花岗岩岩体完整性系数为 0.66，完整程度为较完整。

钻孔右 K265+550 左 5 m：测试深度为 10 ~ 89 m 中风化混合花岗岩岩体完整性系数为 0.58，完整程度为较完整。

2.1.2 高密度电阻率法

1. 工作方法与仪器设备

本次实地物探工作采用天然源高频大地电磁（EH-4）法和高密度电法（WDJD-3）相结合进行。

天然源高频大地电磁（EH-4）法设备采用进口 EH-4 连续电导率剖面仪，它与传统的 MT 法一样，在一个宽频带上观测电场和磁场信息，并由此计算出视电阻率和相位，便可确定出大地的地电特征和地下构造。其在工程勘察、地下水勘探、断裂勘探方面效果尤其显著[2]。

高密度电法（WDJD-3）设备采用重庆奔腾数控技术研究所研制的 WDJD-3 型电法仪器，仪器系统主要由数字采集仪、多路电极转换开关、电缆线及铜电极组成，输入阻抗≤50 Ω，SP 补偿范围为±1 V，干扰压制优于 80 dB，供电脉冲宽度 1 ~ 60 s，在一个宽频带上观测电场信息，并由此计算出视电阻率和相位，便可确定出大地的地电特征和地下构造[3]。

2. 质量评价

本次工作质量的保障依据为 ISO9001：2015 质量管理体系文件及《水利水电工程物探规程》(SL 326—2005)。测量前后，均对仪器设备进行系统的检查，仪器各项指标均符合说明书规定的使用要求。在测量过程中，实时对采样数据进行控制，发现数据异常时，除检查线缆及电极、检波器外，还对异常段进行 100%的重复观测，重复计数相对误差均小于 5%。本次共对 1 435 个物理点进行了检查，检查物理点占总工作量的 31.5%，检查点的相对均方差为 2.18，符合规程的要求。

3. 数据处理与资料解释

高密度电测深数据按图 2.3 流程进行：

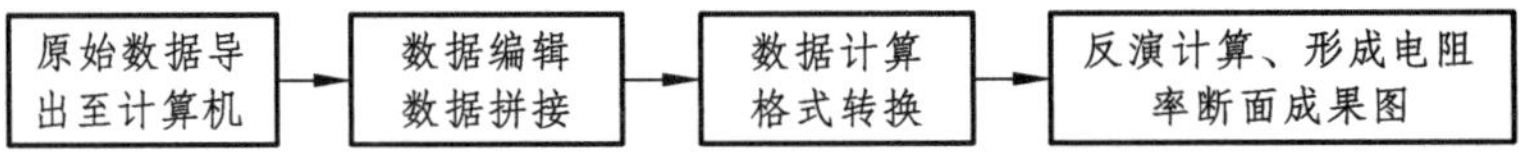

图 2.3　成果图形成步骤

利用反演计算形成的电阻率断面图，并结合测区的地质条件、电性特征及实地测绘资料，对资料进行综合分析解释。

4. 结论分析

依据测区的岩性、构造及隧道工程特点，隧道区岩性及可能出现的物理异常体，其在电性方面的地球物理特征如下：

1）隧道进口

（1）隧道进口左幅：

① 低阻区：电阻率值一般小于 200 Ω · m，表层及局部略高，推测为第四系覆盖层及全至强风化基岩，厚 5 ~ 66 m。

② 高阻区：电阻率值一般大于 500 Ω · m，推测为元古宇（PR）中风化黑云变粒岩、花岗质混合片麻岩等，岩体完整。

③ 相对低阻区：电阻率值一般为 200 ~ 500 Ω · m，部分地段更低，推测为：元古宇（PR）中风化片麻岩，岩体较完整；或者为黑云变粒岩、花岗质混合片麻岩等，富水，岩体较破碎。

隧道进口左幅电阻区分布和高密度电法成果如图 2.4 和图 2.5 所示。

（2）隧道进口右幅：

① 低阻区：电阻率值一般小于 200 Ω · m，表层及局部略高，推测为第四系覆盖层及全至强风化基岩，厚 5 ~ 66 m。

② 高阻区：电阻率值一般大于 500 Ω · m，推测为元古宇（PR）中风化黑云变粒岩、花岗质混合片麻岩等，岩体完整。

③ 相对低阻区：电阻率值一般为 200 ~ 500 Ω · m，部分地段更低，推测为：元古宇（PR）中风化片麻岩，岩体较完整；或者为黑云变粒岩、花岗质混合片麻岩等，富水，岩体较破碎。

隧道进口右幅电阻区分布和高密度电法成果如图 2.6 和图 2.7 所示。

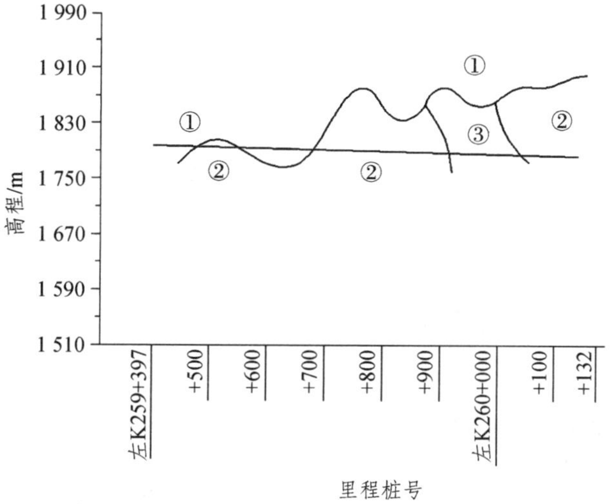

图 2.4　隧道进口左幅电阻区分布

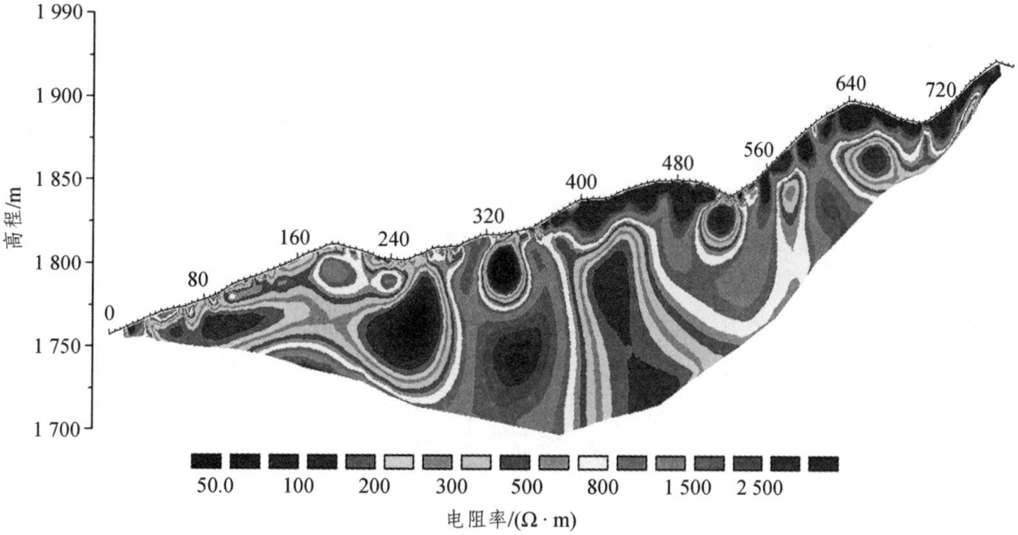

图 2.5　隧道进口左幅高密度电法成果

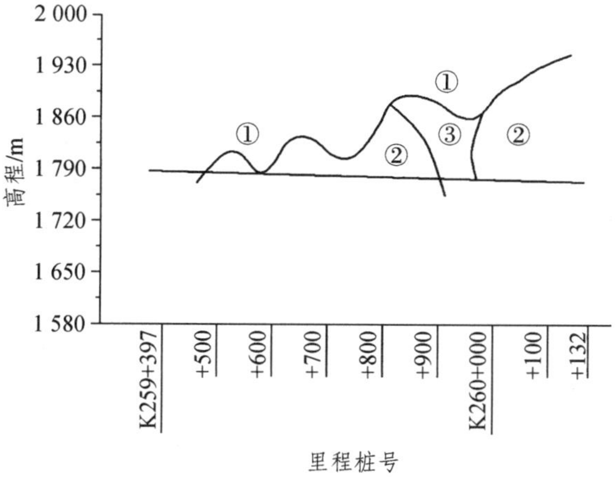

图 2.6　隧道进口右幅电阻区分布

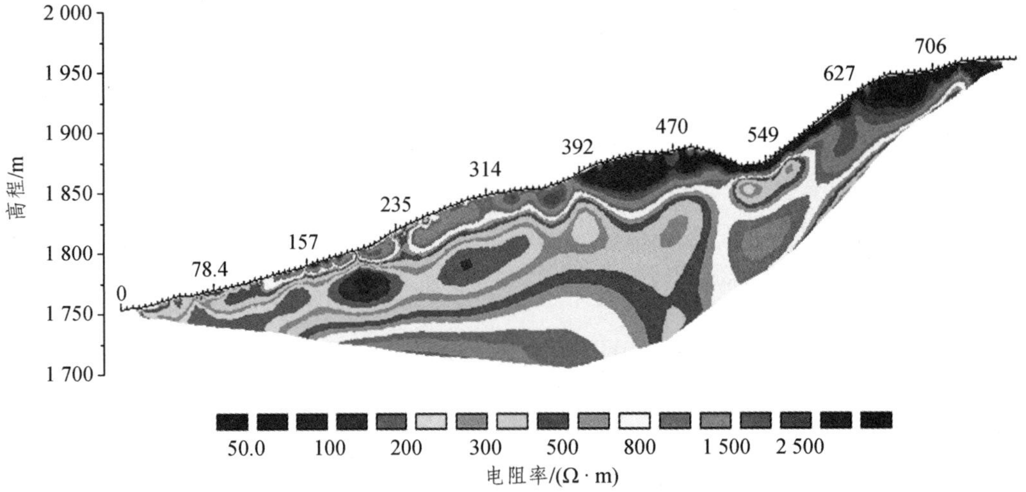

图 2.7　隧道进口右幅高密度电法成果

2）隧道出口

（1）隧道出口左幅：

① 低阻区：电阻率值一般小于 200 Ω · m，表层及局部为高阻，推测为第四系覆盖层及全至强风化基岩，厚 4 ~ 80 m。

② 高阻区：电阻率值一般大于 1 000 Ω · m，推测为印支期侵入岩（γ_m），岩性为黑云混合花岗岩、黑云二长混合花岗岩，中风化，岩体完整。

③ 相对低阻区：电阻率一般为 200 ~ 500 Ω · m，部分地段更低，推测为黑云混合花岗岩、黑云二长混合花岗岩，强风化，呈砂状，富水，岩体破碎。花岗岩球状风化的特征明显。

隧道出口左幅电阻区分布和高密度电法成果如图 2.8 和图 2.9 所示。

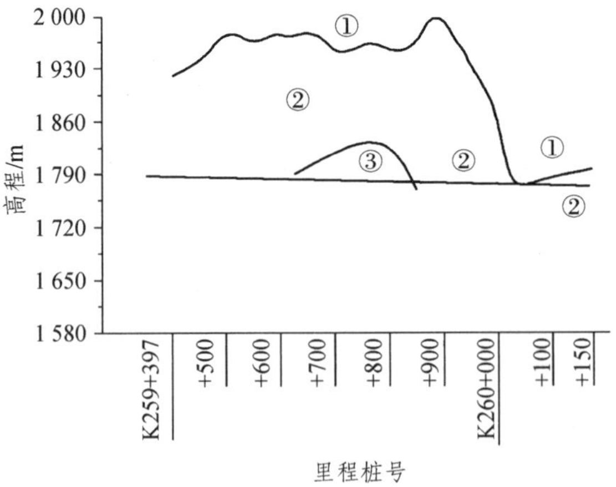

图 2.8　隧道出口左幅电阻区分布

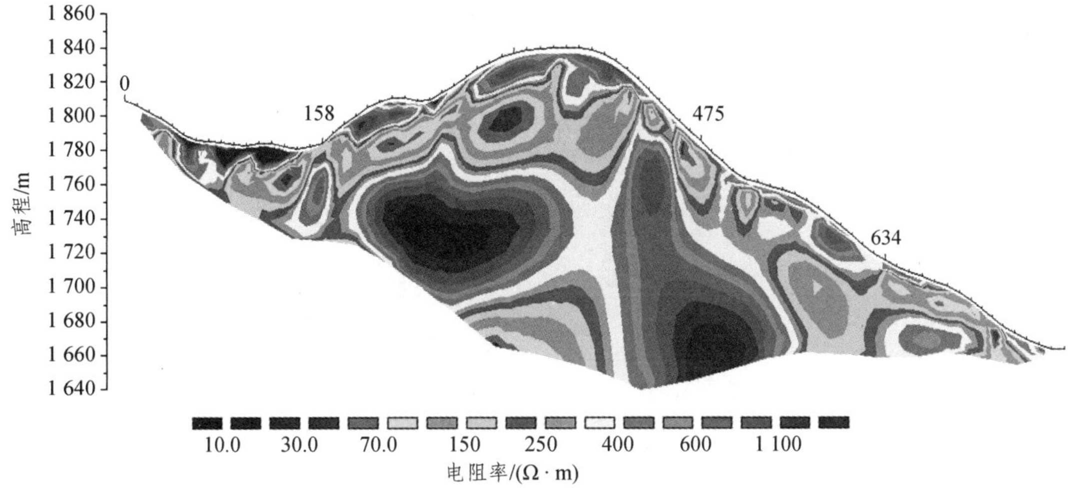

图 2.9　隧道左幅高密度电法成果

（2）隧道出口右幅：

① 低阻区：电阻率值一般小于 200 Ω · m，表层及局部为高阻，推测为第四系覆盖层及全至强风化基岩，厚 4 ~ 80 m。

② 高阻区：电阻率值一般大于 1 000 Ω · m，推测为印支期侵入岩（ γ_m ），岩性为黑云混合花岗岩、黑云二长混合花岗岩，中风化，岩体完整。

③ 相对低阻区：电阻率一般为 200 ~ 500 Ω · m，部分地段更低，推测为黑云混合花岗岩、黑云二长混合花岗岩，强风化，呈砂状，富水，岩体破碎。花岗岩球状风化的特征明显。

隧道出口右幅电阻区分布和高密度电法成果如图 2.10 和图 2.11 所示。

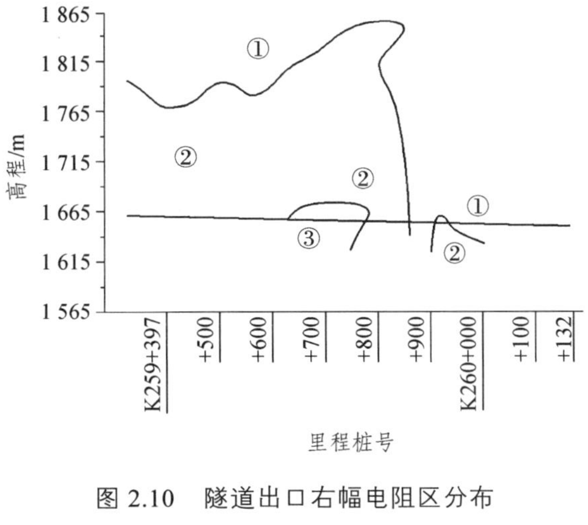

图 2.10　隧道出口右幅电阻区分布

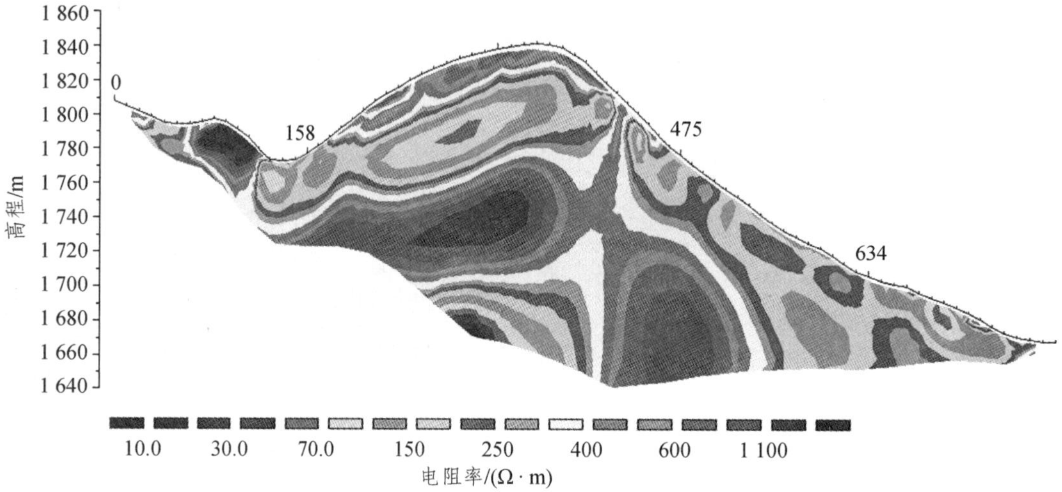

图 2.11　隧道右幅高密度电法成果

2.1.3　瞬变电磁法

1. 基本原理

瞬变电磁法或称时间域电磁法（Time domain electromagnetic methods，TEM），是利用不接地回线或接地线源向地下发射一次脉冲电磁场，在一次脉冲磁场间歇期间，利用不接地线圈或接地电极观测二次涡流场的方法[4]。其基本工作原理是：设置通以一定波形电流的发射线圈，从而在其周围空间产生一次磁场，并在地下导电岩矿体中产生感应电流。断电后，感应电流由于热损耗而随时间衰减。衰减过程一般分为早、中和晚期。早期的电磁场相当于频率域中的高频成分，衰减快，趋肤深度小；而晚期成分则相当于频率域中的低频成分，衰减慢，趋肤深度大。通过测量断电后各个时间段的二次场随时间变化规律，可得到不同深度的地电特征。在导电率为σ、导磁率为μ_0的均匀各向同性大地表面铺设面积为 S 的矩形发射回线，在回线中供以阶跃脉冲电流$I(t)$，其中：

$$I(t)=\begin{cases}I, & t<0\\0, & t\geqslant 0\end{cases} \tag{2.3}$$

在电流断开之前，发射电流在回线周围的大地和空间中建立起一个稳定的磁场，如图 2.12 所示。在t=0时刻，将电流突然断开，由该电流产生的磁场也立即消失。一次磁场的这一剧烈变化通过空气和地下导电介质传至回线周围的大地中，并在大地中激发出感应电流以维持发射电流断开之前存在的磁场，使空间的磁场不会即刻消失。由于介质的热损耗，该磁场直到将磁场能量消耗完毕才消失，如图 2.13 所示。

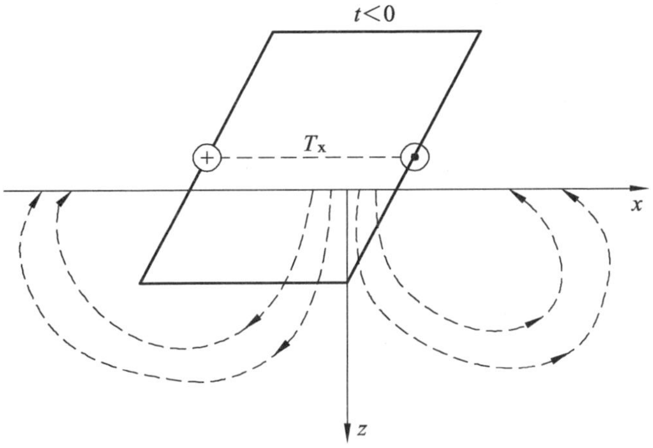

图 2.12 瞬变电磁工作原理

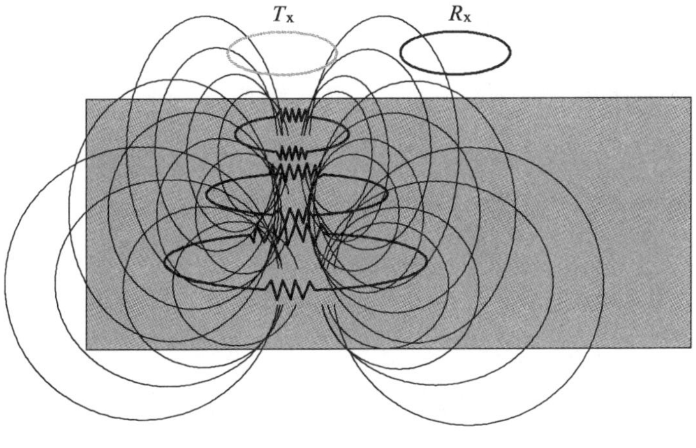

图 2.13 感应电磁场转换原理

电磁场在空气中传播的速度比在导电介质中传播的速度大得多，当一次电流断开时，一次磁场的剧烈变化首先传播到发射回线周围地表各点，因此，最初激发的感应电流局限于地表。地表各处感应电流的分布也是不均匀的，在紧靠发射回线一次磁场最强的地表处感应电流最强。随着时间的推移，地下的感应电流便逐渐向下、向外扩散，其强度逐渐减弱，分布趋于均匀。研究结果表明，任一时刻地下涡旋电流在地表产生的磁场可以等效为一个水平环状线电流的磁场。在发射电流刚关断时，该环状线电流紧挨发射回线，与发射回线具有相同的形状。随着时间的推移，该电流环向下、向外扩散，并逐渐变形为圆电流环。等效电流环像从发射回线中“吹”出来的一系列“烟圈”，因此，人们将地下涡旋电流向下、向外扩散的过程形象地称为“烟圈效应”，如图 2.14 所示。

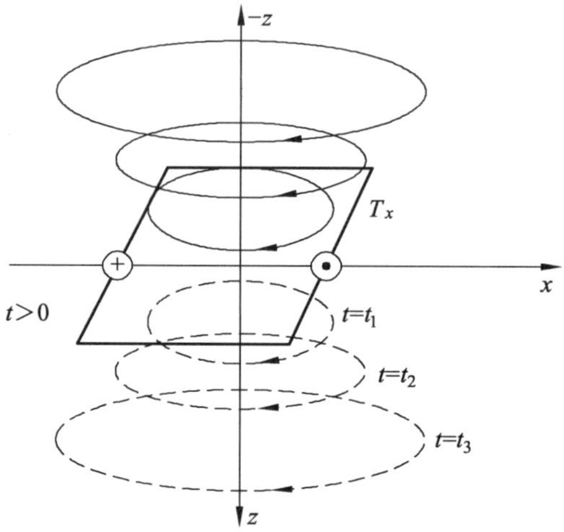

图 2.14 “烟圈效应”

“烟圈”的半径 r 和深度 d 的表达式如下所示：

$$r=\sqrt{8c_2\cdot t/(\sigma\mu_0+a^2)}，其中 c_2=\frac{8}{\pi}-2 \tag{2.4}$$

$$d=4\sqrt{t/\pi\sigma\mu_0} \tag{2.5}$$

式中：a——发射线圈半径（cm）。

当发射线圈半径相对于“烟圈”半径很小时，可得 $\tan\theta=\frac{d}{r}\approx 1.07$，$\theta\approx 47°$，故“烟圈”将沿 47°倾斜锥面扩散，其向下传播的速度如式（2.6）所示：

$$v=\frac{\partial d}{\partial t}=\frac{2}{\sqrt{\pi\sigma\mu_0 t}} \tag{2.6}$$

从“烟圈效应”的观点看，早期瞬变电磁场是由近地表的感应电流产生的，反映浅部电性分布；根据晚期瞬变电磁场随时间的变化规律，可以探测大地电性的垂向变化。

由于工程隧道瞬变电磁法勘探环境的限制，测量线圈大小有限，其勘探深度不如地面深，一般深度在 100 m 左右。地面瞬变电磁法为半空间瞬变响应，这种瞬变响应来自地表以下半空间地层；而工程隧道瞬变电磁法为全空间瞬变响应，这种瞬变响应来自回线平面上下或两侧的地层，给确定异常体的位置带来了困难。总结起来，工程隧道瞬变电磁法与地面瞬变电磁法相比具有以下几个方面的特点：

（1）由于隧道测量环境不同于地表，不可能采用地表测量时边长大于 50 m 的大线圈装置，只能采用边长小于 3 m 的多匝小线框，因此与地面瞬变电磁法相比具有数据采集工作量小、测量设备轻便、工作效率高、成本低等优点。

（2）由于采用小线圈测量，点距更密（一般为 2 ~ 10 m），降低了体积效应的影响，提高了勘探分辨率，特别是横向分辨率。

（3）工程隧道测量装置距离异常体更近，大大提高了测量信号的信噪比。实际测量结果说明，工程隧道测量信号的强度比地面同样有效面积的相同装置测量的信号强 10 ~ 100 倍。

工程隧道的干扰信号相对有用信号近似等于零（大于 30 ms 时间段），而地面测量信号在衰减到一定时间段后（一般小于 15 ms）就被干扰信号覆盖，无法识别有用异常信号。

（4）地面瞬变电磁法勘探一般只能将线圈平置于地面测量，而工程隧道瞬变电磁法可以将线圈置于掌子面下部，探测下部一定深度内含水异常体垂向和横向发育规律，也可以将线圈直立于巷道内，当线圈面平行置于掌子面掘进前方时，可进行超前探测。

（5）由于瞬变电磁法关断时间的影响，与其他物探方法相比，无法探测到更浅部的异常体（距探测线圈所处工作面 15 m 以内）。关于探测线圈所处工作面 15 m 以内的工作条件，可采用测量装置小、轻便的工程隧道瞬变电磁法探测。

（6）工程隧道瞬变电磁法勘探从数据采集、资料处理到成图和定量解释工作均可在计算机上实现，无须手工作业。因此，工程隧道瞬变电磁法勘探是一种高自动化程度的勘探系统[5]。

2. 测点布置及施工方法

由图 2.13 中的瞬变电磁“双烟圈效应”理论可知，其电磁场等效电流环即“烟圈”将沿 47°倾斜锥面向线圈平面上下扩散，因此，一次电磁场向远处传播范围为一个锥体，如图 2.15 所示，其中箭头所指方向为探测方向。在巷道内布置探测方向倾角主要是依据探测距离和煤层倾角来确定线框的布置，同时根据仪器的探测深度范围来确定测点相隔距离，在保证勘探精度的同时尽量减少工作量。图 2.15 为探测锥体切面示意图，箭头所指方向为探测方向，虚线部分为探测范围，其有效探测范围边界与探测方向为 47°夹角。

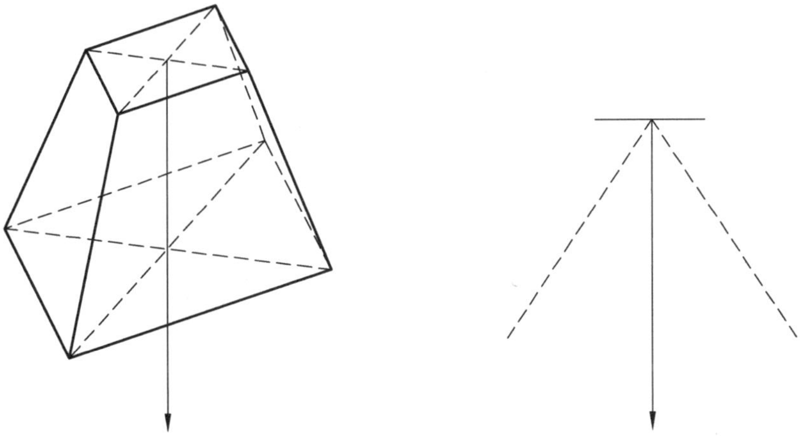

图 2.15　探测锥体

超前探测主要是在掘进掌子面利用直接或间接的方法向掌子面掘进方向进行探测，探测前方是否存在地质构造或富水体及导水通道，为安全掘进提供详细的地质资料[6]。目前用于工程隧道超前探测的直接方法为钻探方法，钻探结果比较可靠，但施工周期较长，费用较高，对隧道的正常掘进生产影响较大。超前探测的间接方法即物探方法，其中常用的方法包括工程隧道瞬变电磁法。

由于受掌子面空间的限制，工程隧道瞬变电磁法的发射和接收线圈的几何尺寸，只能采用多匝小回线的发射和接收装置形式，即边长为 2 ~ 3 m。测点布置在巷道外侧，在实际工作过程中对于每个发射点，也可调整发射和接收线圈的法线与掌子面上下部的夹角大小，以掌子面上部、前方的围岩变化情况，在多个角度采集数据，从而获得尽可能完整的前方空间信息。其探测方向如图 2.16 所示。

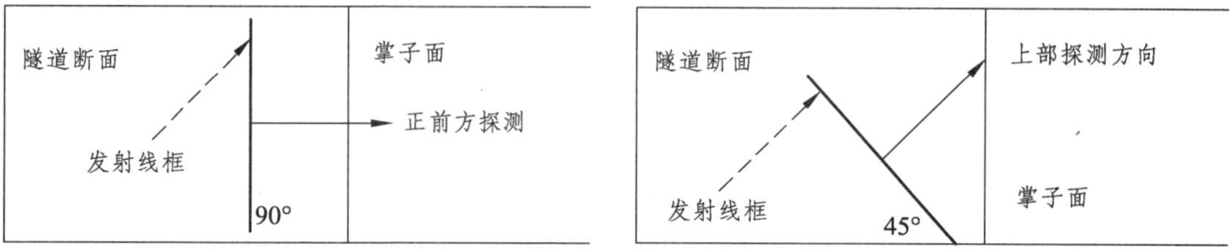

（a）掌子面前方　　（b）掌子面上部

图 2.16　探测方向

探测测线布置在掌子面及两侧帮，共布置测点 15 个，每个点测 2 个方向，共 2×15=30 个数据，如图 2.17 所示。设计探测方向分别是与掌子面前方所在岩层呈 45°左右夹角向上探测、向掌子面正前方向探测。为了探测到掌子面斜向上部、前方岩层内赋水性，采用多匝线框、小回线测量，并尽量让发射和接收线框靠近掌子面。

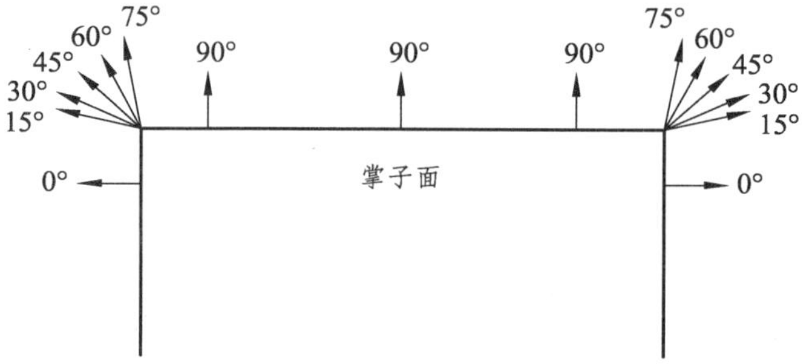

图 2.17　掌子面瞬变电磁探测方向布置

3. 隧道工程地质分析

当前掌子面采用台阶法开挖，出露围岩以灰白色强～中风化变粒岩夹杂粉质黏体、泥屑充填物为主。掌子面整体完整性差，节理裂隙发育，呈裂隙块状结构或镶嵌碎裂状结构，裂隙间充填物被裂隙水冲刷，掌子面中部滑塌形成空洞，围岩强度较高，锤击声较清脆，较难击碎，浸水后有轻微吸水反应，判定为较坚硬岩。岩体基岩裂隙水发育，掌子面整体呈股状水出水，左侧出水量一般，中部及右侧出水量较大，掌子面前方有积水；总体上掌子面围岩完整性及自稳能力差。现场工作情况如图 2.18 所示。

图 2.18　现场工作照片

4. 瞬变电磁法资料解释

隧道瞬变电磁探查（TEM）视电阻率拟断面图及扇形图如图 2.19 所示，横坐标代表左右侧帮方向，纵坐标为沿探查方向探查距离；根据 TEM 视电阻率拟断面图及扇形图，综合地质和水文地质资料，可确定横向、水平深度和垂向深度电性变化情况。

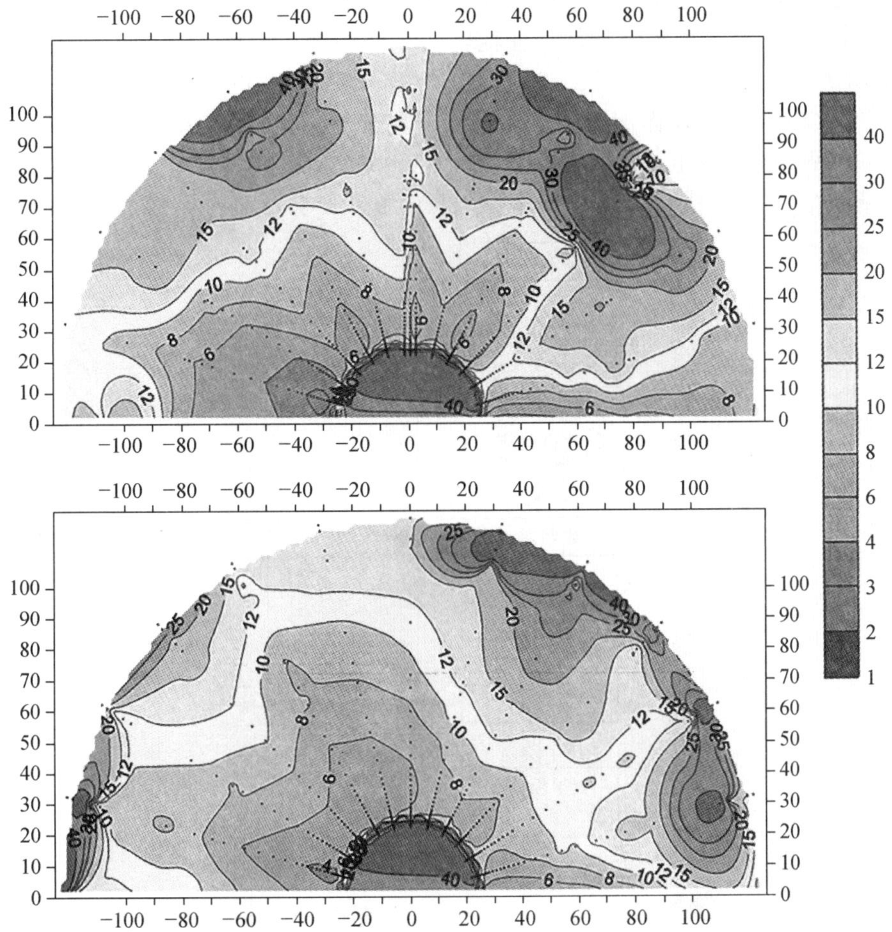

图 2.19　视电阻率等值线

工程隧道瞬变电磁法数据处理与解释系统（以下简称系统）是处理工程隧道瞬变电磁法勘探测量数据的操作平台，集文件管理、数据处理、资料解释、图形绘制功能于一体，具有简单、直观的特点，为用户提供了方便、快捷的矿井瞬变电磁数据处理解释工具。

文件管理：读取 YCS400 矿用本安型瞬变电磁仪格式数据并进行视电阻率计算；对测线文件进行合并，形成三维观测数据体。

数字滤波：根据井下噪声环境复杂的特点，对数据中强干扰点进行剔除、圆滑等处理；提供常用的数字滤波技术，消除瞬变电磁数据中的常见噪声，提高数据质量。

后沿改正：工程隧道采集的瞬变电磁数据，由于关断时间较大，造成了很大的探测盲区，该模块通过多种方法的相互配合，缩短了关断时间，缩小了探测盲区。

处理：该软件的核心模块，能形成断面数据文件和深度反演，并根据工程隧道瞬变电磁法的原理，对反演的深度进行校正；为方便对井下瞬变电磁超前探测数据进行处理，本模块特增加了超前探测坐标转换功能；同窗口数据提取功能则可任意提取数据点进行分析。

人文噪声校正：结合全空间模拟试验和工程隧道试验的结论，对工程隧道常见的金属人文设施产生的干扰进行校正，提高数据处理的质量。

图件绘制：该模块的功能主要是直观地显示各处理阶段的成果和最终成果图件。

除以上功能外，为提高操作软件的便捷性，系统增加了一些辅助项，如图件缩放、图件保存、系统帮助、视图分割窗口等。上述部分介绍了系统的功能特点，并简要说明了系统的组成部分。图 2.20 为系统操作流程图。本系统是基于 Windows 的单文档（SDI）应用程序，具有 Windows 程序的标准组件，如菜单、工具栏、窗口等。为了操作方便，系统界面窗口被分割成两个部分，主窗口进行图形和操作等步骤的显示，分割部分则添加常用的功能按键。

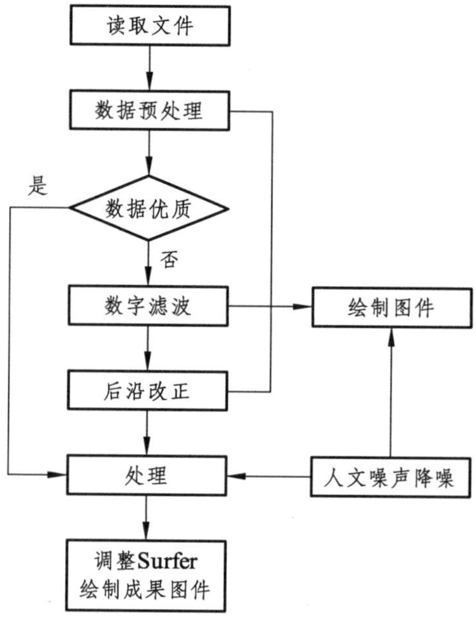

图 2.20　数据处理与解释系统流程

5. 探测成果

图 2.19 为五老山隧道进口右幅 YK261+810 里程工程隧道瞬变电磁法超前探测视电阻率等值线拟扇形图，上图为掌子面上部 45°方向探测结果，下图为掌子面正前方向探测结果。图中横坐标 0 点对应掌子面正前中心位置，纵坐标为掘进方向探测距离，x 坐标轴负坐标方向对应掌子面位置左侧帮，正坐标方向代表掌子面位置右侧帮。向上部探测时，设计探测方向与岩层呈 45°坐标夹角向上探测。图中不同颜色线区域分界线上的数值代表地下岩层导电性强弱：数值愈大，导电性愈弱；数值愈小，导电性愈强，对应岩层富水性愈强。

分析图 2.18 掌子面正前上部探测结果视电阻率等值线变化特征，可以看出，掌子面左前方 0 ~ 30°，沿探测方向距离 30 ~ 50 m 范围内，等值线数值小于 42 Ω · m，为相对低阻反映，说明掌子面上部对应位置裂隙水发育，富水性较强。掌子面右前方 0 ~ 10°，沿探测方向距离 30 ~ 90 m 范围内，等值线数值小于 8 Ω · m，为相对低阻反映，说明掌子面上部对应位置裂隙水发育，富水性稍强。其他探测范围较此处相比视电阻率较低，说明富水性一般。

2.2 隧道岩石耐崩解性试验

2.2.1 研究对象

根据地质调查、钻孔测井成果及高密度电法成果综合分析后，将本隧道区围岩分级按里程分段划分为Ⅲ～Ⅴ级。其中：右幅 K262+500～K262+700 段围岩分级划分为Ⅳ级，围岩以混合花岗岩为主，多呈中风化，岩体较破碎，呈碎石状碎裂结构；物探显示为相对高阻区；岩体富水性较强，开挖时可能存在一定量的滴水、渗水等现象。

在右幅K261+560处附近取5种岩样进行耐崩解性试验，以此研究此处围岩的耐崩解特性，即岩样在承受干燥和湿润两个标准循环后抵抗崩解作用及软化的能力。岩石的破坏崩解是因为干燥的岩石在吸附水溶液后，其表面裂隙的吸附效应产生了对裂隙的楔裂压力。5种岩样原始状态如图2.21，取样相对位置图如图2.22所示。

1—中风化混合花岗岩；2—中风化黑云变粒岩；3—中风化花岗片麻岩；
4—中风化花岗片麻岩；5—强风化糜棱岩。

图 2.21 岩样天然状态

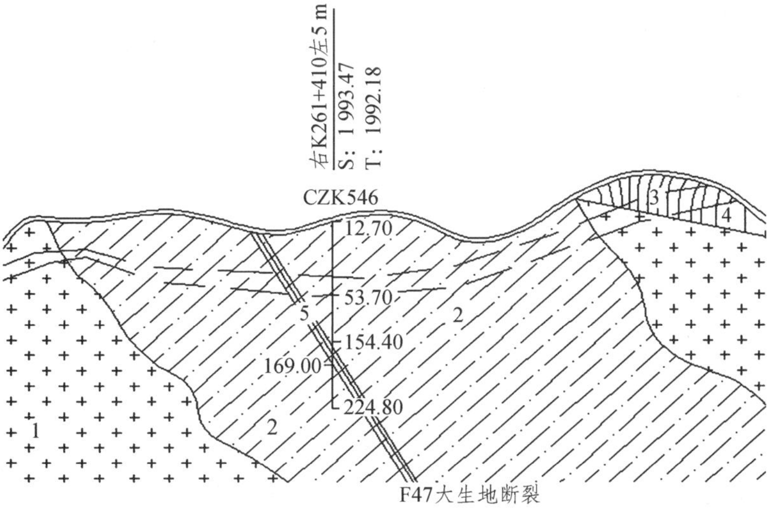

图 2.22 岩石取样相对位置

2.2.2　试验方法与试样

1. 耐崩解性试验仪

（1）传动装置：由蜗轮、轴承、涡轮、大轴、电机组成，该装置应能使圆筒以 20 r/min 的转速旋转，10 min 内转速不变。

（2）圆柱形筛筒：直径为 140 mm，长 100 mm，筛孔直径为 2 mm。

（3）水槽：尺寸为 150 mm×150 mm×120 mm，内装有水平轴，支撑能自由转动的筛筒。

实物图及示意图分别如图 2.23 及图 2.24。

图 2.23　耐崩解性试验仪实物图

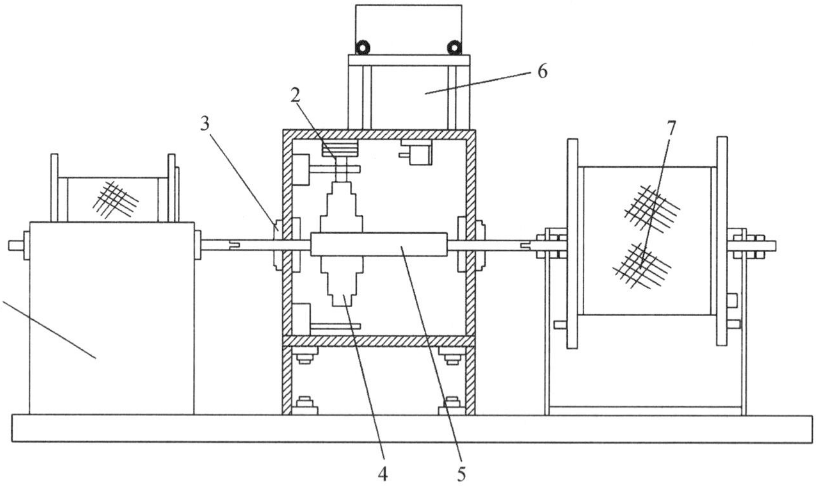

1—水槽；2—蜗轮；3—轴承；4—涡轮；5—大轴；6—电机；7—筛筒。

图 2.24　耐崩解性试验仪示意图

2. 试样要求

（1）在现场采取保持天然含水量的试样并密封。

（2）将试样制成单块质量为 40 ~ 60 g 的浑圆状岩块。

（3）每组试验试样总质量控制在 450 ~ 550 g，且试样的数量不少于 10 块。

（4）试样中的颗粒最大尺寸应小于 3 mm。

3. 试验方法

根据《公路工程岩石试验规程》（JTG E41—2005），试验步骤如下：

（1）将 5 种岩样按照规范要求制成单块质量为 40 ~ 60 g 的浑圆状岩块试样，将制好的试样放入清洁的圆柱形筛筒内，并一起置入 105 ~ 110 °C 温度下的干燥箱中烘干至恒重，在干燥器内冷却至室温称重。

（2）将装有试样的圆柱形筛筒放在水槽内，并连接转动装置，向水槽内注入纯水，使水位在转动轴下约 20 mm。使筛筒以 20 r/min 的转速转动 10 min。

（3）将圆柱形筛筒从水槽中取出，置入 105 ~ 110 °C 温度下的干燥箱中烘干至恒重，在干燥器内冷却至室温，称量圆柱形筛筒加残留试样的质量。

（4）重复步骤（2）和（3），测定第二次循环后圆柱形筛筒加残留试样的质量，计算岩样的耐崩解性指数。

（5）在试验过程中，水温应保持在（20±2）°C 范围内。

（6）称量精确至 0.1 g。

试验步骤简图如图 2.25 所示。

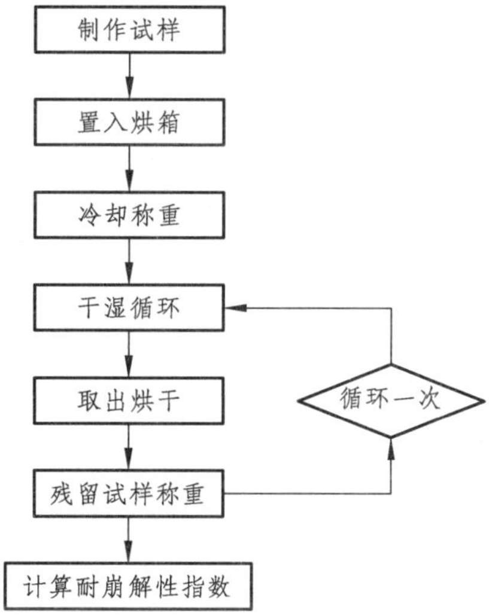

图 2.25　耐崩解性试验流程

各组岩样的质量变化如表 2.1、图 2.26 所示。

表 2.1　混合花岗岩损失情况

岩石类别	循环前岩样质量/g	第一次循环后质量/g	第二次循环后质量/g	第一次损失量/g	第二次损失量/g	第一次损失率/%	第二次损失率/%
混合花岗岩	122.71	122.58	122.21	0.13	0.37	0.11	0.30
黑云变粒岩	87.42	87.36	87.24	0.06	0.12	0.07	0.14
花岗片麻岩	117.88	117.64	117.38	0.24	0.26	0.20	0.22
花岗片麻岩	114.98	114.95	114.88	0.03	0.07	0.03	0.06
糜棱岩	186.80	12.47	11.93	174.33	0.54	93.32	4.33

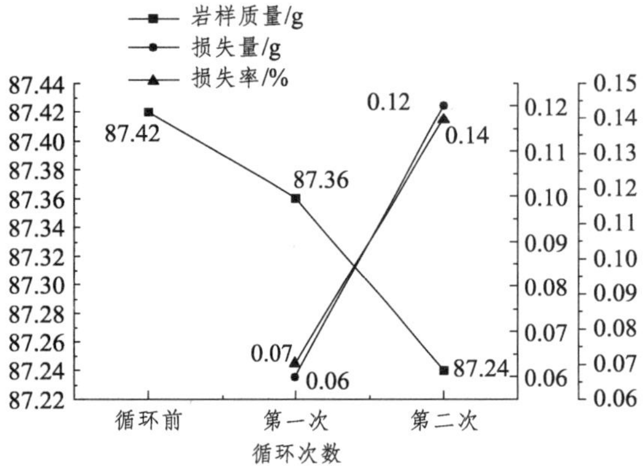

（a）混合花岗岩

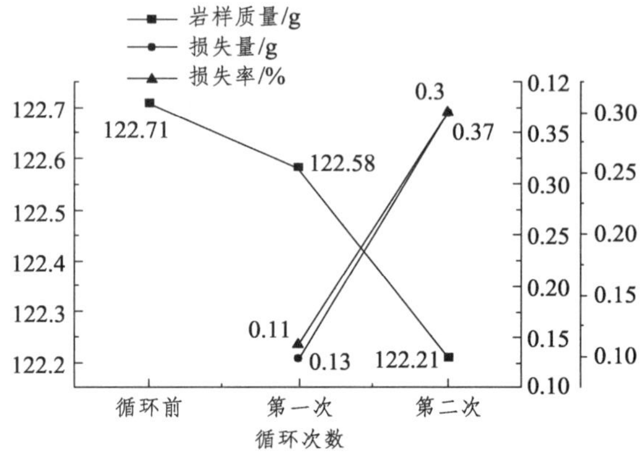

（b）黑云变粒岩

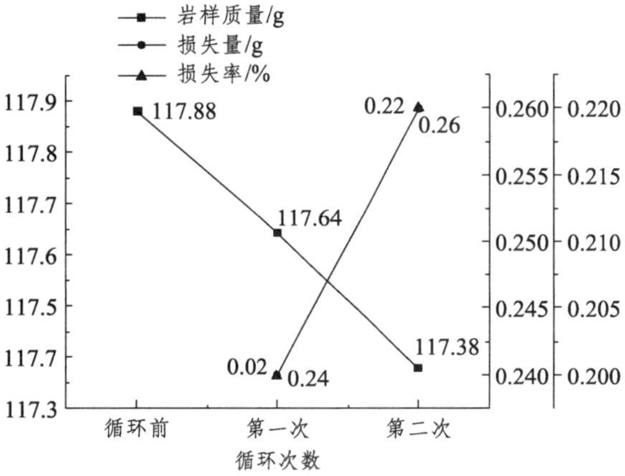

（c）花岗片麻岩

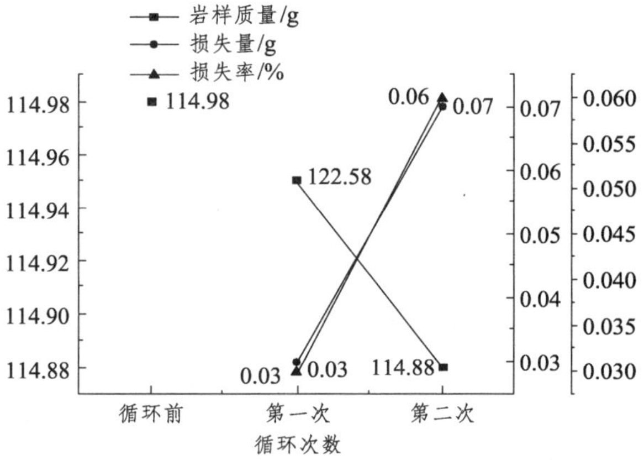

（d）花岗片麻岩

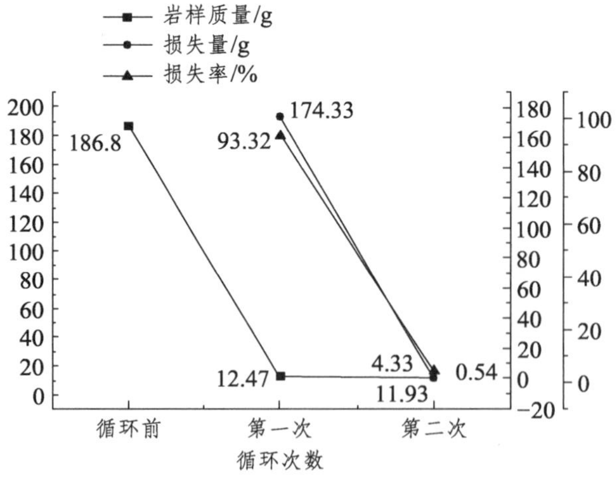

（e）糜棱岩

图 2.26　岩样质量变化折线

岩石试样经过干燥和湿润两个标准循环之后，残留的质量与原质量之比为耐崩解性指数，以百分数表示。计算公式如式（2.7）和式（2.8）。

$$I_{d1}=\frac{m_{r1}}{m_d}\times 100\% \tag{2.7}$$

$$I_{d2}=\frac{m_{r2}}{m_d}\times 100\% \tag{2.8}$$

式中：I_{d1}——岩石一次循环耐崩解性指数（%）；

I_{d2}——岩石二次循环耐崩解性指数（%）；

m_{r1}——岩石一次循环后残留试样烘干质量（g）；

m_{r2}——岩石二次循环后残留试样烘干质量（g）；

m_d——原试样烘干质量（g）。

2.2.3 岩样形态变化与结果分析

5 组岩样经过 2 个标准干湿循环后，其岩样形态变化如图 2.27 所示。图中字母分别依次对应 1 ~ 5 号岩样，数字代表干湿循环次数，下同。岩样质量、质量损失量、质量损失率变化趋势分别如图 2.28 ~ 图 2.30 所示。

（a）中风化混合花岗岩

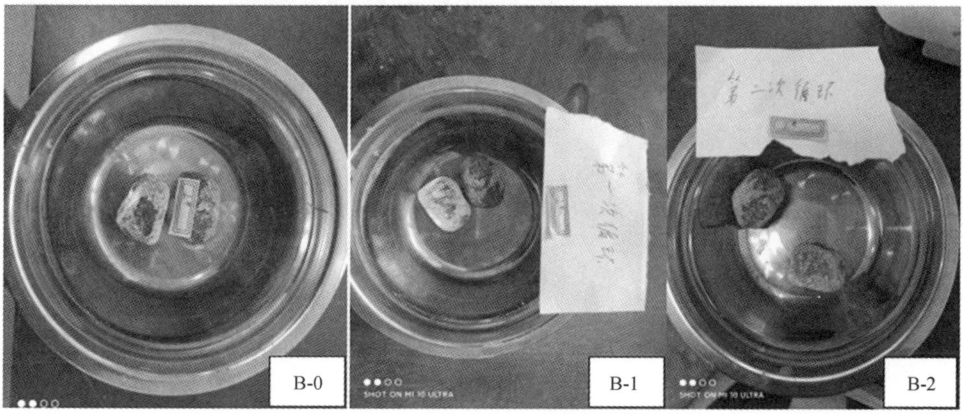

（b）中风化黑云变粒岩

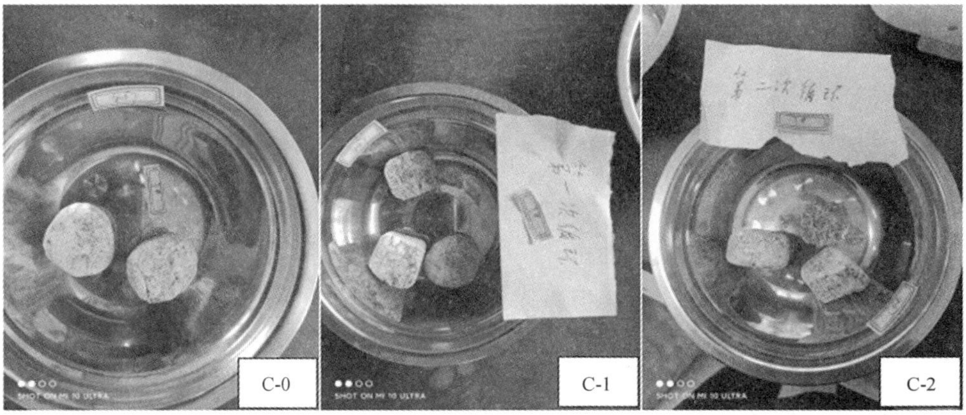

（c）中风化花岗片麻岩

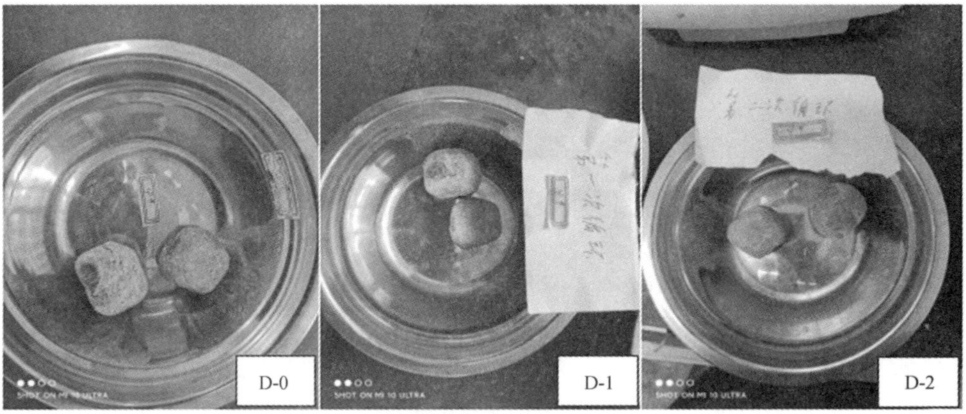

（d）中风化花岗片麻岩

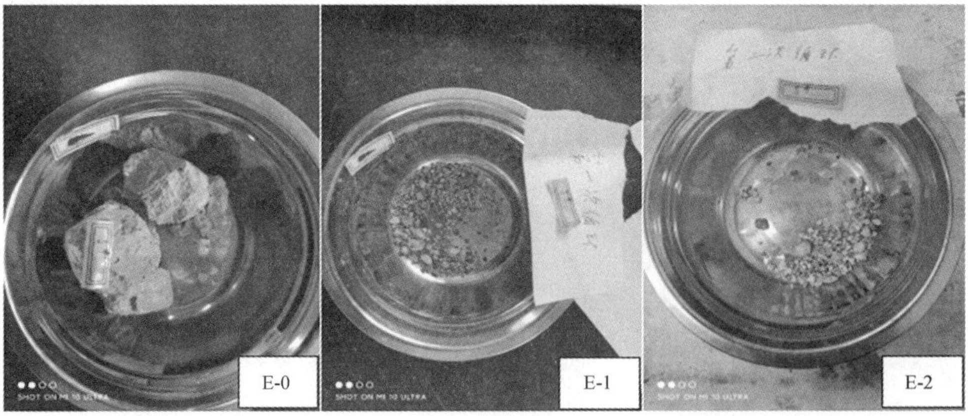

（e）强风化糜棱岩

图 2.27　不同循环次数下岩样形态演变

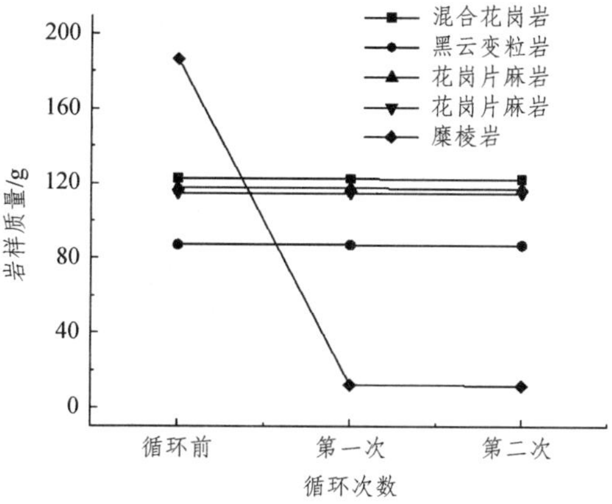

图 2.28　岩样质量变化趋势分析

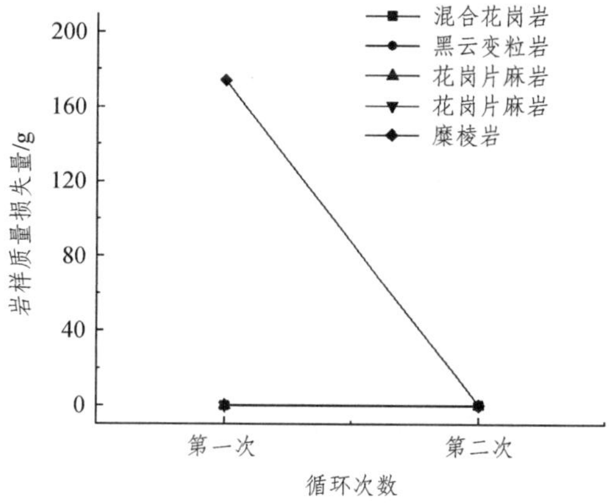

图 2.29　岩样质量损失量变化趋势分析

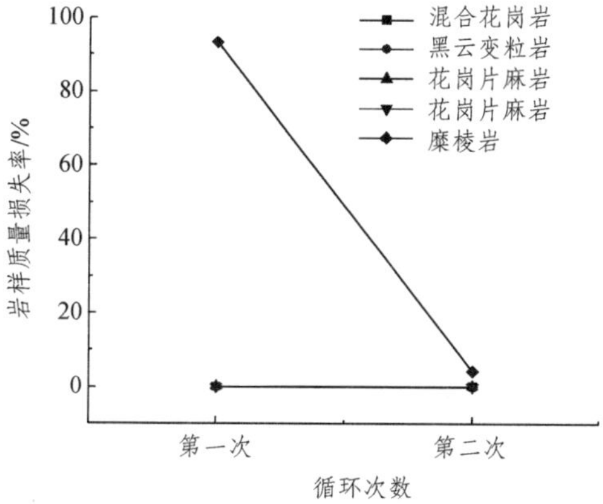

图 2.30　岩样质量损失率变化趋势分析

根据试验过程记录数据，可以得到表 2.2 所示试验过程中各组岩样质量在两次干湿循环后减少的质量。

表 2.2　试验过程岩样质量减少量

岩样种类	干湿循环 I	干湿循环 II
混合花岗岩	0.13	1.36
黑云变粒岩	0.06	0.12
花岗片麻岩	0.24	0.26
花岗片麻岩	0.03	0.07
糜棱岩	174.33	0.54

注：① I 、II 分别表示第一次干湿循环后和第二次干湿循环后。
② 表中数据单位为克（g）。

对比图 2.27 各组图片，根据折线图 2.28 ~ 图 2.30 以及表 2.2 可以得出以下结论：

（1）5 组岩石试样随着干湿循环次数的增多，其粒径均有所减小，岩样棱角出现钝化效果，伴随有磨圆现象，前 4 组变化较不明显，第 5 组变化明显。

（2）第 5 组岩样经过 1 次循环后，整块岩样基本上完全破碎崩解，表现出极低的耐崩解性，第 2 次循环后只使得崩解颗粒粒径略有减小，且变化较不明显，减小速度趋于均匀，粒径集中在 2 ~ 10 mm。

（3）第 3 组岩样在经过 1 次循环后，其中一块岩样解体为 2 块，经过 2 次循环后无明显变化，不易崩解部分出现磨圆和粒径减小现象，但并未解体，表现出较强的耐崩解性。

（4）第 1、2、4 组岩样在经过 2 次循环后均仅出现磨圆现象，耐崩解性能较强。

（5）各组岩样在经过两次干湿循环后质量均成减少趋势，前 4 组趋势不明显，最后一组在第一次干湿循环后质量骤减，呈现出与前 4 组截然不同的性质。

综上，经过室内试验测定，5 组岩样的耐崩解指数依次为 98.8%、99.8%、99.6%、99.9% 以及 6.39%，说明前 4 组岩样耐崩解性极强，而最后一组岩样耐崩解性最差，这与各岩样矿物组成有一定相关性，同时也与图片所呈现内容在定性分析上相符。

2.3　隧道岩石电镜扫描试验

2.3.1　电镜扫描试验仪器与原理

扫描电子显微镜（Scanning Electron Microscope，SEM）是一种用于高分辨率微区形貌分析的大型精密仪器，是一种介于透射电子显微镜和光学显微镜之间的一种观察手段，具有景深大、分辨率高、成像直观、立体感强、放大倍数范围宽以及待测样品可在三维空间内进行旋转和倾斜等特点[7]。

扫描电镜实物图及其基本结构分别如图 2.31 及图 2.32 所示。

扫描电子显微镜电子枪发射出的电子束经过聚焦后汇聚成点光源，点光源在加速电压下形成高能电子束，高能电子束经由两个电磁透镜被聚焦成直径微小的光点，在透过最后一级带有扫描线圈的电磁透镜后，电子束以光栅状扫描的方式逐点轰击到样品表面，同时激发出不同深度的电子信号。此时，电子信号会被样品上方不同信号接收器的探头接收，通过放大器同步传送到电脑显示屏，形成实时成像记录，如图 2.33 所示为扫描电镜原理图。

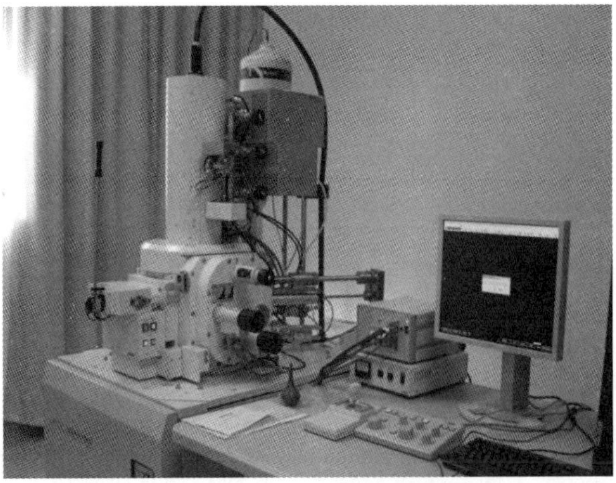

图 2.31　扫描电镜实物图

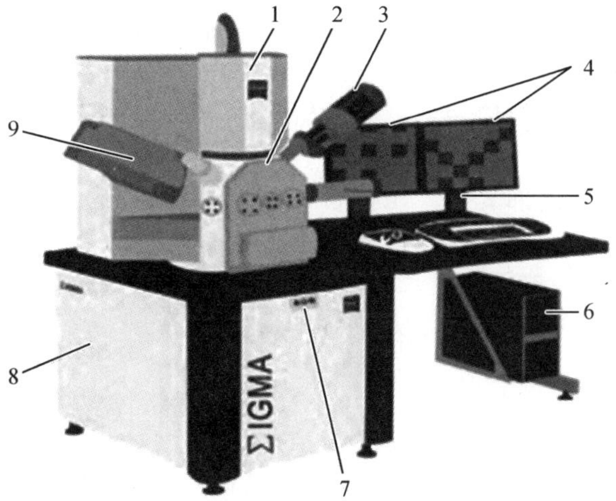

1—镜筒；2—样品室；3—EDS 探测器；4—监控器；5—EBSD 探测器；6—计算机主机；
7—开机/待机/关机按钮；8—底座；9—WDS 探测器。

图 2.32　扫描电镜基本结构

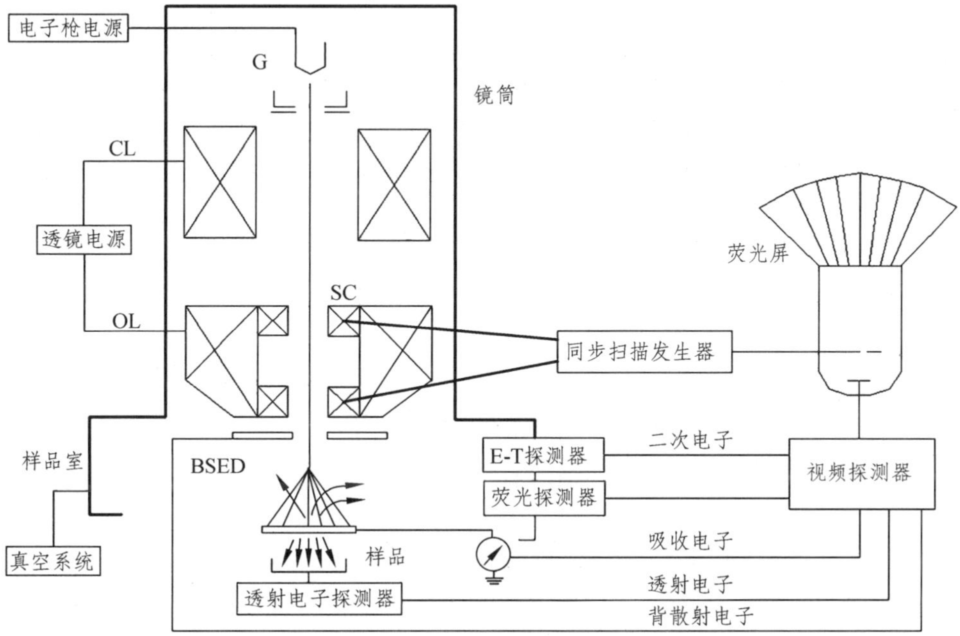

图 2.33　扫描电镜原理图

2.3.2　试验要求与步骤

根据试验要求，开展电镜扫描试验的步骤与注意事项如下：

1. 安装样品

打磨岩样至约小拇指甲盖大小且厚 1 mm，一面切平，吹净粉尘后贴上导电胶，将样品置于载物台上紧，按“Vent”直至灯闪，对样品交换室放氮气，直至灯亮。

松开样品交换室锁扣，打开样品交换室，取下原有的样品台，将已固定好样品的样品台放到送样杆末端的卡爪内，此时注意样品高度不能超过样品台高度，并且样品台下面的螺丝不能超过样品台下部凹槽的平面。

关闭样品交换室门，扣好锁扣。

按“EVAC”按钮，开始抽真空，“EVAC”闪烁，待真空达到一定程度，“EVAC”点亮。

将送样杆放下至水平，向前轻推至送样杆完全进入样品室，无法再推动为止，确认“Hold”灯点亮，将送样杆向后轻轻拉回直至末端台阶露出导板外将送样杆竖起卡好，此时注意推拉送样杆时用力必须沿送样杆轴线方向，以防损坏送样杆。

2. 试样的观察

（1）观察样品室的真空“PVG”值，当真空达到 9.0×10^{-5} Pa 时，打开“Maintenance”，加高压 5 kV，软件上扫描的发射电流为 10 μA，工作距离“WD”为 8 mm，扫描模式为“Lei”。此时注意，为减少干扰，有磁性样品时，工作距离一般为 15 mm 左右。

（2）在操作键盘上按“Quick View”，将放大倍率调至最低，点击“Stage Map”，对样品进行标记，按顺序对样品进行观察。

（3）取消“Low Mag”，先看图像是否清楚，不清楚则调节聚焦旋钮，直至图像清楚；再旋转放大倍率旋钮，聚焦图像，直至图像清楚，再放大直到放大到所需要的图。

（4）聚焦到图像的边界一致，如果边界清晰，说明图像已选好；如果边界模糊，则调节操作键盘上的“X、Y”两个消像散旋钮，直至图像边界清晰。如果图像太亮或太暗，可以调节对比度和亮度，旋钮分别为“Contrast”和“Brightness”；也可以按“ACB”按钮，自动调整图像的亮度和对比度。

（5）按“Fine View”键，进行慢扫描，同时按“Freeze”键，锁定扫描图像。

（6）扫描完图像后，打开软件上的“Save”窗口，按“Save”键，填好图像名称，选择图像保存格式，然后确定，保存图像。

（7）按“Freeze”解除锁定后，继续进行样品下一个部位或者下一个样品的观察。

3. 取出样品

（1）检查高压是否处于关闭状态，如“HT”键为绿色，点击“HT”键，关闭高压，“HT”键为蓝色或灰色后即关闭高压。

（2）检查样品台是否归位，工作距离为 8 mm，点击样品台按钮，按“Exchange”键，“Exchange”灯亮。

（3）将送样杆放至水平，轻推送样杆到样品室，停顿 1 s 后，抽出送样杆并将送样杆竖起卡好，注意观察“Hold”，“Hold”状态显示为关闭表示样品台离开样品室。电镜扫描试验步骤如图 2.34 所示。

2.3.3 岩样微观结构分析

1. 光学显微镜成像

为对岩样的微观结构进行分析，首先对 5 种岩样进行光学照片的拍摄，所得部分照片如图 2.35 所示。

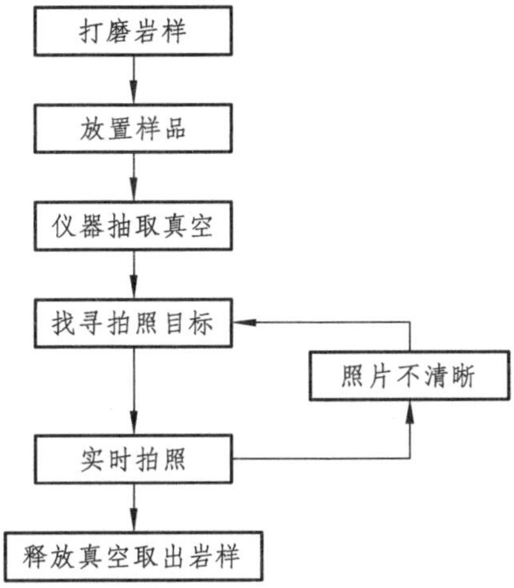

图 2.34　电镜扫描试验步骤

（a）混合花岗岩　（b）黑云变粒岩

（c）花岗片麻岩　（d）花岗片麻岩

（e）糜棱岩

图 2.35　岩样光学显微镜成像

由光学照片可以看出表 2.3 所示内容：

表 2.3　岩样颜色及矿物组成

岩样种类	颜色	矿物组成
混合花岗岩	灰色、灰白色	黑云母、石英、斜长石、钾长石及部分副矿物等
黑云变粒岩	灰白色、灰褐色及杂色	黑云母、白云母、石英、斜长石、钾长石等
花岗片麻岩	灰褐色、杂色	黑云母、斜长石、石英及少量钾长石等
花岗片麻岩	灰褐色、杂色	黑云母、斜长石、石英及少量钾长石等
糜棱岩	杂色	长英质碎斑及基质

从表 2.3 可以看出，混合花岗岩、黑云变粒岩以及花岗片麻岩在矿物组成上大致相同，均主要含有黑云母、石英、斜长石和钾长石，糜棱岩所含长英质碎斑主要成分为斜长石和石英，与其他岩样有所不同。

2. 电镜扫描成像

对隧道区不同位置采集到的 5 种岩样进行电镜扫描试验，部分岩样微观结构如图 2.36 所示。由电镜成像分析岩样结构构造及破碎程度如表 2.4 所示。

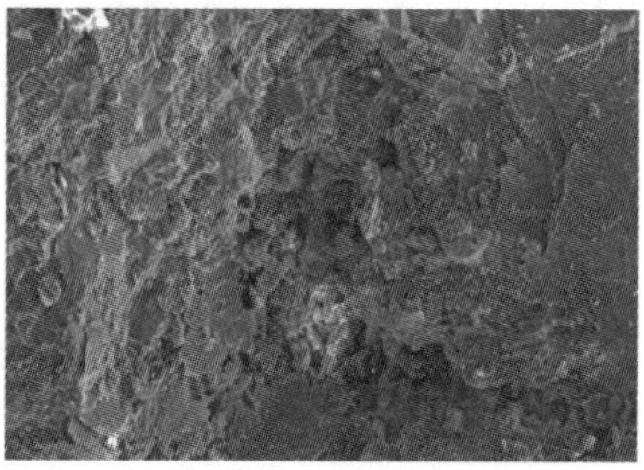

（a）混合花岗岩

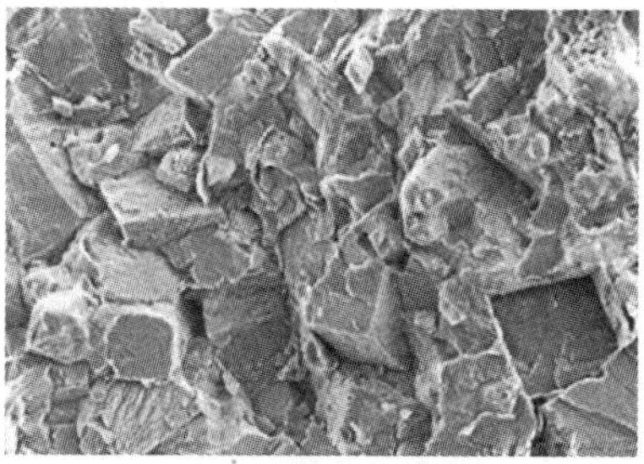

（b）黑云变粒岩

（c）花岗片麻岩 1

（d）花岗片麻岩 2

（e）花岗片麻岩

（f）糜棱岩

图 2.36　岩样电镜扫描成像

表 2.4　岩样结构构造及破碎程度

岩样种类	结构构造	破碎程度
花岗片麻岩	粒状变晶结构以及片麻状构造	部分结构面平整，部分伴有裂隙
混合花岗岩	中～细粒结构、斑状结构以及块状构造	孔隙类型复杂、形态多样、连通性较差
黑云变粒岩	粒状变晶结构和块状构造	结构面较为平滑完整，颗粒间黏结紧密
花岗片麻岩	粒状变晶结构以及片麻状构造	部分微观颗粒排列有序，部分结构面不平整
糜棱岩	糜棱结构	较破碎，局部结构较致密，微裂隙较发育

3. 成像结果分析

对岩样天然状态下的肉眼观察及对岩样开展的光学显微镜成像以及扫描电镜成像所得照片进行分析，可以比较出 5 种岩样在颜色、结构构造、矿物组成、破碎程度、裂缝发展趋势等方面的异同。具体分析结果如下：

（1）① 混合花岗岩颜色呈灰色、灰白色，具中～细粒结构、斑状结构以及块状构造，组成矿物主要有黑云母、石英、斜长石、钾长石及部分副矿物等。② 黑云变粒岩颜色呈灰白色、灰褐色以及杂色，具粒状变晶结构和块状构造，主要由黑云母、白云母、石英、斜长石、钾长石等矿物组成。③、④ 花岗片麻岩颜色呈灰褐色、杂色，具粒状变晶结构以及片麻状构造，主要由黑云母、斜长石、石英及少量钾长石等矿物组成。⑤ 糜棱岩颜色呈杂色，主要由长英质碎斑及基质组成，具糜棱结构，岩体较破碎，局部结构较致密，定向构造。

（2）① 混合花岗岩质地致密，颗粒分布均匀，内部含有墨水瓶状孔、平行板状孔等多种孔隙，孔隙以微孔、过渡孔、中孔为主，孔隙类型复杂，孔隙形态多样，且孔隙之间的连通性较差。② 黑云变粒岩结构较紧密，矿物具有一定方向性，不同深度岩样风化程度不同，微观结构排列有序，形状大多呈规则多面体，整体结构面较为平滑完整，颗粒间黏结紧密。③、④ 花岗片麻岩部分微观颗粒排列有序、紧密，结构面比较平滑、完整，无孔洞和微裂隙，部分结构面不平整，颗粒间由一些晶体连接为一个整体且相对紧密，但结构面也伴有裂隙和孔洞的出现。⑤ 糜棱岩微观颗粒的大小及形状均不规则，颗粒排列呈现出明显的定向分布，整体结构面较粗糙且不成整体，微裂隙较为发育，颗粒间结构松散甚至有孔洞。

2.4　结 论

以云南省玉临高速五老山隧道为对象，首先对工程所在地开展地球物理勘探，得出隧道区地层岩性构成和岩体完整性，再对工程某处所取变质岩岩样进行耐崩解性试验，对岩样的耐崩解性做出定性和定量的分析并比较异同，同时对岩样展开电镜扫描试验，着重研究其微观结构。所得结论主要如下：

（1）隧道区范围内主要地层为第四系坡残积（Q^{dl+el}）层、第四系坡洪积（Q^{dl+pl}）层、元古宇（PR）岩层、印支期（γ_{m5}^{1}）岩层，主要岩体为黑云变粒岩、花岗质混合片麻岩、均质混合岩夹片麻岩、糜棱岩、少量斜长角山岩、透辉变粒岩以及云母片岩等。接近地表岩体完整程度较差，岩体较为破碎，平均 50 m 以下岩体完整程度均较好。隧道进口可分为低阻区、高阻区和相对低阻区，低阻区电阻率值一般小于 200 Ω·m，高阻区电阻率值一般大于 500 Ω·m，相对低阻区电阻率值一般为 200 ~ 500 Ω · m。隧道出口可分为低阻区、高阻区和相对低阻区，低阻区电阻率值一般小于 200 Ω · m，高阻区电阻率值一般大于 1 000 Ω · m，相对低阻区电阻率值一般为 200 ~ 500 Ω · m。掌子面正前探测左前方 0 ~ 30°和掌子面右前方 0 ~ 10°为相对低阻反映，上部对应位置含裂隙水发育，富水性稍强，其他探测范围较此两处相比视电阻率较低，富水性一般。掌子面正前上部探测左前方 0 ~ 90°和掌子面右前方 0 ~ 10°为相对低阻反映，上部对应位置含裂隙水发育，富水性稍强，其他探测范围较此两处相比视电阻率较低，富水性一般。

（2）针对耐崩解性试验可以得出，工程所在地变质岩中，5 组岩样的耐崩解指数依次为 98.8%、99.8%、99.6%、99.9%以及 6.39%，所取混合花岗岩、黑云变粒岩及花岗片麻岩岩样耐崩解性十分接近，耐崩解性均较好，而糜棱岩岩样耐崩解性最差，呈现出与其他岩样截然不同的耐崩解性。

（3）从电镜扫描试验可以看出，隧道区不同位置所取岩样结构构造主要有块状构造、片麻状构造以及糜棱结构。块状结构较紧密，矿物具有一定方向性，不同深度岩样风化程度不同，微观结构排列有序，伴有一定的裂隙；片麻状构造部分微观颗粒排列有序、紧密，结构面比较平滑、完整，无孔洞和微裂隙，部分结构面不平整，颗粒间由一些晶体连接为一个整体且相对紧密，但结构面也伴有裂隙和孔洞的出现；糜棱结构微观颗粒呈现出明显的定向分布，整体结构面较粗糙且不成整体，微裂隙较为发育，颗粒间结构松散甚至有孔洞。

综上，本章通过研究云南省玉临高速五老山隧道变质岩特性这一具体案例，经过区域地质调查和收集相关研究资料，进行地球物理勘探、岩石耐崩解性试验以及扫描电镜试验，得到了针对这一工程实例的相关研究结果。

3

高速公路隧道穿越断层破碎带数值模拟

3.1 UDEC 数值模型建立

由于破碎带带来的地下水扰动、地基承载力等对工程易造成极大的不良影响[8-11]，故针对五老山隧道的 F_{47} 大生地断裂带地段进行数值模拟分析。该地段主要处于右 K261+410 左 5 m=左 K261+430 右 37 m 位置，在该地段的破碎带以外的位置岩质多为花岗岩，在破碎带内岩质多为糜棱岩和花岗岩变质岩；该地段埋深约为 300 m，本设计模型埋深近似取为 300 m。对于本构模型，建模时采用弹塑性模型，在 UEDC 中块体服从 cons=2；节理本构模型服从 UDEC 中 jcons=3。模型尺寸选用 $X\times Y$=80 m×60 m 对隧道掘进纵断面进行分析模拟。在模型中破碎带呈现为 9 m 宽且与隧道路线成 60°角的破碎断层。节理按 45°划分，节理的间距与开挖的位置有关，在相同情况下，在距开挖位置较近时，其部分受开挖扰动较大，因此，该地段的节理划分较细，以此模拟受开挖扰动较大的情况。对于模型边界，采用四边锁定 X 和 Y 位移的方式，使边界稳定。其原始模型图如图 3.1 所示。

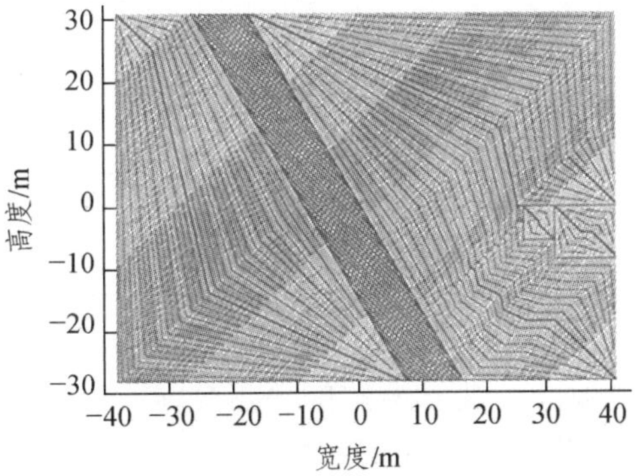

图 3.1 原始模型

3.1.1 边界应力和初始条件

在完成块体节理切割和变形单元划分后，应施加边界条件和初始条件。由隧道埋深和围岩岩质、分级确定的岩石密度 ρ=2 000 kg/m^3 可得：边界应力施加于模型边界上，大小为 6 MPa，方向为竖直向下，以此模拟隧道 300 m 埋深。

为模拟隧道施工的实际情况，还应施加初始条件。

初始条件为：初始水平应力 X 方向施加 1.8 MPa，竖向应力 Y 方向施加 2 MPa，在平面之外 Z 方向施加应力 1.8 MPa。对于梯度应力：Y 方向梯度应力 10 kPa，Z 方向梯度应力 12 kPa。

由工程实际可得，在模型中的各个边界都应将 X、Y 方向锁定，令其 4 个边界在 X、Y 方向的位移都为 0，让模型更符合工程实际。

3.1.2 模型参数

由于研究的路段隧道围岩主要岩质为糜棱岩和变质花岗岩，因此将模型块体密度取为 ρ=2 000 kg/m^3，块体的体积模量 K、剪切模量 G 也是块体的重要参数，应根据围岩的分级、岩质按照（ E,ν ）和 (K,G) 的变换公式进行计算。

$$K=\frac{E}{3(1-2\nu)} \tag{3.1}$$

$$G=\frac{E}{2(1+\nu)} \tag{3.2}$$

式中：K——体积模量；
　　G——剪切模量；
　　E——杨氏模量；
　　ν——泊松比。

公式中的各项值，可由围岩分级查表 3.1 得到：

表 3.1　各级围岩物理力学指标

围岩级别	重度 γ / (kN/m^3)	杨氏模量 E / (GPa)	泊松比 ν	内摩擦角 φ / (°)	黏聚力 c / (MPa)
Ⅰ	26 ~ 28	＞33	＜0.2	＞60	＞2.1
Ⅱ	25 ~ 27	20 ~ 33	0.2 ~ 0.25	50 ~ 60	1.5 ~ 2.1
Ⅲ	23 ~ 25	6 ~ 20	0.25 ~ 0.3	39 ~ 50	0.7 ~ 1.5
Ⅳ	20 ~ 23	1.3 ~ 6	0.3 ~ 0.35	27 ~ 39	0.2 ~ 0.7
Ⅴ	17 ~ 20	1 ~ 2	0.35 ~ 0.4	20 ~ 27	0.05 ~ 0.2
Ⅵ	15 ~ 17	＜1	0.4 ~ 0.5	＜22	＜0.1

涉及的隧道段围岩多为Ⅴ级围岩，查表取值后按公式（3.1）、式（3.2）计算得体积模量 K=1.5 GPa、剪切模量 G=0.6 GPa。查表在Ⅴ级围岩的各项取值范围内取值，内摩擦角 $\varphi=25°$，黏聚力 $c=0.184$ MPa。因此，模型岩石的参数如表 3.2 所示。

表 3.2　模型围岩参数

参数取值	密度/（kg/m^3）	体积模量/GPa	剪切模量/GPa	内摩擦角/（°）	黏聚力 c/MPa
	2 000	1.5	0.6	25	0.184

由花岗岩、糜棱岩及变质花岗岩的岩性确定了该围岩是极不稳定的、极脆弱的。因此，岩石节理应切割较细且参数应恰当。节理的参数应比岩石参数相对较小，节理的切向刚度应该比法向刚度小；因此，取节理切向刚度 jks=6 GPa，节理法向刚度 jkn=12 GPa。节理摩擦角、黏聚力取值应小于岩石，节理摩擦角 $\varphi=15°$；黏聚力 c=0.12 MPa。节理所用参数统计如表 3.3 所示。

表 3.3　模型岩石节理参数

参数取值	切向刚度/GPa	法向刚度/GPa	内摩擦角/(°)	黏聚力 c/MPa
	12	6	15	0.12

3.2　穿越破碎带工况分析

对于隧道所遭遇的 9 m 长破碎带，在分析时共分为 10 个工况，分别为：进入破碎带 2 m、4 m、6 m、8 m 时的第三级台阶处支护前和支护后情况，以及在出破碎带后离破碎带较远边界 10 m 时的第三级台阶处支护和支护后的情况。在这 10 个工况的情况下，本设计分别对每个工况的 X 和 Y 方向的位移变化、X 和 Y 方向的应力情况做相应的分析，在每个工况设置 15 ~ 30 个监测点，检测每个点的位移情况。用 UDEC 软件对以上 10 种工况分别进行模拟，以上每一种工况都采用 3 级台阶开挖法，对隧道进行开挖并采用边开挖边支护的方法。应用 UDEC 软件模拟相应情况，对于初始模型应使其迭代平衡，保证初始状态下的模型是绝对稳定的，才能对其进行开挖。

3.2.1　开挖进入破碎带 2 m 处支护前工况分析

视工程进度到开挖进入破碎带 2 m 位置未支护状态为第一个工况，在建立原始块体模型情况下，执行相应的开挖命令。为模拟破碎带在实际工程隧道段中的情况，在建立模型时，将模型分为 5 个部分，在离开挖最远的部分，节理设为角度 45°、间距 0.8 m，其余除破碎带以外的部分，节理为角度 45°、间距 0.4 m，破碎带部分由正向 45°、间距 0.4 m，反向 45°、间距 0.2 m 节理切割构成。为模拟实际埋深，边界应力原始模型的上边界施加竖直向下的大小为 6 MPa 的边界应力，模型 4 个边界 X、Y 方向位移均锁定，令其 X、Y 方向位移均为 0。初始水平应力 X 方向施加 1.8 MPa，竖向应力 Y 方向施加 2 MPa，在平面之外 Z 方向施加应力 1.8 MPa。对于梯度应力：Y 方向梯度应力 10 kPa，Z 方向梯度应力 12 kPa。

在建立原始模型之后，本模型采用初始平衡迭代 5 000 步，使原始模型足够平衡。在平衡之后基础上，采用 3 级台阶一次性开挖后，掘进破碎带 2 m 内，一级台阶长度 36 m，二级台阶长度 6 m，三级台阶长度 1 m。对于三段开挖，在开挖第一段之后，对其进行支护，为模拟实际情况且由于第一段开挖段长度较长，故用位移锁定命令“bound xvel=0.0 yvel=0 range x1 x2 y1 y2”对其进行支护；在开挖第二段之后，因第二段长度较第一段短，长度为 6 m，故采用反力命令进行支护，反力大小为 0.8 MPa；在开挖第三段后，本工况不考虑对第三段开挖部分进行支护。在开挖后用 UDEC 软件对开挖后的部分，迭代 2 000 步，分别从塑性区、应力及位移几个方面进行分析。

图 3.2 为开挖至 2 m 处支护前情况的开挖模型图，从模型图中可看出三级台阶开挖后的情况。为证明该情况下模型足够平衡，可由最大不平衡力图得，当最大不平衡力图开始处于浮动不大、其值逐渐趋近于 0 时，证明其处于平衡状态。开挖进入破碎带 2 m 支护前情况下模型最大不平衡力图如图 3.3 所示，可知，该模型处于平衡状态。

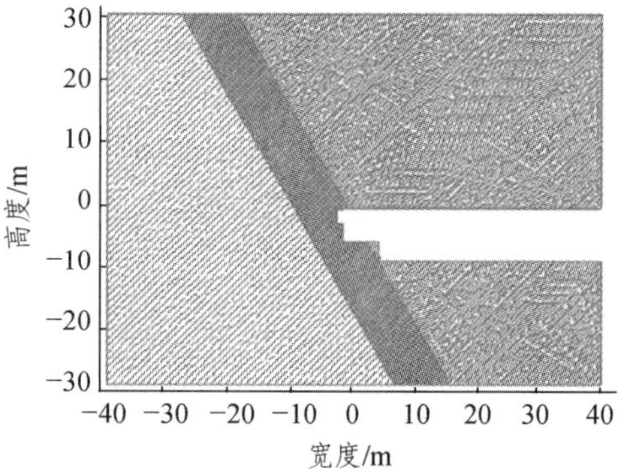

图 3.2 开挖模型图

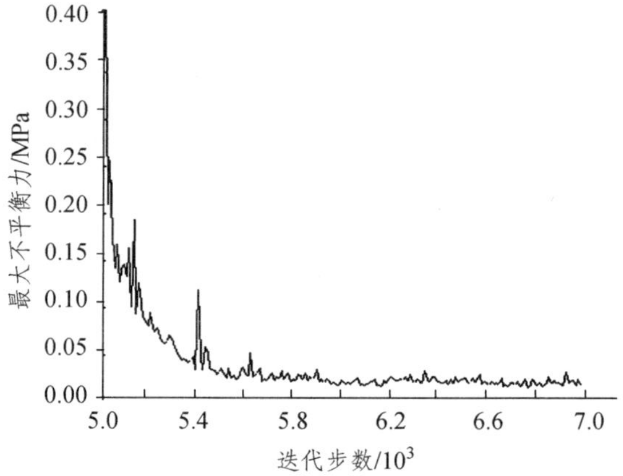

图 3.3 最大不平衡力图

1. 开挖进入破碎带 2 m 处支护前工况应力分析

对于开挖进入破碎带 2 m 处支护前工况，首先进行各方向应力分析。对于 X 方向的应力分析，云图呈分层状态，最大应力量级是兆帕级，分层应力从上到下是呈递增状态从 0.81 MPa 至 1.73 MPa，其中在洞口部分有应力集中的情况存在，在洞口部分 X 方向的应力最大为 2.42 MPa。在平衡 2 000 步后，进入破碎带 2 m 位置处支护前 X 方向应力云图如图 3.4 所示。

对于 Y 方向的应力分析，云图大约呈分层状态，最大应力量级是兆帕级，分层应力从上到下是呈递减状态从 0.65 MPa 至 2.05 MPa，其中在洞口部分有应力集中的情况存在，在洞口部分 Y 方向的应力最大为 3.80 MPa。在平衡 2 000 步后，进入破碎带 2 m 位置处支护前 Y 方向应力云图如图 3.5 所示。

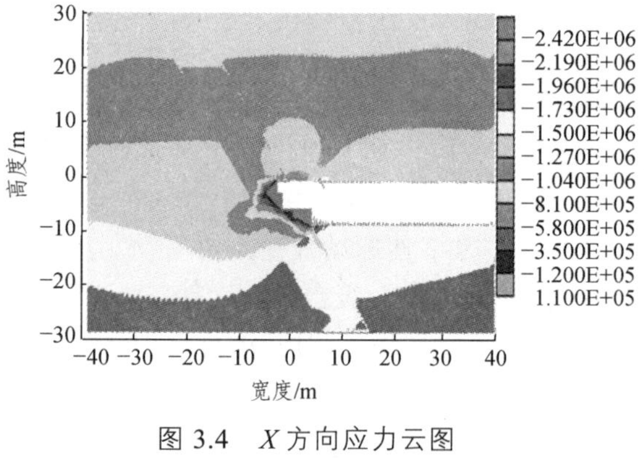

图 3.4 X 方向应力云图

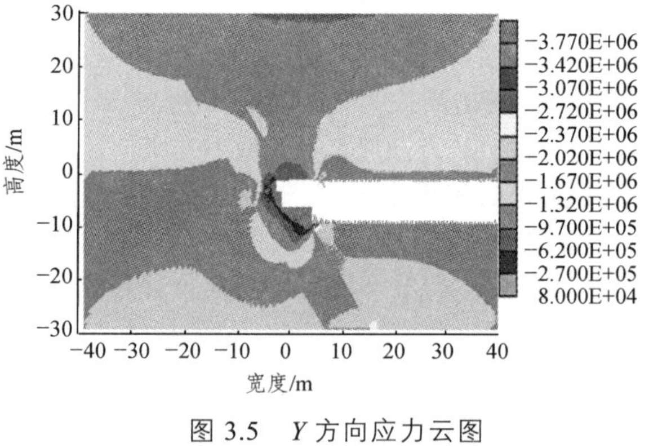

图 3.5 Y 方向应力云图

2. 开挖进入破碎带 2 m 处支护前工况位移分析

对于模型的位移分析，首先要从云图上面看其宏观的变化，对于 X 方向的位移分析，其位移主要集中在掌子面位置，且其位移方向均为正方向，在开挖平衡 2 000 步时，位移最大值约为 8.0 cm，位移最大位置主要在掌子面。其范围更大的位移约为 1.2 ~ 2.0 cm。对于 X 方向的位移云图，只截取靠近掌子面的 3 个台阶位置处的云图，其位移主要集中在该位置。开挖进入破碎带 2 m 处支护前 X 方向的位移云图截取横坐标−10.0 ~ 10.0 m、纵坐标−16.0 ~ 4.0 m，如图 3.6 所示。

根据工程实际可知 *Y* 方向的位移应集中在洞口第二阶台阶部分。由 UDEC 数值模拟结果可知，在开挖进入破碎带 2 m 处未支护时，对于 *Y* 方向，在掌子面以上的隧道顶部位置处有向下的位移，在开挖平衡 2 000 步时，其最大的位移约为 6.7 cm；在台阶处有向上的位移，在开挖平衡 2 000 步时，其最大的位移约为 3.3 cm。对于 *Y* 方向的位移云图，只截取靠近掌子面的 3 个台阶位置处的云图，其位移主要集中在该位置。开挖进入破碎带 2 m 处支护前的 *Y* 方向的位移云图截取横坐标-10.0 ~ 10.0 m、纵坐标-18.0 ~ 2.0 m，如图 3.7 所示。

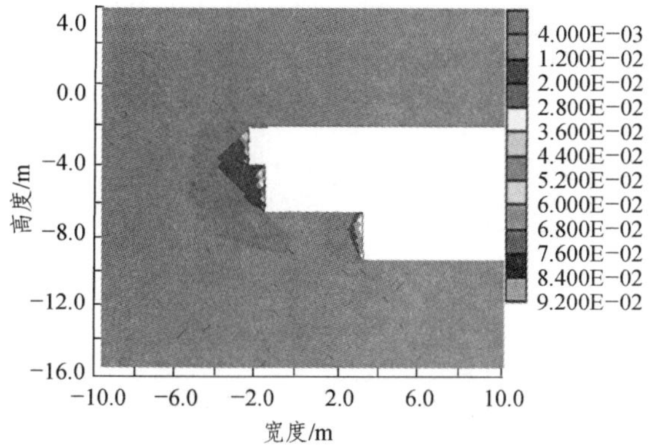

图 3.6　*X* 方向位移云图

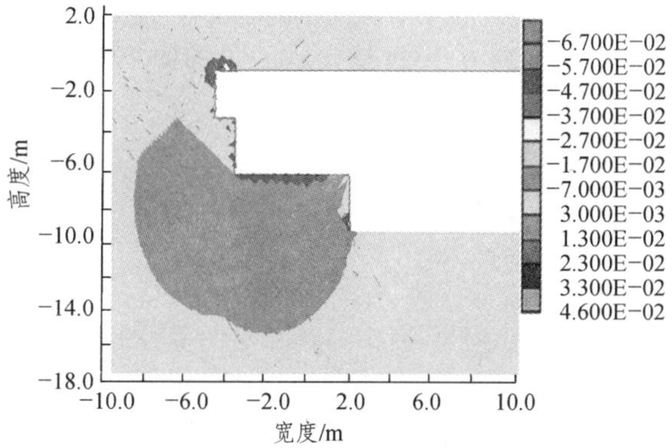

图 3.7　*Y* 方向位移云图

从设置检测点角度，对特定位置点的位移进行分析时，分别对竖直方向（*Y* 方向）、水平方向（*X* 方向）进行分析。共设置 3 组监测点，分别为掌子面处设 8 个监测点、拱顶设 7 个监测点、距掌子面 1 m 处和 2 m 处各设 3 个监测点。分别对掌子面位置 8 个监测点的 *X*、*Y* 方向进行位移监测，对拱顶位置 7 个监测点进行 *Y* 方向位移监测，对距掌子面 1 m 处及 2 m 处的共 6 个监测点进行 *X*、*Y* 方向位移监测。

在对掌子面位置处位移进行监测分析时，首先要合理分布其监测点。掌子面处的监测点分布图如图 3.8 所示。

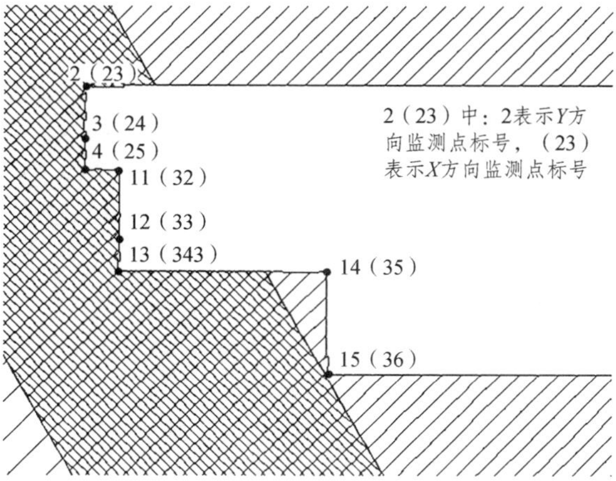

图 3.8　掌子面监测点分布图

进入破碎带 2 m 处支护前工况掌子面处监测点 *X* 方向的位移，其中：24 号、33 号点在掌子面中间，位移最大，在迭代 2 000 步时有 7 cm 左右的位移；位于第三级台阶的 25 号点位移也较大，在迭代 2 000 步后，位移可达 4 ~ 5 cm；其余各点位移大小较为集中，在迭代 2 000 步后，均仅存在 2 cm 以下位移。其进入破碎带 2 m 处支护前工况掌子面监测点 *X* 方向的位移曲线图如图 3.9 所示。

进入破碎带 2 m 处支护前工况掌子面处监测点 *Y* 方向的位移，其中：11 号、14 号、15 号点在掌子面的位移为正（代表各点的位移方向向上），其余各点的位移均为负（代表各点的位移方向向下），在迭代 2 000 步时各方向最大位移均接近 2 cm。在第二级和第三级台阶底部的两点其位移向下，是因为块体的本构为塑性体，加之两个台阶的长度较小，巨大压力使该两点插入块体中，故其表示的位移向下。其进入破碎带 2 m 处支护前工况掌子面监测点 *Y* 方向的位移曲线图如图 3.10 所示。

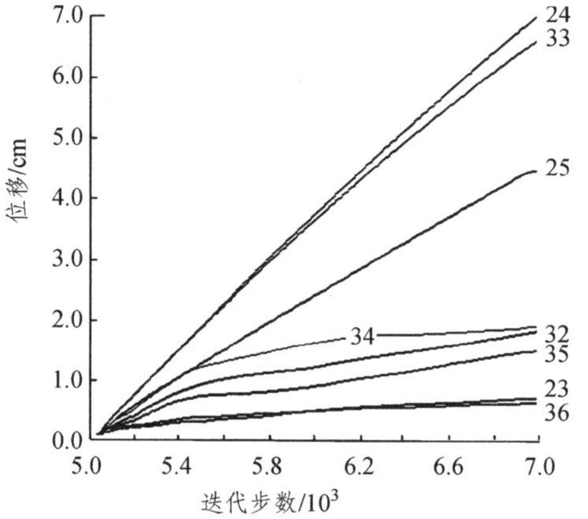

图 3.9　掌子面监测点 *X* 方向位移曲线图

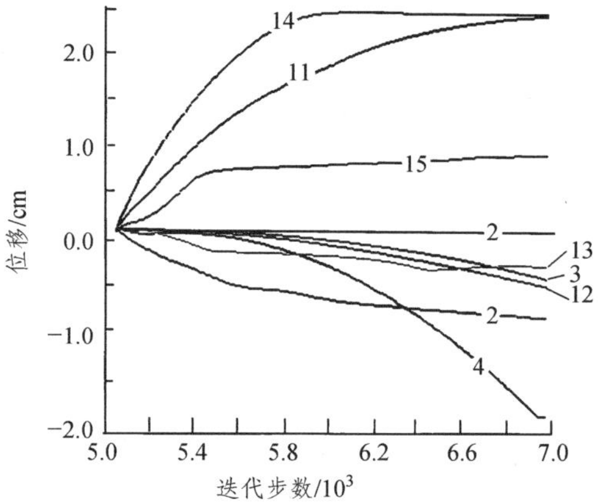

图 3.10　掌子面监测点 *Y* 方向位移曲线图

对于拱顶竖直方向位移而言，离掌子面越近其向下的位移越大，其最大的位移在掌子面拱顶处，在迭代 2 000 步的情况下，最大为 6 ~ 7 mm。进入破碎带 2 m 处支护前工况拱顶处监测点的分布图、*Y* 方向位移曲线图如图 3.11 和图 3.12 所示。

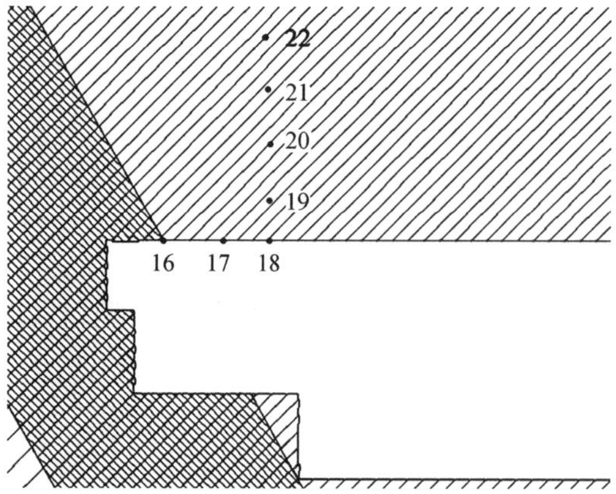

图 3.11　拱顶监测点分布图

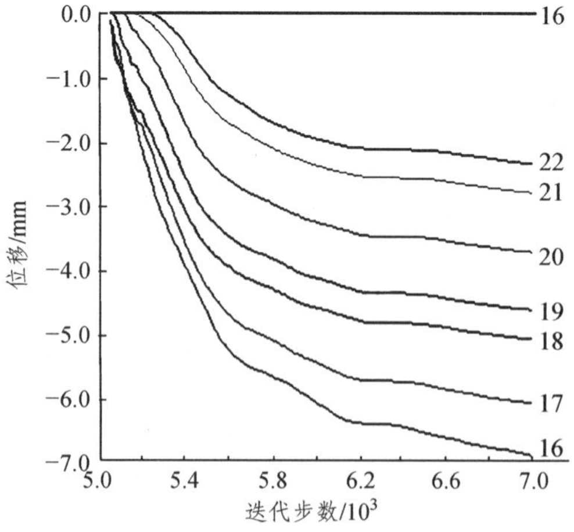

图 3.12　拱顶监测点 *Y* 方向位移曲线图

在距掌子面 1 m、2 m 处分别设置 3 个监测点，共 6 个监测点。其监测点分布图如图 3.13 所示。图中 5（26）中的 5 表示 *Y* 方向监测点标号，（26）表示 *X* 方向监测点标号。

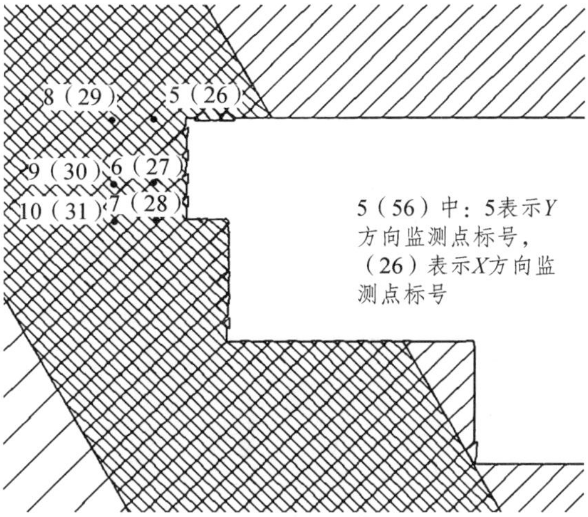

图 3.13 掌子面前监测点分布图

在距离掌子面 1 m、2 m 的 6 个监测点中，对于 *X* 方向的位移分析，其位移最大的两点是 27 号、28 号点，迭代 2 000 步后最大位移约为 1.3 cm。其余各点的位移均分布于 1 cm 以下。在距掌子面 1 m 和 2 m 处监测点 *X* 方向的位移曲线图如图 3.14 所示。

在距离掌子面 1 m、2 m 分别设立的 3 个监测点中，对于 *Y* 方向的位移分析，6 号、7 号、10 号点的位移方向为正（即代表各点位移向上），5 号、8 号、9 号点的位移方向为负（即代表各点位移向下）。对于向下位移的点，在迭代 2 000 步之后，最大位移点为 5 号点，最大位移为 5 ~ 6 cm；对于向上位移的点，其位移均比较接近，在 1 ~ 3 cm 范围内。在距掌子面 1 m 和 2 m 处监测点 *Y* 方向的位移曲线图如图 3.15 所示。

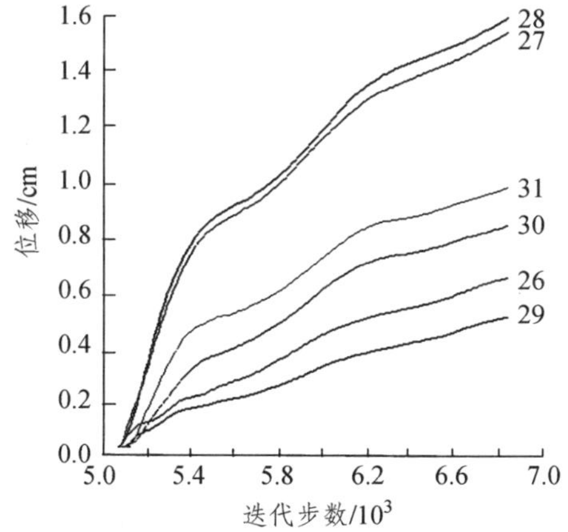

图 3.14 掌子面前监测点 *X* 方向位移曲线图

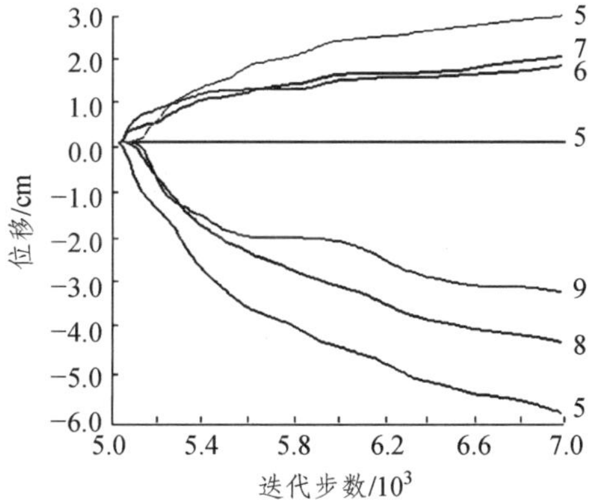

图 3.15 掌子面前监测点 *Y* 方向位移曲线图

3. 开挖进入破碎带 2 m 处支护前工况塑性区分析

由于破碎带部分块体非常离散，所以在洞口开挖之后，洞口四周会出现不同情况的破坏，很多部分也会有一定的位移。开挖之后的部分会出现正在屈服、已经屈服、拉伸破坏 3 种破坏状态，其破坏部分主要集中在第二级台阶、第三级台阶。在第一工况情况下，即开挖进入破碎带 2 m 后，第三级台阶（1 m）部分不支护，区域单元总数为 32 230 个，在集中破坏区域正在屈服单元数为 272 个、已经屈服单元数为 547 个、拉伸破坏单元数为 437 个。开挖后的模型塑性区主要集中在洞口开挖部分，所以截取塑性区集中部分：横坐标-10.0 ~ 10.0 m、纵坐标-16.0 ~ 4.0 m，如图 3.16 所示。

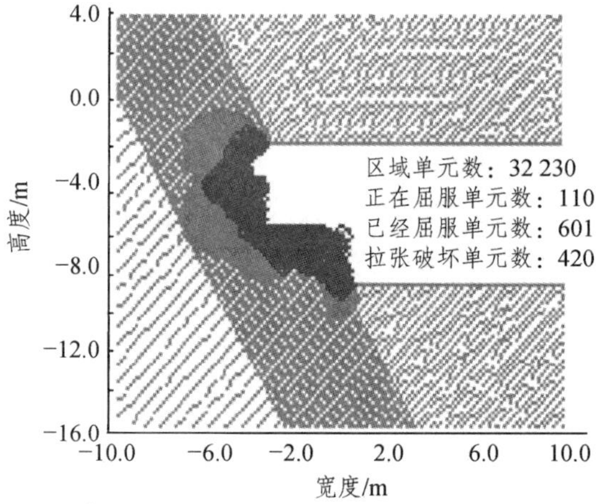

图 3.16　塑性区图

3.2.2　开挖进入破碎带 2 m 处支护后工况分析

视工程进度到开挖进入破碎带 2 m 位置处支护后状态为第二个工况，在建立原始块体模型情况下，执行相应的开挖、支护命令。其本构模型、边界应力及原始应力除支护条件以外与工况一相同。其开挖模型图与工况一相同，如图 3.2 所示。

由最大不平衡力图可证明开挖进入破碎带 2 m 处支护后模型足够平衡。开挖进入破碎带 2 m 处支护后情况下模型最大不平衡力图如图 3.17 所示。

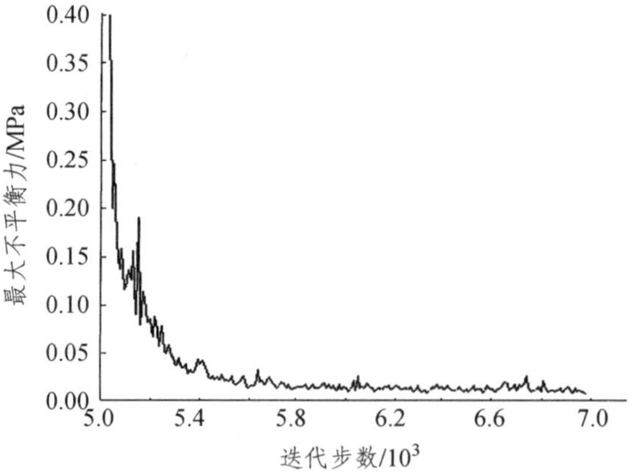

图 3.17　最大不平衡力图

1. 开挖进入破碎带 2 m 处支护后工况应力分析

开挖进入破碎带 2 m 处支护后的工况，对于 *X* 方向的应力分析，云图呈分层状态，最大应力量级是兆帕级，分层应力从上到下是呈递增状态从 0.81 MPa 至 1.73 MPa，其中在洞口部分有应力集中的情况存在，在洞口部分 *X* 方向的应力最大为 2.42 MPa。在平衡 2 000 步后，*X*

方向应力云图如图 3.18 所示。

对于 Y 方向的应力分析，云图大约呈分层状态，最大应力量级是兆帕级，分层应力从上到下是呈递减状态从 0.62 MPa 至 2.02 MPa，其中在洞口部分有应力集中的情况存在，在洞口部分 Y 方向的应力最大为 3.77 MPa。在平衡 2 000 步后，Y 方向应力云图如图 3.19 所示。

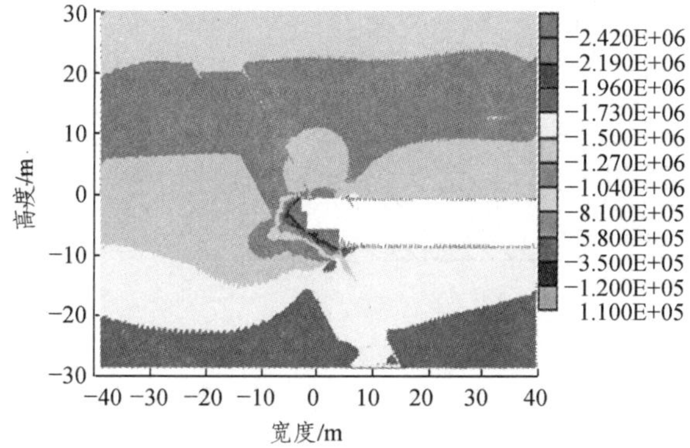

图 3.18　X 方向应力云图

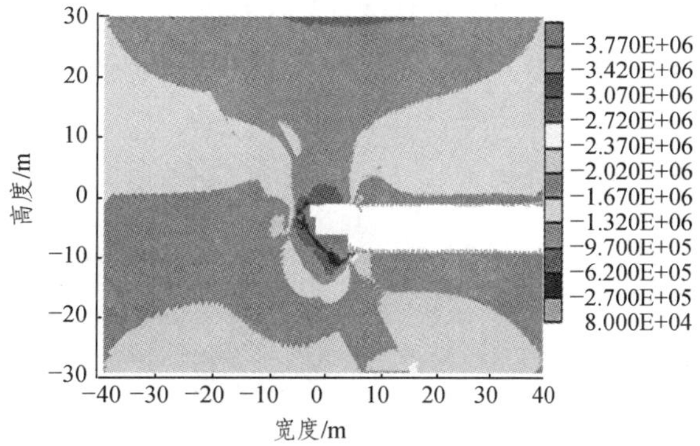

图 3.19　Y 方向应力云图

2. 开挖进入破碎带 2 m 处支护后工况位移分析

对于工况的位移分析，首先要从云图上面看其宏观的变化，对于工况 X 方向位移分析，其位移主要集中在掌子面位置，且其位移方向均为正方向，在开挖平衡 2 000 步时，位移最大值约为 8.0 cm，位移最大位置主要在掌子面。其范围更大的位移约为 1.3 ~ 2.1 cm。开挖进入破碎带 2 m 处支护后 X 方向的位移云图，截取横坐标−10.0 ~ 10.0 m，纵坐标−16.0 ~ 4.0 m 部分，如图 3.20 所示。

根据工程实际可知 Y 方向的位移应集中在洞口第二阶台阶部分。由 UDEC 数值模拟结果可知，在开挖进入破碎带 2 m 处加入支护时，对于 Y 方向，在掌子面以上的隧道顶部位置处有向下的位移，在开挖平衡 2 000 步时，其最大的位移约为 1.4 cm，其大范围的位移为 0.4 ~ 0.9 cm；在台阶处有向上的位移，在开挖平衡 2 000 步时，其最大的位移在边界局部约为 3.1 cm，其大范围的位移为 0.6 ~ 1.5 cm。其 Y 方向的位移云图截取横坐标−10.0 ~ 10.0 m、纵坐标−16.0 ~ 4.0 m，如图 3.21 所示。

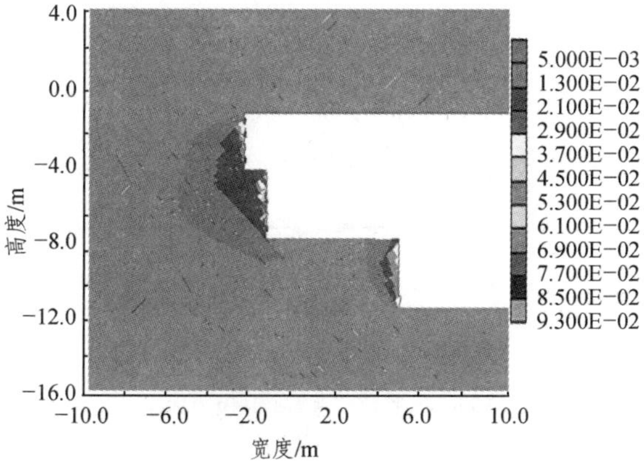

图 3.20　X 方向位移云图

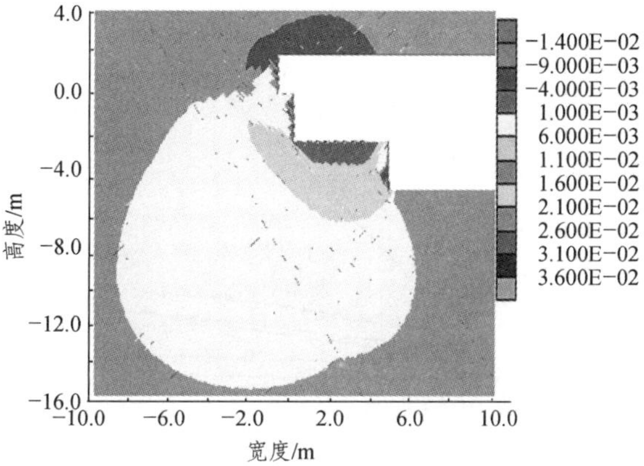

图 3.21　Y 方向位移云图

从设置检测点角度，对特定位置点的位移进行分析时，分别对竖直方向（Y方向）、水平方向（X方向）进行分析。共设置3组监测点，分别为掌子面处设8个监测点、拱顶设7个监测点、在距掌子面1 m处和2 m处各设3个监测点。分别对掌子面位置8个监测点的X、Y方向进行位移监测，对拱顶位置7个监测点进行Y方向位移监测，对距掌子面1 m处及2 m处的共6个监测点进行X、Y方向位移监测。

在对掌子面位置处位移进行监测分析时，首先要合理分布其监测点。掌子面处的监测点分布图如图3.22所示。

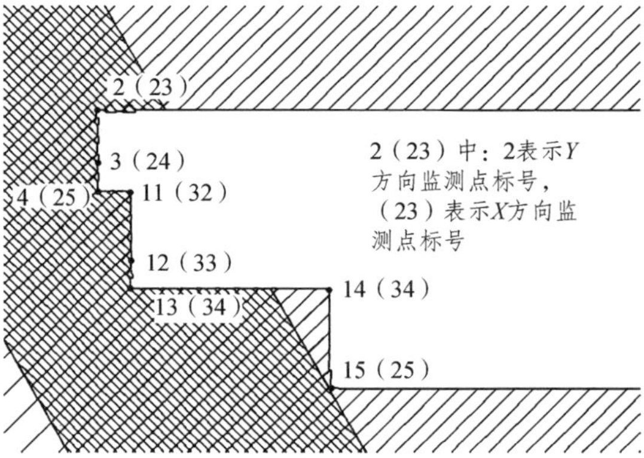

图3.22　进入破碎带2 m加入支护掌子面监测点分布图

掌子面处监测点X方向的位移，其中：24号、33号点在掌子面中间位移最大，在迭代2 000步时有7.0 cm左右的位移；其余各点位移大小较为集中，在迭代2 000步后，均仅存在2.0 cm以下位移。其掌子面监测点X方向的位移曲线图如图3.23所示。

掌子面处监测点Y方向的位移，其中：4号、11号、14号、15号点在掌子面的位移为正，除4号点位移接近0外，15号点位移为0.5～1.0 cm，11号、14号点位移约为7 cm；其余各点的位移均为负。在迭代2 000步时，各方向最大位移均接近0.5 cm。第三级台阶底部的两点其位移向下，是因为块体的本构为塑性体、该地段围岩较为破碎加之台阶的长度较小，巨大的压力使该两点插入块体中，故其表示的位移向下。其掌子面监测点Y方向的位移曲线图如图3.24所示。

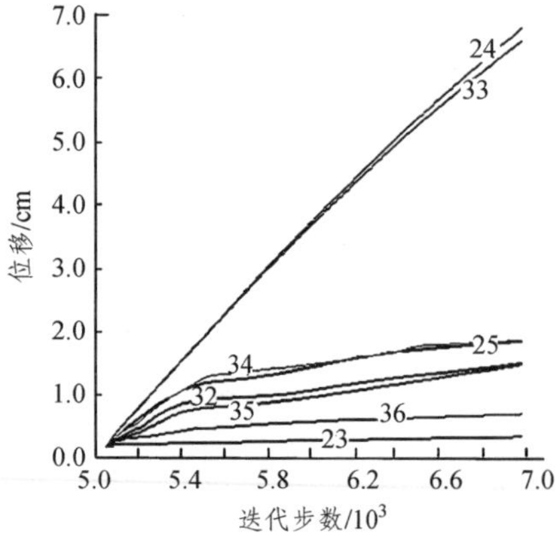

图3.23　掌子面监测点X方向位移曲线图

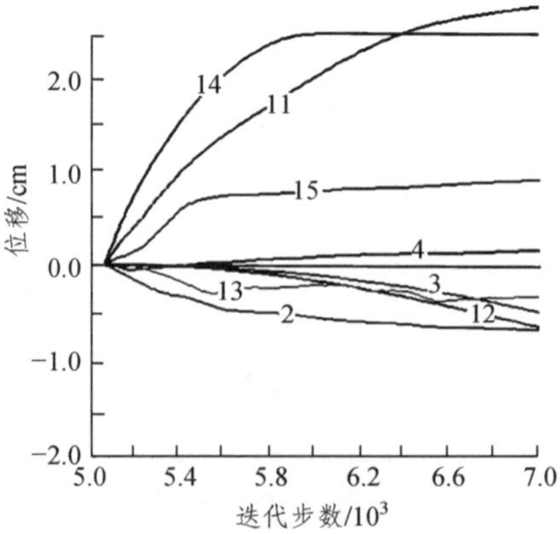

图3.24　掌子面监测点Y方向位移曲线图

对于拱顶竖直方向位移而言，离掌子面越近其向下的位移越大，其最大位移在掌子面拱顶处，在迭代 2 000 步的情况下，最大为 6 ~ 7 mm。拱顶处监测点的分布图、Y 方向位移曲线图如图 3.25 和图 3.26 所示。

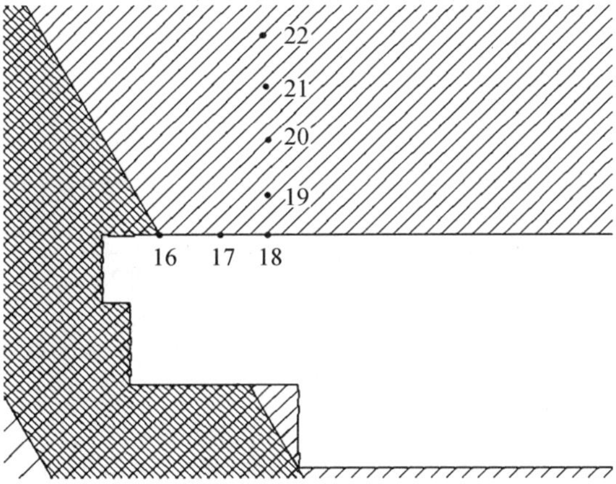

图 3.25　拱顶监测点分布图

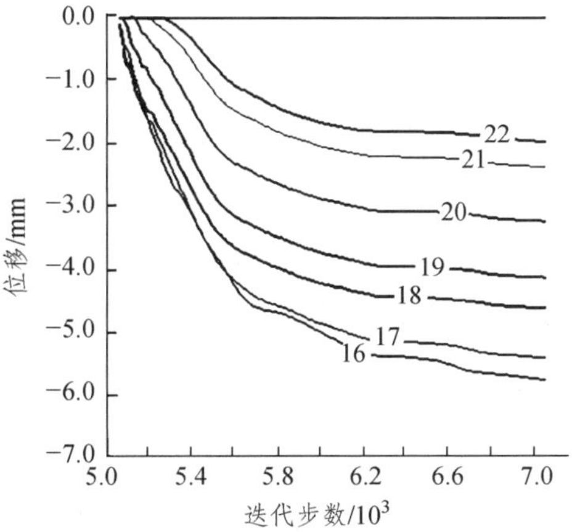

图 3.26　拱顶监测点 Y 方向位移曲线图

在距掌子面 1 m、2 m 处分别设置 3 个监测点，共 6 个监测点。其监测点分布图如图 3.27 所示。

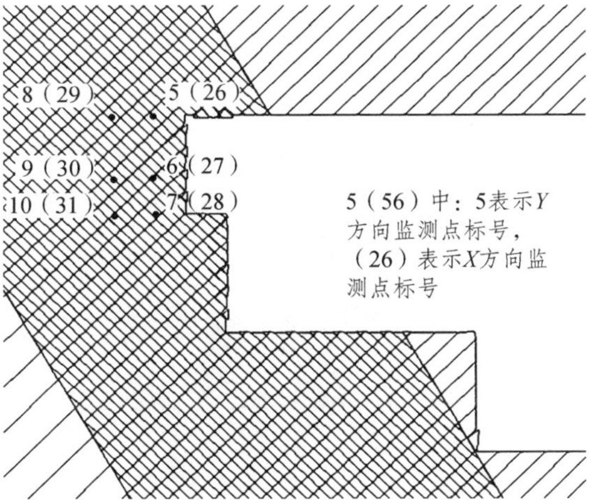

图 3.27　掌子面前监测点分布图

在距离掌子面 1 m、2 m 的 6 个监测点中，对于 X 方向的位移分析，其位移最大的两点是 27 号、28 号点，迭代 2 000 步后最大位移约为 1.4 cm。其余各点的位移均分布于 0.8 cm 以下。在距掌子面 1 m 和 2 m 处监测点 X 方向的位移曲线图如图 3.28 所示。

在距离掌子面 1 m、2 m 分别设立的 3 个监测点中，对于 Y 方向的位移分析，6 号、7 号、10 号点的位移方向为正（即代表各点位移向上），5 号、8 号、9 号点的位移方向为负（即代表各点位移向下）。对于向下位移的点，在迭代 2 000 步之后，最大位移点为 5 号点，最大位移约为 5.0 cm；对于向上位移的点，其位移均比较接近，在 1.0 ~ 3.0 cm 范围内。在距掌子面 1 m 和 2 m 处监测点 Y 方向的位移曲线图如图 3.29 所示。

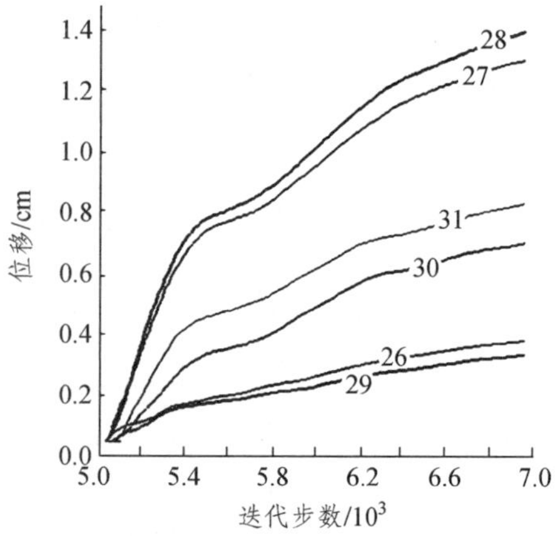

图 3.28 掌子面前监测点 X 方向位移曲线图

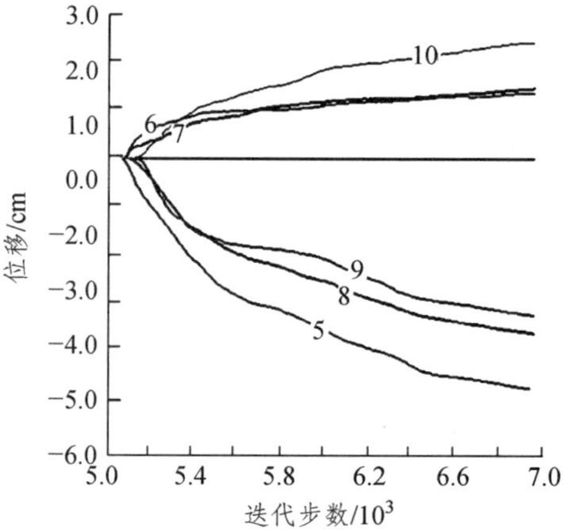

图 3.29 掌子面前监测点 Y 方向位移曲线图

3. 开挖进入破碎带 2 m 处支护后工况塑性区分析

因为破碎带部分块体非常离散，所以在洞口开挖之后，洞口四周会出现不同情况的破坏，很多部分也会有一定的位移。开挖之后的部分会出现正在屈服、已经屈服、拉伸破坏 3 种破坏状态，其破坏部分主要集中在第二级台阶、第三级台阶。在第二工况情况下，即开挖进入破碎带 2 m 后，加入支护，区域单元总数为 32 230 个，在集中破坏区域正在屈服单元数为 110 个、已经屈服单元数为 601 个、拉伸破坏单元数为 420 个。在开挖后的模型塑性区截取：横坐标−10.0 ~ 10.0 m、纵坐标−16.0 ~ 4.0 m，如图 3.30 所示。

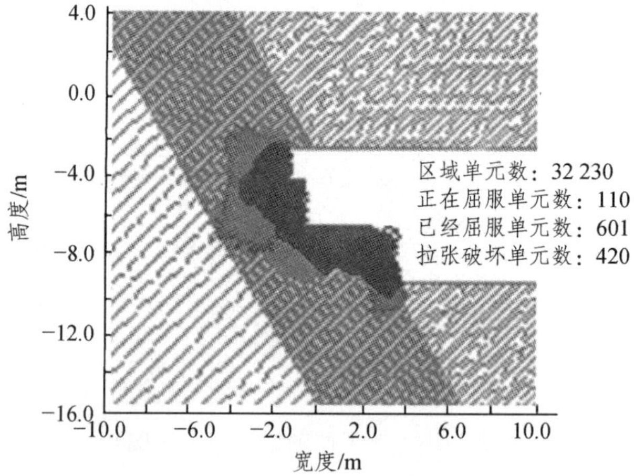

图 3.30 塑性区图

3.2.3 开挖进入破碎带 4 m 处支护前工况分析

视工程进度到开挖进入破碎带 4 m 位置支护前的状态为第三个工况，在建立原始块体模型情况下，执行相应的开挖命令。为模拟破碎带在实际工程隧道段中的情况，在建立模型时，将模型分为 5 个部分，在离开挖最远的部分，节理设为角度 45°、间距 0.8 m，其余除破碎带以外的部分，节理为角度 45°、间距 0.4 m，破碎带部分由正向 45°、间距 0.4 m，反向 45°、间距 0.2 m 节理切割构成。为模拟实际埋深，在原始模型的上边界施加竖直向下的大小为 6 MPa

的边界应力，模型 4 个边界 X、Y 方向位移均锁定，令其 X、Y 方向位移均为 0。初始水平应力 X 方向施加 1.8 MPa，竖向应力 Y 方向施加 2 MPa，在平面之外 Z 方向施加应力 1.8 MPa。对于梯度应力：Y 方向梯度应力 10 kPa，Z 方向梯度应力 12 kPa。

在建立原始模型之后，本模型采用初始平衡迭代 5 000 步，使原始模型足够平衡。在平衡之后基础上，采用 3 级台阶一次性开挖后，掘进破碎带 4 m 内，一级台阶长度 38 m，二级台阶长度 6 m，三级台阶长度 1 m。对于三段开挖，在开挖第一段之后，对其进行支护，为模拟实际情况且由于第一段开挖段长度较长，故用位移锁定命令"bound xvel=0.0 yvel=0 range x1 x2 y1 y2"对其进行支护；在开挖第二段之后，因第二段长度较第一段短，长度为 6 m，故采用反力命令进行支护，反力大小为 0.8 MPa；在开挖第三段后，本工况不考虑对第三段开挖部分进行支护。在开挖后用 UDEC 软件对开挖后的部分，迭代 2 000 步，分别从塑性区、应力及位移几个方面进行分析。其开挖模型图如图 3.31 所示。

该工况最大不平衡力图开始处于浮动不大、其值逐渐趋近于 0 时，证明其处于平衡状态。开挖进入破碎带 4 m 处支护前情况下模型最大不平衡力图如图 3.32 所示。

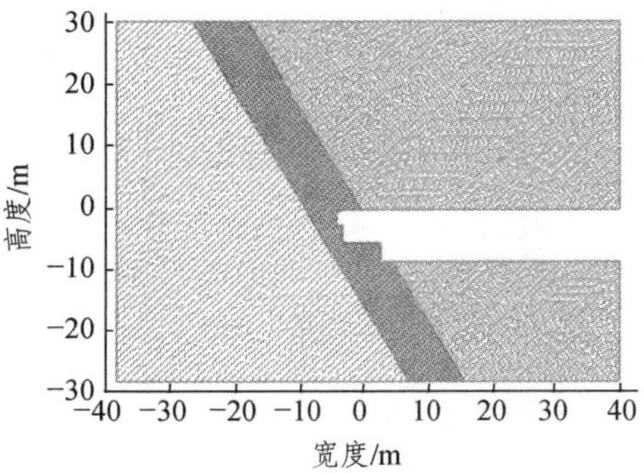

图 3.31　开挖模型图

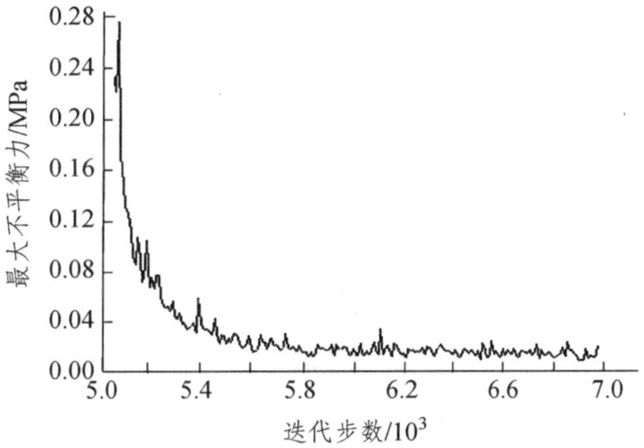

图 3.32　最大不平衡力图

1. 开挖进入破碎带 4 m 处支护前工况应力分析

对于开挖进入破碎带 4 m 处的未支护工况，首先进行各方向应力分析。对于 X 方向的应力分析，云图呈分层状态，最大应力量级是兆帕级，分层应力从上到下是呈递增状态从 0.69 MPa 至 1.80 MPa，其中在洞口部分有应力集中的情况存在，在洞口部分 X 方向的应力最大为 2.09 MPa。在平衡 2 000 步后，X 方向应力云图如图 3.33 所示。

对于 Y 方向的应力分析，云图大约呈分层状态，最大应力量级是兆帕级，分层应力从上到下是呈递减状态从 0.82 MPa 至 2.11 MPa，其中在洞口部分有应力集中的情况存在，在洞口部分 X 方向的应力最大为 4.60 MPa。在平衡 2 000 步后，Y 方向应力云图如图 3.34 所示。

2. 开挖进入破碎带 4 m 处支护前工况位移分析

对于模型的位移分析，首先要从云图上面看其宏观的变化，对于 X 方向的位移分析，其位移主要集中在掌子面位置，且其位移方向均为正方向，在开挖平衡 2 000 步时，位移最大值约为 8.0 cm，位移最大位置主要在掌子面。其范围更大的位移约为 1.2 ~ 2.0 cm。开挖进入破碎带 4 m 处未支护时 X 方向的位移云图截取：横坐标−10.0 ~ 10.0 m、纵坐标−16.0 ~ 4.0 m，如图 3.35 所示。

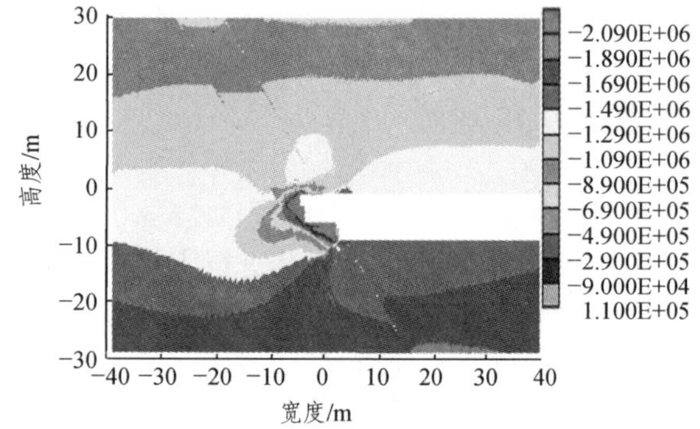

图 3.33 *X* 方向应力云图

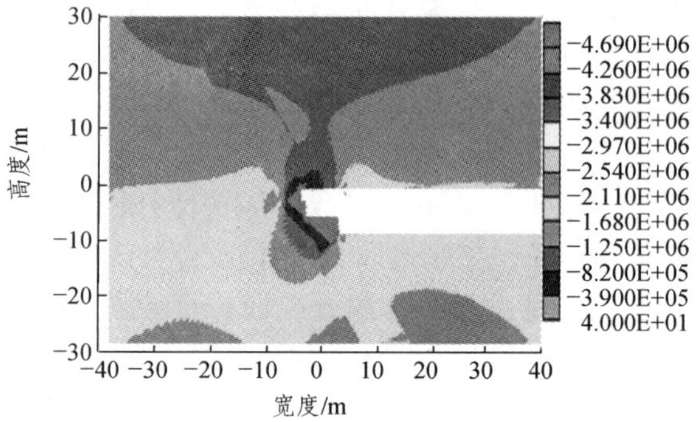

图 3.34 *Y* 方向应力云图

根据工程实际可知 *Y* 方向的位移应集中在洞口在第二阶台阶部分。由 UDEC 数值模拟结果可知，在开挖进入破碎带 4 m 处未支护时，对于 *Y* 方向，在掌子面以上的隧道顶部位置处有向下的位移，在开挖平衡 2 000 步时，其最大的位移约为 7.4 cm；在台阶处有向上的位移，在开挖平衡 2 000 步时，其最大的位移在局部约为 3.6 cm，在更大范围内的位移为 1.4 cm。其 *Y* 方向的位移云图截取：横坐标−10.0 ~ 10.0 m、纵坐标−16.0 ~ 4.0 m，如图 3.36 所示。

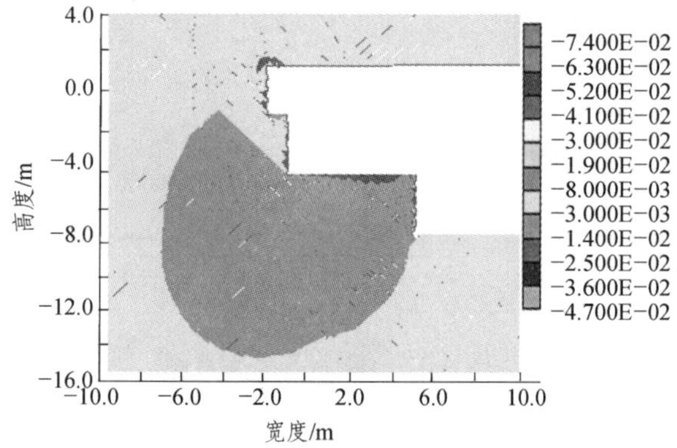

图 3.35 *X* 方向位移云图

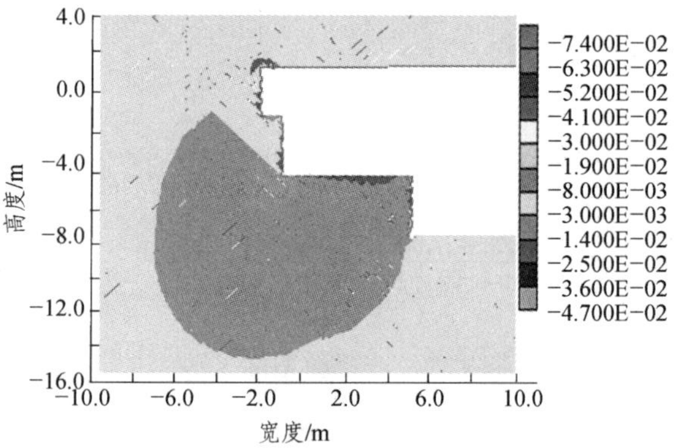

图 3.36 进 *Y* 方向位移云图

从设置检测点角度，对特定位置点的位移进行分析时，分别对竖直方向（*Y* 方向）、水平方向（*X* 方向）进行分析。共设置 3 组监测点，分别为掌子面处设 8 个监测点、拱顶设 7 个监测点、在距掌子面 1 m 处和 2 m 处各设 3 个监测点。分别对掌子面位置 8 个监测点的 *X*、*Y* 方向进行位移监测、对拱顶位置 7 个监测点进行 *Y* 方向位移监测，对距掌子面 1 m 处及 2 m 处的共 6 个监测点进行 *X*、*Y* 方向位移监测。

在对掌子面位置处位移进行监测分析时，首先要合理分布其监测点。掌子面处的监测点分布图如图 3.37 所示。

掌子面处监测点 *X* 方向的位移，其中：25 号点在第三级台阶掌子面底部，位移最大，在迭代 2 000 步时有 6.0 cm 左右的位移；24 号、33 号、35 号点位移也较大，在迭代 2 000 步后，位移可达 3.0 ~ 4.0 cm；其余各点位移较小，在迭代 2 000 步后，均仅存在 1.0 cm 左右位移。其掌子面监测点 *X* 方向的位移曲线图如图 3.38 所示。

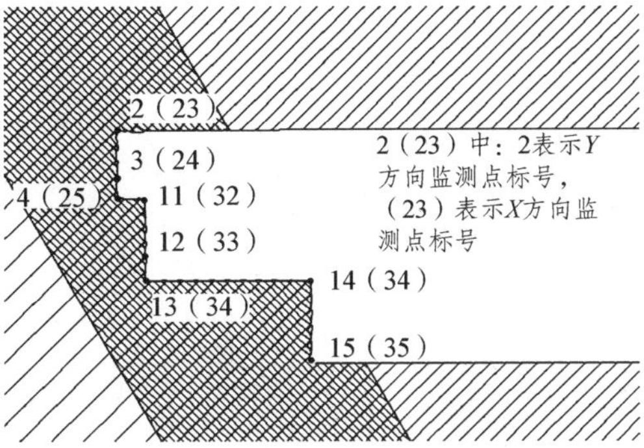

图 3.37　掌子面监测点分布图

掌子面处监测点 Y 方向的位移，其中：11 号、13 号、14 号点在掌子面有明显向上的位移，迭代 2 000 步时各点位移大小在 0 ~ 1.5 cm；2 号、3 号、4 号、12 号点有明显向下的位移，迭代 2 000 步时各点位移大小在 0 ~ 1.5 cm；15 号点未体现明显位移。其掌子面监测点 Y 方向的位移曲线图如图 3.39 所示。

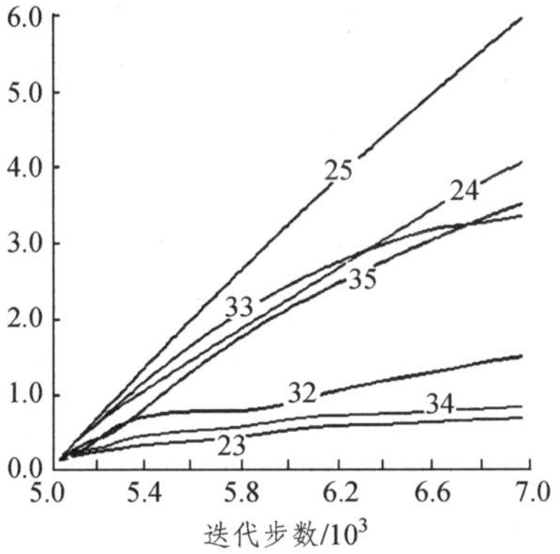

图 3.38　掌子面监测点 X 方向位移曲线图

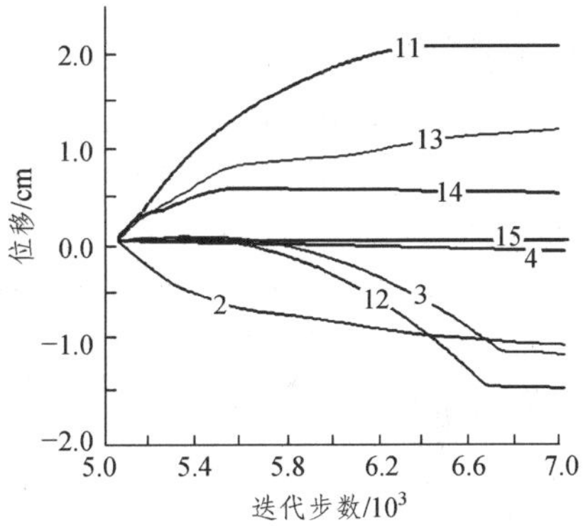

图 3.39　掌子面监测点 Y 方向位移曲线图

对于拱顶处的位移竖直方向的分析，对于拱顶竖直方向位移而言，离掌子面越近其向下的位移越大，其最大的位移在掌子面拱顶处，在迭代 2 000 步情况下，最大为 6 ~ 7 mm。拱顶处监测点的分布图、Y 方向位移曲线图如图 3.40 和图 3.41 所示。

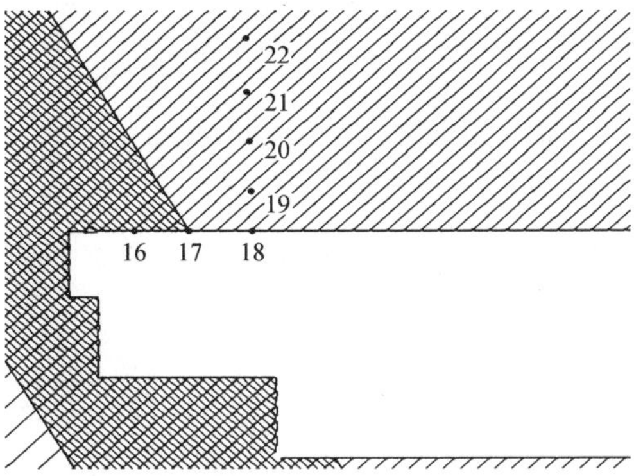

图 3.40　拱顶监测点分布图

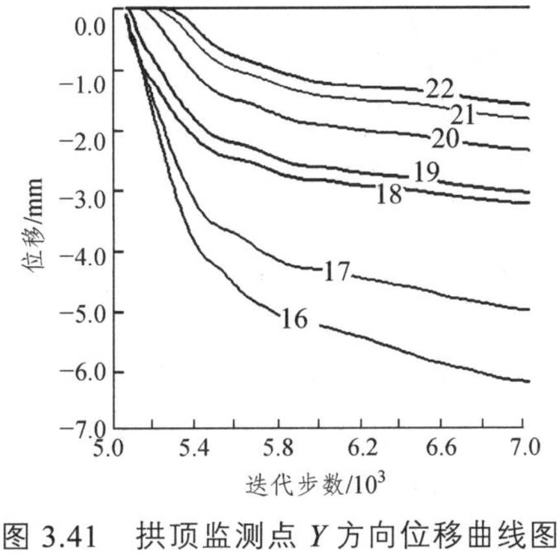

图 3.41　拱顶监测点 Y 方向位移曲线图

在距掌子面 1 m、2 m 处分别设置 3 个监测点，共 6 个监测点。其监测点分布图如图 3.42 所示。

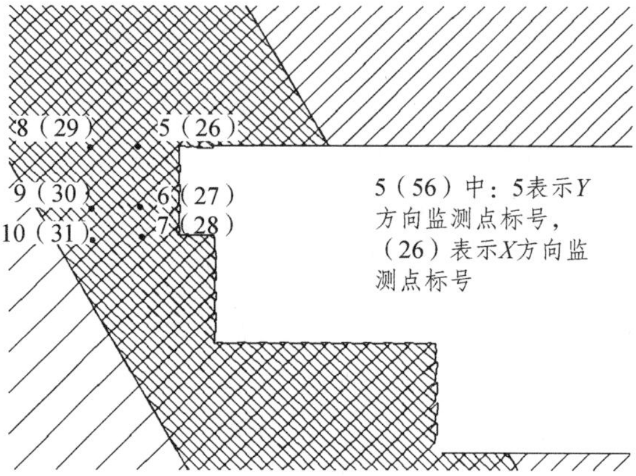

图 3.42　掌子面前监测点分布图

在距离掌子面 1 m、2 m 的 6 个监测点中，对于 *X* 方向的位移分析，其位移最大的两点是 27 号、28 号点，迭代 2 000 步后最大位移约为 1.4 cm；30 号、31 号点位移约为 0.8 cm；26 号、29 号点位移约为 0.4 cm。在距掌子面 1 m 和 2 m 处监测点 *X* 方向的位移曲线图如图 3.43 所示。

在距离掌子面 1 m、2 m 分别设立的 3 个监测点中，对于 *Y* 方向的位移分析，6 号、7 号、10 号点的位移方向为正（即代表各点位移向上），5 号、8 号、9 号点的位移方向为负（即代表各点位移向下）。对于向下位移的点，在迭代 2 000 步之后，最大位移点为 5 号点，最大位移约为 5.0 ~ 6.0 cm；对于向上位移的点，最大位移约为 4.0 cm。在距掌子面 1 m 和 2 m 处监测点 *Y* 方向的位移曲线图如图 3.44 所示。

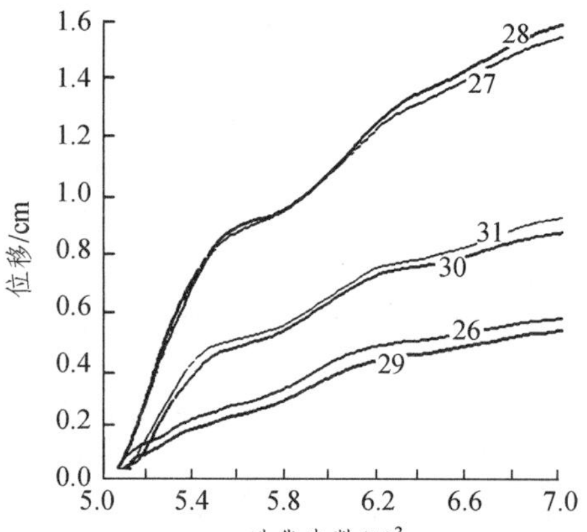

图 3.43　掌子面前监测点 *X* 方向位移曲线图

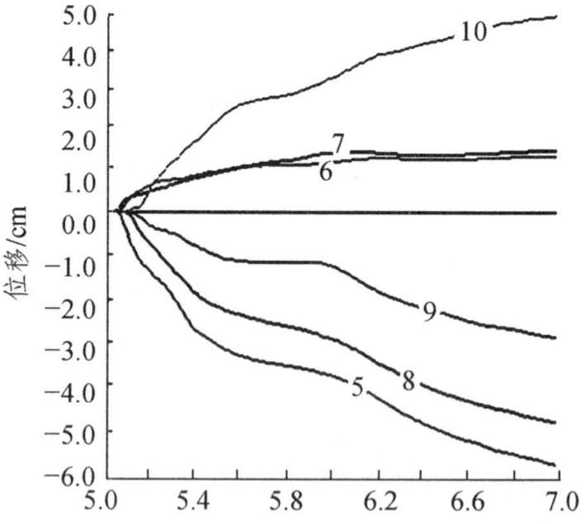

图 3.44　掌子面前监测点 *Y* 方向位移曲线图

3. 开挖进入破碎带 4 m 处支护前工况塑性区分析

由于破碎带部分块体非常离散，所以在洞口开挖之后，洞口四周会出现不同情况的破坏，很多部分也会有一定的位移。开挖之后的部分会出现正在屈服、已经屈服、拉伸破坏 3 种破坏状态，其破坏部分主要集中在第二级台阶、第三级台阶。在第三工况情况下，即开挖进入破碎带 4 m 后，第三级台阶（1 m）部分不支护，区域单元总数为 31 885 个，在集中破坏区域正在屈服单元数为 232 个、已经屈服单元数为 598 个、拉伸破坏单元数为 501 个。在开挖后的模型塑性区截取：横坐标-10.0 ~ 10.0 m、纵坐标-16.0 ~ 4.0 m，如图 3.45 所示。

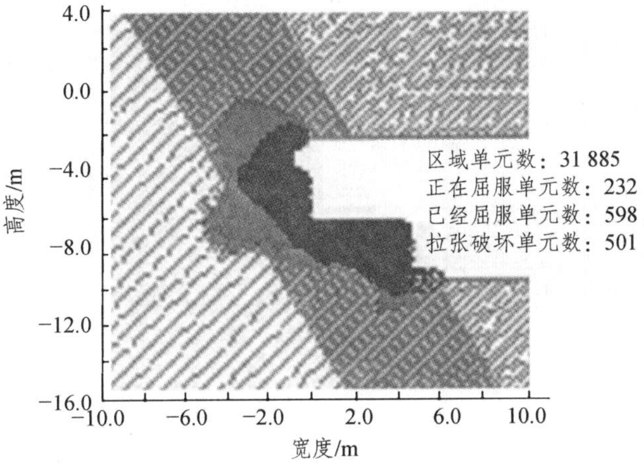

图 3.45　塑性区图

3.2.4　开挖进入破碎带 4 m 处支护后工况分析

视工程进度到开挖进入破碎带 4 m 位置处支护后状态为第四个工况，在建立原始块体模型情况下，执行相应的开挖、支护命令。其本构模型、边界应力及原始应力除支护条件以外与工况三相同。其开挖模型图与工况三相同，如图 3.31 所示。

由最大不平衡力图可证明开挖进入破碎带 4 m 处支护后模型足够平衡。开挖进入破碎带 4 m 处支护后情况下模型最大不平衡力图如图 3.46 所示。

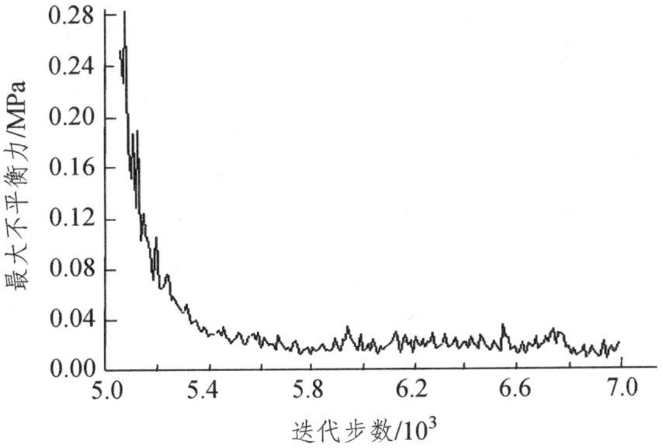

图 3.46　最大不平衡力图

1. 开挖进入破碎带 4 m 处支护后工况应力分析

对于开挖进入破碎带 4 m 处支护后工况，首先进行各方向应力分析。对于 X 方向的应力分析，云图呈分层状态，最大应力量级是兆帕级，分层应力从上到下是呈递增状态从 0.76 MPa 至 1.76 MPa，其中在洞口部分有应力集中的情况存在，在洞口部分 X 方向的应力最大为 2.16 MPa。在平衡 2 000 步后，X 方向应力云图如图 3.47 所示。

对于 Y 方向的应力分析，云图大约呈分层状态，最大应力量级是兆帕级，分层应力从上到下是呈递减状态从 0.81 MPa 至 2.11 MPa，其中在洞口部分有应力集中的情况存在，在洞口部分 Y 方向的应力最大为 4.63 MPa。在平衡 2 000 步后，Y 方向应力云图如图 3.48 所示。

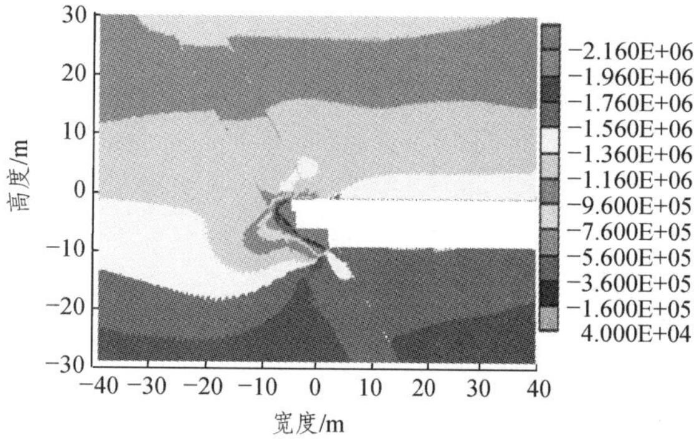

图 3.47　*X* 方向应力云图

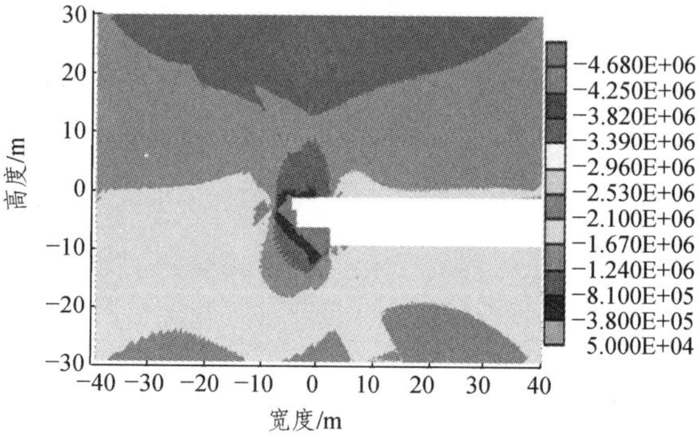

图 3.48　*Y* 方向应力云图

2. 开挖进入破碎带 4 m 处支护后工况位移分析

对于模型的位移分析，首先要从云图上面看其宏观的变化，对于 X 方向位移分析，其位移主要集中在掌子面位置，且其位移方向均为正方向，在开挖平衡 2 000 步时，位移最大值约为 8.0 cm，位移最大位置主要在掌子面。其范围更大的位移约为 1.3 ~ 2.1 cm。开挖进入破碎带 4 m 处支护后 X 方向的位移云图截取：横坐标−12.0 ~ 8.0 m、纵坐标−16.0 ~ 4.0 m，如图 3.49 所示。

根据工程实际可知 Y 方向的位移应集中在洞口第二阶台阶部分。由 UDEC 数值模拟结果可知，在开挖进入破碎带 4 m 处加入支护时，对于 Y 方向，在掌子面以上的隧道顶部位置处有向下的位移，在开挖平衡 2 000 步时，其局部最大的位移约为 1.6 cm，在更大范围内的位移在 0.1 ~ 0.6 cm 区间内；在台阶处有向上的位移，在开挖平衡 2 000 步时，其最大的位移在局部约为 2.9 cm，在更大范围内的位移在 0.9 ~ 1.4 cm 区间内。其 Y 方向的位移云图截取：横坐标−12.0 ~ 8.0 m、纵坐标−16.0 ~ 14.0 m，如图 3.50 所示。

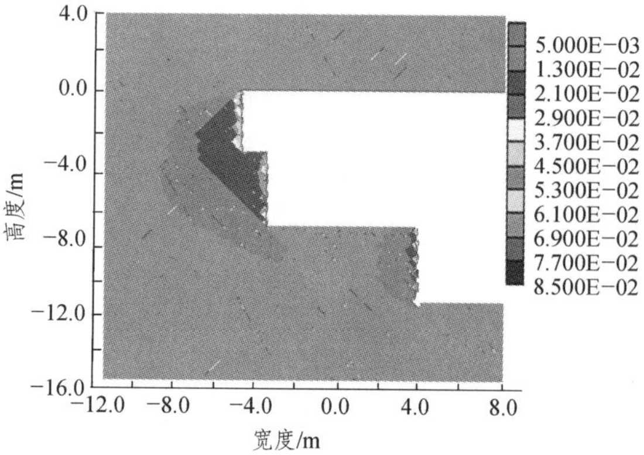

图 3.49　*X* 方向位移云图

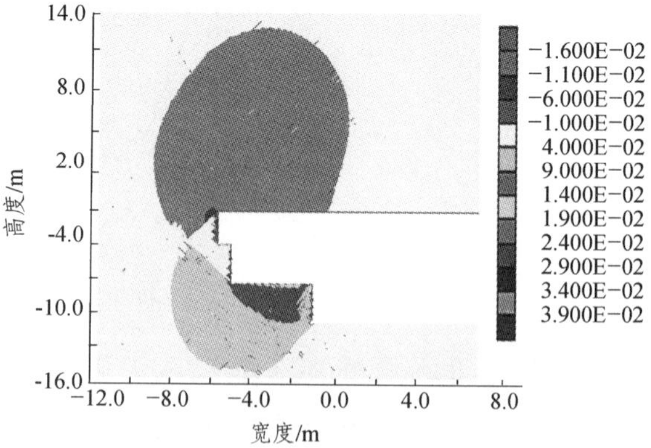

图 3.50　*Y* 方向位移云图

从设置检测点角度，对特定位置点的位移进行分析时，分别对竖直方向（Y 方向）、水平方向（X方向）进行分析。共设置3组监测点，分别为掌子面处设8个监测点、拱顶设7个监测点、在距掌子面1 m处和2 m处各设3个监测点。分别对掌子面位置8个监测点的X、Y方向进行位移监测，对拱顶位置7个监测点进行Y方向位移监测，对距掌子面1 m处及2 m处的共6个监测点进行X、Y方向位移监测。

在对掌子面位置处位移进行监测分析时，首先要合理分布其监测点。掌子面处的监测点分布图如图3.51所示。

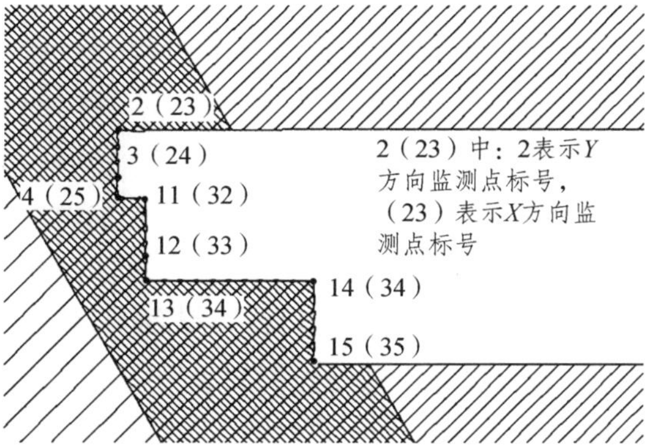

图3.51　掌子面监测点分布图

掌子面处监测点X方向的位移，其中：25号点在第三级台阶掌子面底部位移最大，在迭代2 000步时有6.0 cm左右的位移；24号、33号、35号点位移也较大，在迭代2 000步后，位移可达2.0 ~ 5.0 cm；其余各点位移较小，在迭代2 000步后，均仅存在1.0 cm左右位移。其掌子面监测点X方向的位移曲线图如图3.52所示。

掌子面处监测点Y方向的位移，其中：11号、13号、14号点在掌子面有明显向上的位移，迭代2 000步时11号点位移约为2.0 cm，13号、14号点位移约为0.5 cm；2号、3号、4号、12号点有明显向下的位移，迭代2 000步时各点位移大小在0 ~ 2.0 cm范围内；15号点未体现明显位移。其掌子面监测点Y方向的位移曲线图如图3.53所示。

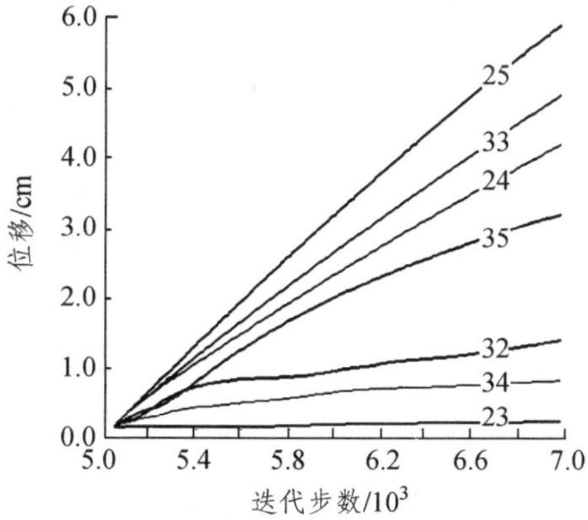

图3.52　掌子面监测点X方向位移曲线图

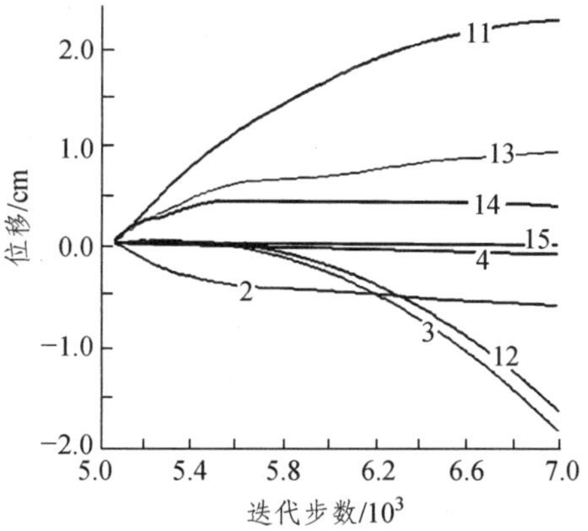

图3.53　掌子面监测点Y方向位移曲线图

对于拱顶处的位移竖直方向的分析，对于拱顶竖直方向位移而言，离掌子面越近其向下的位移越大，其最大位移在掌子面拱顶处，在迭代2 000步的情况下，最大约为0.6 cm。拱顶处监测点的分布图、Y方向位移曲线图如图 3.54 和图 3.55 所示。

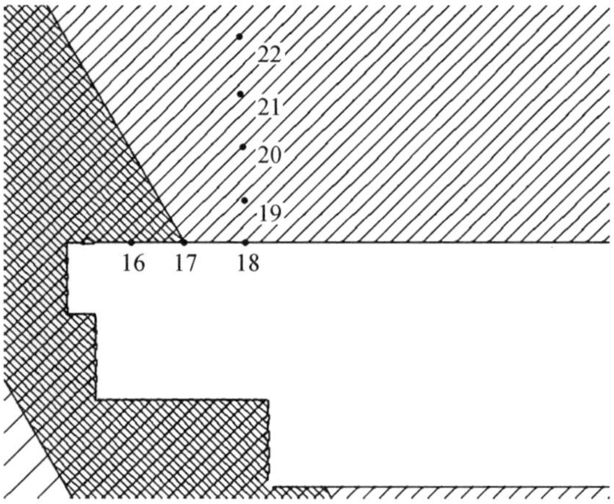

图 3.54　拱顶监测点分布图

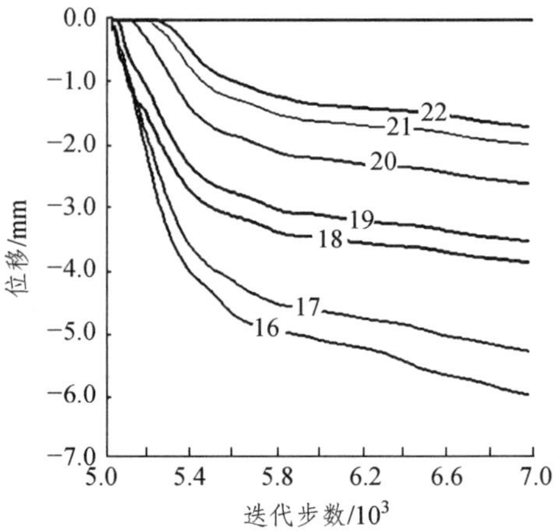

图 3.55　拱顶监测点 Y 方向位移曲线图

在距掌子面 1 m、2 m 处分别设置 3 个监测点，共 6 个监测点。其监测点分布图如图 3.56 所示。

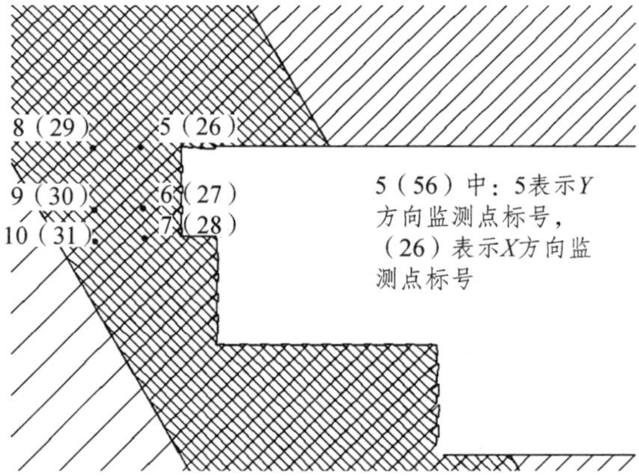

图 3.56　掌子面前监测点分布图

在距离掌子面 1 m、2 m 的 6 个监测点中，对于 X 方向的位移分析，其位移最大的两点是 27 号、28 号点，迭代 2 000 步后最大位移约为 1.4 cm；30 号、31 号点位移在 0.8 cm 以下；26 号、29 号点位移在 0.4 cm 以下。在距掌子面 1 m 和 2 m 处监测点 X 方向的位移曲线图如图 3.57 所示。

在距离掌子面 1 m、2 m 分别设立的 3 个监测点中，对于 Y 方向的位移分析，6 号、7 号、10 号点的位移方向为正（即代表各点位移向上），5 号、8 号、9 号点的位移方向为负（即代表各点位移向下）。对于向下位移的点，在迭代 2 000 步之后，最大位移点为 5 号点，最大位移 5.0 ~ 6.0 cm；对于向上位移的点，最大位移约为 4.0 cm。在距掌子面 1 m 和 2 m 处监测点 Y 方向的位移曲线图如图 3.58 所示。

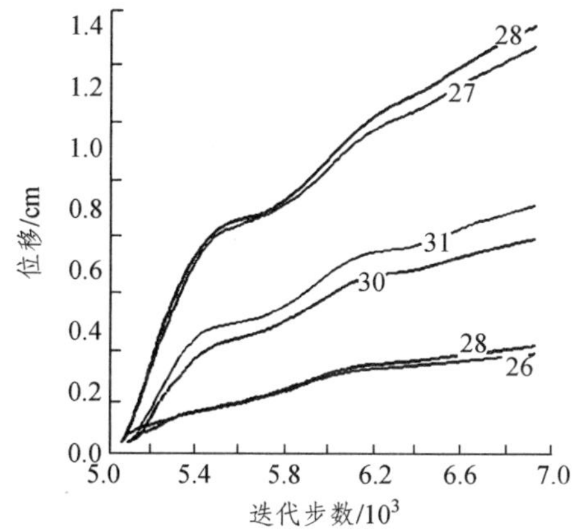

图 3.57　掌子面前监测点 X 方向位移曲线图

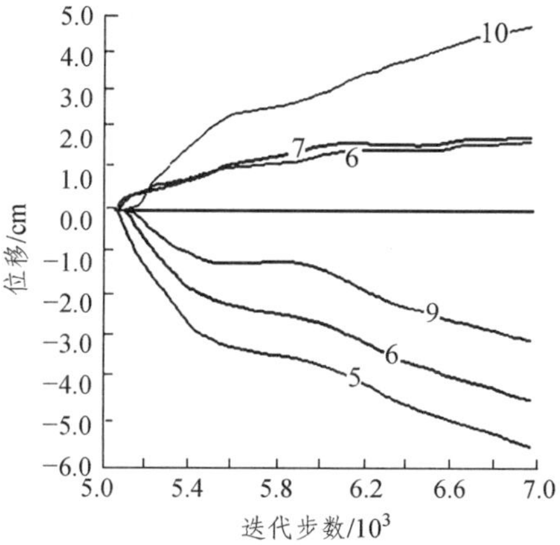

图 3.58　掌子面前监测点 Y 方向位移曲线图

3. 开挖进入破碎带 4 m 处支护后工况塑性区分析

由于破碎带部分块体非常离散，所以在洞口开挖之后，在洞口四周会出现不同情况的破坏，很多部分也会有一定的位移。开挖之后的部分会出现正在屈服、已经屈服、拉伸破坏 3 种破坏状态，其破坏部分主要集中在第二级台阶、第三级台阶。在第四工况条件下，即开挖进入破碎带 4 m 后，第三级台阶（1 m）部分不支护，区域单元总数为 31 885 个，在集中破坏区域正在屈服单元数为 239 个、已经屈服单元数为 510 个、拉伸破坏单元数为 479 个。在开挖后的模型塑性区截取：横坐标−12.0 ~ 8.0 m、纵坐标−16.0 ~ 4.0 m，如图 3.59 所示。

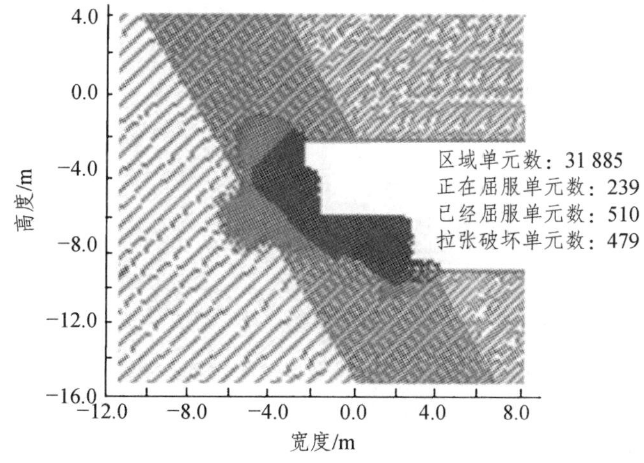

图 3.59　塑性区图

3.2.5　开挖进入破碎带 6 m 处支护前工况分析

视工程进度到开挖进入破碎带 6 m 位置处支护前状态为第五个工况，在建立原始块体模型情况下，执行相应的开挖命令。为模拟破碎带在实际工程隧道段中的情况，在建立模型时，将模型分为 5 个部分，在离开挖最远的部分，节理设为角度 45°、间距 0.8 m，其余除破碎带以外的部分，节理为角度 45°、间距 0.4 m，破碎带部分由正向 45°、间距 0.4 m，反向 45°间距、0.2 m 节理切割构成。为模拟实际埋深，在原始模型的上边界施加竖直向下的大小为 6 MPa

的边界应力，模型 4 个边界 X、Y 方向位移均锁定，令其 X、Y 方向位移均为 0。初始水平应力 X 方向施加 1.8 MPa，竖向应力 Y 方向施加 2 MPa，在平面之外 Z 方向施加应力 1.8 MPa。对于梯度应力：Y 方向梯度应力 10 kPa，Z 方向梯度应力 12 kPa。

在建立原始模型之后，本模型采用初始平衡迭代 5 000 步，使原始模型足够平衡。在平衡之后基础上，采用 3 级台阶一次性开挖后，掘进破碎带 6 m 内，一级台阶长度 40 m，二级台阶长度 6 m，三级台阶长度 1 m。对于三段开挖，在开挖第一段之后，对其进行支护，为模拟实际情况且由于开挖段长度较长，故用位移锁定命令“bound xvel=0.0 yvel=0 range x1 x2 y1 y2”对其进行支护；在开挖第二段之后，因第二段长度较第一段短，长度为 6 m，故采用反力命令进行支护，反力大小为 0.8 MPa；在开挖第三段后，本工况不考虑对第三段开挖部分进行支护。在开挖后用 UDEC 软件对开挖后的部分，迭代 2 000 步，分别从塑性区、应力及位移几个方面进行分析。其开挖模型图如图 3.60 所示。

为证明模型相对平衡，可通过观察最大不平衡力图。开挖进入破碎带 6 m 未支护情况下模型最大不平衡力图如图 3.61 所示。

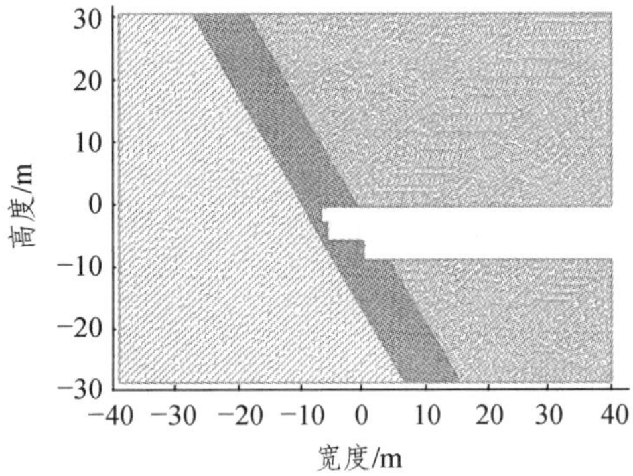

图 3.60　开挖模型图

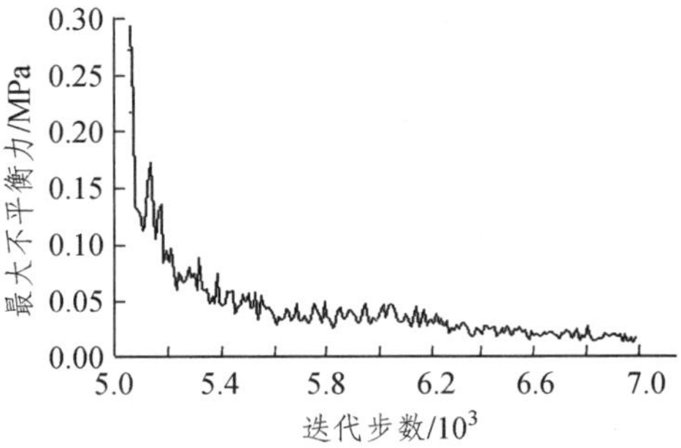

图 3.61　最大不平衡力图

1. 开挖进入破碎带 6 m 处支护前工况应力分析

对于开挖进入破碎带 6 m 处支护前工况，首先进行各方向应力分析。对于 X 方向的应力分析，云图呈分层状态，最大应力量级是兆帕级，分层应力从上到下是呈递增状态从 0.83 MPa 至 1.88 MPa，其中在洞口部分有应力集中的情况存在，在洞口部分 X 方向的应力最大为 2.3 MPa。在平衡 2 000 步后，X 方向应力云图如图 3.62 所示。

对于 Y 方向的应力分析，云图大约呈分层状态，最大应力量级是兆帕级，分层应力从上到下是呈递减状态从 0.75 MPa 至 2.01 MPa，其中在洞口部分有应力集中的情况存在，在洞口部分 X 方向的应力最大为 4.53 MPa。在平衡 2 000 步后，Y 方向应力云图如图 3.63 所示。

2. 开挖进入破碎带 6 m 处支护前工况位移分析

对于工况的位移分析，首先要从云图上面看其宏观的变化，对于工况 X 方向位移分析，其位移主要集中在掌子面位置，且其位移方向均为正方向，在开挖平衡 2 000 步时，位移最大值约为 7.5 cm，位移最大位置主要在掌子面。其范围更大的位移约为 1.2 ~ 1.9 cm。开挖进入破碎带 6 m 处支护前 X 方向的位移云图截取横坐标为−14.0 ~ 6.0 m、纵坐标为−16.0 ~ 4.0 m，如图 3.64 所示。

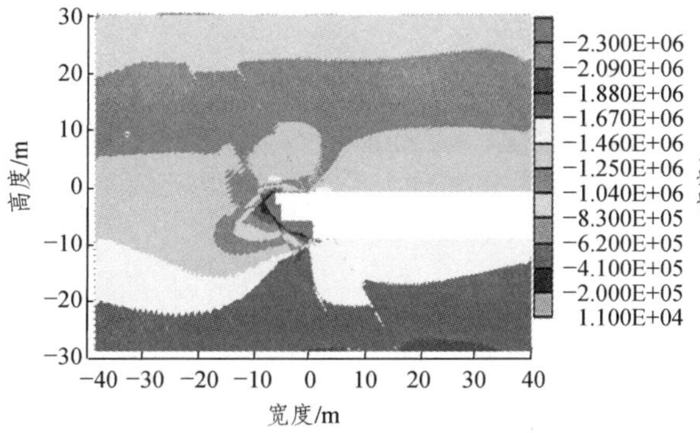

图 3.62　X 方向应力云图

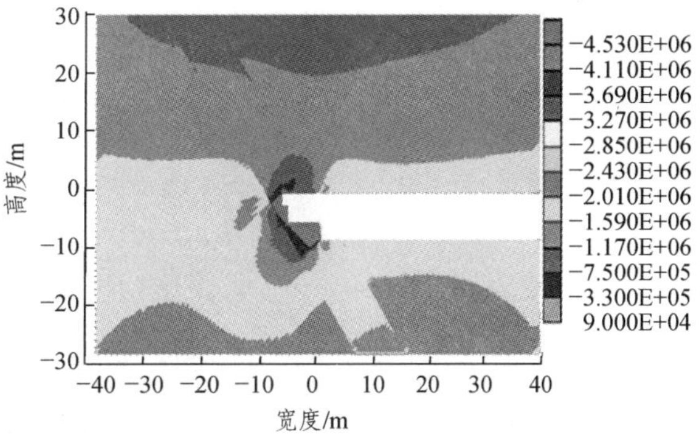

图 3.63　Y 方向应力云图

根据工程实际可知 Y 方向的位移应集中在洞口第二阶台阶部分。由 UDEC 数值模拟结果可知，在开挖进入破碎带 6 m 处未支护时，对于 Y 方向，在掌子面以上的隧道顶部位置处有向下的位移，在开挖平衡 2 000 步时，其最大的位移约为 6.4 cm，其大范围的位移为 0.4 ~ 1.4 cm；在台阶处有向上的位移，在开挖平衡 2 000 步时，其最大的位移在边界局部约为 3.6 cm，其大范围的位移为 0.6 ~ 1.6 cm。其 Y 方向的位移云图截取横坐标为-14.0 ~ 6.0 m、纵坐标为-16.0 ~ 4.0 m，如图 3.65 所示。

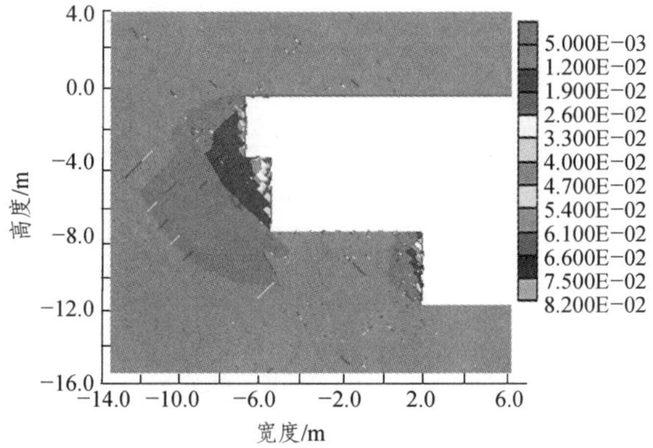

图 3.64　X 方向位移云图

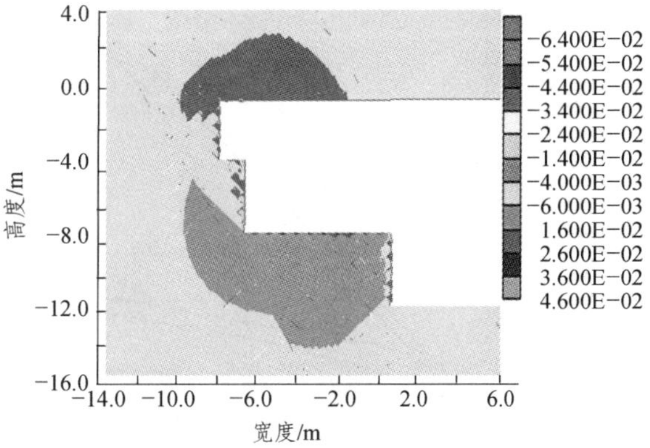

图 3.65　Y 方向位移云图

从设置检测点角度，对特定位置点的位移进行分析时，分别对竖直方向（Y 方向）、水平方向（X 方向）进行分析。共设置 3 组监测点，分别为掌子面处设 8 个监测点、拱顶设 7 个监测点、在距掌子面 1 m 处和 2 m 处各设 3 个监测点。分别对掌子面位置 8 个监测点的 X、Y 方向进行位移监测，对拱顶位置 7 个监测点进行 Y 方向位移监测，对距掌子面 1 m 处及 2 m 处的共 6 个监测点进行 X、Y 方向位移监测。

在对掌子面位置处位移进行监测分析时，首先要合理分布其监测点。掌子面处的监测点分布图如图 3.66 所示。

掌子面处监测点 X 方向的位移，其中：24 号、32 号、33 号点在掌子面中间位移最大，在迭代 2 000 步时有 5.0 ~ 8.0 cm 的位移；其余各点位移大小较为集中，在迭代 2 000 步后，均仅存在 0.0 ~ 2.0 cm 的位移。其掌子面监测点 X 方向的位移曲线图如图 3.67 所示。

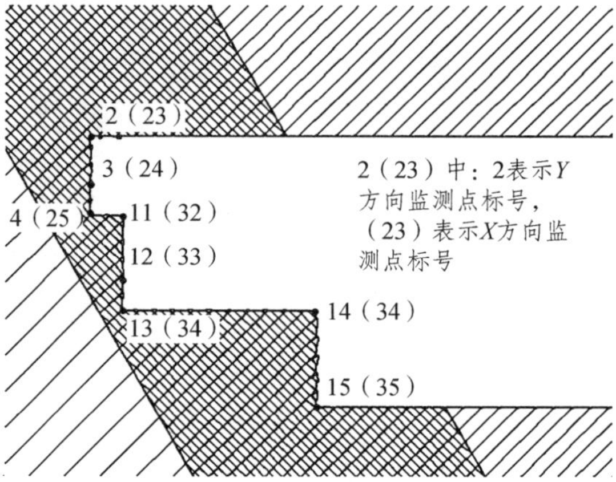

图 3.66　掌子面监测点分布图

掌子面处监测点 Y 方向的位移，其中：11 号、13 号、14 号点在掌子面的位移为正（代表各点的位移方向向上），2 号、3 号、4 号、12 号点的位移均为负（代表各点的位移方向向下），15 号点无明显位移。在迭代 2 000 步时，向上的最大位移约为 1.0 cm，向下的最大位移约为 0.8 cm。其掌子面监测点 Y 方向的位移曲线图如图 3.68 所示。

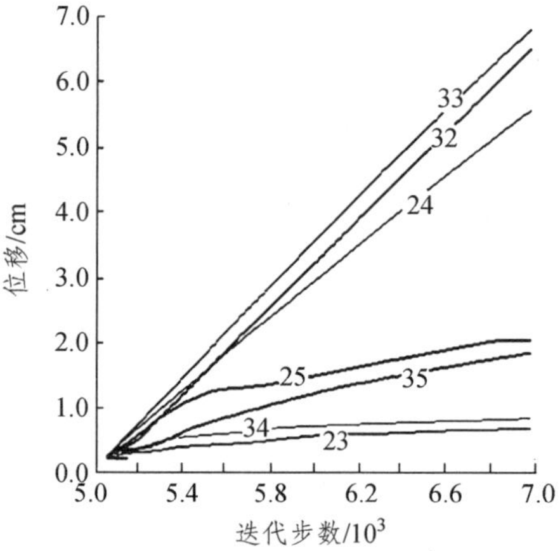

图 3.67　掌子面监测点 X 方向位移曲线图

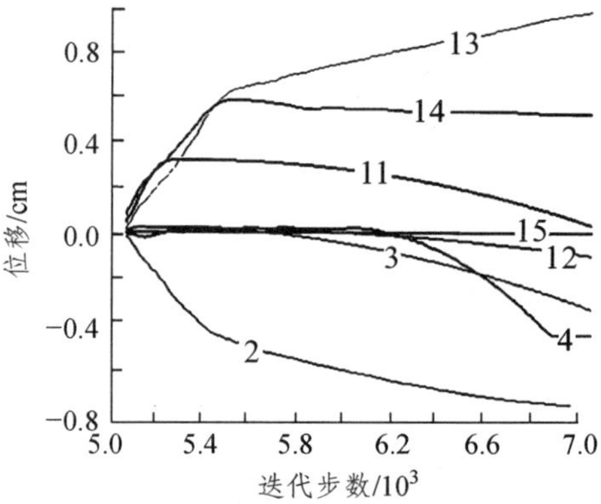

图 3.68　掌子面监测点 Y 方向位移曲线图

对于拱顶处的位移竖直方向的分析，对于拱顶竖直方向位移而言，离掌子面越近其向下的位移越大，其最大的位移在掌子面拱顶处，在迭代 2 000 步的情况下，最大为 6 ~ 7 mm。拱顶处监测点的分布图、Y 方向位移曲线图如图 3.69 和图 3.70 所示。

在距掌子面 1 m、2 m 处分别设置 3 个监测点，共 6 个监测点。其监测点分布图如图 3.71 所示。

在距离掌子面 1 m、2 m 的 6 个监测点中，对于 X 方向的位移分析，其位移最大的是 27 号、28 号点，迭代 2 000 步后最大位移为 1.2 ~ 1.4 cm。其余各点的位移均分布于 0.8 cm 以下。在距掌子面 1 m 和 2 m 处监测点 X 方向的位移曲线图如图 3.72 所示。

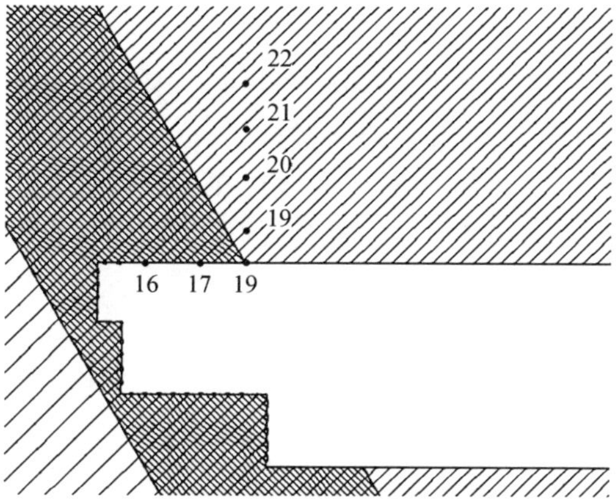

图 3.69　拱顶监测点分布图

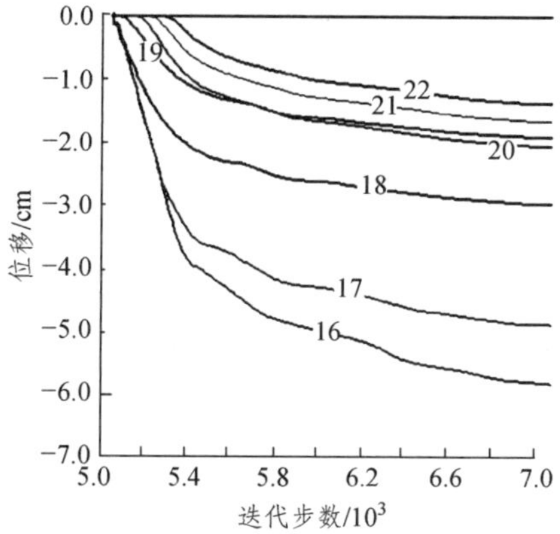

图 3.70　拱顶监测点 Y 方向位移曲线图

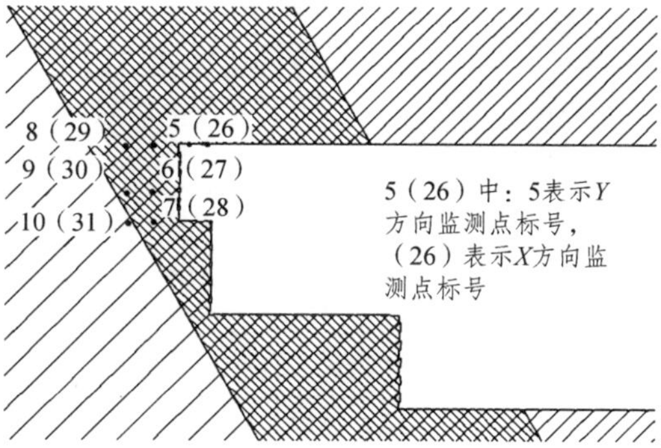

图 3.71　掌子面前监测点分布图

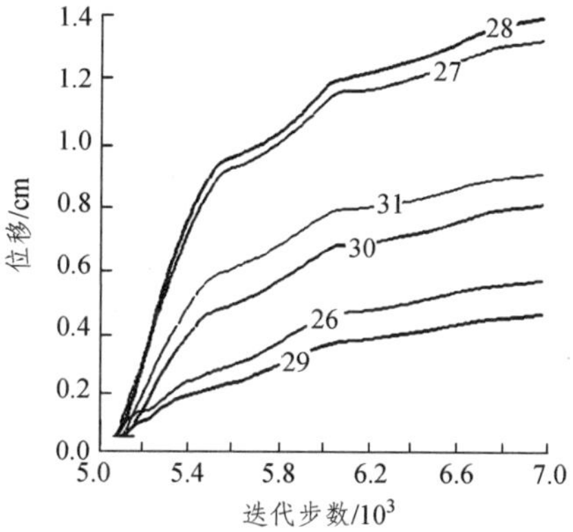

图 3.72　掌子面前监测点 X 方向位移曲线图

在距离掌子面 1 m、2 m 分别设立的 3 个监测点中，对于 Y 方向的位移分析，6 号、7 号、10 号点的位移方向为正（即代表各点位移向上），5 号、8 号、9 号点的位移方向为负（即代表各点位移向下）。对于向下位移的点，在迭代 2 000 步之后，最大位移点为 5 号点，最大位移约为 4.0 cm；对于向上位移的点，最大位移约为 3.0 cm。在距掌子面 1 m 和 2 m 处监测点 Y 方向的位移曲线图如图 3.73 所示。

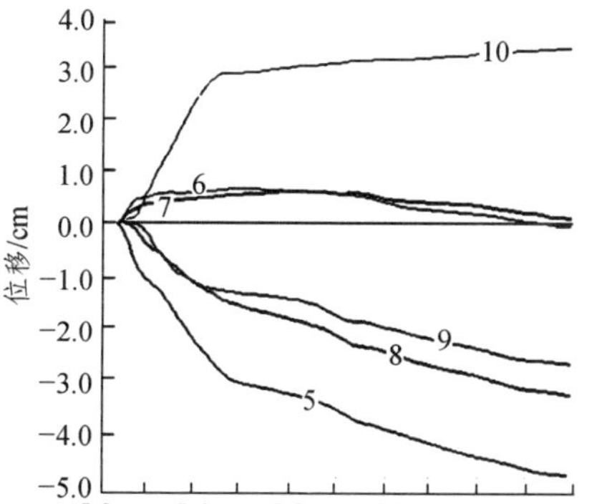

图 3.73　掌子面监测点 Y 方向位移曲线图

3. 开挖进入破碎带 6 m 处支护前工况塑性区分析

开挖之后的部分会出现正在屈服、已经屈服、拉伸破坏 3 种破坏状态，其破坏部分主要集中在第二级台阶、第三级台阶。在第五工况情况下，即开挖进入破碎带 6 m 后，第三级台阶（1 m）部分不支护，区域单元总数为 31 488 个，在集中破坏区域正在屈服单元数为 131 个、已经屈服单元数为 523 个、拉伸破坏单元数为 460 个。在开挖后的模型塑性区截取：横坐标-14.0 ~ 6.0 m、纵坐标-16.0 ~ 4.0 m，如图 3.74 所示。

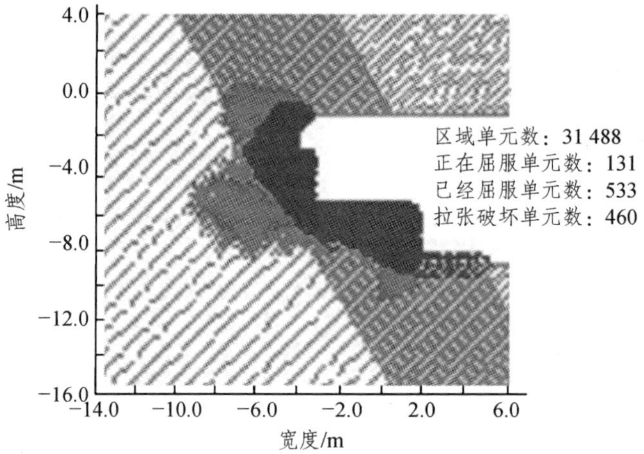

图 3.74　塑性区图

3.2.6　开挖进入破碎带 6 m 处支护后工况分析

视工程进度到开挖进入破碎带 6 m 位置支护后状态为第六个工况，在建立原始块体模型情况下，执行相应的开挖、支护命令。其本构模型、边界应力及原始应力除支护条件以外与工况五相同。其开挖模型图与工况五相同，如图 3.60 所示。

由最大不平衡力图可证明开挖进入破碎带 6 m 处支护后模型足够平衡。开挖进入破碎带 6 m 处支护后情况下模型最大不平衡力图如图 3.75 所示。

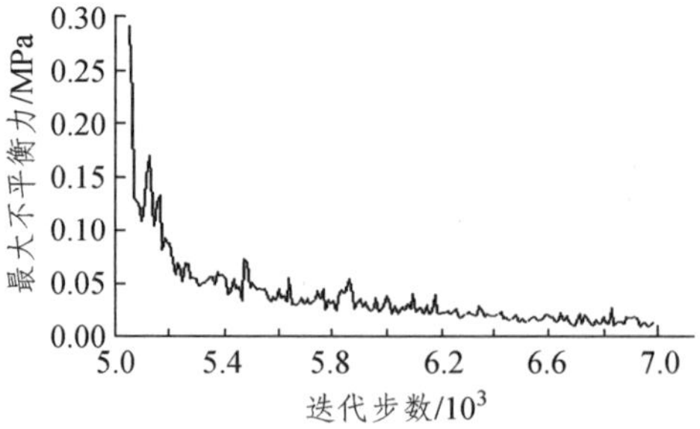

图 3.75　最大不平衡力图

1. 开挖进入破碎带 6 m 处支护后工况应力分析

开挖进入破碎带 6 m 处支护后的工况，对于 X 方向的应力分析，云图呈分层状态，最大应力量级是兆帕级，分层应力从上到下是呈递增状态从 0.81 MPa 至 1.96 MPa，其中在洞口部分有应力集中的情况存在，在洞口部分 X 方向的应力最大为 2.28 MPa。在平衡 2 000 步后，X 方向应力云图如图 3.76 所示。

对于 Y 方向的应力分析，云图大约呈分层状态，最大应力量级是兆帕级，分层应力从上到下是呈递减状态从 0.73 MPa 至 2.41 MPa，其中在洞口部分有应力集中的情况存在，在洞口部分 Y 方向的应力最大为 4.51 MPa。在平衡 2 000 步后，Y 方向应力云图如图 3.77 所示。

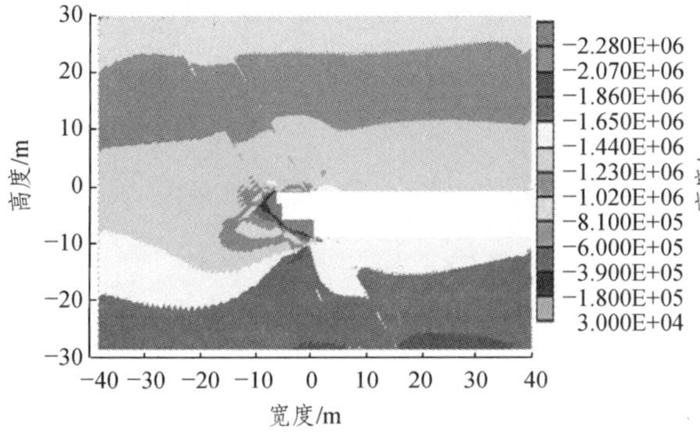

图 3.76　X 方向应力云图

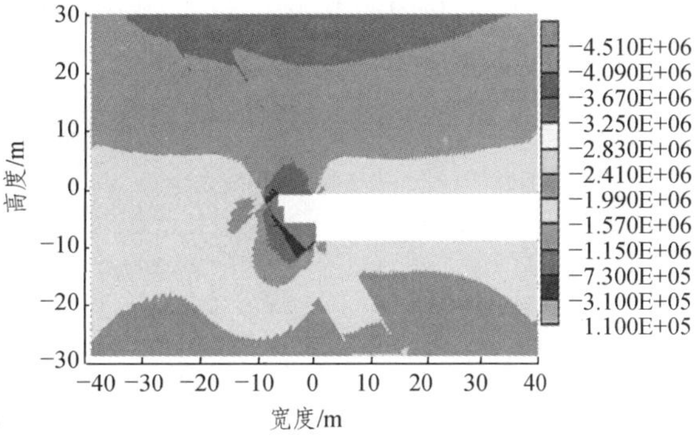

图 3.77　Y 方向应力云图

2. 开挖进入破碎带 6 m 处支护后工况位移分析

对于工况的位移分析，首先要从云图上面看其宏观的变化，对于工况 X 方向位移分析，其位移主要集中在掌子面位置，且其位移方向均为正方向，在开挖平衡 2 000 步时，位移最大值约为 7.5 cm，位移最大位置主要在掌子面。其范围更大的位移为 1.2 ~ 1.9 cm。开挖进入破碎带 6 m 处支护后 X 方向的位移云图截取：横坐标-14.0 ~ 6.0 m、纵坐标-16.0 ~ 4.0 m，如图 3.78 所示。

根据工程实际可知 Y 方向的位移应集中在洞口第二阶台阶部分。由 UDEC 数值模拟结果可知，在开挖进入破碎带 6 m 处加入支护时，对于 Y 方向，在掌子面以上的隧道顶部位置处有向下的位移，在开挖平衡 2 000 步时，其最大的位移约为 1.7 cm；在台阶处有向上的位移，在开挖平衡 2 000 步时，其最大的位移在边界局部约为 3.7 cm，其大范围的位移为 0.7 ~ 1.3 cm。其 Y 方向的位移云图截取：横坐标-14.0 ~ 6.0 m，纵坐标-20.0 ~ 0.0 m，如图 3.79 所示。

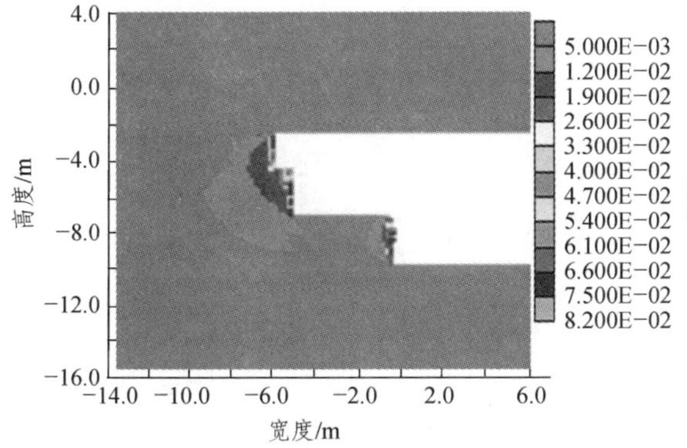

图 3.78　X 方向应力云图

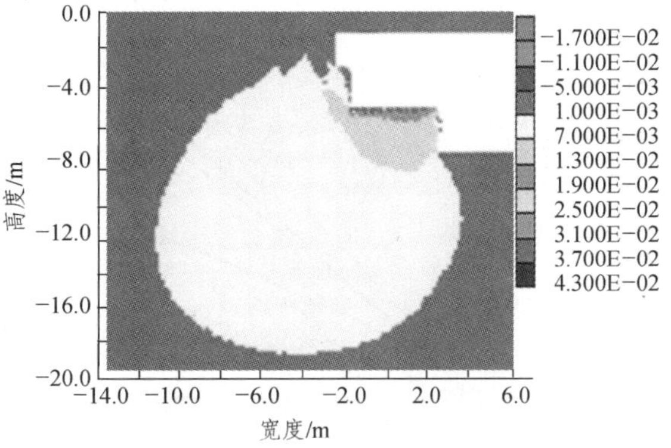

图 3.79　Y 方向位移云图

从设置检测点角度，对特定位置点的位移进行分析时，分别对竖直方向（*Y* 方向）、水平方向（*X* 方向）进行分析。共设置 3 组监测点，分别为掌子面处设 8 个监测点、拱顶设 7 个监测点、在距掌子面 1 m 处和 2 m 处各设 3 个监测点。分别对掌子面位置 8 个监测点的 *X*、*Y* 方向进行位移监测，对拱顶位置 7 个监测点进行 *Y* 方向位移监测，对距掌子面 1 m 处及 2 m 处的共 6 个监测点进行 *X*、*Y* 方向位移监测。

在对掌子面位置处位移进行监测分析时，首先要合理分布其监测点。掌子面处的监测点分布图如图 3.80 所示。

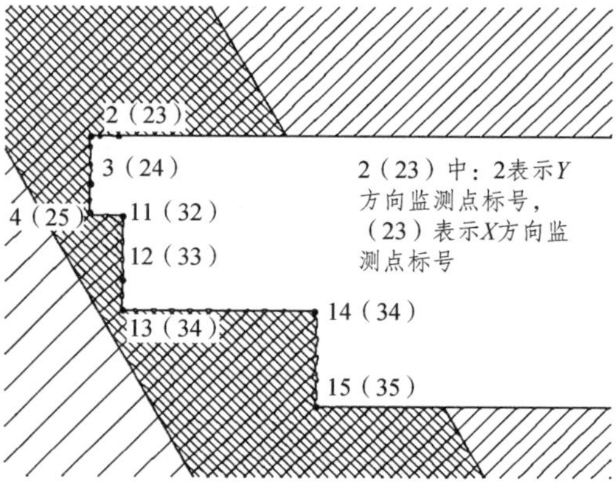

图 3.80　掌子面监测点分布图

掌子面处监测点 *X* 方向的位移，其中：24 号、32 号、33 号点在掌子面中间位移最大，在迭代 2 000 步时有 5.0 ~ 8.0 cm 的位移；25 号点迭代 2 000 步位移约为 3.0 cm；其余各点位移大小较为集中，在迭代 2 000 步后，均仅存在 0.0 ~ 1.0 cm 的位移。其掌子面监测点 *X* 方向的位移曲线图如图 3.81 所示。

掌子面处监测点 *Y* 方向的位移，其中：11 号、13 号、14 号点在掌子面的位移为正（代表各点的位移方向向上），2 号、3 号、4 号、12 号点的位移均为负（代表各点的位移方向向下），15 号点无明显位移。在迭代 2 000 步时，向上的最大位移约为 1.0 cm，向下的最大位移约为 0.4 cm。其掌子面监测点 *Y* 方向的位移曲线图如图 3.82 所示。

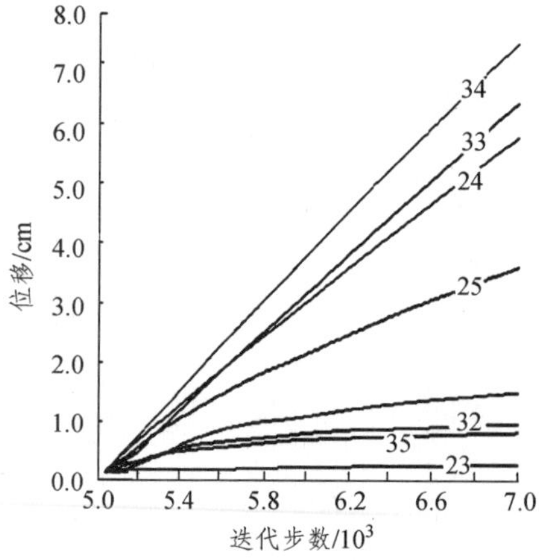

图 3.81　掌子面监测点 *X* 方向位移曲线图

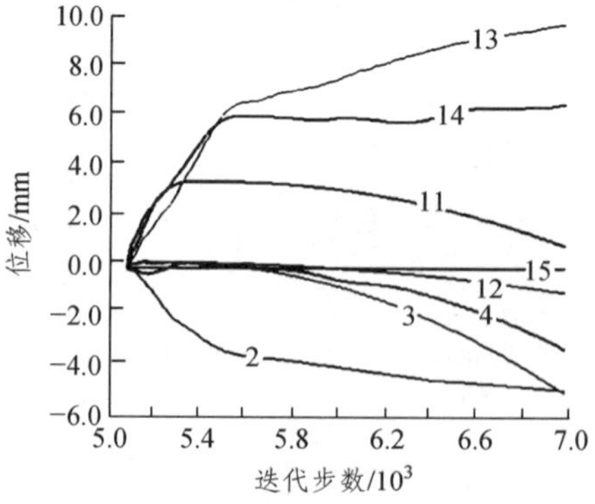

图 3.82　掌子面监测点 *Y* 方向位移曲线图

对于拱顶处的位移竖直方向的分析，对于拱顶竖直方向位移而言，离掌子面越近其向下的位移越大，其最大的位移在掌子面拱顶处，在迭代 2 000 步的情况下，最大为 0.5 ~ 0.6 cm。拱顶处监测点的分布图、*Y* 方向位移曲线图如图 3.83 和图 3.84 所示。

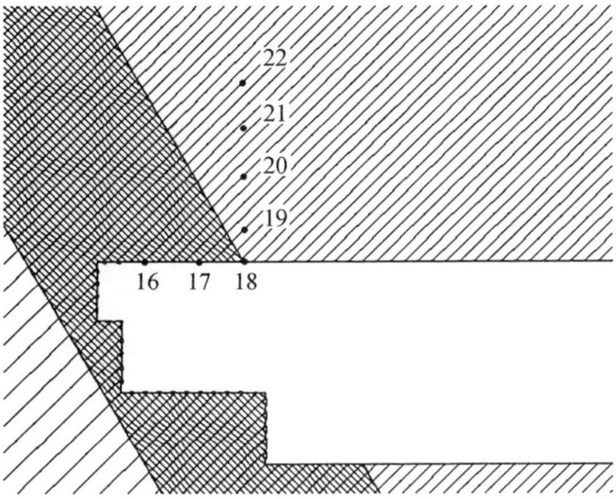

图 3.83　拱顶监测点分布图

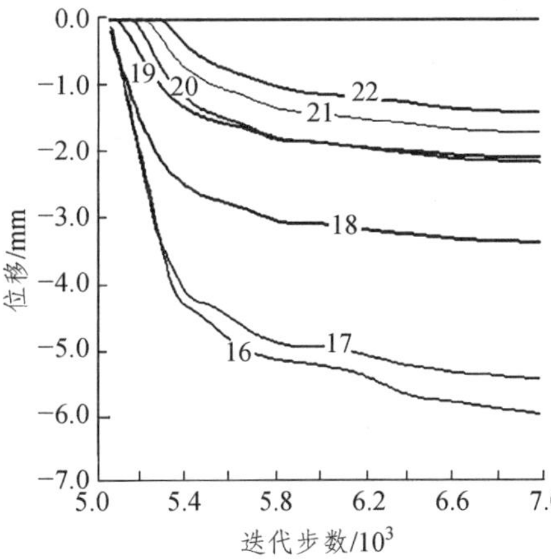

图 3.84　拱顶监测点 *Y* 方向位移曲线图

在距掌子面 1 m、2 m 处分别设置 3 个监测点，共 6 个监测点。其监测点分布图如图 3.85 所示。

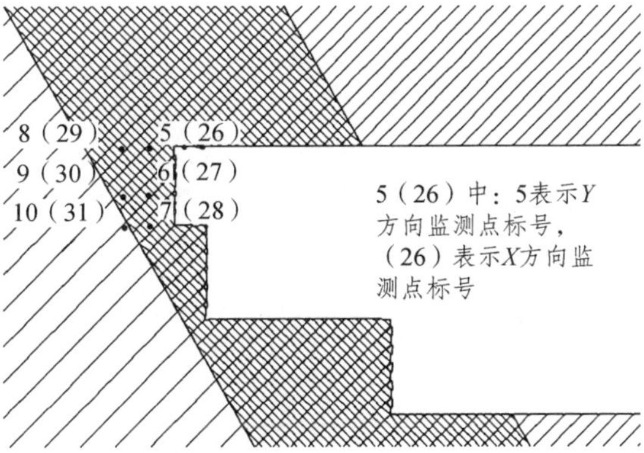

图 3.85　掌子面前监测点分布图

在距离掌子面 1 m、2 m 的 6 个监测点中，对于 *X* 方向的位移分析，其位移最大的是 26 号点，迭代 2 000 步后最大位移约为 3.5 cm。其余各点的位移均分布于 1.5 cm 以下。在距掌子面 1 m 和 2 m 处监测点 *X* 方向的位移曲线图如图 3.86 所示。

在距离掌子面 1 m、2 m 分别设立的 3 个监测点中，对于 *Y* 方向的位移分析，6 号、7 号、10 号点的位移方向为正（即代表各点位移向上），5 号、8 号、9 号点的位移方向为负（即代表各点位移向下）。对于向下位移的点，在迭代 2 000 步之后，最大位移点为 5 号点，最大位移为 4.0 ~ 5.0 cm；对于向上位移的点，最大位移为 3.0 ~ 4.0 cm。在距掌子面 1 m 和 2 m 处监测点 *Y* 方向的位移曲线图如图 3.87 所示。

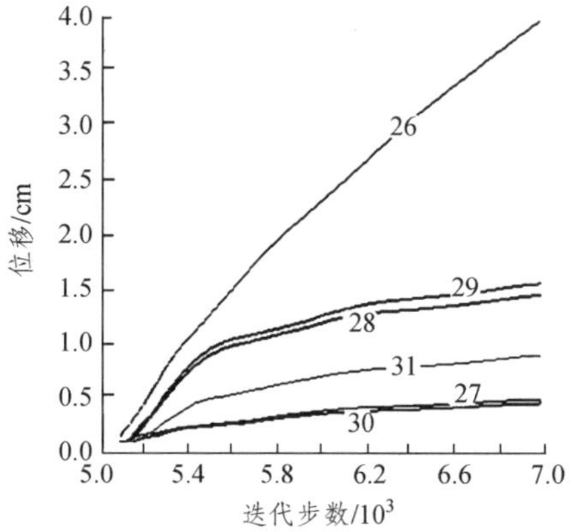

图 3.86　掌子面前监测点 X 方向位移曲线图

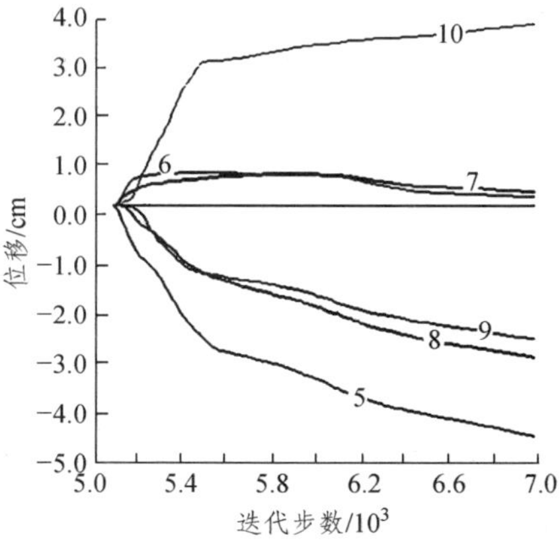

图 3.87　掌子面监测点 Y 方向位移曲线图

3. 挖进入破碎带 6 m 处支护后工况塑性区分析

开挖之后的部分会出现正在屈服、已经屈服、拉伸破坏 3 种破坏状态，其破坏部分主要集中在第二级台阶、第三级台阶。在第六工况情况下，即开挖进入破碎带 6 m 后，第三级台阶（1 m）部分加入支护，区域单元总数为 31 488 个，在集中破坏区域正在屈服单元数为 96 个、已经屈服单元数为 492 个、拉伸破坏单元数为 455 个。在开挖后的模型塑性区截取：横坐标-14.0 ~ 6.0 m、纵坐标-16.0 ~ 4.0 m，如图 3.88 所示。

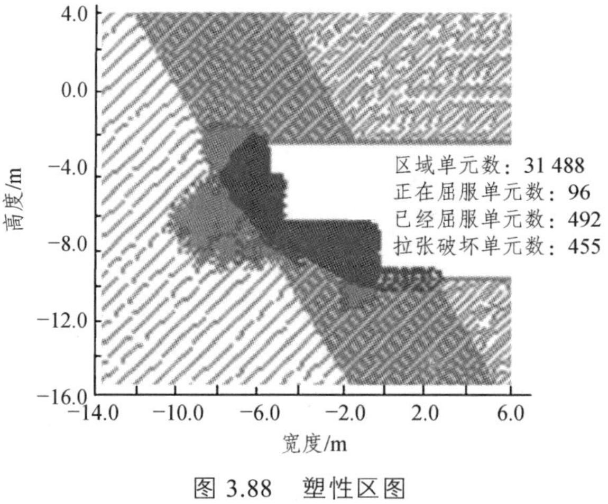

图 3.88　塑性区图

3.2.7　开挖进入破碎带 8 m 处支护前工况分析

视工程进度到开挖进入破碎带 8 m 位置处支护前状态为第七个工况，在建立原始块体模型情况下，执行相应的开挖命令。为模拟破碎带在实际工程隧道段中的情况，在建立模型时，将模型分为 5 个部分，在离开挖最远的部分，节理设为角度 45°、间距 0.8 m，其余除破碎带以外的部分，节理为角度 45°、间距 0.4 m，破碎带部分由正向 45°、间距 0.4 m，反向 45°、间距 0.2 m 节理切割构成。为模拟实际埋深，在原始模型的上边界施加竖直向下的大小为 6 MPa 的边界应力，模型 4 个边界 X、Y 方向位移均锁定，令其 X、Y 方向位移均为 0。初始水平应

力 X 方向施加 1.8 MPa，竖向应力 Y 方向施加 2 MPa，在平面之外 Z 方向施加应力 1.8 MPa。对于梯度应力：Y 方向梯度应力 10 kPa，Z 方向梯度应力 12 kPa。

在建立原始模型之后，本模型采用初始平衡迭代 5 000 步，使原始模型足够平衡。在平衡之后基础上，采用 3 级台阶一次性开挖后，掘进破碎带 8 m 内，一级台阶长度 42 m，二级台阶长度 6 m，三级台阶长度 1 m。对于三段开挖，在开挖第一段之后，对其进行支护，为模拟实际情况且由于第一段开挖段长度较长，故用位移锁定命令“bound xvel=0.0 yvel=0 range x1 x2 y1 y2”对其进行支护；在开挖第二段之后，因第二段长度较第一段短，长度为 6 m，故采用反力命令进行支护，反力大小为 0.8 MPa；在开挖第三段后，本工况不考虑对第三段开挖部分进行支护。在开挖后用 UDEC 软件对开挖后的部分，迭代 2 000 步，分别从塑性区、应力及位移几个方面进行分析。其开挖模型图如图 3.89 所示。

为证明模型相对平衡，可通过观察最大不平衡力图。开挖进入破碎带 8 m 处支护前情况下模型最大不平衡力图如图 3.90 所示。

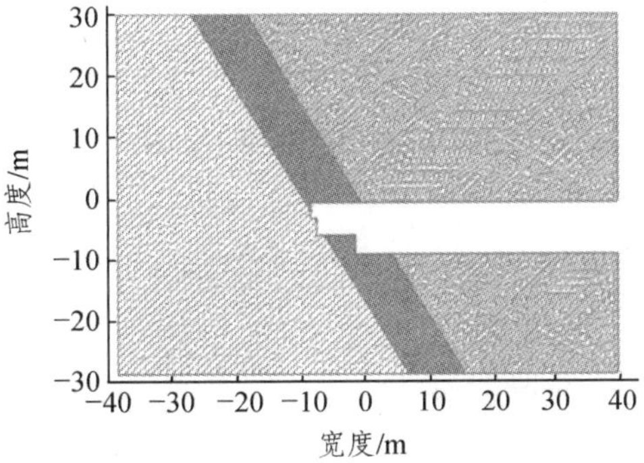

图 3.89　开挖模型图

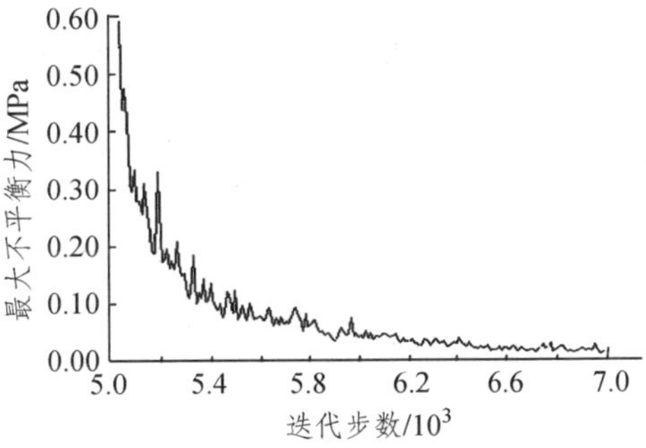

图 3.90　最大不平衡力图

1. 开挖进入破碎带 8 m 处支护前工况应力分析

对于开挖进入破碎带 8 m 处支护前工况，首先进行各方向应力分析。对于 X 方向的应力分析，云图呈分层状态，最大应力量级是兆帕级，分层应力从上到下是呈递增状态从 0.58 MPa 至 1.73 MPa，其中在洞口部分有应力集中的情况存在，在洞口部分 X 方向的应力最大为 2.42 MPa。在平衡 2 000 步后，X 方向应力云图如图 3.91 所示。

对于 Y 方向的应力分析，云图大约呈分层状态，最大应力量级是兆帕级，分层应力从上到下是呈递减状态从 0.66 MPa 至 2.10 MPa，其中在洞口部分有应力集中的情况存在，在洞口部分 X 方向的应力最大为 3.9 MPa。在平衡 2 000 步后，Y 方向应力云图如图 3.92 所示。

2. 开挖进入破碎带 8 m 处支护前工况位移分析

对于工况的位移分析，首先要从云图上面看其宏观的变化，对于工况 X 方向位移分析，其位移主要集中在掌子面位置，且其位移方向均为正方向，在开挖平衡 2 000 步时，位移最大值约为 8.0 cm，位移最大位置主要在掌子面。其范围更大的位移为 1.3 ~ 2.1 cm。开挖进入破碎带 8 m 处未支护时的 X 方向的位移云图截取：横坐标为−16.0 ~ 4.0 m、纵坐标为−16.0 ~ 4.0 m，如图 3.93 所示。

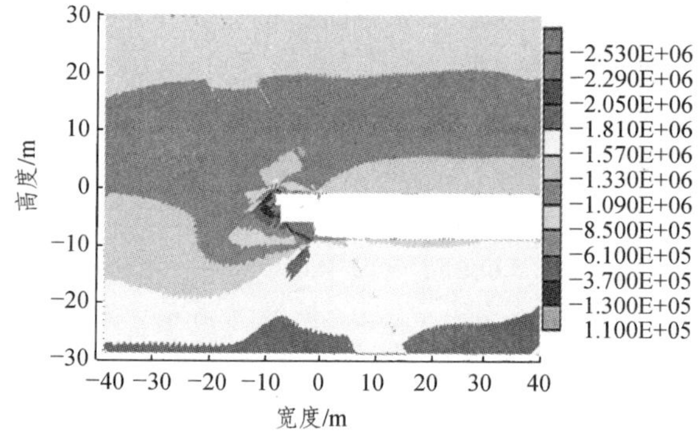

图 3.91 *X* 方向应力云图

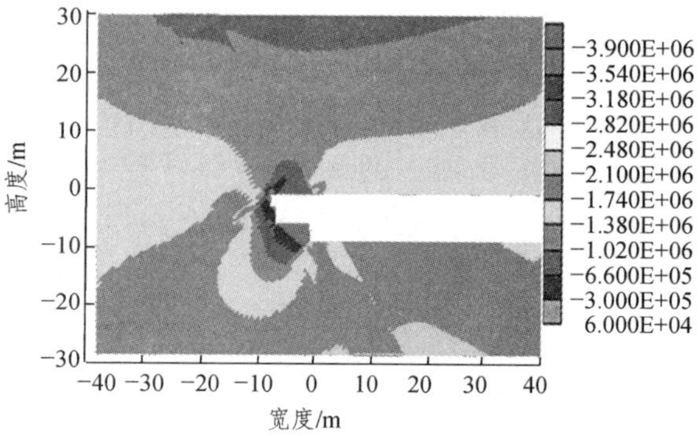

图 3.92 *Y* 方向应力云图

根据工程实际可知 *Y* 方向的位移应集中在洞口第二阶台阶部分。由 UDEC 数值模拟结果可知，在开挖进入破碎带 8 m 处未支护时，对于 *Y* 方向，在掌子面以上的隧道顶部位置处有向下的位移，在迭代 2 000 步时，其最大的位移约为 0.7 cm，其大范围的位移约为 0.2 cm；在台阶处有向上的位移，在迭代 2 000 步时，其最大的位移在边界局部约为 4.3 cm，其大范围的位移为 0.8 ~ 1.3 cm。其 *Y* 方向的位移云图截取：横坐标为−16.0 ~ 4.0 m、纵坐标−18.0 ~ 2.0 m，如图 3.94 所示。

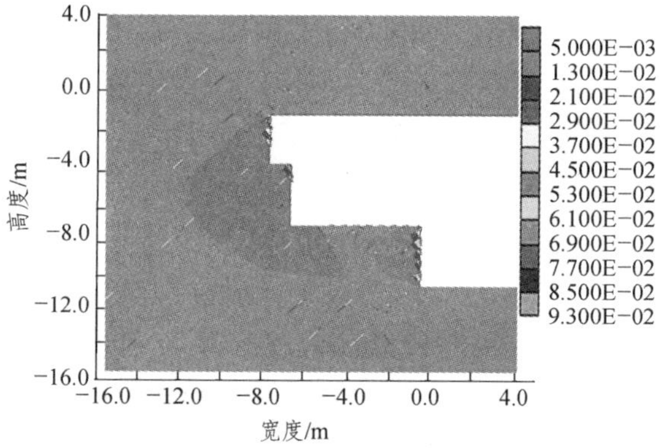

图 3.93 *X* 方向位移云图

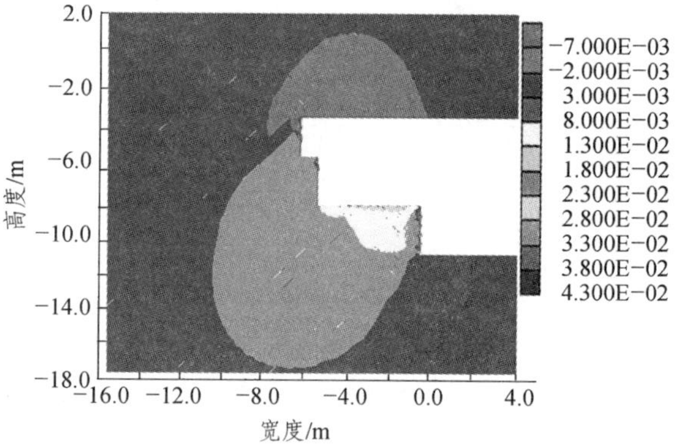

图 3.94 *Y* 方向位移云图

从设置检测点角度，对特定位置点的位移进行分析时，分别对竖直方向（*Y* 方向）、水平方向（*X* 方向）进行分析。共设置 3 组监测点，分别为掌子面处设 8 个监测点、拱顶设 7 个监测点、在距掌子面 1 m 处和 2 m 处各设 3 个监测点。分别对掌子面位置 8 个监测点的 *X*、*Y* 方向进行位移监测，对拱顶位置 7 个监测点进行 *Y* 方向位移监测，对距掌子面 1 m 处及 2 m 处的共 6 个监测点进行 *X*、*Y* 方向位移监测。

在对掌子面位置处位移进行监测分析时，首先要合理分布其监测点。掌子面处的监测点分布图如图 3.95 所示。

掌子面处监测点 *X* 方向的位移，其中：24 号、35 号点在掌子面中间位移最大，在迭代 2 000 步时有 4.0 ~ 6.0 cm 的位移；其余各点位移大小较为集中，在迭代 2 000 步后，均仅存在约 1.0 cm 的位移。其掌子面监测点 *X* 方向的位移曲线图如图 3.96 所示。

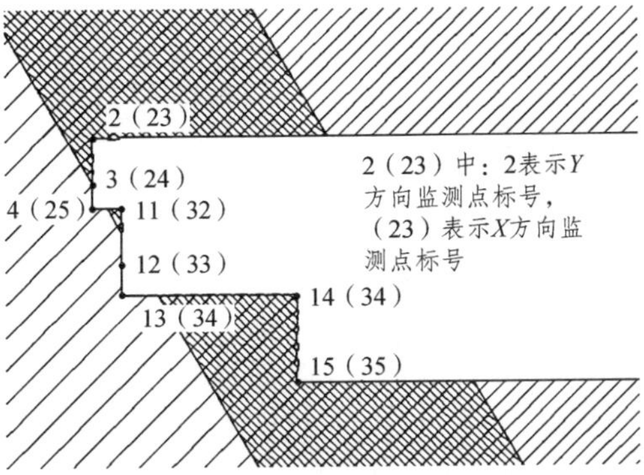

图 3.95　掌子面监测点分布图

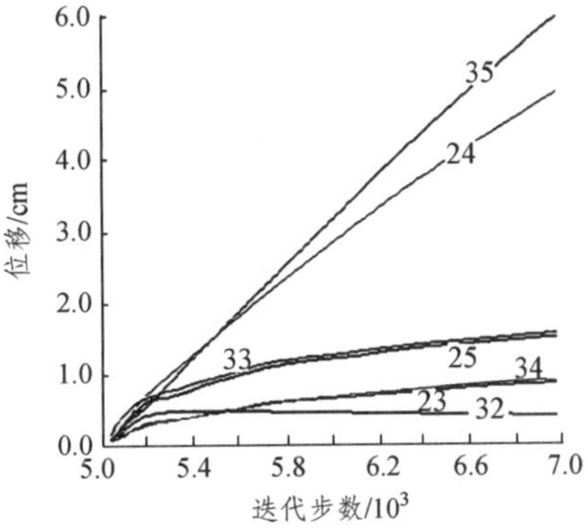

图 3.96　掌子面监测点 X 方向位移曲线图

掌子面处监测点 Y 方向的位移，其中：4 号、11 号、12 号、13 号、14 号点在掌子面的位移为正（代表各点的位移方向向上），2 号、3 号点的位移均为负（代表各点的位移方向向下），15 号点无明显位移。在迭代 2 000 步时，向上的最大位移为 3.5 ~ 4.0 cm，向下的最大位移约为 1.0 cm。其掌子面监测点 Y 方向的位移曲线图如图 3.97 所示。

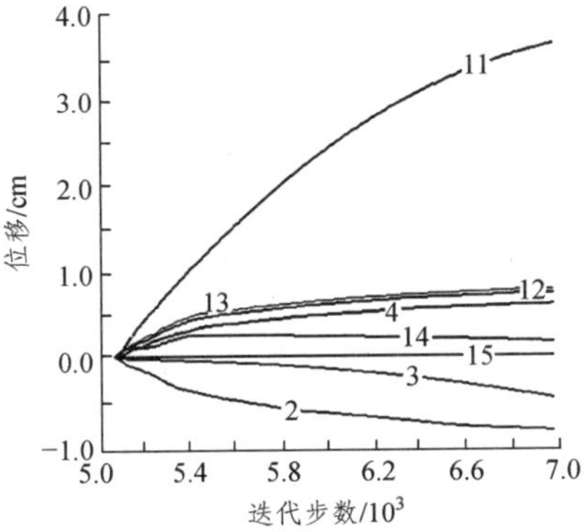

图 3.97　掌子面监测点 Y 方向位移曲线图

对于拱顶处的位移竖直方向的分析，对于拱顶竖直方向位移而言，离掌子面越近其向下的位移越大，其最大的位移在掌子面拱顶处，在迭代 2 000 步的情况下，最大为 6 ~ 7 mm。拱顶处监测点的分布图、Y 方向位移曲线图如图 3.98 和图 3.99 所示。

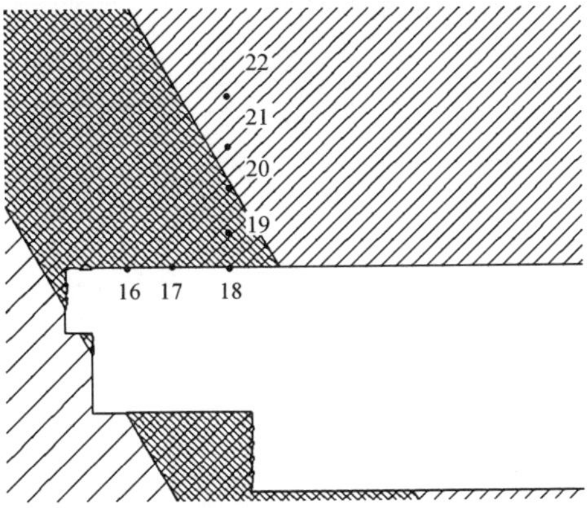

图 3.98　拱顶监测点分布图

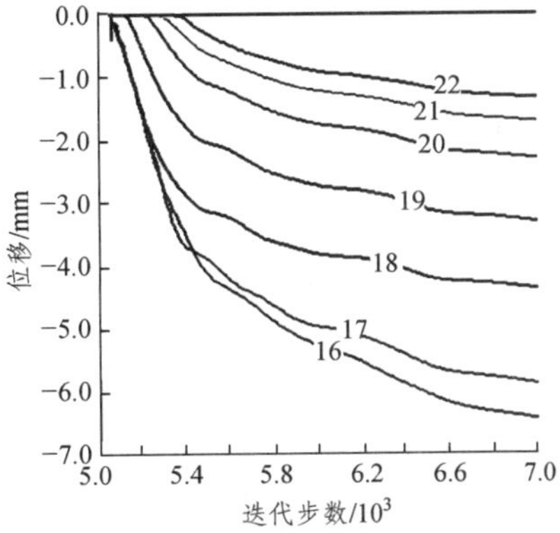

图 3.99　拱顶监测点 Y 方向位移曲线图

在距掌子面 1 m、2 m 处分别设置 3 个监测点，共 6 个监测点。其监测点分布如图 3.100 所示。

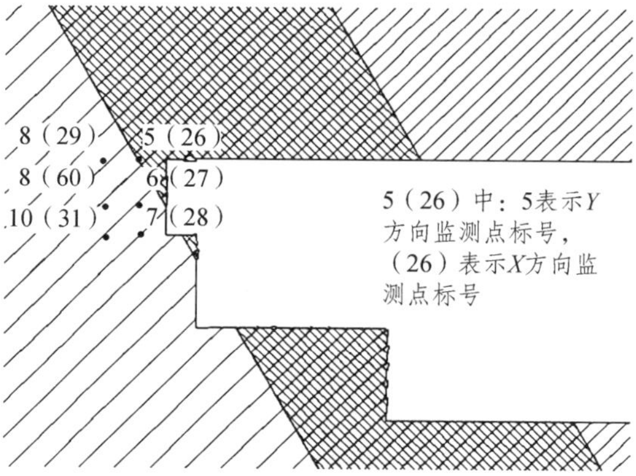

图 3.100　掌子面前监测点分布

在距离掌子面 1 m、2 m 的 6 个监测点中，对于 *X* 方向的位移分析，其位移最大的是 28 号点，迭代 2 000 步后最大位移为 1.0 ~ 1.2 cm。其余各点的位移均分布于 0.8 cm 以下。在距掌子面 1 m 和 2 m 处监测点 *X* 方向的位移曲线图如图 3.101 所示。

在距离掌子面 1 m、2 m 分别设立的 3 个监测点中，对于 *Y* 方向的位移分析，6 号、7 号、9 号、10 号点的位移方向为正（即代表各点位移向上），5 号、8 号点的位移方向为负（即代表各点位移向下）。对于向下位移的点，在迭代 2 000 步之后，最大位移点为 5 号点，最大位移为 2.0 ~ 3.0 cm；对于向上位移的点，最大位移为 4.0 ~ 5.0 cm。在距掌子面 1 m 和 2 m 处监测点 *Y* 方向的位移曲线图如图 3.102 所示。

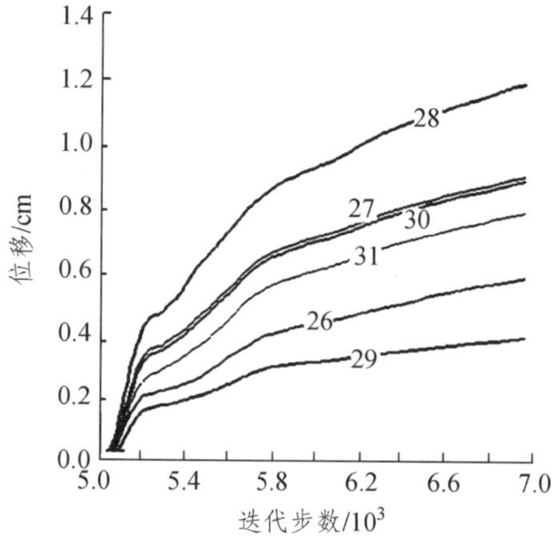

图 3.101　掌子面前监测点 *X* 方向位移曲线图

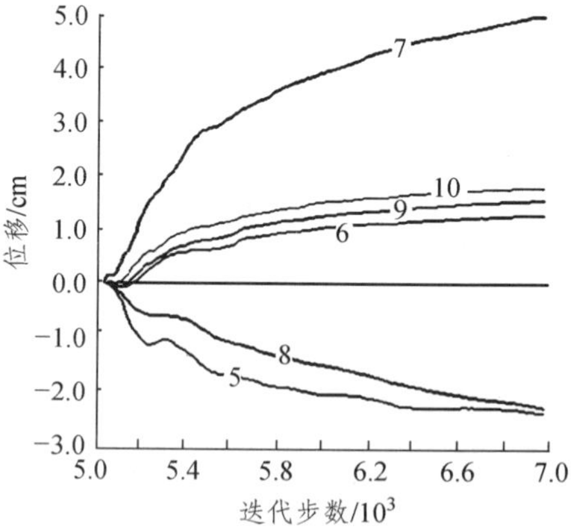

图 3.102　掌子面前监测点 *Y* 方向位移曲线图

3. 开挖进入破碎带 8 m 处支护前工况塑性区分析

开挖之后的部分会出现正在屈服、已经屈服、拉伸破坏 3 种破坏状态，其破坏部分主要集中在第二级台阶、第三级台阶。在第七工况情况下，即开挖进入破碎带 8 m 后，第三级台阶（1 m）部分不支护，区域单元总数为 30 857 个，在集中破坏区域正在屈服单元数为 95 个、已经屈服单元数为 342 个、拉伸破坏单元数为 299 个。在开挖后的模型塑性区截取：横坐标-16.0 ~ 4.0 m、纵坐标-16.0 ~ 4.0 m，如图 3.103 所示。

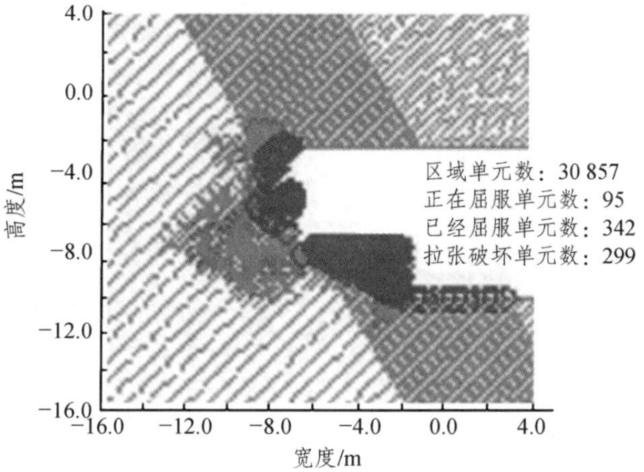

图 3.103　塑性区图

3.3.8　开挖进入破碎带 8 m 处支护后工况分析

视工程进度到开挖进入破碎带 8 m 位置支护后状态为第八个工况，在建立原始块体模型情况下，执行相应的开挖、支护命令。其本构模型、边界应力及原始应力除支护条件以外与工况七相同。其开挖模型图与工况七相同，如图 3.89 所示。

由最大不平衡力图可证明开挖进入破碎带 8 m 处支护后模型足够平衡。开挖进入破碎带 8 m 支护后情况下模型最大不平衡力图如图 3.104 所示。

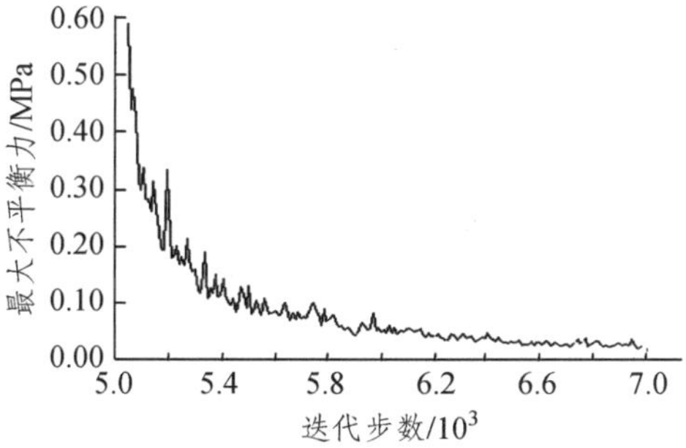

图 3.104　进入破碎带 8 m 加入支护工况最大不平衡力图

1. 开挖进入破碎带 8 m 处支护后工况应力分析

开挖进入破碎带 8 m 处的加入支护后的工况，对于 X 方向的应力分析，云图呈分层状态，最大应力量级是兆帕级，分层应力从上到下是呈递增状态从 0.81 MPa 至 1.73 MPa，其中在洞口部分有应力集中的情况存在，在洞口部分 X 方向的应力最大为 2.42 MPa。在平衡 2 000 步后，X 方向应力云图如图 3.105 所示。

对于 Y 方向的应力分析，云图大约呈分层状态，最大应力量级是兆帕级，分层应力从上到下是呈递减状态从 0.66 MPa 至 2.10 MPa，其中在洞口部分有应力集中的情况存在，在洞口部分 Y 方向的应力最大为 3.90 MPa。在平衡 2 000 步后，Y 方向应力云图如图 3.106 所示。

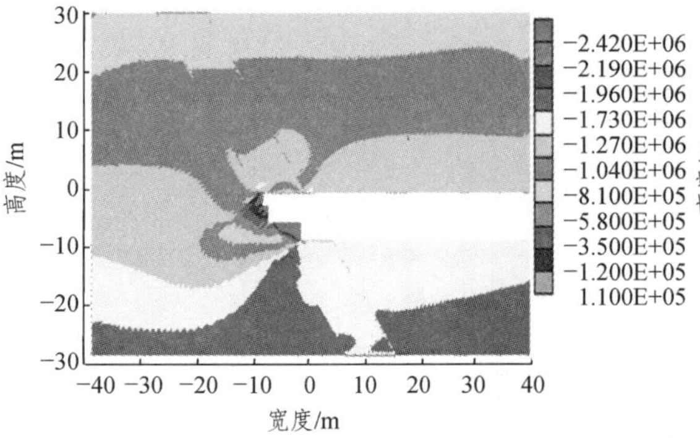

图 3.105 X 方向应力云图

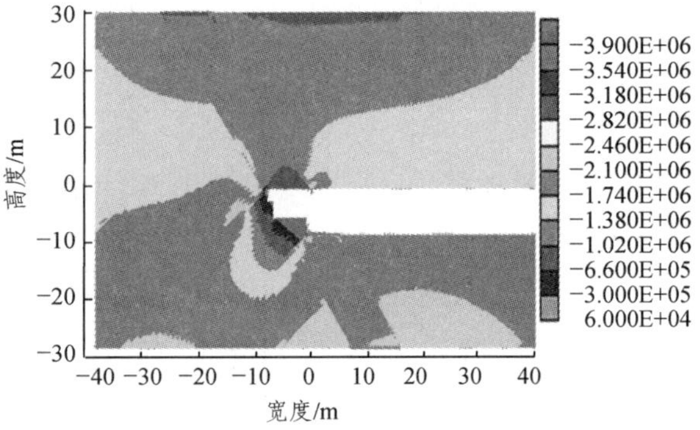

图 3.106 Y 方向应力云图

2. 开挖进入破碎带 8 m 处支护后工况位移分析

对于工况的位移分析，首先要从云图上面看其宏观的变化，对于工况 X 方向位移分析，其位移主要集中在掌子面位置，且其位移方向均为正方向，在开挖平衡 2 000 步时，位移局部最大值约为 8.0 cm，位移最大位置主要在掌子面。其范围更大的位移为 0.5 ~ 1.3 cm。开挖进入破碎带 8 m 处加入支护后 X 方向的位移云图截取：横坐标-16.0 ~ 4.0 m、纵坐标-16.0 ~ 4.0 m，如图 3.107 所示。

根据工程实际可知 Y 方向的位移应集中在洞口第二阶台阶部分。由 UDEC 数值模拟结果可知，在开挖进入破碎带 8 m 处加入支护时，对于 Y 方向，在掌子面以上的隧道顶部位置处有向下的位移，在开挖平衡 2 000 步时，其最大的位移约为 0.7 cm；在台阶处有向上的位移，在开挖平衡 2 000 步时，其最大的位移在边界局部约为 3.8 cm，其大范围的位移为 0.8 ~ 1.3 cm。其 Y 方向的位移云图截取：横坐标-16.0 ~ 4.0 m、纵坐标-18.0 ~ 2.0 m，如图 3.108 所示。

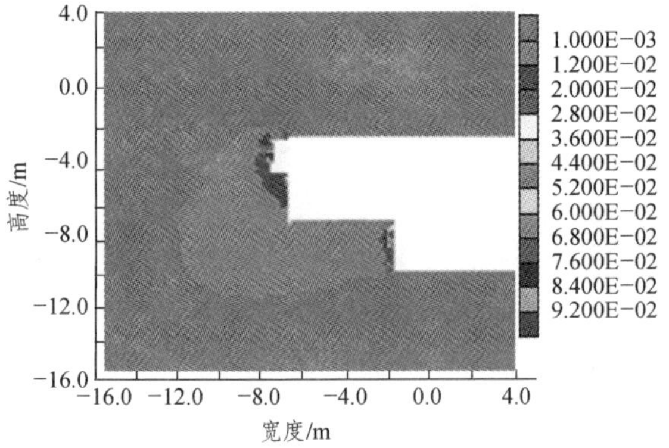

图 3.107 X 方向应力云图

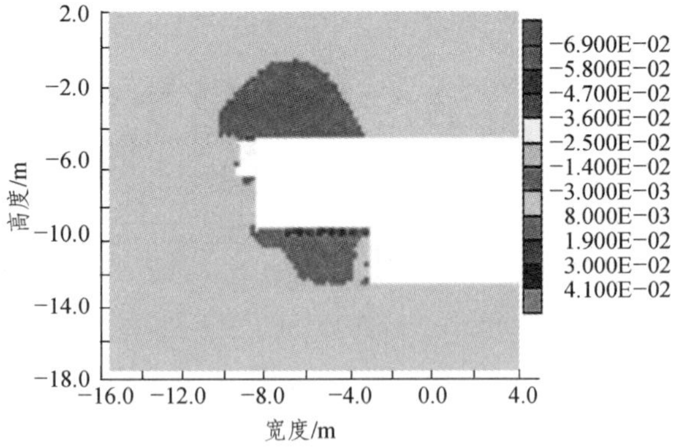

图 3.108 Y 方向位移云图

从设置检测点角度，对特定位置点的位移进行分析时，分别对竖直方向（Y 方向）、水平方向（X 方向）进行分析。共设置 3 组监测点，分别为掌子面处设 8 个监测点、拱顶设 7 个监测点、在距掌子面 1 m 处和 2 m 处各设 3 个监测点。分别对掌子面位置 8 个监测点的 X、Y 方向进行位移监测，对拱顶位置 7 个监测点进行 Y 方向位移监测，对距掌子面 1 m 处及 2 m 处的共 6 个监测点进行 X、Y 方向位移监测。

在对掌子面位置处位移进行监测分析时，首先要合理分布其监测点。掌子面处的监测点分布如图 3.109 所示。

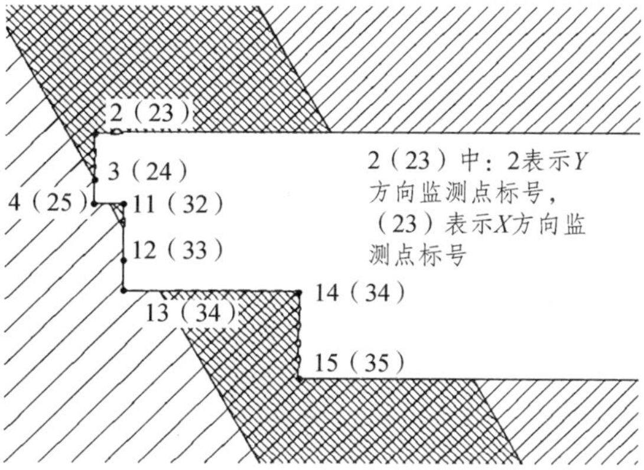

图 3.109　掌子面监测点分布图

掌子面处监测点 X 方向的位移，其中：24 号、35 号点位移最大，在迭代 2 000 步时有 4.0 ~ 6.0 cm 的位移；其余各点的位移约在 1.0 cm 以下。其掌子面监测点 X 方向的位移曲线图如图 3.110 所示。

掌子面处监测点 Y 方向的位移，其中：4 号、11 号、12 号、13 号、14 号点在掌子面的位移为正（代表各点的位移方向向上），2 号、3 号点的位移均为负（代表各点的位移方向向下），15 号点无明显位移。在迭代 2 000 步时，向上的最大位移约为 3.5 cm，向下的最大位移约为 0.5 cm。其掌子面监测点 Y 方向的位移曲线图如图 3.111 所示。

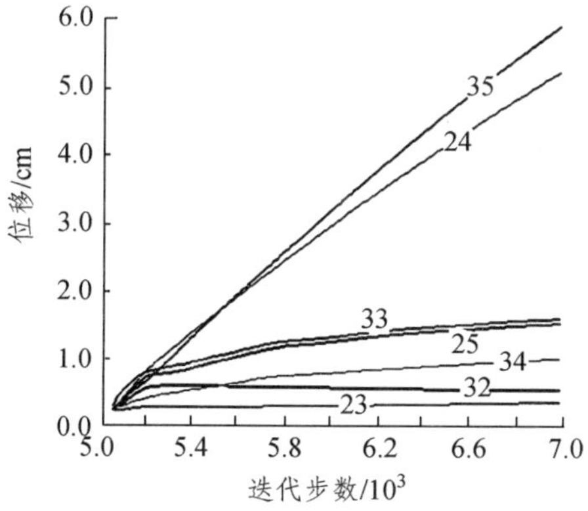

图 3.110　掌子面监测点 X 方向位移曲线图

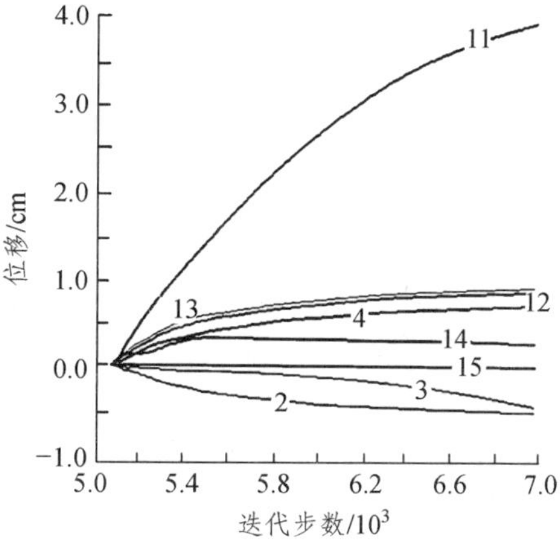

图 3.111　掌子面监测点 Y 方向位移曲线图

对于拱顶处的位移竖直方向的分析，对于拱顶竖直方向位移而言，离掌子面越近其向下的位移越大，其最大的位移在掌子面拱顶处，在迭代 2 000 步的情况下，最大约为 5 ~ 6 mm。拱顶处监测点的分布图、Y 方向位移曲线图如图 3.112 和图 3.113 所示。

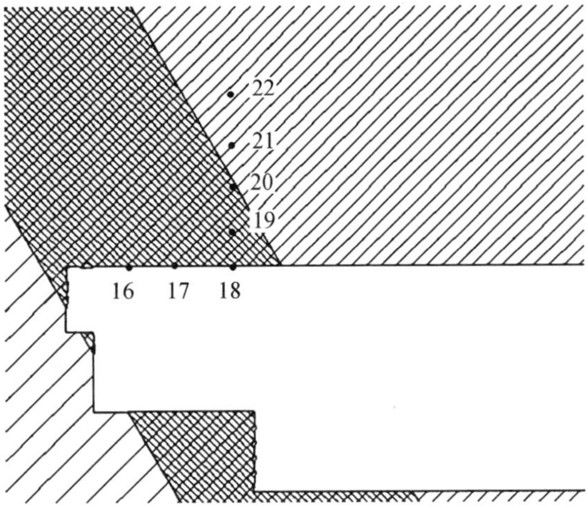

图 3.112 拱顶监测点分布图

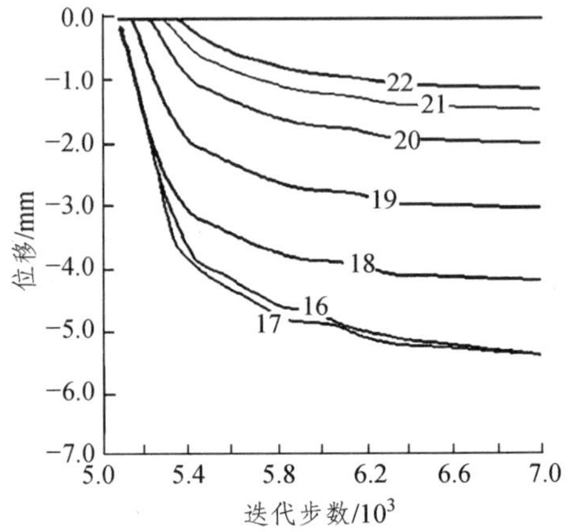

图 3.113 拱顶监测点 Y 方向位移曲线图

在距掌子面 1 m、2 m 处分别设置 3 个监测点，共 6 个监测点。其监测点分布如图 3.114 所示。

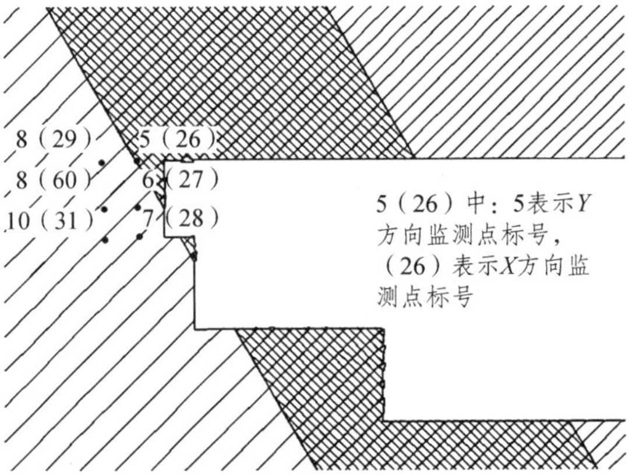

图 3.114 掌子面前监测点分布图

在距离掌子面 1 m、2 m 的 6 个监测点中，对于 X 方向的位移分析，其位移最大的是 28 号点，迭代 2 000 步后最大位移约为 1.0 cm。其余各点的位移均分布于 0.8 cm 以下。在距掌子面 1 m 和 2 m 处监测点 X 方向的位移曲线图如图 3.115 所示。

在距离掌子面 1 m、2 m 分别设立的 3 个监测点中，对于 Y 方向的位移分析，6 号、7 号、9 号、10 号点的位移方向为正（即代表各点位移向上），5 号、8 号点的位移方向为负（即代表各点位移向下）。对于向下位移的点，在迭代 2 000 步之后，最大位移点为 5 号点，最大位移约为 2.0 ~ 3.0 cm；对于向上位移的点，最大位移约为 4.0 ~ 5.0 cm。在距掌子面 1 m 和 2 m 处监测点 Y 方向的位移曲线图如图 3.116 所示。

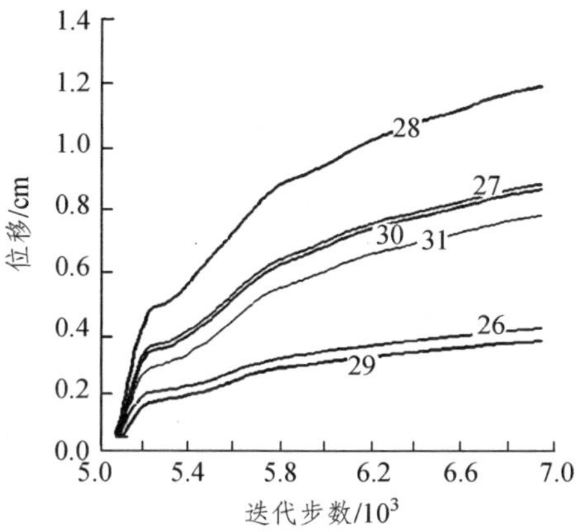

图 3.115　掌子面前监测点 X 方向位移曲线图

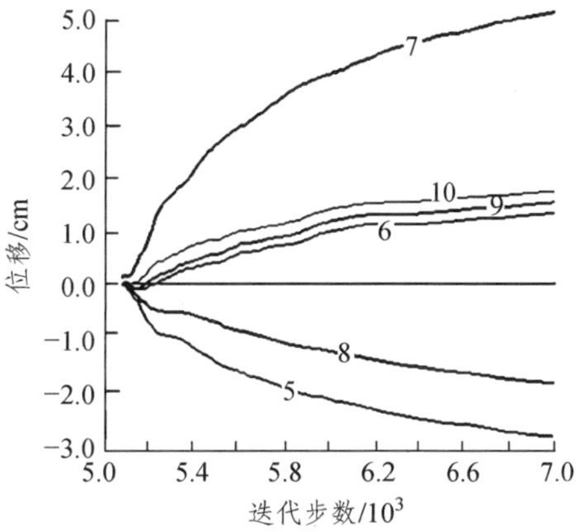

图 3.116　掌子面前监测点 Y 方向位移曲线图

3. 开挖进入破碎带 8 m 处支护后工况塑性区分析

开挖之后的部分会出现正在屈服、已经屈服、拉伸破坏 3 种破坏状态，其破坏部分主要集中在第二级台阶、第三级台阶。在第八工况情况下，即开挖进入破碎带 8 m 后，第三级台阶（1 m）部分加入支护，区域单元总数为 30 857 个，在集中破坏区域正在屈服单元数为 60 个、已经屈服单元数为 320 个、拉伸破坏单元数为 285 个。在开挖后的模型塑性区如图 3.117 所示。

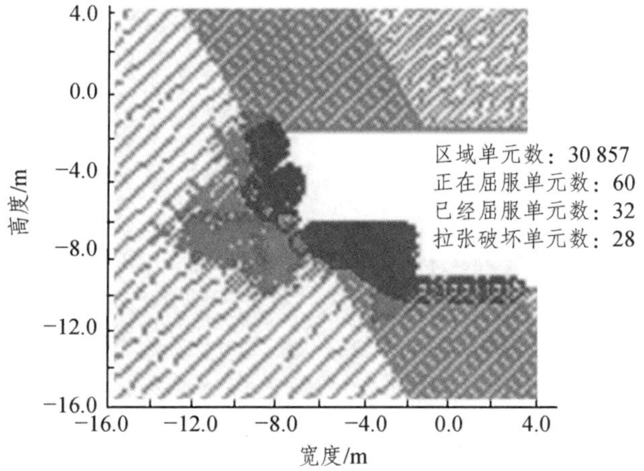

图 3.117　塑性区图

3.2.9　开挖至出破碎带后到离破碎带较远边界 10 m 处支护前工况分析

视工程进度，开挖至出破碎带后到离破碎带较远边界 10 m 处支护前状态为第九个工况，在建立原始块体模型情况下，执行相应的开挖命令。为模拟破碎带在实际工程隧道段中的情况，在建立模型时，将模型分为 5 个部分，在破碎带左边的部分，节理设为角度 45°、间距 0.4 m，其余除破碎带以外的部分，节理为角度 45°、间距 0.4 m，破碎带部分由正向 45°、间距 0.4 m，反向 45°、间距 0.2 m 节理切割构成。为模拟实际埋深，在原始模型的上边界施加竖直向下的大小为 6 MPa 的边界应力，模型四个边界 X、Y 方向位移均锁定，令其 X、Y 方向位移均为 0。初始水平应力 *X* 方向施加 1.8 MPa，竖向应力 *Y* 方向施加 2 MPa，在平面之外 *Z* 方向施加应力 1.8 MPa。对于梯度应力：*Y* 方向梯度应力 10 kPa，*Z* 方向梯度应力 12 kPa。

在建立原始模型之后，本模型采用初始平衡迭代 5 000 步，使原始模型足够平衡。在平衡之后基础上，采用 3 级台阶一次性开挖后，掘进开挖至出破碎带后到离破碎带较远边界 10 m 内，一级台阶长度 42 m，二级台阶长度 6 m，三级台阶长度 1 m。对于三段开挖，在开挖第一段之后，对其进行支护，为模拟实际情况且由于第一段开挖段长度较长，故用位移锁定命令“bound xvel=0.0 yvel=0 range x1 x2 y1 y2”对其进行支护；在开挖第二段之后，因第二段长度较第一段短，长度为 6 m，故采用反力命令进行支护，反力大小为 0.8 MPa；在开挖第三段后，本工况不考虑对第三段开挖部分进行支护。在开挖后用 UDEC 软件对开挖后的部分，迭代 2 000 步，分别从塑性区、应力及位移几个方面进行分析。其开挖模型如图 3.118 所示。

为证明模型相对平衡，可通过观察最大不平衡力图。开挖至出破碎带到离破碎带较远边 10 m 处支护前情况下模型最大不平衡力图如图 3.119 所示。

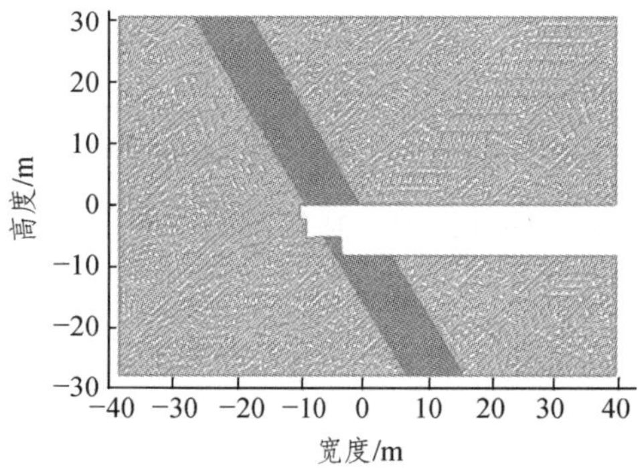

图 3.118　开挖模型图

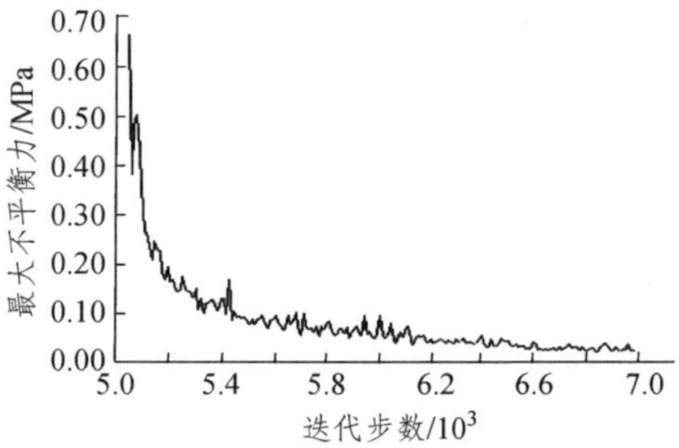

图 3.119　最大不平衡力图

1. 开挖至出破碎带到离破碎带较远边界 10 m 处支护前工况应力分析

对于开挖至出破碎带到离破碎带较远边界 10 m 处的未支护工况，首先进行各方向应力分析。对于 *X* 方向的应力分析，云图呈分层状态，最大应力量级是兆帕级，分层应力从上到下是呈递增状态从 0.75 MPa 至 1.87 MPa，其中在洞口部分有应力集中的情况存在，在洞口部分 *X* 方向的应力最大为 2.90 MPa。在平衡 2 000 步后，*X* 方向应力云图如图 3.120 所示。

对于 *Y* 方向的应力分析，云图大约呈分层状态，最大应力量级是兆帕级，分层应力从上到下是呈递减状态从 0.89 MPa 至 2.24 MPa，其中在洞口部分有应力集中的情况存在，在洞口部分 *X* 方向的应力最大为 4.94 MPa。在平衡 2 000 步后，*Y* 方向应力云图如图 3.121 所示。

2. 开挖至出破碎带到离破碎带较远边界 10 m 处支护前工况位移分析

对于工况的位移分析，首先要从云图上面看其宏观的变化，对于工况 *X* 方向位移分析，其位移主要集中在掌子面位置，且其位移方向均为正方向，在开挖平衡 2 000 步时，位移最大值约为 7.7 cm，位移最大位置主要在掌子面。其范围更大的位移为 1.2 ~ 2.1 cm。开挖至出破碎带到离破碎带较远边界 10 m 处未支护时 *X* 方向的位移云图截取：横坐标−18.0 ~ 2.0 m，纵坐标−16.0 ~ 4.0 m，如图 3.122 所示。

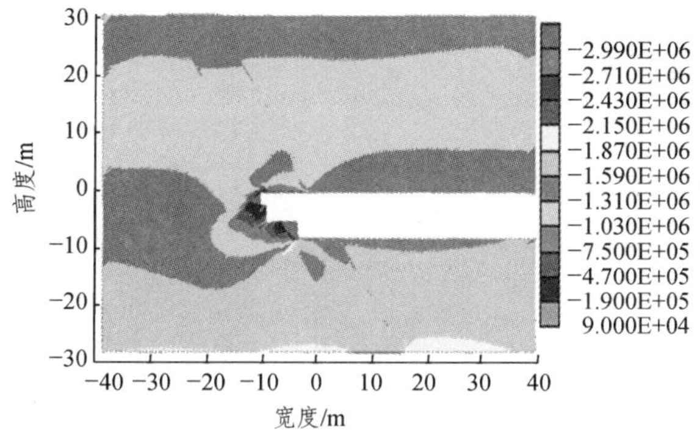

图 3.120 *X* 方向应力

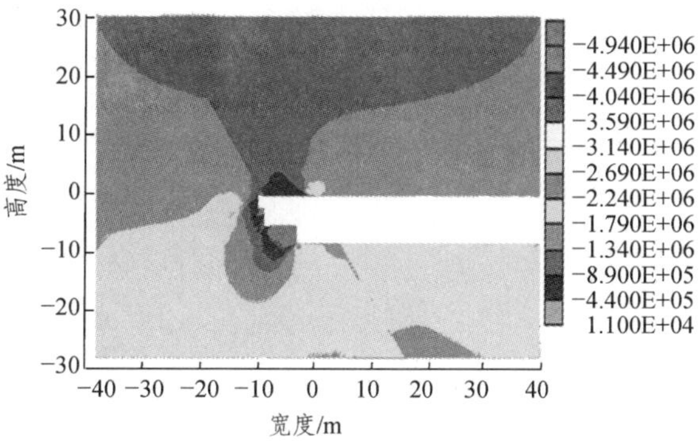

图 3.121 *Y* 方向应力云图

根据工程实际可知 *Y* 方向的位移应集中在洞口第二阶台阶部分。由 UDEC 数值模拟结果可知，在出破碎带到离破碎带较远边界 10 m 处未支护时，对于 *Y* 方向，在掌子面以上的隧道顶部位置处有向下的位移，在开挖平衡 2 000 步时，存在一个块体受节理划分的影响，有较大的位移，约 11.0 cm，大范围性的位移约为 0.3 cm。其向上的位移最大约为 2.5 cm。其 *Y* 方向的位移云图截取：横坐标-18.0 ~ 2.0 m、纵坐标-16.0 ~ 4.0 m，如图 3.123 所示。

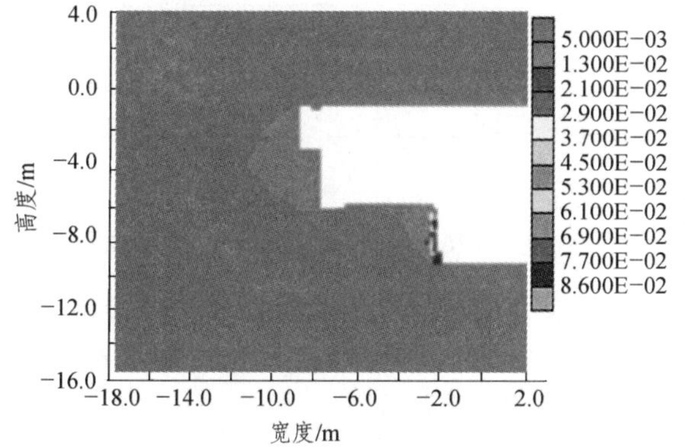

图 3.122 *X* 方向位移云图

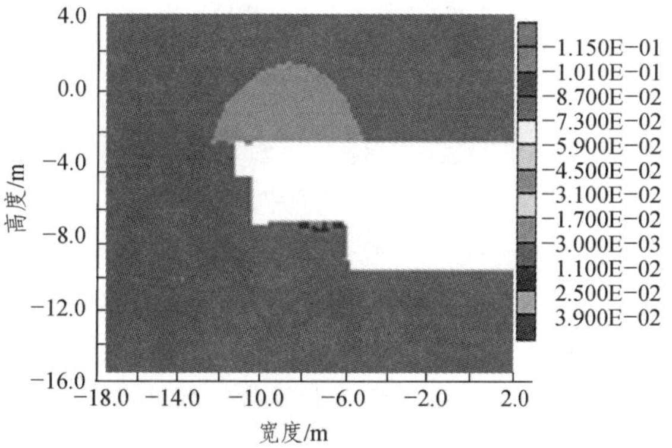

图 3.123 *Y* 方向位移云图

从设置检测点角度，对特定位置点的位移进行分析时，分别对竖直方向（*Y* 方向）、水平方向（*X* 方向）进行分析。共设置 3 组监测点，分别为掌子面处设 8 个监测点、拱顶设 7 个监测点、在距掌子面 1 m 处和 2 m 处各设 3 个监测点。分别对掌子面位置 8 个监测点的 *X*、*Y* 方向进行位移监测，对拱顶位置 7 个监测点进行 *Y* 方向位移监测，对距掌子面 1 m 处及 2 m 处的共 6 个监测点进行 *X*、*Y* 方向位移监测。

在对掌子面位置处位移进行监测分析时，首先要合理分布其监测点。掌子面处的监测点分布图如图 3.124 所示。

掌子面处监测点 *X* 方向的位移，其中最大位移约为 1.2 cm。其掌子面监测点 *X* 方向的位移曲线图如图 3.125 所示。

掌子面处监测点 *Y* 方向的位移，其中除 2 号点有向下位移外，其余各点均为向上的位移。2 号点，在迭代 2 000 步时，向下的位移约为 0.6 cm，向上的最大位移约为 0.8 cm。其掌子面监测点 *Y* 方向的位移曲线图如图 3.126 所示。

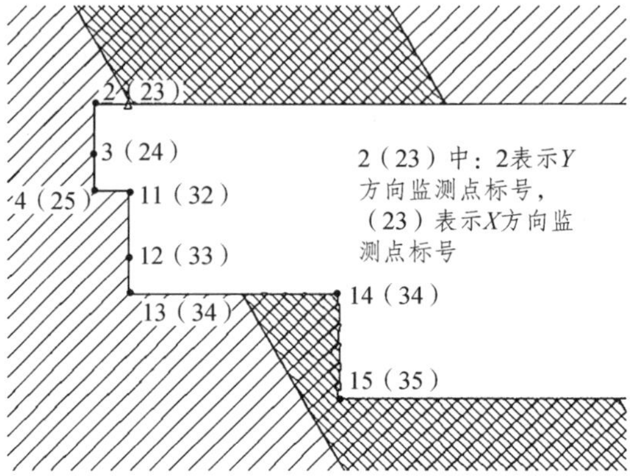

图 3.124　掌子面监测点分布图

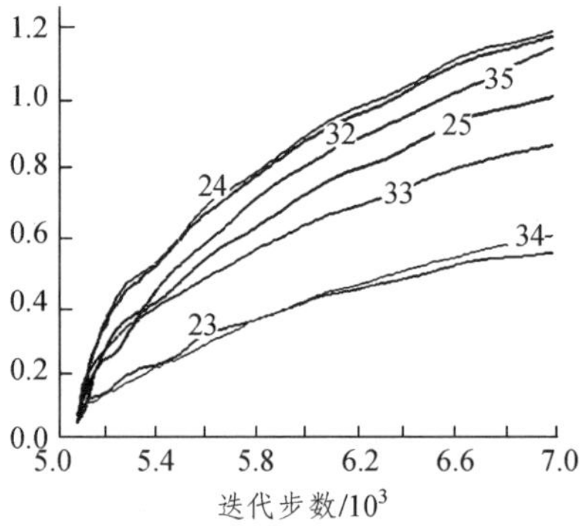

图 3.125　掌子面 *X* 方向位移曲线图

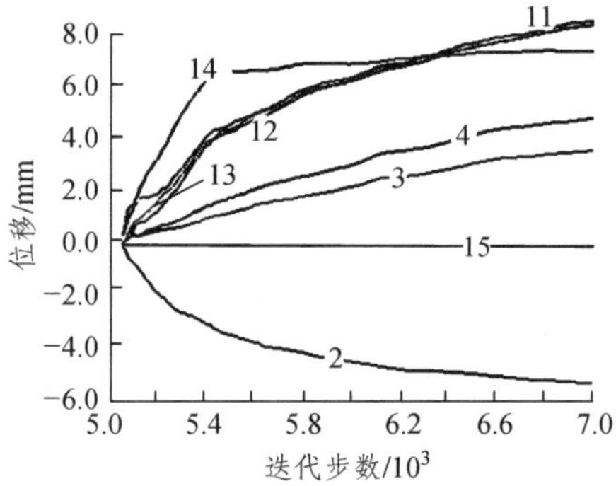

图 3.126　掌子面 *Y* 方向位移曲线图

对于拱顶处的位移竖直方向的分析，对于拱顶竖直方向位移而言，离掌子面越近其向下的位移越大，其最大的位移在掌子面拱顶处，在迭代 2 000 步的情况下，最大为 6 ~ 7 mm。拱顶处监测点的分布图、*Y* 方向位移曲线图如图 3.127 和图 3.128 所示。

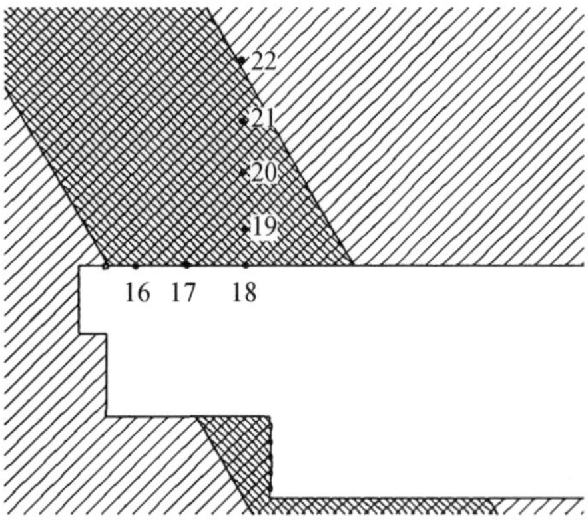

图 3.127　拱顶监测点分布图

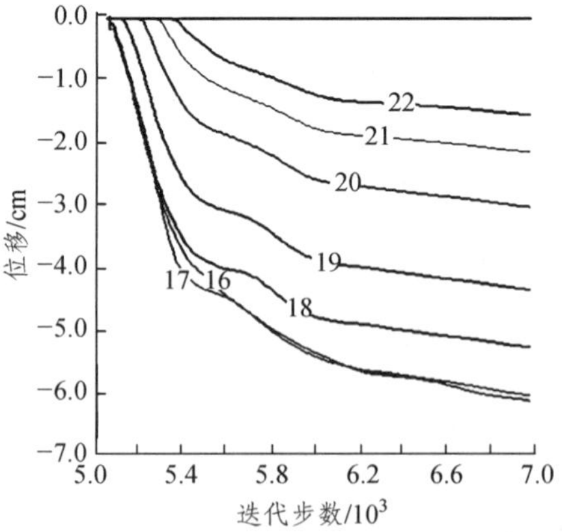

图 3.128　拱顶 *Y* 方向位移曲线分布图

在距掌子面 1 m、2 m 处分别设置 3 个监测点，共 6 个监测点。其监测点分布如图 3.129 所示。

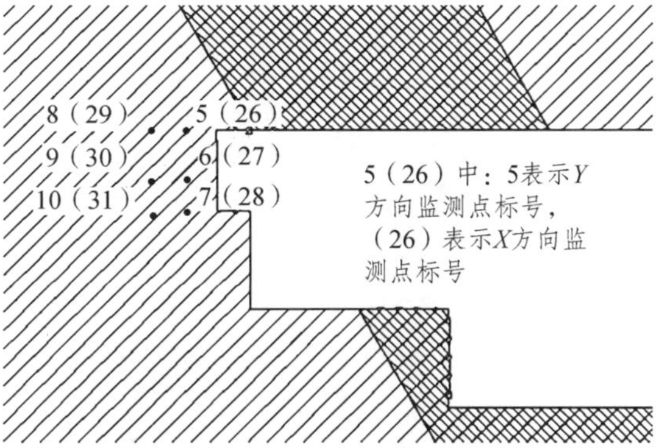

图 3.129　掌子面前监测点分布图

在距离掌子面 1 m、2 m 的 6 个监测点中，对于 X 方向的位移分析，其位移最大的是 27 号点，迭代 2 000 步后最大位移约为 0.8 cm。在距掌子面 1 m 和 2 m 处监测点 X 方向的位移曲线图如图 3.130 所示。

在距离掌子面 1 m、2 m 分别设立的 3 个监测点中，对于 Y 方向的位移分析，6 号、7 号、10 号点的位移方向为正（即代表各点位移向上），5 号、8 号、9 号点的位移方向为负（即代表各点位移向下）。对于向下位移的点，在迭代 2 000 步之后，最大位移点为 5 号点，最大位移约为 0.4 cm；对于向上位移的点，最大位移为 0.1 ~ 0.4 cm。在距掌子面 1 m 和 2 m 处监测点 Y 方向的位移曲线图如图 3.131 所示。

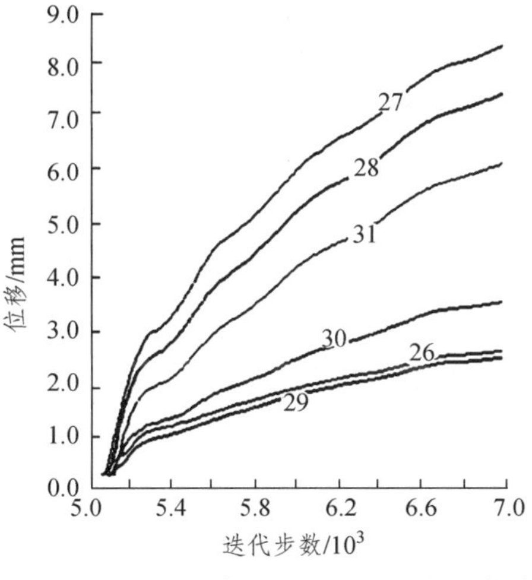

图 3.130　掌子面前监测点 X 方向位移曲线图

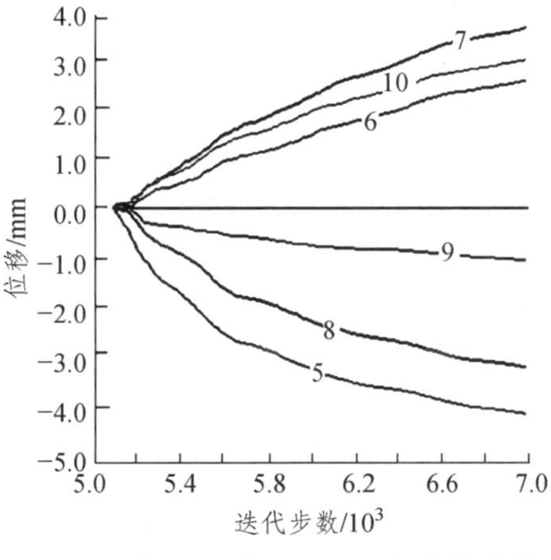

图 3.131　掌子面前监测点 Y 方向位移曲线图

3. 开挖至出破碎带到离破碎带较远边界 10 m 处支护前工况塑性区分析

开挖之后的部分会出现正在屈服、已经屈服、拉伸破坏 3 种破坏状态，其破坏部分主要集中在第二级台阶、第三级台阶。在第九工况情况下，即开挖至出破碎带到离破碎带较远边界 10 m 处，第三级台阶（1 m）部分不支护，区域单元总数为 36 230 个，在集中破坏区域正在屈服单元数为 100 个、已经屈服单元数为 314 个、拉伸破坏单元数为 190 个。在开挖后的模型塑性区截取：横坐标-18.0 ~ 2.0 m、纵坐标-16.0 ~ 4.0 m，如图 3.132 所示。

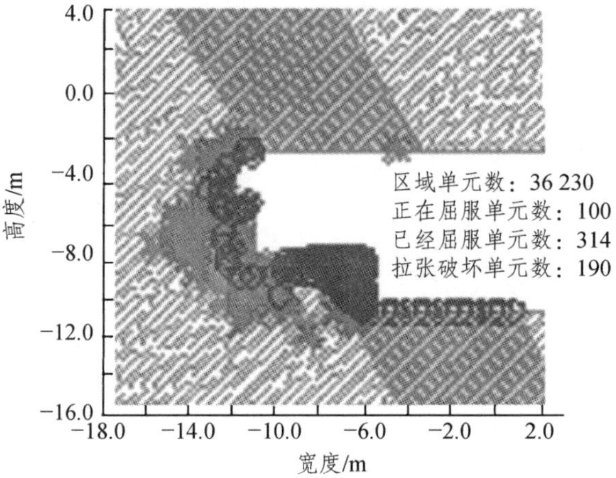

图 3.132　塑性区图

3.2.10　开挖至出破碎带后离破碎带较远边界 10 m 处支护后工况分析

视工程进度，开挖至出破碎带后到离破碎带较远边界 10 m 处支护后状态为第十个工况，在建立原始块体模型情况下，执行相应的开挖、支护命令。其本构模型、边界应力及原始应力除支护条件以外与工况九相同。其开挖模型图与工况九相同，如图 3.122 所示。

由最大不平衡力图可证明开挖至出破碎带后到离破碎带较远边界 10 m 加入支护模型足够平衡。开挖至出破碎带后到离破碎带较远边界 10 m 加入支护情况下模型最大不平衡力图如图 3.133 所示。

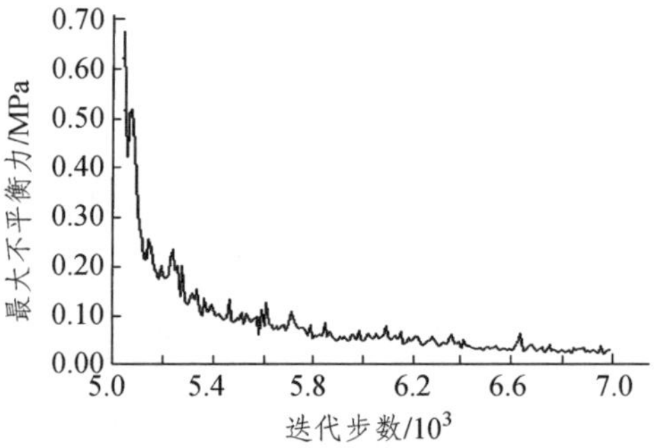

图 3.133　最大不平衡力图

1. 开挖至出破碎带到离破碎带较远边界 10 m 处支护后工况应力分析

对于开挖至出破碎带到离破碎带较远边界 10 m 处的支护后工况，首先进行各方向应力分析。对于 X 方向的应力分析，云图呈分层状态，最大应力量级是兆帕级，分层应力从上到下是呈递增状态从 0.81 MPa 至 1.89 MPa，其中在洞口部分有应力集中的情况存在，在洞口部分 X 方向的应力最大为 2.97 MPa。在平衡 2 000 步后，X 方向应力云图如图 3.134 所示。

对于 Y 方向的应力分析，云图大约呈分层状态，最大应力量级是兆帕级，分层应力从上到下是呈递减状态从 0.89 MPa 至 2.24 MPa，其中在洞口部分有应力集中的情况存在，在洞口部分 X 方向的应力最大为 4.94 MPa。在平衡 2 000 步后，Y 方向应力云图如图 3.135 所示。

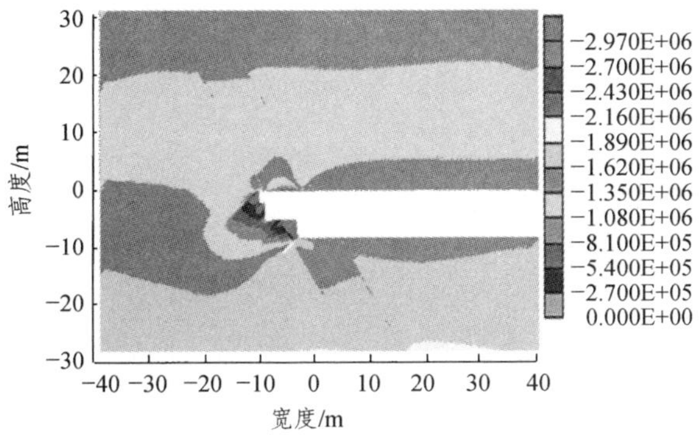

图 3.134 *X* 方向应力云图

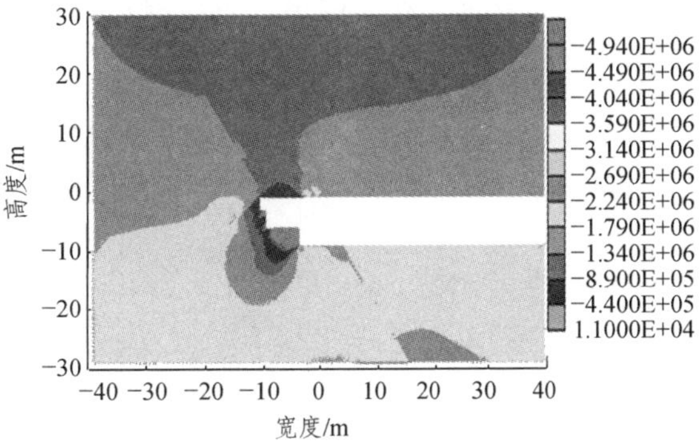

图 3.135 *Y* 方向应力云图

2. 开挖至出破碎带到离破碎带较远边界 10 m 处支护后工况位移分析

对于工况的位移分析，首先要从云图上面看其宏观的变化，对于工况 *X* 方向位移分析，其位移主要集中在掌子面位置，且其位移方向均为正方向，在开挖平衡 2 000 步时，位移最大值约为 8.4 cm，位移最大位置主要在掌子面。其范围更大的位移约为 1.2 cm。开挖至出破碎带到离破碎带较远边界 10 m 处加入支护时 *X* 方向的位移云图截取：横坐标-18.0 ~ 2.0 m、纵坐标-16.0 ~ 4.0 m，如图 3.136 所示。

根据工程实际可知 *Y* 方向的位移应集中在洞口第二阶台阶部分。由 UDEC 数值模拟结果可知，在出破碎带到离破碎带较远边界 10 m 处加入支护时，对于 *Y* 方向，在掌子面以上的隧道顶部位置处有向下的位移，在开挖平衡 2 000 步时，最大位移约 0.1 ~ 0.6 cm；其向上的位移最大约为 2.4 cm。其 *Y* 方向的位移云图截取：横坐标-18.0 ~ 2.0 m、纵坐标-16.0 ~ 4.0 m，如图 3.137 所示。

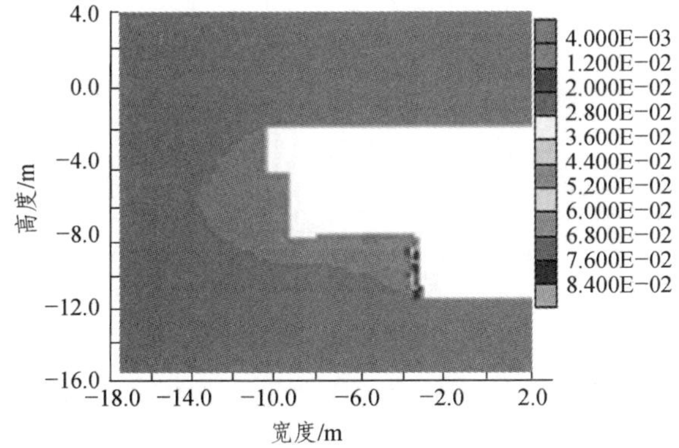

图 3.136 *X* 方向位移云图

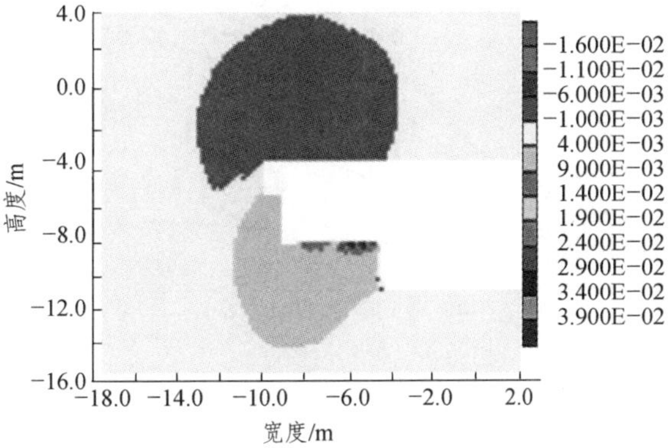

图 3.137 *Y* 方向位移云图

从设置检测点角度，对特定位置点的位移进行分析时，分别对竖直方向（*Y* 方向）、水平方向（*X* 方向）进行分析。共设置 3 组监测点，分别为掌子面处设 8 个监测点、拱顶设 7 个监测点、在距掌子面 1 m 处和 2 m 处各设 3 个监测点。分别对掌子面位置 8 个监测点的 *X*、*Y* 方向进行位移监测，对拱顶位置 7 个监测点进行 *Y* 方向位移监测，对距掌子面 1 m 处及 2 m 处的共 6 个监测点进行 *X*、*Y* 方向位移监测。

在对掌子面位置处位移进行监测分析时，首先要合理分布其监测点。掌子面处的监测点分布图如图 3.138 所示。

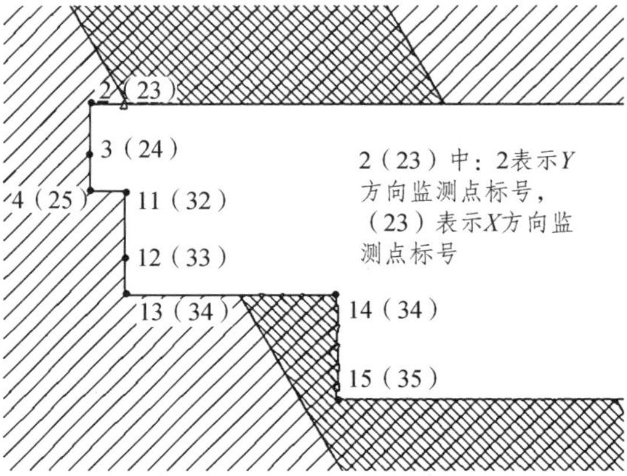

图 3.138　掌子面监测点分布图

掌子面处监测点 X 方向的位移，其中最大位移约为 1.3 cm。其掌子面监测点 X 方向的位移曲线图如图 3.139 所示。

掌子面处监测点 Y 方向的位移，其中除 2 号点有向下位移外，其余各点均为向上的位移。2 号点，在迭代 2 000 步时，向下的位移约为 0.4 cm，向上的最大位移为 0.6 ~ 0.8 cm。其掌子面监测点 Y 方向的位移曲线图如图 3.140 所示。

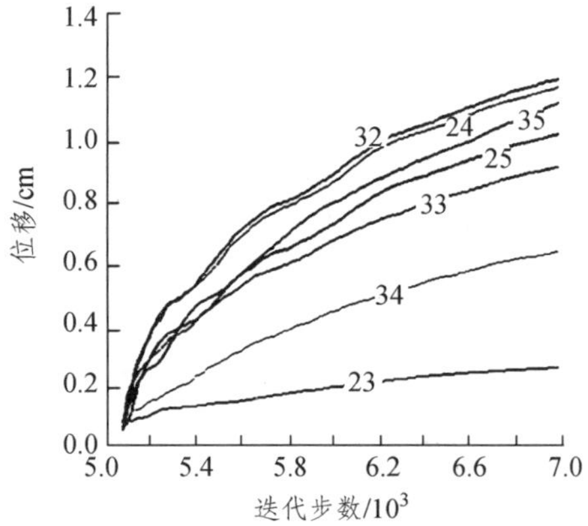

图 3.139　掌子面 X 方向位移曲线图

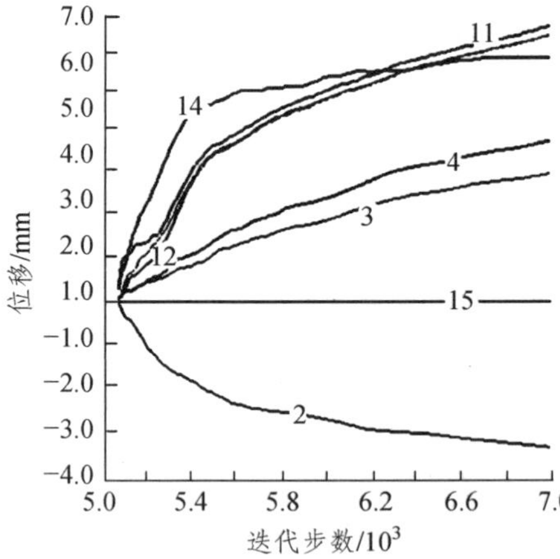

图 3.140　掌子面 Y 方向位移曲线图

对于拱顶处的位移竖直方向的分析，对于拱顶竖直方向位移而言，离掌子面越近其向下的位移越大，其最大的位移在掌子面拱顶处，在迭代 2 000 步的情况下，最大为 0.5 ~ 0.6 cm。拱顶处监测点的分布图、Y 方向位移曲线图如图 3.141 和图 3.142 所示。

在距掌子面 1 m、2 m 处分别设置 3 个监测点，共 6 个监测点。其监测点分布如图 3.143 所示。

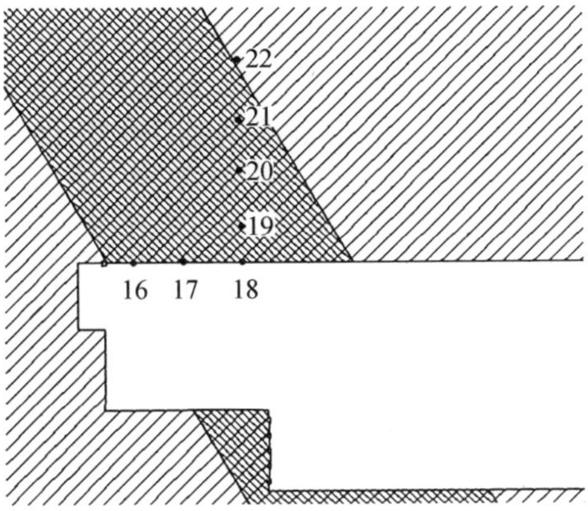

图 3.141 拱顶监测点分布图

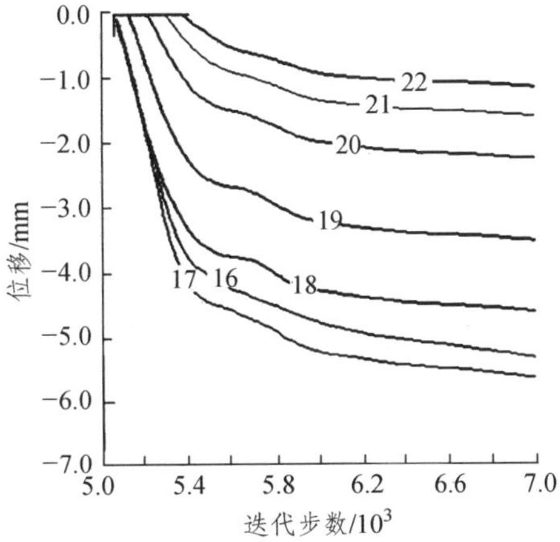

图 3.142 拱顶 Y 方向位移曲线分布图

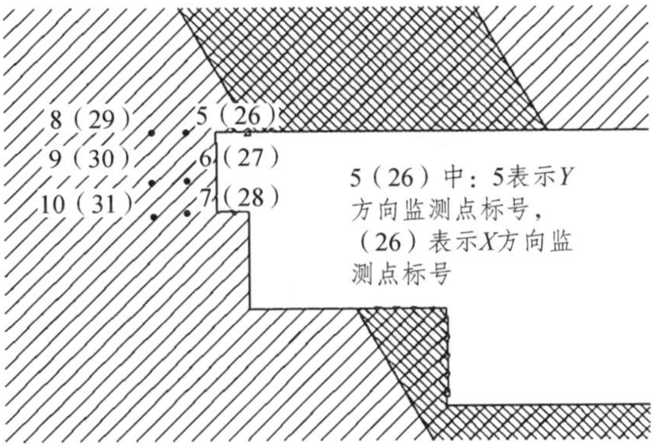

图 3.143 掌子面前监测点分布图

在距离掌子面 1 m、2 m 的 6 个监测点中，对于 X 方向的位移分析，其位移最大的是 27 号点，迭代 2 000 步后最大位移约为 0.8 cm。在距掌子面 1 m 和 2 m 处监测点 X 方向的位移曲线图如图 3.144 所示。

在距离掌子面 1 m、2 m 分别设立的 3 个监测点中，对于 Y 方向的位移分析，6 号、7 号、10 号点的位移方向为正（即代表各点位移向上），5 号、8 号、9 号点的位移方向为负（即代表各点位移向下）。对于向下位移的点，在迭代 2 000 步之后，最大位移点为 5 号点，最大位移为 0.2 ~ 0.3 cm；对于向上位移的点，最大位移为 0.1 ~ 0.3 cm。在距掌子面 1 m 和 2 m 处监测点 Y 方向的位移曲线图如图 3.145 所示。

3. 开挖至出破碎带到离破碎带较远边界 10 m 处支护后工况塑性区分析

开挖之后的部分会出现正在屈服、已经屈服、拉伸破坏 3 种破坏状态，其破坏部分主要集中在第二级台阶、第三级台阶。在第十工况情况下，即开挖至出破碎带到离破碎带较远边界 10 m 处，第三级台阶（1 m）部分加入支护，区域单元总数为 36 230 个，在集中破坏区域正在屈服单元数为 119 个、已经屈服单元数为 271 个、拉伸破坏单元数为 183 个。在开挖后的模型塑性区截取：横坐标−18.0 ~ 2.0 m、纵坐标−16.0 ~ 4.0 m，如图 3.146 所示。

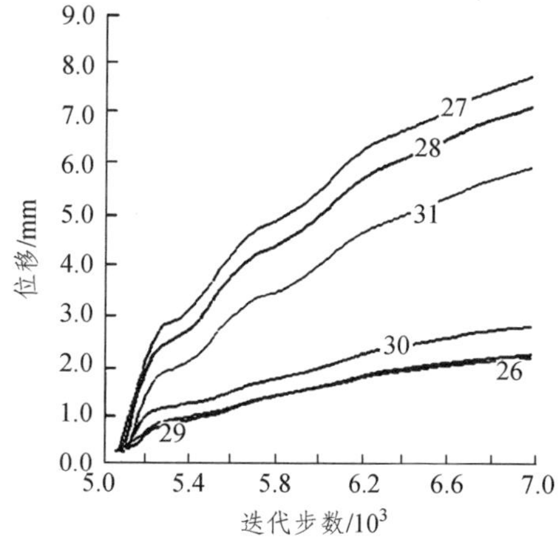

图 3.144　掌子面前监测点 *X* 方向位移曲线图

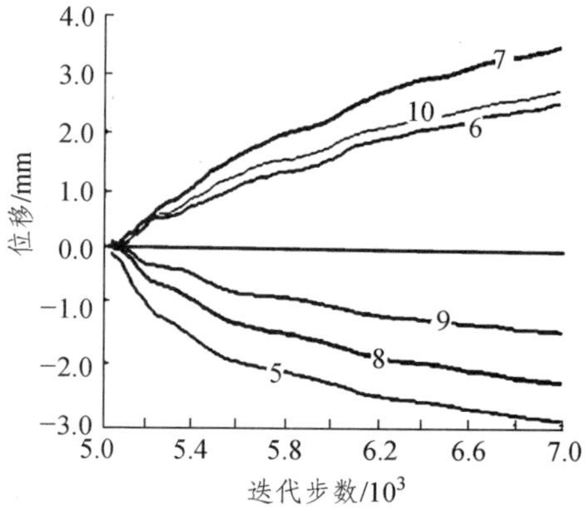

图 3.145　掌子面前监测点 *Y* 方向位移曲线图

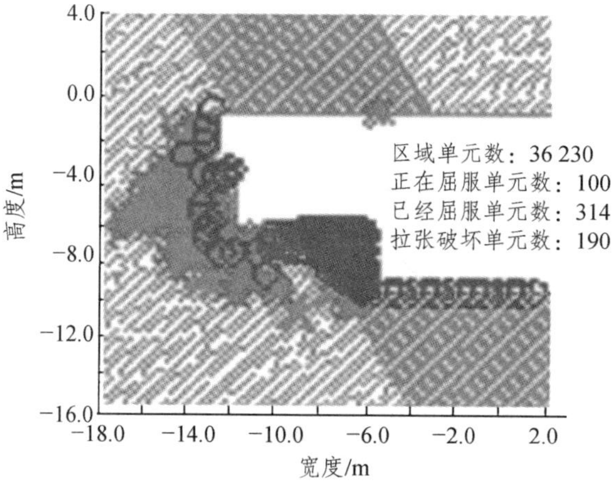

图 3.146　塑性区图

3.3　工况分析总结

本章从本设计所涉及的 10 个工况出发，进行不同工况间的对比分析，并对分析结果进行总结。

3.3.1　最大不平衡力总结

对于 10 个工况的最大不平衡力图，做了以下统计，统计结果如表 3.4 所示。

表 3.4　最大不平衡力统计

工况	平衡步数	平衡时的最大不平衡力值/MPa
2 m 未支护	5 800	0.025
2 m 已支护	5 600	0.025
4 m 未支护	5 600	0.03

续表

工况	平衡步数	平衡时的最大不平衡力值/MPa
4 m 已支护	5 400	0.03
6 m 未支护	5 600	0.02
6 m 已支护	6 000	0.02
8 m 未支护	5 800	0.03
8 m 已支护	6 000	0.03
10 m 未支护	5 400	0.03
10 m 已支护	5 800	0.03

通过表 3.4 可得，各个工况平衡的步数集中在 5 600 ~ 6 000 步，平衡时的最大不平衡力值集中在 0.025 ~ 0.03 MPa。

3.3.2 位移变化总结

对于已有 10 个工况的位移变化的分析，所做统计见表 3.5。

表 3.5 10 个工况各编号位移统计图 单位：mm

点位移 /mm	2 m 未支护	2 m 已支护	4 m 未支护	4 m 已支护	6 m 未支护	6 m 已支护	8 m 未支护	8 m 已支护	10 m 未支护	10 m 已支护
点 2 位移	−8.5	−5.5	−9.0	−6.0	−8.0	−4.9	−8.9	−4.6	−4.2	−3.7
点 3 位移	−4.6	−3.9	−9.9	−18.7	−3.5	−5.2	−5.0	−4	2.9	3.3
点 4 位移	−18.1	1.5	−0.9	−1.0	−4.7	−3.4	6.2	6.1	3.9	4.1
点 5 位移	−5.3	−4.9	−5.5	−5.3	−5.0	−4.6	−2.4	−2.7	−3.4	−2.6
点 6 位移	1.5	1.4	1.2	1.5	−0.1	0.2	1.2	1.2	2.1	2.3
点 7 位移	1.7	1.5	1.3	1.6	0.1	0.3	4.9	4.8	3.0	3.2
点 8 位移	−3.9	−3.7	−4.6	−4.2	−3.4	−3.0	−2.2	−1.8	−2.6	2.0
点 9 位移	−2.9	−3.3	−2.7	−2.9	−2.8	−2.6	1.5	1.4	−0.8	−1.2
点 10 位移	2.5	2.5	4.2	4.1	3.5	3.6	1.7	1.6	2.5	2.5
点 11 位移	21.3	22.9	16.3	22.4	0.3	0.9	37.3	34.2	6.9	7.0
点 12 位移	−5.3	−5.3	−12.5	−16.5	−1.0	−1.0	7.5	7.5	6.7	6.8
点 13 位移	−3.4	−2.6	9.5	9.3	10.1	10.0	8.0	7.9	6.8	6.8
点 14 位移	21.6	20.5	3.9	4.0	5.4	6.7	1.7	2.3	5.9	6.3
点 15 位移	7.7	7.6	0.0	0.0	0.0	0.0	0.0	0.0	0.0	0.0
点 16 位移	−6.3	−5.4	−6.4	−5.8	−6.2	−5.3	−6.6	−5.3	−6.9	−5.2
点 17 位移	−5.6	−5.1	−5.2	−5.1	−5.2	−4.8	−6.0	−5.3	−6.8	−5.5
点 18 位移	−4.6	−4.3	−3.4	−3.8	−3.2	−3.0	−4.5	−4.1	−5.9	−4.5
点 19 位移	−4.2	−3.9	−3.2	−3.4	−2.0	−1.8	−3.4	−3.0	−4.9	−3.4

续表

点位移/mm	2 m 未支护	2 m 已支护	4 m 未支护	4 m 已支护	6 m 未支护	6 m 已支护	8 m 未支护	8 m 已支护	10 m 未支护	10 m 已支护
点 20 位移	−3.4	−3.0	−2.4	−2.6	−2.2	−1.8	−2.4	−2.0	−3.4	−2.2
点 21 位移	−2.5	−2.2	−1.9	−2.0	−1.8	−1.5	−1.8	−1.4	−2.4	−1.5
点 22 位移	−2.2	−1.9	−1.7	−1.6	−1.5	−1.2	−1.4	−1.1	−1.7	−1.1
点 23 位移	6.0	1.4	5.7	1.1	5.1	1.3	7.0	1.3	4.8	1.9
点 24 位移	70.0	68.0	41.1	41.5	59.8	57.4	42.8	46.0	11.0	10.0
点 25 位移	44.1	16.9	61.5	59.0	20.3	35.1	12.7	12.0	9.1	8.7
点 26 位移	5.5	3.3	5.1	3.1	4.9	3.4	5.2	3.2	2.5	2.0
点 27 位移	13.5	12.7	14.4	13.9	12.5	12.1	8.2	7.4	8.7	8.0
点 28 位移	14.0	13.6	15.0	14.6	13.2	13.1	10.9	10.2	7.7	7.4
点 29 位移	4.2	2.9	4.7	3.4	3.9	3.0	3.4	2.8	2.4	2.1
点 30 位移	7.2	6.6	7.9	7.2	7.3	7.0	8.0	7.2	3.5	2.7
点 31 位移	8.5	7.9	8.5	8.3	8.3	7.1	7.1	6.5	6.2	6.1
点 32 位移	17.2	13.4	14.1	12.9	70.2	63.4	3.0	3.0	10.8	10.3
点 33 位移	66.0	65.9	33.0	48.7	73.5	73.5	13.2	12.6	7.8	7.7
点 34 位移	18.1	17.1	7.3	7.1	6.8	6.7	7.1	7.2	5.2	5.2
点 35 位移	13.9	13.2	35.3	31.3	18.0	13.6	52.2	52	10.5	9.6
点 36 位移	5.2	5.1	0	0	0	0	0	0	0	0

经过表 3.5 中统计的各点位移数据的比对可以得出：大多数点，同一位置加上支护比不支护情况下的位移小，可见加入支护等同于 0.8 MPa 反应力的支护作用。

经过分析，通过对在掌子面拱顶点和距掌子面拱顶 2 m、4 m、6 m 共 4 个点的监测，这些点上 Y 方向的位移，未支护情况下比有支护情况下的大（图 3.147 ~ 图 3.150），证明其所加支护有起到减小拱顶位移的作用。

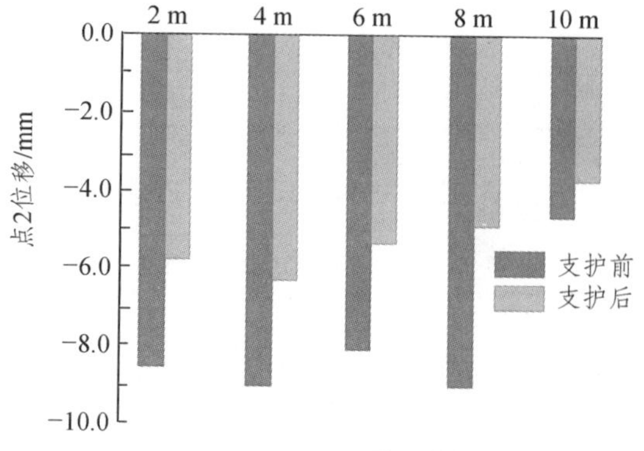

图 3.147　掌子面拱顶 Y 方向位移变化图

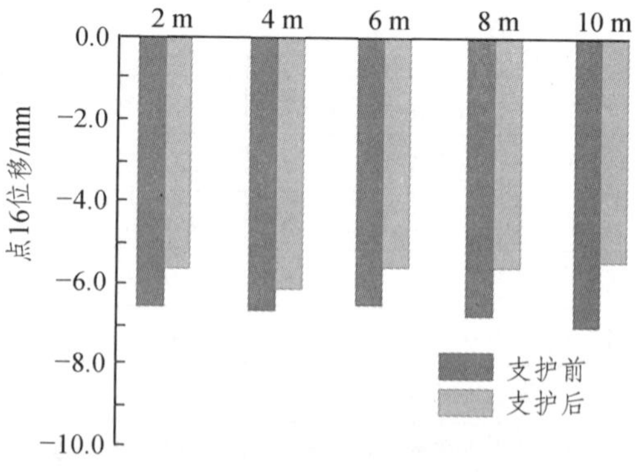

图 3.148　距掌子面 2 m 处拱顶 Y 方向位移变化图

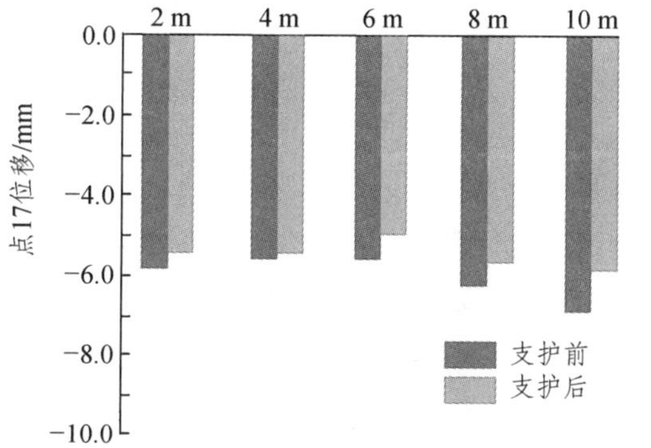

图 3.149　距掌子面 4 m 处拱顶 Y 方向位移变化图

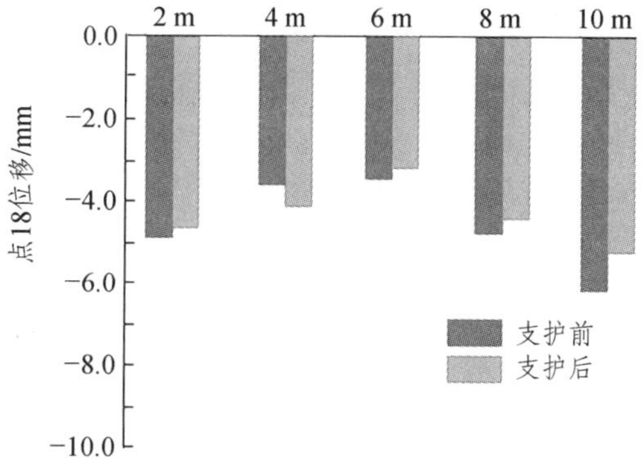

图 3.150　距掌子面 6 m 处拱顶 Y 方向位移变化图

3.3.3　塑性区总结

对于已有 10 个工况的塑性区的分析，做了下列统计，如表 3.6 所示。

表 3.6　塑性区统计

工况	总单元数	正在屈服单元数	已经屈服单元数	拉伸破坏单元数	受影响单元总数	受影响单元数占比
2 m 未支护	32 230	272	547	437	1 256	3.90%
2 m 已支护	32 230	110	601	420	1 131	3.51%
4 m 未支护	31 885	232	598	501	1 331	4.17%
4 m 已支护	31 885	239	510	479	1 228	3.85%
6 m 未支护	31 488	131	523	460	1 114	3.54%
6 m 已支护	31 488	96	492	455	1 043	3.31%
8 m 未支护	30 857	95	342	299	736	2.39%
8 m 已支护	30 857	60	320	285	665	2.16%
10 m 未支护	36 230	100	314	190	604	1.67%
10 m 已支护	36 230	119	271	183	573	1.58%

由图 3.151 ~ 图 3.154 可得，从开挖到同一位置留 1 m 未支护和加入支护两种工况的对比分析结果来看，塑性区拉伸破坏单元数规律，未支护工况数量多于支护工况，且从大体趋势看，在穿越破碎带过程中，拉伸破坏单元数呈下降趋势；塑性区正在屈服单元数没有明显规律；从大体趋势来看，在穿越破碎带过程中，已经屈服单元数呈下降趋势；塑性区单元数在总单元数中的占比，大体呈下降趋势，且同一位置未支护工况塑性区占比大于支护工况塑性区占比。

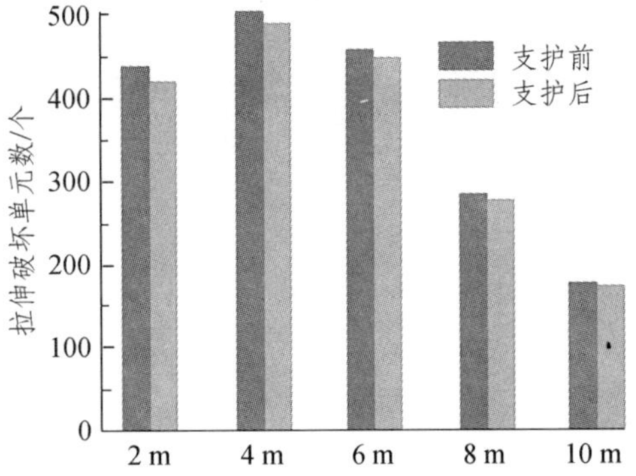

图 3.151　不同工况拉伸破坏单元数变化图

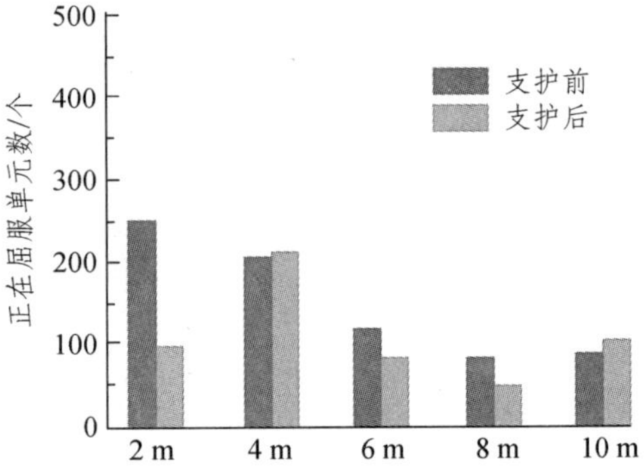

图 3.152　不同工况正在屈服单元数变化图

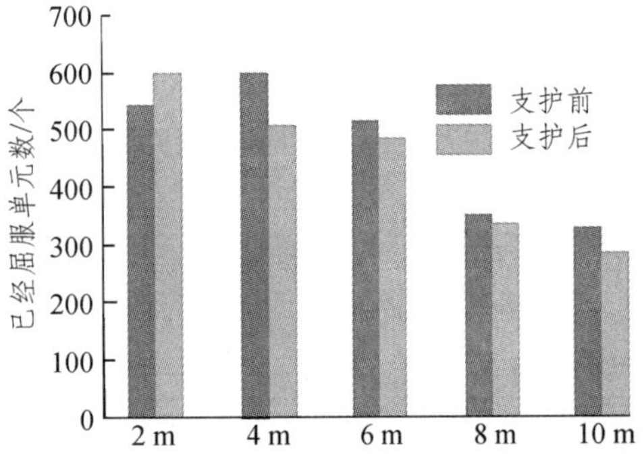

图 3.153　不同工况已经屈服单元数变化图

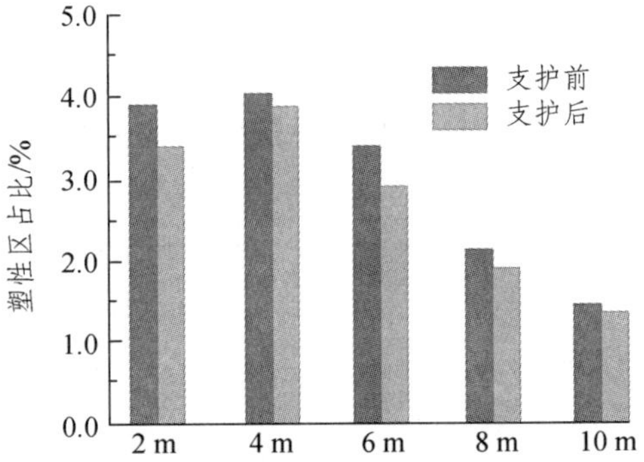

图 3.154　不同工况塑性区占比变化图

4

穿越高速公路隧道富水破碎带数值模拟

4.1 数值模型建立

对五老山隧道的 F_{47} 大生地断裂带地段进行数值模拟分析。该地段主要处于右 K261+410 左 5 m=左 K261+430 右 37 m 位置，在该地段的破碎带以外的位置岩质多为花岗岩，在破碎带内岩质多为糜棱岩和花岗岩变质岩；该地段埋深约为 300 m，本设计模型埋深近似取为 300 m。对于本构模型，建模时采用弹塑性模型，在数值模型中块体服从 cons=2；节理本构模型服从 UDEC 中 jcons=3。模型尺寸选用 $X\times Y$=80 m×60 m 对隧道掘进纵断面进行分析模拟。在模型中破碎带呈现为 9 m 宽且与隧道路线成 60°角度的破碎断层。节理按 45°划分，节理的间距与开挖的位置有关，在相同情况下，在距开挖位置较近时，其部分受开挖扰动较大，因此，该地段的节理划分较细，以此模拟受开挖扰动较大的情况。对于模型边界，采用四边锁定 X 和 Y 位移的方式，使边界稳定。其原始模型图如图 4.1 所示。

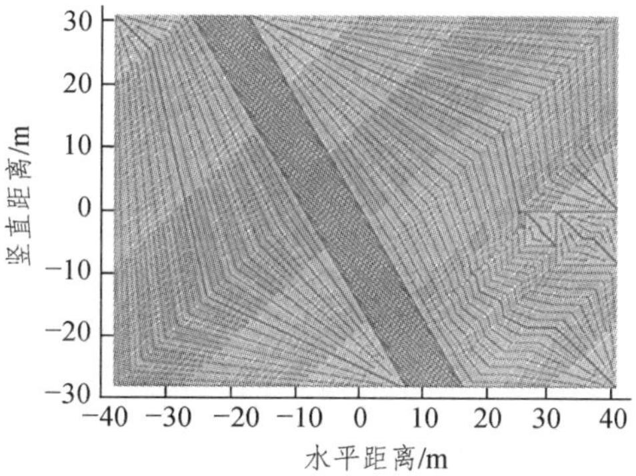

图 4.1　原始模型图

4.1.1 边界应力和初始条件

在完成块体节理切割和变形单元划分后，应施加边界条件和初始条件。由隧道埋深和围岩岩质、分级确定的岩石密度 ρ=2 000 kg/m^3 可得：边界应力施加于模型边界上，大小为 6 MPa，方向为竖直向下，以此模拟隧道 300 m 埋深。

为模拟隧道施工的实际情况，还应施加初始条件。

初始条件为：初始水平应力 X 方向施加 1.8 MPa，竖向应力 Y 方向施加 2 MPa，在平面之外 Z 方向施加应力 1.8 MPa。对于梯度应力：Y 方向梯度应力 10 kPa，Z 方向梯度应力 12 kPa。

由工程实际可得，在模型中的各个边界都应将 X、Y 方向锁定，令其 4 个边界在 X、Y 方向的位移都为 0，让模型更符合工程实际。

4.1.2 模型参数

由于本设计研究的路段隧道围岩主要岩质为糜棱岩和变质花岗岩，因此将模型块体密度取为 ρ=2 000 kg/m^3，块体的体积模量 K、剪切模量 G 也是块体的重要参数，应根据围岩的分级、岩质按照（E,ν）和（K,G）的变换公式（3.1）、（3.2）进行计算。

公式中的各项值，可由围岩分级查表 4.1 得到：

表 4.1 各级围岩物理力学指标表

围岩级别	重度 γ/（kN/m^3）	杨氏模量 E/GPa	泊松比 ν	内摩擦角 φ/（°）	黏聚力 c/MPa
Ⅰ	26～28	＞33	＜0.2	＞60	＞2.1
Ⅱ	25～27	20～33	0.2～0.25	50～60	1.5～2.1
Ⅲ	23～25	6～20	0.25～0.3	39～50	0.7～1.5
Ⅳ	20～23	1.3～6	0.3～0.35	27～39	0.2～0.7
Ⅴ	17～20	1～2	0.35～0.4	20～27	0.05～0.2
Ⅵ	15～17	＜1	0.4～0.5	＜22	＜0.1

本设计涉及的隧道段围岩多为Ⅴ级围岩，查表取值后按公式（3.1）、（3.2）计算得体积模量 K=1.5 GPa、剪切模量 G=0.6 GPa。查表在Ⅴ级围岩的各项取值范围内取值，内摩擦角 $\varphi=25°$，黏聚力 $c=0.184$ MPa。因此，模型岩石的参数如表 4.2 所示。

表 4.2 模型围岩参数表

	密度/（kg/m^3）	体积模量/GPa	剪切模量/GPa	内摩擦角/（°）	黏聚力 c/MPa
参数取值	2000	1.5	0.6	25	0.184

由花岗岩、糜棱岩及变质花岗岩的岩性确定了该围岩是极不稳定的、极脆弱的。因此，岩石节理应切割较细且参数应恰当。节理的参数应比岩石参数相对较小，节理的切向刚度应该比法向刚度小；因为破碎带地段实际情况富含地下水，在考虑地下水存在时，应将节理参数削减。因此，取节理切向刚度 jks=3 GPa，节理法向刚度 jkn=6 GPa。节理摩擦角、黏聚力取值应小于岩石，节理摩擦角 $\varphi=15°$，黏聚力 $c=0.12$ MPa。节理所用参数统计见表 4.3。

表 4.3 模型岩石节理参数表

	切向刚度/GPa	法向刚度/GPa	内摩擦角/（°）	黏聚力 c/MPa
参数取值	6	3	15	0.12

4.2 穿越破碎带工况分析

对于隧道所遭遇的 9 m 长破碎带，本设计在分析时共分为 10 个工况，分别为：进入破碎带 2 m、4 m、6 m、8 m 时的第三级台阶处支护前和支护后情况，以及在出破碎带后离破碎带较远边界 10 m 时的第三级台阶处支护和支护后的情况。在这 10 个工况的情况下，本设计分别对每个工况的 X 和 Y 方向的位移变化、X 和 Y 方向的应力情况做相应的分析，在每个工况设置 15 ~ 30 个监测点，检测每个点的位移情况。对以上 10 种工况分别进行模拟，以上每一种工况都采用 3 级台阶开挖法，对隧道进行开挖并采用边开挖边支护的方法。对于初始模型应使其迭代平衡，保证初始状态下的模型是绝对稳定的，才能对其进行开挖。

4.2.1　开挖进入破碎带 2 m 处支护前工况分析

视工程进度到开挖进入破碎带 2 m 位置未支护状态为第一个工况，在建立原始块体模型情况下，执行相应的开挖命令。为模拟破碎带在实际工程隧道段中的情况，在建立模型时，将模型分为 5 个部分，在离开挖最远的部分，节理设为角度 45°、间距 0.8 m，其余除破碎带以外的部分，节理为角度 45°、间距 0.4 m，破碎带部分由正向 45°、间距 0.4 m，反向 45°、间距 0.2 m 节理切割构成。为模拟实际埋深，在原始模型的上边界施加竖直向下的大小为 6 MPa 的边界应力，模型 4 个边界 X、Y 方向位移均锁定，令其 X、Y 方向位移均为 0。初始水平应力 X 方向施加 1.8 MPa，竖向应力 Y 方向施加 2 MPa，在平面之外 Z 方向施加应力 1.8 MPa。对于梯度应力：Y 方向梯度应力 10 kPa，Z 方向梯度应力 12 kPa。

在建立原始模型之后，本模型采用初始平衡迭代 10 000 步，使原始模型足够平衡。在平衡之后基础上，采用 3 级台阶一次性开挖后，掘进破碎带 2 m 内，一级台阶长度 36 m，二级台阶长度 6 m，三级台阶长度 1 m。对于三段开挖，在开挖第一段之后，对其进行支护，为模拟实际情况且由于第一段开挖段长度较长，故用位移锁定命令“bound xvel=0.0 yvel=0 range x1 x2 y1 y2”对其进行支护；在开挖第二段之后，因第二段长度较第一段短，长度为 6 m，故采用反力命令进行支护，反力大小为 0.8 MPa；在开挖第三段后，本工况不考虑对第三段开挖部分进行支护。在开挖后用 UDEC 软件对开挖后的部分，迭代 2 000 步，分别从塑性区、应力及位移几个方面进行分析。

图 4.2 为开挖至 2 m 处支护前情况的开挖模型图，从模型图中可看出三级台阶开挖后的情况。为证明该情况下模型足够平衡，可由最大不平衡力图得，当最大不平衡力图开始处于浮动不大、其值逐渐趋近于 0 时，证明其处于平衡状态。开挖进入破碎带 2 m 支护前情况下模型最大不平衡力图如图 4.3 所示，可知，该模型处于平衡状态。

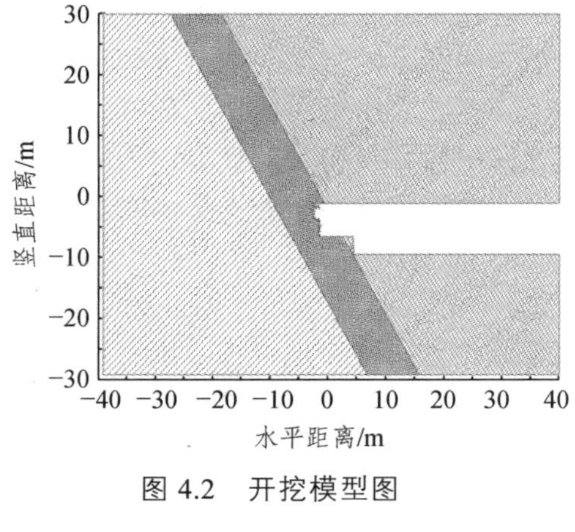

图 4.2　开挖模型图

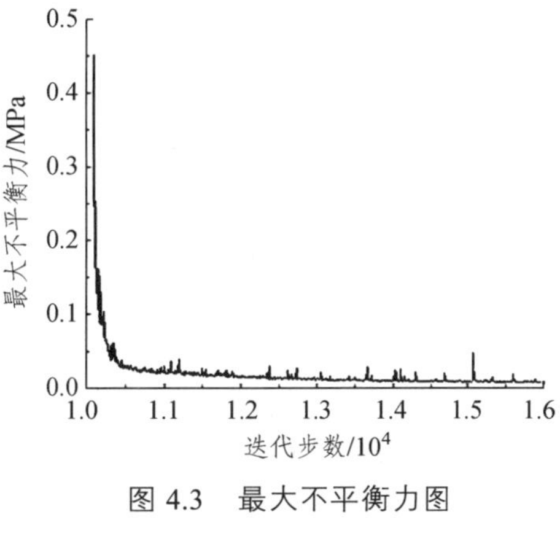

图 4.3　最大不平衡力图

1. 开挖进入破碎带 2 m 处支护前工况应力分析

对于开挖进入破碎带 2 m 处支护前工况，首先进行各方向应力分析。对于 *X* 方向的应力分析，云图呈分层状态，最大应力量级是兆帕级，分层应力从上到下是呈递增状态从 0.61 MPa 至 1.81 MPa，其中在洞口部分有应力集中的情况存在，在洞口部分 *X* 方向的应力最大为 2.53 MPa。在平衡 6 000 步后，进入破碎带 2 m 位置处支护前 *X* 方向应力云图如图 4.4 所示。

对于 *Y* 方向的应力分析，云图大约呈分层状态，最大应力量级是兆帕级，分层应力从上到下是呈递减状态从 0.65 MPa 至 2.05 MPa，其中在洞口部分有应力集中的情况存在，在洞口部分 *Y* 方向的应力最大为 3.80 MPa。在平衡 6 000 步后，进入破碎带 2 m 位置处支护前 *Y* 方向应力云图如图 4.5 所示。

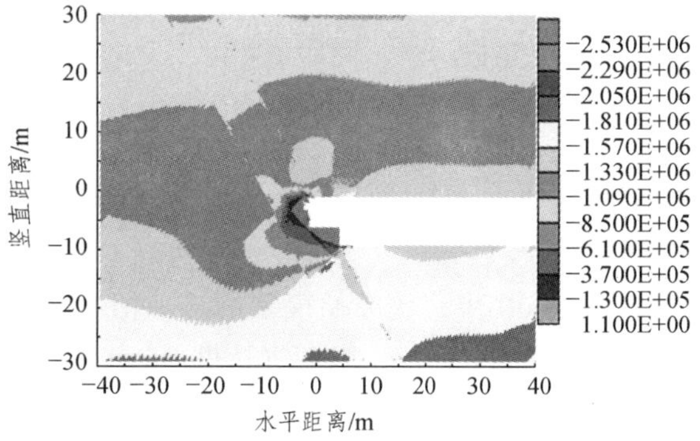

图 4.4　*X* 方向应力云图

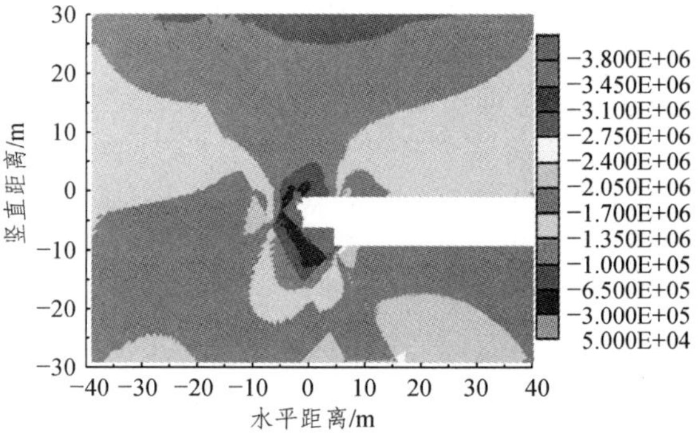

图 4.5　*Y* 方向应力云图

2. 开挖进入破碎带 2 m 处支护前工况位移分析

对于模型的位移分析，首先要从云图上面看其宏观的变化，对于 *X* 方向的位移分析，其位移主要集中在掌子面位置，且其位移方向均为正方向，在开挖平衡 2 000 步时，位移最大值约为 35.0 cm，位移最大位置主要在掌子面。其范围更大的位移为 2.0 ~ 6.0 cm。对于 *X* 方向的位移云图，只截取靠近掌子面的 3 个台阶位置处的云图，其位移主要集中在该位置。开挖进入破碎带 2 m 处支护前 *X* 方向的位移云图截取横坐标−10.0 ~ 10.0 m、纵坐标−15.0 ~ 5.0 m，如图 4.6 所示。

根据工程实际可知 *Y* 方向的位移应集中在洞口第一阶台阶部分。由数值模拟结果可知，在开挖进入破碎带 2 m 处未支护时，对于 *Y* 方向，在掌子面以上的隧道顶部位置处有向下的位移，在开挖平衡 6 000 步时，其最大的位移约为 86.0 cm；在台阶处有向上的位移，在开挖平衡 6 000 步时，其最大的位移约为 13.0 cm。对于 *Y* 方向的位移云图，只截取靠近掌子面的 3 个台阶位置处的云图，其位移主要集中在该位置。开挖进入破碎带 2 m 处支护前的 *Y* 方向的位移云图截取横坐标−10.0 ~ 10.0 m、纵坐标−15.0 ~ 5.0 m，如图 4.7 所示。

从设置检测点角度，对特定位置点的位移进行分析时，分别对竖直方向（*Y* 方向）、水平方向（*X* 方向）进行分析。共设置 3 组监测点，分别为掌子面处设 8 个监测点、拱顶设 7 个监测点、在距掌子面 1 m 处和 2 m 处各设 3 个监测点。分别对掌子面位置 8 个监测点的 *X*、*Y* 方向进行位移监测，对拱顶位置 7 个监测点进行 *Y* 方向位移监测，对距掌子面 1 m 处及 2 m 处的共 6 个监测点进行 *X*、*Y* 方向位移监测。

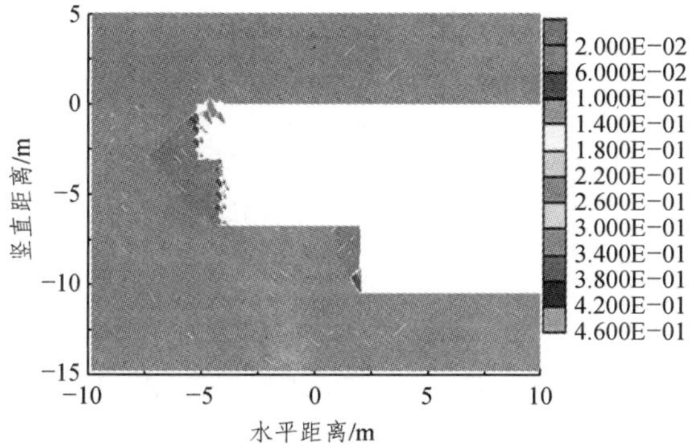

图 4.6　*X* 方向位移云图

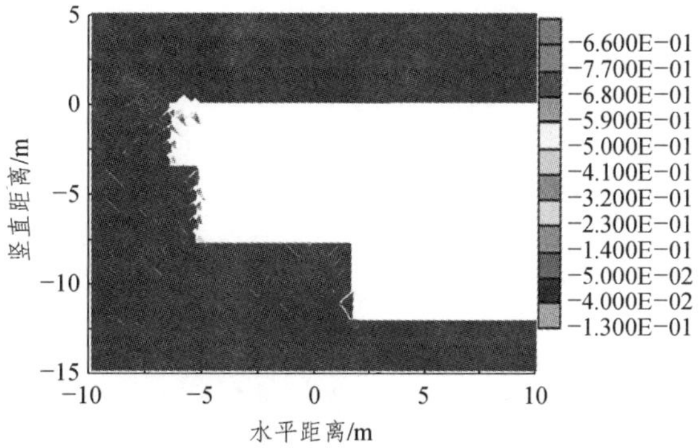

图 4.7　*Y* 方向位移云图

在对掌子面位置处位移进行监测分析时，首先要合理分布其监测点。掌子面处的监测点分布图如图 4.8 所示。

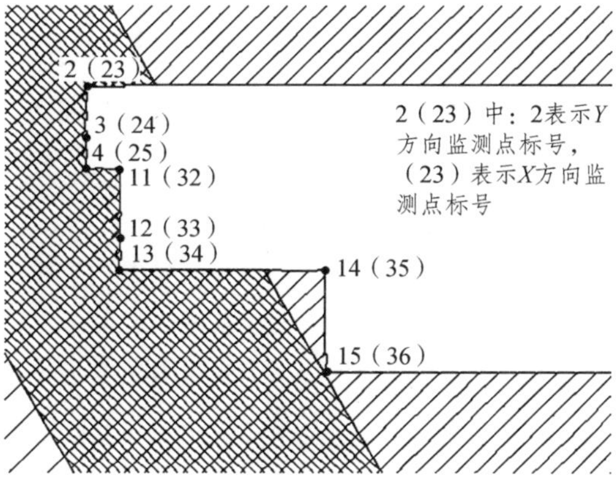

图 4.8　掌子面监测点分布图

进入破碎带 2 m 处支护前工况掌子面处的监测点 *X* 方向的位移，其中：24 号、33 号点在掌子面中间位移最大，在迭代 6 000 步时有 28.1 cm 左右的位移；位于第三级台阶的 25 号点位移也较大，在迭代 6 000 步后，位移可达 3.4 cm；其余各点位移大小较为集中，在迭代 6 000 步后，均仅存在 2 cm 以下位移。其进入破碎带 2 m 处支护前工况掌子面监测点 *X* 方向的位移曲线图如图 4.9 所示。

进入破碎带 2 m 处支护前工况掌子面处监测点 *Y* 方向的位移，其中：11 号、14 号、15 号点在掌子面的位移为正（代表各点的位移方向向上），其余各点的位移均为负（代表各点的位移方向向下），在迭代 6 000 步时向上最大位移为 3.3 cm，向下最大位移为 13.5 cm。在第二级和第三级台阶底部的两点其位移向下，是因为块体的本构为塑性体，加之两个台阶的长度较小，巨大压力使该两点插入块体中，故其表示的位移向下。其进入破碎带 2 m 处支护前工况掌子面监测点 *Y* 方向的位移曲线图如图 4.10 所示。

对于拱顶处的位移竖直方向的分析，对于拱顶竖直方向位移而言，离掌子面越近其向下的位移越大，其最大的位移在掌子面拱顶处，在迭代 6 000 步情况下，最大位移为 8 mm。进入破碎带 2 m 处支护前工况拱顶处监测点的分布图、*Y* 方向位移曲线图如图 4.11 和图 4.12 所示。

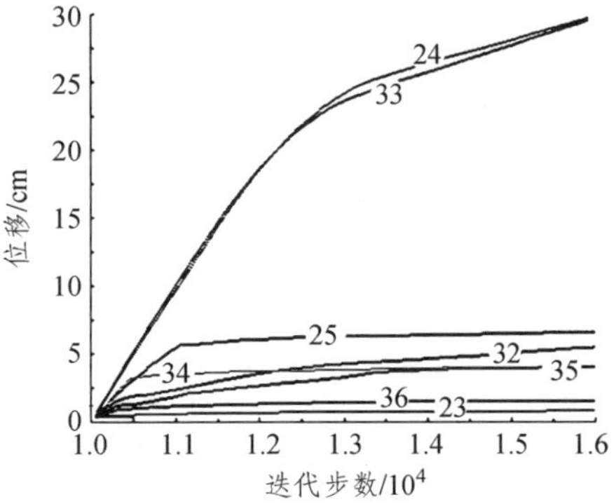

图 4.9　掌子面监测点 X 方向位移曲线图

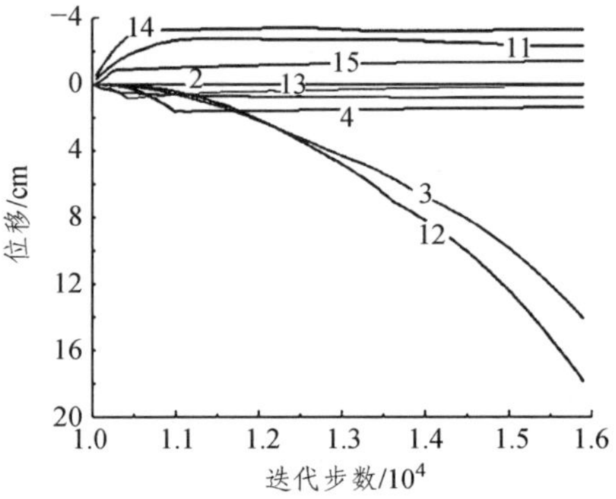

图 4.10　掌子面监测点 Y 方向位移曲线图

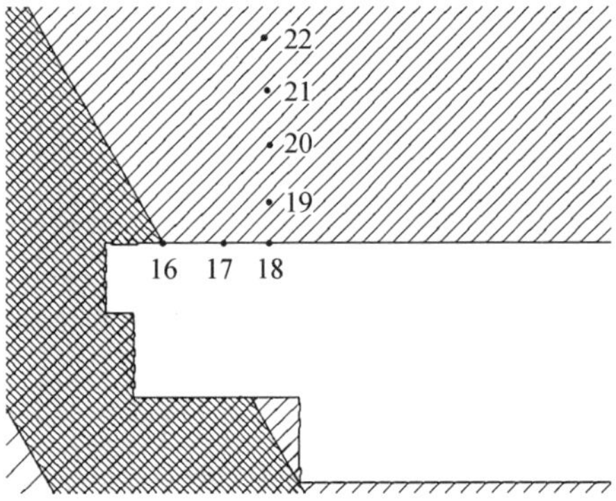

图 4.11　拱顶监测点分布图

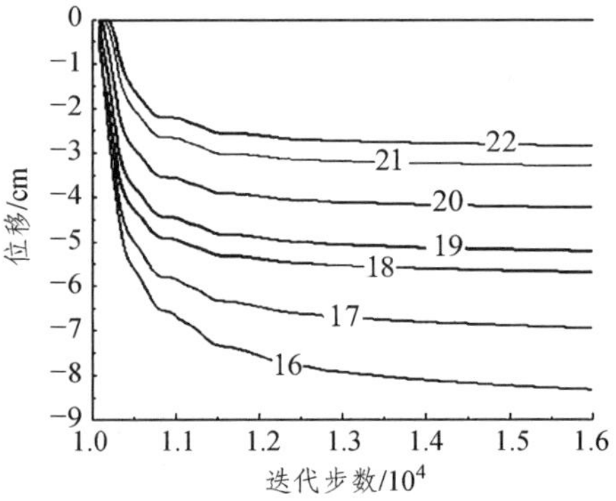

图 4.12　拱顶监测点 Y 方向位移曲线图

在距掌子面 1 m、2 m 处分别设置 3 个监测点，共 6 个监测点。其监测点分布图如图 4.13 所示。

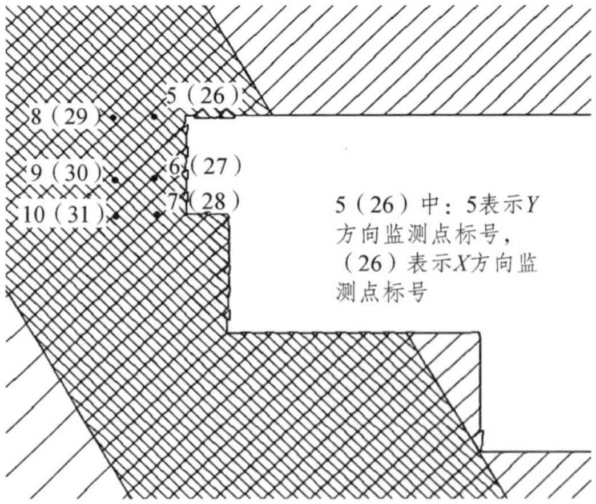

图 4.13　掌子面前监测点分布图

在距离掌子面 1 m、2 m 的 6 个监测点中，对于 X 方向的位移分析，其位移最大的两点是 27 号、28 号点，迭代 6 000 步后最大位移约为 2.9 cm。其余各点的位移均分布于 1.5 cm 以下。在距掌子面 1 m 和 2 m 处监测点 X 方向的位移曲线图如图 4.14 所示。

在距离掌子面 1 m、2 m 分别设立的 3 个监测点中，对于 *Y* 方向的位移分析，6 号、7 号、10 号点的位移方向为正（即代表各点位移向上），5 号、8 号、9 号点的位移方向为负（即代表各点位移向下）。对于向下位移的点，在迭代 6 000 步之后，最大位移点为 5 号点，最大位移约为 1.0 cm；对于向上位移的点，其位移均在 1.0 cm 以下。在距掌子面 1 m 和 2 m 处监测点 *Y* 方向的位移曲线图如图 4.15 所示。

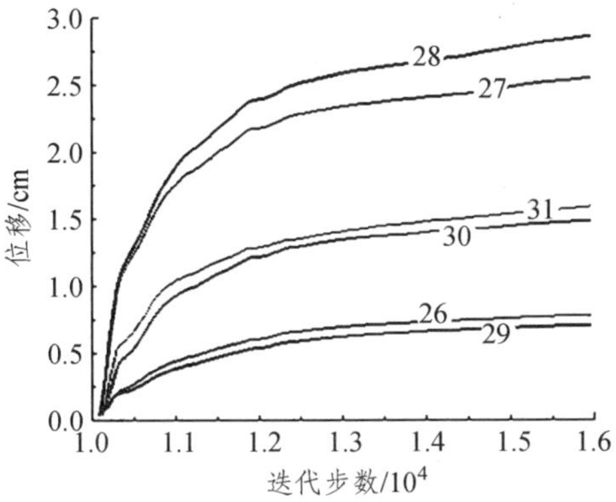

图 4.14　掌子面前监测点 *X* 方向位移曲线图

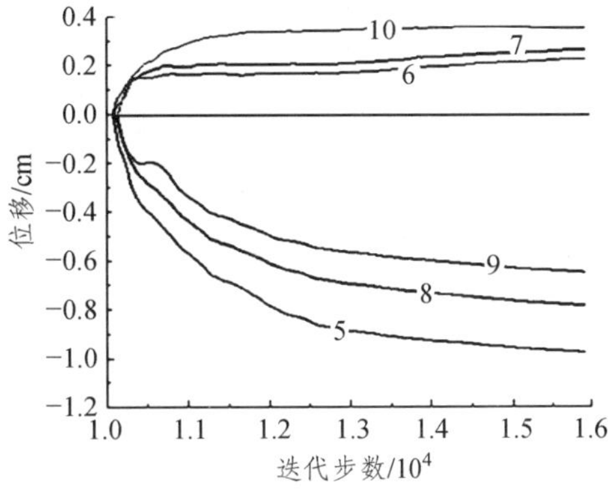

图 4.15　掌子面前监测点 *Y* 方向位移曲线图

3. 开挖进入破碎带 2 m 处支护前工况塑性区、破坏范围分析

由于破碎带部分块体非常离散，所以在洞口开挖之后，洞口四周会出现不同情况的破坏，很多部分也会有一定的位移。开挖之后的部分会出现正在屈服、已经屈服、拉伸破坏 3 种破坏状态，其破坏部分主要集中在第二级台阶、第三级台阶。在第一工况情况下，即开挖进入破碎带 2 m 后，第三级台阶（1 m）部分不支护，区域单元总数为 32 230 个，在集中破坏区域正在屈服单元数为 425 个、已经屈服单元数为 954 个、拉伸破坏单元数为 498 个。开挖后的模型塑性区主要集中在洞口开挖部分，所以截取塑性区集中部分：横坐标-10.0 ~ 10.0 m、纵坐标-16.0 ~ 4.0 m，如图 4.16 所示。

在开挖进入破碎带 2 m 处支护前，各监测点均监测出不同大小的位移，在进行破坏范围的分析时，可见在开挖进入破碎带 2 m 处支护前，破坏范围主要集中在掌子面及第一台阶拱顶位置处，3 级台阶均有不同程度的破坏，破坏范围图如图 4.17 所示。

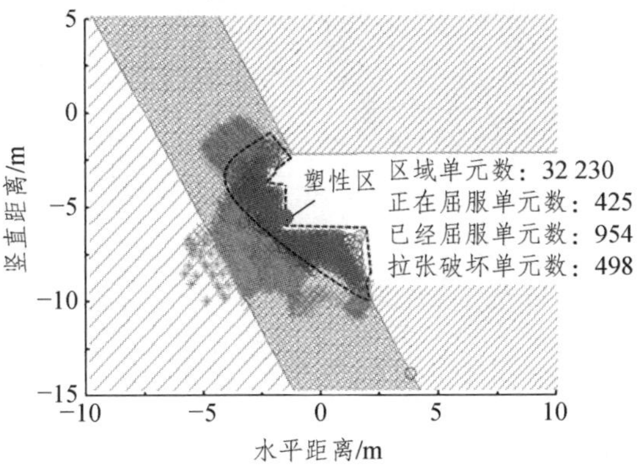

图 4.16　塑性区图

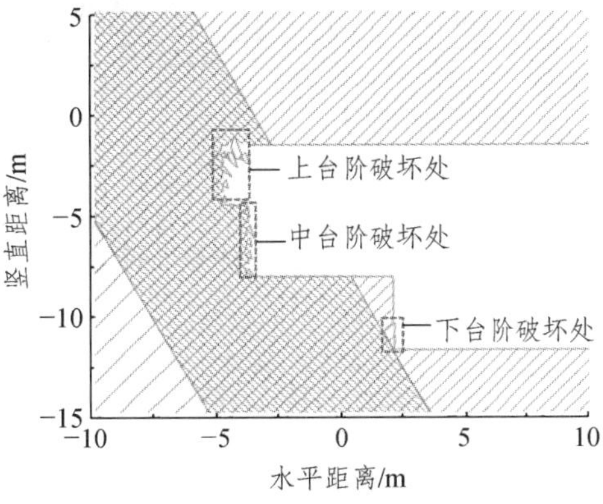

图 4.17　破坏范围图

4.2.2 开挖进入破碎带 2 m 处支护后工况分析

视工程进度到开挖进入破碎带 2 m 位置处支护后状态为第二个工况，在建立原始块体模型情况下，执行相应的开挖、支护命令。其本构模型、边界应力及原始应力除支护条件以外与工况一相同。其开挖模型图与工况一相同，如图 4.2 所示。

由最大不平衡力图可证明开挖进入破碎带 2 m 处支护后模型足够平衡。开挖进入破碎带 2 m 处支护后情况下模型最大不平衡力图，如图 4.18 所示。

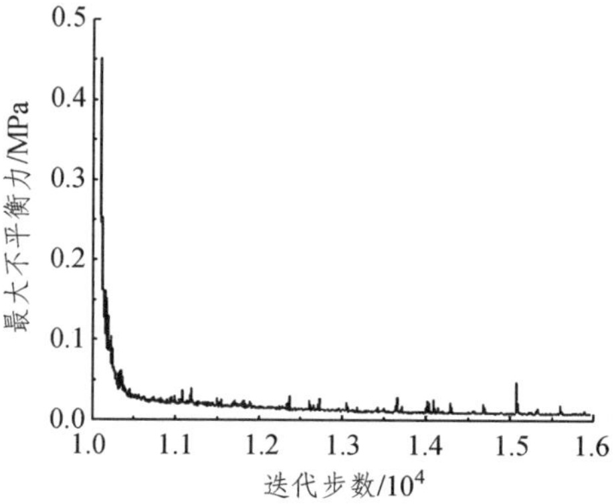

图 4.18　最大不平衡力图

1. 开挖进入破碎带 2 m 处支护后工况应力分析

开挖进入破碎带 2 m 处支护后的工况，对于 X 方向的应力分析，云图呈分层状态，最大应力量级是兆帕级，分层应力从上到下是呈递增状态从 0.63 MPa 至 1.83 MPa，其中在洞口部分有应力集中的情况存在，在洞口部分 X 方向的应力最大为 2.55 MPa。在平衡 6 000 步后，X 方向应力云图如图 4.19（a）所示。

对于 Y 方向的应力分析，云图大约呈分层状态，最大应力量级是兆帕级，分层应力从上到下是呈递减状态从 0.92 MPa 至 2.28 MPa，其中在洞口部分有应力集中的情况存在，在洞口部分 Y 方向的应力最大为 3.64 MPa。在平衡 6 000 步后，Y 方向应力云图如图 4.19（b）所示。

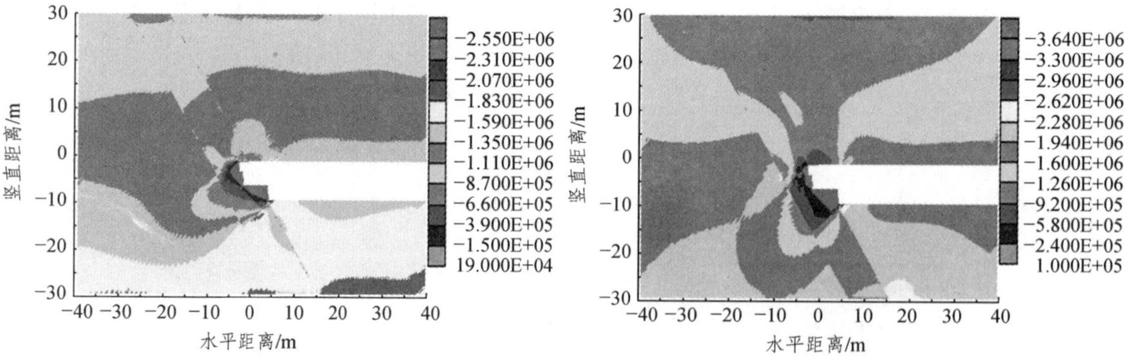

（a）X 方向　　（b）Y 方向

图 4.19　应力云图

2. 开挖进入破碎带 2 m 处支护后工况位移分析

对于工况的位移分析，首先要从云图上面看其宏观的变化，对于工况 X 方向位移分析，其位移主要集中在掌子面位置，且其位移方向均为正方向，在开挖平衡 6 000 步时，位移最大值约为 46.0 cm，位移最大位置主要在掌子面。其范围更大的位移约为 6.0 cm。开挖进入破碎带 2 m 处支护后 X 方向的位移云图，截取横坐标-10.0 ~ 10.0 m、纵坐标-15.0 ~ 5.0 m 部分，如图 4.20 所示。

根据工程实际可知 Y 方向的位移应集中在洞口第二阶台阶部分。由 UDEC 数值模拟结果可知，在开挖进入破碎带 2 m 处加入支护时，对于 Y 方向，在掌子面以上的隧道顶部位置处有向下的位移，在开挖平衡 6 000 步时，其最大的位移约为 28.0 cm，其大范围的位移为 0.0 ~ 4.0 cm；在台阶处有向上的位移，在开挖平衡 6 000 步时，其最大的位移在边界局部约为 8.0 cm，其大范围的位移约为 4.0 cm。其 Y 方向的位移云图截取横坐标-10.0 ~ 10.0 m、纵坐标-15.0 ~ 5.0 m，如图 4.21 所示。

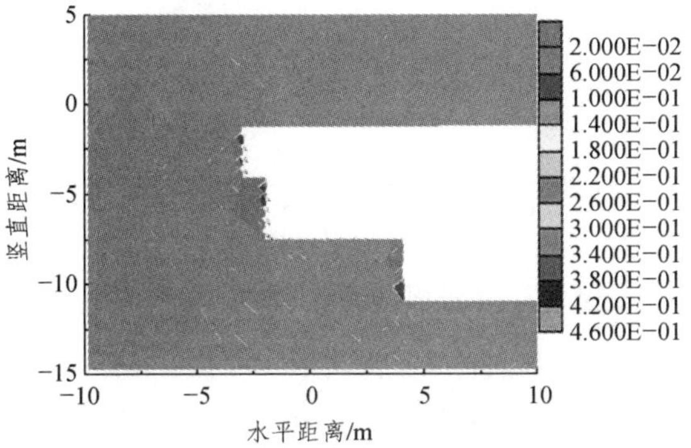

图 4.20　X 方向位移云图

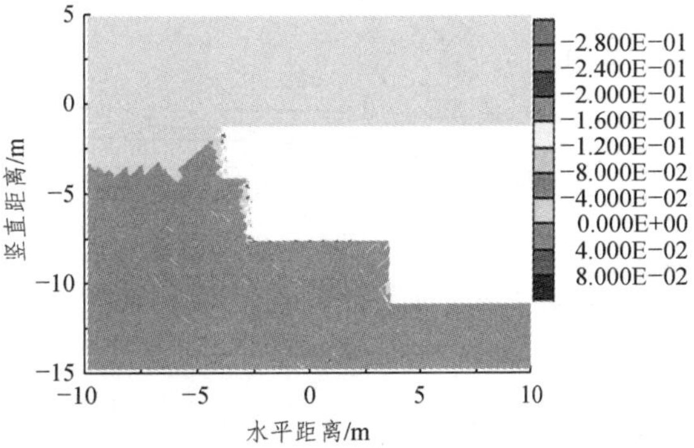

图 4.21　Y 方向位移云图

从设置检测点角度，对特定位置点的位移进行分析时，分别对竖直方向（Y 方向）、水平方向（X 方向）进行分析。共设置 3 组监测点，分别为掌子面处设 8 个监测点、拱顶设 7 个监测点、在距掌子面 1 m 处和 2 m 处各设 3 个监测点。分别对掌子面位置 8 个监测点的 X、Y 方向进行位移监测，对拱顶位置 7 个监测点进行 Y 方向位移监测，对距掌子面 1 m 处及 2 m 处的共 6 个监测点进行 X、Y 方向位移监测。

在对掌子面位置处位移进行监测分析时，首先要合理分布其监测点。掌子面处的监测点分布图如图 4.22 所示。

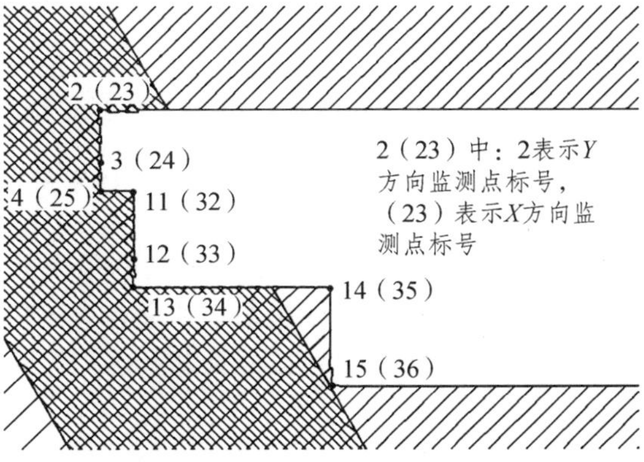

图 4.22　进入破碎带 2 m 加入支护掌子面监测点分布图

掌子面处监测点 X 方向的位移，其中：24 号、33 号点在掌子面中间位移最大，在迭代 6 000 步时有 27.9 cm 左右的位移；其余各点位移大小较为集中，在迭代 6 000 步后，均仅存在 7.0 cm 以下位移。其掌子面监测点 X 方向的位移曲线图如图 4.23 所示。

掌子面处监测点 Y 方向的位移，其中：11 号、14 号、15 号点在掌子面的位移为正，15 号点位移约 1.4 cm，11 号、14 号点位移约为 2.0 cm；其余各点的位移均为负，在迭代 6 000 步时，各方向最大位移均接近 0.5 cm。其掌子面监测点 Y 方向的位移曲线图如图 4.24 所示。

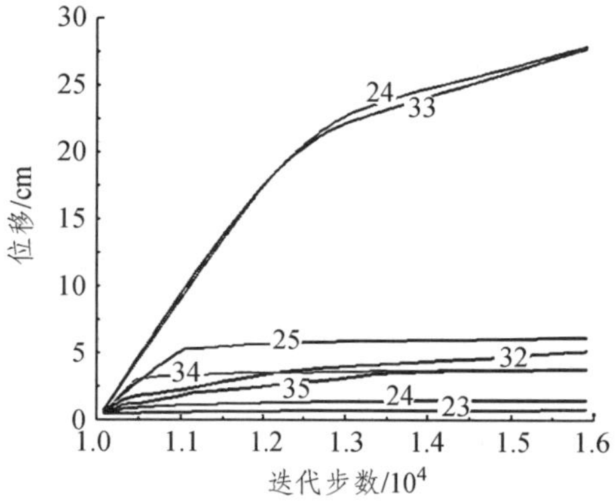

图 4.23　掌子面监测点 X 方向位移曲线图

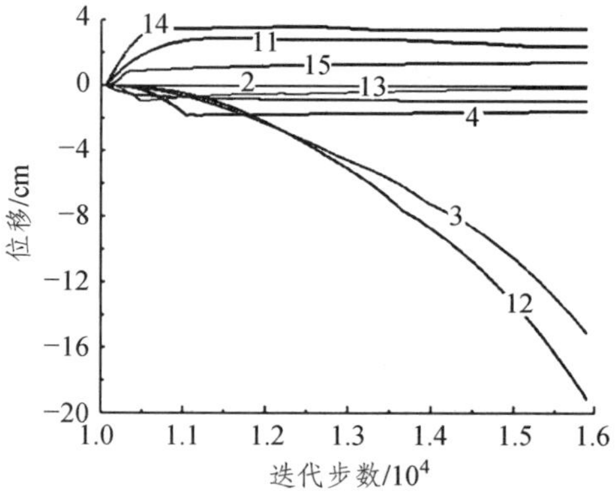

图 4.24　掌子面监测点 Y 方向位移曲线图

对于拱顶处的位移竖直方向的分析，对于拱顶竖直方向位移而言，离掌子面越近其向下的位移越大，其最大的位移在掌子面拱顶处，在迭代 6 000 步情况下，最大约为 7.4 mm。拱顶处监测点的分布图、Y 方向位移曲线图如图 4.25 和图 4.26 所示。

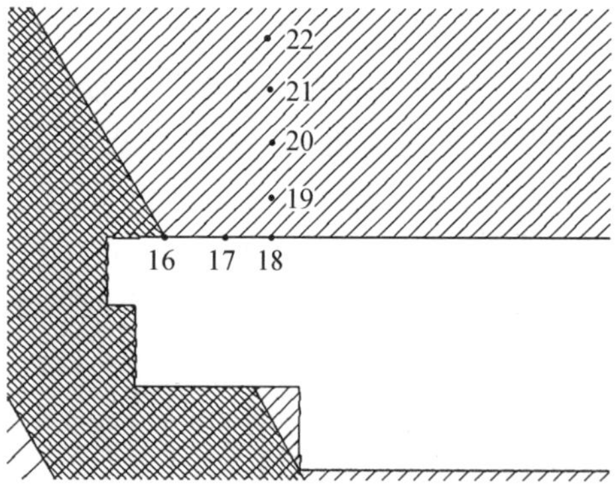

图 4.25　拱顶监测点分布图

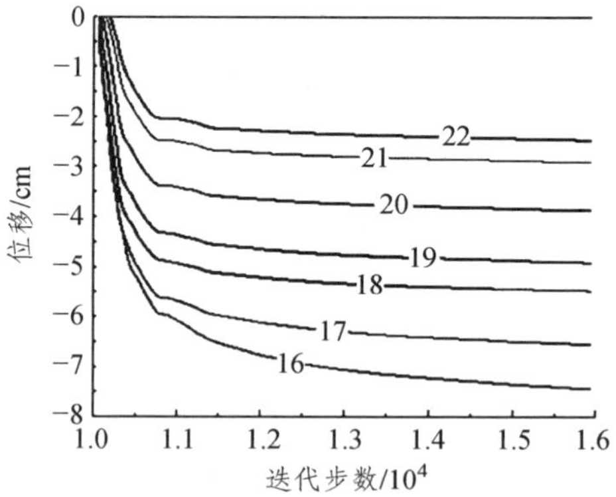

图 4.26　拱顶监测点 Y 方向位移曲线图

在距掌子面 1 m、2 m 处分别设置 3 个监测点，共 6 个监测点。其监测点分布图如图 4.27 所示。

在距离掌子面 1 m、2 m 的 6 个监测点中，对于 X 方向的位移分析，其位移最大的两点是 27 号、28 号点，迭代 6 000 步后最大位移约为 2.9 cm。其余各点的位移均分布于 1.5 cm 以下。在距掌子面 1 m 和 2 m 处监测点 X 方向的位移曲线图如图 4.28 所示。

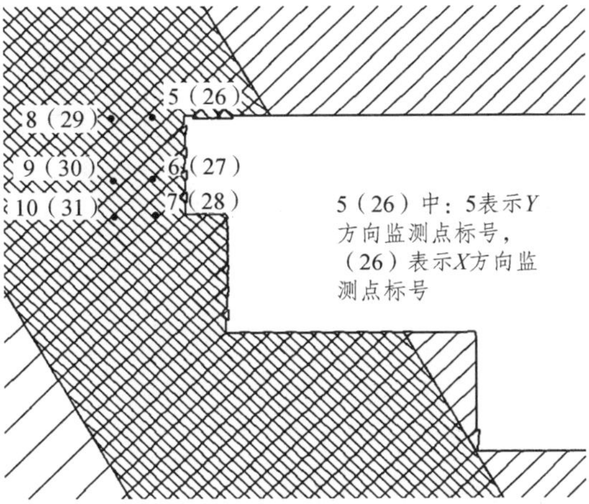

图 4.27 掌子面前监测点分布图

在距离掌子面 1 m、2 m 分别设立的 3 个监测点中，对于 Y 方向的位移分析，6 号、7 号、10 号点的位移方向为正（即代表各点位移向上），5 号、8 号、9 号点的位移方向为负（即代表各点位移向下）。对于向下位移的点，在迭代 6 000 步之后，最大位移点为 5 号点，最大位移约为 8.3 mm；对于向上位移的点，其位移均在 0.0 ~ 4.0 mm 范围内。在距掌子面 1 m 和 2 m 处监测点 Y 方向的位移曲线图如图 4.29 所示。

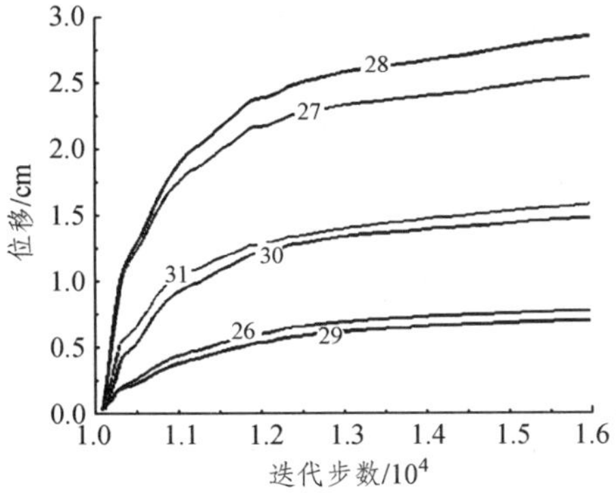

图 4.28 掌子面前监测点 X 方向位移曲线图

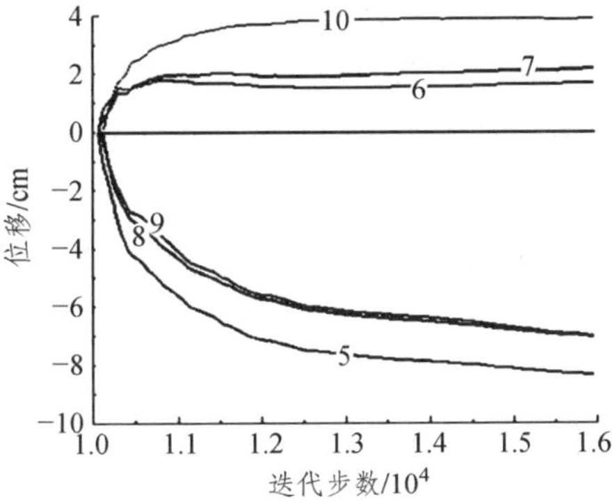

图 4.29 掌子面前监测点 Y 方向位移曲线图

3. 开挖进入破碎带 2 m 处支护后工况塑性区、破坏范围分析

由于破碎带部分块体非常离散，所以在洞口开挖之后，洞口四周会出现不同情况的破坏，很多部分也会有一定的位移。开挖之后的部分会出现正在屈服、已经屈服、拉伸破坏 3 种破坏状态，其破坏部分主要集中在第二级台阶、第三级台阶。在第二工况情况下，即开挖进入破碎带 2 m 后，加入支护，区域单元总数为 32 230 个，在集中破坏区域正在屈服单元数为 397 个、已经屈服单元数为 836 个、拉伸破坏单元数为 471 个。在开挖后的模型塑性区截取：横坐标-10.0 ~ 10.0 m、纵坐标-16.0 ~ 4.0 m，如图 4.30 所示。

在开挖进入破碎带 2 m 处支护后，各监测点均监测出不同大小的位移，在进行破坏范围的分析时，可见在开挖进入破碎带 2 m 处支护后，破坏范围主要集中在掌子面位置处，3 级台阶均有不同程度的破坏，破坏范围图如图 4.31 所示。

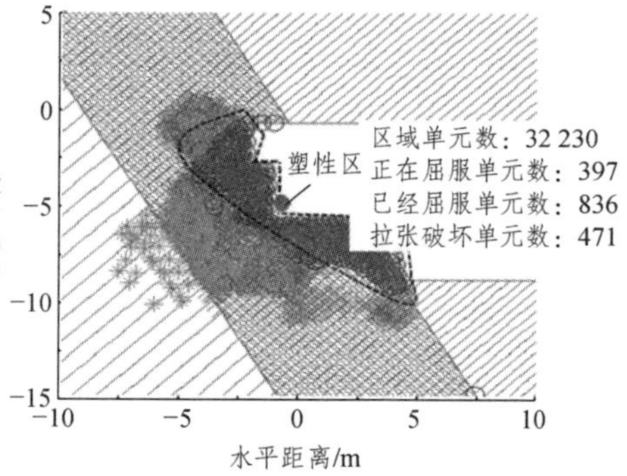

图 4.30　塑性区图

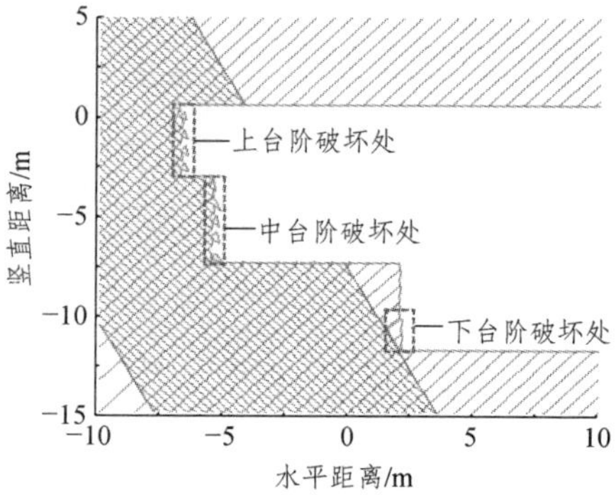

图 4.31　破坏范围图

4.2.3　开挖进入破碎带 4 m 处支护前工况分析

视工程进度到开挖进入破碎带 4 m 位置支护前的状态为第三个工况，在建立原始块体模型情况下，执行相应的开挖命令。为模拟破碎带在实际工程隧道段中的情况，在建立模型时，将模型分为 5 个部分，在离开挖最远的部分，节理设为角度 45°、间距 0.8 m，其余除破碎带以外的部分，节理为角度 45°、间距为 0.4 m，破碎带部分由正向 45°、间距 0.4 m，反向 45°、间距 0.2 m 节理切割构成。为模拟实际埋深，在原始模型的上边界施加竖直向下的大小为 6 MPa 的边界应力，模型 4 个边界 X、Y 方向位移均锁定，令其 X、Y 方向位移均为 0。初始水平应力 X 方向施加 1.8 MPa，竖向应力 Y 方向施加 2 MPa，在平面之外 Z 方向施加应力 1.8 MPa。对于梯度应力：Y 方向梯度应力 10 kPa，Z 方向梯度应力 12 kPa。

在建立原始模型之后，本模型采用初始平衡迭代 10 000 步，使原始模型足够平衡。在平衡之后基础上，采用 3 级台阶一次性开挖后，掘进破碎带 4 m 内，一级台阶长度 38 m，二级台阶长度 6 m，三级台阶长度 1 m。对于三段开挖，在开挖第一段之后，对其进行支护，为模拟实际情况且由于第一段开挖段长度较长，故用位移锁定命令“bound xvel=0.0 yvel=0 range x1 x2 y1 y2”对其进行支护；在开挖第二段之后，因第二段长度较第一段短，长度为 6 m，故采用反力命令进行支护，反力大小为 0.8 MPa；在开挖第三段后，本工况不考虑对第三段开挖部分进行支护。在开挖后对开挖后的部分迭代 6 000 步，分别从塑性区、应力及位移几个方面进行分析。其开挖模型图如图 4.32 所示。

该工况最大不平衡力图开始处于浮动不大、其值逐渐趋近于 0 时，证明其处于平衡状态。开挖进入破碎带 4 m 处支护前情况下模型最大不平衡力图如图 4.33 所示。

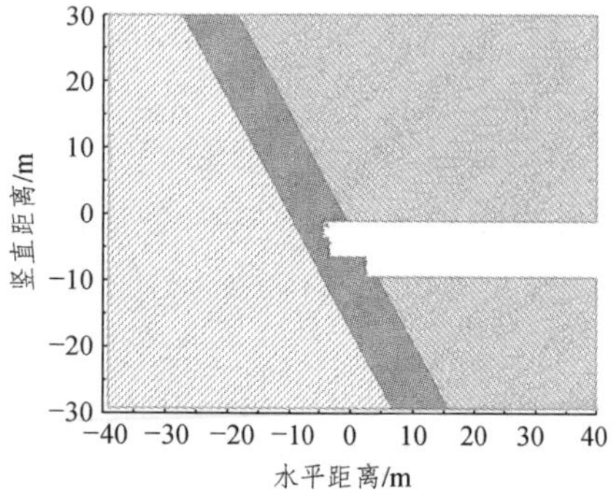

图 4.32　开挖模型图

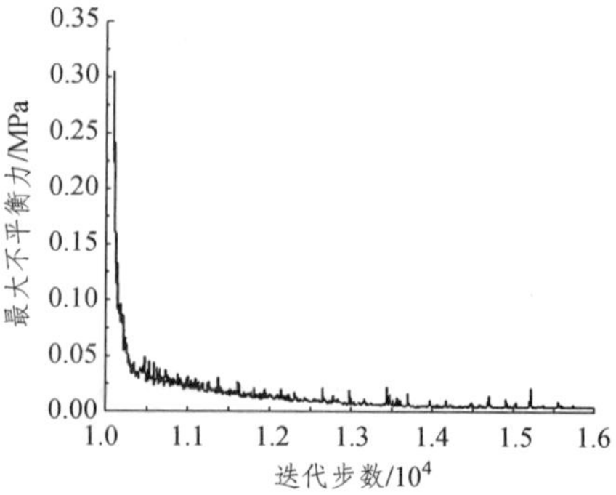

图 4.33　最大不平衡力图

1. 开挖进入破碎带 4 m 处支护前工况应力分析

对于开挖进入破碎带 4 m 处的未支护工况，首先进行各方向应力分析。对于 X 方向的应力分析，云图呈分层状态，最大应力量级是兆帕级，分层应力从上到下是呈递增状态从 0.81 MPa 至 1.91 MPa，其中在洞口部分有应力集中的情况存在，在洞口部分 X 方向的应力最大为 2.35 MPa。在平衡 6 000 步后，X 方向应力云图如图 4.34 所示。

对于 Y 方向的应力分析，云图大约呈分层状态，最大应力量级是兆帕级，分层应力从上到下是呈递减状态从 0.86 MPa 至 2.15 MPa，其中在洞口部分有应力集中的情况存在，在洞口部分 Y 方向的应力最大为 4.73 MPa。在平衡 6 000 步后，Y 方向应力云图如图 4.35 所示。

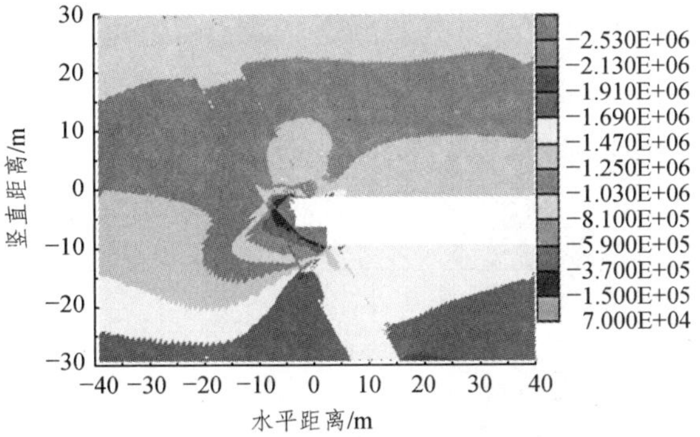

图 4.34　X 方向应力云图

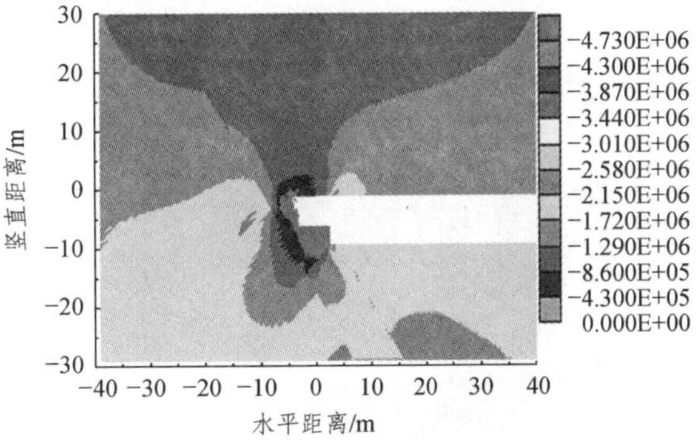

图 4.35　Y 方向应力云图

2. 开挖进入破碎带 4 m 处支护前工况位移分析

对于模型的位移分析，首先要从云图上面看其宏观的变化，对于 X 方向的位移分析，其位移主要集中在掌子面位置，且其位移方向均为正方向，在开挖平衡 6 000 步时，位移最大值约为 45.0 cm，位移最大位置主要在掌子面。其范围更大的位移约为 5.0 cm。开挖进入破碎带 4 m 处未支护时 X 方向的位移云图截取：横坐标−12.0 ~ 8.0 m、纵坐标−15.0 ~ 5.0 m，如图 4.36 所示。

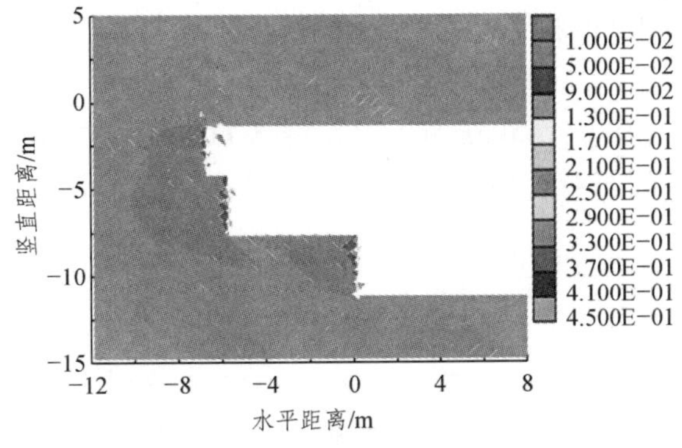

图 4.36　X 方向位移云图

根据工程实际可知 Y 方向的位移应集中在洞口第二阶台阶部分。由数值模拟结果可知，在开挖进入破碎带 4 m 处未支护时，对于 Y 方向，在掌子面以上的隧道顶部位置处有向下的位移，在开挖平衡 2 000 步时，其最大的位移约为 92.0 cm；在台阶处有向上的位移，在开挖平衡 2 000 步时，其最大的位移在局部约为 7.0 cm，在更大范围内的位移为 2.0 cm。其 Y 方向的位移云图截取：横坐标-12.0 ~ 8.0 m、纵坐标-15.0 ~ 5.0 m，如图 4.37 所示。

从设置检测点角度，对特定位置点的位移进行分析时，分别对竖直方向（Y 方向）、水平方向（X 方向）进行分析。共设置 3 组监测点，分别为掌子面处设 8 个监测点、拱顶设 7 个监测点、在距掌子面 1 m 处和 2 m 处各设 3 个监测点。分别对掌子面位置 8 个监测点的 X、Y 方向进行位移监测，对拱顶位置 7 个监测点进行 Y 方向位移监测，对距掌子面 1 m 处及 2 m 处的共 6 个监测点进行 X、Y 方向位移监测。

在对掌子面位置处位移进行监测分析时，首先要合理分布其监测点。掌子面处的监测点分布如图 4.38 所示。

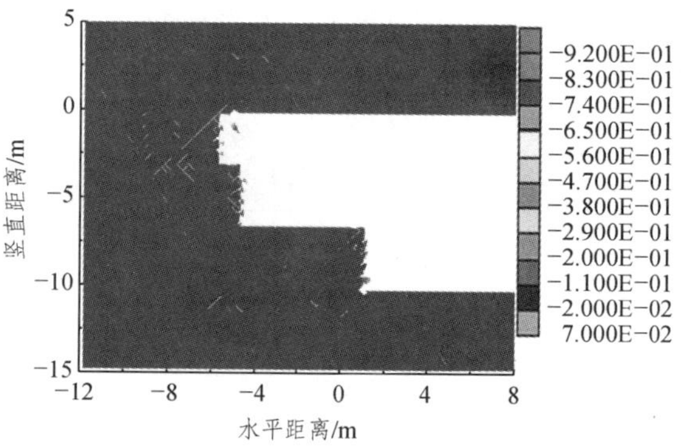

图 4.37　Y 方向位移云图

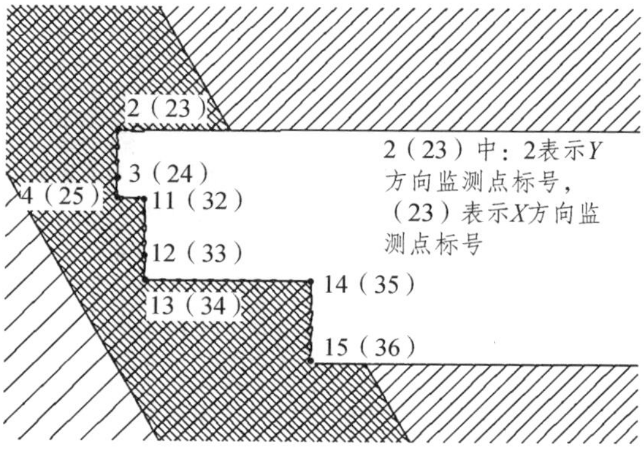

图 4.38　掌子面监测点分布图

掌子面处监测点 X 方向的位移，其中：35 号点在第三级台阶掌子面底部，位移最大，在迭代 6 000 步时有 9.5 cm 左右的位移；24 号、25 号、32 号、33 号点位移也较大，在迭代 6 000 步后，位移可达 4.2 ~ 7.7 cm；其余各点位移较小，在迭代 6 000 步后，均仅存在 2.0 cm 以下位移。其掌子面监测点 X 方向的位移曲线图如图 4.39 所示。

掌子面处监测点 Y 方向的位移，其中：11 号、13 号在掌子面有明显向上的位移，迭代 6 000 步时各点位移大小在 0.0 ~ 3.0 cm 范围内；2 号、3 号、4 号、12 号点有明显向下的位移，迭代 6 000 步时各点位移大小在 0 ~ 4.0 cm 范围内；14 号点在迭代过程中由向上位移变成向下位移，最终向下位移在 0.5 cm 左右；15 号点未体现明显位移。其掌子面监测点 Y 方向的位移曲线图如图 4.40 所示。

对于拱顶处的位移竖直方向的分析，对于拱顶竖直方向位移而言，离掌子面越近其向下的位移越大，其最大的位移在掌子面拱顶处，在迭代 2 000 步的情况下，最大为 6 ~ 7 mm。拱顶处监测点的分布图、Y 方向位移曲线图如图 4.41 和图 4.42 所示。

在距掌子面 1 m、2 m 处分别设置 3 个监测点，共 6 个监测点。其监测点分布如图 4.43 所示。

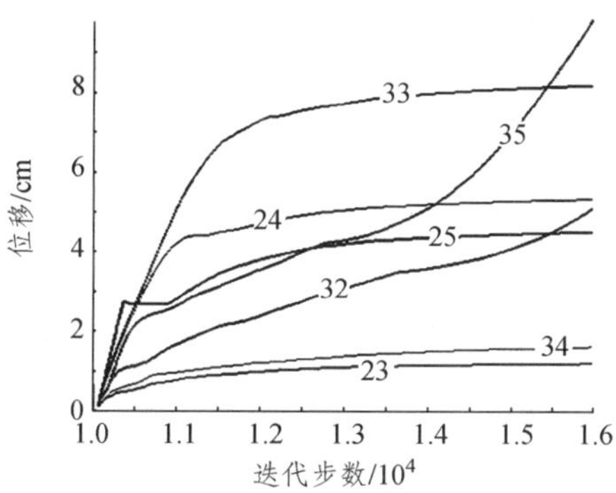

图 4.39　掌子面监测点 X 方向位移曲线图

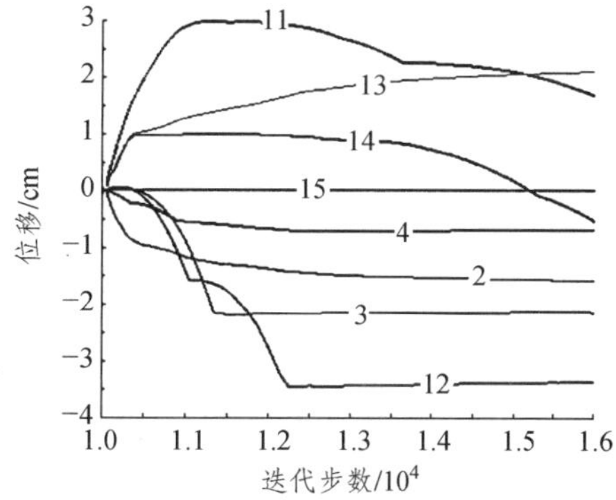

图 4.40　掌子面监测点 Y 方向位移曲线图

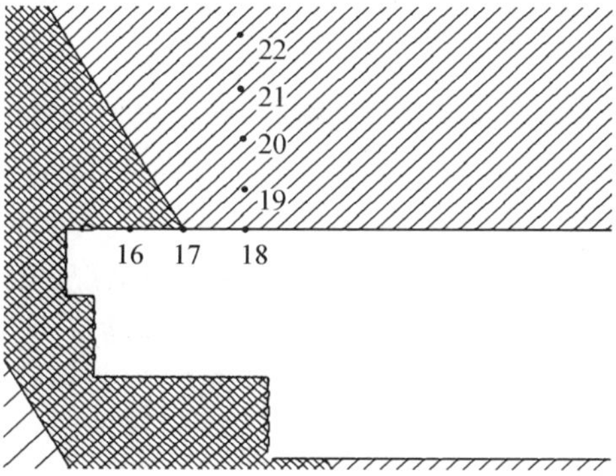

图 4.41　拱顶监测点分布图

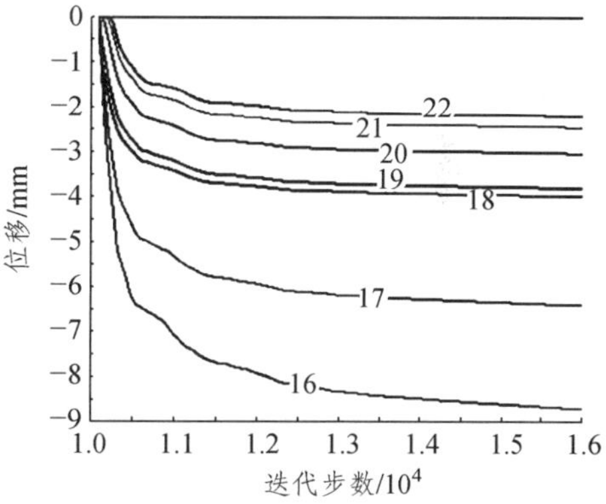

图 4.42　拱顶监测点 Y 方向位移曲线图

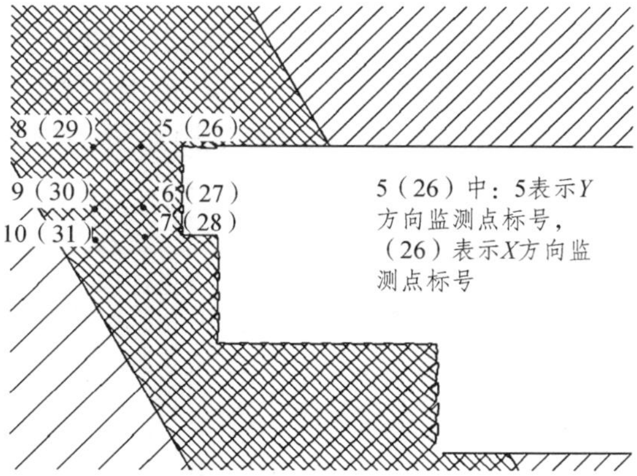

图 4.43　掌子面前监测点分布图

在距离掌子面 1 m、2 m 的 6 个监测点中，对于 X 方向的位移分析，其位移最大的两点是 27 号、28 号点，迭代 6 000 步后最大位移约为 3.0 cm；30 号、31 号点位移约为 1.5 cm；26 号、29 号点位移约为 1.0 cm。在距掌子面 1 m 和 2 m 处监测点 X 方向的位移曲线图如图 4.44 所示。

在距离掌子面 1 m、2 m 分别设立的 3 个监测点中，对于 Y 方向的位移分析，6 号、7 号、10 号点的位移方向为正（即代表各点位移向上），5 号、8 号、9 号点的位移方向为负（即代表各点位移向下）。对于向上位移的点，在迭代 6 000 步之后，最大位移点为 10 号点，最大位移约为 0.6 cm；对于向下位移的点，最大位移点为 5 号点，位移约为 1.1 cm。在距掌子面 1 m 和 2 m 处监测点 Y 方向的位移曲线图如图 4.45 所示。

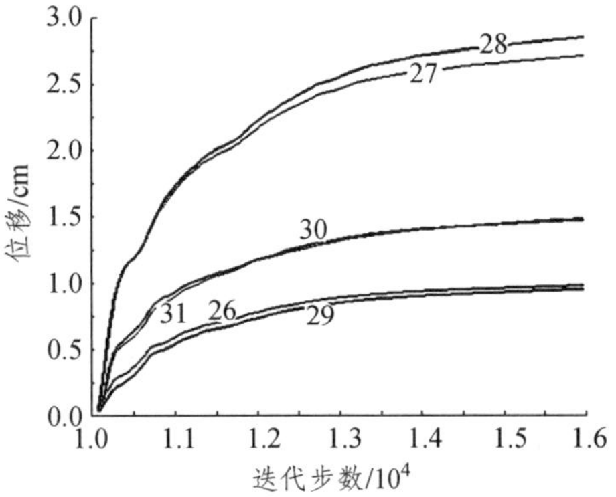

图 4.44　掌子面前监测点 X 方向位移曲线图

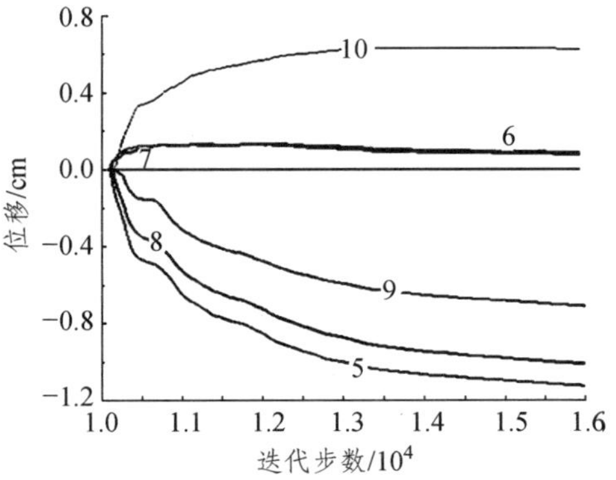

图 4.45　掌子面前监测点 Y 方向位移曲线图

3. 开挖进入破碎带 4 m 处支护前工况塑性区、破坏范围分析

由于破碎带部分块体非常离散，所以在洞口开挖之后，洞口四周会出现不同情况的破坏，很多部分也会有一定的位移。开挖之后的部分会出现正在屈服、已经屈服、拉伸破坏 3 种破坏状态，其破坏部分主要集中在第二级台阶、第三级台阶。在第三工况情况下，即开挖进入破碎带 4 m 后，第三级台阶（1 m）部分不支护，区域单元总数为 31 885 个，在集中破坏区域正在屈服单元数为 416 个、已经屈服单元数为 796 个、拉伸破坏单元数为 567 个。在开挖后的模型塑性区截取：横坐标-12.0 ~ 8.0 m、纵坐标-15.0 ~ 5.0 m，如图 4.46 所示。

在开挖进入破碎带 4 m 处支护前，各监测点均监测出不同大小的位移，在进行破坏范围的分析时，可见在开挖进入破碎带 4 m 处支护前，破坏范围主要集中在掌子面、第一级台阶拱顶位置处，3 级台阶均有不同程度的破坏，破坏范围图如图 4.47 所示。

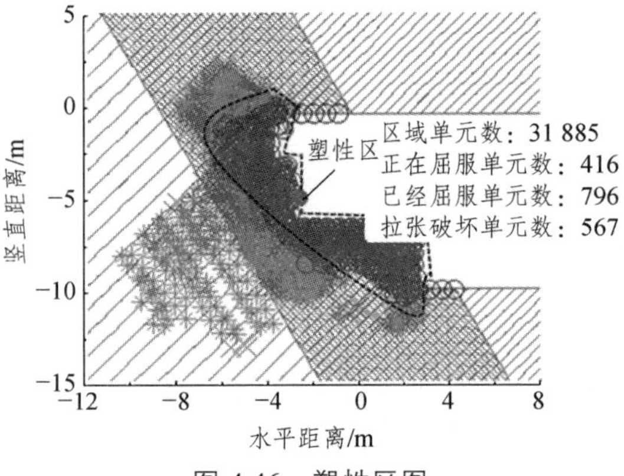

图 4.46　塑性区图

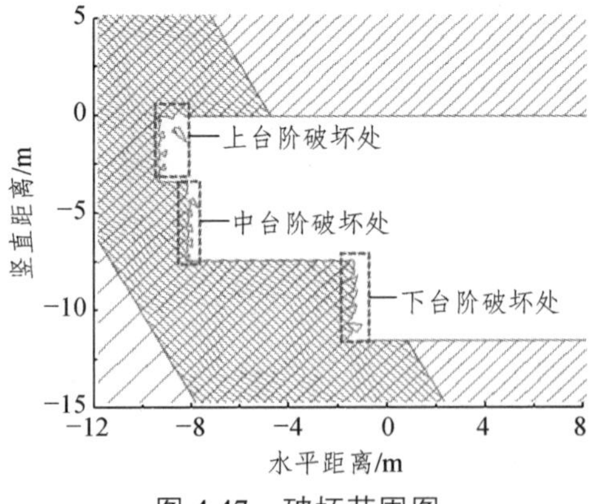

图 4.47　破坏范围图

4.2.4　开挖进入破碎带 4 m 处支护后工况分析

视工程进度到开挖进入破碎带 4 m 位置处支护后状态为第四个工况，在建立原始块体模

型情况下，执行相应的开挖、支护命令。其本构模型、边界应力及原始应力除支护条件以外与工况三相同。其开挖模型图与工况三相同，如图 4.32 所示。

由最大不平衡力图可证明开挖进入破碎带 4 m 处支护后模型足够平衡。开挖进入破碎带 4 m 处支护后情况下模型最大不平衡力图如图 4.48 所示。

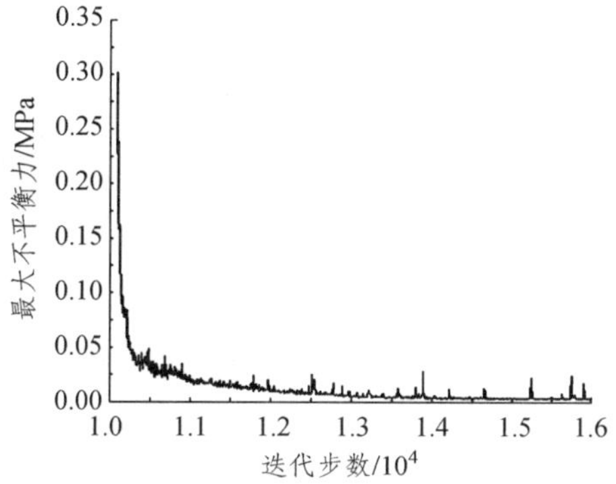

图 4.48　最大不平衡力图

1. 开挖进入破碎带 4 m 处支护后工况应力分析

对于开挖进入破碎带 4 m 处支护后工况，首先进行各方向应力分析。对于 X 方向的应力分析，云图呈分层状态，最大应力量级是兆帕级，分层应力从上到下是呈递增状态从 0.85 MPa 至 1.95 MPa，其中在洞口部分有应力集中的情况存在，在洞口部分 X 方向的应力最大为 2.39 MPa。在平衡 6 000 步后，X 方向应力云图如图 4.49 所示。

对于 Y 方向的应力分析，云图大约呈分层状态，最大应力量级是兆帕级，分层应力从上到下是呈递减状态从 0.86 MPa 至 2.15 MPa，其中在洞口部分有应力集中的情况存在，在洞口部分 Y 方向的应力最大为 4.73 MPa。在平衡 2 000 步后，Y 方向应力云图如图 4.50 所示。

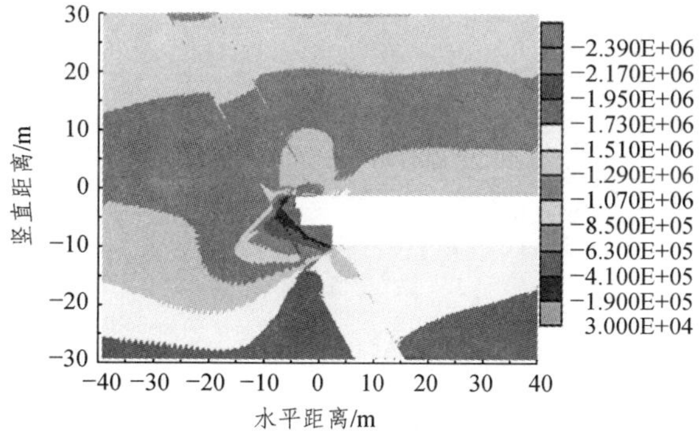

图 4.49　X 方向应力云图

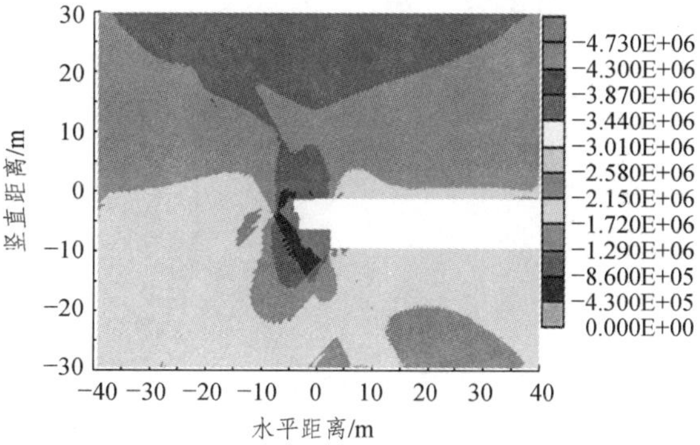

图 4.50　Y 方向应力云图

2. 开挖进入破碎带 4 m 处支护后工况位移分析

对于模型的位移分析，首先要从云图上面看其宏观的变化，对于 X 方向位移分析，其位移主要集中在掌子面位置，且其位移方向均为正方向，在开挖平衡 6 000 步时，位移最大值约为 40.0 cm，位移最大位置主要在掌子面。其范围更大的位移为 7.0 ~ 15.0 cm。开挖进入破碎带 4 m 处支护后 X 方向的位移云图截取：横坐标−12.0 ~ 8.0 m、纵坐标−15.0 ~ 5.0 m，如图 4.51 所示。

根据工程实际可知 *Y* 方向的位移应集中在洞口第二阶台阶部分。由 UDEC 数值模拟结果可知，在开挖进入破碎带 4 m 处加入支护时，对于 *Y* 方向，在掌子面以上的隧道顶部位置处有向下的位移，在开挖平衡 6 000 步时，其局部最大的位移约为 20.0 cm，在更大范围内的位移在 3.0 ~ 6.0 cm 区间内；在台阶处有向上的位移，在开挖平衡 6 000 步时，其最大的位移在局部约为 6.0 cm，在更大范围内的位移在 0.0 ~ 3.0 cm 区间内。其 *Y* 方向的位移云图截取：横坐标−12.0 ~ 8.0 m、纵坐标−15.0 ~ 5.0 m，如图 4.52 所示。

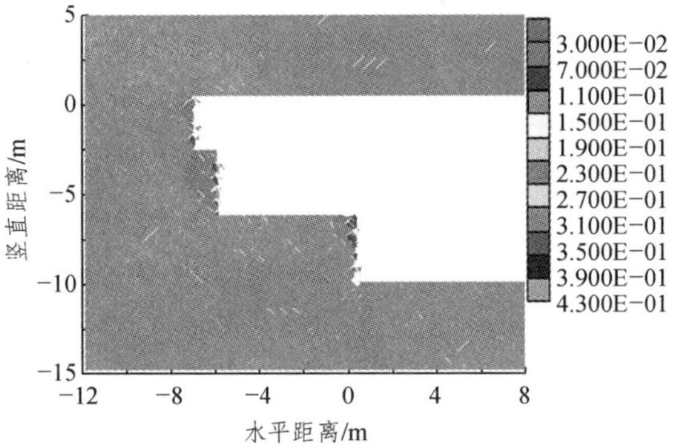

图 4.51　*X* 方向位移云图

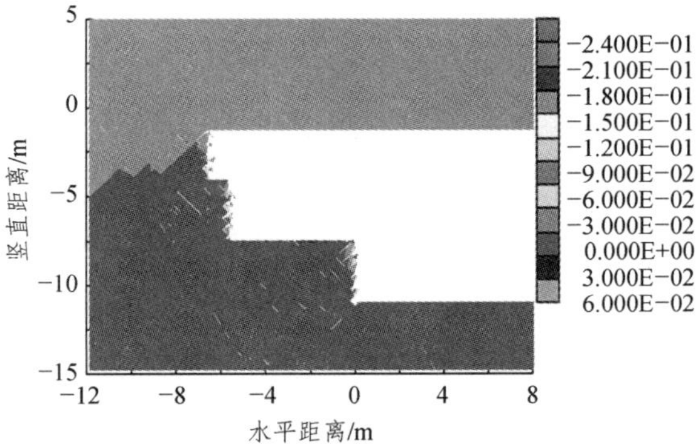

图 4.52　*Y* 方向位移云图

从设置检测点角度，对特定位置点的位移进行分析时，分别对竖直方向（*Y* 方向）、水平方向（*X* 方向）进行分析。共设置 3 组监测点，分别为掌子面处设 8 个监测点、拱顶设 7 个监测点、在距掌子面 1 m 处和 2 m 处各设 3 个监测点。分别对掌子面位置 8 个监测点的 *X*、*Y* 方向进行位移监测，对拱顶位置 7 个监测点进行 *Y* 方向位移监测，对距掌子面 1 m 处及 2 m 处的共 6 个监测点进行 *X*、*Y* 方向位移监测。

在对掌子面位置处位移进行监测分析时，首先要合理分布其监测点。掌子面处的监测点分布图如图 4.53 所示。

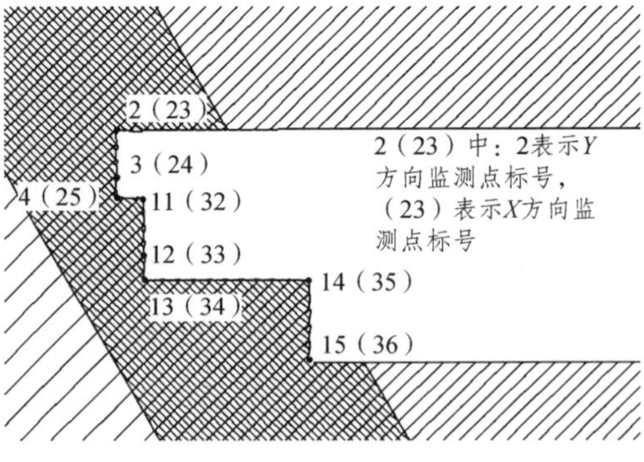

图 4.53　掌子面监测点分布图

掌子面处监测点 *X* 方向的位移，其中：33 号点在第二级台阶掌子面上位移最大，在迭代 6 000 步时有 13.4 cm 左右的位移；35 号点位移也较大，在迭代 6 000 步后，位移可达 9.0 cm；其余各点位移大小较小，在迭代 6 000 步后，均仅存在 4.0 cm 以下位移。其掌子面监测点 *X* 方向的位移曲线图如图 4.54 所示。

掌子面处监测点 *Y* 方向的位移，其中：11 号、13 号点在掌子面有明显向上的位移，迭代

6 000 步时位移约为 2.0 cm；2 号、3 号、4 号、12 号点有明显向下的位移，迭代 6 000 步时最大位移点 12 号点位移为 9.6 cm，其余各点位移均接近 0.0 cm；14 号点在迭代过程中，由向上的位移转变为向下的位移，向下最终位移为 0.5 cm 左右；15 号点未体现明显位移。其掌子面监测点 Y 方向的位移曲线图如图 4.55 所示。

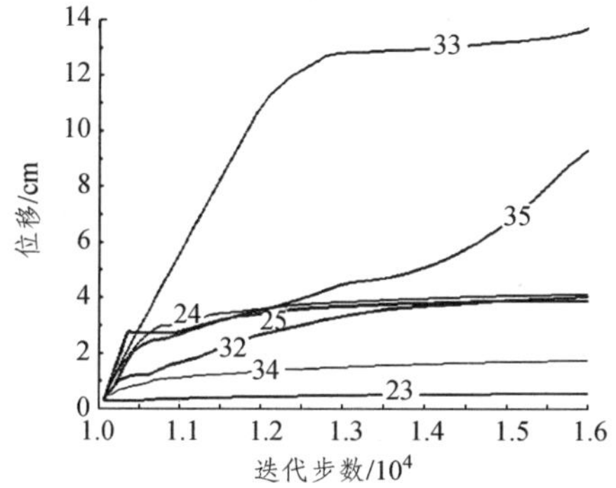

图 4.54　掌子面监测点 X 方向位移曲线图

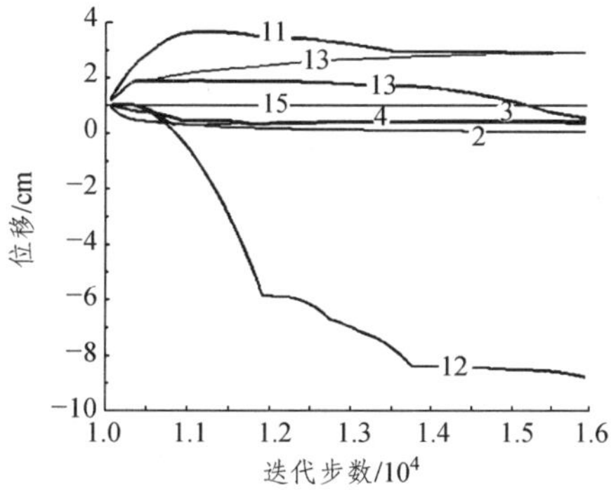

图 4.55　掌子面监测点 Y 方向位移曲线图

对于拱顶处的位移竖直方向的分析，对于拱顶竖直方向位移而言，离掌子面越近其向下的位移越大，其最大的位移在掌子面拱顶处，在迭代 2 000 步的情况下，最大约为 0.6 cm。拱顶处监测点的分布图、Y 方向位移曲线图如图 4.56 和图 4.57 所示。

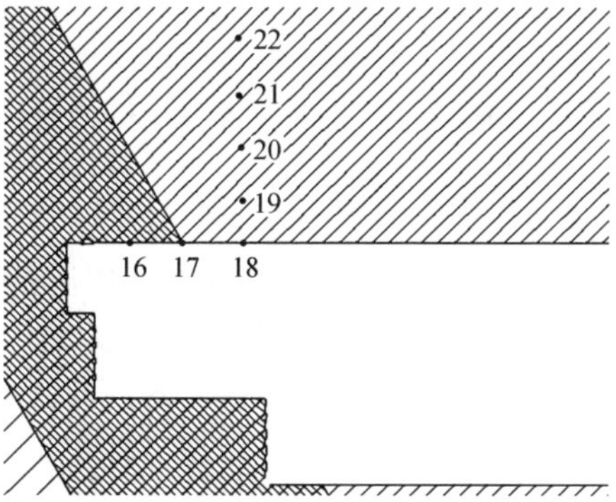

图 4.56　拱顶监测点分布图

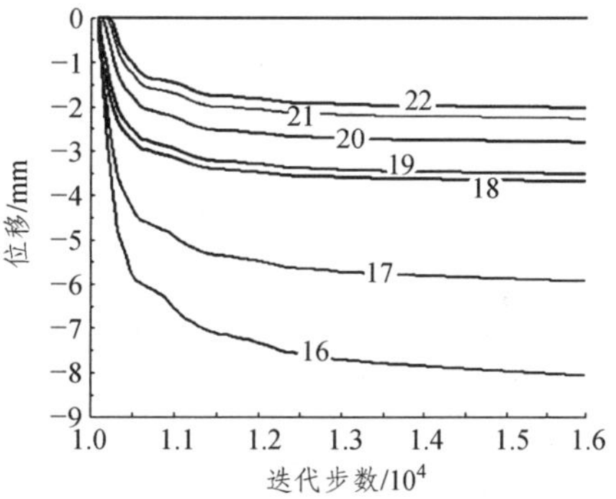

图 4.57　拱顶监测点 Y 方向位移曲线图

在距掌子面 1 m、2 m 处分别设置 3 个监测点，共 6 个监测点。其监测点分布图如图 4.58 所示。

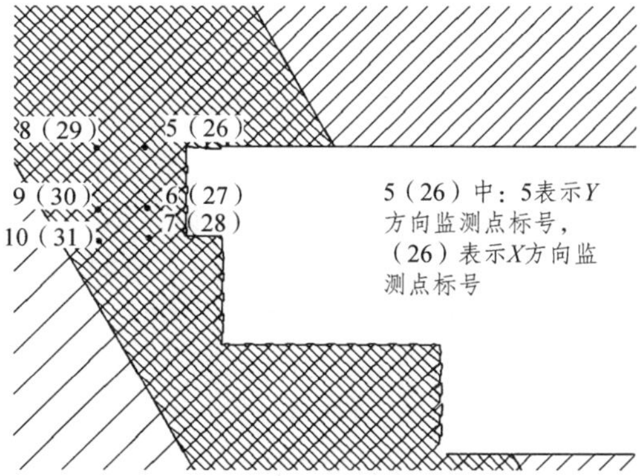

图 4.58　掌子面前监测点分布图

在距离掌子面 1 m、2 m 的 6 个监测点中，对于 X 方向的位移分析，其位移最大的两点是 27 号、28 号点，迭代 6 000 步后最大位移约为 2.5 cm；30 号、31 号点位移在 1.5 cm 以下；26 号、29 号点位移在 0.8 cm 以下。在距掌子面 1 m 和 2 m 处监测点 X 方向的位移曲线图如图 4.59 所示。

在距离掌子面 1 m、2 m 分别设立的 3 个监测点中，对于 Y 方向的位移分析，6 号、7 号、10 号点的位移方向为正（即代表各点位移向上），5 号、8 号、9 号点的位移方向为负（即代表各点位移向下）。对于向下位移的点，在迭代 6 000 步之后，最大位移点为 5 号点，最大位移约为 1.0 cm；对于向上位移的点，最大位移约为 2.0 cm。在距掌子面 1 m 和 2 m 处监测点 Y 方向的位移曲线图如图 4.60 所示。

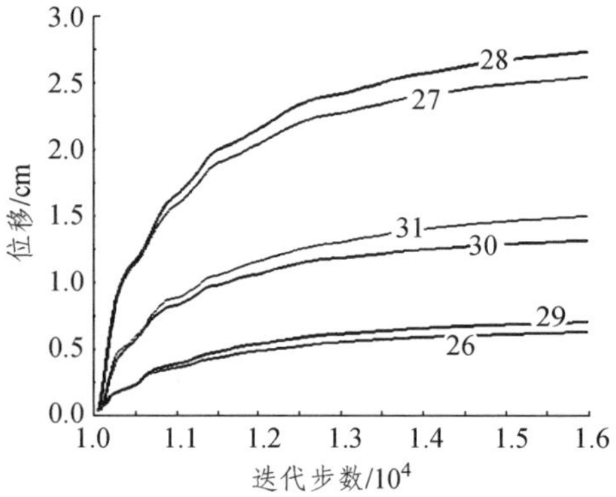

图 4.59　掌子面前监测点 X 方向位移曲线图

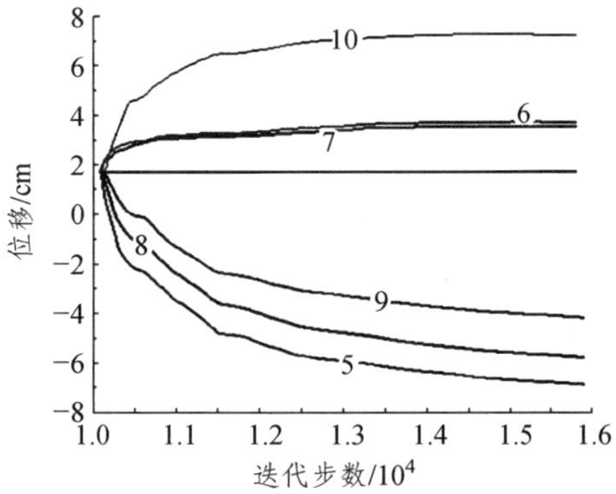

图 4.60　掌子面前监测点 Y 方向位移曲线图

3. 开挖进入破碎带 4 m 处支护后工况塑性区、破坏范围分析

由于破碎带部分块体非常离散，所以在洞口开挖之后，洞口四周会出现不同情况的破坏，很多部分也会有一定的位移。开挖之后的部分会出现正在屈服、已经屈服、拉伸破坏 3 种破坏状态，其破坏部分主要集中在第二级台阶、第三级台阶。在第四工况情况下，即开挖进入破碎带 4 m 后对第三级台阶（1 m）部分进行支护，区域单元总数为 31 885 个，在集中破坏区域正在屈服单元数为 331 个、已经屈服单元数为 777 个、拉伸破坏单元数为 549 个。在开挖后的模型塑性区截取：横坐标-12.0 ~ 8.0 m、纵坐标-15.0 ~ 5.0 m，如图 4.61 所示。

在开挖进入破碎带 4 m 处支护后，各监测点均监测出不同大小的位移，在进行破坏范围的分析时，可见在开挖进入破碎带 4 m 处支护后，破坏范围主要集中在掌子面位置处，3 级台阶均有不同程度的破坏，破坏范围图如图 4.62 所示。

4.2.5　开挖进入破碎带 6 m 处支护前工况分析

视工程进度到开挖进入破碎带 6 m 位置处支护前状态为第五个工况，在建立原始块体模型情况下，执行相应的开挖命令。为模拟破碎带在实际工程隧道段中的情况，在建立模型时，将模型分为 5 个部分，在离开挖最远的部分，节理设为角度 45°、间距 0.8 m，其余除破碎带以外的部分，节理为角度 45°、间距为 0.4 m，破碎带部分由正向 45°、间距 0.4 m，反向 45°、间距 0.2 m 节理切割构成。为模拟实际埋深，在原始模型的上边界施加竖直向下的大小为 6 MPa 的边界应力，模型 4 个边界 X、Y 方向位移均锁定，令其 X、Y 方向位移均为 0。初始水平应

力 X 方向施加 1.8 MPa，竖向应力 Y 方向施加 2 MPa，在平面之外 Z 方向施加应力 1.8 MPa。对于梯度应力：Y 方向梯度应力 10 kPa，Z 方向梯度应力 12 kPa。

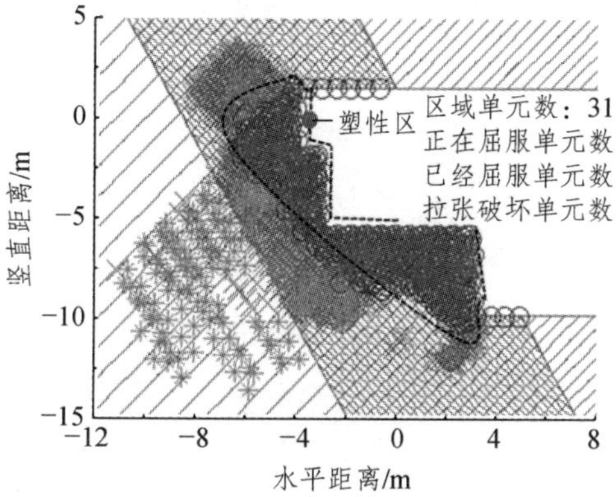

图 4.61　塑性区图

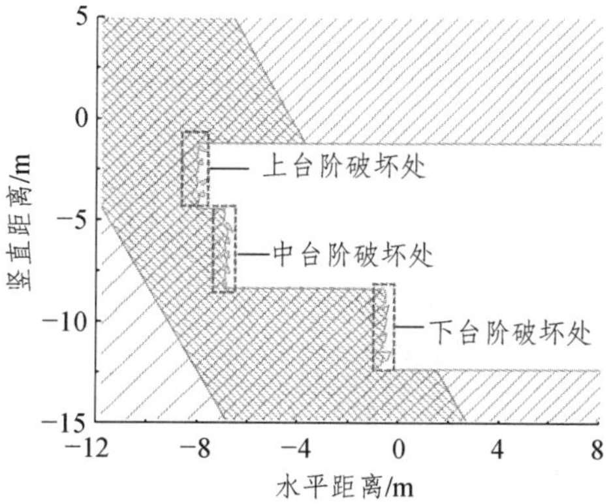

图 4.62　破坏范围图

在建立原始模型之后，本模型采用初始平衡迭代 10 000 步，使原始模型足够平衡。在平衡之后基础上，采用 3 级台阶一次性开挖后，掘进破碎带 6 m 内，一级台阶长度 40 m，二级台阶长度 6 m，三级台阶长度 1 m。对于三段开挖，在开挖第一段之后，对其进行支护，为模拟实际情况且由于第一段开挖段长度较长，故用位移锁定命令“bound xvel=0.0 yvel=0 range x1 x2 y1 y2”对其进行支护；在开挖第二段之后，因第二段长度较第一段短，长度为 6m，故采用反力命令进行支护，反力大小为 0.8 MPa；在开挖第三段后，本工况不考虑对第三段开挖部分进行支护。在开挖后用 UDEC 软件对开挖后的部分，迭代 2 000 步，分别从塑性区、应力及位移几个方面进行分析。其开挖模型图如图 4.63 所示。

通过观察最大不平衡力图可证明模型相对平衡。开挖进入破碎带 6 m 未支护情况下模型最大不平衡力图如图 4.64 所示。

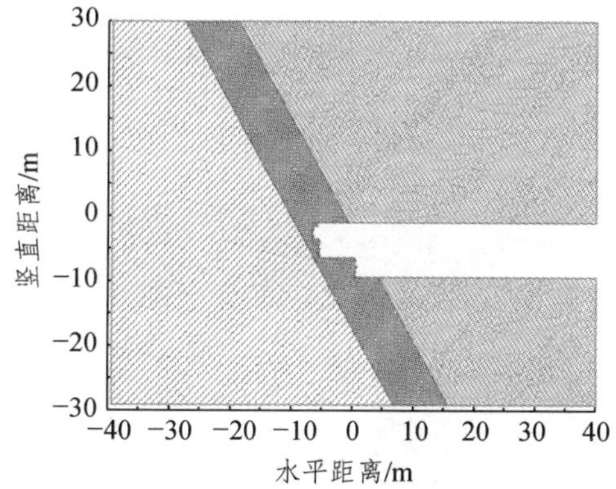

图 4.63　开挖模型图

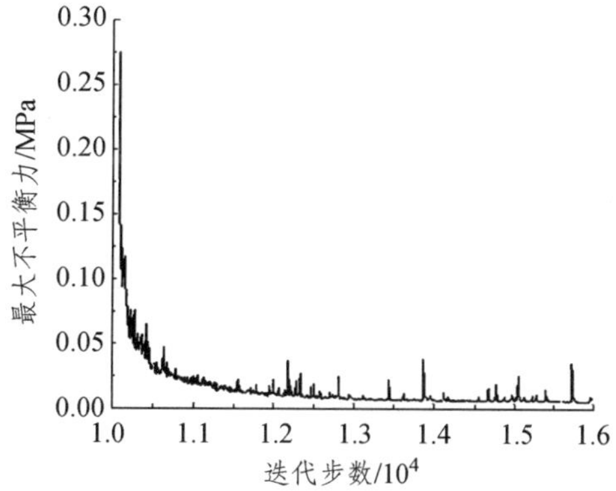

图 4.64　最大不平衡力图

1. 开挖进入破碎带 6 m 处支护前工况应力分析

对于开挖进入破碎带 6 m 处支护前工况，首先进行各方向应力分析。对于 X 方向的应力分析，云图呈分层状态，最大应力量级是兆帕级，分层应力从上到下是呈递增状态从 0.83 MPa 至 1.75 MPa，其中在洞口部分有应力集中的情况存在，在洞口部分 X 方向的应力最大为

2.44 MPa。在平衡 6 000 步后，X方向应力云图如图 4.65 所示。

对于 Y 方向的应力分析，云图大约呈分层状态，最大应力量级是兆帕级，分层应力从上到下是呈递减状态从 0.86 MPa 至 2.58 MPa，其中在洞口部分有应力集中的情况存在，在洞口部分 X 方向的应力最大为 4.73 MPa。在平衡 6 000 步后，Y方向应力云图如图 4.66 所示。

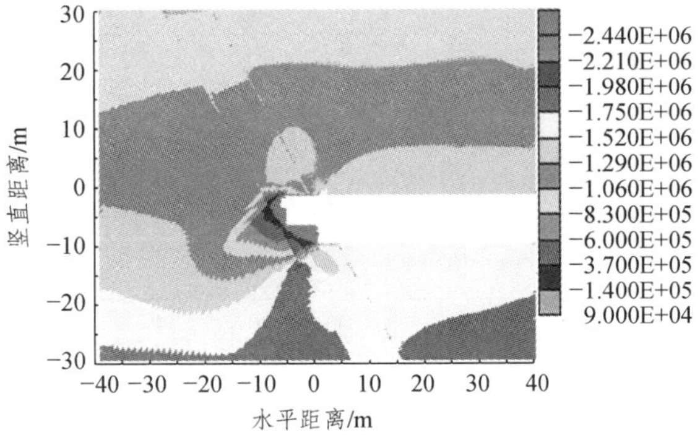

图 4.65　X 方向应力云图

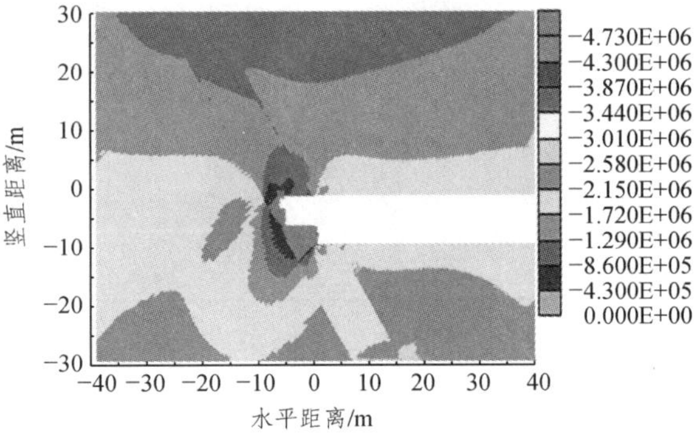

图 4.66　Y 方向应力云图

2. 开挖进入破碎带 6 m 处支护前工况位移分析

对于工况的位移分析，首先要从云图上面看其宏观的变化，对于工况 X 方向位移分析，其位移主要集中在掌子面位置，且其位移方向均为正方向，在开挖平衡 6 000 步时，位移最大值约为 40.0 cm，位移最大位置主要在掌子面。其范围更大的位移为 4.0 ~ 9.0 cm。开挖进入破碎带 6 m 处支护前 X 方向的位移云图截取横坐标为−14.0 ~ 6.0 m、纵坐标为−15.0 ~ 5.0 m，如图 4.67 所示。

根据工程实际可知 Y 方向的位移应集中在洞口第一阶台阶部分。由数值模拟结果可知，在开挖进入破碎带 6 m 处未支护时，对于 Y 方向，在掌子面以上的隧道顶部位置处有向下的位移，在开挖平衡 6 000 步时，其最大的位移约为 40.0 cm，其大范围的位移为 1.0 ~ 6.0 cm；在台阶处有向上的位移，在开挖平衡 6 000 步时，其最大的位移在边界局部约为 4.0 cm，其大范围的位移为 0.0 ~ 2.0 cm。其 Y 方向的位移云图截取横坐标为−14.0 ~ 6.0 m、纵坐标为−15.0 ~ 5.0 m，如图 4.68 所示。

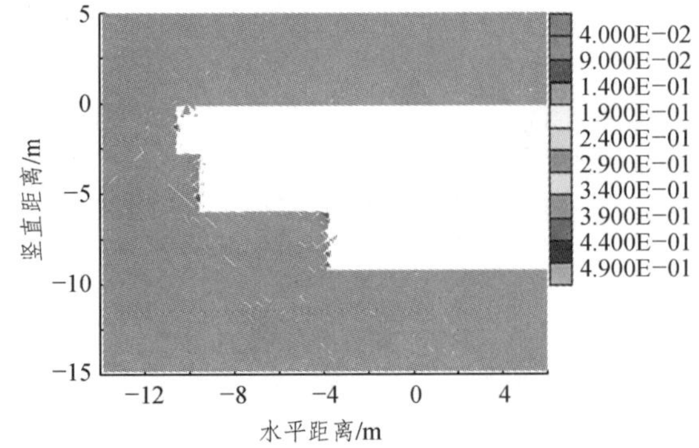

图 4.67　X 方向位移云图

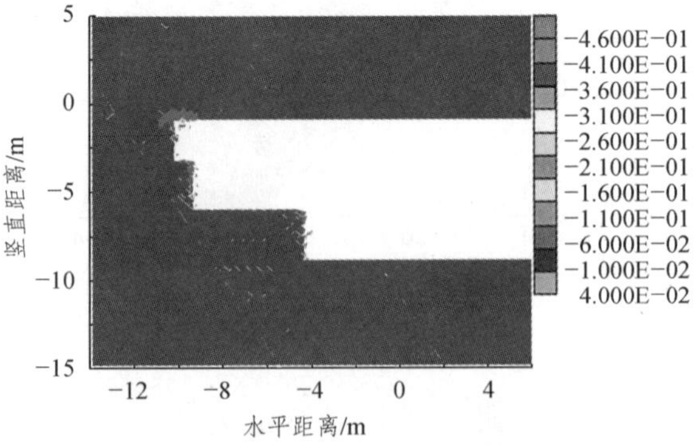

图 4.68　Y 方向位移云图

从设置检测点角度，对特定位置点的位移进行分析时，分别对竖直方向（Y 方向）、水平方向（X方向）进行分析。共设置 3 组监测点，分别为掌子面处设 8 个监测点、拱顶设 7 个监测点、在距掌子面 1 m 处和 2 m 处各设 3 个监测点。分别对掌子面位置 8 个监测点的 X、Y 方向进行位移监测，对拱顶位置 7 个监测点进行 Y 方向位移监测，对距掌子面 1 m 处及 2 m 处的共 6 个监测点进行 X、Y 方向位移监测。

在对掌子面位置处位移进行监测分析时，首先要合理分布其监测点。掌子面处的监测点分布如图 4.69 所示。

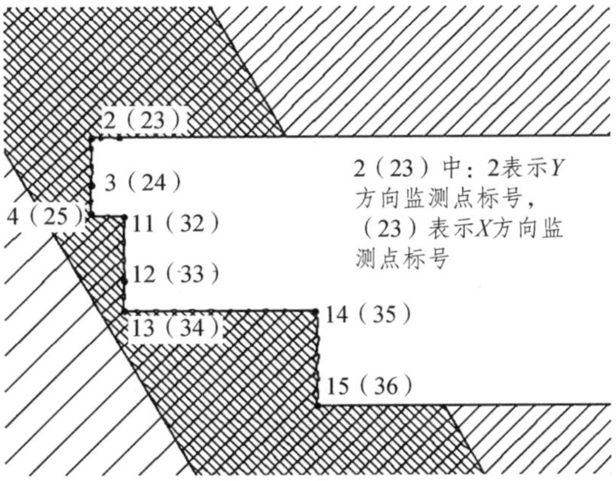

图 4.69　掌子面监测点分布图

掌子面处监测点 X 方向的位移，其中：33 号点在掌子面中间位移最大，在迭代 6 000 步时有 25.0 ~ 30.0 cm 的位移；其余各点位移大小较为集中，在迭代 6 000 步后，均仅存在 0.0 ~ 15.0 cm 的位移。其掌子面监测点 X 方向的位移曲线图如图 4.70 所示。

掌子面处监测点 Y 方向的位移，其中：11 号、13 号点在掌子面的位移为正（代表各点的位移方向向上），2 号、3 号、4 号、12 号点的位移均为负（代表各点的位移方向向下），14 号点在迭代过程中由向上的位移转为向下的位移；15 号点无明显位移。在迭代 2 000 步时，向上的最大位移约为 1.7 cm，向下的最大位移约为 5.4 cm。其掌子面监测点 Y 方向的位移曲线图如图 4.71 所示。

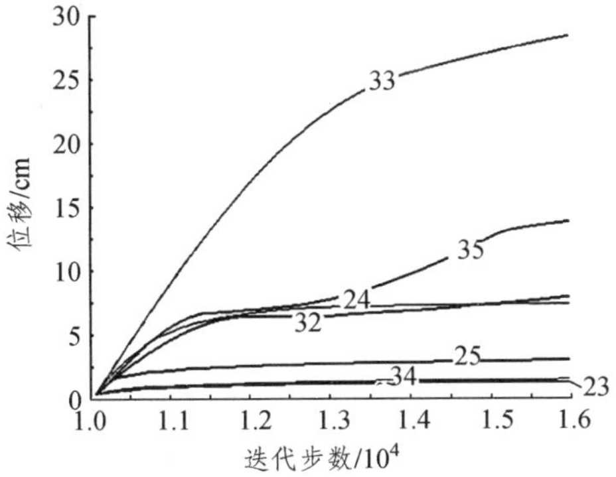

图 4.70　掌子面监测点 X 方向位移曲线图

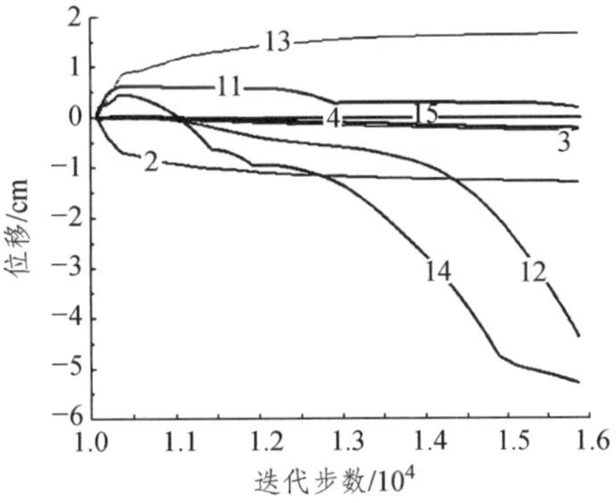

图 4.71　掌子面监测点 Y 方向位移曲线图

对于拱顶处的位移竖直方向的分析，对于拱顶竖直方向位移而言，离掌子面越近其向下的位移越大，其最大的位移在掌子面拱顶处，在迭代 6 000 步的情况下，最大约为 9.0 mm。拱顶处监测点的分布图、Y 方向位移曲线图如图 4.72 和图 4.73 所示。

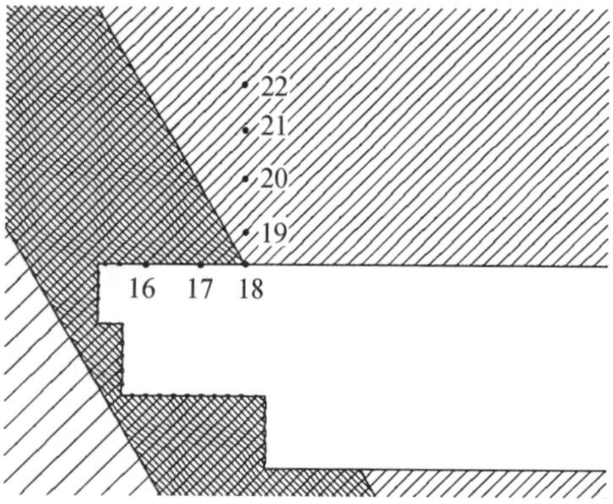

图 4.72 拱顶监测点分布图

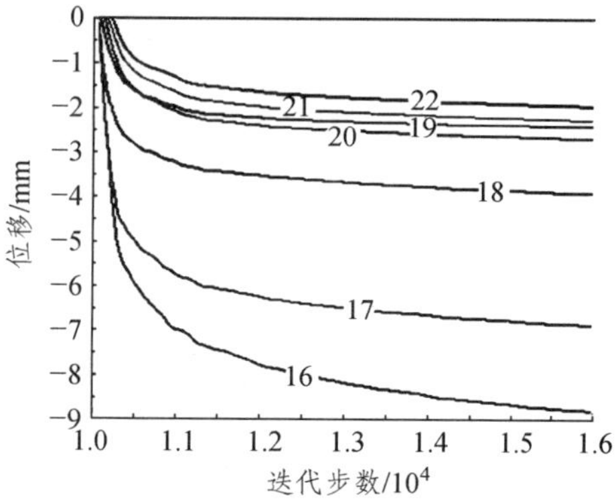

图 4.73 拱顶监测点 Y 方向位移曲线图

在距掌子面 1 m、2 m 处分别设置 3 个监测点，共 6 个监测点。其监测点分布图如图 4.74 所示。

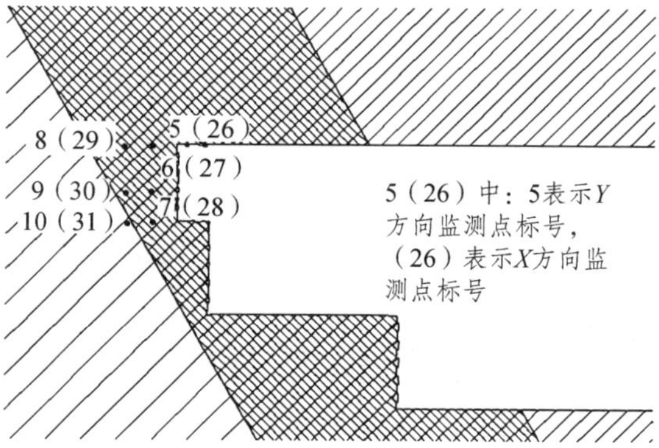

图 4.74 掌子面前监测点分布图

在距离掌子面 1 m、2 m 的 6 个监测点中，对于 X 方向的位移分析，其位移最大的是 27 号、28 号点，迭代 6 000 步后最大位移约为 2.2 cm。其余各点的位移均分布于 1.4 cm 以下。在距掌子面 1 m 和 2 m 处监测点 X 方向的位移曲线图如图 4.75 所示。

在距离掌子面 1 m、2 m 分别设立的 3 个监测点中，对于 Y 方向的位移分析，10 号点的位移方向为正（即代表各点位移向上），5 号、8 号、9 号点的位移方向为负（即代表各点位移向下），在迭代过程中 6 号、7 号点由向上位移转为向下位移。对于向下位移的点，在迭代 2 000 步之后，最大位移点为 5 号点，最大位移约为 1.0 cm；对于向上位移的点，最大位移约为 0.3 cm。在距掌子面 1 m 和 2 m 处监测点 Y 方向的位移曲线图如图 4.76 所示。

3. 开挖进入破碎带 6 m 处支护前工况塑性区、破坏范围分析

开挖之后的部分会出现正在屈服、已经屈服、拉伸破坏 3 种破坏状态，其破坏部分主要集中在第二级台阶、第三级台阶。在第五工况情况下，即开挖进入破碎带 6 m 后，第三级台阶（1 m）部分不支护，区域单元总数为 31 488 个，在集中破坏区域正在屈服单元数为 403 个、已经屈服单元数为 494 个、拉伸破坏单元数为 527 个。在开挖后的模型塑性区截取：横坐标−14.0 ~ 6.0 m、纵坐标−15.0 ~ 5.0 m，如图 4.77 所示。

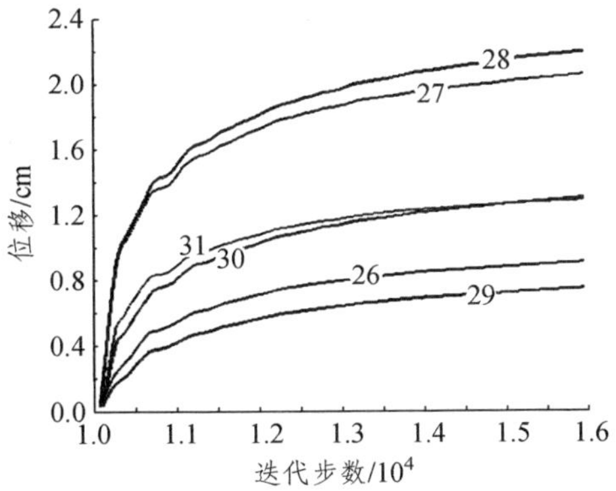

图 4.75　掌子面前监测点 X 方向位移曲线图

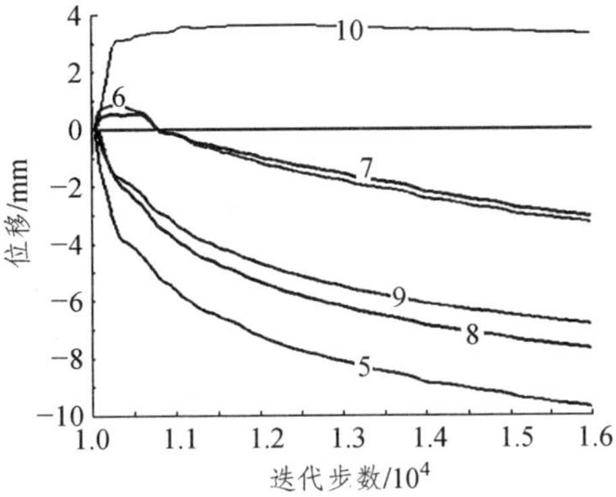

图 4.76　掌子面监测点 Y 方向位移曲线图

在开挖进入破碎带 6 m 处支护前，各监测点均监测出不同大小的位移，在进行破坏范围的分析时，可见在开挖进入破碎带 6 m 处支护前，破坏范围主要集中在掌子面、第一级台阶拱顶位置处，3 级台阶均有不同程度的破坏，破坏范围图如图 4.78 所示。

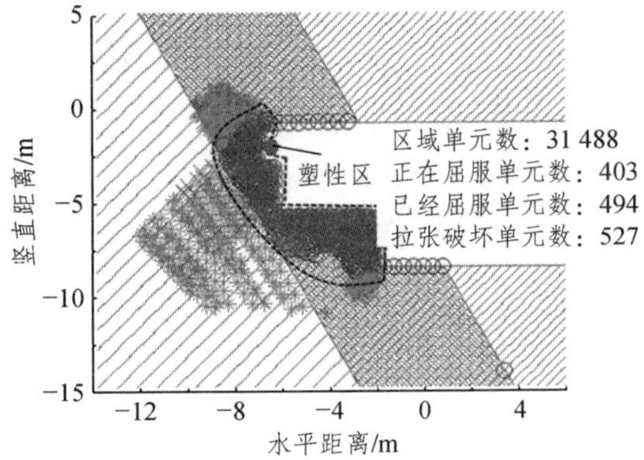

图 4.77　塑性区图

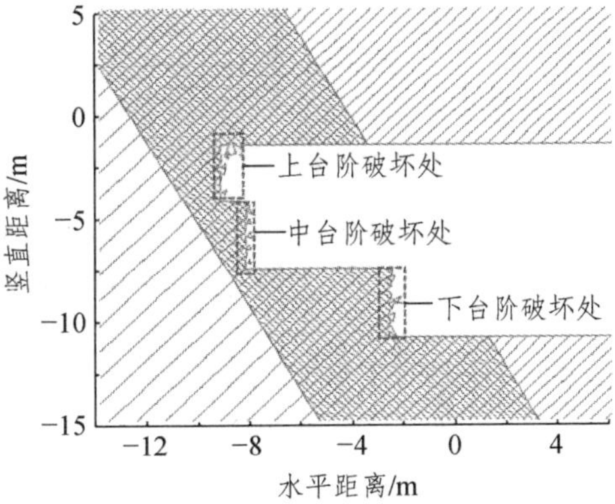

图 4.78　破坏范围图

4.2.6　开挖进入破碎带 6 m 处支护后工况分析

视工程进度到开挖进入破碎带 6 m 位置支护后状态为第六个工况，在建立原始块体模型情况下，执行相应的开挖、支护命令。其本构模型、边界应力及原始应力除支护条件以外与工况五相同。其开挖模型图与工况五相同，如图 4.63 所示。

由最大不平衡力图可证明开挖进入破碎带 6 m 处支护后模型足够平衡。开挖进入破碎带 6 m 处支护后情况下模型最大不平衡力图如图 4.79 所示。

1. 开挖进入破碎带 6 m 处支护后工况应力分析

开挖进入破碎带 6 m 处支护后的工况，对于 X 方向的应力分析，云图呈分层状态，最大应力量级是兆帕级，分层应力从上到下是呈递增状态从 0.82 MPa 至 1.97 MPa，其中在洞口部分有应力集中的情况存在，在洞口部分 X 方向的应力最大为 2.43 MPa。在平衡 6 000 步后，X 方向应力云图如图 4.80 所示。

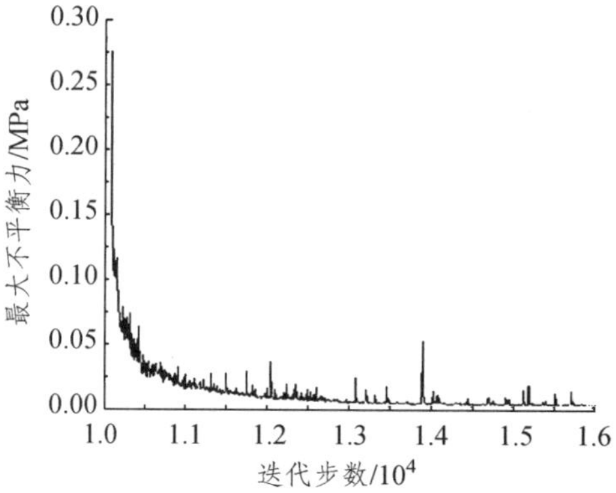

图 4.79　最大不平衡力图

对于 Y 方向的应力分析，云图大约呈分层状态，最大应力量级是兆帕级，分层应力从上到下是呈递减状态从 0.71 MPa 至 2.31 MPa，其中在洞口部分有应力集中的情况存在，在洞口部分 Y 方向的应力最大为 4.31 MPa。在平衡 6 000 步后，Y 方向应力云图如图 4.81 所示。

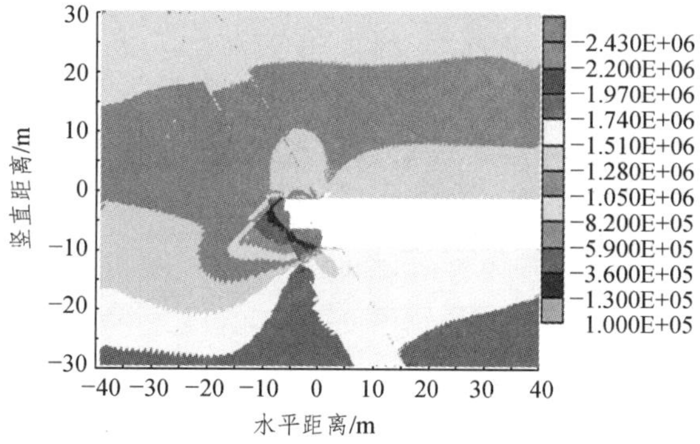

图 4.80　X 方向应力云图

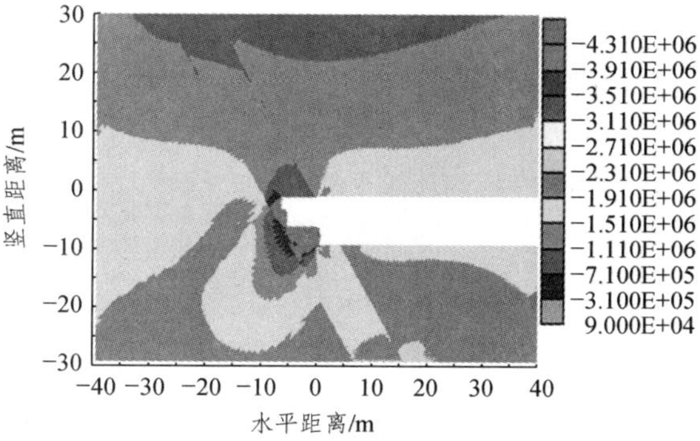

图 4.81　Y 方向应力云图

2. 开挖进入破碎带 6 m 处支护后工况位移分析

对于工况的位移分析，首先要从云图上面看其宏观的变化，对于工况 X 方向位移分析，其位移主要集中在掌子面位置，且其位移方向均为正方向，在开挖平衡 6 000 步时，位移最大值约为 40.0 cm，位移最大位置主要在掌子面。其范围更大的位移为 4.0 ~ 9.0 cm。开挖进入破碎带 6 m 处支护后 X 方向的位移云图截取：横坐标-14.0 ~ 6.0 m、纵坐标-15.0 ~ 5.0 m，如图 4.82 所示。

根据工程实际可知 Y 方向的位移应集中在洞口在第二阶台阶部分。由数值模拟结果可知，在开挖进入破碎带 6 m 处加入支护时，对于 Y 方向，在掌子面以上的隧道顶部位置处有向下的位移，在开挖平衡 6 000 步时，其最大的位移约为 40.0 cm；在台阶处有向上的位移，在开挖平衡 6 000 步时，其最大的位移在边界局部约为 6.0 cm。其 Y 方向的位移云图截取：横坐标-14.0 ~ 6.0 m、纵坐标-15.0 ~ 5.0 m，如图 4.83 所示。

从设置检测点角度，对特定位置点的位移进行分析时，分别对竖直方向（Y 方向）、水平方向（X 方向）进行分析。共设置 3 组监测点，分别为掌子面处设 8 个监测点、拱顶设 7 个监测点、在距掌子面 1 m 处和 2 m 处各设 3 个监测点。分别对掌子面位置 8 个监测点的 X、Y 方向进行位移监测，对拱顶位置 7 个监测点进行 Y 方向位移监测，对距掌子面 1 m 处及 2 m 处的共 6 个监测点进行 X、Y 方向位移监测。

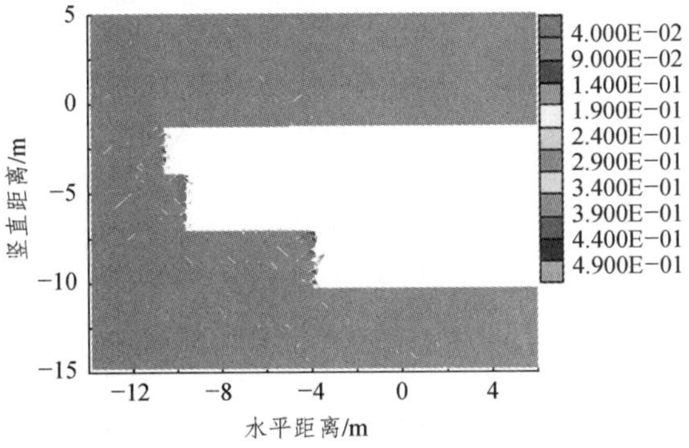

图 4.82　X 方向应力云图

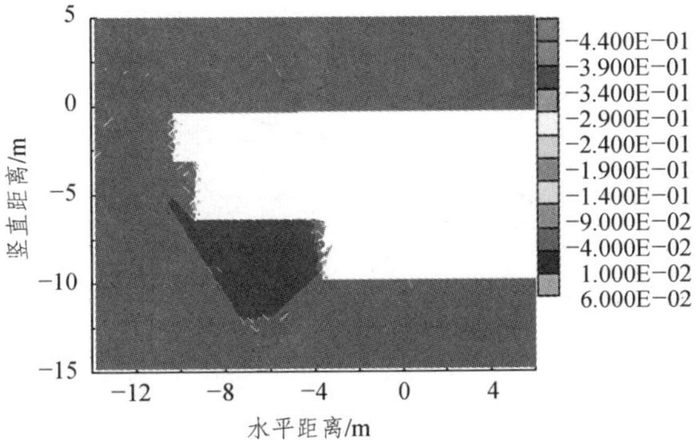

图 4.83　Y 方向位移云图

在对掌子面位置处位移进行监测分析时，首先要合理分布其监测点。掌子面处的监测点分布如图 4.84 所示。

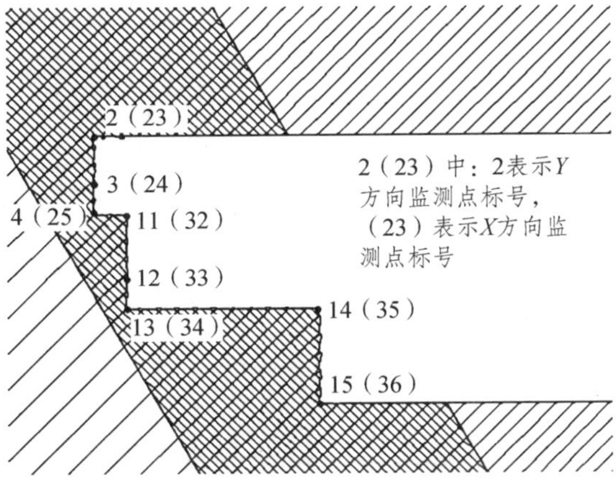

图 4.84　掌子面监测点分布图

掌子面处监测点 X 方向的位移，其中：24 号、33 号点在掌子面中间位移最大，在迭代 6 000 步时有 20.0～25.0 cm 的位移；其余各点位移大小较为集中，在迭代 2 000 步后，均仅存在 10.0 cm 以下的位移。其掌子面监测点 X 方向的位移曲线图如图 4.85 所示。

掌子面处监测点 Y 方向的位移，其中：13 号点在掌子面的位移为正（代表各点的位移方向向上），2 号、3 号、4 号、12 号点的位移均为负（代表各点的位移方向向下），4 号、11 号点在迭代过程中由向上位移转变为向下的位移，15 号点无明显位移。在迭代 2 000 步时，向上的最大位移约为 1.0 cm，向下的最大位移约为 12.0 cm。其掌子面监测点 Y 方向的位移曲线图如图 4.86 所示。

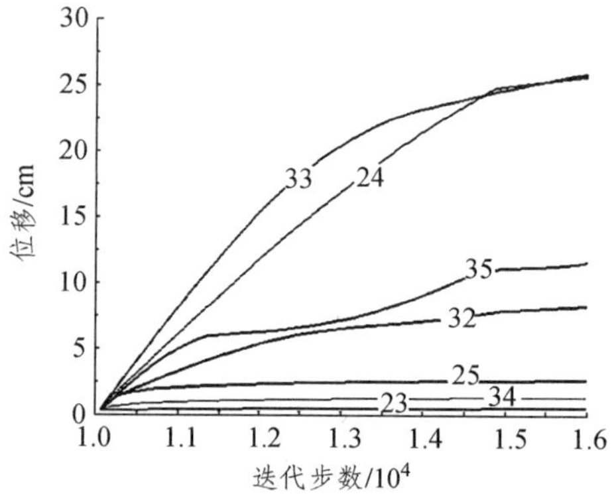

图 4.85　掌子面监测点 *X* 方向位移曲线图

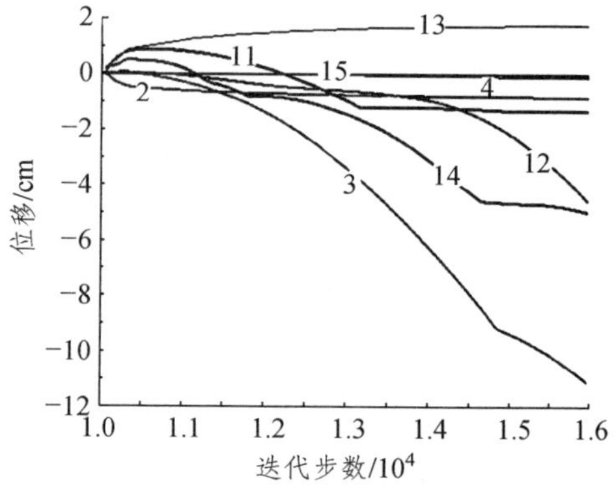

图 4.86　掌子面监测点 *Y* 方向位移曲线图

对于拱顶处的位移竖直方向的分析，对于拱顶竖直方向位移而言，离掌子面越近其向下的位移越大，其最大的位移在掌子面拱顶处，在迭代 6 000 步的情况下，最大约为 9.0 cm。拱顶处监测点的分布图、*Y* 方向位移曲线图如图 4.87 和图 4.88 所示。

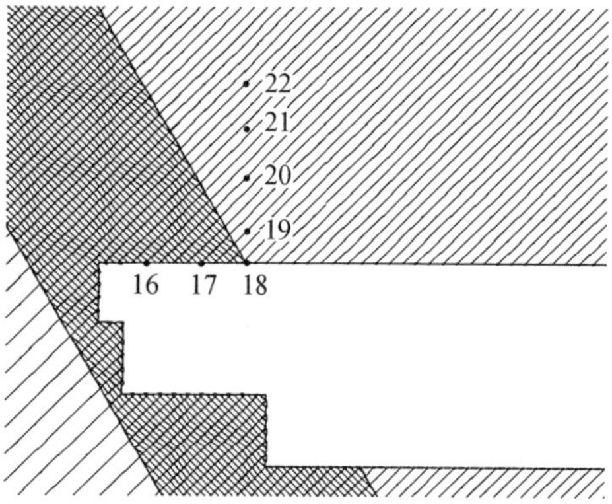

图 4.87　拱顶监测点分布图

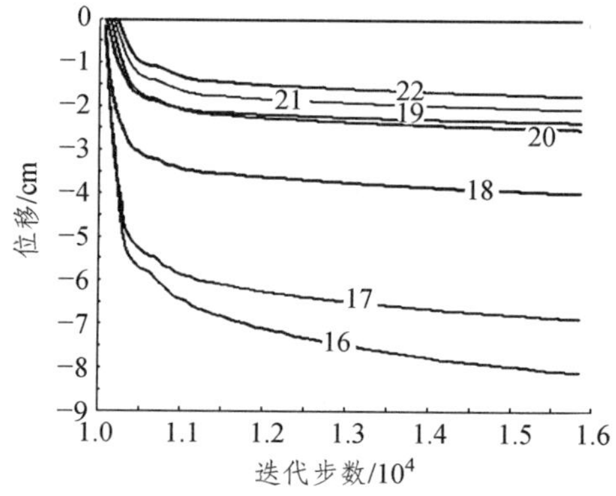

图 4.88　拱顶监测点 *Y* 方向位移曲线图

在距掌子面 1 m、2 m 处分别设置 3 个监测点，共 6 个监测点。其监测点分布图如图 4.89 所示。

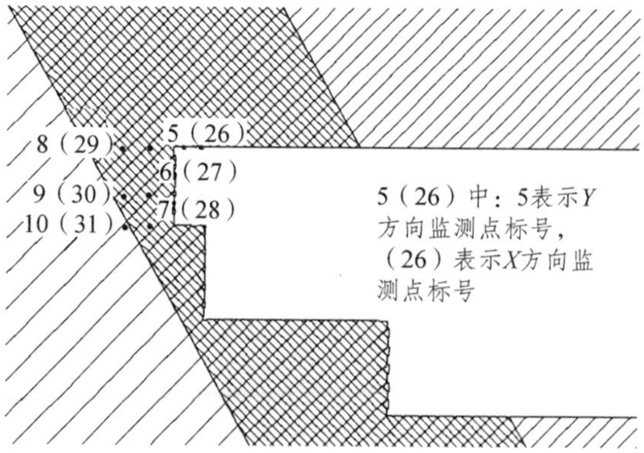

图 4.89　掌子面前监测点分布图

在距离掌子面 1 m、2 m 的 6 个监测点中，对于 X 方向的位移分析，其位移最大的是 27 号、28 号点，迭代 6 000 步后最大位移约为 2.1 cm。其余各点的位移均分布于 1.2 cm 以下。在距掌子面 1 m 和 2 m 处监测点 X 方向的位移曲线图如图 4.90 所示。

在距离掌子面 1 m、2 m 分别设立的 3 个监测点中，对于 Y 方向的位移分析，10 号点的位移方向为正（即代表各点位移向上），5 号、8 号、9 号点的位移方向为负（即代表各点位移向下），在迭代过程中 6 号、7 号点由向上的位移转变为向下的位移。对于向下位移的点，在迭代 6 000 步之后，最大位移点为 5 号点，最大位移为 8.0 ~ 10.0 cm；对于向上位移的点，最大位移为 3.0 ~ 4.0 cm。在距掌子面 1 m 和 2 m 处监测点 Y 方向的位移曲线图如图 4.91 所示。

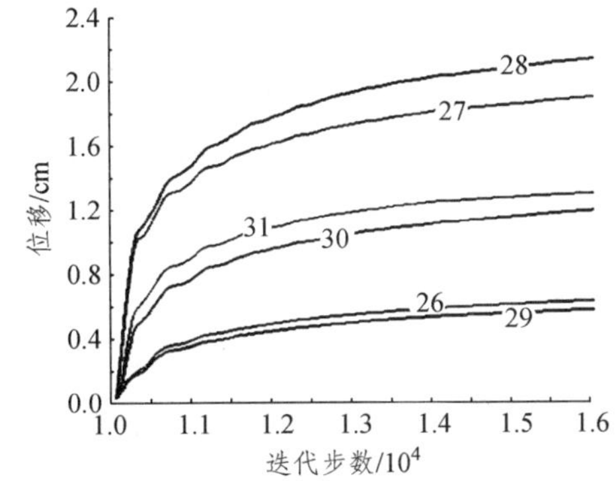

图 4.90　掌子面前监测点 X 方向位移曲线图

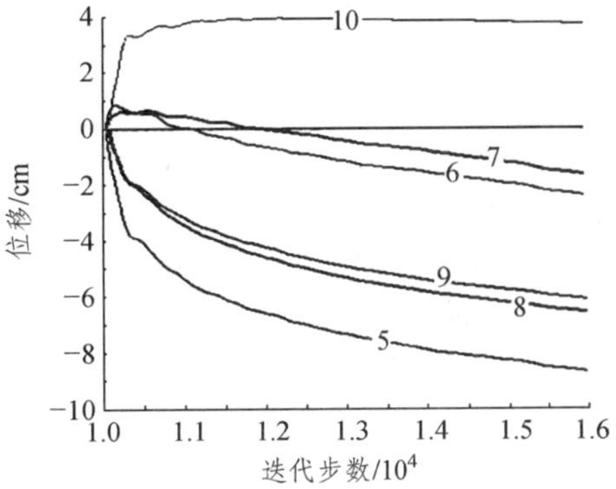

图 4.91　掌子面监测点 Y 方向位移曲线图

3. 挖进入破碎带 6 m 处支护后工况塑性区、破坏范围分析

开挖之后的部分会出现正在屈服、已经屈服、拉伸破坏 3 种破坏状态，其集中破坏部分主要集中在第二级台阶、第三级台阶部分。在第六工况情况下，即开挖进入破碎带 6 m 后，对第三级台阶（1 m）部分进行支护，区域单元总数为 31 488 个，在集中破坏区域正在屈服单元数为 322 个、已经屈服单元数为 485 个、拉伸破坏单元数为 514 个。在开挖后的模型塑性区截取：横坐标-14.0 ~ 6.0 m、纵坐标-15.0 ~ 5.0 m，如图 4.92 所示。

在开挖进入破碎带 6 m 处支护后，各监测点均监测出不同大小的位移，在进行破坏范围的分析时，可见在开挖进入破碎带 6 m 处支护后，破坏范围主要集中在掌子面位置处，3 级台阶均有不同程度的破坏，破坏范围图如图 4.93 所示。

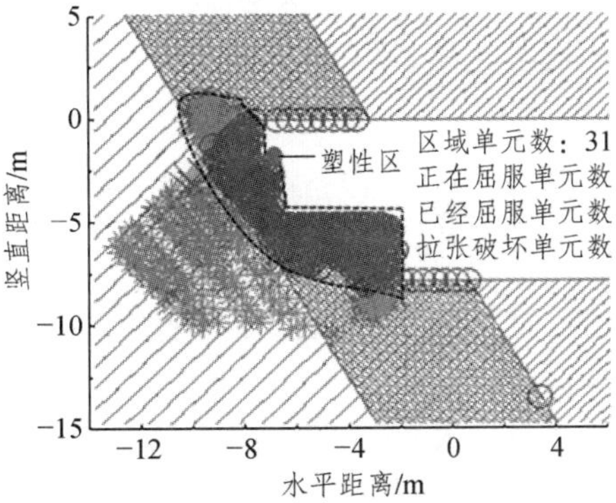

图 4.92　塑性区图

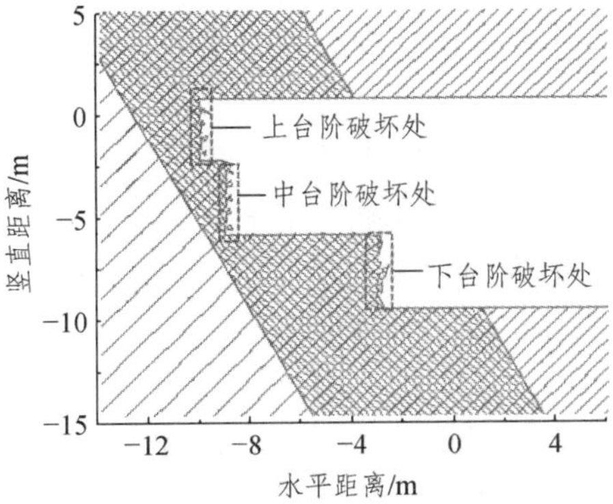

图 4.93　破坏范围图

4.2.7 开挖进入破碎带 8 m 处支护前工况分析

视工程进度到开挖进入破碎带 8 m 位置处支护前状态为第七个工况，在建立原始块体模型情况下，执行相应的开挖命令。为模拟破碎带在实际工程隧道段中的情况，在建立模型时，将模型分为 5 个部分，在离开挖最远的部分，节理设为角度 45°、间距 0.8 m，其余除破碎带以外的部分，节理为角度 45°、间距为 0.4 m，破碎带部分由正向 45°、间距 0.4 m，反向 45°、间距 0.2 m 节理切割构成。为模拟实际埋深，在原始模型的上边界施加竖直向下的大小为 6 MPa 的边界应力，模型 4 个边界 *X*、*Y* 方向位移均锁定，令其 *X*、*Y* 方向位移均为 0。初始水平应力 *X* 方向施加 1.8 MPa，竖向应力 *Y* 方向施加 2 MPa，在平面之外 *Z* 方向施加应力 1.8 MPa。对于梯度应力：*Y* 方向梯度应力 10 kPa，*Z* 方向梯度应力 12 kPa。

在建立原始模型之后，本模型采用初始平衡迭代 10 000 步，使原始模型足够平衡。在平衡之后基础上，采用 3 级台阶一次性开挖后，掘进破碎带 8 m 内，一级台阶长度 42 m，二级台阶长度 6 m，三级台阶长度 1 m。对于三段开挖，在开挖第一段之后，对其进行支护，为模拟实际情况且由于第一段开挖段长度较长，故用位移锁定命令“bound xvel=0.0 yvel=0 range x1 x2 y1 y2”对其进行支护；在开挖第二段之后，因第二段长度较第一段短，长度为 6 m，故采用反力命令进行支护，反力大小为 0.8 MPa；在开挖第三段后，本工况不考虑对第三段开挖部分进行支护。在开挖后用 UDEC 软件对开挖后的部分，迭代 6 000 步，分别从塑性区、应力及位移几个方面进行分析。其开挖模型图如图 4.94 所示。

通过观察最大不平衡力图可证明模型相对平衡。开挖进入破碎带 8 m 处支护前情况下模型最大不平衡力图如图 4.95 所示。

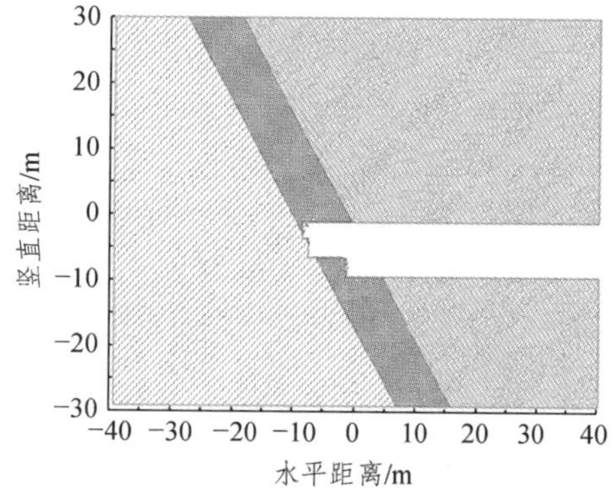

图 4.94 开挖模型图

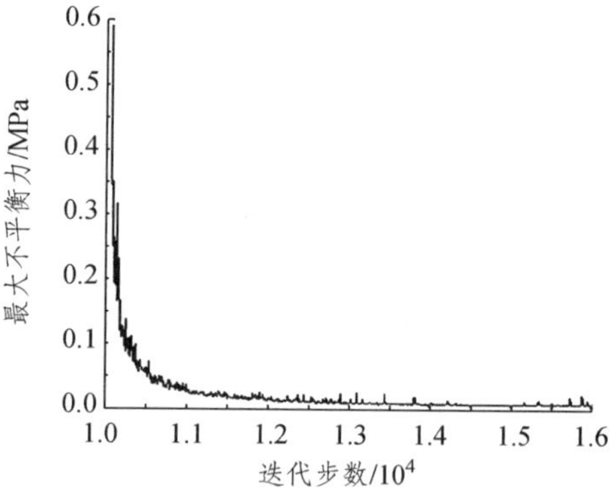

图 4.95 最大不平衡力图

1. 开挖进入破碎带 8 m 处支护前工况应力分析

对于开挖进入破碎带 8 m 处支护前工况，首先进行各方向应力分析。对于 *X* 方向的应力分析，云图呈分层状态，最大应力量级是兆帕级，分层应力从上到下是呈递增状态从 0.63 MPa 至 1.78 MPa，其中在洞口部分有应力集中的情况存在，在洞口部分 *X* 方向的应力最大为 2.47 MPa。在平衡 6 000 步后，*X* 方向应力云图如图 4.96 所示。

对于 *Y* 方向的应力分析，云图大约呈分层状态，最大应力量级是兆帕级，分层应力从上到下是呈递减状态从 0.70 MPa 至 2.18 MPa，其中在洞口部分有应力集中的情况存在，在洞口部分 *X* 方向的应力最大为 4.03 MPa。在平衡 6 000 步后，*Y* 方向应力云图如图 4.97 所示。

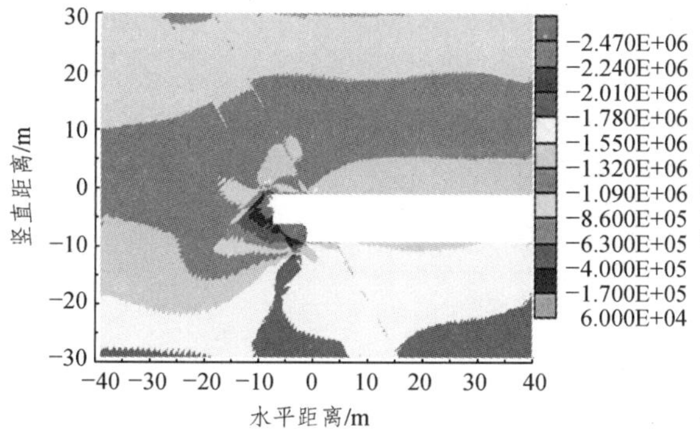

图 4.96 *X* 方向应力云图

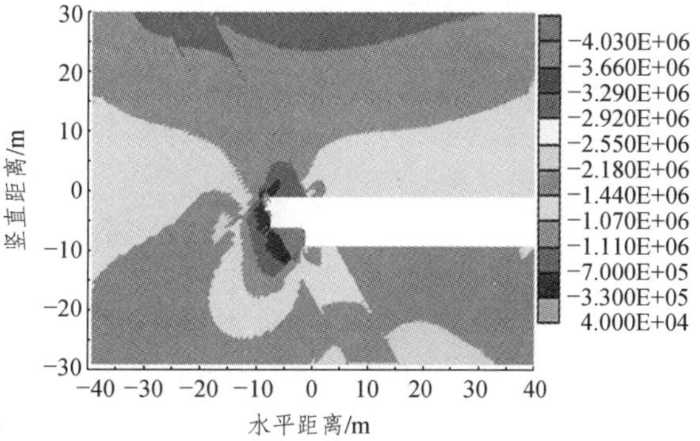

图 4.97 *Y* 方向应力云图

2. 开挖进入破碎带 8 m 处支护前工况位移分析

对于工况的位移分析，首先要从云图上面看其宏观的变化，对于工况 *X* 方向位移分析，其位移主要集中在掌子面位置，且其位移方向均为正方向，在开挖平衡 6 000 步时，位移最大值约为 40.0 cm，位移最大位置主要在掌子面。其范围更大的位移为 1.0 ~ 5.0 cm。开挖进入破碎带 8 m 处未支护时 *X* 方向的位移云图截取：横坐标为−16.0 ~ 4.0 m、纵坐标为−15.0 ~ 5.0 m，如图 4.98 所示。

根据工程实际可知 *Y* 方向的位移应集中在洞口第二阶台阶部分。由 UDEC 数值模拟结果可知，在开挖进入破碎带 8 m 处未支护时，对于 *Y* 方向，在掌子面以上的隧道顶部位置处有向下的位移，在迭代 6 000 步时，其最大的位移约为 70.0 cm，其大范围的位移约为 3.0 cm；在台阶处有向上的位移，在迭代 6 000 步时，其最大的位移在边界局部约为 13.0 cm，其大范围的位移为 0.0 ~ 5.0 cm。其 *Y* 方向的位移云图截取：横坐标为−16.0 ~ 4.0 m、纵坐标−15.0 ~ 5.0 m，如图 4.99 所示。

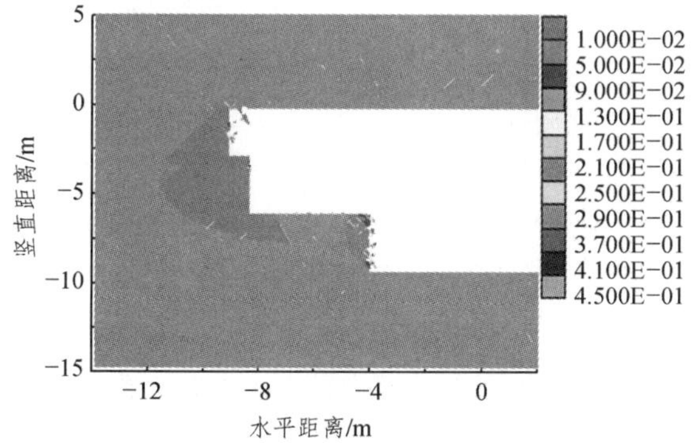

图 4.98 *X* 方向位移云图

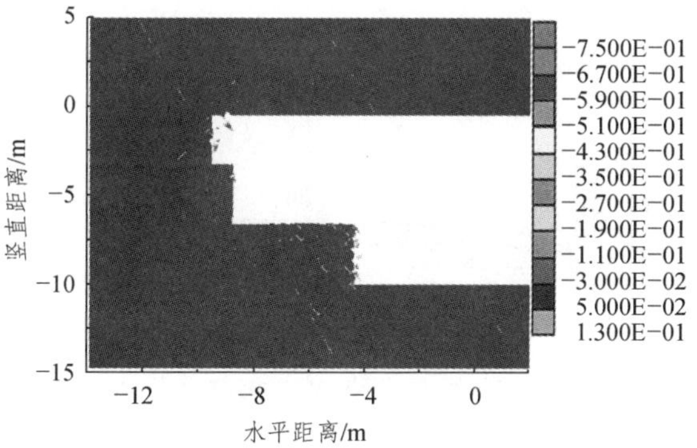

图 4.99 *Y* 方向位移云图

从设置检测点角度，对特定位置点的位移进行分析时，分别对竖直方向（*Y* 方向）、水平方向（*X* 方向）进行分析。共设置 3 组监测点，分别为掌子面处设 8 个监测点、拱顶设 7 个监测点、在距掌子面 1 m 处和 2 m 处各设 3 个监测点。分别对掌子面位置 8 个监测点的 *X*、*Y* 方向进行位移监测，对拱顶位置 7 个监测点进行 *Y* 方向位移监测，对距掌子面 1 m 处及 2 m 处的共 6 个监测点进行 *X*、*Y* 方向位移监测。

在对掌子面位置处位移进行监测分析时，首先要合理分布其监测点。掌子面处的监测点分布如图 4.100 所示。

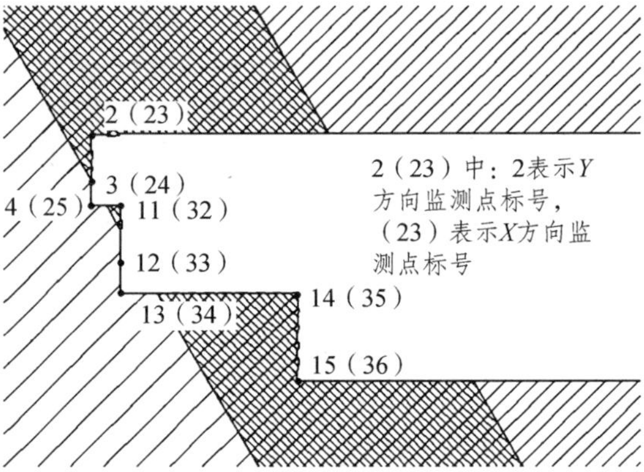

图 4.100　掌子面监测点分布图

掌子面处监测点 X 方向的位移，其中：24 号、35 号点在掌子面中间位移最大，在迭代 6 000 步时有约 15.0 cm 的位移；其余各点位移大小较为集中，在迭代 6 000 步后，均仅存在约 2.0 cm 的位移。其掌子面监测点 X 方向的位移曲线图如图 4.101 所示。

掌子面处监测点 Y 方向的位移，其中：4 号、11 号、12 号点在掌子面的位移为正（代表各点的位移方向向上），2 号、3 号、13 号、14 号点的位移均为负（代表各点的位移方向向下），15 号点无明显位移。在迭代 6 000 步时，向上的最大位移为 3.5 ~ 4.0 cm，向下的最大位移约为 35.0 cm。其掌子面监测点 Y 方向的位移曲线图如图 4.102 所示。

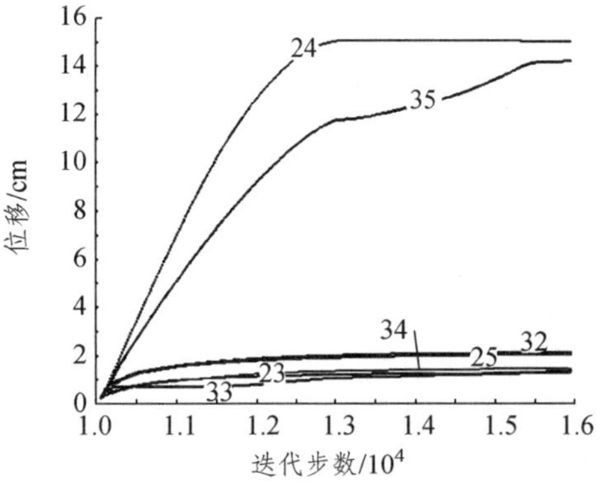

图 4.101　掌子面监测点 X 方向位移曲线图

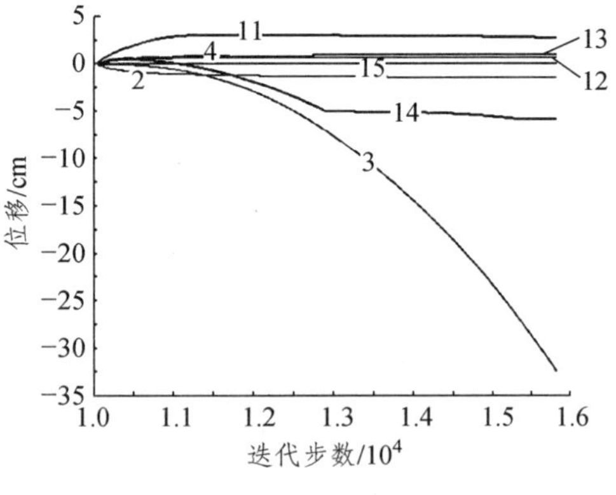

图 4.102　掌子面监测点 Y 方向位移曲线图

对于拱顶处的位移竖直方向的分析，对于拱顶竖直方向位移而言，离掌子面越近其向下的位移越大，其最大的位移在掌子面拱顶处，在迭代 6 000 步的情况下，最大约为 10.0 mm。拱顶处监测点的分布图、Y 方向位移曲线图如图 4.103 和图 4.104 所示。

在距掌子面 1 m、2 m 处分别设置 3 个监测点，共 6 个监测点。其监测点分布图如图 4.105 所示。

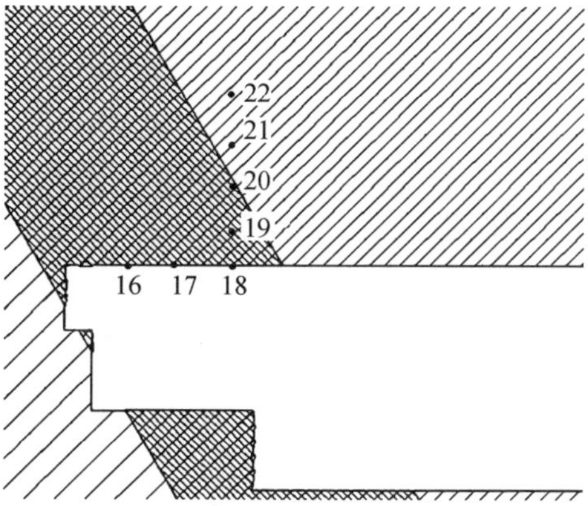

图 4.103　拱顶监测点分布图

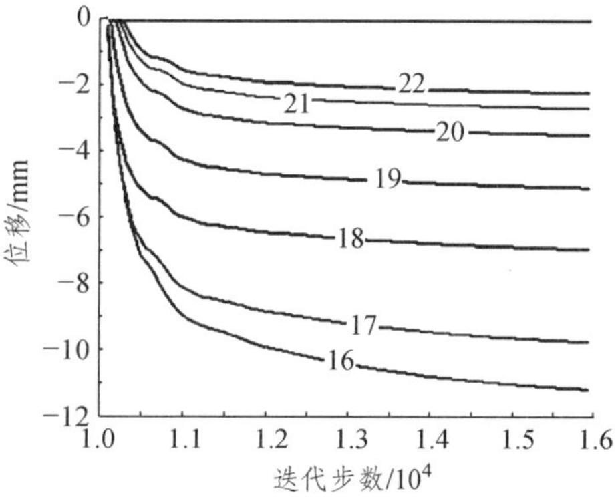

图 4.104　拱顶监测点 Y 方向位移曲线图

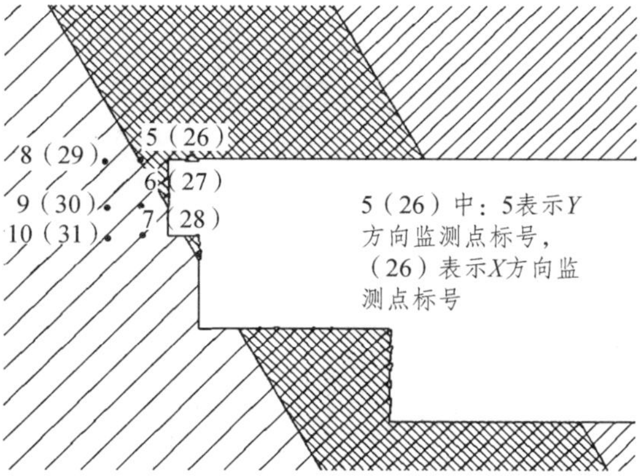

图 4.105　掌子面前监测点分布图

在距离掌子面 1 m、2 m 的 6 个监测点中，对于 X 方向的位移分析，其位移最大的是 28 号点，迭代 6 000 步后最大位移为 1.6 ~ 1.8 cm。其余各点的位移均分布于 1.2 cm 以下。在距掌子面 1 m 和 2 m 处监测点 X 方向的位移曲线图如图 4.106 所示。

在距离掌子面 1 m、2 m 分别设立的 3 个监测点中，对于 Y 方向的位移分析，6 号、7 号、9 号、10 号点的位移方向为正（即代表各点位移向上），5 号、8 号点的位移方向为负（即代表各点位移向下）。对于向下位移的点，在迭代 6 000 步之后，最大位移点为 8 号点，最大位移为 4.0 ~ 6.0 cm；对于向上位移的点，最大位移为 4.0 ~ 6.0 cm。在距掌子面 1 m 和 2 m 处监测点 Y 方向的位移曲线图如图 4.107 所示。

3. 开挖进入破碎带 8 m 处支护前工况塑性区、破坏范围分析

开挖之后的部分会出现正在屈服、已经屈服、拉伸破坏 3 种破坏状态，其破坏部分主要集中在第二级台阶、第三级台阶。在第七工况情况下，即开挖进入破碎带 8 m 后，第三级台阶（1 m）部分不支护，区域单元总数为 30 857 个，在集中破坏区域正在屈服单元数为 180 个、已经屈服单元数为 386 个、拉伸破坏单元数为 337 个。在开挖后的模型塑性区截取：横坐标-16.0 ~ 4.0 m、纵坐标-15.0 ~ 5.0 m，如图 4.108 所示。

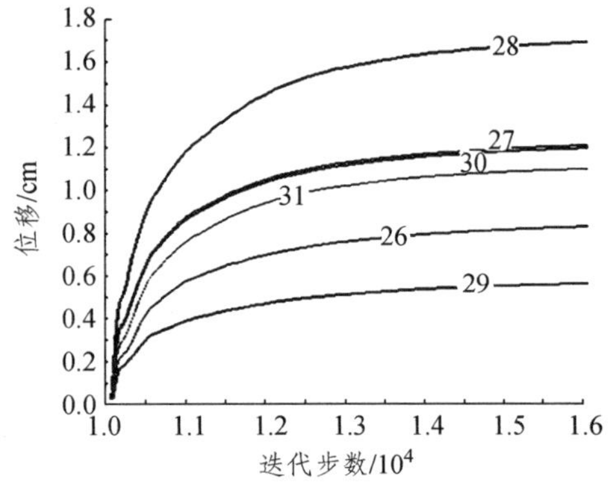

图 4.106　掌子面前监测点 X 方向位移曲线图

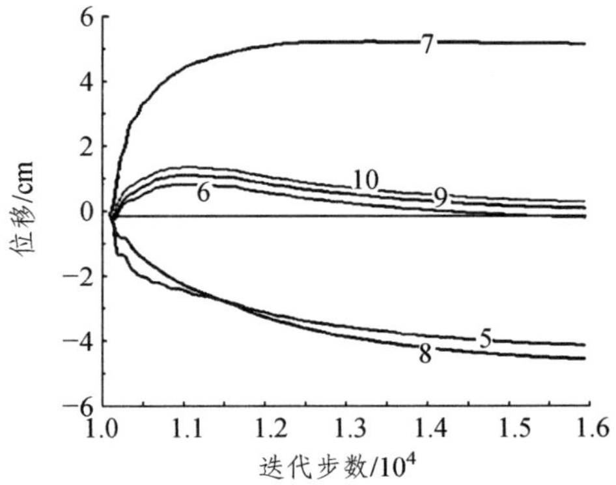

图 4.107　掌子面前监测点 Y 方向位移曲线图

在开挖进入破碎带 8 m 处支护前，各监测点均监测出不同大小的位移，在进行破坏范围的分析时，可见在开挖进入破碎带 8 m 处支护前，破坏范围主要集中在掌子面、第一级台阶拱顶位置处，3 级台阶均有不同程度的破坏，破坏范围如图 4.109 所示。

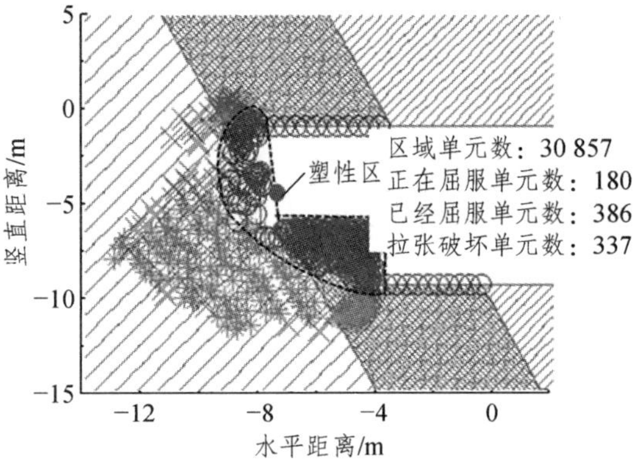

图 4.108　塑性区图

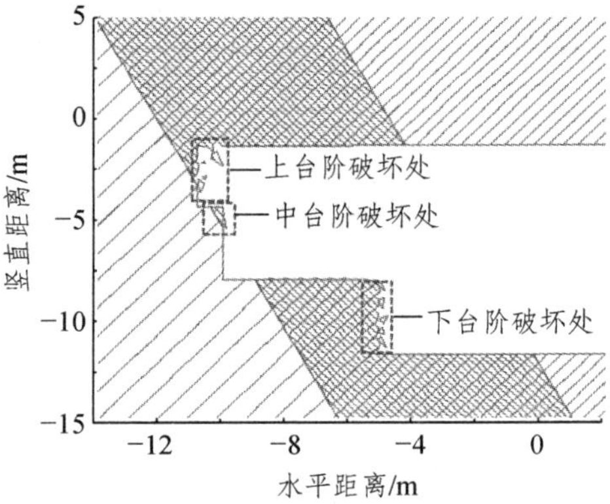

图 4.109　破坏范围图

4.2.8　开挖进入破碎带 8 m 处支护后工况分析

视工程进度到开挖进入破碎带 8 m 位置支护后状态为第八个工况，在建立原始块体模型情况下，执行相应的开挖、支护命令。其本构模型、边界应力及原始应力除支护条件以外与工况七相同。其开挖模型图与工况七相同，如图 4.93 所示。

由最大不平衡力图可证明开挖进入破碎带 8 m 处支护后模型足够平衡。开挖进入破碎带 8 m 支护后情况下模型最大不平衡力图，如图 4.110 所示。

1. 开挖进入破碎带 8 m 处支护后工况应力分析

开挖进入破碎带 8 m 处的加入支护后的工况，对于 X 方向的应力分析，云图呈分层状态，最大应力量级是兆帕级，分层应力从上到下是呈递增状态从 0.65 MPa 至 1.75 MPa，其中在洞口部分有应力集中的情况存在，在洞口部分 X 方向的应力最大为 2.41 MPa。在平衡 6 000 步后，X 方向应力云图如图 4.111 所示。

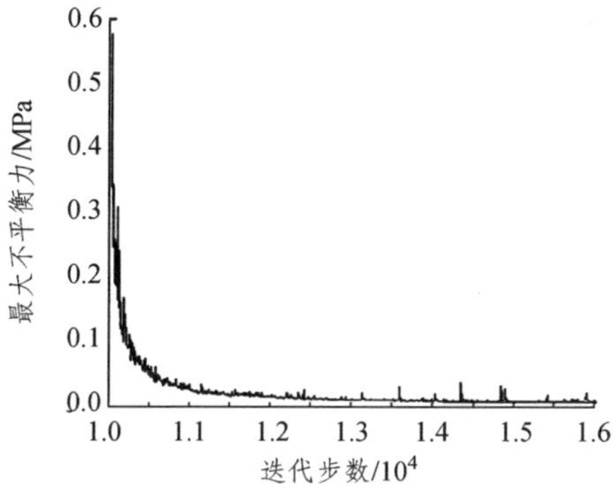

图 4.110　进入破碎带 8 m 加入支护工况最大不平衡力图

对于 Y 方向的应力分析，云图大约呈分层状态，最大应力量级是兆帕级，分层应力从上到下是呈递减状态从 1.10 MPa 至 2.55 MPa，其中在洞口部分有应力集中的情况存在，在洞口部分 Y 方向的应力最大为 4.03 MPa。在平衡 6 000 步后，Y 方向应力云图如图 4.112 所示。

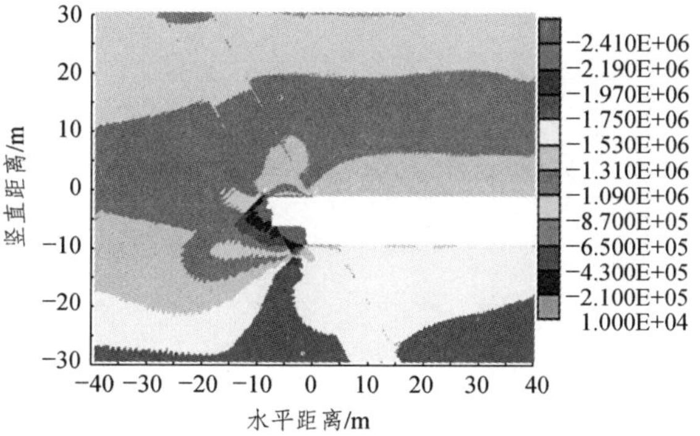

图 4.111　X 方向应力云图

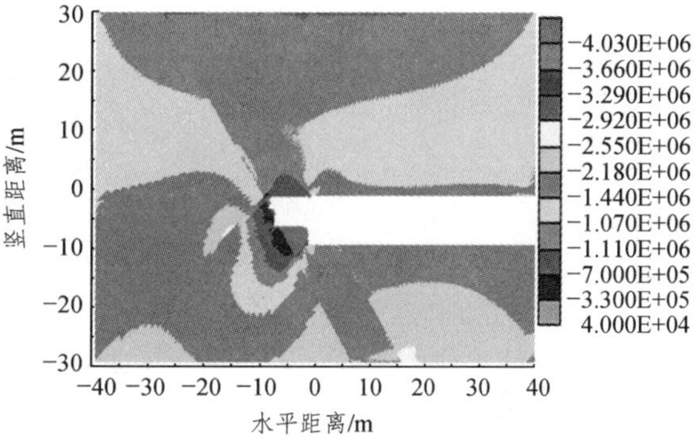

图 4.112　Y 方向应力云图

2. 开挖进入破碎带 8 m 处支护后工况位移分析

对于工况的位移分析，首先要从云图上面看其宏观的变化，对于工况 X 方向位移分析，其位移主要集中在掌子面位置，且其位移方向均为正方向，在开挖平衡 6 000 步时，位移局部最大值约为 40.0 cm，位移最大位置主要在掌子面。其范围更大的位移为 3.0 ~ 7.0 cm。开挖进入破碎带 8 m 处加入支护后 X 方向的位移云图截取：横坐标−16.0 ~ 4.0 m、纵坐标−15.0 ~ 5.0 m，如图 4.113 所示。

根据工程实际可知 Y 方向的位移应集中在洞口第二阶台阶部分。由数值模拟结果可知，在开挖进入破碎带 8 m 处加入支护时，对于 Y 方向，在掌子面以上的隧道顶部位置处有向下的位移，在开挖平衡 6 000 步时，其最大的位移约为 32.0 cm；在台阶处有向上的位移，在开挖平衡 6 000 步时，其最大的位移在边界局部约为 8.0 cm，其大范围的位移为 0.0 ~ 4.0 cm。其 Y 方向的位移云图截取：横坐标−16.0 ~ 4.0 m、纵坐标−15.0 ~ 5.0 m，如图 4.114 所示。

从设置检测点角度，对特定位置点的位移进行分析时，分别对竖直方向（Y 方向）、水平方向（X 方向）进行分析。共设置 3 组监测点，分别为掌子面处设 8 个监测点、拱顶设 7 个监测点、在距掌子面 1 m 处和 2 m 处各设 3 个监测点。分别对掌子面位置 8 个监测点的 X、Y 方向进行位移监测，对拱顶位置 7 个监测点进行 Y 方向位移监测，对距掌子面 1 m 处及 2 m 处的共 6 个监测点进行 X、Y 方向位移监测。

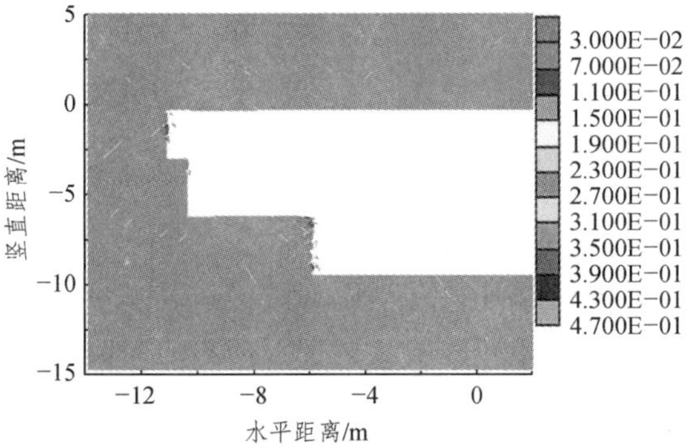

图 4.113　X 方向应力云图

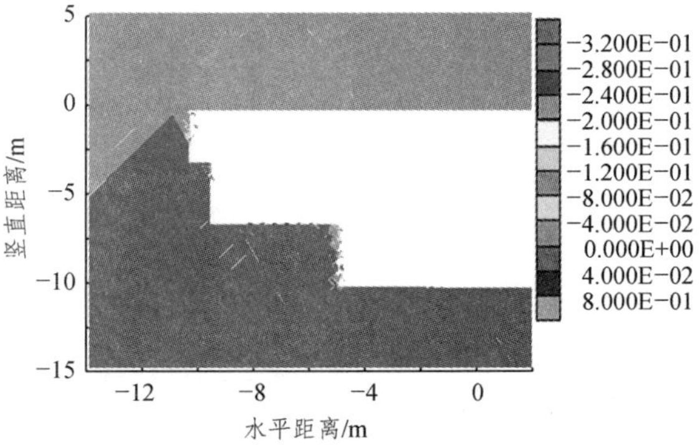

图 4.114　Y 方向位移云图

在对掌子面位置处位移进行监测分析时，首先要合理分布其监测点。掌子面处的监测点分布如图 4.115 所示。

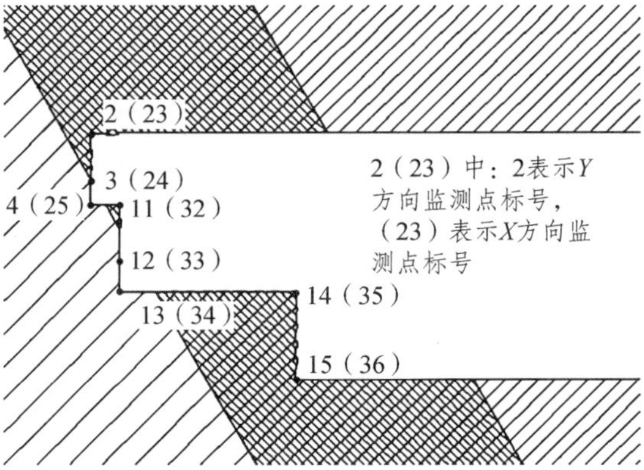

图 4.115　掌子面监测点分布图

掌子面处监测点 X 方向的位移，其中：24 号、35 号点位移最大，在迭代 6 000 步时有 14.0 cm 的位移；其余各点的位移约在 4.0 cm 以下。其掌子面监测点 X 方向的位移曲线图如图 4.116 所示。

掌子面处监测点 Y 方向的位移，其中：4 号、11 号、12 号、13 号点在掌子面的位移为正（代表各点的位移方向向上），2 号、3 号点的位移均为负（代表各点的位移方向向下），14 号点在迭代过程中位移由向上的位移变为向下的位移，15 号点无明显位移。在迭代 6 000 步时，向上的最大位移约为 3.0 cm，向下的最大位移约为 15.0 cm。其掌子面监测点 Y 方向的位移曲线图如图 4.117 所示。

对于拱顶处的位移竖直方向的分析，对于拱顶竖直方向位移而言，离掌子面越近其向下的位移越大，其最大的位移在掌子面拱顶处，在迭代 6 000 步的情况下，最大为 7.0 ~ 9.0 mm。拱顶处监测点的分布图、Y 方向位移曲线图如图 4.118 和图 4.119 所示。

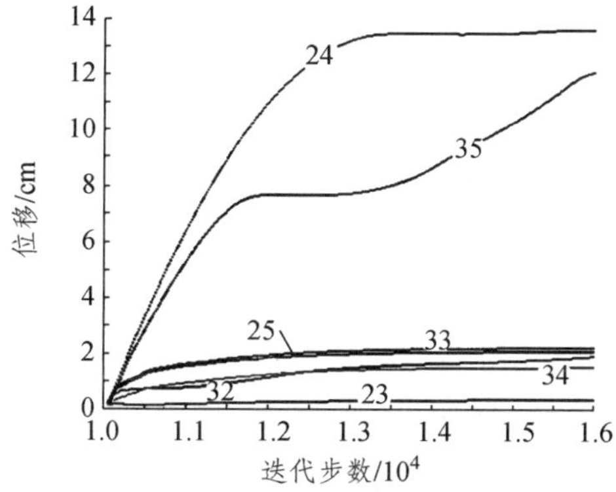

图 4.116　掌子面监测点 X 方向位移曲线图

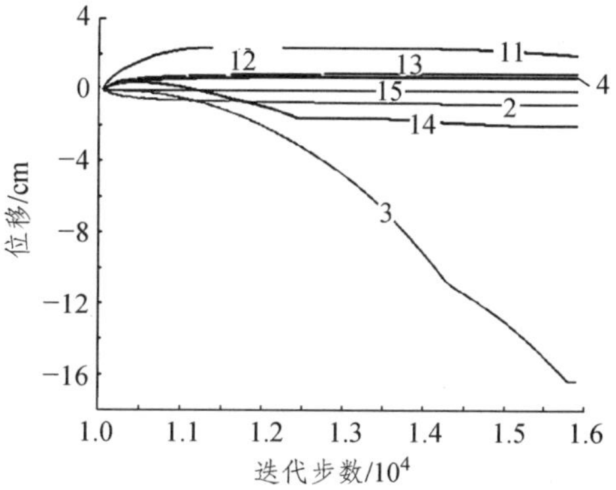

图 4.117　掌子面监测点 Y 方向位移曲线图

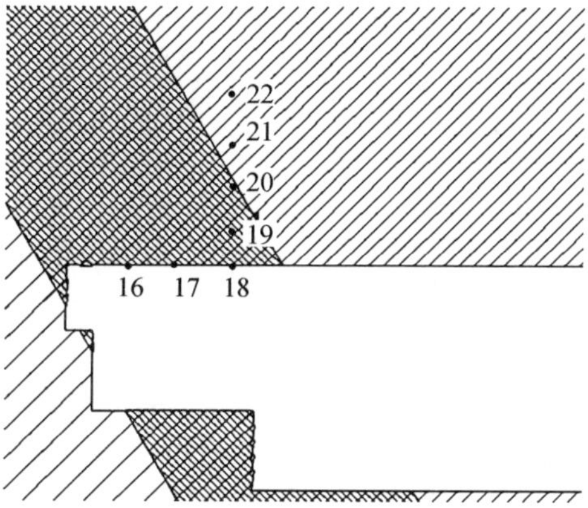

图 4.118　拱顶监测点分布图

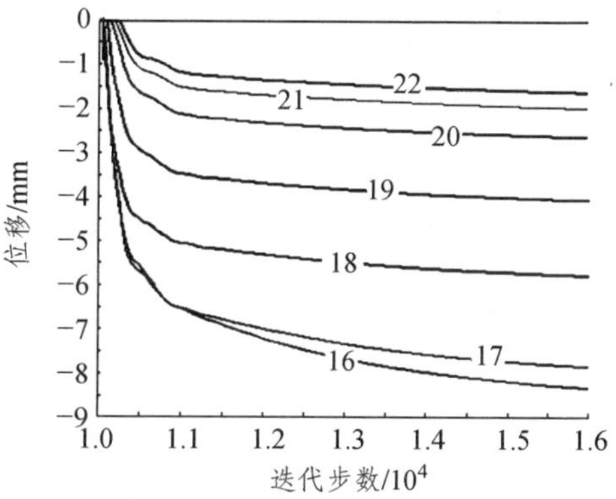

图 4.119　拱顶监测点 Y 方向位移曲线图

在距掌子面 1 m、2 m 处分别设置 3 个监测点，共 6 个监测点。其监测点分布图如图 4.120 所示。

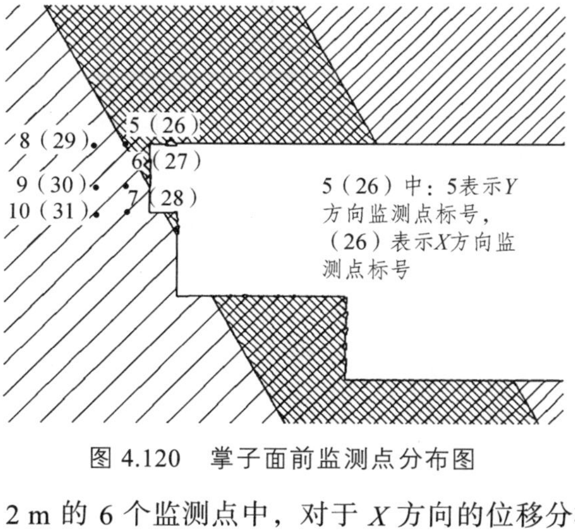

图 4.120　掌子面前监测点分布图

在距离掌子面 1 m、2 m 的 6 个监测点中，对于 X 方向的位移分析，其位移最大的是 28 号点，迭代 6 000 步后最大位移约为 1.5 cm。其余各点的位移均分布于 1.2 cm 以下。在距掌子面 1 m 和 2 m 处监测点 *X* 方向的位移曲线图如图 4.121 所示。

在距离掌子面 1 m、2 m 分别设立的 3 个监测点中，对于 *Y* 方向的位移分析，6 号、7 号、9 号、10 号点的位移方向为正（即代表各点位移向上），5 号、8 号点的位移方向为负（即代表各点位移向下）。对于向下位移的点，在迭代 6 000 步之后，最大位移点为 5 号点，最大位移为 4.0 ~ 6.0 cm；对于向上位移的点，最大位移为 6.0 ~ 8.0 cm。在距掌子面 1 m 和 2 m 处监测点 *Y* 方向的位移曲线图如图 4.122 所示。

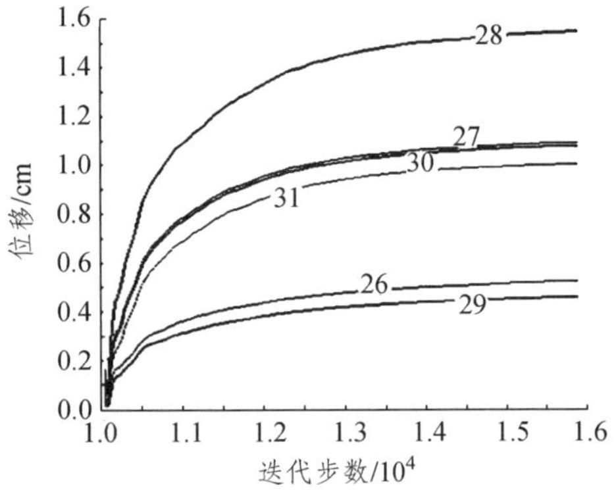

图 4.121　掌子面前监测点 *X* 方向位移曲线图

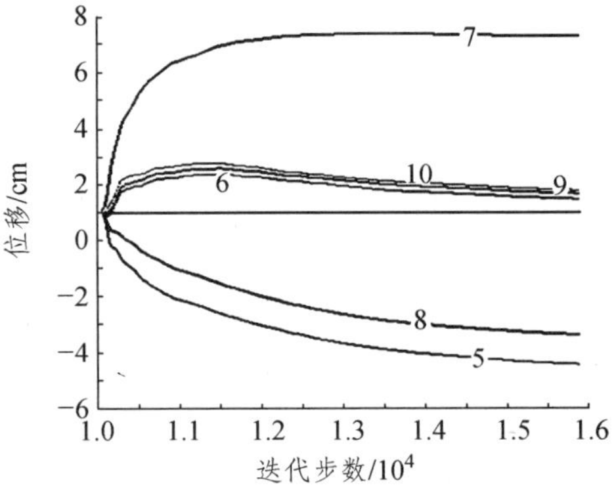

图 4.122　掌子面前监测点 *Y* 方向位移曲线图

3. 开挖进入破碎带 8 m 处支护后工况塑性区、破坏范围分析

开挖之后的部分会出现正在屈服、已经屈服、拉伸破坏 3 种破坏状态，其破坏部分主要集中在第二级台阶、第三级台阶。在第八工况情况下，即开挖进入破碎带 8 m 后，对第三级台阶（1 m）部分进行支护，区域单元总数为 30 857 个，在集中破坏区域正在屈服单元数为 202 个、已经屈服单元数为 311 个、拉伸破坏单元数为 329 个。在开挖后的模型塑性区如图 4.123 所示。

在开挖进入破碎带 8 m 处支护后，各监测点均监测出不同大小的位移，在进行破坏范围的分析时，可见在开挖进入破碎带 8 m 处支护后，破坏范围主要集中在掌子面位置处，3 级台阶均有不同程度的破坏，破坏范围图如图 4.124 所示。

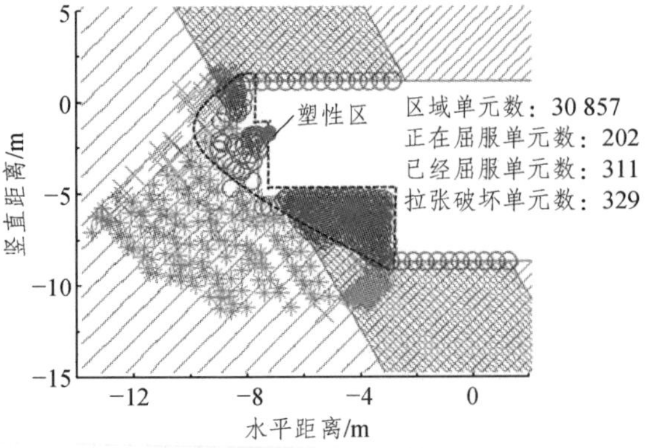

图 4.123　塑性区图

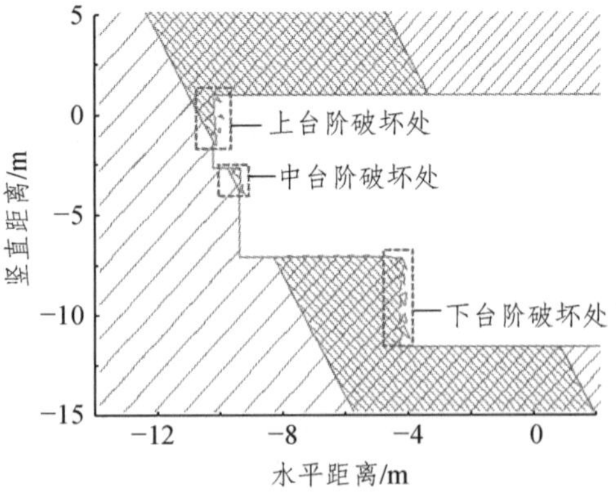

图 4.124　破坏范围图

4.2.9 开挖至出破碎带后到离破碎带较远边界 10 m 处支护前工况分析

视工程进度，开挖至出破碎带后到离破碎带较远边界 10 m 处支护前状态为第九个工况，在建立原始块体模型情况下，执行相应的开挖命令。为模拟破碎带在实际工程隧道段中的情况，在建立模型时，将模型分为 5 个部分，在破碎带左边的部分，节理设为角度 45°、间距 0.4 m，其余除破碎带以外的部分，节理为角度 45°、间距为 0.4 m，破碎带部分由正向 45°、间距 0.4 m，反向 45°、间距 0.2 m 节理切割构成。为模拟实际埋深，在原始模型的上边界施加竖直向下的大小为 6 MPa 的边界应力，模型 4 个边界 *X*、*Y* 方向位移均锁定，令其 *X*、*Y* 方向位移均为 0。初始水平应力 *X* 方向施加 1.8 MPa，竖向应力 *Y* 方向施加 2 MPa，在平面之外 *Z* 方向施加应力 1.8 MPa。对于梯度应力：*Y* 方向梯度应力 10 kPa，*Z* 方向梯度应力 12 kPa。

在建立原始模型之后，本模型采用初始平衡迭代 10 000 步，使原始模型足够平衡。在平衡之后基础上，采用 3 级台阶一次性开挖后，开挖至出破碎带后到离破碎带较远边界 10 m 内，一级台阶长度 42 m，二级台阶长度 6 m，三级台阶长度 1 m。对于三段开挖，在开挖第一段之后，对其进行支护，为模拟实际情况且由于第一段开挖段长度较长，故用位移锁定命令“bound xvel=0.0 yvel=0 range x1 x2 y1 y2”对其进行支护；在开挖第二段之后，因第二段长度较第一段短，长度为 6 m，故采用反力命令进行支护，反力大小为 0.8 MPa；在开挖第三段后，本工况不考虑对第三段开挖部分进行支护。在开挖后用 UDEC 软件对开挖后的部分，迭代 6 000 步，分别从塑性区、应力及位移几个方面进行分析。其开挖模型图如图 4.125 所示。

通过观察最大不平衡力图可证明模型相对平衡。开挖至出破碎带到离破碎带较远边 10 m 处支护前情况下模型最大不平衡力图如图 4.126 所示。

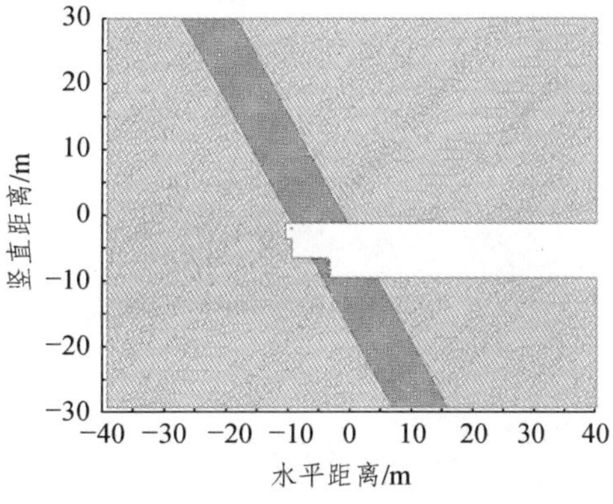

图 4.125　开挖模型图

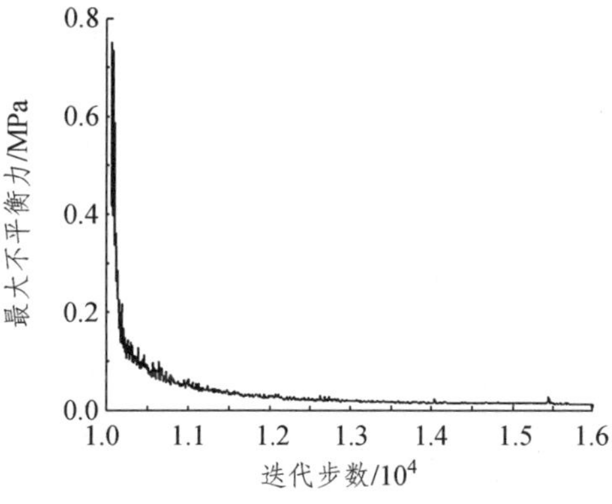

图 4.126　最大不平衡力图

1. 开挖至出破碎带到离破碎带较远边界 10 m 处支护前工况应力分析

对于开挖至出破碎带到离破碎带较远边界 10 m 处的未支护工况，首先进行各方向应力分析。对于 *X* 方向的应力分析，云图呈分层状态，最大应力量级是兆帕级，分层应力从上到下是呈递增状态从 0.65 MPa 至 1.90 MPa，其中在洞口部分有应力集中的情况存在，在洞口部分 *X* 方向的应力最大为 2.65 MPa。在平衡 6 000 步后，*X* 方向应力云图如图 4.127 所示。

对于 *Y* 方向的应力分析，云图大约呈分层状态，最大应力量级是兆帕级，分层应力从上到下是呈递减状态从 0.75 MPa 至 2.35 MPa，其中在洞口部分有应力集中的情况存在，在洞口

部分 *X* 方向的应力最大为 4.35 MPa。在平衡 6 000 步后，*Y* 方向应力云图如图 4.128 所示。

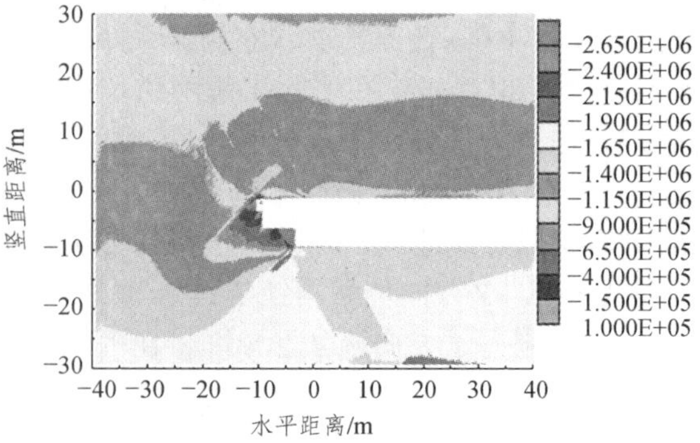

图 4.127　*X* 方向应力

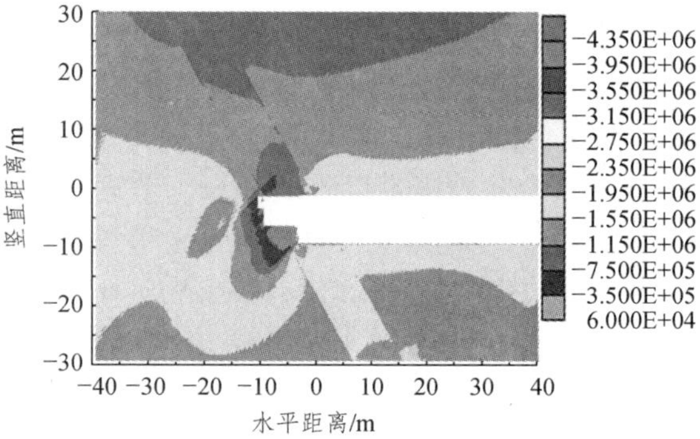

图 4.128　*Y* 方向应力云图

2. 开挖至出破碎带到离破碎带较远边界 10 m 处支护前工况位移分析

对于工况的位移分析，首先要从云图上面看其宏观的变化，对于工况 *X* 方向位移分析，其位移主要集中在掌子面位置，且其位移方向均为正方向，在开挖平衡 6 000 步时，位移最大值约为 40.0 cm，位移最大位置主要在掌子面。其范围更大的位移为 4.0 ~ 9.0 cm。开挖至出破碎带到离破碎带较远边界 10 m 处未支护时 *X* 方向的位移云图截取：横坐标−16.0 ~ 4.0 m、纵坐标−15.0 ~ 5.0 m，如图 4.129 所示。

根据工程实际可知 *Y* 方向的位移应集中在洞口第二阶台阶部分。由数值模拟结果可知，在出破碎带到离破碎带较远边界 10 m 处未支护时，对于 *Y* 方向，在掌子面以上的隧道顶部位置处有向下的位移，在开挖平衡 6 000 步时，存在一个块体受节理划分的影响，有较大的位移，约 50.0 cm，大范围性的位移约为 6.0 cm。其向上的位移最大约为 6.0 cm。其 *Y* 方向的位移云图截取：横坐标−16.0 ~ 4.0 m、纵坐标−15.0 ~ 5.0 m，如图 4.130 所示。

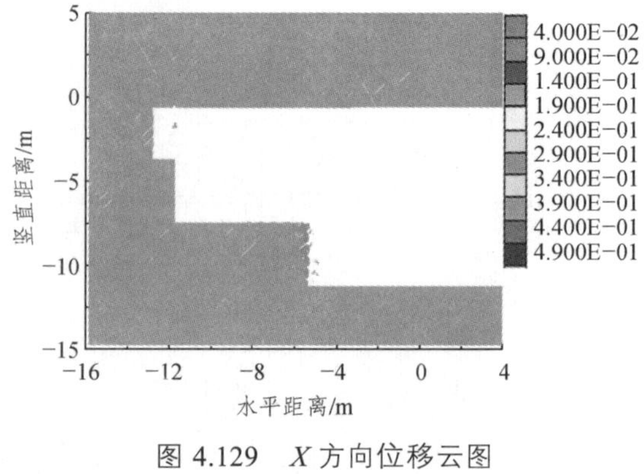

图 4.129　*X* 方向位移云图

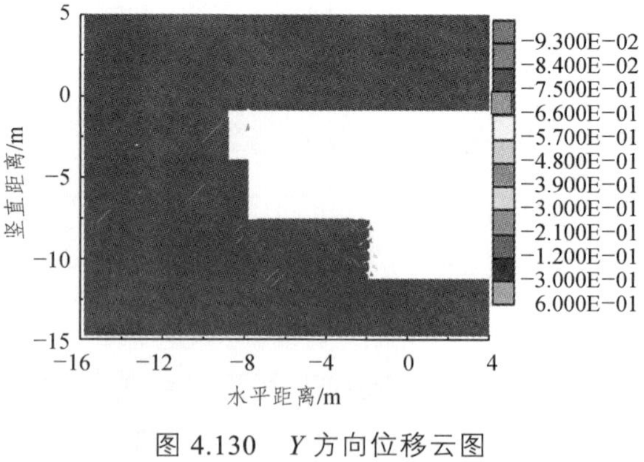

图 4.130　*Y* 方向位移云图

从设置检测点角度，对特定位置点的位移进行分析时，分别对竖直方向（*Y* 方向）、水平方向（*X* 方向）进行分析。共设置 3 组监测点，分别为掌子面处设 8 个监测点、拱顶设 7 个监测点、在距掌子面 1 m 处和 2 m 处各设 3 个监测点。分别对掌子面位置 8 个监测点的 *X*、*Y* 方向进行位移监测，对拱顶位置 7 个监测点进行 *Y* 方向位移监测，对距掌子面 1 m 处及 2 m 处的共 6 个监测点进行 *X*、*Y* 方向位移监测。

在对掌子面位置处位移进行监测分析时，首先要合理分布其监测点。掌子面处的监测点分布图如图 4.131 所示。

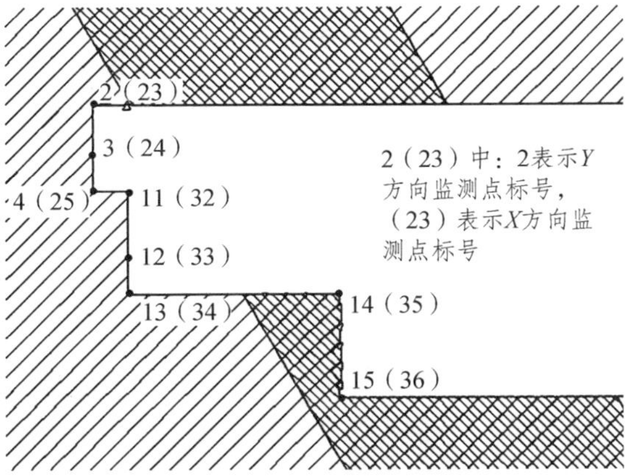

图 4.131 掌子面监测点分布图

掌子面处监测点 X 方向的位移，其中最大位移约为 8.5 cm。其掌子面监测点 X 方向的位移曲线图如图 4.132 所示。

掌子面处监测点 Y 方向的位移，其中除 2 号点有向下位移，14 号点在迭代过程中由向上的位移转变为向下的位移外，其余各点位移均为向上的位移。2 号点，在迭代 6 000 步时，向下的位移约为 1.0 cm，向上的最大位移约为 1.0 cm。其掌子面监测点 Y 方向的位移曲线图如图 4.133 所示。

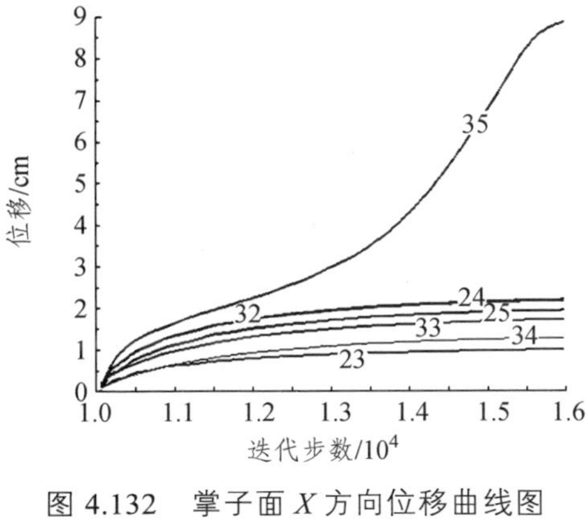

图 4.132 掌子面 X 方向位移曲线图

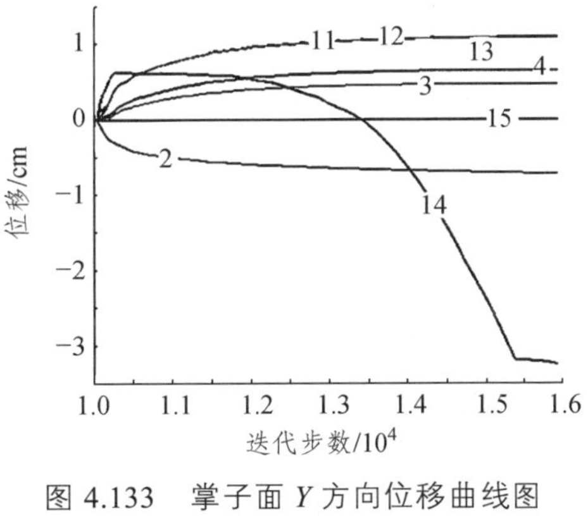

图 4.133 掌子面 Y 方向位移曲线图

对于拱顶处的位移竖直方向的分析，对于拱顶竖直方向位移而言，离掌子面越近其向下的位移越大，其最大的位移在掌子面拱顶处，在迭代 6 000 步的情况下，最大约为 12.0 mm。拱顶处监测点的分布图、Y 方向位移曲线图如图 4.134 和图 4.135 所示。

在距掌子面 1 m、2 m 处分别设置 3 个监测点，共 6 个监测点。其监测点分布图如图 4.136 所示。

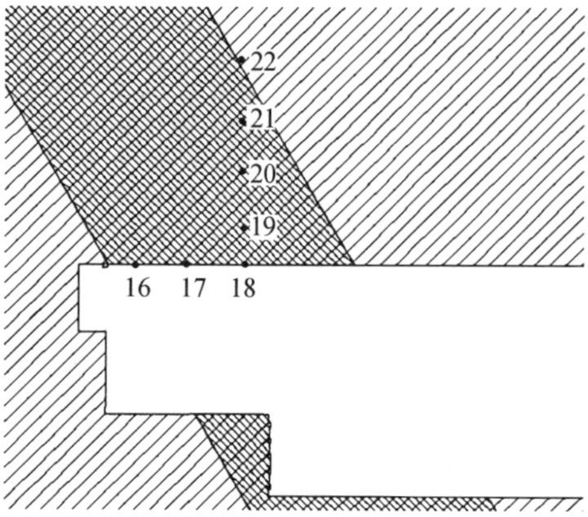

图 4.134 拱顶监测点分布图

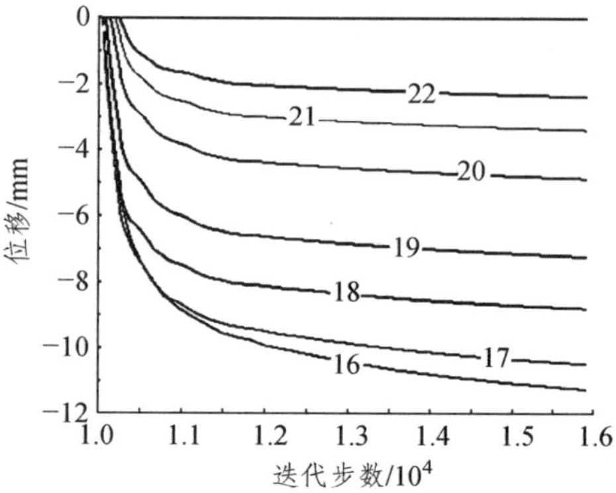

图 4.135 拱顶 Y 方向位移曲线分布图

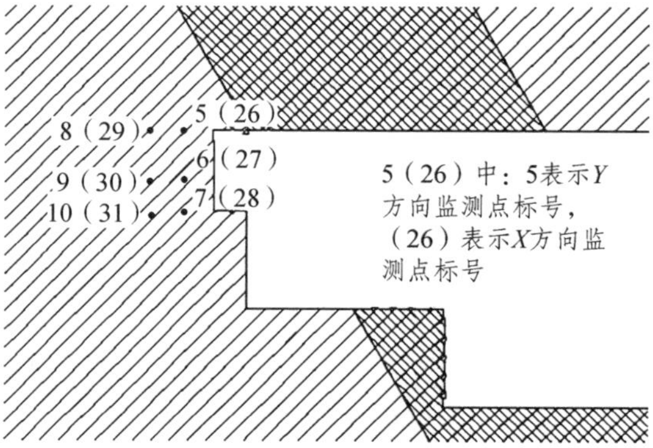

图 4.136 掌子面前监测点分布图

在距离掌子面 1 m、2 m 的 6 个监测点中，对于 X 方向的位移分析，其位移最大的是 27 号点，迭代 6 000 步后最大位移约为 1.7 cm。在距掌子面 1 m 和 2 m 处监测点 X 方向的位移曲线图如图 4.137 所示。

在距离掌子面 1 m、2 m 分别设立的 3 个监测点中，对于 Y 方向的位移分析，6 号、7 号、10 号点的位移方向为正（即代表各点位移向上），5 号、8 号、9 号点的位移方向为负（即代表各点位移向下）。对于向下位移的点，在迭代 6 000 步之后，最大位移点为 5 号点，最大位移约为 0.7 cm；对于向上位移的点，最大位移约为 0.5 cm。在距掌子面 1 m 和 2 m 处监测点 Y 方向的位移曲线图如图 4.138 所示。

3. 开挖至出破碎带到离破碎带较远边界 10 m 处支护前工况塑性区、破坏范围分析

开挖之后的部分会出现正在屈服、已经屈服、拉伸破坏 3 种破坏状态，其破坏部分主要集中在第二级台阶、第三级台阶。在第九工况情况下，即开挖至出破碎带到离破碎带较远边界 10 m 处，第三级台阶（1 m）部分不支护，区域单元总数为 36 230 个，在集中破坏区域正在屈服单元数为 369 个、已经屈服单元数为 269 个、拉伸破坏单元数为 234 个。在开挖后的模型塑性区截取：横坐标-16.0 ~ 4.0 m、纵坐标-15.0 ~ 5.0 m，如图 4.139 所示。

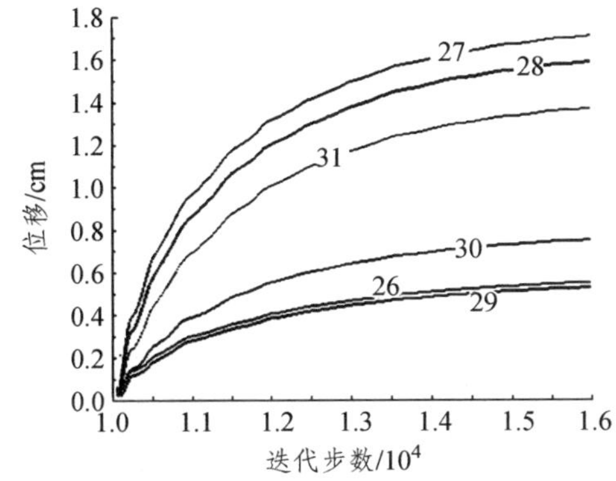

图 4.137　掌子面前监测点 X 方向位移曲线图

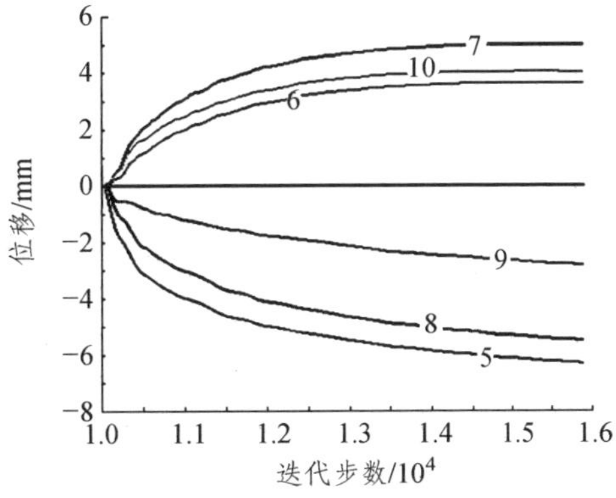

图 4.138　掌子面前监测点 Y 方向位移曲线图

在开挖至出破碎带到离破碎带较远边界 10 m 处支护前，各监测点均监测出不同大小的位移，在进行破坏范围的分析时，可见在开挖至出破碎带到离破碎带较远边界 10 m 处支护前，破坏范围主要集中在掌子面、第一级台阶拱顶位置处，上、下级台阶均有不同程度的破坏，破坏范围图如图 4.140 所示。

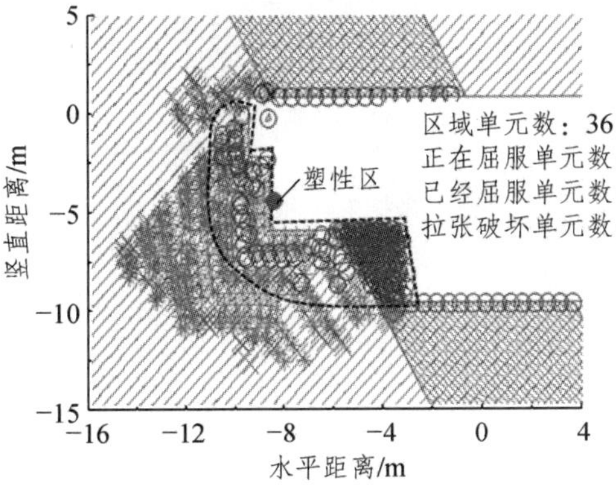

图 4.139　塑性区图

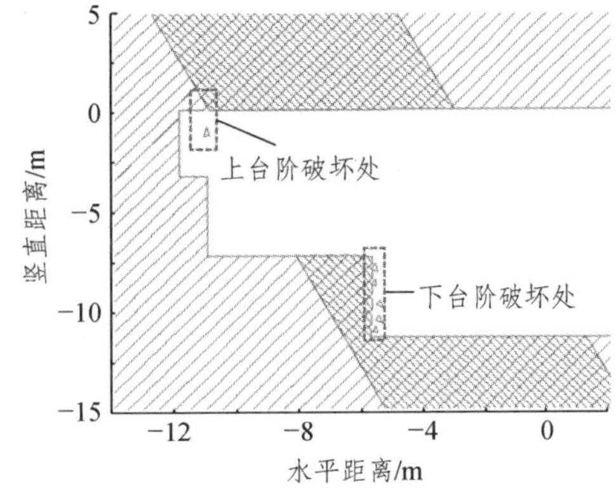

图 4.140　破坏范围图

4.2.10　开挖至出破碎带后离破碎带较远边界 10 m 处支护后工况分析

视工程进度，开挖至出破碎带后到离破碎带较远边界 10 m 处支护后状态为第十个工况，在建立原始块体模型情况下，执行相应的开挖、支护命令。其本构模型、边界应力及原始应力除支护条件以外与工况九相同。其开挖模型图与工况九相同，如图 4.114 所示。

由最大不平衡力图可证明开挖至出破碎带后到离破碎带较远边界 10 m 加入支护模型足够平衡。开挖至出破碎带后到离破碎带较远边界 10 m 加入支护情况下模型最大不平衡力图如图 4.141 所示。

1. 开挖至出破碎带到离破碎带较远边界 10 m 处支护后工况应力分析

对于开挖至出破碎带到离破碎带较远边界 10 m 处的支护后工况，首先进行各方向应力分析。对于 X 方向的应力分析，云图呈分层状态，最大应力量级是兆帕级，分层应力从上到下是呈递增状态从 0.67 MPa 至 1.92 MPa，其中在洞口部分有应力集中的情况存在，在洞口部分 X 方向的应力最大为 2.67 MPa。在平衡 6 000 步后，X 方向应力云图如图 4.142 所示。

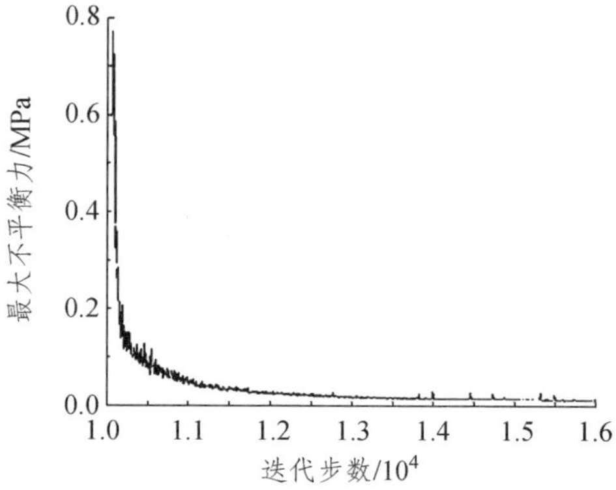

图 4.141 最大不平衡力图

对于 Y 方向的应力分析，云图大约呈分层状态，最大应力量级是兆帕级，分层应力从上到下是呈递减状态从 0.78 MPa 至 2.38 MPa，其中在洞口部分有应力集中的情况存在，在洞口部分 X 方向的应力最大为 4.38 MPa。在平衡 6 000 步后，Y 方向应力云图如图 4.143 所示。

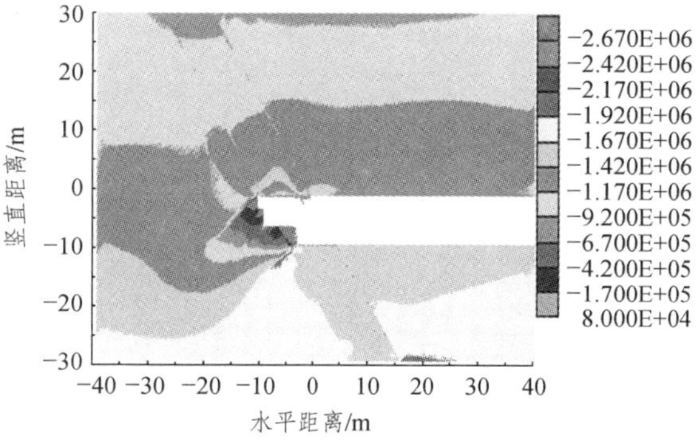

图 4.142 X 方向应力云图

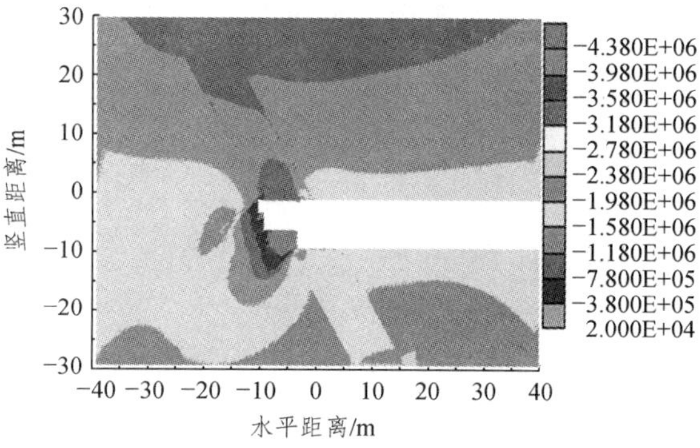

图 4.143 Y 方向应力云图

2. 开挖至出破碎带到离破碎带较远边界 10 m 处支护后工况位移分析

对于工况的位移分析，首先要从云图上面看其宏观的变化，对于工况 X 方向位移分析，其位移主要集中在掌子面位置，且其位移方向均为正方向，在开挖平衡 6 000 步时，位移最大值约为 40.0 cm，位移最大位置主要在掌子面。其范围更大的位移约为 4.0 cm。开挖至出破碎带到离破碎带较远边界 10 m 处加入支护时 X 方向的位移云图截取：横坐标−16.0 ~ 4.0 m、纵坐标−15.0 ~ 5.0 m，如图 4.144 所示。

根据工程实际可知 Y 方向的位移应集中在洞口第二阶台阶部分。由 UDEC 数值模拟结果可知，在出破碎带到离破碎带较远边界 10 m 处加入支护时，对于 Y 方向，在掌子面以上的隧道顶部位置处有向下的位移，在开挖平衡 6 000 步时，最大位移为 25.0 ~ 28.0 cm；其向上的位移最大约为 2.0 cm。其 Y 方向的位移云图截取：横坐标−16.0 ~ 4.0 m、纵坐标−15.0 ~ 5.0 m，如图 4.145 所示。

从设置检测点角度，对特定位置点的位移进行分析时，分别对竖直方向（Y 方向）、水平方向（X 方向）进行分析。共设置 3 组监测点，分别为掌子面处设 8 个监测点、拱顶设 7 个监测点、在距掌子面 1 m 处和 2 m 处各设 3 个监测点。分别对掌子面位置 8 个监测点的 X、Y 方向进行位移监测，对拱顶位置 7 个监测点进行 Y 方向位移监测，对距掌子面 1 m 处及 2 m 处的共 6 个监测点进行 X、Y 方向位移监测。

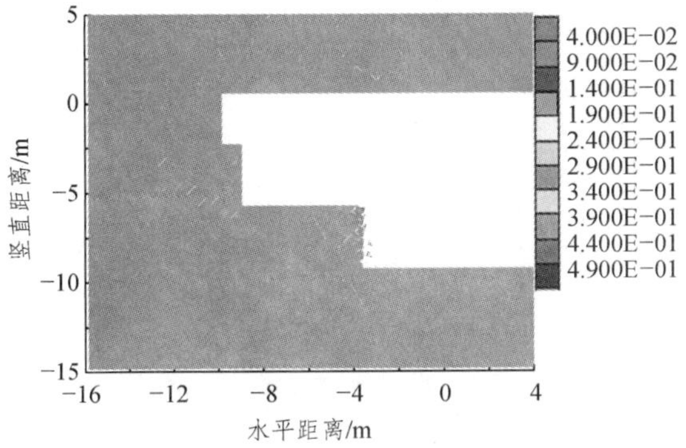

图 4.144　X 方向位移云图

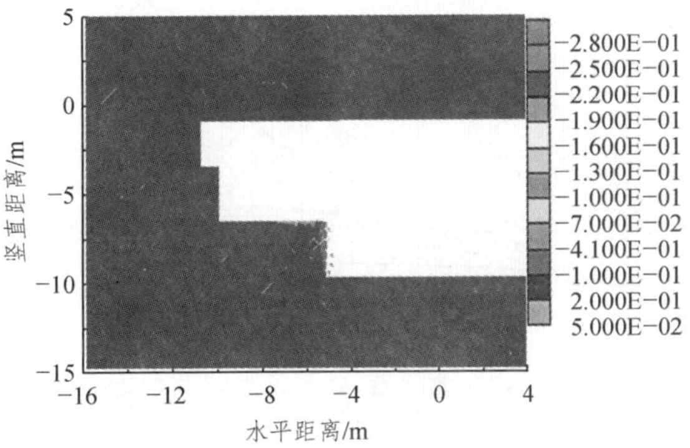

图 4.145　Y 方向位移云图

在对掌子面位置处位移进行监测分析时，首先要合理分布其监测点。掌子面处的监测点分布如图 4.146 所示。

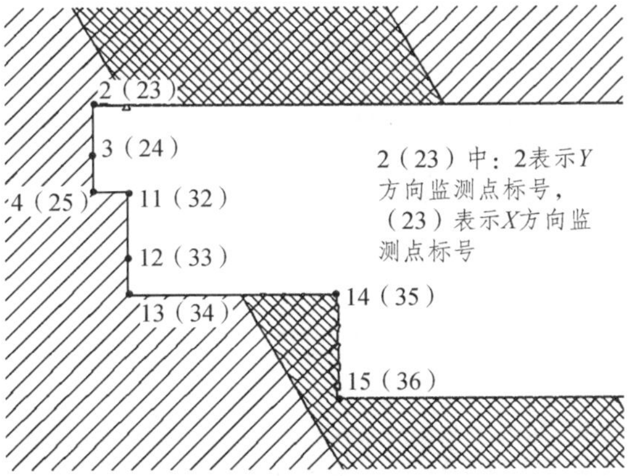

图 4.146　掌子面监测点分布图

掌子面处监测点 X 方向的位移，其中最大位移约为 9.0 cm。其掌子面监测点 X 方向的位移曲线图如图 4.147 所示。

掌子面处监测点 Y 方向的位移，其中除 2 号点有向下位移，14 号点在迭代过程中由向上的位移转变为向下的位移外，其余各点位移均为向上的位移。2 号点，在迭代 6 000 步时，向下的位移约为 3.0 cm，向上的最大位移约为 0.6 ~ 0.8 cm。其掌子面监测点 Y 方向的位移曲线图如图 4.148 所示。

对于拱顶处的位移竖直方向的分析，对于拱顶竖直方向位移而言，离掌子面越近其向下的位移越大，其最大的位移在掌子面拱顶处，在迭代 6 000 步的情况下，最大约为 1.0 cm。拱顶处监测点的分布图、Y 方向位移曲线图如图 4.149 和图 4.150 所示。

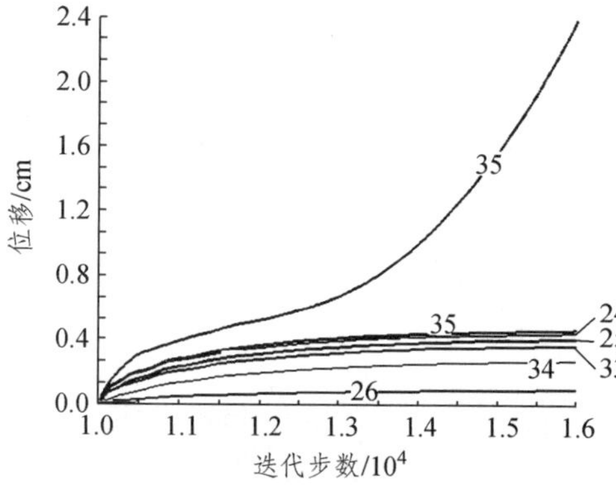

图 4.147　掌子面 *X* 方向位移曲线图

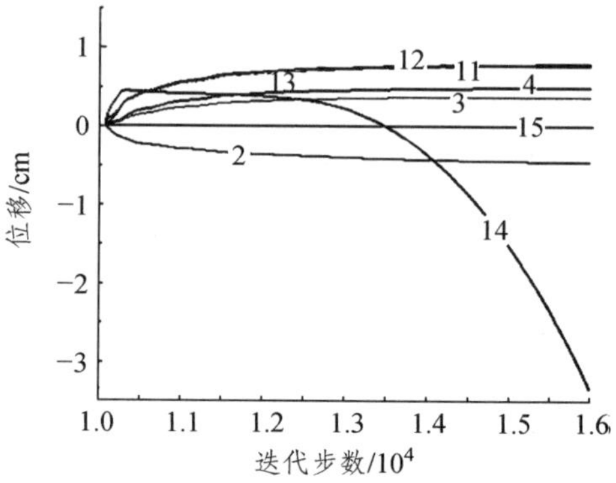

图 4.148　掌子面 *Y* 方向位移曲线图

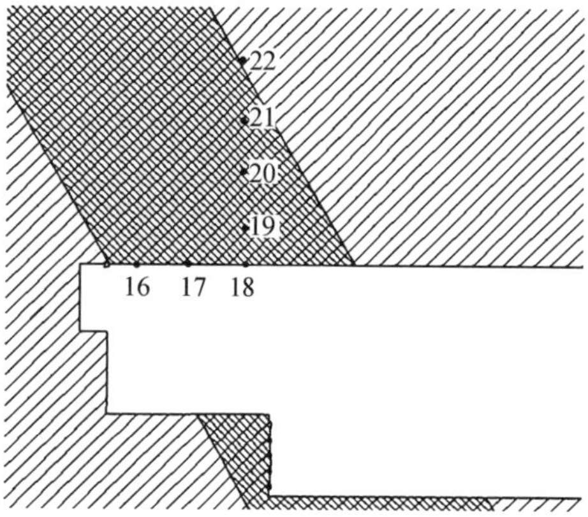

图 4.149　拱顶监测点分布图

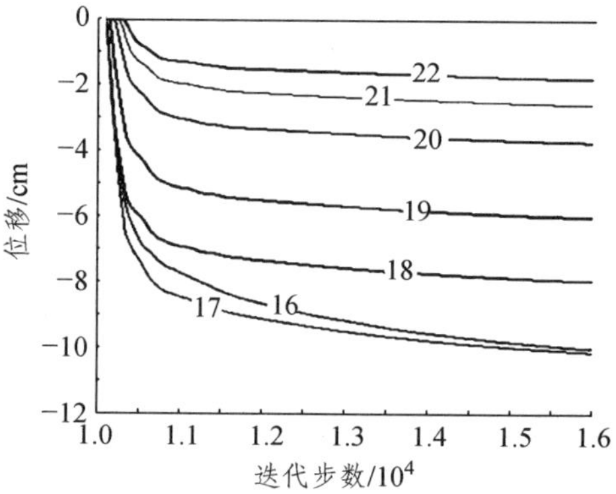

图 4.150　拱顶 *Y* 方向位移曲线分布图

在距掌子面 1 m、2 m 处分别设置 3 个监测点，共 6 个监测点。其监测点分布如图 4.151 所示。

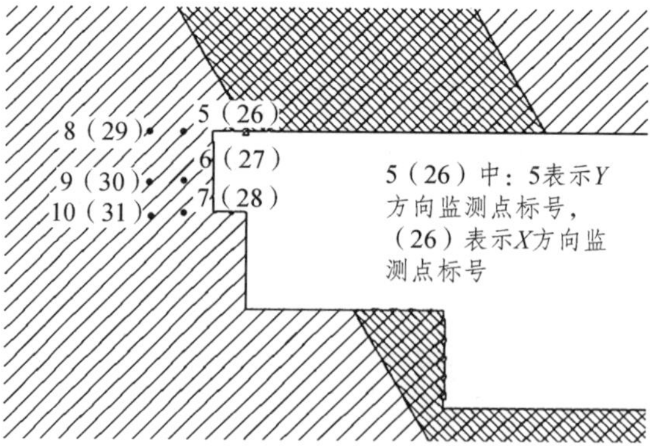

图 4.151　掌子面前监测点分布图

在距离掌子面 1 m、2 m 的 6 个监测点中，对于 *X* 方向的位移分析，其位移最大的是 27 号点，迭代 6 000 步后最大位移约为 1.6 cm。在距掌子面 1 m 和 2 m 处监测点 *X* 方向的位移曲线图如图 4.152 所示。

在距离掌子面 1 m、2 m 分别设立的 3 个监测点中，对于 Y 方向的位移分析，6 号、7 号、10 号点的位移方向为正（即代表各点位移向上），5 号、8 号、9 号点的位移方向为负（即代表各点位移向下）。对于向下位移的点，在迭代 6 000 步之后，最大位移点为 5 号点，最大位移约为 5.0 cm；对于向上位移的点，最大位移为 0.4 ~ 0.6 cm。在距掌子面 1 m 和 2 m 处监测点 Y 方向的位移曲线图如图 4.153 所示。

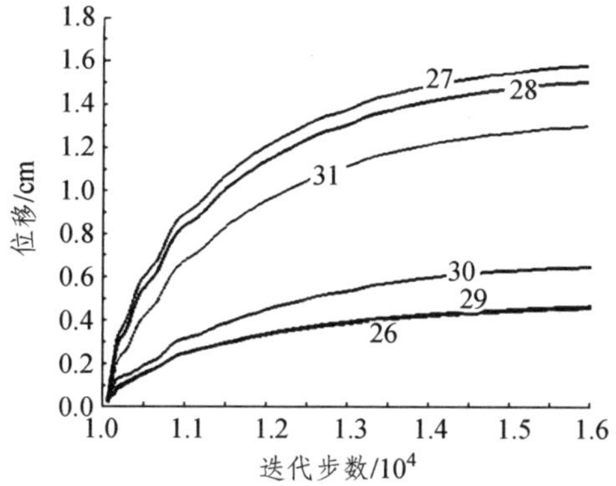

图 4.152　掌子面前监测点 X 方向位移曲线图

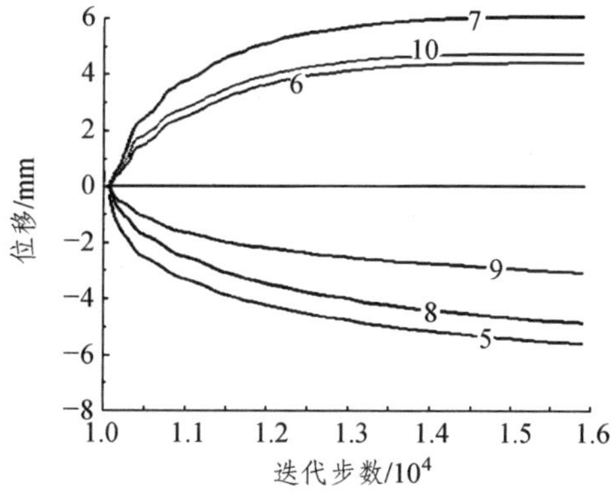

图 4.153　掌子面前监测点 Y 方向位移曲线图

3. 开挖至出破碎带到离破碎带较远边界 10 m 处支护后工况塑性区、破坏范围分析

开挖之后的部分会出现正在屈服、已经屈服、拉伸破坏 3 种破坏状态，其破坏部分主要集中在第二级台阶、第三级台阶。在第十工况情况下，即开挖至出破碎带后离破碎带较远边界 10 m 处，对第三级台阶（1 m）部分进行支护，区域单元总数为 36 230 个，在集中破坏区域正在屈服单元数为 119 个、已经屈服单元数为 271 个、拉伸破坏单元数为 183 个。在开挖后的模型塑性区截取：横坐标-18.0 ~ 2.0 m、纵坐标-16.0 ~ 4.0 m，如图 4.154 所示。

在开挖至出破碎带后离破碎带较远边界 10 m 处，各监测点均监测出不同大小的位移，在进行破坏范围的分析时，可见开挖至出破碎带后离破碎带较远边界 10 m 处支护后，破坏范围主要集中在掌子面位置处，下台阶均有不同程度的破坏，破坏范围图如图 4.155 所示。

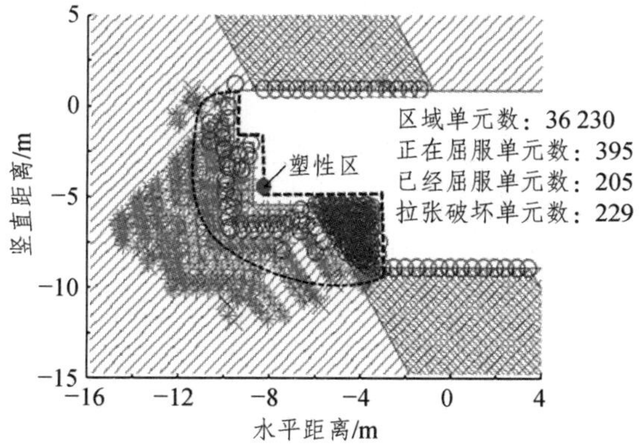

图 4.154　塑性区图

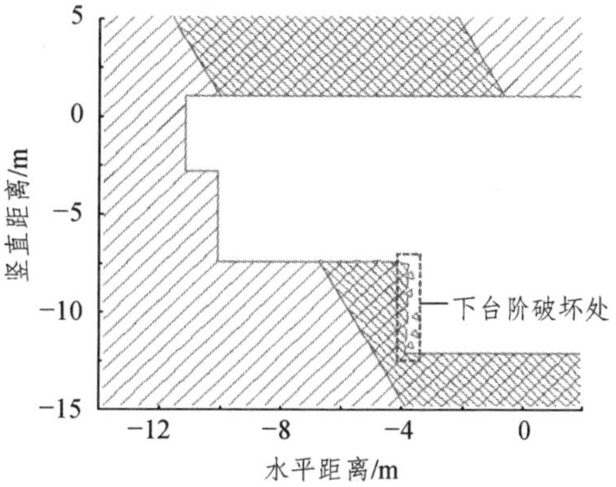

图 4.155　破坏范围图

4.3 工况分析总结

本章节从本设计所涉及的10个工况出发，进行不同工况间的对比分析，并对分析结果进行总结。

4.3.1 位移变化总结

对于已有10个工况的位移变化的分析，所做统计见表4.4。

表4.4 不同工况各监测点位移统计　　单位：mm

点位	2 m 支护前	2 m 支护后	4 m 支护前	4 m 支护后	6 m 支护前	6 m 支护前	8 m 支护前	8 m 支护后	10 m 支护前	10 m 支护后
点 2 位移	-14.4	-8.5	-14.2	-9.4	-13	-8.2	-14.1	-8.1	-7.1	-6.6
点 3 位移	-185.6	-145.2	-19.1	-5.3	-2.6	-108.3	-324.0	-170.8	4.8	5.4
点 4 位移	3.1	-14.5	-6.2	-6.1	-2.1	-1.0	7.6	7.9	6.6	7.0
点 5 位移	-10.4	-8.3	-11.2	-9.6	-9.8	-8.2	-4.2	-5.1	-6.3	-4.9
点 6 位移	2.5	2.2	0.9	2.3	-3.3	-2.3	-0.1	4.3	3.7	3.9
点 7 位移	2.9	1.5	0.8	2.0	-3.1	-1.6	5.6	5.9	5.0	5.3
点 8 位移	-8.3	-7.1	-10.1	-8.4	-7.7	-6.2	-4.7	-4.1	-5.5	-4.3
点 9 位移	-7.0	-7.0	-7.1	-6.6	-6.9	-5.8	0.3	6.3	-2.8	-2.7
点 10 位移	3.8	3.8	6.3	6.2	3.4	3.6	0.5	7.4	4.1	4.2
点 11 位移	21.5	23.3	15.0	18.0	2.0	-13.0	27.1	20.6	11.0	11.3
点 12 位移	-135.1	-183.6	-30.2	-96.1	-44.8	-44.8	9.4	9.4	10.9	11.0
点 13 位移	-1.0	-0.9	18.8	18.7	17.2	17.1	10.1	10.1	11.0	11.0
点 14 位移	33.1	20.5	-4.8	-4.5	-54.0	-48.5	-59.1	-21.2	-32.1	-48.3
点 15 位移	14.1	14.1	0.0	0.0	0.0	0.0	0.0	0.0	0.0	0.0
点 16 位移	-8.7	-7.4	-9.1	-8.3	-9.5	-8.0	-10.2	-8.6	-10.8	-8.1
点 17 位移	-7.2	-6.5	-6.7	-6.7	-7.4	-6.8	-8.9	-8.1	-10.1	-8.2
点 18 位移	-5.9	-5.4	-4.2	-4.7	-4.2	-3.9	-6.3	-5.9	-8.5	-6.5
点 19 位移	-5.4	-4.9	-4.0	-4.3	-2.6	-2.3	-4.6	-4.2	-6.9	-4.9
点 20 位移	-4.4	-3.8	-3.2	-3.2	-2.9	-2.5	-3.2	-2.7	-4.7	-3.0
点 21 位移	-3.4	-2.9	-2.6	-2.5	-2.4	-2.0	-2.4	-2.0	-3.3	-2.1
点 22 位移	-2.9	-2.4	-2.3	-2.2	-2.1	-1.7	-2.0	-1.6	-2.3	-1.5
点 23 位移	12.8	3.6	10.7	3.0	10.0	2.9	10.9	2.2	8.9	4.0
点 24 位移	281.3	279.3	49.7	38.5	69.1	270.7	148.0	122.0	20.1	18.5
点 25 位移	34.3	58.3	42.0	36.2	26.3	25.6	18.6	17.9	17.9	16.9
点 26 位移	12.0	6.9	9.8	6.1	8.9	5.9	7.9	5.3	5.4	4.3

续表

点位	2 m 支护前	2 m 支护后	4 m 支护前	4 m 支护后	6 m 支护前	6 m 支护前	8 m 支护前	8 m 支护后	10 m 支护前	10 m 支护后
点 27 位移	28.0	23.1	27.4	25.5	20.3	18.2	11.6	11.1	16.9	15.6
点 28 位移	29.1	25.9	28.8	27.4	21.7	20.5	16.3	15.7	15.6	14.8
点 29 位移	10.0	6.2	9.5	6.8	7.3	5.3	5.3	4.6	5.1	4.4
点 30 位移	14.7	13.3	14.8	13.0	12.8	11.4	11.4	11.0	7.3	6.3
点 31 位移	15.1	14.2	14.9	14.9	12.7	12.4	10.5	10.2	13.5	12.8
点 32 位移	50.5	47.8	47.5	37.8	74.6	85.0	11.7	16.2	20.4	19.3
点 33 位移	281.2	277.8	76.9	134.2	273.4	273.4	19.6	19.1	15.7	15.2
点 34 位移	33.0	34.7	14.6	14.7	11.9	11.5	12.8	12.6	11.6	11.3
点 35 位移	34.9	34.1	92.5	90.5	132.0	120.6	140.0	108.2	83.6	98.9
点 36 位移	11.0	1.1	0	0	0	0	0	0	0	0

经过表 4.3 中统计的各点位移数据的比对可以得出：大多数点，同一位置加上支护比不支护情况下的位移小，可见加入支护等同于 0.8 MPa 反应力的支护作用。

从各个工况支护前、支护后的比较来看，所作柱状图可明显看出向下位移的大小程度，其中掌子面拱顶、距掌子面 2 m 处拱顶、距掌子面 4 m 处拱顶、距掌子面 6 m 处拱顶的竖直方向位移柱状图如图 4.156 ~ 图 4.159 所示。

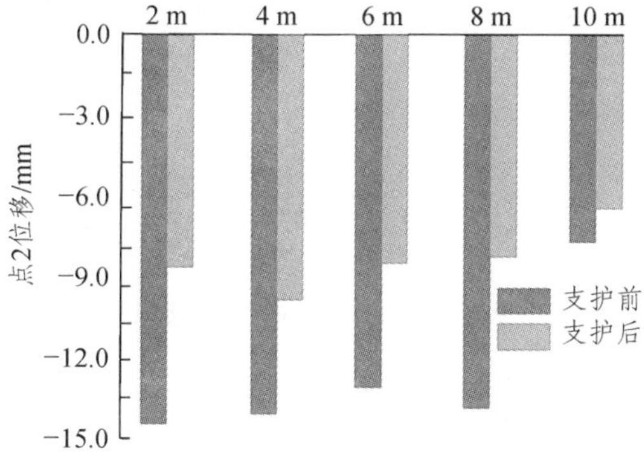

图 4.156　掌子面拱顶 Y 方向位移变化图

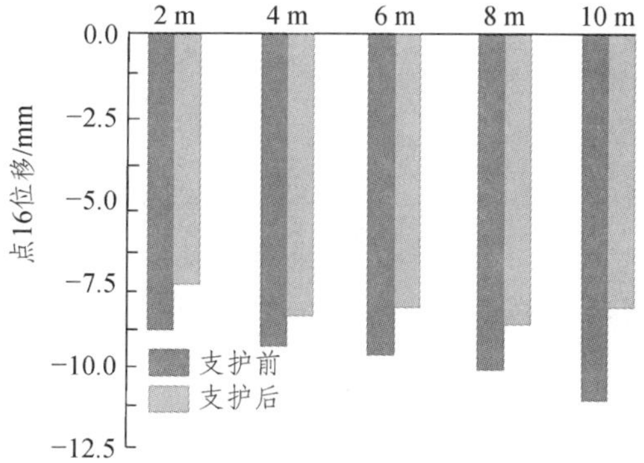

图 4.157　距掌子面 2 m 处拱顶 Y 方向位移变化图

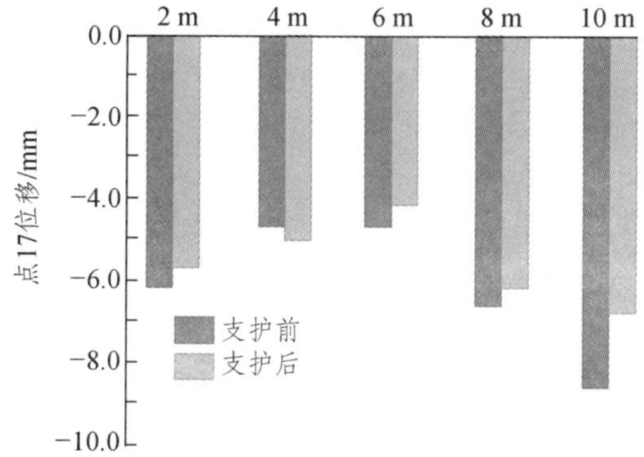

图 4.158　距掌子面 4 m 处拱顶 Y 方向位移变化图

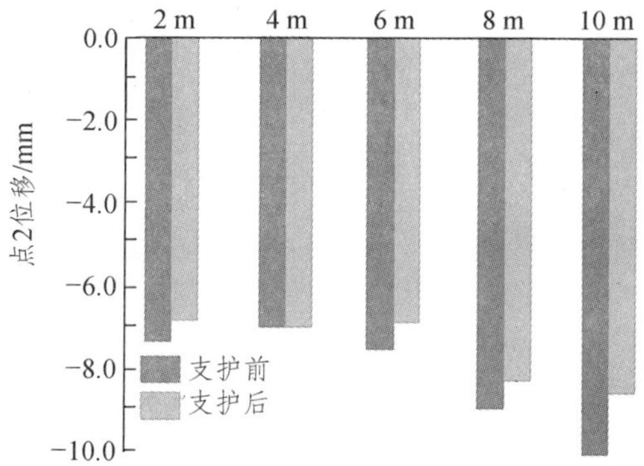

图 4.159　距掌子面 6 m 处拱顶 Y 方向位移变化图

为分析掌子面拱顶点和分别到距掌子面拱顶 2 m、4 m、6 m 共 4 个点的位移变化走势，用点线图形式对 4 个点在进入破碎带 2 m、4 m、6 m、8 m、10 m 位置处的支护前、支护后 10 个工况进行分析，点线图如图 4.160 ~ 图 4.164 所示。

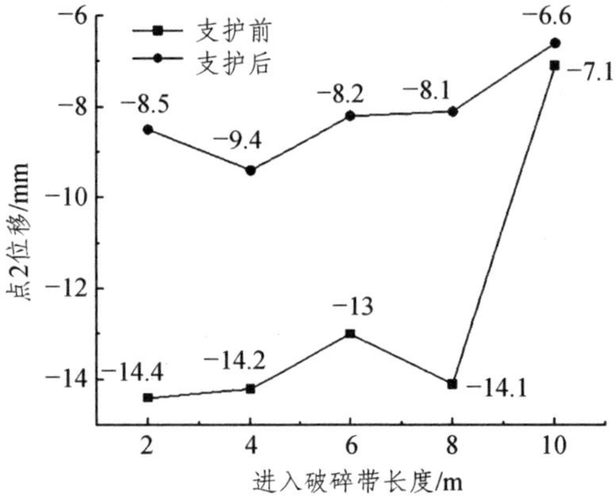

图 4.160　掌子面拱顶 *Y* 方向位移变化图

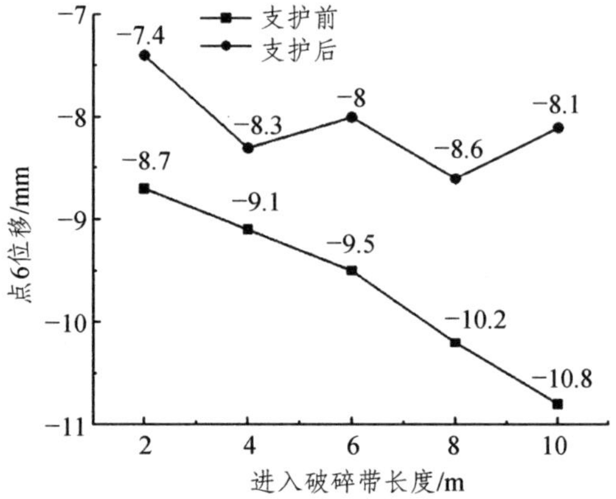

图 4.161　距掌子面 2 m 处拱顶 *Y* 方向位移变化图

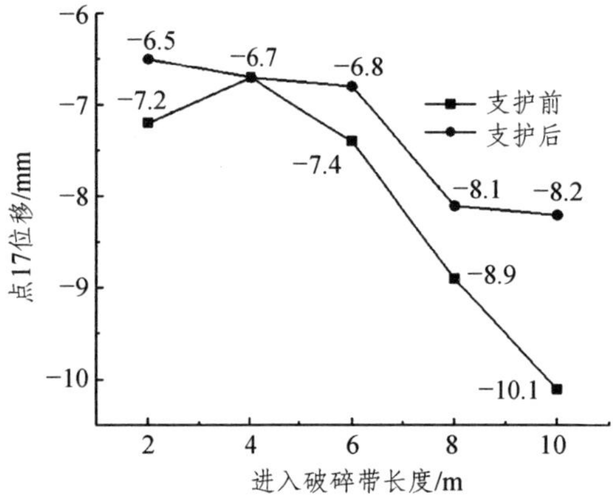

图 4.162　距掌子面 4 m 处拱顶 *Y* 方向位移变化图

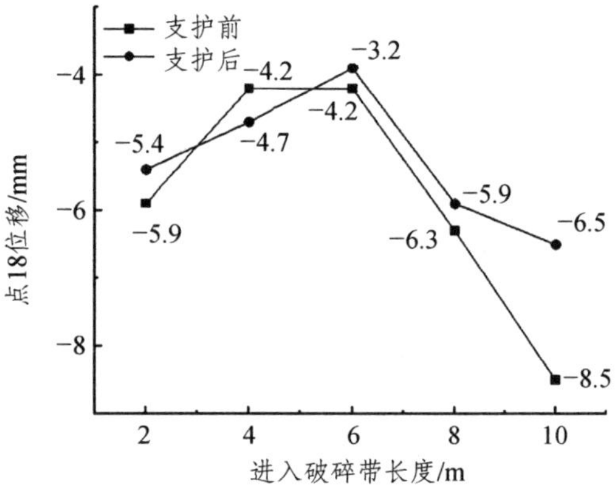

图 4.163　距掌子面 6 m 处拱顶 *Y* 方向位移变化图

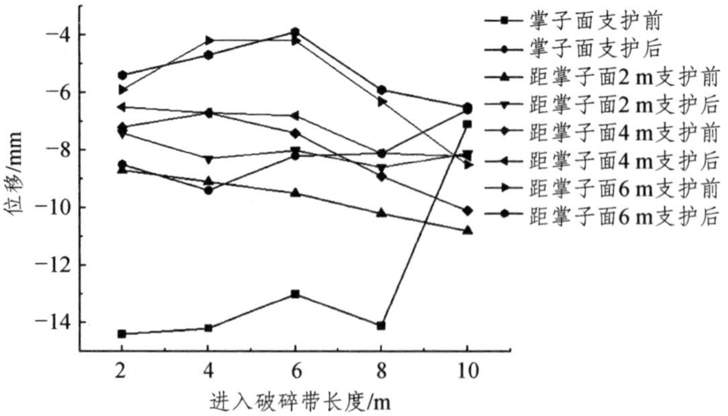

图 4.164　拱顶各监测点位移变化图

经过分析，通过对在掌子面拱顶点和距掌子面拱顶 2 m、4 m、6 m 共 4 个点的监测，这

些点上 Y 方向的位移，未支护情况比有支护情况下的大，证明其所加支护有起到减小拱顶位移的作用。

4.3.2　塑性区总结

对于已有 10 个工况的塑性区的分析，做了下列统计，如表 4.5 所示。

表 4.5　塑性区统计

工况	总单元数	正在屈服单元数	已经屈服单元数	拉伸破坏单元数	受影响单元总数	受影响单元数占比
2 m 未支护	32 230	425	954	498	1 877	5.82%
2 m 已支护	32 230	397	836	471	1 704	5.29%
4 m 未支护	31 885	416	796	567	1 779	5.58%
4 m 已支护	31 885	331	777	549	1 657	5.20%
6 m 未支护	31 488	403	494	527	1 424	4.52%
6 m 已支护	31 488	322	485	514	1 321	4.20%
8 m 未支护	30 857	180	386	337	903	2.92%
8 m 已支护	30 857	202	311	329	842	2.73%
10 m 未支护	36 230	369	269	234	872	2.41%
10 m 已支护	36 230	395	205	229	829	2.29%

对于以上表格有其中的规律统计有：

由图 4.165 ~ 图 4.168 可得，从开挖到同一位置留 1 m 未支护和加入支护两种工况的对比分析结果来看，塑性区拉伸破坏单元数规律，未支护工况数量多于支护工况，且从大体趋势看，在穿越破碎带过程中，拉伸破坏单元数呈下降趋势；塑性区正在屈服单元数没有明显规律；从大体趋势来看，在穿越破碎带过程中，已经屈服单元数呈下降趋势；塑性区单元数在总单元数中的占比，大体呈下降趋势，且同一位置未支护工况塑性区占比大于支护工况塑性区占比。

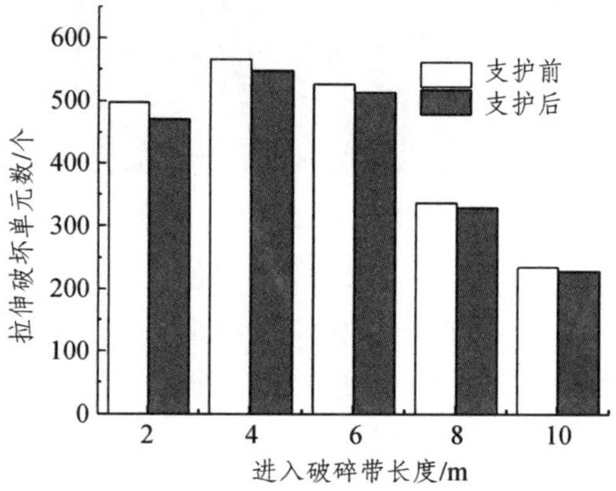

图 4.165　不同工况拉伸破坏单元数变化图

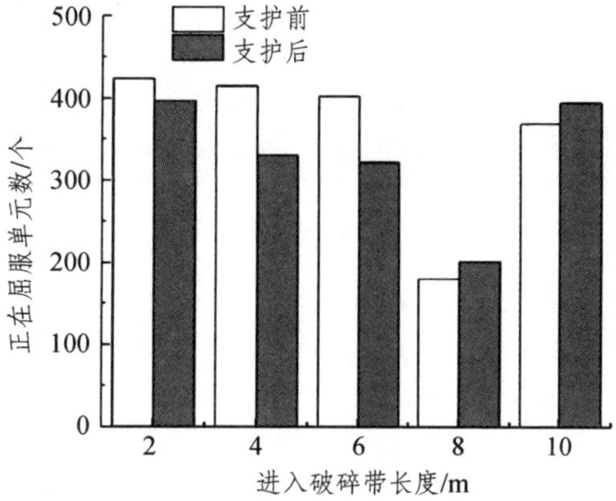

图 4.166　不同工况正在屈服单元数变化图

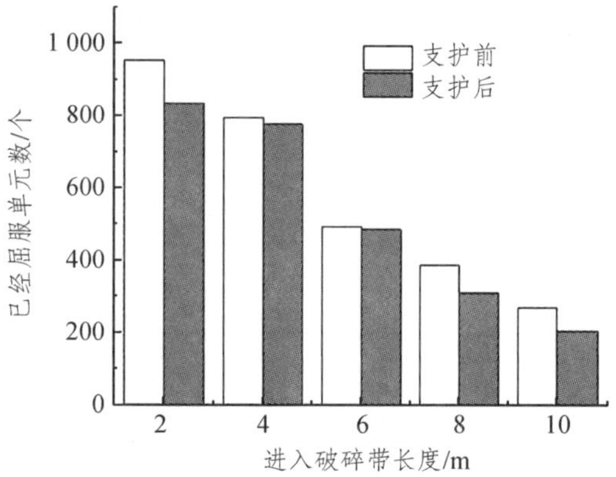

图 4.167　不同工况已经屈服单元数变化图

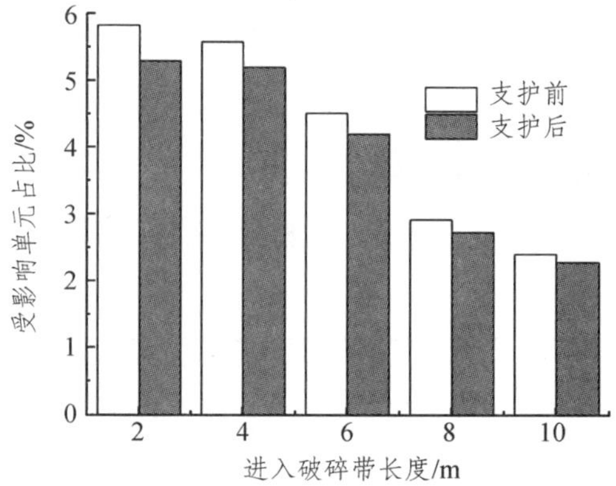

图 4.168　不同工况塑性区占比变化图

4.4　隧道富水断层专项施工方案

4.4.1　不良地质段概况

2020 年 5 月 31 日，五老山隧道进口右幅施工至 YK261+812，原设计围岩级别为$Ⅲ_2$级，支护形式为 SF_3，以片麻岩为主，多呈中风化，岩体较完整，该段为竖井洞室影响段，支护形式变更为 SH，I16 工字钢，间距 100 cm。超前地质预报显示该段中部围岩节理裂隙较发育，基岩裂隙水较发育，综合判定为$Ⅳ_1$级围岩。

2020 年 6 月 18 日，左洞位置 ZK261+842 段围岩突变，与右洞塌方段基本在同一位置上，发现突变后左洞拉渣反压回填，封闭掌子面，具体坍塌情况如图 4.169 和图 4.170 所示。

图 4.169　隧道坍塌示意图 1

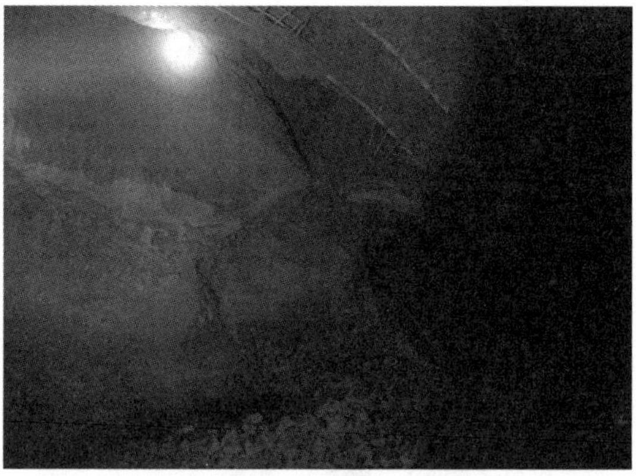

图 4.170　隧道坍塌示意图 2

2020 年 6 月 23 日，施工完双层超前小导管，对掌子面进行开挖，开挖右侧导坑。开挖过程中有泥石流流出，再次封闭掌子面，泥石流流出情况如图 4.171 和图 4.172 所示。

2020 年 6 月 24 日—6 月 28 日，施工跟管 16 根，施工过程中成孔困难，施工长度为 12 ~ 15 m，围岩软弱破碎富水，具体坍塌情况如图 4.173 和图 4.174 所示。

图 4.171　隧道坍塌示意图 3

图 4.172　隧道坍塌示意图 4

图 4.173　隧道坍塌示意图 5

图 4.174　隧道坍塌示意图 6

4.4.2　隧道过破碎带围岩富水性研究

1. 三维地质雷达与瞬变电磁探测方法

地质雷达法是一种用于确定工程结构与地层介质分布的电磁波法[12]。地质雷达由发射天线 T 将高频的电磁波以宽带短脉冲形式向隧道掌子面前方发出，在电磁波向掌子面前方传播的过程中，当遇到电性差异的目标体（如空洞、裂隙、岩溶等）时，电磁波便在不同电性介质交界面发生反射，由接收天线 R 接收反射波[13-15]。地质雷达反射探测原理见图 4.175。

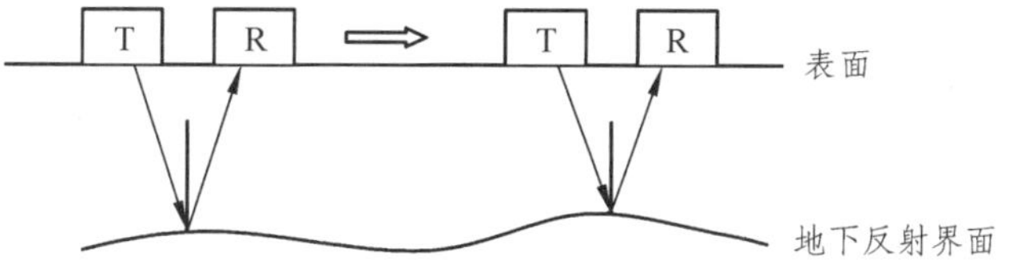

图 4.175　地质雷达探测原理图

通过电磁波在空气中的传播速度 c、地质体的介电常数 ε_i，可计算出反射波的波速 v 为

$$v = \frac{c}{\sqrt{\varepsilon_i}} \tag{4.1}$$

则反射点深度 h 为

$$h=\frac{1}{2}vt \tag{4.2}$$

式中：t 为反射波到接收所用的时间（s）。

整合式（4.1）、式（4.2）得

$$h=\frac{ct}{2\sqrt{\varepsilon_i}} \tag{4.3}$$

当电磁波在传播过程中遇到不同的地质体时，由于介电常数的差异，反射波的能量将发生变化。能量的大小由反射系数 R 决定，其计算公式为

$$R=\frac{\sqrt{\varepsilon_1}-\sqrt{\varepsilon_2}}{\sqrt{\varepsilon_1}+\sqrt{\varepsilon_2}} \tag{4.4}$$

式中：ε_1、ε_2 为不同地质体的介电常数。

根据雷达波形、电磁场强度、振幅和双程走时等参数，使用相应雷达资料处理软件对现场采集的探地雷达数据进行处理和分析，便可得到各测线的成果图，以此推断掌子面前方的地质构造及目标体的位置、深度和几何形态[16-19]。区别于传统的二维地质雷达超前预报数据处理方式，三维地质雷达基于天线发射电磁波所具有的方向性，采取定向辐射方法，在有限空间内对隧道前方呈放射性采集雷达回波信号，通过对射线所覆盖的空间区域内不同位置的质点目标介质进行定性分析，反演目标介质的空间位置及规模形态，采用多维时空建模，重构目标介质谱能强度在探测空间中的 3D 分布，直观反映出勘查探测结果。

2. 瞬变电磁超前地质预报方法

此部分内容见“2.1.3 瞬变电磁法”的（1）基本原理。

4.4.3 工程实例

1. 工程概况

五老山隧道位于云南省临沧市内，设计为左、右幅分离式双洞单向行驶两车道隧道。左幅进出口设计高程 1 789.86 ~ 1 706.70 m；右幅进出口设计高程 1 789.95 ~ 1 692.59 m。

隧道工程区域内分布的主要地层为：

（1）第四系全新统残积坡积层（Q_4^{el+dl}）。

该地层呈褐红色、硬塑状态，主要由黏粒及粉粒组成，含少量风化砂砾，切面光滑，韧性中等，干强度较高，无摇振反应。

（2）元古宇（PR）岩层。

该地层区域上岩性为黑云变粒岩、花岗质混合片麻岩、均质混合岩夹片麻岩、少量斜长角山岩、透辉变粒岩、云母片岩、石英岩残留体，向印支期混合花岗岩相渐变过度。变粒岩：灰白色、灰褐色、杂色，粒状变晶结构，块状构造。主要由黑云母、白云母、石英、斜长石、钾长石等矿物组成。

（3）印支期（γ_{m5}^{1}）岩层。

混合花岗岩：灰色、灰白色，中—细粒结构、斑状结构，块状构造，主要由黑云母、石英、斜长石、钾长石及部分副矿物等组成。

隧址区位于临沧花岗岩的冲断叠瓦构造体系内，组成该构造体系的断裂规模大，延伸远。研究区挟持于大生地断裂 F_{46} 与上忙布断裂 F_{47} 之间，两条断裂呈近 SN 向展布，对地下水的形成分布具有控制性作用，使岩体结构面具有压性和压扭性的特征。据现场调查和物探资料分析，推测受构造作用影响，隧道左幅左侧次生一条 f_1（N68°W）小断层，见图 4.176。

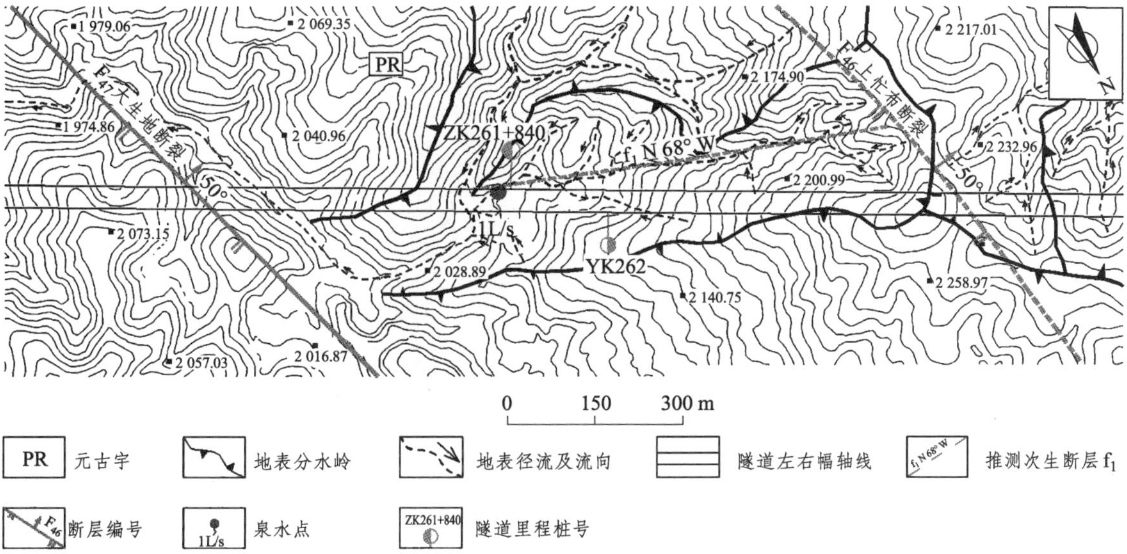

图 4.176　五老山隧道左幅 ZK261+750～ZK262+850 段、右幅 K261+750～K262+850 地质平面图

当前开挖位置进口左幅 ZK261+840 处采用上下两台阶法开挖，出露围岩以青灰色强～中风化片麻岩夹杂粉质黏土为主，岩体锤击声不清脆，无回弹，较易击碎；浸水后，指甲可刻出凹痕，判定为较软岩。掌子面岩体完整性差，岩石结构呈碎裂状。掌子面左侧和中部节理裂隙密集带，发育各种类型结构面，结构类型呈碎裂状结构；右侧结构类型呈现裂隙块状结构，夹杂大量固结物、泥沙，层间结合很差，黏结力差。岩体裂隙水发育，掌子面潮湿，右侧呈淋雨状出水。总体上掌子面围岩完整性差，自稳能力差，无管棚支护条件下易发生坍塌、岩体脱落、涌泥等现象。掌子面具体情况见图 4.177 和图 4.178。

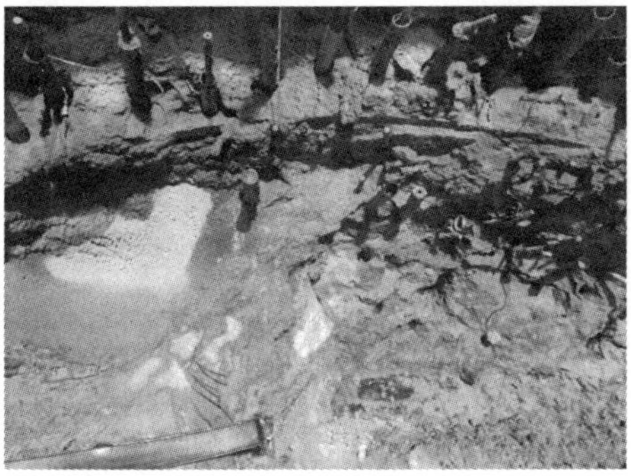

图 4.177　掌子面左侧

图 4.178　掌子面右侧

根据现场岩体破碎情况，以及掌子面渗水情况，为了确保工程施工的安全顺利开展，需要查明掌子面前方区域的地质情况。

2. 三维地质雷达探测结果

探测选用地质雷达主机型号为 AGI-GPR，雷达天线为 AGI-75MHZ，可探测周边围岩 50 m 范围、掌子面方向 100 m 范围内的地质情况。本次探测里程为 ZK261+808 ~ ZK261+908 标段，其中 ZK261+808 ~ ZK261+840 为已开挖段，测线布置如图 4.179 所示，采用点测模式，雷达波束环向扫描间距 5°，空间扫描伞角分别为 10°、20°、30°、40°、50°、60°、70°、80°。

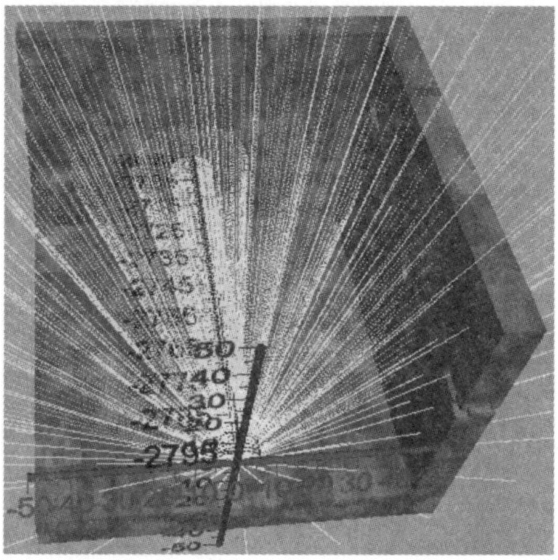

图 4.179　雷达波定向辐射射线分布数据采集

探测生成的二维地质雷达波形图局部见图 4.180。从二维波形图来看，该标段内存在破碎带、富水区，但无法对破碎带、富水区的具体规模和分布情况进行准确的定位。雷达主机接收数据后，通过谱能分析，重构目标介质谱能强度在三维空间内的分布状况，进行三维成像，见图 4.181。

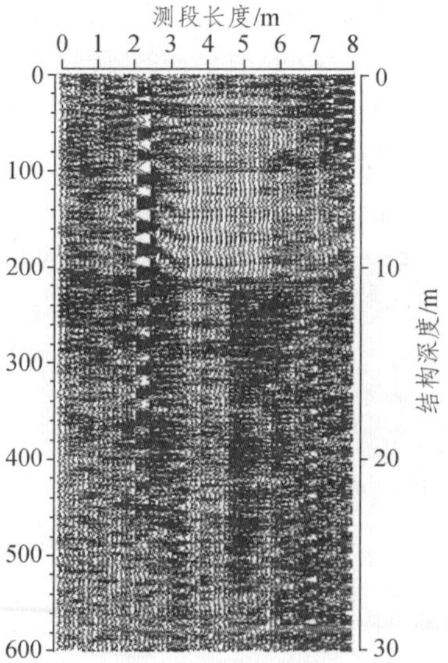

图 4.180　ZK261+840 ~ ZK261+870 地质雷达二维波图

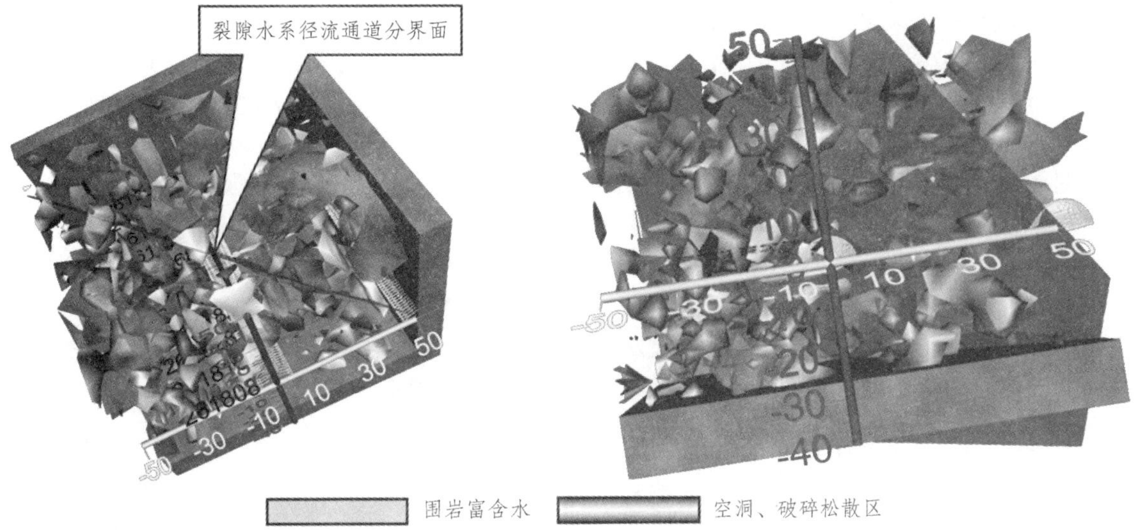

图 4.181　隧道 ZK261+808 ~ ZK261+908 标段三维地质雷达探测成像综合结果图

该标段内围岩空腔、破碎松散区和富水区详细分布情况见图 4.182 和图 4.183。

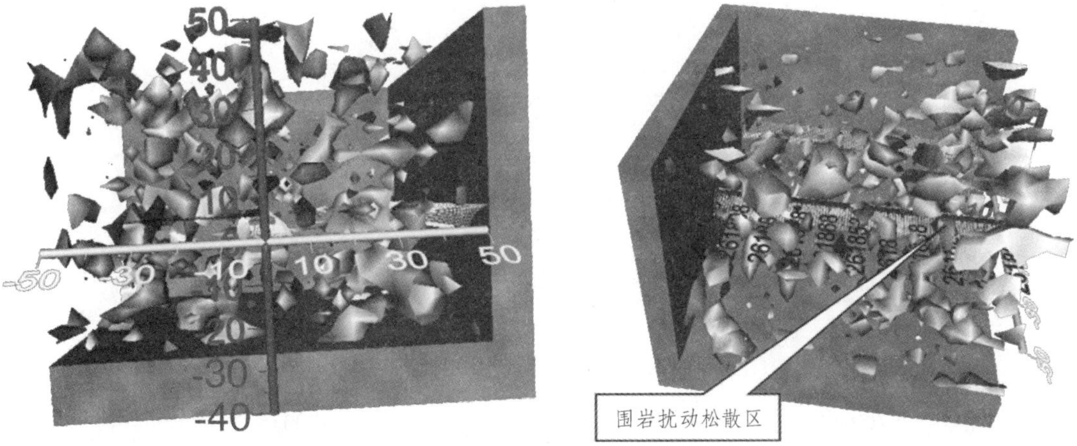

图 4.182　隧道 ZK261+808 ~ ZK261+908 标段三维地质雷达周边围岩空腔、破碎松散区分布探测结果

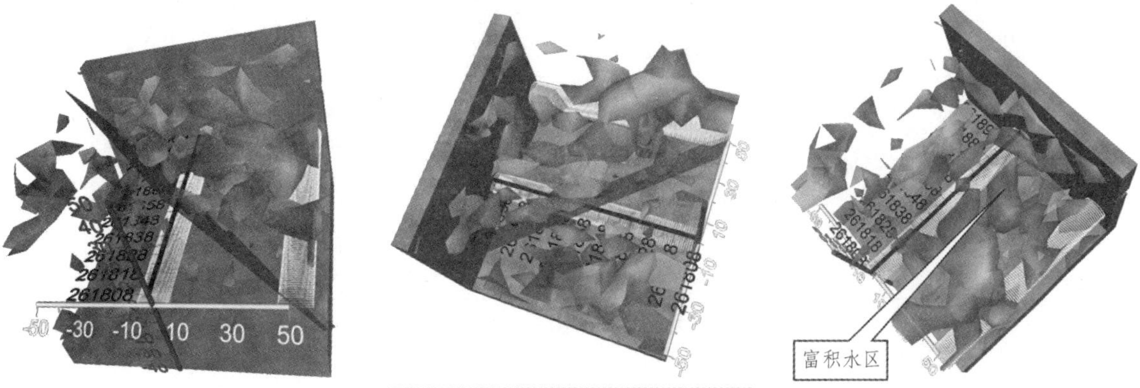

图 4.183　五老山隧道 ZK261+808 ~ ZK261+908 标段三维地质雷达周边围岩富水区分布探测结果

图 4.182 显示，测控区空间范围 ZK261+808 ~ ZK261+863 段周边围岩裂隙较发育，自稳性差，遇水极易破碎滑塌，其中 ZK261+808 ~ ZK261+840 已开挖洞身里程段，其周边围岩扰动影响至洞身外 5 ~ 30 m 范围，形成了较剧烈的破碎松动圈；掌子面 ZK261+840 正前方岩体相对较完整，在未受开挖扰动时其裂隙发育规模较小，呈零散分布。

图 4.183 显示，测控区空间范围 ZK261+808 ~ ZK261+908 里程段周边围岩裂隙水较丰富，围岩含水性较强，自稳能力差，遇水极易滑塌，开挖段洞身易承压变形；测控区裂隙水分为两个径流通道，其中左幅 ZK261+808 ~ ZK261+840 里程开挖段，拱顶左斜上方洞身 10 m 外有一因开挖扰动形成的富积水区；ZK261+868 处隧道设计洞身拱顶上方存在一处与隧道右幅斜交径流裂隙水通道，影响超出测控区 ZK261+904 里程范围，其中 ZK261+880 ~ ZK261+900 段设计洞身右侧，存在一较大规模的富积水区，裂隙水径流通道规模较大。

3. 瞬变电磁法探测结果

本次工程隧道瞬变电磁法（TEM）资料处理和解释工作是在自行开发的“工程隧道 TEM 数据处理与解释系统”专用软件中进行的。工程隧道 TEM 探测视电阻率等值线拟断面图见图 4.184。

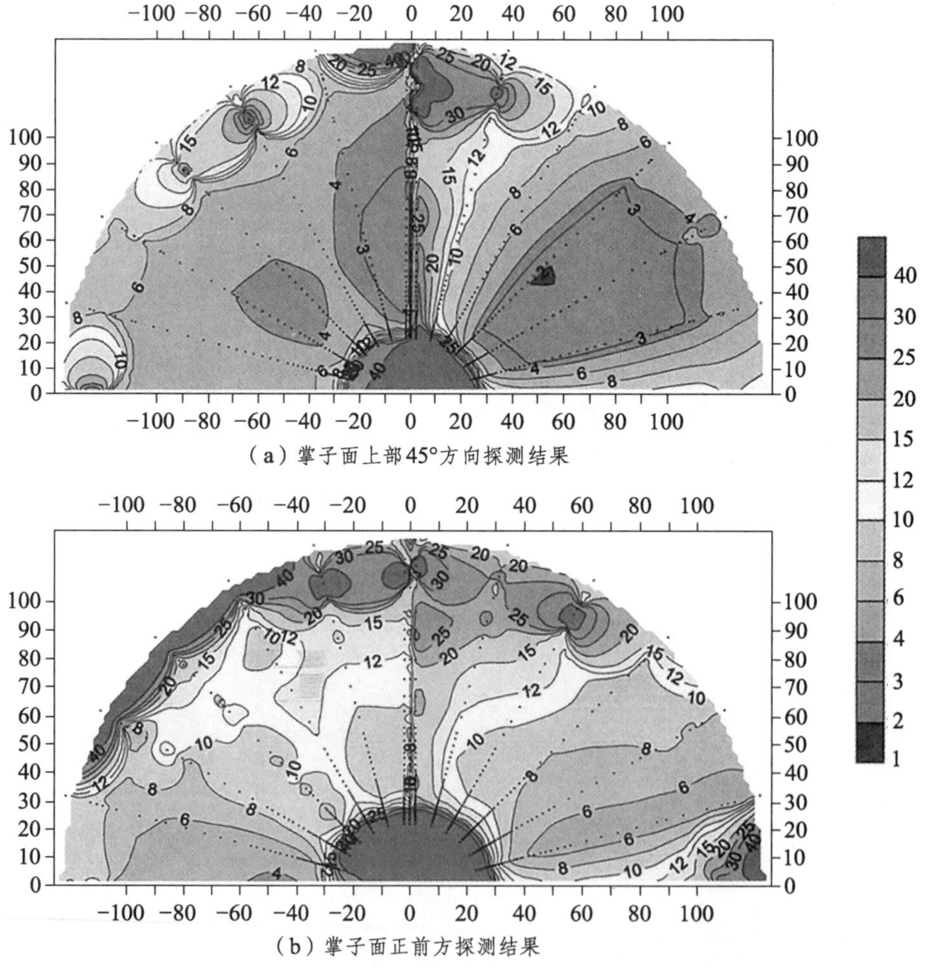

（a）掌子面上部45°方向探测结果

（b）掌子面正前方探测结果

图 4.184　五老山隧道瞬变电磁法超前探测视电阻率等值线

图 4.184 为五老山隧道 ZK261+840 里程工程隧道瞬变电磁法超前探测视电阻率等值线拟扇形图，(a) 为掌子面上部 45°方向探测结果，(b) 为掌子面正前方向探测结果。图中横坐标 0 点对应掌子面正前中心位置，纵坐标为掘进方向探测距离，x 坐标轴负坐标方向对应掌子面位置左侧帮，正坐标方向代表掌子面位置右侧帮。向上部探测时，设计探测方向与岩层呈 45°坐标夹角向上探测。图中不同颜色线区域分界线上的数值代表地下岩层导电性强弱：数值愈大，导电性愈弱；数值愈小，导电性愈强，对应岩层富水性愈强。

分析图 4.184 (a) 视电阻率等值线变化特征，可以看出：掌子面左前方 25° ~ 45°沿探测方向距离 40 ~ 70 m 范围内、左前方 60° ~ 90°沿探测方向距离 30 ~ 100 m 范围内，等值线数值小于 4 Ω · m，为低阻反映，说明掌子面上部对应位置含水裂隙发育，富水性强。掌子面右前方 15° ~ 50°沿探测方向距离 30 ~ 100 m 范围内，等值线数值小于 4 Ω · m，为低阻反映，说明掌子面上部对应位置含水裂隙发育，富水性强；其他探测范围较此处相比视电阻率较低，等值线数值小于 8 Ω · m，说明富水性较强。

分析图 4.184 (b) 视电阻率等值线变化特征，可以看出：掌子面左前方 0° ~ 30°沿探测方向距离 30 ~ 100 m 范围内、右前方 0 ~ 45°沿探测方向距离 30 ~ 100 m 范围内，等值线数值小于 8 Ω · m，为相对低阻反映，说明掌子面正前对应位置含水裂隙发育，富水性稍强。其他探测范围较此处相比视电阻率较低，说明富水性一般。

4. 结论

(1) 由于在构造上受弧形构造带、经向构造带及澜沧江构造带的三重控制，隧道区域地层局部发育隐性构造（节理、断裂）糜棱岩化破碎带、节理密集带，岩脉、石英脉体将岩体切割成碎石状。结构面多镜面挤压擦痕和变质、蚀变矿物，并易风化成泥及泥化夹层，且遇水软化。裂隙空间大，裂隙水较发育，局部地段存在承压性。岩体裂隙较发育，裂隙面破碎、软化，易沿节理裂隙面滑动、脆性破裂、块体滑移，造成滑塌或承压变形。

(2) 三维地质雷达探测结果显示，在 ZK261+808 ~ ZK261+908 标段范围内围岩裂隙水富存，在已开挖的 ZK261+808 ~ ZK261+840 范围内由于开挖扰动在该段隧道围岩周边方向 5 ~ 30 m 范围内形成了强烈的围岩破碎松动圈，且直到 ZK261+863 范围内围岩裂隙皆较发育，裂隙水富存；探测到两条径流通道，分别在 ZK261+808 ~ ZK261+840 拱顶左斜方、ZK261+880 ~ ZK261+900 洞身右侧形成了两个富水区。

(3) 瞬变电磁探测结果显示，在掌子面左侧 25° ~ 45°方向 ZK261+880 ~ ZK261+910 范围、60° ~ 90°方向 ZK261+870 ~ ZK261+940 范围内围岩富存裂隙水，在掌子面右侧 15° ~ 50°方向 ZK261+870 ~ ZK261+940 范围内存在一较大的富水区域。

(4) 综合三维地质雷达与瞬变电磁探测结果，裂隙水主要集中在隧道右侧围岩。隧道右侧围岩 ZK261+880 ~ ZK261+940 标段内富水性较强，左侧围岩 ZK261+870 ~ ZK261+940 标段内亦存在一定裂隙水，但相对右侧较少，推测主要为右侧富水区由径流通道运输而来，左侧岩体裂隙的发育情况也稍弱于右侧。该标段开挖时应注意汇流引排，加强支护、加固措施。

(5) 三维地质雷达的探测结果与瞬变电磁探测交集区域结果基本一致，部分差异来自原二维瞬变电磁图像中部分富水区域在三维地质雷达成像图中表现为探测方向面积大、实际体积小，所以只采用瞬变电磁法会存在一定的误判现象，将两者结合能够更准确、直观地掌握隧道围岩的破碎带、富水情况。

4.4.4 专项处理方案

1. 止浆墙及钻机操作平台

全断面注浆施工前需施作止浆墙与钻机操作平台。止浆墙采用 C30 混凝土浇筑，厚 2.5 m、高 7.5 m。止浆墙浇筑前预埋足够数量的 ϕ108 排水管，引水管焊接法兰盘，引水管数量以将水引排至止浆墙外，不影响止浆墙浇筑即可。止浆墙周边采用两环 ϕ32 钢筋与周边围岩连接锚固，锚固钢筋环向间距 1.5 m、长 3.0 m，插入止浆墙和围岩各 1.5 m。钻机操作平台长 9 m，采用 C25 混凝土浇筑 20 cm 厚，平台顶面距离拱顶 5.0 m，便于钻机移动。平台两侧及靠近止浆墙侧均预留 0.8 m 不浇筑混凝土，作为排水沟。平台修建完成后修建钻机爬坡坡道，角度不大于 25°。止浆墙与初支连接如图 4.185。

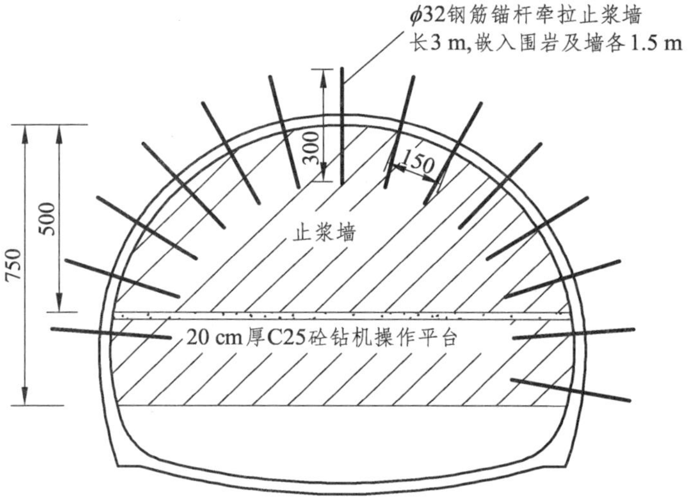

图 4.185 止浆墙与初支连接示意图（单位：cm）

2. 加固范围

全断面超前预注浆段桩号为右幅 K261+810 ~ K261+835、左幅 ZK261+840 ~ ZK261+865，长 25 m，共设 2 个循环段，每个循环注浆加固长度 25 m（含止浆墙），开挖长度 17 m（含止浆墙），预留 8 m 作为止浆盘。径向加固范围为上半断面开挖面及开挖轮廓线外 8 m，仰拱加固至轮廓线外 8 m。注浆孔注浆液扩散半径为 2 m，终孔间距小于 3.25 m，单循环设 15 m 补充断面、25 m 终孔断面 2 个注浆断面，共 106 根，如图 4.186 ~ 图 4.189 所示。在实际施工过程中若出现涌水较大或其他明显异常的情况，应及时采取周边补孔设计，作为补充注浆及效果检查之用。

3. 注浆工艺

根据类似地层注浆施工经验，结合地层特点采用钻杆后退式分段注浆、前进式分段注浆与集束水平袖阀管束分段注浆相结合的施工工艺[20-23]。前进式注浆分段长度为 5 ~ 8 m；钻杆后退式注浆分段长度为 2 ~ 4 m；水平袖阀管束注浆工艺为先钻孔至终孔，然后在孔内下入 2 ~ 3 根 ϕ25 水平袖阀管，实现分段注浆，水平袖阀管兼作锚杆。注浆前钻设 3 ~ 5 个注浆孔对掌子面前方地层进行判别并确定注浆工艺。

4. 注浆材料

为满足堵水加固的要求，现场采用以快硬硫铝酸盐水泥单液浆为主、普通水泥-水玻璃双液浆为辅的浆液。施工过程中根据涌水情况及地质情况调整[24]。注浆材料及规格型号如下：

快硬硫铝酸盐水泥：42.5；

普通硅酸盐水泥：P・O 42.5；

水玻璃：浓度 40°Bé，模数 2.4 ~ 2.8。

浆液配比参数如表 4.6 所示。

图 4.186 K261+812 ~ K261+837 全断面注浆纵断面图（单位：cm）

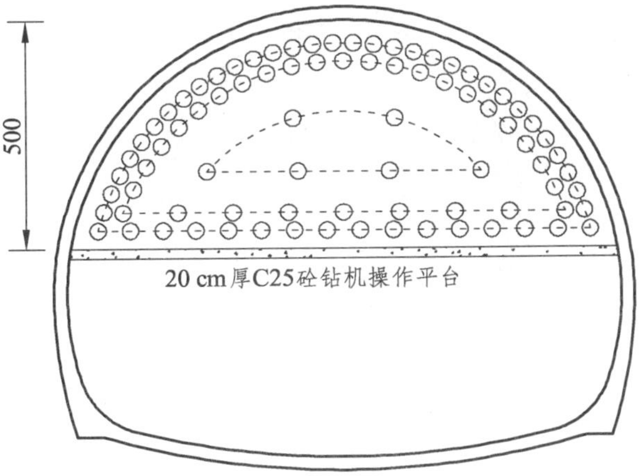

图 4.187 注浆开孔（单位：cm）

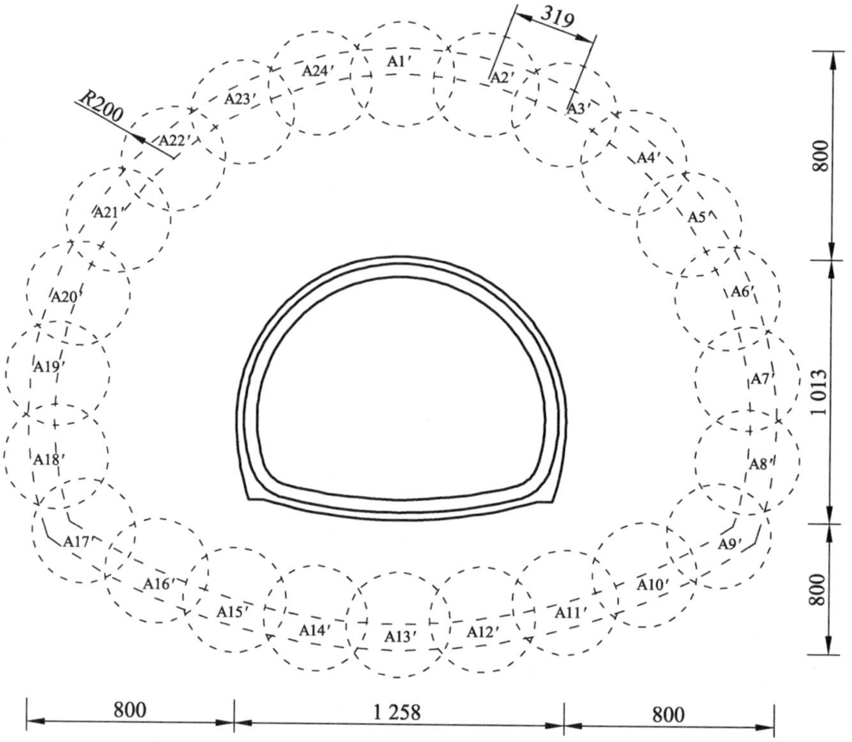

图 4.188　15 m 补充断面图（单位：cm）

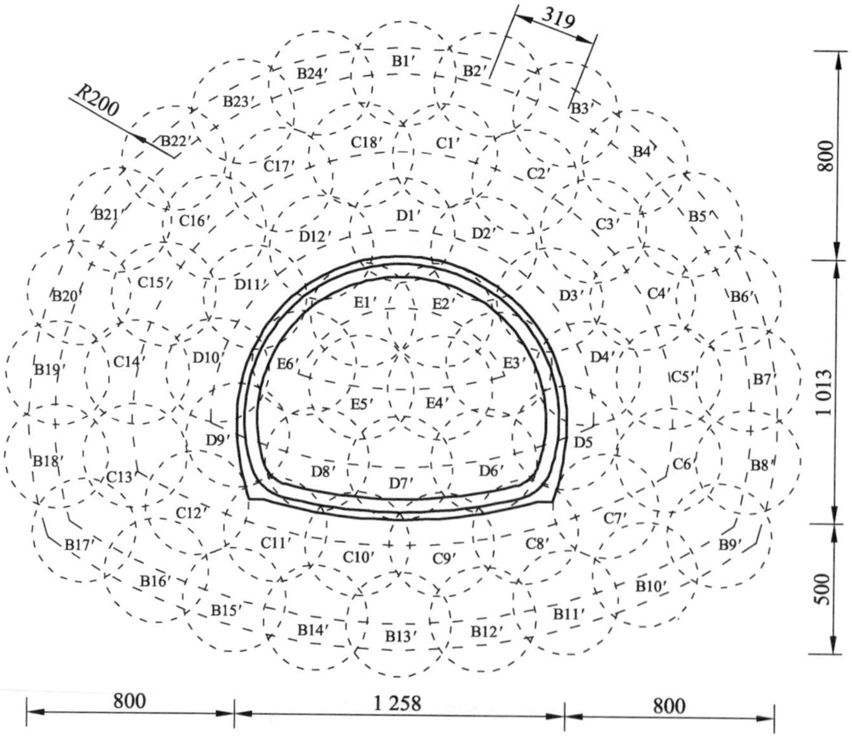

图 4.189　25 m 终孔断面图（单位：cm）

表 4.6 浆液配比参数

名称	浆液配比		备　注
	W：C（水灰比）	C：S（体积比）	
快硬硫铝酸盐水泥单液浆、普通水泥单液浆	（0.8～1.0）：1	—	根据钻孔地质及出水情况进行选择
普通水泥-水玻璃双液浆	（0.8～1）：1	1：1	

5. 注浆顺序

发散-约束型注浆按“先外后内、自下而上、间隔跳孔”原则进行[25]。上半断面跳孔用集束袖阀管工艺改善塌方体的超前锚固作用。

6. 超前管棚施工

全断面注浆完成后在拱部 120°范围施作管棚支护，外插角 5°，开孔环向间距 36 cm，管棚长度为 25 m，单循环打设 35 根。管棚采用 ϕ89×5 无缝钢管制作，节长 3 m，每两节管棚采用 40 cm 长的 ϕ76×4.5 管内插作为接头进行焊接，管棚前端加工成锥形封闭，沿管壁每 50 cm 钻设一对 ϕ10 mm 溢浆孔。管棚注浆采用早强硫铝酸盐水泥单液浆，配比同超前注浆，注浆压力不大于 3 MPa。超前管棚如图 4.190 和图 4.191 所示。

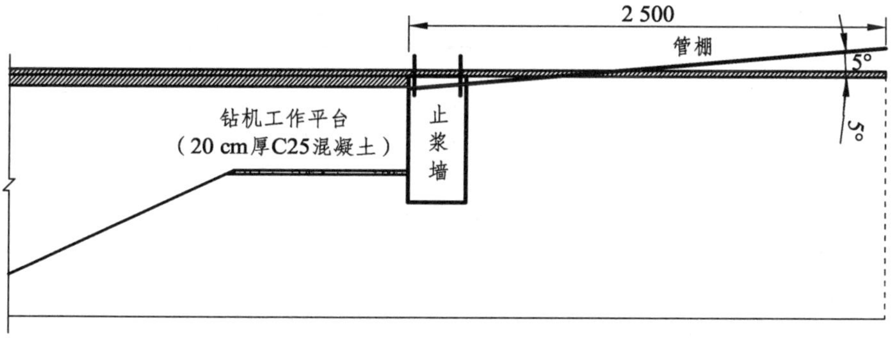

图 4.190 超前管棚纵剖面图（单位：cm）

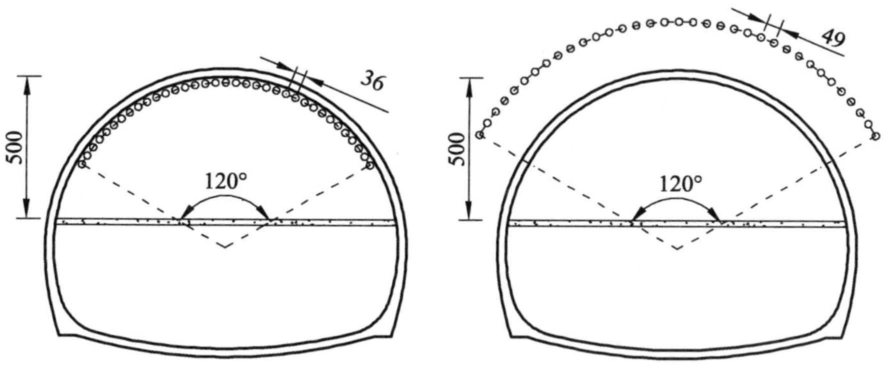

图 4.191 管棚开孔、终孔断面图（单位：cm）

7. 注浆参数（表 4.7）

表 4.7　每循环注浆参数

序号	参数名称		参数值
1	加固范围	纵向	循环长度为 25 m（含止浆墙），开挖长度为 17 m，预留 8 m 作为止浆盘
		径向	开挖面及开挖轮廓线外 8 m，仰拱加固至轮廓线外 5 m
2	浆液扩散半径		2.0 m
3	注浆终压		3.0 ~ 5.0 MPa
4	注浆孔直径		ϕ90、ϕ115
5	注浆速度		10 ~ 90 L/min
6	终孔间距		≤3.25 m
7	注浆方式		钻杆后退式分段注浆、前进式分段注浆与集束水平袖阀管束分段注浆相结合
8	注浆孔数量		84 个
9	管棚孔数量		35 个
10	检查孔数量		5 个
11	孔口管		L=2.0 m，ϕ108 mm，壁厚 5 mm

8. 注浆量

（1）总注浆量。

第一循环注浆加固断面面积为 528.04 m^2，加固长度为 25 m，加固体积为 13 201 m^3，由于是涌泥段加固，孔隙率暂按 30%考虑，注浆量为 3 960.3 m^3。

（2）单孔每延米注浆量。

单孔单段注浆量采用下式进行计算：

$$Q = \pi R^2 Hn\alpha(1+\beta)$$

式中：Q 为单孔单段注浆量（m^3）；R 为浆液扩散半径（m）；H 为注浆分段长度（m）；n 为地层空隙率（裂隙度）；α 为地层空隙或裂隙填充率；β 为浆液损失率。

本次注浆施工单孔每延米注浆量为：

$$Q = \pi R^2 Hn\alpha(1+\beta) = 3.141\,6 \times 2^2 \times 1 \times 0.3 \times 0.85 \times (1+0.04) = 3.33\ \mathrm{m^3/m}$$

总注浆量及单孔单段注浆量作为本循环全断面注浆的参考注浆量，在由外至内的注浆过程中，实际单孔单段注浆量会减小。最终注浆量以现场实际消耗为准。

9. 注浆结束标准

（1）单孔注浆结束标准。

① 注浆压力达到设计注浆终压，并维持 5 ~ 10 min，即可结束该孔注浆。

② 在注浆过程中，当实际注浆量达到设计注浆量的 1.5 倍，而压力未达到设计终压时，可调节浆液凝结时间，使得压力到达设计终压，结束注浆。

（2）全段结束标准。

① 所有注浆孔均已符合单孔结束条件，无漏注现象。

② 依据注浆量分布，取薄弱环节设计检查孔，按总注浆孔的 5%设计，检查孔满足出水量不超过 2 L/（m · min）的要求。

10. 注浆效果检查

钻孔检查法：按总注浆孔的 5%设置检查孔，检查孔应在均布的原则下，结合注浆资料的分析布设；检查孔应无涌泥、不塌孔，渗水量应小于 2 L/min 或小于设计涌水量，否则应予补注。采用孔内成像仪器观察检查孔成孔情况及浆液分布情况。

4.4.5 主要设备配置

注浆施工所采用的主要机械设备如表 4.8 所示。

表 4.8 隧道内注浆机械设备配置表

序号	机械名称	型　号	数量	单位	备　注
1	多功能地质钻机	KR805-1	1	台	
2	高风压空压机		1	台	2 MPa、30 m^3
3	双液高压注浆泵	KBY 系列	3	台	
4	水泥浆搅拌桶	自购	2	台	容量≥300 L
5	自搅拌储浆桶	自购	1	个	储存水泥浆
6	清水桶	自制	2	个	容量≥100 L
7	混合器	T 型	2	个	与注浆泵配套购置
8	高压注浆管	ϕ25 mm	200	m	与注浆泵配套购置
9	防震压力表	16 MPa	10	个	

4.4.6 主要进度指标

每循环超前注浆按 4 孔/d，计 21 d；管棚按 5 根/d，计 7 d；检查孔按 5 孔/d，计 1 d：合计每循环施工 29 d。未考虑径向注浆及进出场时间。

4.4.7 质量保证措施

（1）在钻孔过程中如遇涌水，单孔出水量小于 2 m^3/h 时，继续钻进；若水量在 2 ~ 5 m^3/h，则注意观察水量变化情况，并通知值班技术工程师，决定是否注浆；若水量大于 5 m^3/h，则停止钻进，退出钻杆，同时通知项目技术负责人到现场制订有关处理方案。

（2）配制浆液时严格按照制浆要求按顺序投料，不得随意增减数量；水泥在倒入搅拌桶前捡去其中的水泥纸及包装线等杂物，要在倒入口安装过滤筛。

（3）水泥浆搅拌好放入储浆桶后，在吸浆过程中要不停地搅动，注意观察，防止浆液离析，影响配比参数。

（4）注浆泵水泥浆吸浆头安设吸浆龙头，水玻璃吸浆头用纱网包裹，防止大颗粒吸入卡在注浆泵的圆球与胶圈间造成吸浆能力减弱，并间隔一定时间提起吸浆头晃动，防止浆液堵塞吸浆头。

（5）注浆管路连接完毕后，关闭进浆阀，打开泄压阀先压水检查注浆管路的密闭性，各种连接应连接牢固，防止高压下脱开伤人。

（6）注浆开始时，先打开进浆阀，再关闭泄浆阀；注浆结束时，先关闭进浆阀，再打开泄浆阀，待泄压后清洗管路并拆卸注浆管路。

（7）注浆过程中遇到突然停电时，要立即拆卸下注浆胶管，用高压水冲洗干净管内的浆液。与洞外联系后，如停电时间较长，应将注浆管全部拆下冲洗，注浆泵也要拆洗，将搅拌机中浆液放入储浆桶后清洗搅拌机。

（8）注浆过程中，若地层吸浆量很大，注浆压力长时间不上升，则可通过调整浆液配比，缩短浆液凝胶时间，以达到控制注浆范围的目的。

（9）注浆过程中，如注浆压力突然上升，则应立即停止注浆泵工作，打开泄浆阀泄压，找明原因后再决定该孔是否继续注浆；如是管路堵塞，则清除故障后继续注浆；如管路未堵塞，接管注浆时仍旧出现压力突然上升，则可结束该孔注浆。

（10）注浆过程中，如发生其他孔串浆，可关闭该串浆孔继续注浆；但若串浆发生频繁时，应加大钻孔与在注浆孔的间隔或钻一孔注一孔，减少串浆现象。

（11）注浆过程中，如跑、漏浆现象严重，可通过间歇注浆技术或通过调整浆液配比缩短凝胶时间的方法进行封堵；若该措施无效，则可暂停该孔注浆，分析原因，采取其他措施。

（12）注浆过程中，要保持注浆管路畅通，防止因管路堵塞而影响注浆结束标准的判断。注浆连接件、注浆头应经常清洗干净。注浆结束后，一定要清洗管路，清洗完后，把注浆管从注浆法兰盘上拆下，并及时把注浆法兰盘从孔口管上拆下，以便下一次扫孔。

（13）严格按照设计的段长进行分段注浆，不得任意延长分段长度，必要时可进行重复注浆，以确保注浆质量。

（14）钻孔时，值班工程师应注意出水量，并按时测定出水量。

4.4.8　安全保证措施

（1）注浆压力从低到高逐渐加压，但注浆压力不宜过高，达到设计注浆压力即可停止注浆，避免过多地扰动地层。

（2）施工时项目部应安设有一定排水能力的排水系统，施工中应做好排水准备工作，以防止施工中大量涌水形成危害；准备好抢险材料，做好抢险准备工作。

（3）钻孔、注浆人员熟练掌握有关作业规程；禁止在不停机械的情况下进行任何修理；注浆泵及管路内压力未降至零时，不拆除管路或松开管路接头，以免浆液喷出伤人；钻机和注浆泵由专人负责操作，未经同意其他人不得操作；注浆人员在拆管路、操作注浆泵时戴防护眼镜，以防浆液溅入眼睛。

（4）注意用电安全，高空作业应有防坠落措施，采用合格电线，并安装漏电保护装置，防止漏电，布线、接头时要做到安全无故障。

（5）在扫孔过程中，人员撤离到安全地带，防止由孔口吹出土石块伤人。

（6）每一孔注浆完成后，先泄压，再拆管，防止注浆管内高压伤人。

（7）在钻孔、注浆过程中加强洞内量测和检查，随时掌控围岩变形情况，如发现围岩变形异常，立即采取措施。

（8）钻孔、注浆上下同时作业时，搭设支架必须牢固，同时支架上必须面铺木板，以满足支架上人员和机械设备的安全正常使用。

（9）钻机、注浆泵应定期保养、修护、加油。

（10）洞内掌子面后方 30 m 范围内要加固，注浆期间洞内要加强监测。

（11）掌子面应有安全警报系统和通信系统，并充分准备排水系统和应急材料，防止涌水、突泥，一旦其他掌子面出现险情，立即报警，组织现场人员撤离。

4.4.9 环境保证措施

（1）开始施工前组织所有人员进行生态资源环境保护知识学习，增强环保意识，保证环保工程质量，采取有效措施，使施工过程对生态环境的损害降到最低。

（2）生活、生产区设污水处理池，生活、生产污水经严格净化处理并经检验，符合国家环保标准后再排放。

（3）控制施工使用的水泥、外加剂等化学材料的泄漏，避免浆液污染洞外居民的生活、生产用水。

（4）对施工作业现场等易产生粉尘的地段定时进行洒水加强通风，对各类机械车辆定期维修，使产生的粉尘公害减至最低程度。

（5）在水泥搅拌过程中，水泥添加作业规范，搅拌设施保持密闭，防止添加、搅拌过程中大量水泥扬尘外逸。

（6）施工机械防止漏油，不将机械运转过程中产生的油污水未经处理就直接排放，或维修施工机械时油污水直接排放。

（7）施工过程中，各种施工机械作业采取措施，减少噪声的环境影响。

（8）施工结束后清理场地。

（9）施工过程中产生的废建材、废料等必须及时收集，能综合利用的应综合利用，不能综合利用的则应合理分配利用或作专业处理。

5

高速公路隧道高温积热环境研究

5.1 隧道施工通风基本理论

5.1.1 隧道热源计算

近年来，随着我国隧道工程建设的不断发展，隧道建设逐步向纵深和长度方向推进。然而，此类隧道往往存在距离过长的问题，导致机械设备、爆破、人员等释放的热量在施工作业过程中难以排出，极易对施工效率和工人的人身安全产生重大影响。因此，研究隧道温度场演化规律，采用适当的降温方法是十分重要的[26-28]。要掌握隧道内的温度场演化规律，首先需要找到隧道中的主要热源，计算散热量。隧道中的能量计算一般考虑以下几个方面：

1. 围岩热交换方程

$$Q_r = KUL(t_s - t)$$

$$K = \frac{1}{1+\dfrac{\lambda}{2aR}}\left[\frac{\lambda}{2R} + \frac{b}{2\sqrt{\tau\left(1+\dfrac{\lambda}{2aR}\right)}}\right]$$

式中，Q_r 为围岩与风流总换热量（kW）；K 为不稳定换热系数；U 为隧道周长（m）；R 为隧道半径（m）；b 为隧道掌子面高度（m）；τ 为换热时间（s）；t_s 为围岩初始平均温度（°C）；t 为隧道内风流平均温度（°C）；λ 为岩石的导热系数[kW/(m·°C)]；a 为岩石的导温系数（m^2/h）。其中导热系数 λ 和导温系数 a 参照表 5.1 所示。

表 5.1　常见岩石的导热系数和导温系数

岩石	温度/°C	导热系数 λ/[W/（m·k）]	导温系数 α/（$\times10^{-3}$ cm^2/s）
玄武岩	50	1.61 ~ 1.73	6.38 ~ 6.83
辉绿岩	25	2.32	9.46
闪长岩	25	2.04	9.47
花岗岩	50	2.17 ~ 3.08	10.29 ~ 14.31
花岗闪长岩	20	1.64 ~ 2.33	5.03 ~ 9.06
片麻岩	50	2.58 ~ 2.94	11.34 ~ 14.07
大理岩	25	2.89	

续表

岩石	温度/°C	导热系数 λ/[W/（m·k）]	导温系数 α/（$\times 10^{-3}$ cm^2/s）
石英岩	50	6.18	29.52
硬石膏	50	4.10 ~ 6.07	17.00 ~ 25.70
黏土泥灰岩	50	1.73 ~ 2.57	8.01 ~ 11.66
白云岩	50	2.52 ~ 3.79	10.75 ~ 14.97
灰岩	50	1.70 ~ 2.68	8.24 ~ 12.15
钙质泥灰岩	50	1.84 ~ 2.40	9.04 ~ 9.64
致密灰岩	50	2.34 ~ 3.51	10.78 ~ 15.21
泥灰岩	50	2.32 ~ 3.23	9.89 ~ 13.82
黏土板岩	50	1.44 ~ 3.68	6.42 ~ 15.15
盐岩	50	4.48 ~ 5.74	25.20 ~ 33.80
砂岩	50	2.18 ~ 5.10	10.90 ~ 423.62
板岩	50	2.60	

2. 隧道内水与风流换热

$$Q_w = mc(t_0 - t_b)$$

式中：Q_w 为隧道涌水总换热量（kW）；m 为涌水量（kg/s）；c 为水的比热容，取 4.2kJ/（kg·°C）；t_0 为涌水的初始温度（°C）；t_b 为涌水流出计算段时的温度（°C）。

3. 机械放热

$$Q_j = \eta N$$

式中：Q_j 为机械产热总量（kW）；η 为设备放热系数，综合现场设备散热情况，取 0.35；N 为设备功率（kW）。

4. 人体散热

$$Q_m = xu$$

式中：Q_m 为计算段内人员总放热（kW）；x 为总人数；u 为人的平均发热量，通常情况下利用劳动强度作为其参考值：静止状态时取值为 0.09 ~ 0.12 kW，轻度劳动强度时取值为 0.2 kW，中等劳动强度时取值为 0.275 kW，繁重劳动强度时取值为 0.47 kW。

5. 爆破产热

$$Q_b = 0.14p$$

式中：Q_b 为爆破总产热（kW）；p 为炸药量（kg）。

根据《高温作业分级》（GB/T 4200—2008）标准，28 °C 为人体适宜工作温度环境，以 28 °C 为降温控制目标，由于围岩本身温度为 28 °C，隧道涌水水温 26 °C，所以本研究中不考虑围岩、涌水的换热。现场监测发现，五老山隧道内高温主要集中在距离工作面 100 m 的范围内，考虑该范围内各热源的散热工作间隔，将各个项目按权重系数叠加，降温冷负荷取 1.2 的附加系数，则总散热量为

$$Q = 1.2 \times (0.8Q_j + 0.9Q_m + Q_b)$$

式中：Q 为隧道内热源总放热（kW）。

根据计算段范围内现场工作设备实际测量记录，得出各热源计算参数见表 5.2 所示。

表 5.2　各热源计算参数取值

参数	取值	单位
N	1 422	kW
x	40	人
u	0.47	kW
p	380	kg

其中：N 为现场设备散热功率，x 为计算段内施工总人数，u 为人的平均发热量，p 为爆破时的炸药量。

将表 5.2 中取值带入前述公式中计算可得：

$$\text{机械放热：} Q_j = \eta N = 0.35 \times 1\,422 = 497.9\ \text{kW}$$

$$\text{人体散热：} Q_m = xN = 0.47 \times 40 = 18.8\ \text{kW}$$

$$\text{爆破产热：} Q_b = 0.14p = 0.14 \times 380 = 53.2\ \text{kW}$$

$$\text{总散热量：} Q = 1.2 \times (0.8Q_j + 0.9Q_m + Q_b) = 562\ \text{kW}$$

因此得到隧道中计算工作段内最高峰值总散热量为 562 kW。

5.1.2　流体动力学控制方程

1. 流体的质量守恒方程

任何流体问题都必须满足质量守恒定律。该定律可表达为：单位时间内流体微元体中质量的增加，等于同一时间间隔内流入该微元的净质量。按照这一定律，可以得出质量守恒方程（mass conservation equation）。

$$\frac{\partial \rho}{\partial t} + \frac{\partial(\rho u)}{\partial x} + \frac{\partial(\rho v)}{\partial y} + \frac{\partial(\rho w)}{\partial z} = 0$$

式中：ρ —— 密度（kg/m³）；

T —— 时间（s）；

u —— 速度矢量 $\boldsymbol{u}$ 在 x 方向上的分量（m/s）；

v —— 速度矢量 $\boldsymbol{u}$ 在 y 方向上的分量（m/s）；

w —— 速度矢量 $\boldsymbol{u}$ 在 z 方向上的分量（m/s）。

上式给出的是瞬态三维可压流体的质量守恒方程。若流体不可压，则密度 ρ 为常数，上式变为

$$\frac{\partial u}{\partial x}+\frac{\partial v}{\partial y}+\frac{\partial w}{\partial z}=0$$

2. 流体的动量守恒方程

动量守恒定律也是任何流体系统都必须满足的基本定律。该定律可表达为：微元体中流体的动量对时间的变化率等于外界作用在该微元体上的各种力之和。该定律实际上是牛顿第二定律。按照这一定律，可以导出 x、y、z 三个方向的动量守恒方程：

$$\frac{\partial(\rho u)}{\partial t}+\mathrm{div}(\rho u\boldsymbol{u})=-\frac{\partial P}{\partial x}+\frac{\partial \tau_{xx}}{\partial x}+\frac{\partial \tau_{yx}}{\partial y}+\frac{\partial \tau_{zx}}{\partial z}+F_x$$

$$\frac{\partial(\rho v)}{\partial t}+\mathrm{div}(\rho v\boldsymbol{u})=-\frac{\partial P}{\partial y}+\frac{\partial \tau_{xy}}{\partial x}+\frac{\partial \tau_{yy}}{\partial y}+\frac{\partial \tau_{zy}}{\partial z}+F_y$$

$$\frac{\partial(\rho w)}{\partial t}+\mathrm{div}(\rho w\boldsymbol{u})=-\frac{\partial P}{\partial z}+\frac{\partial \tau_{xz}}{\partial x}+\frac{\partial \tau_{yz}}{\partial y}+\frac{\partial \tau_{zz}}{\partial z}+F_z$$

式中：P——流体微元体上的压力（Pa）；

τ_{xx}、τ_{xy}、τ_{xz}——分子黏性作用而产生的作用在微元体上的黏性应力 τ 的分量（Pa）；

F_x、F_y、F_z——微元体上的体力，若体力只有重力，且 z 轴竖直向上，则 $F_x=0$，$F_y=0$，$F_z=-\rho g$。

3. 流体的动量守恒方程

能量守恒定律是包含有热交换的流动系统必须满足的基本定律。该定律可以表达为：微元体中能量的增加等于进入微元体的净热流量加上体力与面力对微元体所做的功。该定律实际上是热力学第一定律。其表达式如下：

$$\frac{\partial(\rho T)}{\partial x}+\mathrm{div}(\rho T\boldsymbol{u})=\mathrm{div}\left(\frac{k}{c_{\mathrm{p}}}\mathrm{grad}\ T\right)+S_T$$

展开形式：

$$\frac{\partial(\rho T)}{\partial x}+\frac{\partial(\rho uT)}{\partial x}+\frac{\partial(\rho vT)}{\partial x}+\frac{\partial(\rho wT)}{\partial x}=\frac{\partial}{\partial x}\left(\frac{k}{c_{\mathrm{p}}}\frac{\partial T}{\partial x}\right)+\frac{\partial}{\partial y}\left(\frac{k}{c_{\mathrm{p}}}\frac{\partial T}{\partial y}\right)+\frac{\partial}{\partial z}\left(\frac{k}{c_{\mathrm{p}}}\frac{\partial T}{\partial z}\right)+S_T$$

式中：c_{p}——比热容[J/（kg·°C）]；

S_T——流体的内热源及由于黏性作用流体机械能转换为热能的部分（kW/m^3）；

K——流体的传热系数。

5.2 隧道热环境的模型建立及参数设置

5.2.1 五老山隧道的数值模拟

1. 模拟工况

本章主要针对五老山隧道在高温热环境的状况下，对隧道进行通风时，分析隧道内温度场的分布情况。为了便于模型的建立，对隧道几何尺寸进行简化。

（1）建立几何模型。

为了模型建立比较容易，将隧道截面尺寸进行了简化处理。隧道模型宽为 12 m，高为 8 m。通风管风口位于隧道右上方位置处，其风管直径为 1.5 m。由于长距离高速隧道温度仅在距离掌子面 100 m 内变化明显，故模型轴线方向计算长度取 200 m，风口距离掌子面 30 m。隧道几何模型见图 5.1。

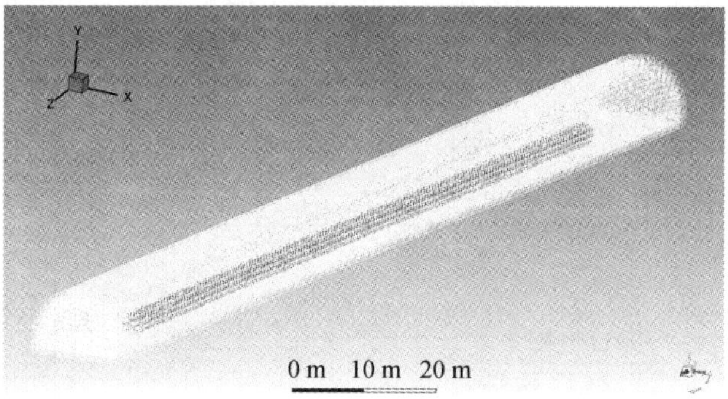

图 5.1 隧道几何模型图

（2）隧道模型网格的划分。

对隧道模型进行网格划分，由于该模型简单，形状较为规则，以体网格划分，故采用三角形单元网格。图 5.2 为隧道横向网格图；图 5.3 为隧道纵向网格图；图 5.4 为风管的网格图。

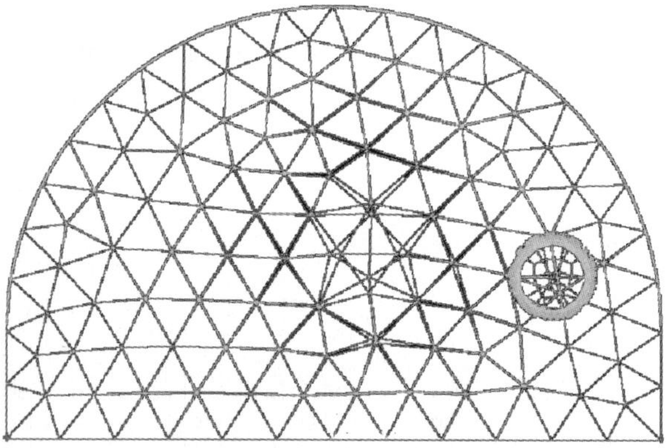

图 5.2 隧道横向网格图

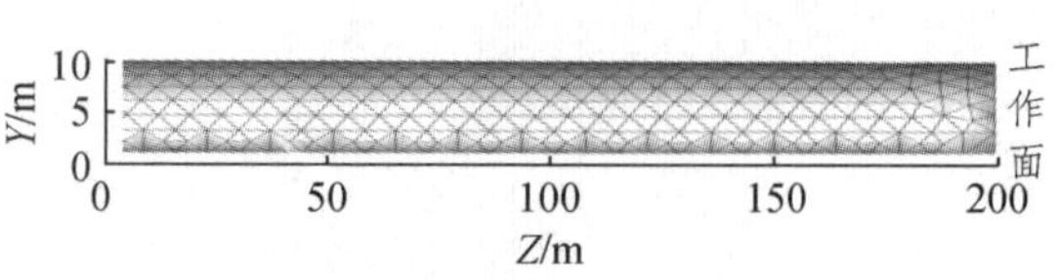

图 5.3 隧道纵向网格图

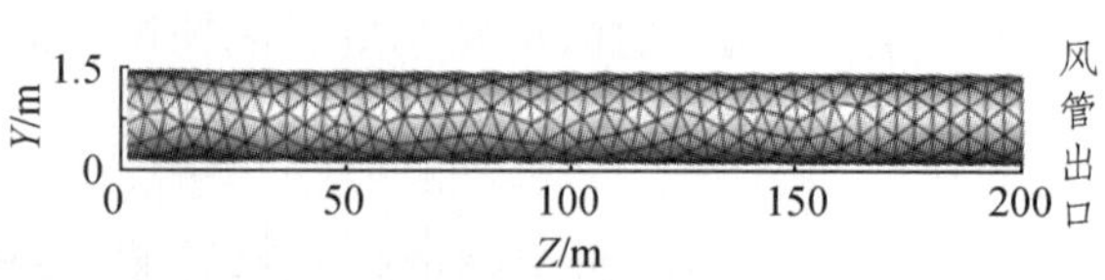

图 5.4 风管的网格图

2. 边界条件及参数的设置

前述计算中隧道工作段内峰值总散热量为 562 kW，相应的，计算时在隧道工作段设置 562 kW 的热源，现场测量出风口平均风速为 6.5 m/s，送风温度 29 °C，风管距离掌子面 30 m。选取风筒送风速度为 6.5 m/s、7.5 m/s、8.5 m/s 的工况进行数值模拟。

计算送风速度为 6.5 m/s、7.5 m/s、8.5 m/s 情况下隧道内温度场的分布情况。风管由于施工限制，只能贴隧道壁架设，射流进入后，在工作段发生复杂的回流扰动，结合雷诺系数计算，模拟采用 k-ε 湍流模型。考虑热交换以及热气流的上行，计算使用能量方程及重力方程，重力取在 Y 方向上，数值取 9.81 m/s²。

计算假设：假设隧道中气体是无黏性的，不考虑气体内部之间的摩擦力；隧道流场实际上会受到众多的扰动，但对峰值状态下温度场的计算影响并不大，所以计算时假设流场是稳定的。

边界条件设置：隧道出口为压力出口，风管入口为速度入口，风速 6.5 m/s，送风温度 29 °C。管壁、围岩、掌子面为墙面边界，分别设置其对应材料参数，隧道围岩温度设置为 28 °C。

5.2.2 温度场分布

1. V=6.5 m/s 时隧道温度变化云图及等值线图

在隧道正常通风条件下，即风速 V=6.5 m/s 时，选取距离掌子面 5 m、10 m、15 m、20 m、25 m、30 m、40 m、50 m 断面上的温度云图、等值线图以及隧道中线剖面上（X=0）的温度云图分布情况做分析。其中温度变化云图如图 5.5 所示。

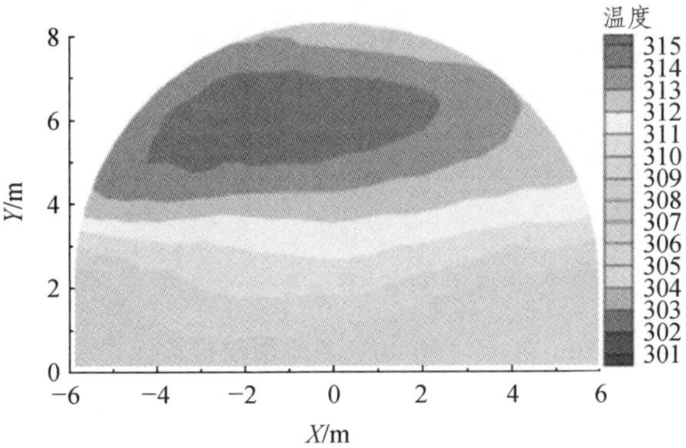

（a）距离掌子面 5 m 断面温度云图

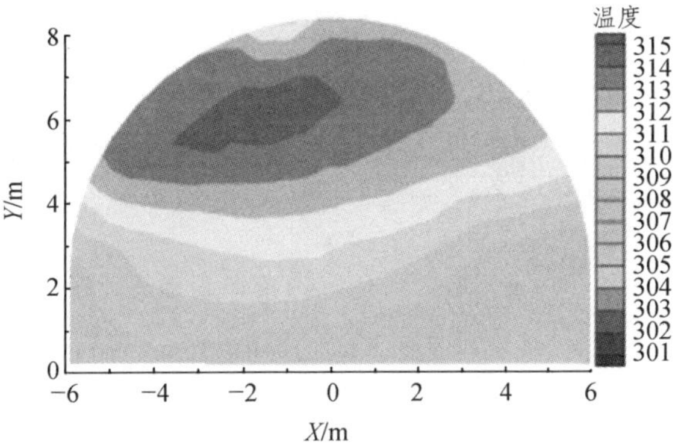

（b）距离掌子面 10 m 断面温度云图

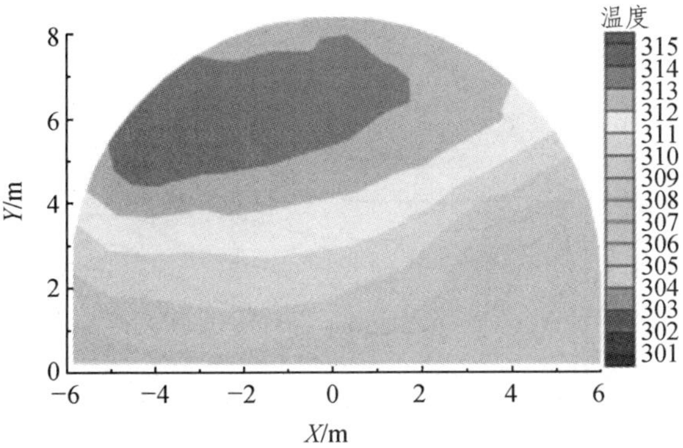

（c）距离掌子面 15 m 断面温度云图

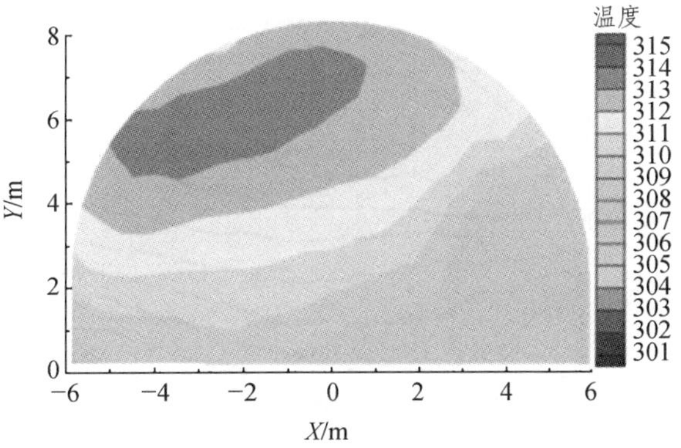

（d）距离掌子面 20 m 断面温度云图

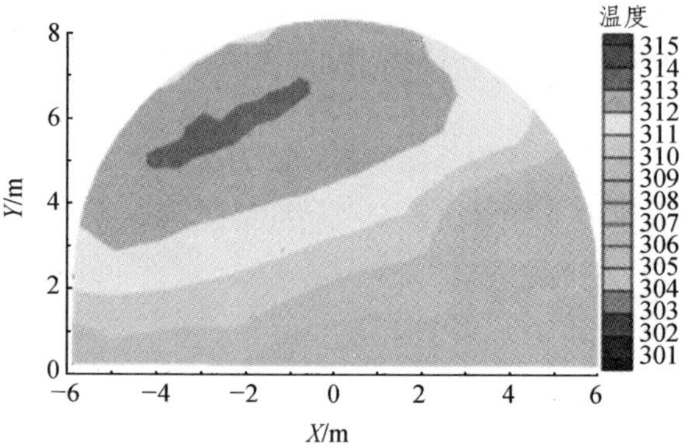

（e）距离掌子面 25 m 断面温度云图

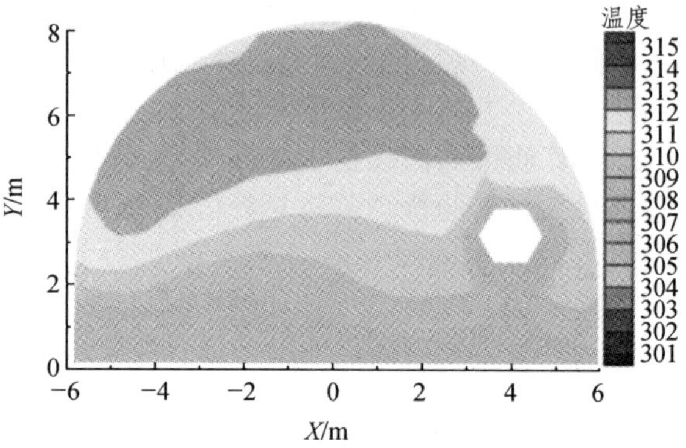

（f）距离掌子面 30 m 断面温度云图

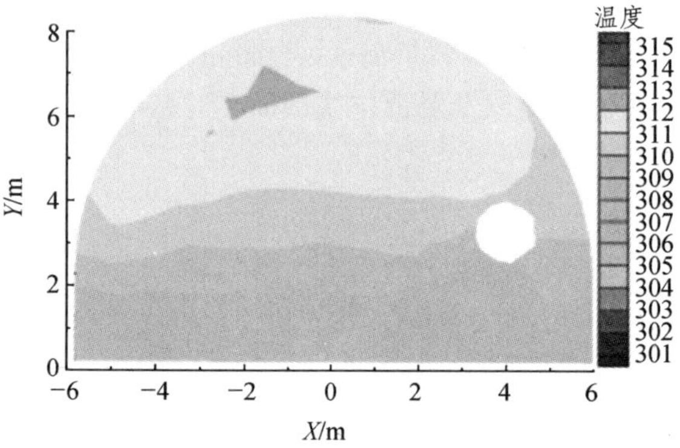

（g）距离掌子面 40 m 断面温度云图

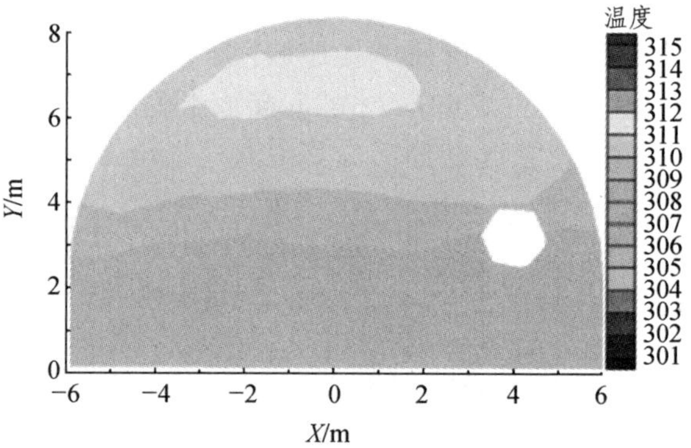

（h）距离掌子面 50 m 断面温度云图

图 5.5　距离掌子面 5 m、10 m、15 m、20 m、25 m、30 m、40 m、50 m 处各断面模拟计算温度云图

注：本章云图和等值线图中的温度单位均为开（K）。

距离掌子面 5 m、10 m、15 m、20 m、25 m、30 m、40 m、50 m 处各断面模拟计算温度等值线如图 5.6 所示。

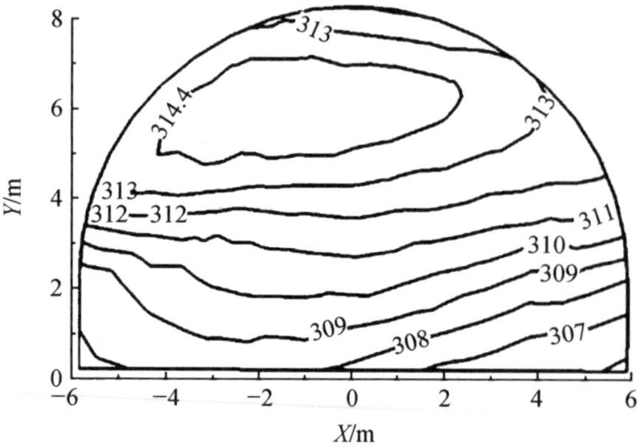

（a）距离掌子面 5 m 断面温度等值线图

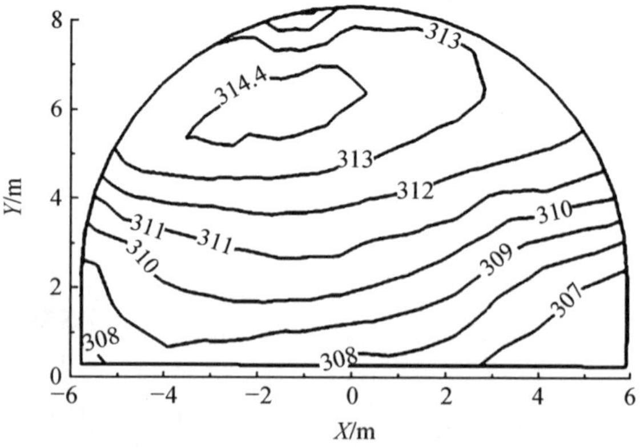

（b）距离掌子面 10 m 断面温度等值线图

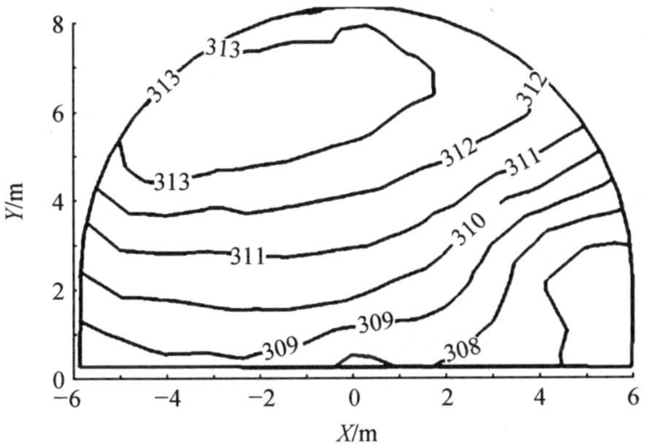

（c）距离掌子面 15 m 断面温度等值线图

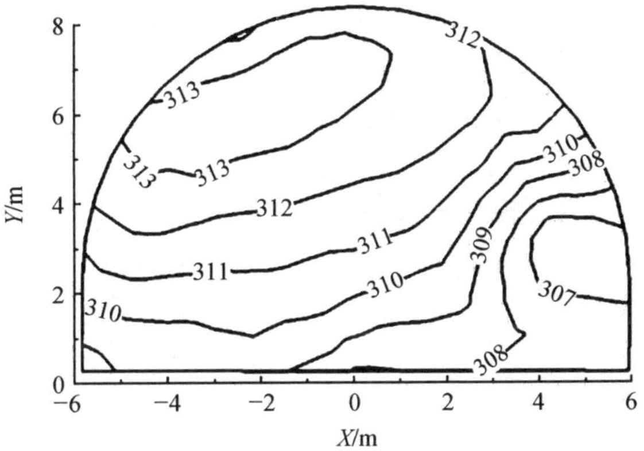

（d）距离掌子面 20 m 断面温度等值线图

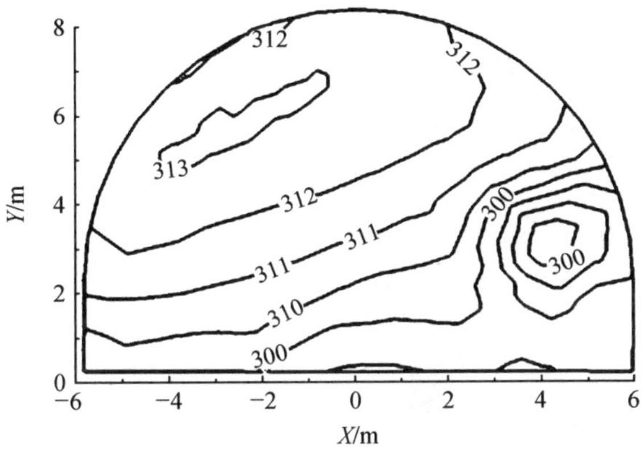

（e）距离掌子面 25 m 断面温度等值线图

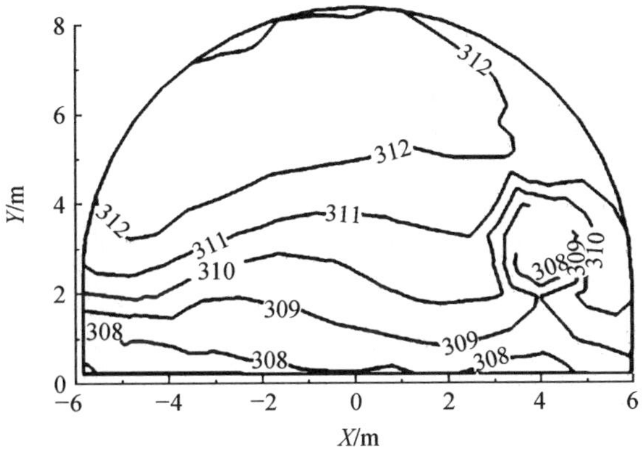

（f）距离掌子面 30 m 断面温度等值线图

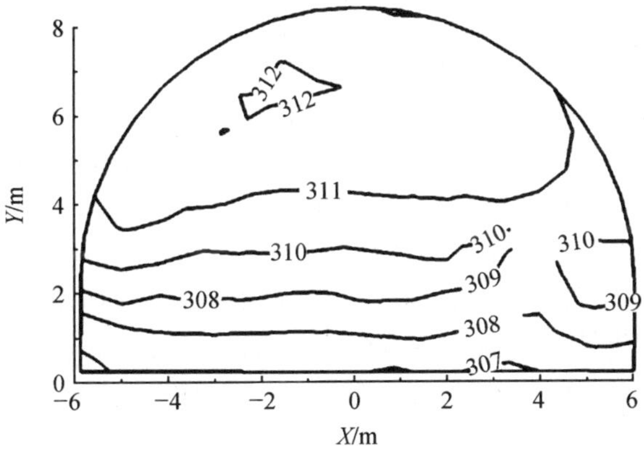

（g）距离掌子面 40 m 断面温度等值线图

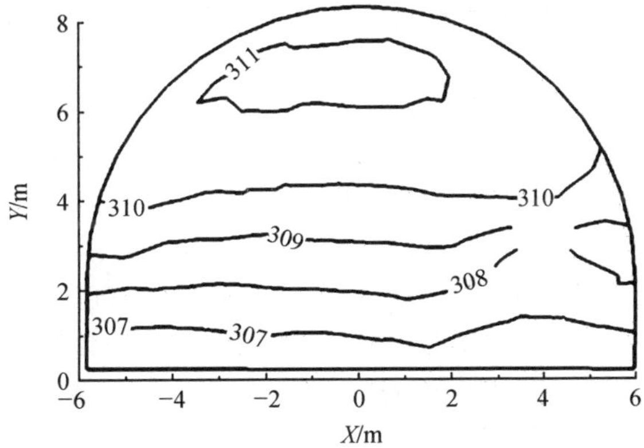

（h）距离掌子面 50 m 断面温度等值线图

图 5.6　距离掌子面 5 m、10 m、15 m、20 m、25 m、30 m、40 m、50 m 处各断面温度等值线图

对图 5.5 中的温度云图以及对应的图 5.6 中的温度等值线图进行分析，可得到以下结论：计算段距离掌子面 50 m 内隧道最高温度为 41.85 °C（315K）。单个断面上气体受热、密度减小后上行，从拱顶往下温度逐渐降低，按照温度梯度分层分布，符合流体力学及热力学规律；在靠近风管的位置温度场发生变化，在风管周围温度略微降低。距离掌子面 10 m 处断面上平

均温度约 38 °C，距离掌子面 20 m 断面上平均温度约 37 °C，距离掌子面 50 m 处断面上平均温度约 34 °C，由此可见，随着距离掌子面越来越远，断面上的平均温度逐渐降低。

由图 5.6 在不同位置处断面的温度等值线分布规律可知，温度从拱顶到底部为下降的趋势，并且温度的变化受到距离掌子面 30 m 处风管出口风速的影响。

计算模型全长 200 m 范围内 X=0 剖面上的温度分布云图如图 5.7 和图 5.8 所示。

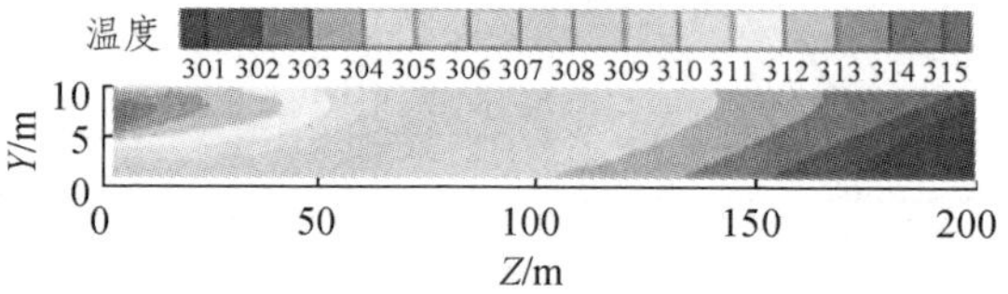

图 5.7　距离掌子面 0～200 m 范围内计算模拟温度云图

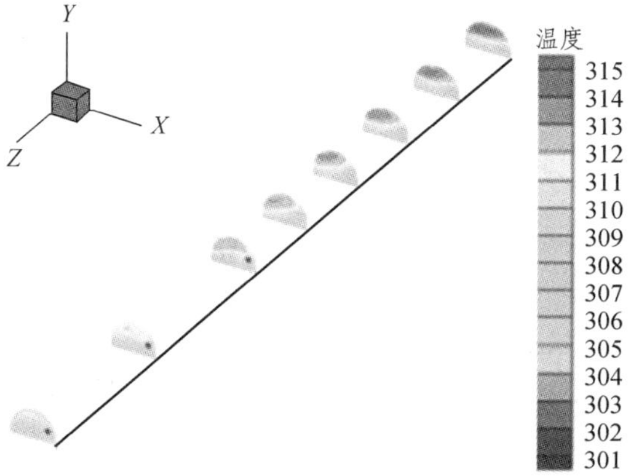

图 5.8　V=6.5 m/s 时截面温度变化

分析图 5.7 和图 5.8 可知：在 Z 方向上，随着与掌子面距离的增加，温度分布依然是按照梯度由高到低、从左到右逐渐降低分布；在 Y 方向上，温度从上至下逐渐降低。上部热空气由于密度更小，流速更快，分布距离也更远，高温主要集中在距离掌子面 50 m 的范围内。由此可见，对于长距离高速公路隧道而言，其温度变化主要发生在隧道掌子面附近，距离隧道施工掌子面越远，温度越低，温度变化越不明显。风速 V=6.5 m/s 时在 Y 方向温度变化的数据如表 5.3 所示，距离掌子面 5～50 m 内在 Y 方向的温度变化折线图如图 5.9 所示。

结合表 5.3 以及图 5.9 进行分析，可得到以下结论：随着与掌子面距离的增加，隧道温度梯度呈现出递减趋势，且在风管出口处其温度变化较为明显。隧道在 Y 方向的温度分布整体上由下到上依次增加。风管出口处的温度最低，由于围岩的散热、热空气的上升作用以及其他因素的作用，由上到下、由近及远，隧道温度分布从总体来看呈现出降低的趋势。

表 5.3　风速 V=6.5 m/s 时在 Y 方向温度变化的数据（X=0）

距离/m	Z=5	Z=10	Z=15	Z=20	Z=25	Z=30	Z=40	Z=50
Y=2	36	35.85	35	34.85	34.5	34.3	34	33.85
Y=4	39.85	39	38	37.85	37.5	37	36	35.85
Y=6	41.85	41	40.85	40.5	40	39.85	39	38.85
Y=8	40.85	40.5	40	39.85	40	39.84	39	38.85

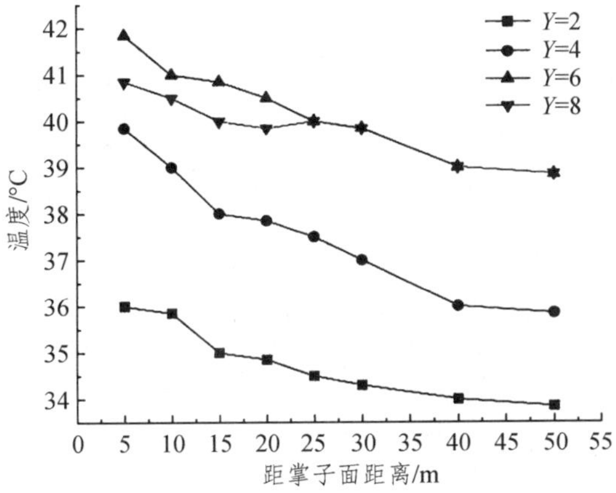

图 5.9　距离掌子面 5 ~ 50 m 内在 Y 方向的温度变化折线图

2. V=7.5 m/s 时隧道温度变化云图及等值线图

当风速 V=7.5 m/s 时，使用 Fluent 仿真模拟软件进行模拟，计算截取距离掌子面 5 m、10 m、15 m、20 m、25 m、30 m、40 m、50 m 断面上的温度云图以及隧道中线剖面上（X=0）的温度云图分布情况做分析。其中温度变化云图如图 5.10 所示。

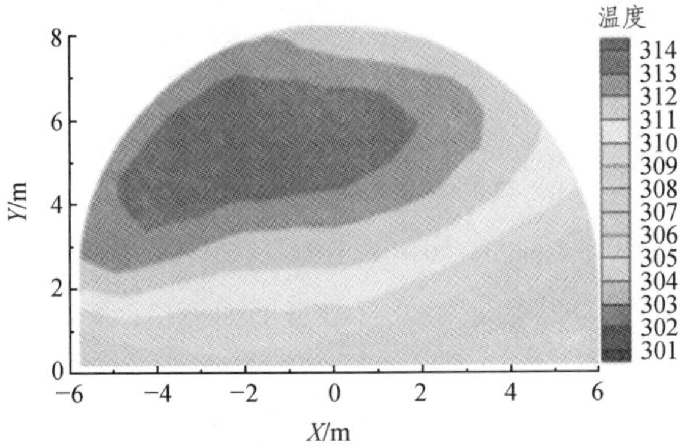

（a）距离掌子面 5 m 断面温度云图

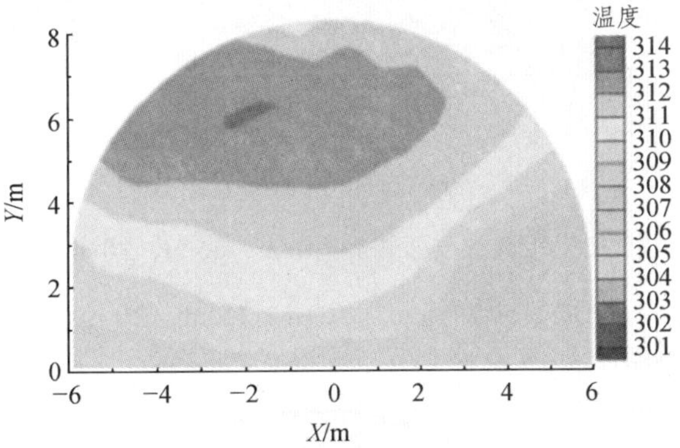

（b）距离掌子面 10 m 断面温度云图

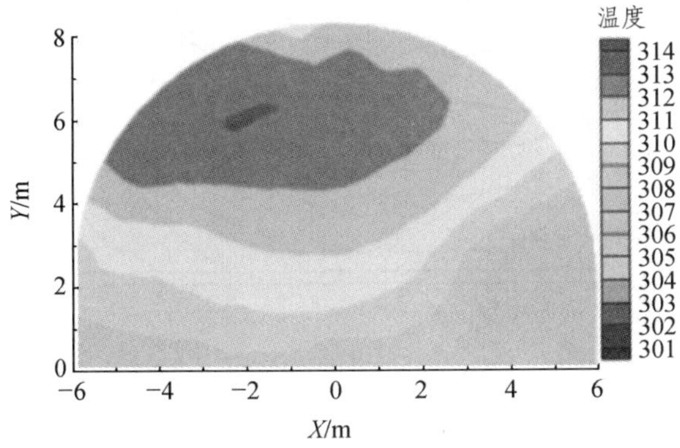

（c）距离掌子面 15 m 断面温度云图

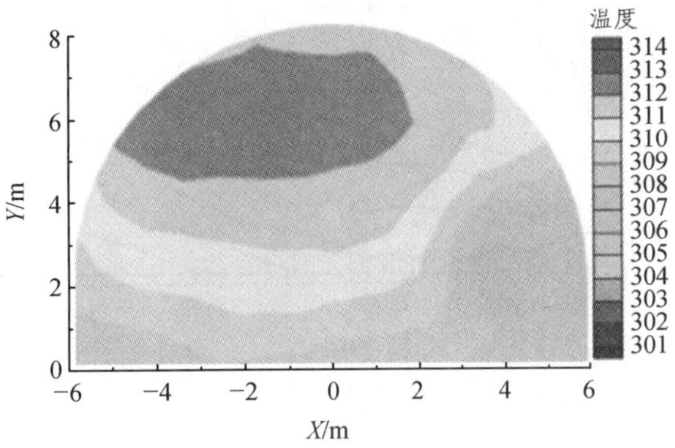

（d）距离掌子面 20 m 断面温度云图

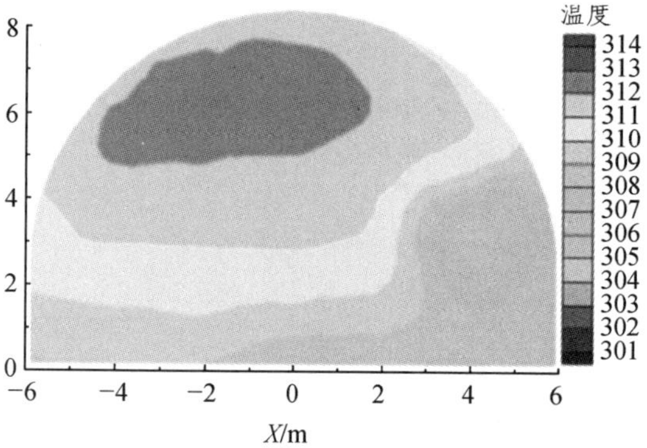

（e）距离掌子面 25 m 断面温度云图

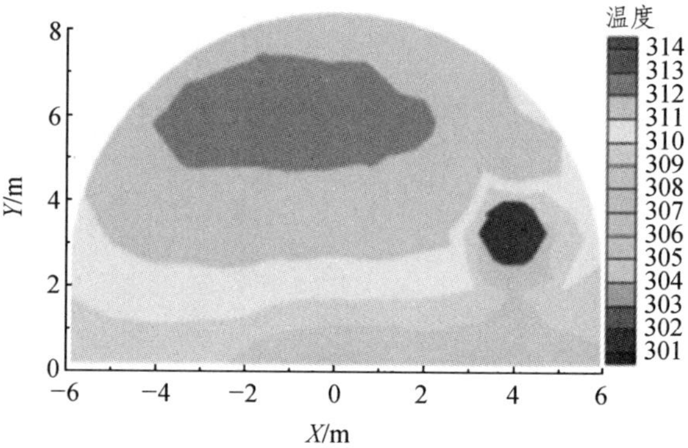

（f）距离掌子面 30 m 断面温度云图

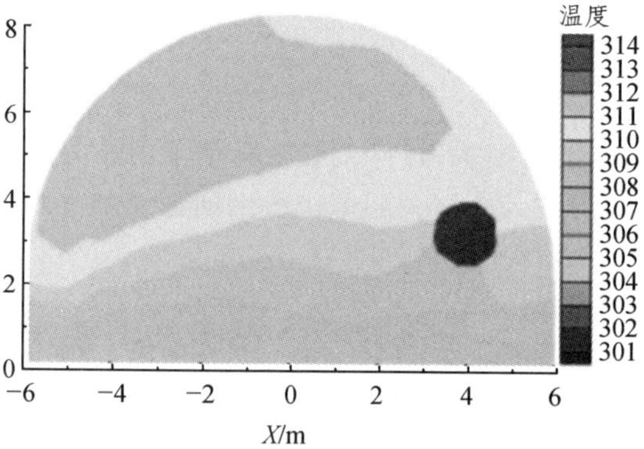

（g）距离掌子面 40 m 断面温度云图

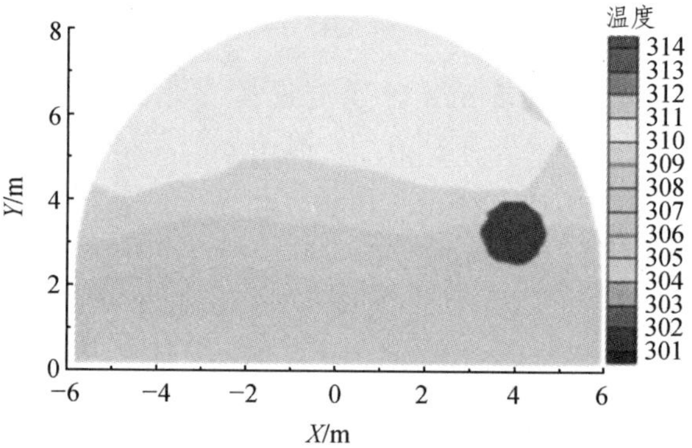

（h）距离掌子面 50 m 断面温度云图

图 5.10　距离掌子面 5 m、10 m、15 m、20 m、25 m、30 m、40 m、50 m 处各断面模拟计算温度云图

距离掌子面 5 m、10 m、15 m、20 m、25 m、30 m、40 m、50 m 处各断面模拟计算温度等值线如图 5.11 所示。

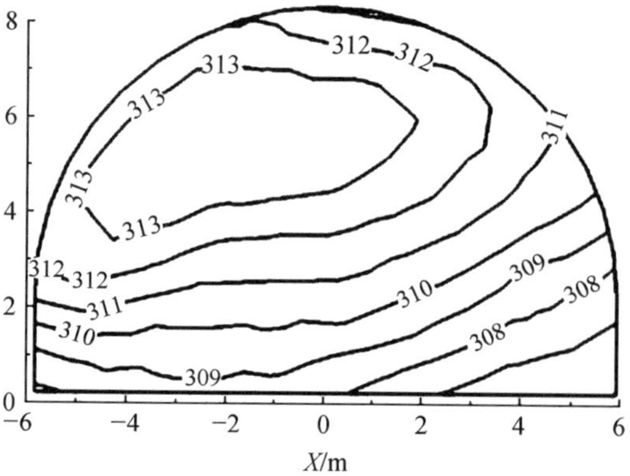

（a）距离掌子面 5 m 断面温度等值线图

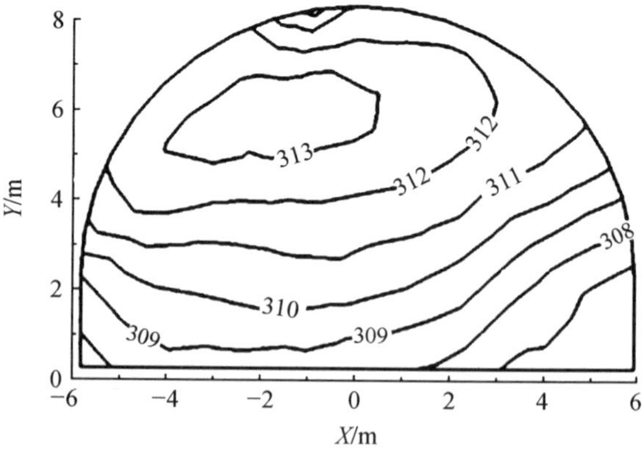

（b）距离掌子面 10 m 断面温度等值线图

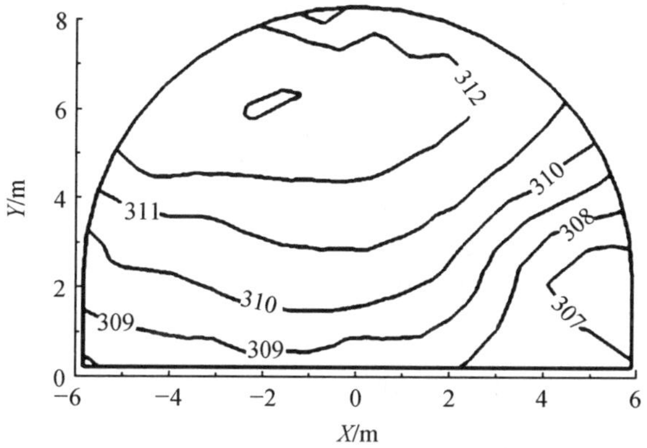

（c）距离掌子面 15 m 断面温度等值线图

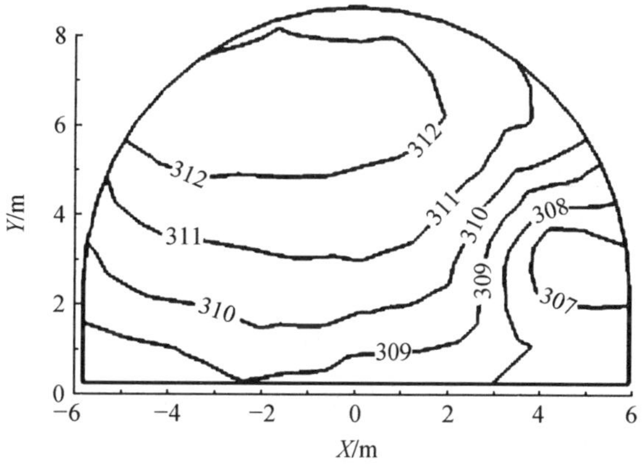

（d）距离掌子面 20 m 断面温度等值线图

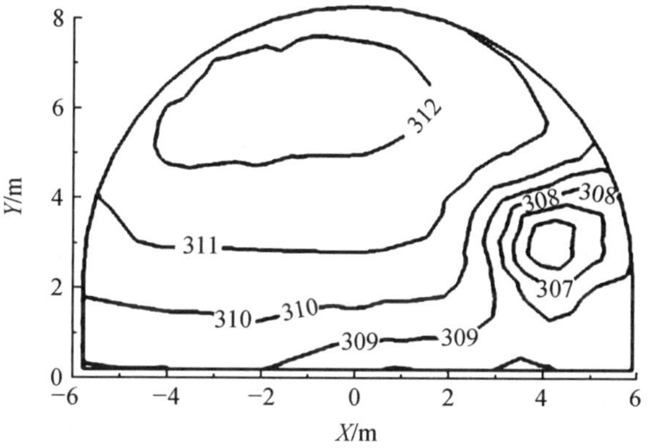

（e）距离掌子面 25 m 断面温度等值线图

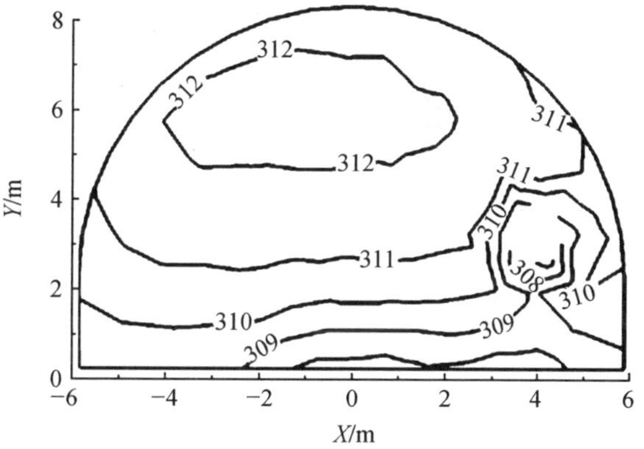

（f）距离掌子面 30 m 断面温度等值线图

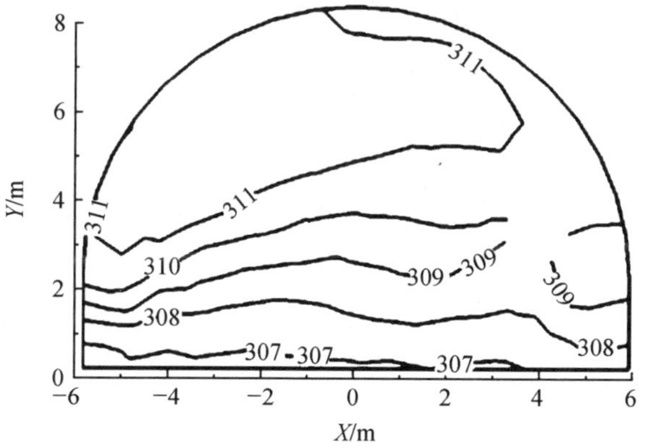

（g）距离掌子面 40 m 断面温度等值线图

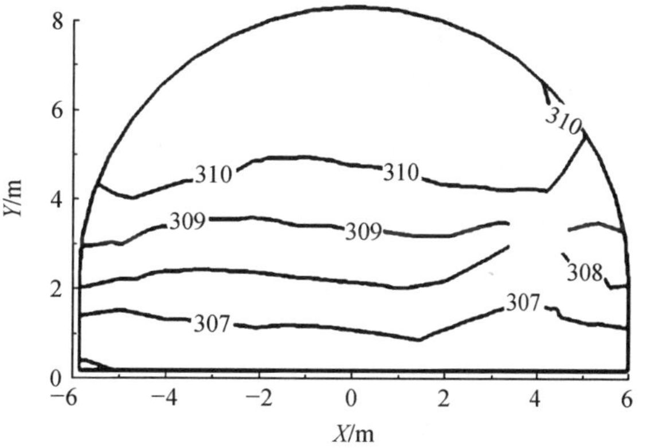

（h）距离掌子面 50 m 断面温度等值线图

图 5.11 距离掌子面 5 m、10 m、15 m、20 m、25 m、30 m、40 m、50 m 处各断面温度等值线图

对图 5.10 中的温度云图进行整合分析，可得到以下结论：风速取 7.5 m/s 时，计算段距离掌子面 50 m 内隧道最高温度为 40.85 °C（314 K），其位置位于隧道截面左上方。由图可知：单个断面上气体受热、密度减小后上行，从拱顶往下温度逐渐降低，按照温度梯度分层分布，符合流体力学及热力学规律；在靠近风管的位置温度场发生变化，在风管周围温度略微降低。距离掌子面 10 m 处断面上平均温度约 37 °C，距离掌子面 20 m 断面上平均温度约 36 °C，距

离掌子面 50 m 处断面上平均温度约 33 °C，由此可见，随着距离掌子面越来越远，断面上的平均温度逐渐降低。其整体分布规律与正常通风时相似，不同点在于，随着风管送风速度的增加，温度也随之降低。

计算模型全长 200 m 范围内 X=0 剖面上的温度分布云图如图 5.12 所示。

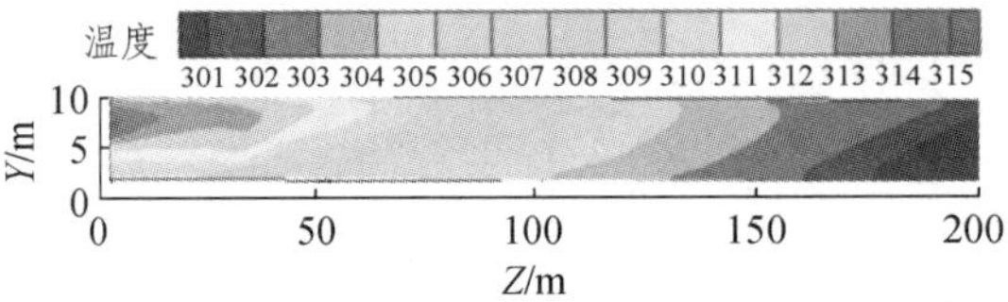

图 5.12 距离掌子面 0～200 m 范围内计算模拟温度云图

对图 5.12 进行分析：在 Z 方向上，随着与掌子面距离的增加，模拟工段内温度分布依然是按照梯度由高到低、从左到右逐渐降低分布；在 Y 方向上，温度从上至下逐渐降低。当风速增加时，上部热空气由于密度更小，流速更快，分布距离也更远，高温主要集中在距离掌子面 50 m 的范围内。由此可见，对于长距离高速公路隧道而言，其温度变化主要发生在隧道掌子面附近，距离隧道施工掌子面越远，其温度越低，温度变化越不明显。

3. V=5.5 m/s 时隧道温度变化云图及等值线图

当风速 V=8.5 m/s 时，使用 Fluent 仿真模拟软件进行模拟，计算截取距离掌子面 5 m、10 m、15 m、20 m、25 m、30 m、40 m、50 m 断面上的温度云图以及隧道中线剖面上（X=0）的温度云图分布情况做分析。其中温度变化云图如图 5.13 所示。

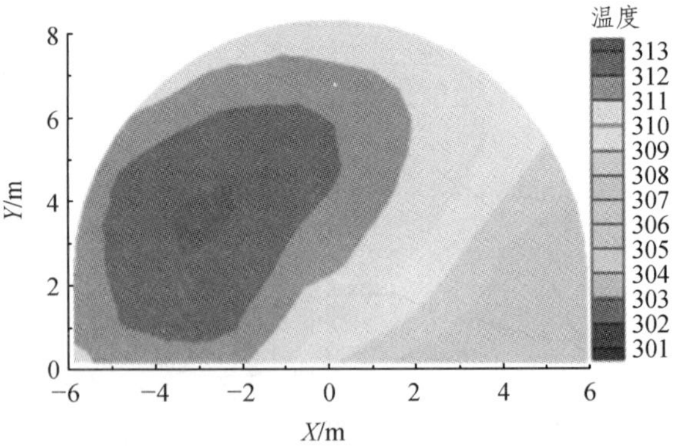

（a）距离掌子面 5 m 断面温度云图

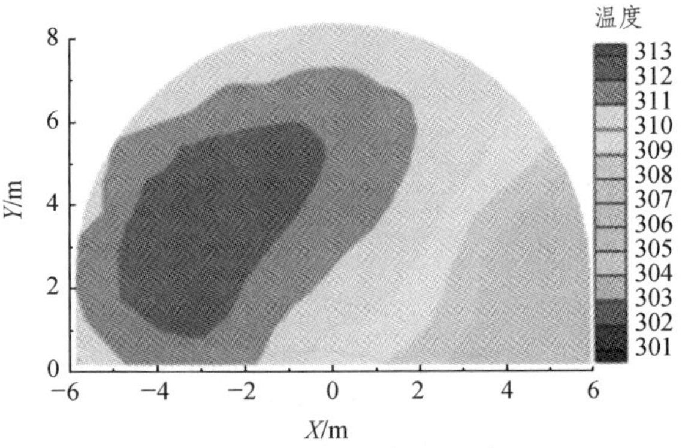

（b）距离掌子面 10 m 断面温度云图

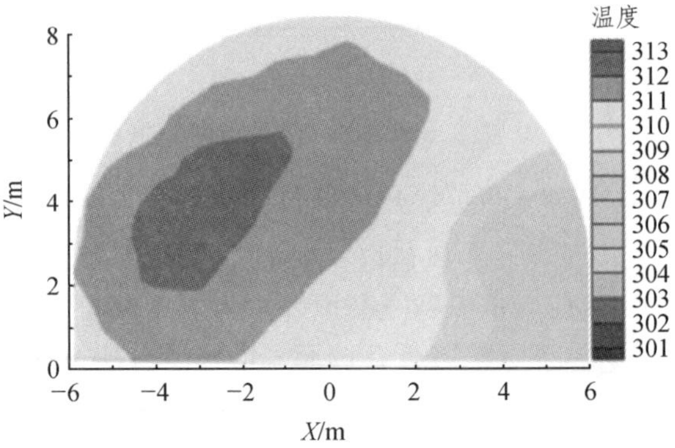

（c）距离掌子面 15 m 断面温度云图

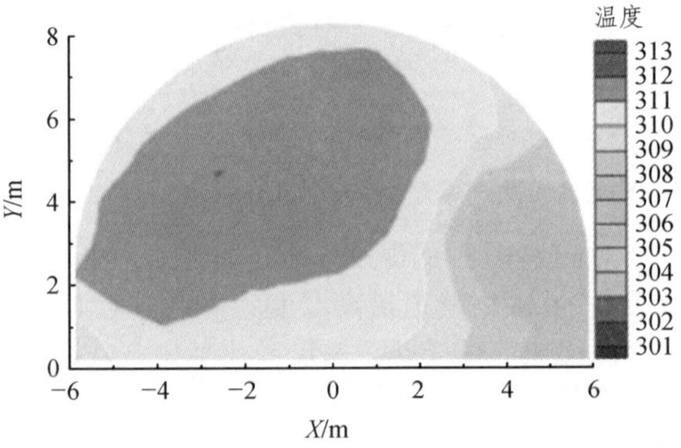

（d）距离掌子面 20 m 断面温度云图

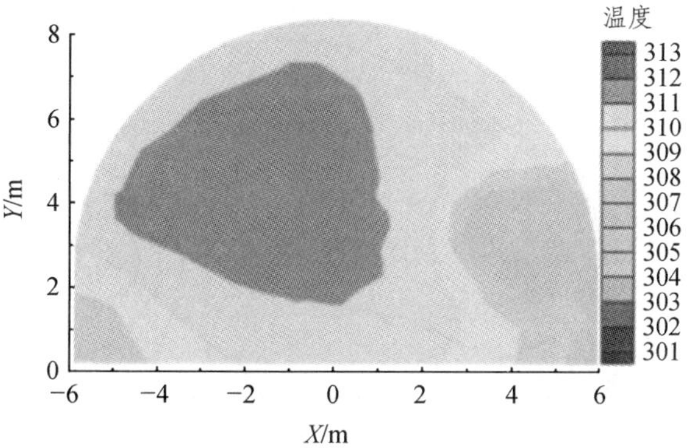

(e) 距离掌子面 25 m 断面温度云图

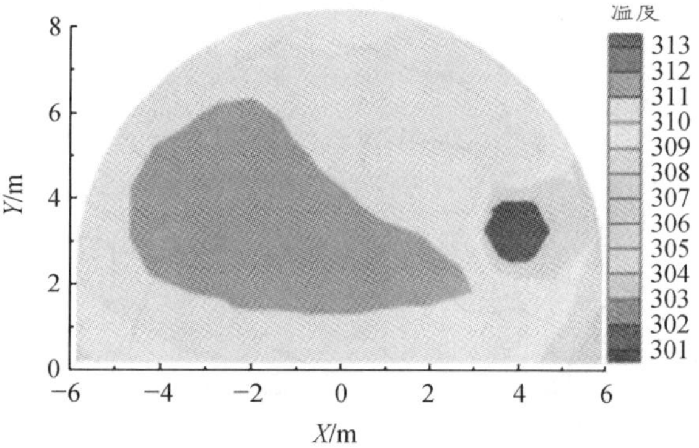

(f) 距离掌子面 30 m 断面温度云图

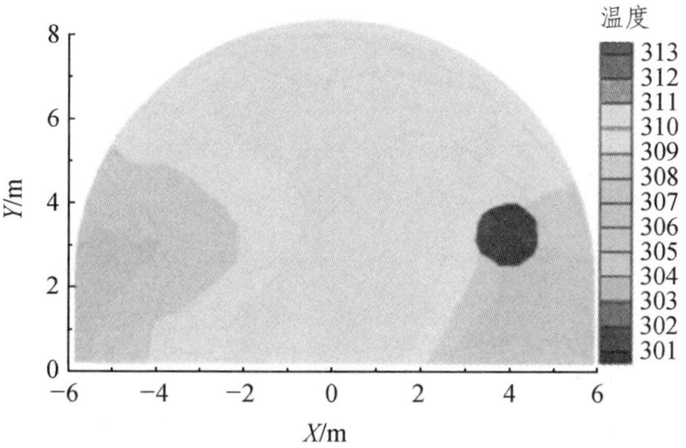

(g) 距离掌子面 40 m 断面温度云图

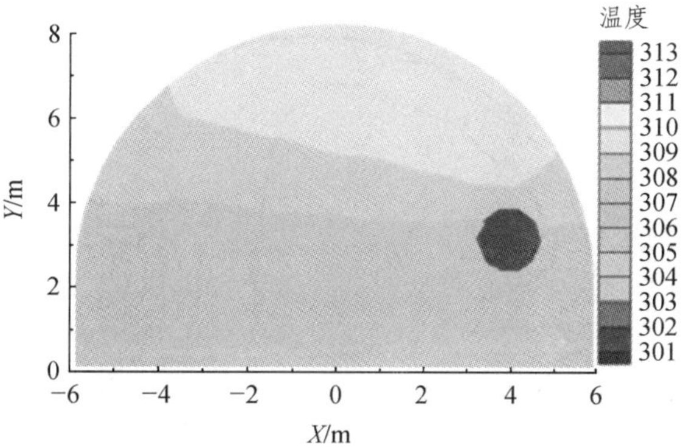

(h) 距离掌子面 50 m 断面温度云图

图 5.13 距离掌子面 5 m、10 m、15 m、20 m、25 m、30 m、40 m、50 m 处各断面模拟计算温度云图

距离掌子面 5 m、10 m、15 m、20 m、25 m、30 m、40 m、50 m 处各断面模拟计算温度等值线如图 5.14 所示。

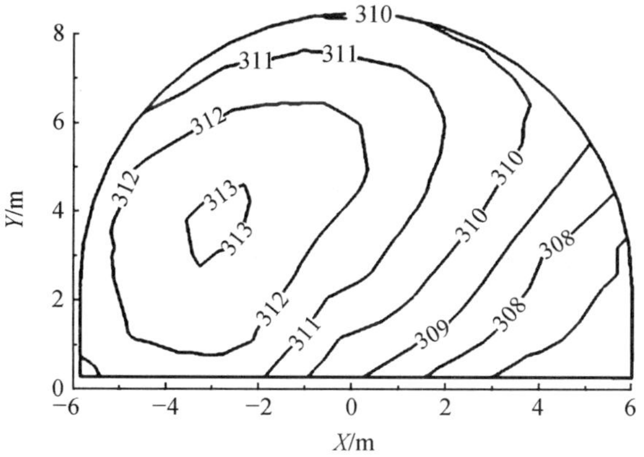

(a) 距离掌子面 5 m 断面温度等值线图

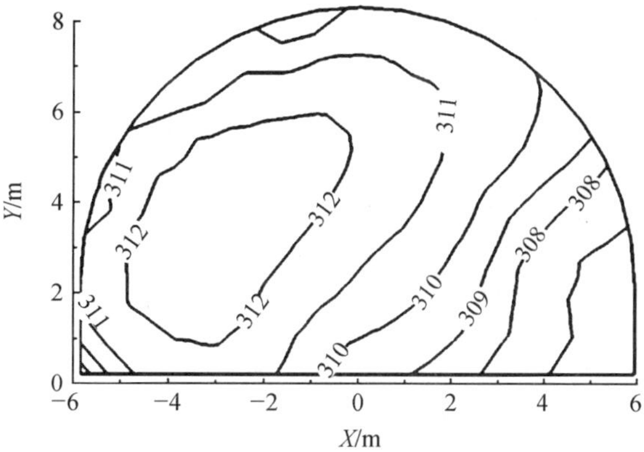

(b) 距离掌子面 10 m 断面温度等值线图

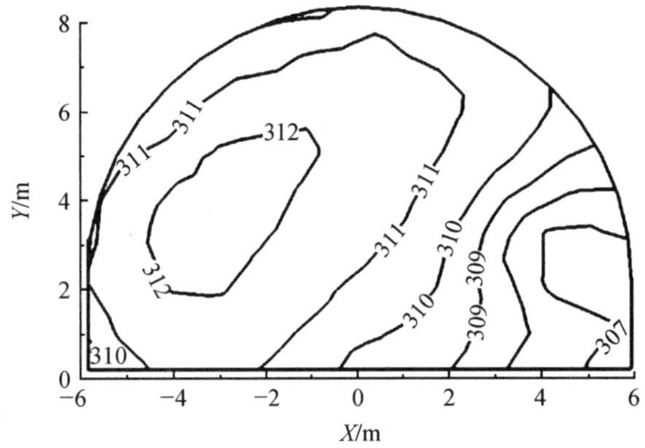

（c）距离掌子面 15 m 断面温度等值线图

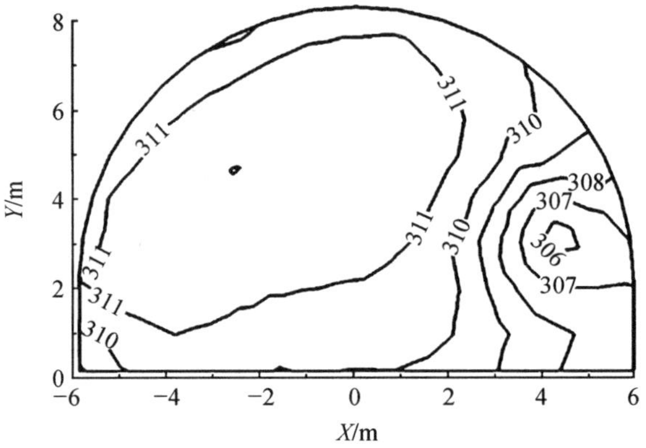

（d）距离掌子面 20 m 断面温度等值线图

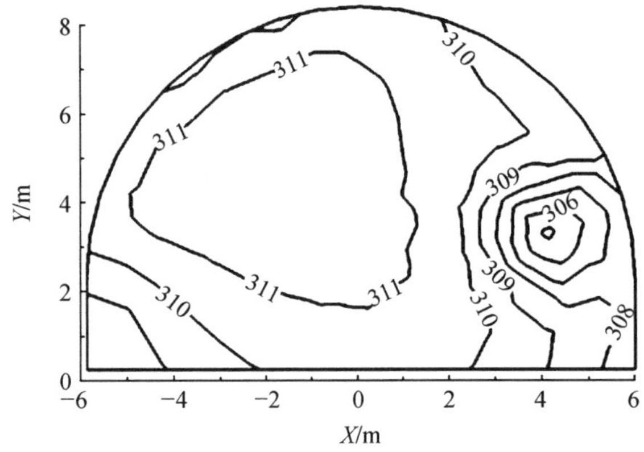

（e）距离掌子面 25 m 断面温度等值线图

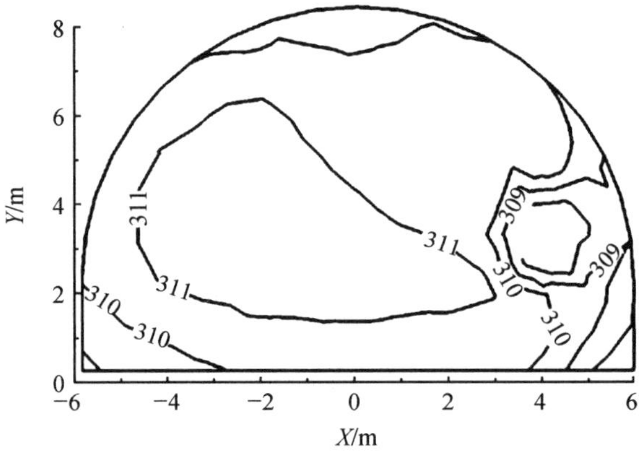

（f）距离掌子面 30 m 断面温度等值线图

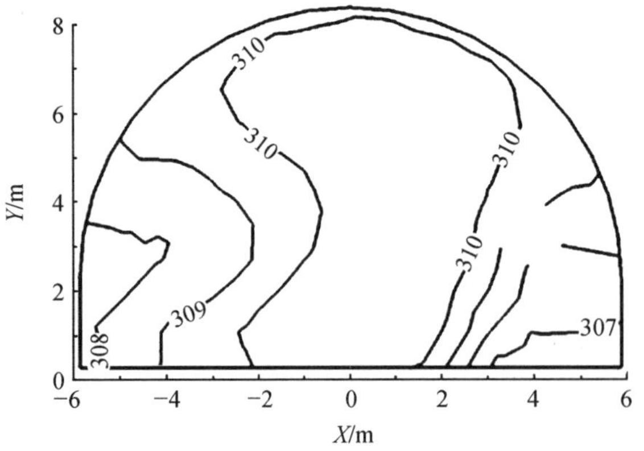

（g）距离掌子面 40 m 断面温度等值线图

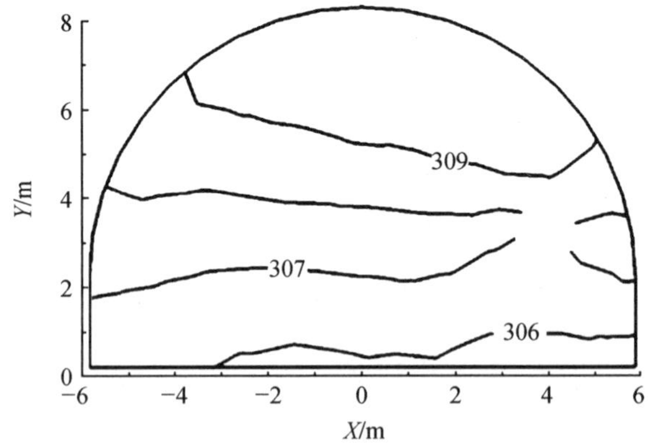

（h）距离掌子面 50 m 断面温度等值线图

图 5.14　距离掌子面 5 m、10 m、15 m、20 m、25 m、30 m、40 m、50 m 处各断面温度等值线图

对图 5.13 中的温度云图进行整合分析，以及对比前述两个工况，可得到以下结论：当风速取 8.5 m/s 时，计算段距离掌子面 50 m 内隧道最高温度为 39.85 °C（313 K），其位置位于隧道截面左上方。风筒风速增加，单个断面上气体受热、密度减小后上行，从拱顶往下温度逐渐降低，按照温度梯度分层分布，符合流体力学及热力学规律；在靠近风管的位置温度场发

生变化，在风管周围温度略微降低。距离掌子面 10 m 处断面上平均温度约 36 °C，距离掌子面 20 m 断面上平均温度约 35 °C，距离掌子面 50 m 处断面上平均温度约 32 °C。由此可得出，随着距离掌子面越来越远，断面上的平均温度逐渐降低。其整体分布规律与正常风速时相似。对比上面两个工况可知：随着通风管风速的增加，当风速变化不太大时，隧道断面上温度分布云图变化较小，温度降低不明显；而当风速继续增加时，风管出口通风量加大，对比温度云图发现，变化较大，降温效果较为显著。因此，增大风管进口通风量，即风管送风速度增加，温度也随之降低。

计算模型全长 200 m 范围内 X=0 剖面上的温度分布云图如图 5.15 所示。

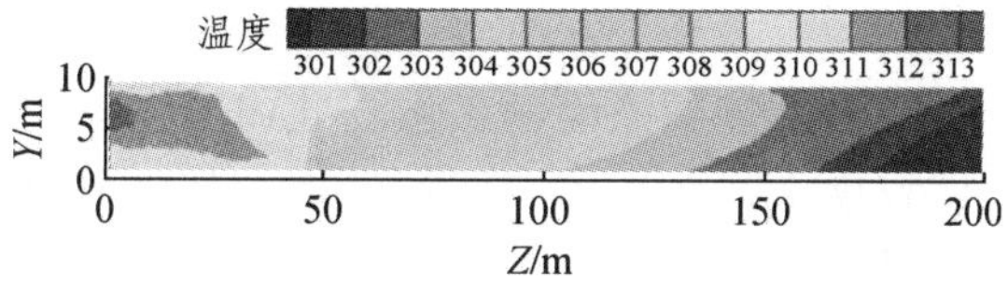

图 5.15　距离掌子面 0～200 m 范围内计算模拟温度云图

对图 5.15 进行分析：在 Z 方向上，随着距离掌子面距离的增加，模拟工段内温度分布依然是按照梯度由高到低从左到右逐渐降低分布；在 Y 方向上，温度从上至下逐渐降低。风速增加时，上部热空气由于密度更小，流速更快，分布距离也更远，并且高温主要集中在距离掌子面 50 m 的范围内。由此可见，对于长距离高速公路隧道来说，温度的变化主要发生在隧道掌子面附近，风速改变后，规律仍然类似，距离隧道施工掌子面的距离越远，其温度越低，温度变化就越不明显。

5.3　公路隧道高温环境下降温设计

对于长距离公路隧道而言，往往会存在严重的高地温问题，五老山隧道亦是如此。在施工作业过程中，由机械设备、爆破、人员等释放出的热量难以排出，在工作面区域形成高温，在 40 °C 以上，对工人施工进度、人身安全造成重大影响。根据现场数据资料整理，隧道实测最高温度可达 41.85 °C。在如此高温环境下对掌子面进行施工作业，对施工作业人员无疑是一个巨大的挑战。这不仅会影响施工人员的工作效率，还可能由于高温环境造成施工机械设备的故障和损耗。因此保障施工人员有一个相对舒适的工作环境是十分有必要的。

由相关热环境理论可知，人在高温环境中的逗留时间不宜过长，人体适宜工作环境温度为 28 °C 左右。因此采用合适的降温方式显得尤为重要。

5.3.1　常见的降温方式

1. 隧道通风降温

通过强制机械通风的方式降低隧道温度是最为常见的通风方式之一[29-32]。对于开挖初期的隧道来说，由于施工掌子面距离隧道口较近，此时通风降温效果明显，无须采用通风机或仅需使用低功率的通风机就能达到理想的降温效果。随着隧道不断向前掘进，由于隧道内部封闭性强，散热困难，施工作业面温度越来越高，原来的通风降温设备已经无法为工作人员提供舒适的工作环境。此时，可加大通风机的功率，通过增加送风速度的方式，让隧道内空气流动加快，从而达到降温的目的。

2. 冰块降温

为了有效地降低施工人员工作面区域的温度，保证施工的正常进行，除了采用隧道通风降温外，还可以使用制冰机制作的冰块实现降温。采用一定型号一定功率的制冰机在施工现场制作冰块，通过运送车辆运送到隧道施工作用面，将冰块放置在隧道的掌子面附近，通过冰的融化、水的吸热等物理降温措施实现降温的目的。

3. 隧道喷水降温

降低隧道温度除了上述两种方式外，还可采用隧道喷雾洒水的方式。将隧道外的冷水通过一根管道送入隧道内，在靠近隧道施工面的区域安装一个喷嘴装置。喷出的冷水洒在掌子面及附近的围岩上，在一定程度上降低了施工面的温度。其主要原理是，冷水雾气喷射到空中与高温气体混合，吸收热量凝结成水滴，从而降低空气温度[33-35]。喷水降温还保证了隧道内部的空气质量，有效地减少了施工的粉尘浓度。

5.3.2 通风降温数值模拟

为了使施工人员有一个良好的工作环境，本节设计采取将射流风机与制冷机组组合进行降温的方式。

隧道工作段内峰值总散热量为 562 kW，相应的，计算时在隧道工作段设置 562 kW 的热源，选取风筒送风速度为 6.5 m/s。射流风机可以将制冷机组产生的冷源风通过风管在一定风速作用下送至风管出口处，即距离掌子面 30 m 处。冷风在风管运输过程中产生气体交换，交换掉空气中的一部分显热与潜热，从而降低风管内的送风温度，因此可计算制冷机组在不同功率下，隧道内的降温分布情况。设计送风风速为 10 m/s，隧道内风管出口实测平均风速为 7 m/s；送风温度即室外温度 26 °C，然而，射流风机送风处距离工作面 3 km，风管本身与隧道中的各种热源发生热交换，送风过程中射流风与风管再发生热交换，在隧道围岩散热和机热等因素作用下，出风口风温实测为 29 °C。所以在现场放置制冷机组时，为了减小其他热源散热对送风风温的干扰，同时不影响工作段的计算，将制冷机组采用模板支架架设在距离隧道施工工作面（掌子面）100 m 处，从而降低隧道工作面的温度，提高工人的施工效率及改善工人的工作环境。

5.3.3 隧道降温后温度场分布

在保证其他条件不变的情况下，隧道正常通风，即风速 V=6.5 m/s 时，采用射流风机与制冷机组组合的方式来降低隧道温度。选取距离掌子面 5 m、10 m、15 m、20 m、25 m、30 m、40 m、50 m 断面上的温度云图、等值线图以及隧道中线剖面上（X=0）的温度云图的分布情况做分析。

1. 制冷功率为 50 kW 时的隧道温度变化云图及等值线图

风速 V=6.5 m/s 时，制冷机组制冷功率为 50 kW，架设在距离隧道施工工作面（掌子面）100 m 处，降温后隧道内的温度变化云图如图 5.16 所示。

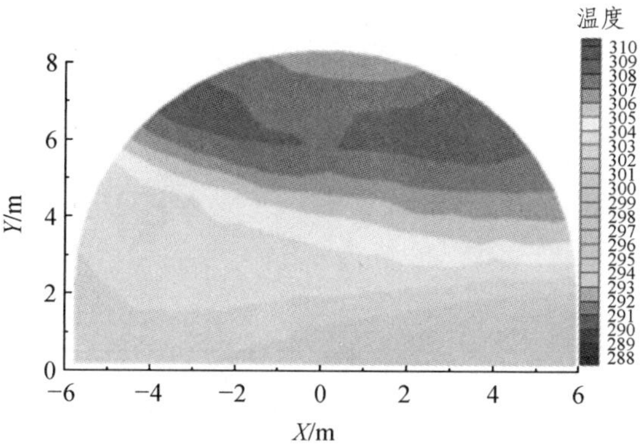

（a）距离掌子面 5 m 断面温度云图

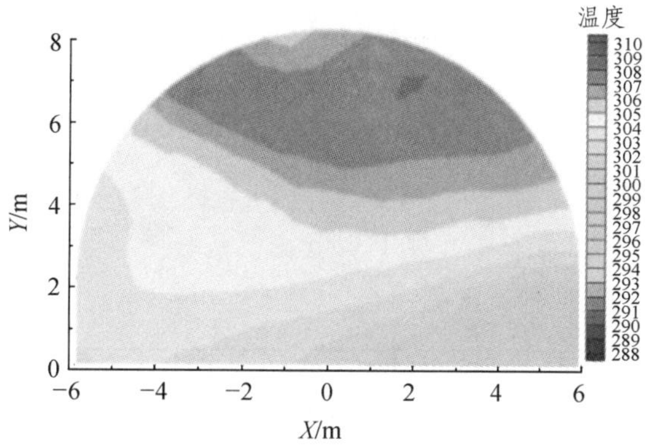

（b）距离掌子面 10 m 断面温度云图

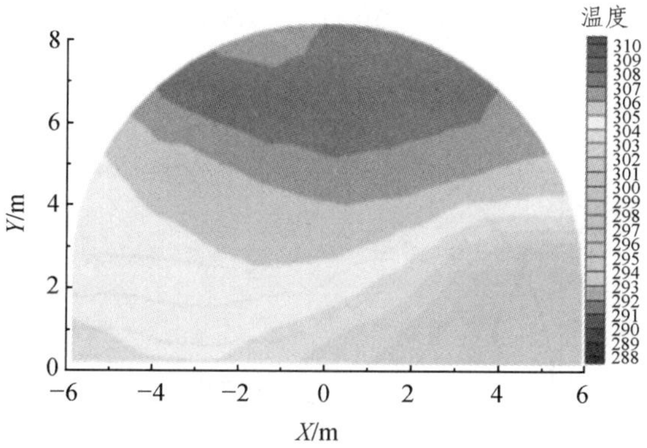

（c）距离掌子面 15 m 断面温度云图

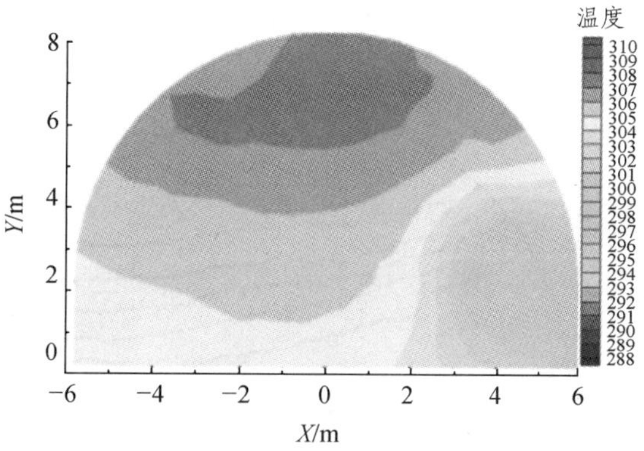

（d）距离掌子面 20 m 断面温度云图

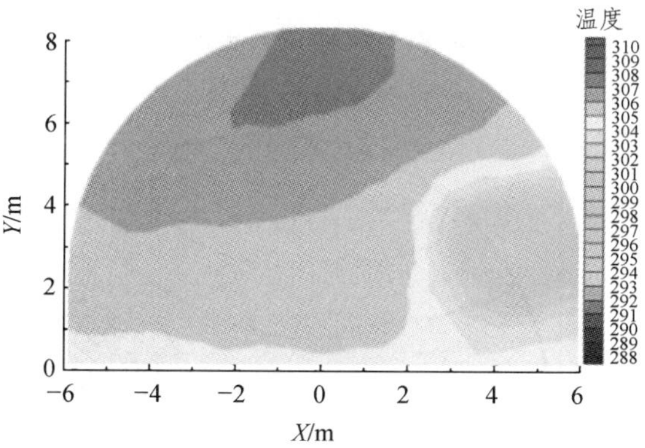

（e）距离掌子面 25 m 断面温度云图

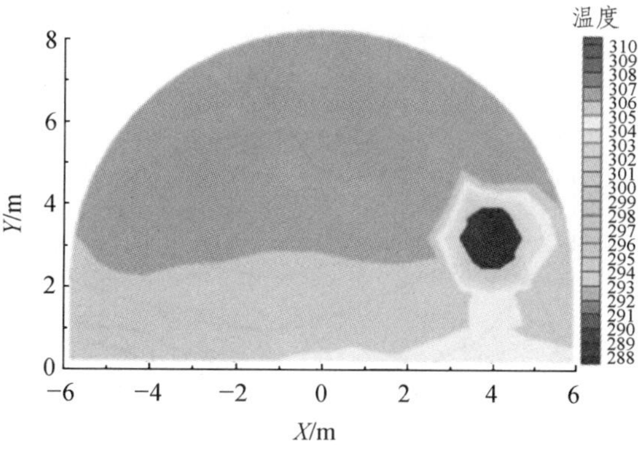

（f）距离掌子面 30 m 断面温度云图

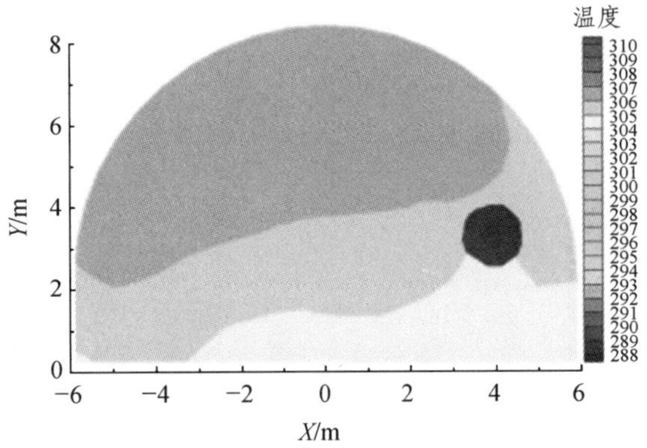

（g）距离掌子面 40 m 断面温度云图

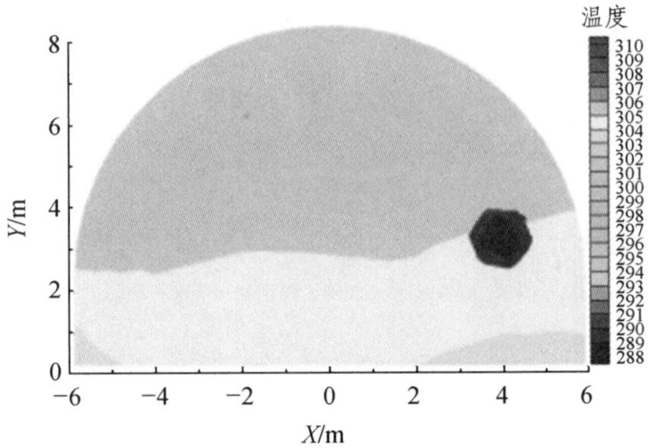

（h）距离掌子面 50 m 断面温度云图

图 5.16　距离掌子面 5 m、10 m、15 m、20 m、25 m、30 m、40 m、50 m 处各断面模拟计算温度云图

距离掌子面 5 m、10 m、15 m、20 m、25 m、30 m、40 m、50 m 处各断面模拟计算温度等值线如图 5.17 所示。

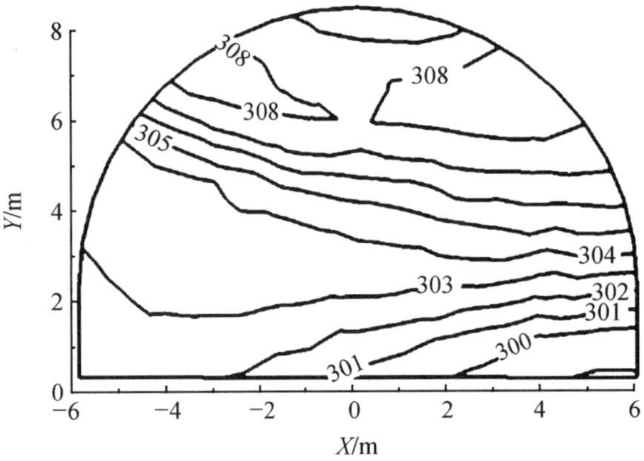

（a）距离掌子面 5 m 断面温度等值线图

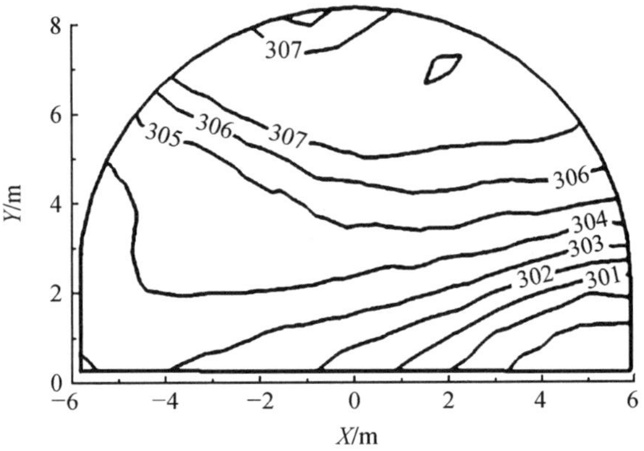

（b）距离掌子面 10 m 断面温度等值线图

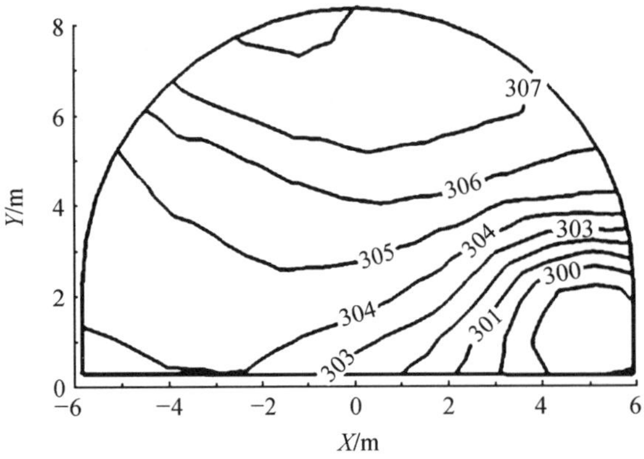

（c）距离掌子面 15 m 断面温度等值线图

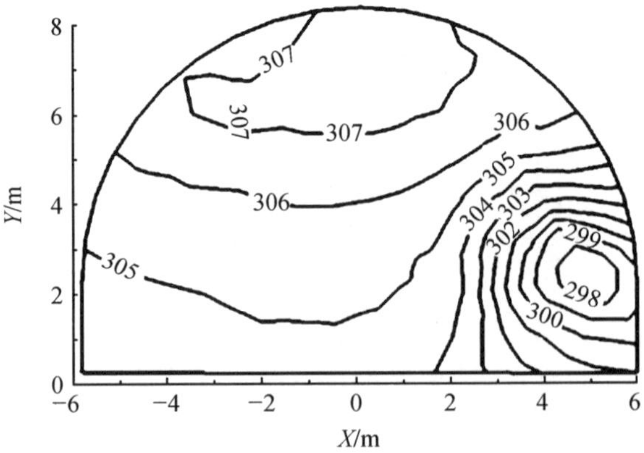

（d）距离掌子面 20 m 断面温度等值线图

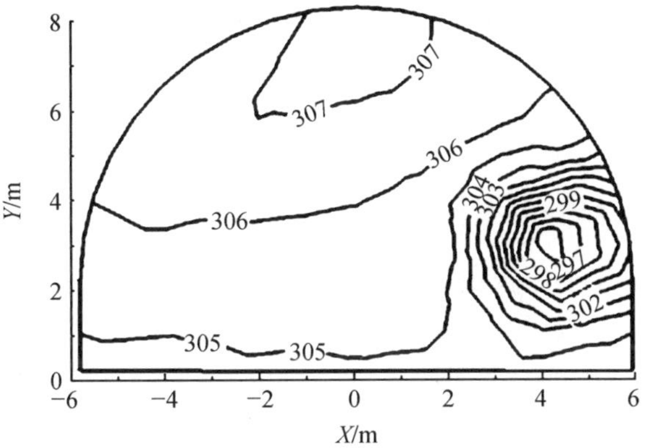

（e）距离掌子面 25 m 断面温度等值线图

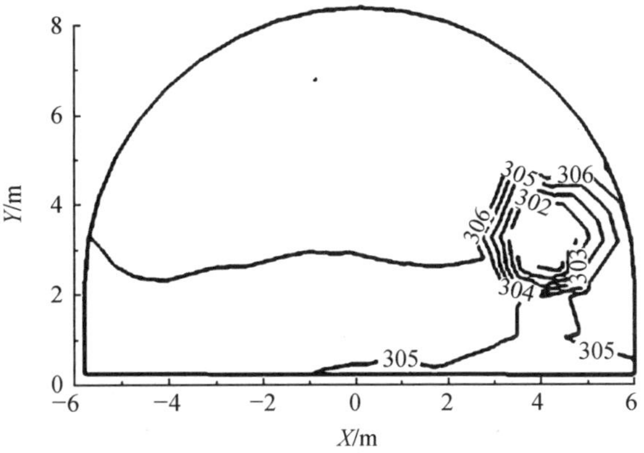

（f）距离掌子面 30 m 断面温度等值线图

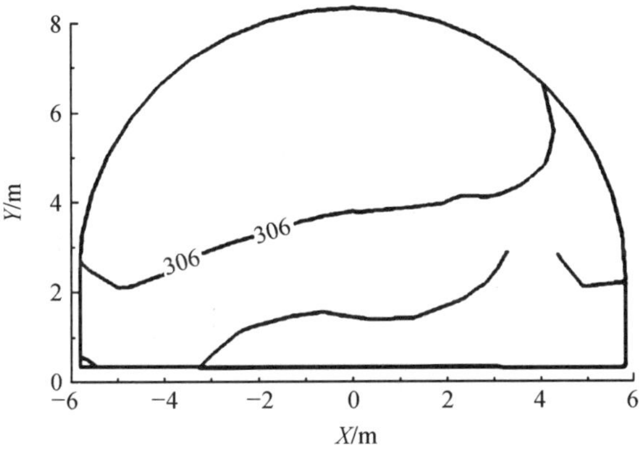

（g）距离掌子面 40 m 断面温度等值线图

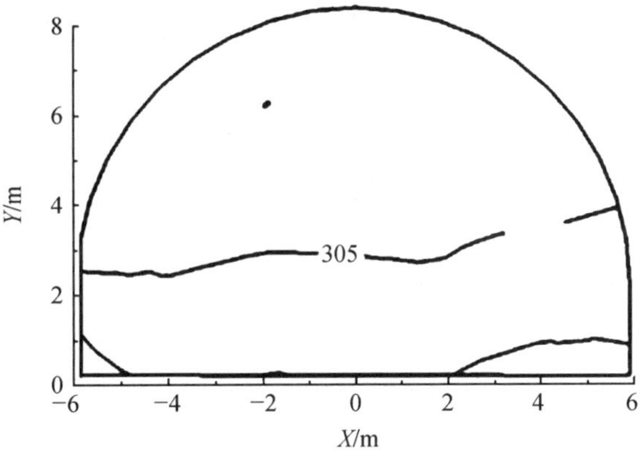

（h）距离掌子面 50 m 断面温度等值线图

图 5.17　距离掌子面 5 m、10 m、15 m、20 m、25 m、30 m、40 m、50 m 处各断面温度等值线图

对图 5.16 中的温度云图以及对应的图 5.17 中的温度等值线图进行分析，可得到以下结论：在风速 V=6.5 m/s 时，采用射流风机与制冷机组相结合的方式对隧道进行降温，制冷机组制冷功率为 50 kW，由图 5.17（f）可知，降温后，距离隧道掌子面 30 m 处风管的出风口风温最低温度降为 14.85 °C（288 K），未施加冷源时最低温度为 27.85 °C，相比温度下降 13 °C，降温效果显著。计算段距离掌子面 50 m 内隧道最高温度降温后为 36.85 °C（310 K），与降温前的最高温度 41.85 °C 相比，下降了 5 °C。降温后，单个断面上气体受热、密度减小后上行，从拱顶往下温度逐渐降低，按照温度梯度分层分布，符合流体力学及热力学规律；在靠近风管的位置温度场发生明显变化，在风管周围温度最低。距离掌子面 5 m 处断面上平均温度约 37 °C，距离掌子面 10 m 处断面上平均温度约 36 °C，距离掌子面 20 m 断面上平均温度约 35 °C，距离掌子面 50 m 处断面上平均温度约 32 °C。由此可见，降温后，随着与掌子面的距离越来越远，断面上的平均温度逐渐降低。

计算模型全长 200 m 范围内 X=0 剖面上的温度分布云图如图 5.18 所示。

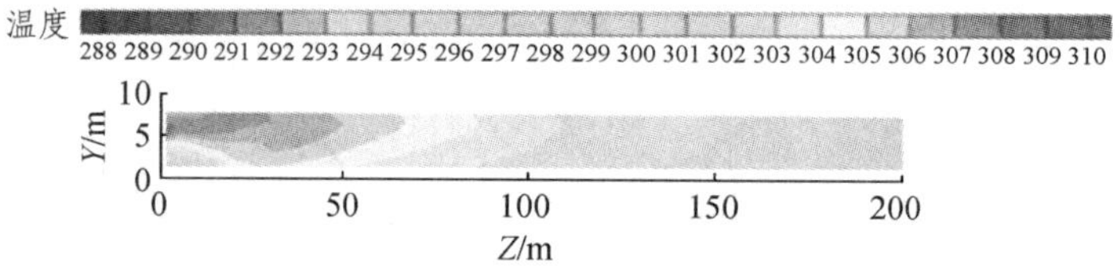

图 5.18　距离掌子面 0 ~ 200 m 范围内计算模拟温度云图

分析图 5.18 可知：在 Z 方向上，随着距离掌子面距离的增加，温度分布依然是按照梯度由高到低、从左到右逐渐降低分布；在 Y 方向上，温度从上至下逐渐降低。上部热空气由于密度更小，流速更快，分布距离也更远，高温主要集中在距离掌子面 50 m 的范围内，且左上方温度最高，实施降温后，温度降低明显。由此可见，对于长距离特长高速公路隧道而言，其温度变化主要发生在隧道掌子面附近，距离隧道施工掌子面越远，温度越低，温度变化越不明显。

（2）制冷功率为 100 kW 时的隧道温度变化云图及等值线图

风速 V=6.5 m/s 时，制冷机组制冷功率增加到 100 kW，架设在距离隧道施工工作面（掌子面）100 m 处，降温后隧道内的温度变化云图如图 5.19 所示。

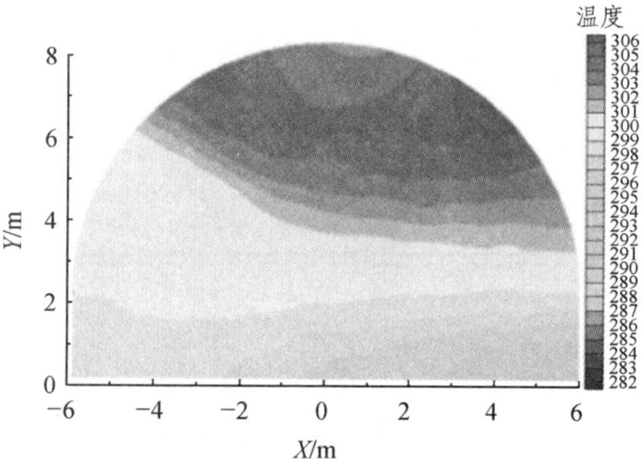

（a）距离掌子面 5 m 断面温度云图

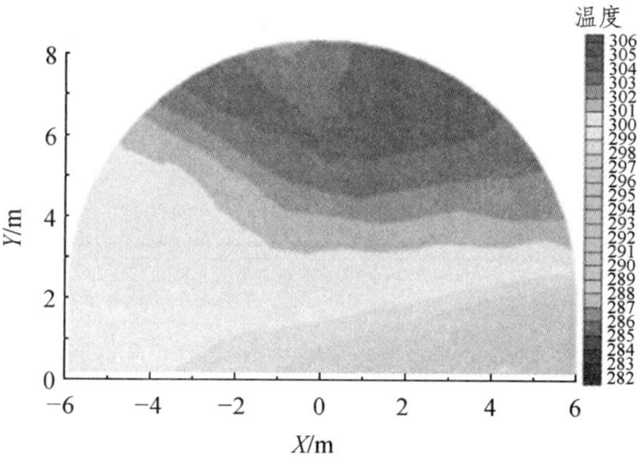

（b）距离掌子面 10 m 断面温度云图

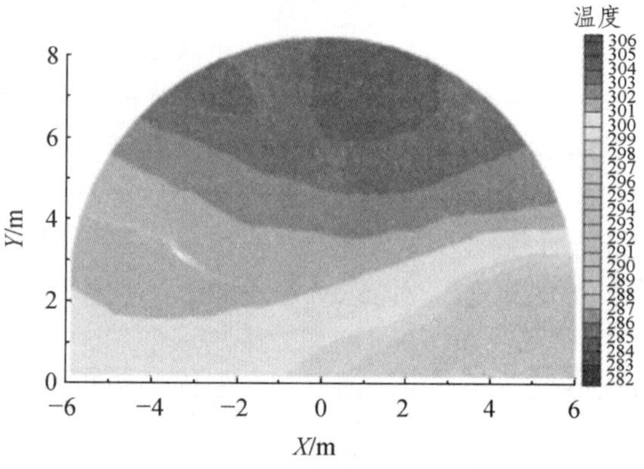

（c）距离掌子面 15 m 断面温度云图

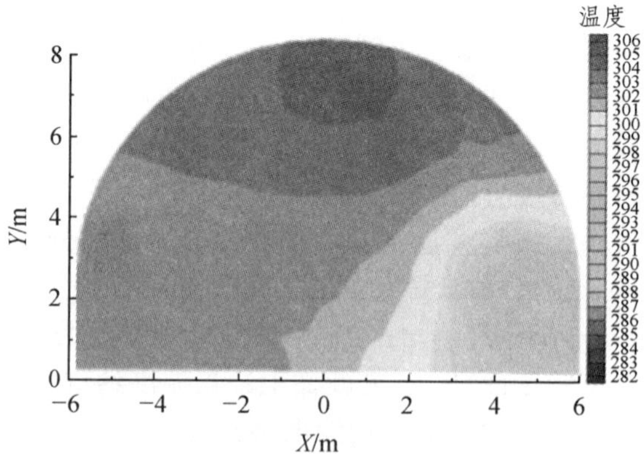

（d）距离掌子面 20 m 断面温度云图

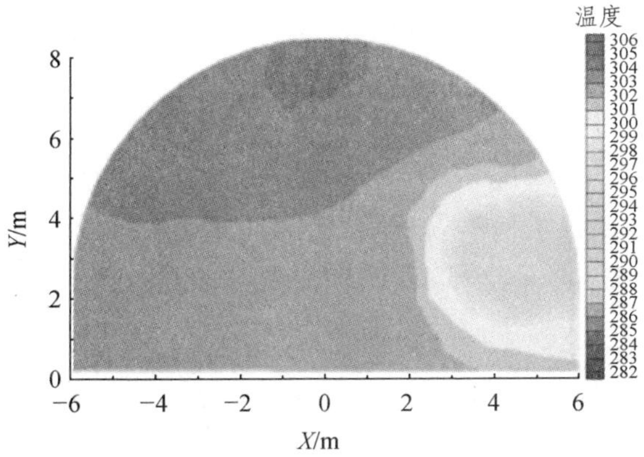

（e）距离掌子面 25 m 断面温度云图

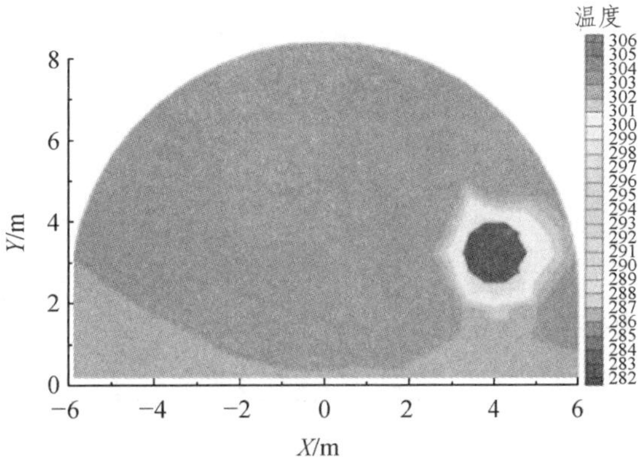

（f）距离掌子面 30 m 断面温度云图

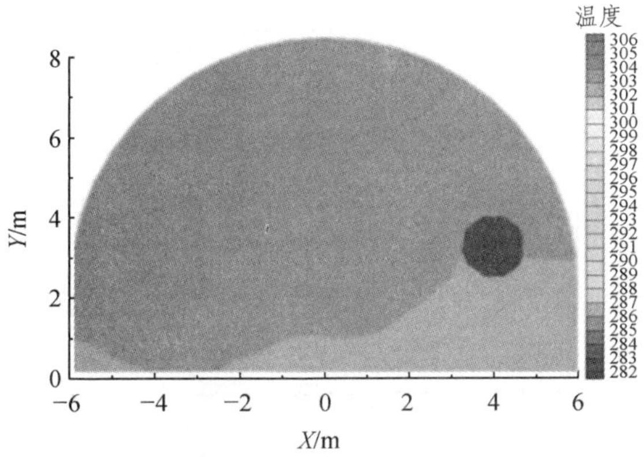

（g）距离掌子面 40 m 断面温度云图

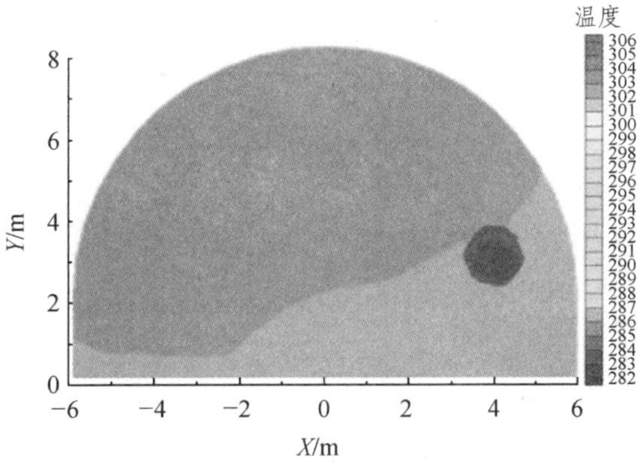

（h）距离掌子面 50 m 断面温度云图

图 5.19　距离掌子面 5 m、10 m、15 m、20 m、25 m、30 m、40 m、50 m 处各断面模拟计算温度云图

距离掌子面 5 m、10 m、15 m、20 m、25 m、30 m、40 m、50 m 处各断面模拟计算温度等值线如图 5.20 所示。

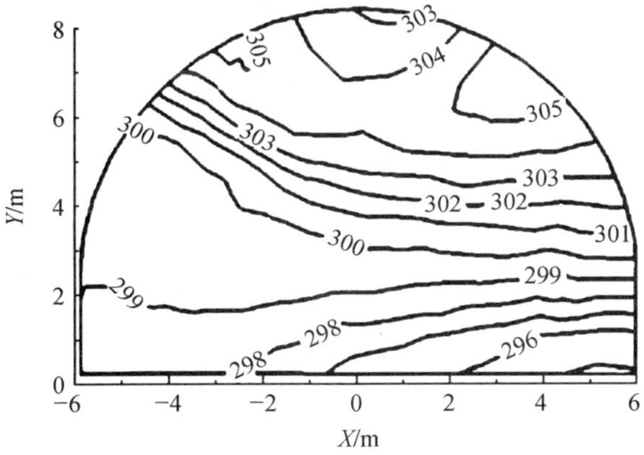

（a）距离掌子面 5 m 断面温度等值线图

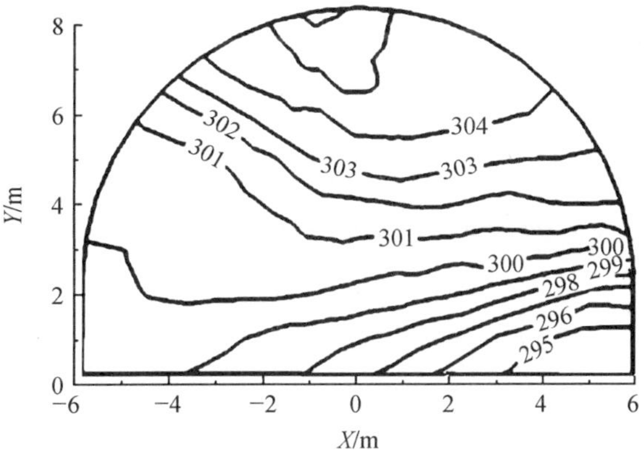

（b）距离掌子面 10 m 断面温度等值线图

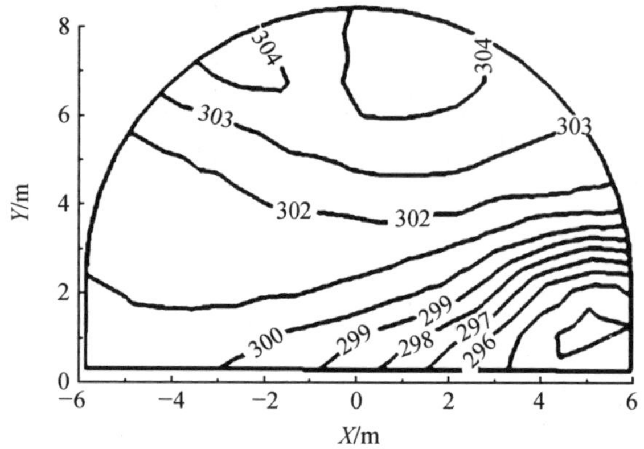

（c）距离掌子面 15 m 断面温度等值线图

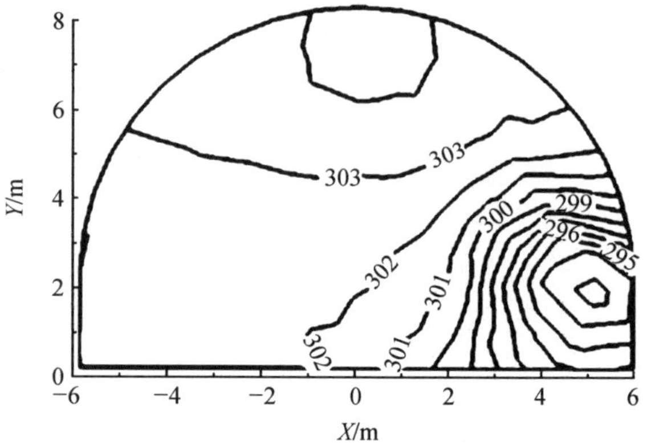

（d）距离掌子面 20 m 断面温度等值线图

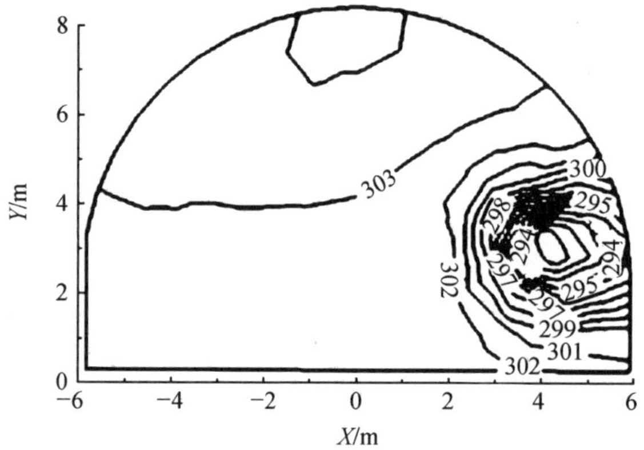

（e）距离掌子面 25 m 断面温度等值线图

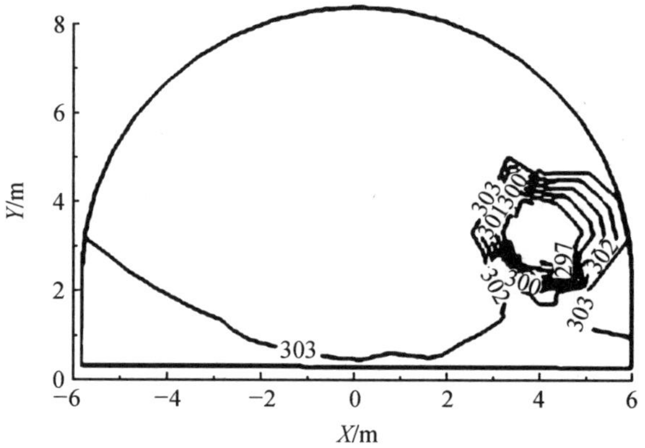

（f）距离掌子面 30 m 断面温度等值线图

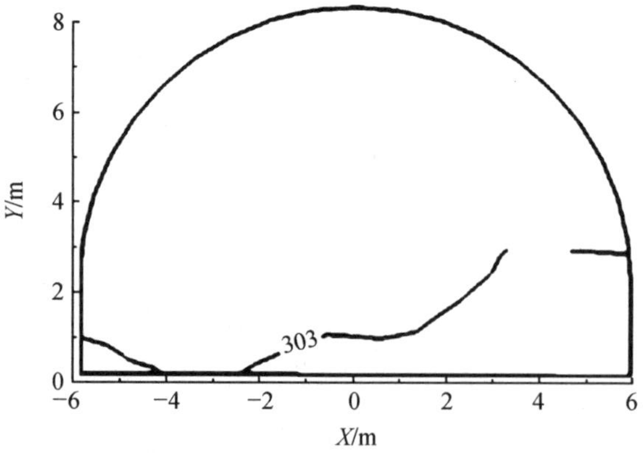

（g）距离掌子面 40 m 断面温度等值线图

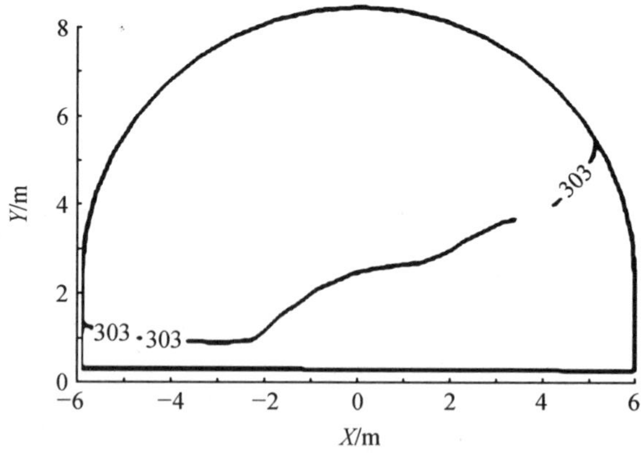

（h）距离掌子面 50 m 断面温度等值线图

图 5.20　距离掌子面 5 m、10 m、15 m、20 m、25 m、30 m、40 m、50 m 处各断面温度等值线图

对图 5.19 中的温度云图以及对应的图 5.20 中的温度等值线图进行分析，可得到以下结论：在风速 V=6.5 m/s 时，采用射流风机与制冷机组相结合的方式对隧道进行降温，制冷机组制冷功率为 100 kW，对比温度云图 5.19 以及等值线图 5.20 可知，降温后，距离隧道掌子面 30 m

处风管的出风口风温最低温度降为 8.85 °C（282 K），未施加冷源时最低温度为 27.85 °C，相比送风最低温度下降 19 °C，降温效果显著。计算段距离掌子面 50 m 内隧道最高温度降温后为 32.85 °C（306 K），与降温前的最高温度 41.85 °C 相比，下降了 9 °C。降温后，单个断面上气体受热、密度减小后上行，从拱顶往下温度逐渐降低，按照温度梯度分层分布，符合流体力学及热力学规律；在靠近风管的位置温度场发生明显变化，在风管周围温度最低。距离掌子面 5 m 处断面上平均温度约 33 °C，距离掌子面 10 m 处断面上平均温度约 32.5 °C，距离掌子面 20 m 断面上平均温度约 32 °C，距离掌子面 50 m 处断面上平均温度约 30 °C。由此可见，降温后，随着与掌子面的距离越来越远，断面上的平均温度逐渐降低。

计算模型全长 200 m 范围内 X=0 剖面上的温度分布云图如图 5.21 所示。

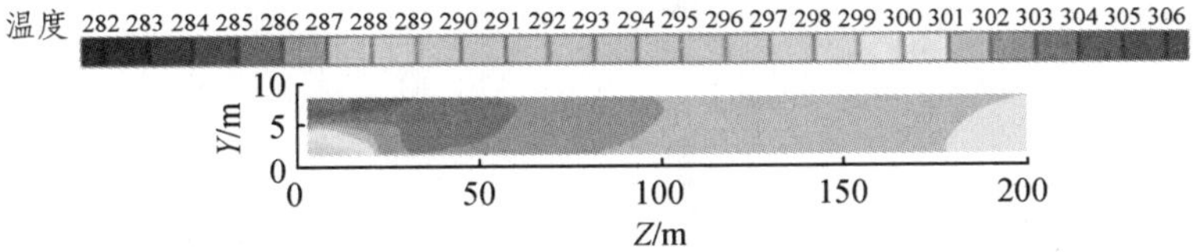

图 5.21　距离掌子面 0 ~ 200 m 范围内计算模拟温度云图

分析图 5.21 可知：在 Z 方向上，随着距离掌子面距离的增加，温度分布依然是按照梯度由高到低、从左到右逐渐降低分布；在 Y 方向上，温度从上至下逐渐降低。上部热空气由于密度更小，流速更快，分布距离也更远，高温主要集中在距离掌子面 50 m 的范围内，且左上方温度最高，实施降温后，温度降低明显。由此可见，对于长距离特长高速公路隧道而言，其温度变化主要发生在隧道掌子面附近，距离隧道施工掌子面越远，温度越低，温度变化越不明显。

3. 制冷功率为 150 kW 时的隧道温度变化云图及等值线图

风速 V=6.5 m/s 时，制冷机组制冷功率增加到 150 kW，架设在距离隧道施工工作面（掌子面）100 m 处，降温后隧道内的温度变化云图如图 5.22 所示。

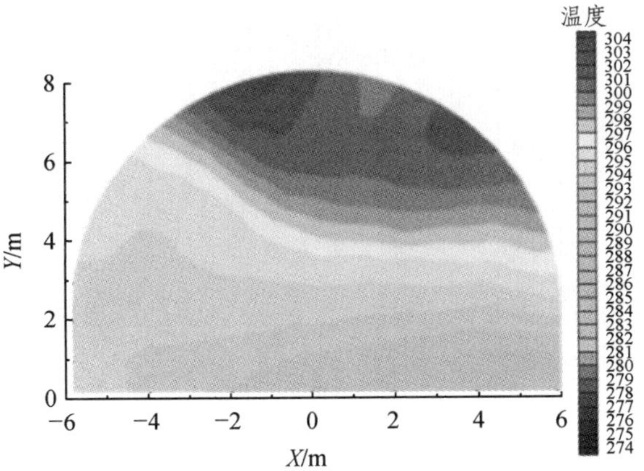

（a）距离掌子面 5 m 断面温度云图

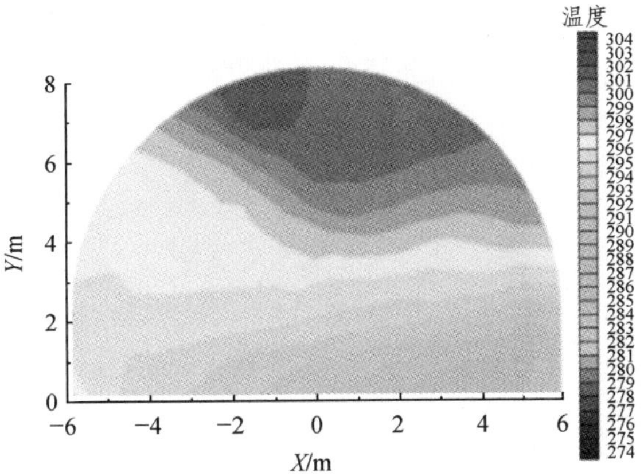

（b）距离掌子面 10 m 断面温度云图

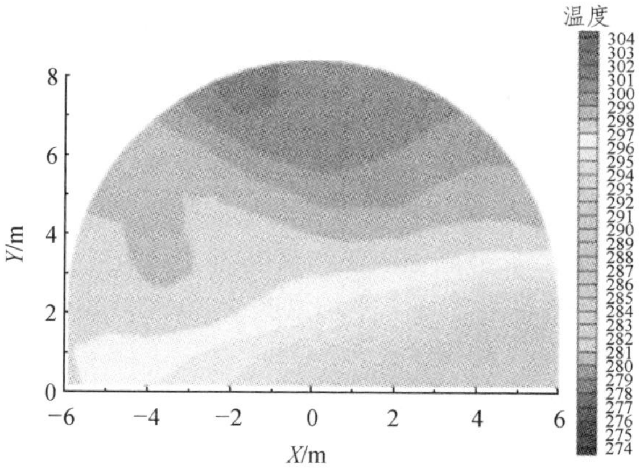

（c）距离掌子面 15 m 断面温度云图

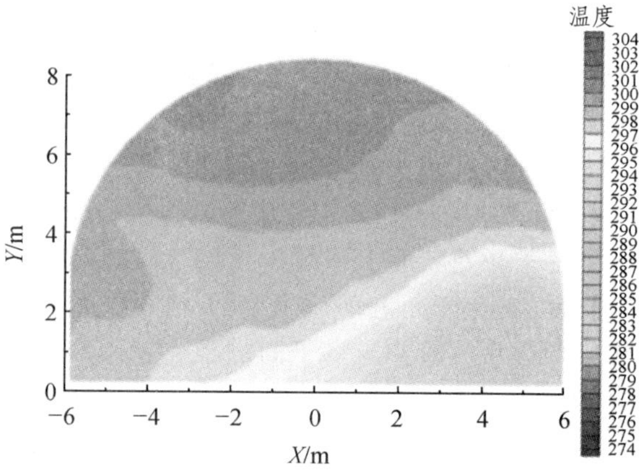

（d）距离掌子面 20 m 断面温度云图

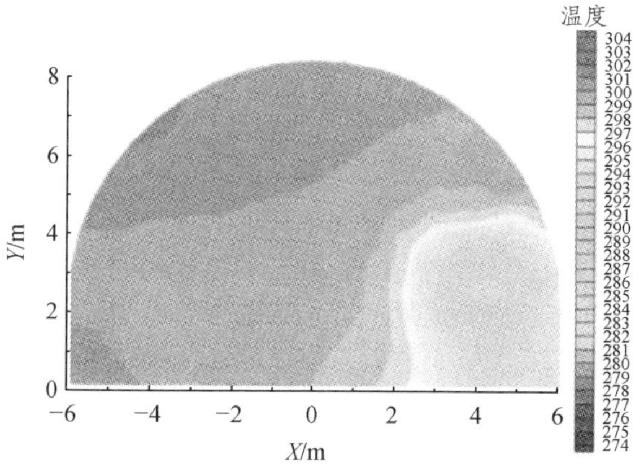

（e）距离掌子面 25 m 断面温度云图

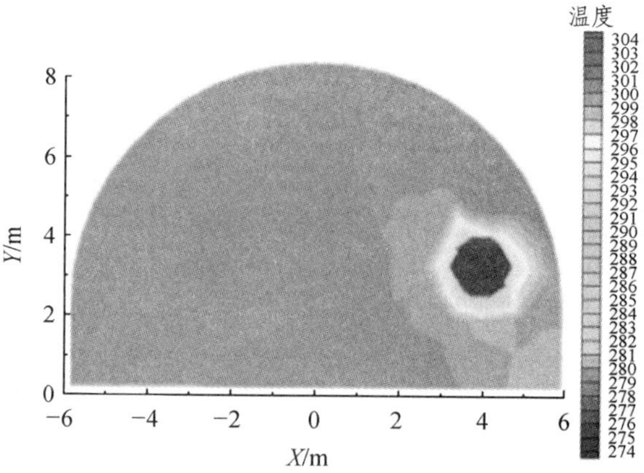

（f）距离掌子面 30 m 断面温度云图

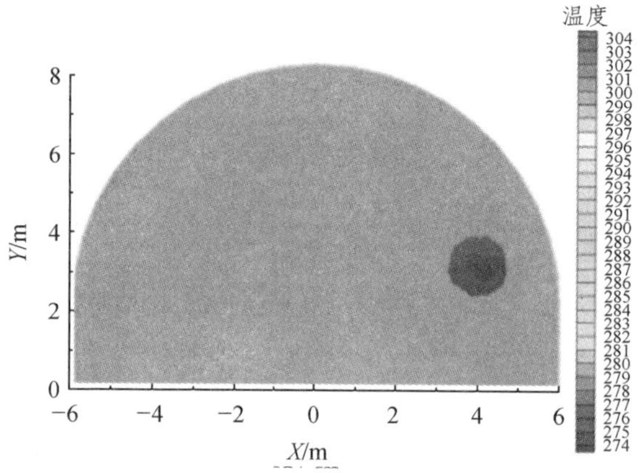

（g）距离掌子面 40 m 断面温度云图

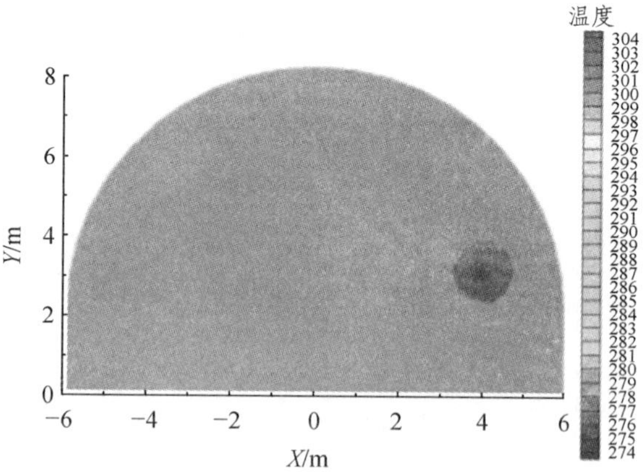

（h）距离掌子面 50 m 断面温度云图

图 5.22　距离掌子面 5 m、10 m、15 m、20 m、25 m、30 m、40 m、50 m 处各断面模拟计算温度云图

距离掌子面 5 m、10 m、15 m、20 m、25 m、30 m、40 m、50 m 处各断面模拟计算温度等值线如图 5.23 所示。

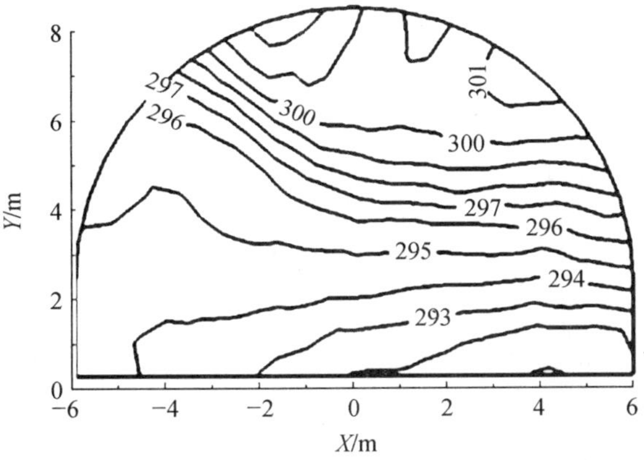

（a）距离掌子面 5 m 断面温度等值线图

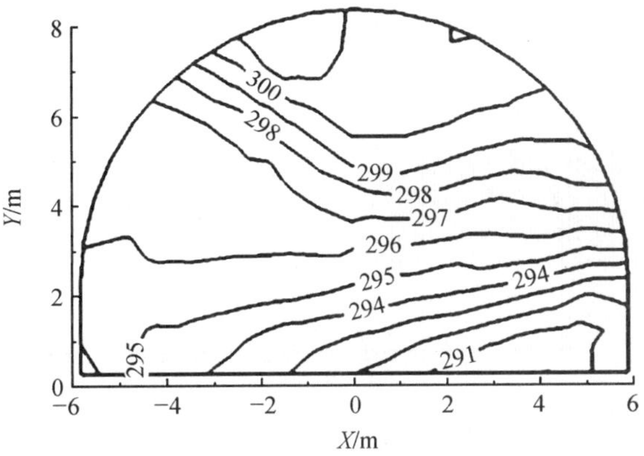

（b）距离掌子面 10 m 断面温度等值线图

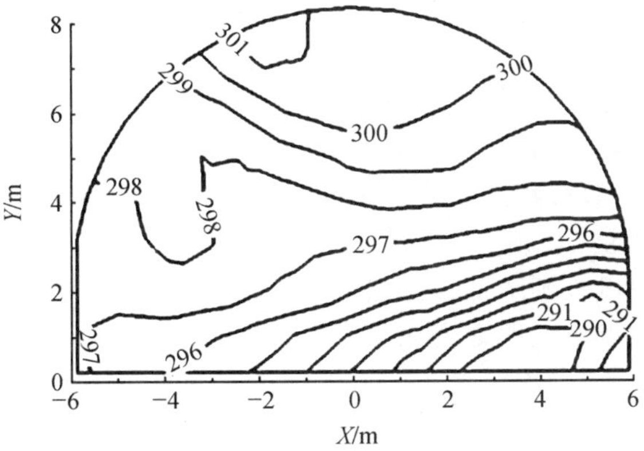

（c）距离掌子面 15 m 断面温度等值线图

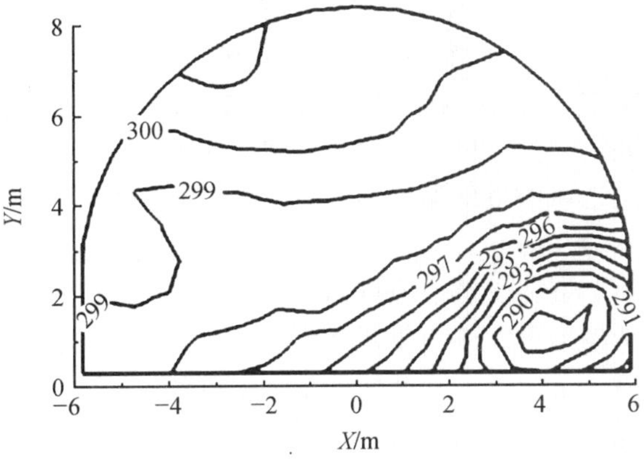

（d）距离掌子面 20 m 断面温度等值线图

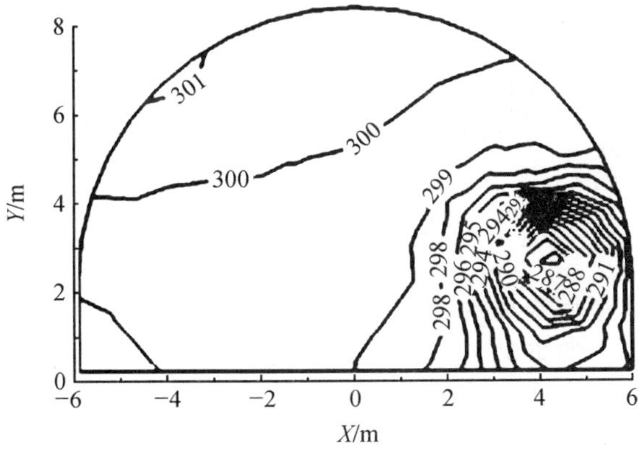

（e）距离掌子面 25 m 断面温度等值线图

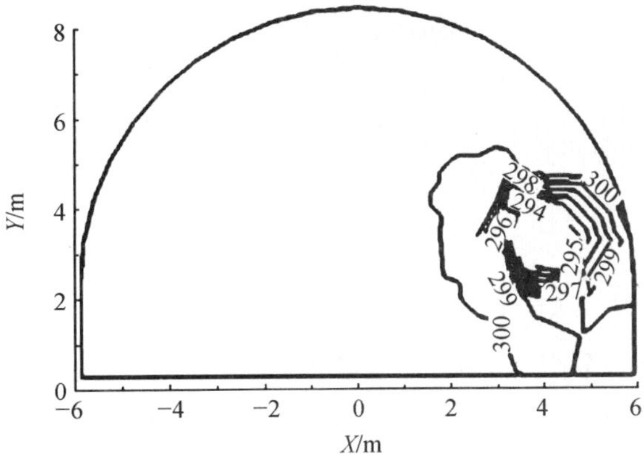

（f）距离掌子面 30 m 断面温度等值线图

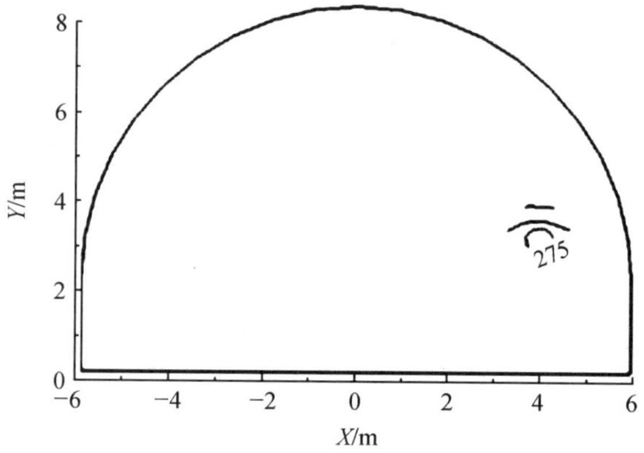

（g）距离掌子面 40 m 断面温度等值线图

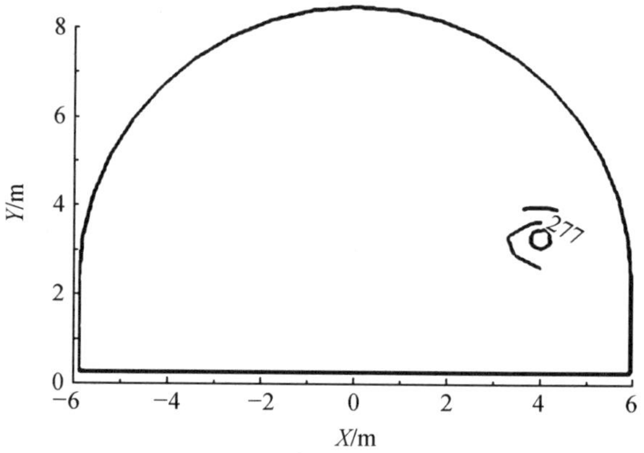

（h）距离掌子面 50 m 断面温度等值线图

图 5.23　距离掌子面 5 m、10 m、15 m、20 m、25 m、30 m、40 m、50 m 处各断面温度等值线图

对图 5.22 中的温度云图以及对应的图 5.23 中的温度等值线图进行分析，可得到以下结论：在风速 V=6.5 m/s 时，采用射流风机与制冷机组相结合的方式对隧道进行降温，制冷机组制冷功率为 150 kW，对比温度云图 5.22 以及等值线图 5.23 可知，降温后，距离隧道掌子面 30 m 处风管的出风口风温最低温度降为 0.85 °C（274 K），未施加冷源时最低温度为 27.85 °C，相比送风的最低温度下降 27 °C，降温效果显著。计算段距离掌子面 50 m 内隧道最高温度降温后为 30.85 °C（304 K），与降温前的最高温度 41.85 °C 相比，下降了 11 °C。降温后，单个断面上气体受热、密度减小后上行，从拱顶往下温度逐渐降低，按照温度梯度分层分布，符合流体力学及热力学规律；在靠近风管的位置温度场发生明显变化，在风管周围温度最低。距离掌子面 5 m 处断面上平均温度约 30.5 °C，距离掌子面 10 m 处断面上平均温度约 29 °C，距离掌子面 20 m 断面上平均温度约 28.75 °C，距离掌子面 50 m 处断面上平均温度约 28 °C。由此可见，降温后，随着与掌子面的距离越来越远，断面上的平均温度逐渐降低。

计算模型全长 200 m 范围内 X=0 剖面上的温度分布云图如图 5.24 所示。

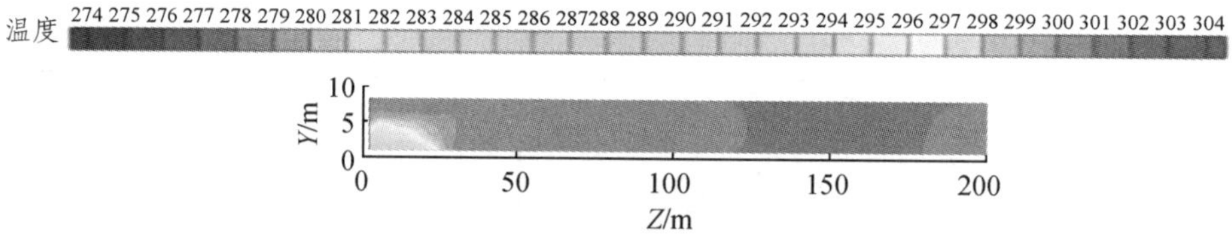

图 5.24　距离掌子面 0～200 m 范围内计算模拟温度云图

分析图 5.24 可知：在 Z 方向上，随着距离掌子面距离的增加，温度分布依然是按照梯度由高到低、从左到右逐渐降低分布；在 Y 方向上，温度从上至下逐渐降低。上部热空气由于密度更小，流速更快，分布距离也更远，高温主要集中在距离掌子面 50 m 的范围内，且左上方温度最高，实施降温后，温度降低明显。由此可见，对于长距离特长高速公路隧道而言，其温度变化主要发生在隧道掌子面附近，距离隧道施工掌子面越远，温度越低，温度变化越不明显。

5.4 隧道高温研究结论

本研究综合考虑了长大公路隧道高温热环境内外干扰因素，根据五老山隧道实际工况对隧道热环境的形成机理进行了分析，建立了隧道内空气流场、空气与隧道内壁面对流换热、隧道围岩传热的物理模型。其主要结论如下：

（1）采用 Fluent 软件对隧道进行仿真数值模拟分析。在正常通风情况下，即 V=6.5 m/s 时，五老山隧道高温的分布主要是集中在距离掌子面 100 m 的范围内，在同一断面由上到下温度逐渐降低。在 Z 方向上表现为距离掌子面越远，温度越低，温度变化越不明显，温度场越小。

（2）通过现场调查与热源计算，找到了五老山隧道高温主要的发热源。五老山隧道为高温上行隧道，由于围岩本身温度为 28 °C，隧道涌水水温 26 °C，所以本研究中不考虑围岩、涌水的换热，只考虑隧道的机械散热、人体散热、爆破散热，计算得到峰值发热源的散热总量为 562 kW。

（3）在保证其他条件不变的情况下，隧道正常通风，即风速 V=6.5 m/s 时，采用射流风机与制冷机组组合的方式来降低隧道温度，通过 Fluent 软件对隧道进行仿真数值模拟分析。冷风在风管运输过程中，产生气体交换，交换掉空气中的一部分显热与潜热，从而降低风管内的送风温度。通过模拟结果可知，采用该组合方式对隧道进行降温，其效果是显著的，能在一定程度上降低隧道内的温度。

（4）由上文可知，对隧道降温后的数值模拟结果进行比对分析，不难发现，当制冷机组制冷功率达到 150 kW 时，能够使其隧道施工作业面平均温度降到 28 °C 左右。在此温度下，能提高工作人员的施工效率和保证机械设备的正常运转。

（5）对上述仿真模拟结果进行对比分析，不难发现，其温度等值线图在整体上呈梯度分布，由上到下呈现降低趋势。而在风管出口处（距离隧道掌子面 30 m 处）的温度等值线较为密集。同时，风管送风速度对隧道温度的影响也十分显著。

（6）本研究对于我国众多的高温隧道降温工作的实施提供了一定的理论和实际支撑，针对不同温度的隧道，采用不同的降温组合方式，能够有效地控制隧道内的温度。

本节采用计算机软件对隧道热环境进行仿真模拟，其结果可能与实际情况有所区别。由于自身水平有限，还存在诸多值得探讨与研究的地方。

5.5 上行隧道热源分析及热值计算

5.5.1 机械设备散热

机械设备施工运行过程中所用的电能或是化学能，极大一部分会因为能量转换的过程转变为内能，内能释放，并引起掌子面附近空气温度上升。隧道内施工会存在电力驱动和柴油驱动两种机械方式。其中电力驱动设备主要包括通风风机、水泵等，柴油驱动设备主要有挖掘机、自卸汽车、装载机、喷浆机、罐车以及其他车辆设备，如表 5.4 所示。

表 5.4　施工工地机械设备汇总

序号	设备名称	设备生产单位	功率/kW	数量/台
1	空压机	开山	110	20
2	装载机	柳工	125	8
3	挖掘机	小松	110	7
4	自卸汽车	红岩	120	24
5	喷浆机	耿力/佳乐	70	5
6	罐车	重汽	229	16
7	其他车辆		82	10
	合计			

其中，根据现场收集数据，柴油驱动设备在工作日期间的使用时间平均是在 6 ~ 8 h，电力驱动设备在工作日期间的使用时间平均实在 10 ~ 12 h，数据具体根据项目实际情况进行收集、汇总后，主要依据三个方面对热量汇总进行计算：机械设备散热功率、机械设备实际工作时长、各工作面实际分配到的热量。

5.5.2　火药爆炸散热

根据文献研究得出，乳化炸药在爆炸中，爆热释放热量为 3 288.39 kJ/kg，在施工地点同时爆炸少于 100 kg 火药时，其爆炸放热量可忽略不计。当大于 100 kg 时，散热量为：

$$\begin{aligned}Q_{\mathrm{H}} &= 0.14G_{\mathrm{h}} \\ &= 0.14\times 3\,288.39\times 240 = 110\ \mathrm{kW}\end{aligned}$$

式中：Q_{H} ——每班的火药耗量（kg）；

240 ——正洞开挖面爆破一次炸药用量为 240 kg。

5.5.3　施工人员放热

施工人员放热量应为工作面总人数和个人放热量的乘积。人员散热，考虑常规施工的工作人员体力劳动散热。正洞隧道平均工作面 80 人，这里按中等劳动强度的发热功率 300 W 计算，即施工人员放热总功率为 2 400 W。

5.5.4　施工放热综合计算

单项基本按平均最大功率计算，考虑各个单项热负荷的特点，如柴油机是间歇式工作的，各个项目按权重系数叠加。根据相关规定，降温冷负荷取 1.2 的附加系数。其中总散热功率结果计算如下：

$$\begin{aligned}Q_{散热} &= 1.2\sum \varphi_i Q_i = 1.2\times(0.85Q_{机电} + 0.6Q_{柴油} + Q_{炸药} + Q_{人体}) \\ &= 1.2\times(0.85\times 440 + 0.6\times 1160.4 + 110 + 0.3\times 80) \\ &= 1\,445.008\ \mathrm{kW}\end{aligned}$$

在 Fluent 软件中，导入的热源体长度为 5 m，软件分析参数中，散热功率参数计算规则为每立方散热功率。

5.6 隧道的数值模拟工况

本节主要针对五老山隧道内各热源放热情况下，对隧道进行通风时，分析隧道内温度及风流速度的变化分布情况。通风方案选择压入式通风。数值模拟中的几何模型采用五老山隧道设计尺寸，数值建模时在不改变原有形状的情况下对隧道的弧形部分做了简化。几何模型通过 Gambit 建模后生产网格，然后通过 Fluent 对压入式通风的隧道进行研究。

5.6.1 几何建模

为简化模型，取不同工况下的隧道长，进行综合分析，隧道横截面为类马蹄形，则可简化表示为一个半径为 5.5 m 的半圆和长为 11 m、宽为 1.6 m 的矩形组成，坐标原点定在如图 5.25 工作面处。压入式风机风筒出口距工作面 20 m，高度为 4.8 m，通风管直径 1.5 m。

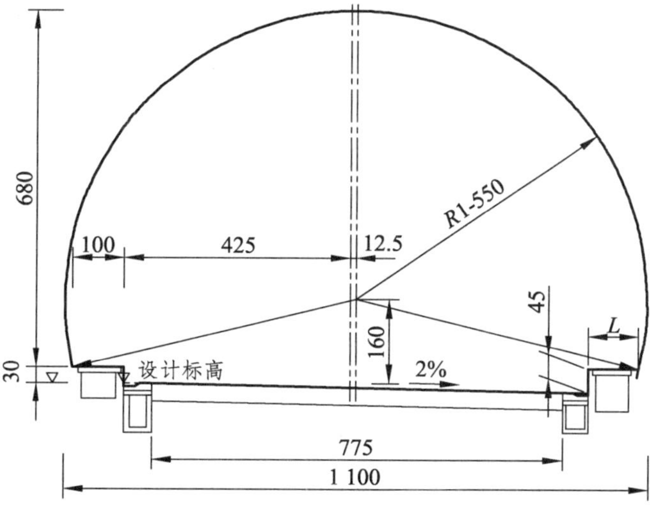

图 5.25 隧道截面图（单位：cm）

1. 模型网格划分

本模型网格为三角形单元网格。由于长度很长，图形中不能显示出全部的网格，图5.26为隧道工作面附近的网格图，隧道网格划分如图 5.27、图 5.28 所示，其中模型网格为单位 1。隧道模型分为热源体和隧道两部分，通过热源体的热量释放，形成隧道模型的温度变化，完成模型基础建立分析。

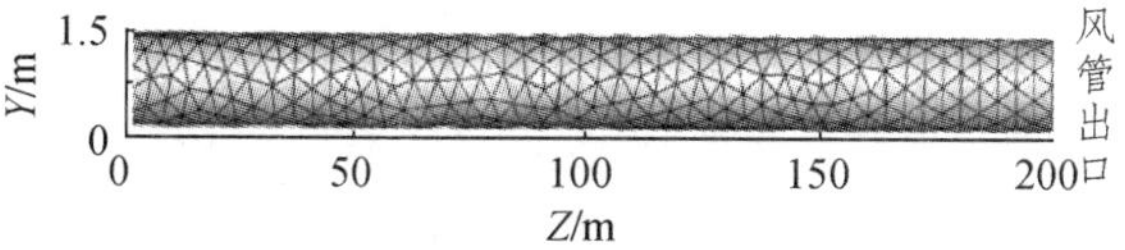

图 5.26 风管的网格图

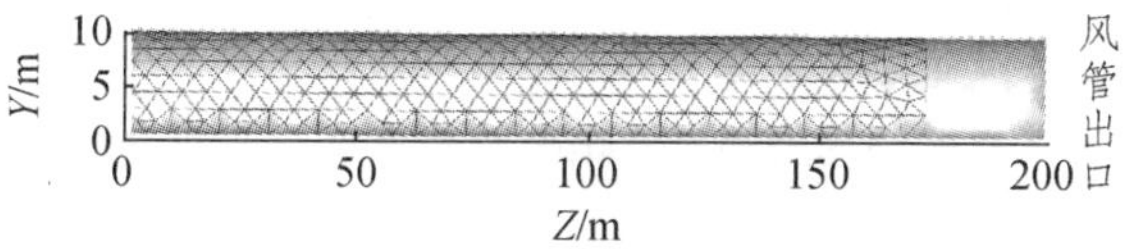

图 5.27 隧道网格划分平面图

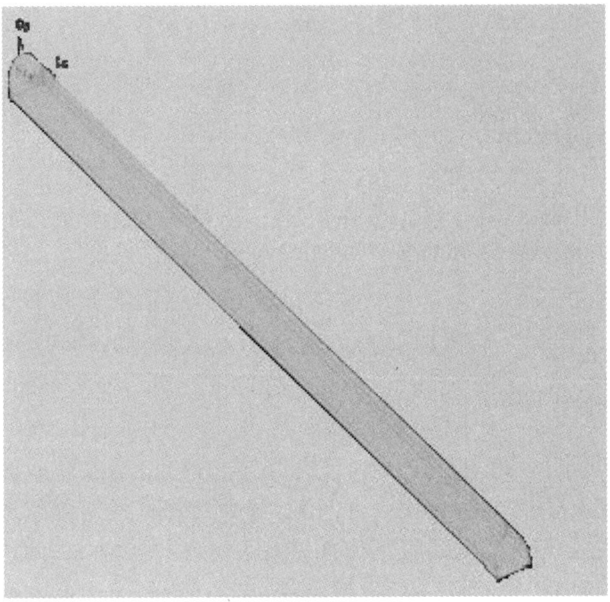

图 5.28　隧道网格划分图

2. 边界条件的设定（表 5.5）

表 5.5　边界条件设置

项目	边界条件名称	参数设置
边界条件	通风管道入口温度/°C	22
	通风管道入口速度/（m/s）	9
	出口边界类型	OUTFLOW
计算模型	求解器	三维稳态
	湍流模型	双方程
	能量方程	打开

3. 根据模拟工况下的结果分析

通过前面设置好的边界条件参数，进行计算分析结果。一共从三个方面进行比对分析：工作面 X 轴方向温度变化、工作面 Y 轴方向温度变化、隧道整体 Y 轴方向温度变化。通过温度变化云图对比，得出模拟计算数据；运用软件自带的数据统计功能，进行特征点变化图标分析。

5.6.2　模型模拟工况计算

1. 工况为隧道长 500 m 时的温度场分布

隧道长度设置为 500 m，散热功率设置为 1 200 W，沿着风管中心的整体温度变化云图如图 5.29 和图 5.30 所示。施工主要集中在掌子面附近，故选取风筒至掌子面这段区域重点观察分析。掌子面附近温度变化见图 5.31 ~ 图 5.34。

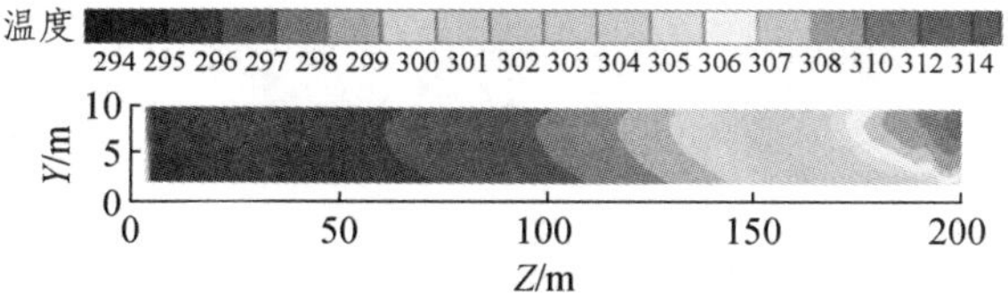

图 5.29　散热功率 1 200 W 隧道温度变化云图（X=0）

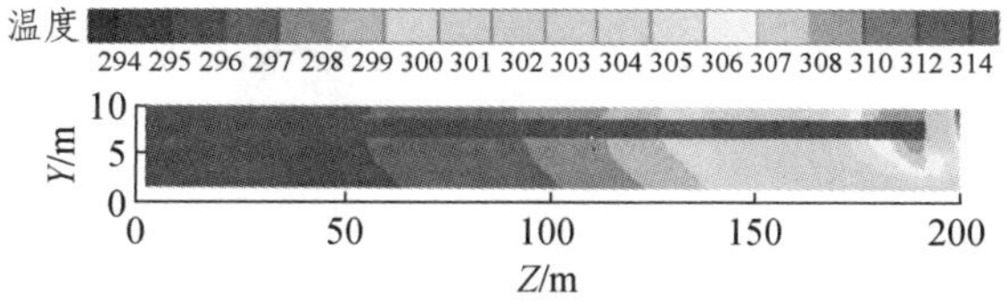

图 5.30　散热功率 1 200 W 隧道温度变化云图（X=3）

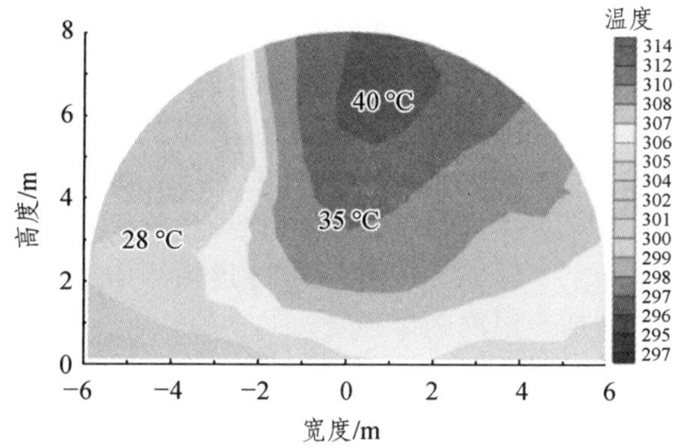

图 5.31　距离掌子面 10 m 处截面图

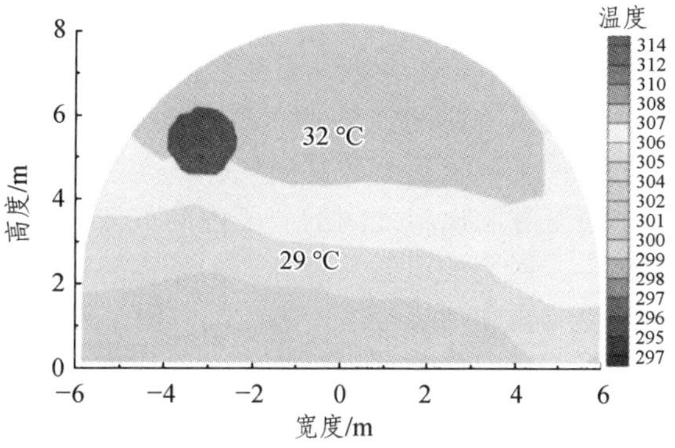

图 5.32　距离掌子面 50 m 处截面图

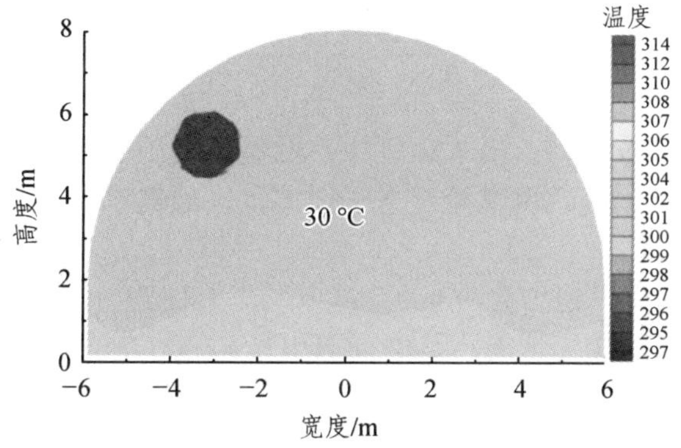

图 5.33　距离掌子面 125 m 处截面图

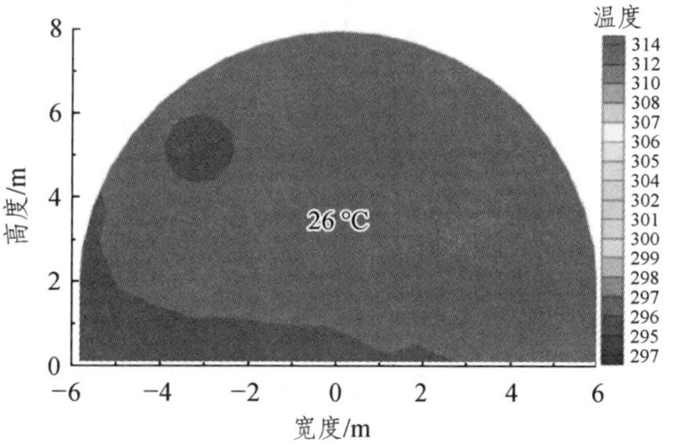

图 5.34　距离掌子面 250 m 处截面图

隧道的通风量设置为 450 m³/min，相应的进口风速约为 9 m/s，进口风流温度为 22 °C。计算分析出整个工况下随着 Z 轴距离变化，温度的变化情况，其中提取出 X=0 时、X=3 时温度云图情况，如图 5.29、图 5.30 所示。

以风管距离掌子面是 20 m 为基础，对掌子面附近 10 m、50 m、125 m、250 m 做温度的断面图分析，再选取特征点，进行特别分析，如图 5.31 ~ 图 5.34 所示。

以距离掌子面的不同距离为基础，提取出不同距离处的温度断面图，进行整体分析，通过关键取样，查看温度云图变化随 Z 轴距离的变化，在各空间位置风速变化的实际情况，如图 5.35 所示。

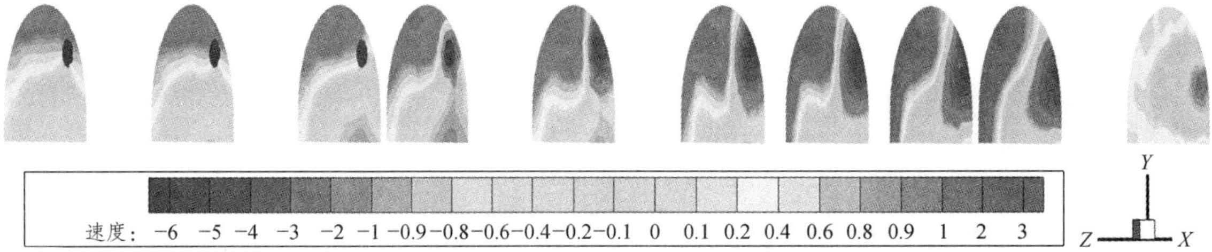

图 5.35 散热功率为 1 200 W 时风管出口至掌子面风速变化截面图

从上图中可以发现，掌子面附近空气温度最高。由于通风管管口距离掌子面 20 m，风管出口附近风流速度较其他位置处风速大，影响该区域热交换数值增大，所以通风管中的冷空气与工作区域面附近的高温气体产生强烈的热交换，流动气体带走隧道内的大量热量。而在工作面至隧洞出口之间的洞段内的气流，温度随着吸收热量的增加而增加，导致越接近隧洞的出口，回流的风温与隧洞内初始温差越小，因为软件的局限性，无法在隧道模型中，布置多个热源体，则热源体影响范围有限，随着距离的增加，温度趋于稳定。

分析图例可得：由于热空气的密度低于冷空气的密度，受到重力作用影响，冷空气向下流动，热空气向上流动，并且隧道为上行隧道，热量在上部环境更加集中，形成了隧道在 Y 方向上的温度分层，形成在隧道的垂直方向上，隧道上部的空气温度高于隧洞下部。而在掌子面附近，由于重力、通风风管靠近且散热效率更高等多重因素影响，温度云图更加复杂，温度空间分布受与风管距离影响更严重。

2. 工况为隧道长 1 000 m 时的温度场分布

隧道长度设置为 1 000 m，散热功率设置为 1 800 W，沿着风管中心的整体温度变化云图如图 5.36 和图 5.37。施工主要集中在掌子面附近，故选取风筒至掌子面这段区域重点观察分析，掌子面附近温度变化见图 5.38 ~ 图 5.41。

隧道的通风量设置为 450 m^3/min，相应的进口风速约为 9 m/s，进口风流温度为 22 °C。计算分析出整个工况下随着 Z 轴距离变化，温度的变化情况，其中提取出 X=0 时、X=3 时温度云图情况，如图 5.36、图 5.37 所示。

以风管距离掌子面是 20 m 为基础，对掌子面附近 10 m、50 m、125 m、250 m 做温度的断面图分析，再选取特征点，进行特别分析，如图 5.38 ~ 图 5.41 所示。

以距离掌子面的不同距离为基础，提取出不同距离处的温度断面图，进行整体分析，通过关键取样，查看温度云图变化随 Z 轴距离的变化，在各空间位置温度变化的实际情况，如图 5.42 所示。

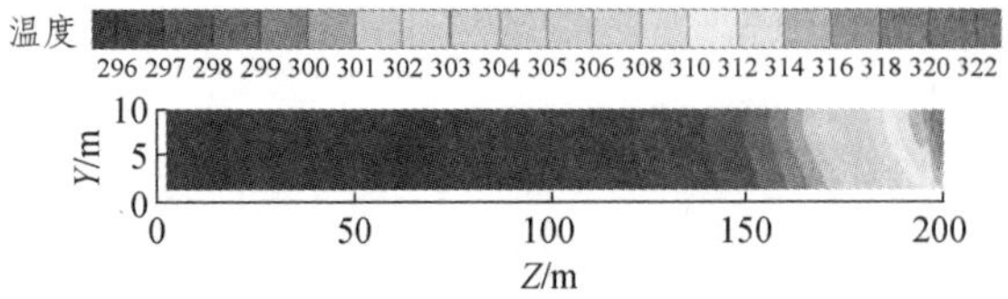

图 5.36 散热功率 1 800 W 隧道温度变化云图（X=0）

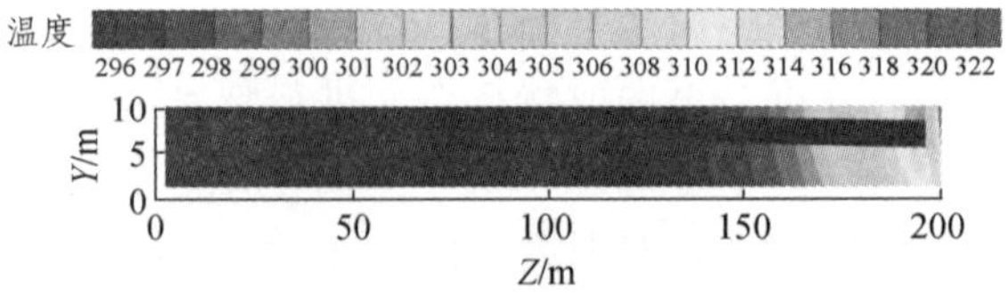

图 5.37 散热功率 1 800 W 隧道温度变化云图（X=3）

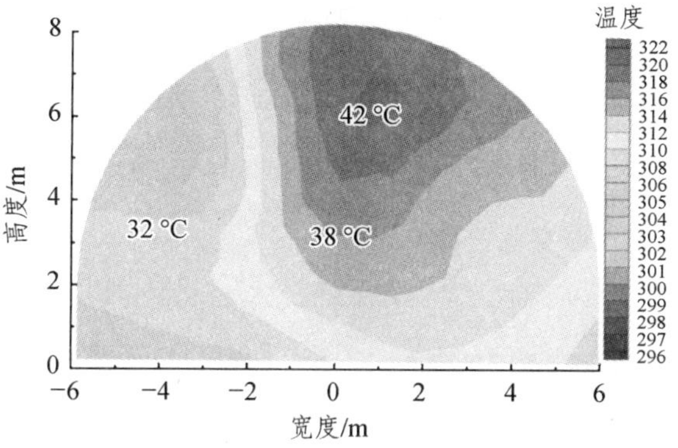

图 5.38　距离掌子面 10 m 处截面图

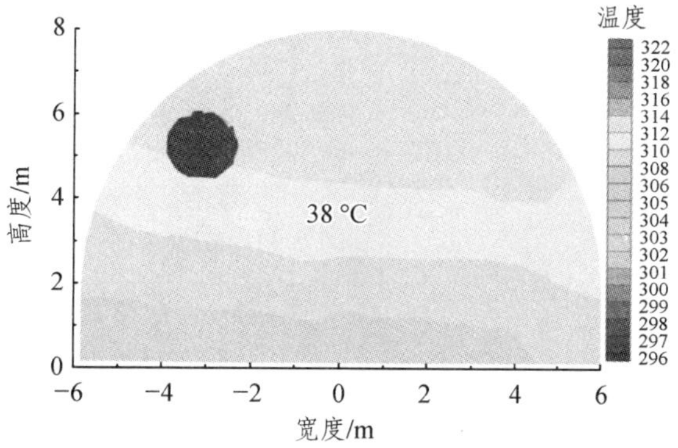

图 5.39　距离掌子面 50 m 处截面图

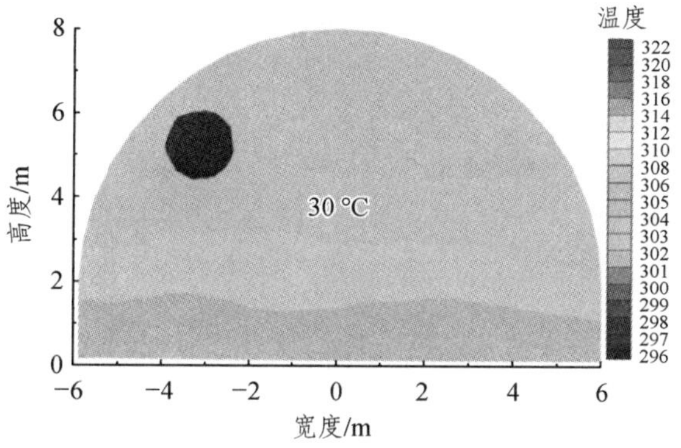

图 5.40　距离掌子面 125 m 处截面图

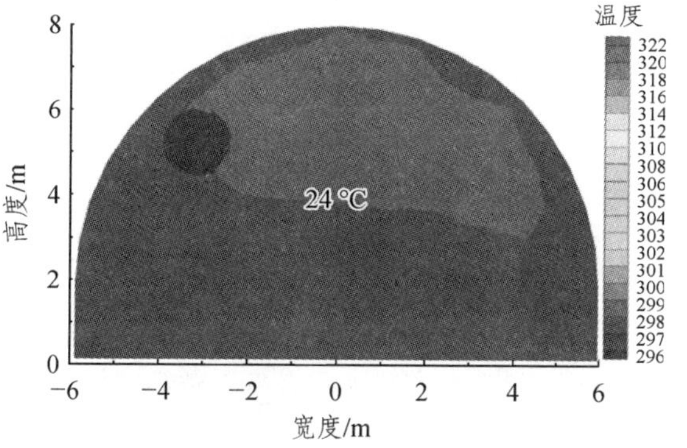

图 5.41　距离掌子面 250 m 处截面图

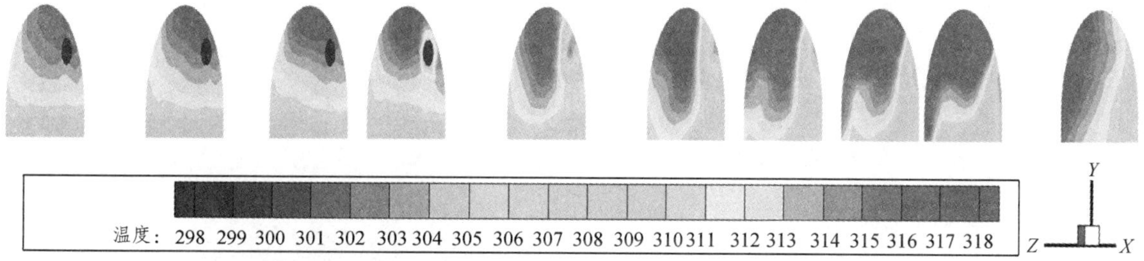

图 5.42　散热功率为 1 800 W 时风管出口至掌子面温度变化截面图

在增加了隧道长度与散热功率数值后，温度整体分布情况大致相同，但在温度分布中，随着距离的增加，工作面的高温区域更加集中，次高温区域的范围扩大，常温区域基本不变。

分析图例可得：在隧道垂直方向上，由于范围的扩大、热源体散热功率的增加，高温区域分布增多。在 Y 方向上次高温区域扩大；在 X 方向上高温区域更加集中；Z 方向温度分布变化较小，温度云图分布复杂度减小。

3. 工况为隧道长 1 500 m 时的温度场分布

隧道长度设置为 1 500 m，散热功率设置为 2 000 W，沿着风管中心的整体温度变化云图如图 5.43 和图 5.44。施工主要集中在掌子面附近，故选取风筒至掌子面这段区域重点观察分析，掌子面附近温度变化见图 5.45 ~ 图 5.48。

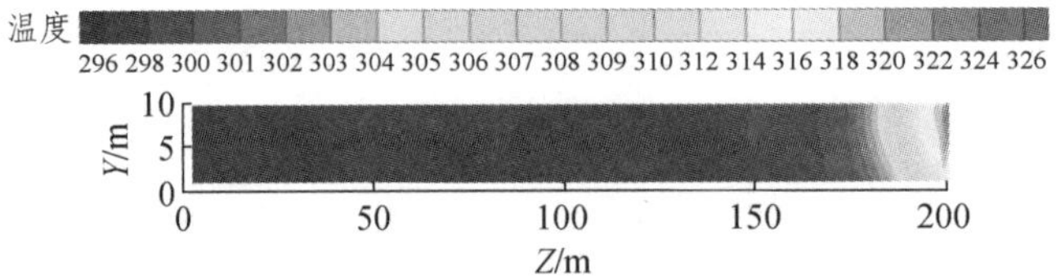

图 5.43　散热功率 2 000 W 隧道温度变化云图（X=0）

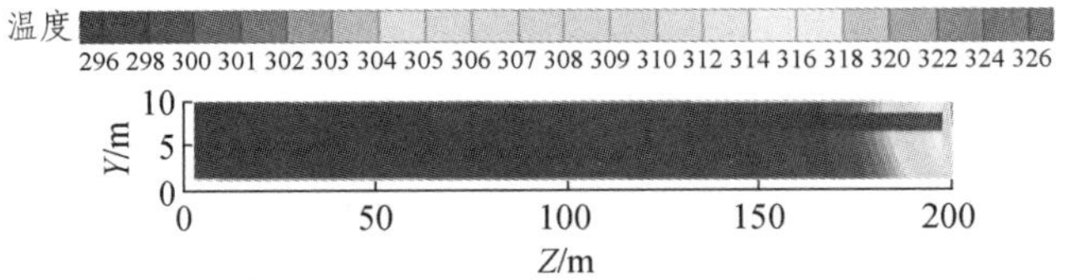

图 5.44　散热功率 2 000 W 隧道温度变化云图（X=3）

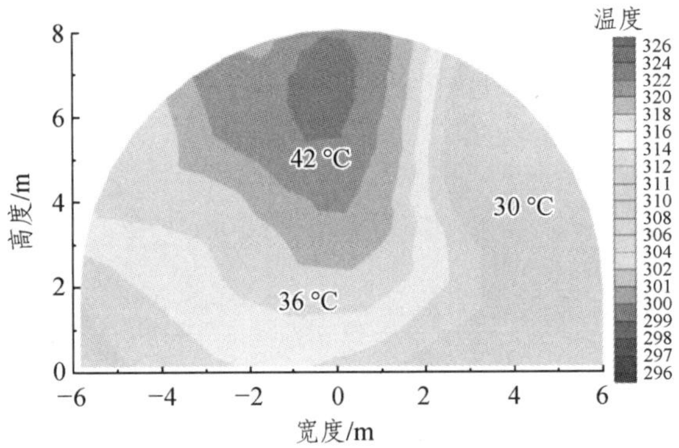

图 5.45　距离掌子面 10 m 处截面图

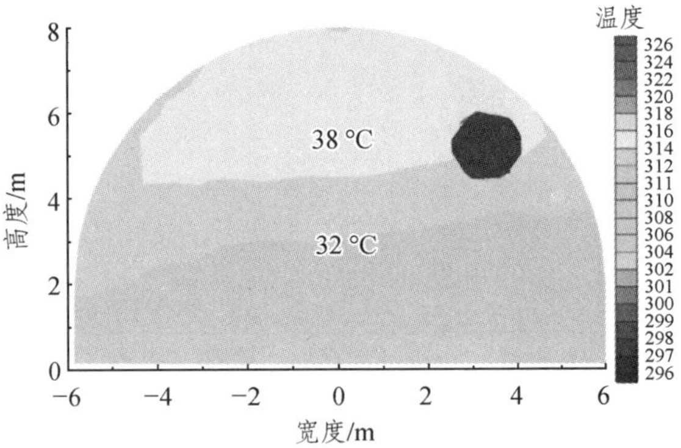

图 5.46　距离掌子面 50 m 处截面图

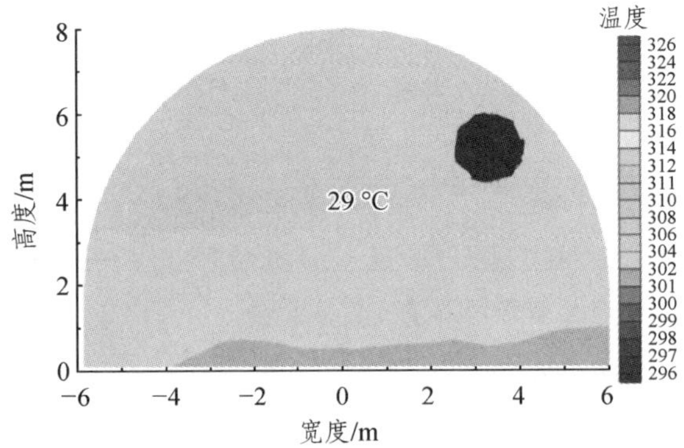

图 5.47　距离掌子面 125 m 处截面图

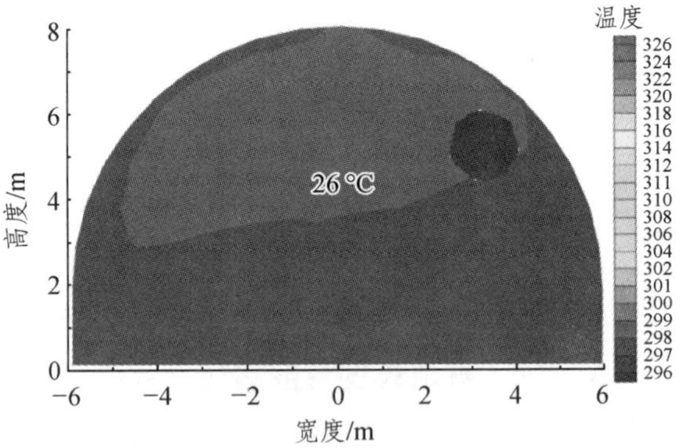

图 5.48　距离掌子面 250 m 处截面图

隧道的通风量设置为 450 m³/min，相应的进口风速约为 9 m/s，进口风流温度为 22 °C。计算分析出整个工况下随着 Z 轴距离变化，温度的变化情况，其中提取出 X=0 时、X=3 时温度云图情况，如图 5.43、图 5.44 所示。

以风管距离掌子面是 20 m 为基础，对掌子面附近 10 m、50 m、125 m、250 m 做温度的断面图分析，再选取特征点，进行特别分析，如图 5.45 ~ 图 5.48 所示。

以距离掌子面的不同距离为基础，提取出不同距离处的温度断面图，进行整体分析，通过关键取样，查看温度云图变化随 Z 轴距离的变化，在各空间位置温度变化的实际情况，如图 5.49 所示。

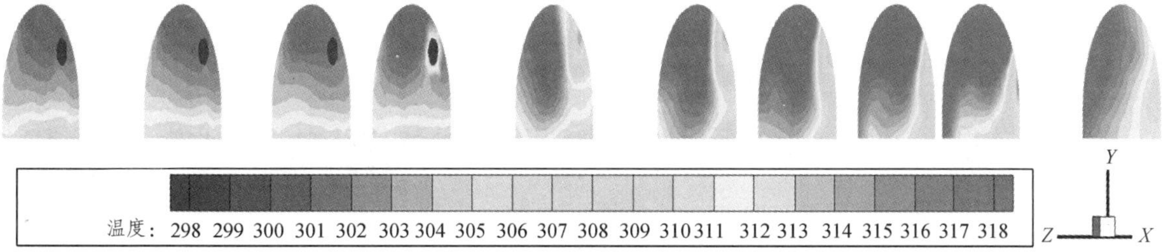

图 5.49　散热功率为 2 000 W 时风管出口至掌子面温度变化截面图

分析上述图例，通过对比得出：在隧道距离进一步加大、热源体散热功率进一步增加的情况下，相对前两种工况，温度分布受与风管的距离影响显著。在隧洞的垂直方向上，隧洞上部的空气温度还是高于隧洞下部，但受到重力作用的影响减小。隧洞在 Y 方向上的温度分层基本相同，但 X 方向上的温度变化显著。

高温区域与常温区域的空间分布占比：与之前的工况相比，高温区域分布占比明显增加，常温区域降低且大多分布在 Y 方向中下层。

4. 三种工况综合情况下隧道工作面不同距离的温度场分布

隧道长度设置为 1 500 m，散热功率设置为 1 800 W，沿着风管中心的整体温度变化云图如图 5.50。施工主要集中在掌子面附近，故选取风筒至掌子面这段区域重点观察分析，掌子面附近温度变化见图 5.51 ~ 图 5.54。

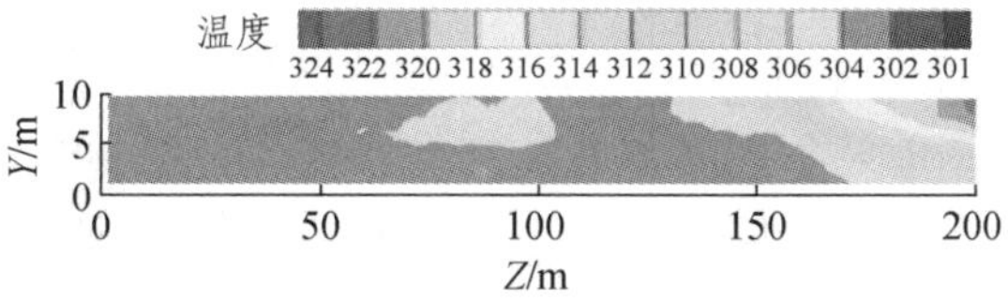

图 5.50　散热功率为 1 800 W 时风管出口至掌子面温度变化图

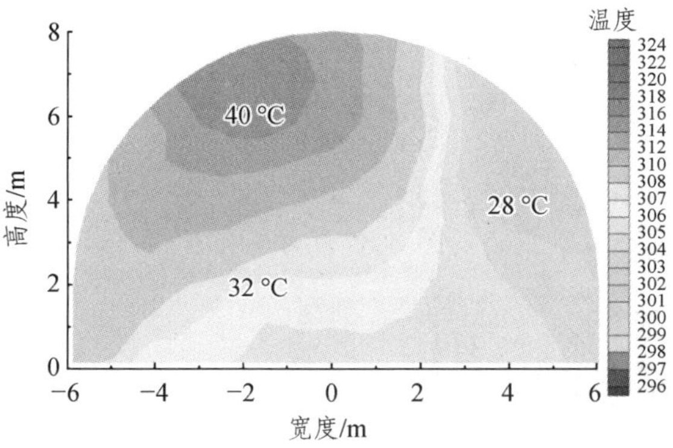

图 5.51　距离掌子面 1 m 处截面图

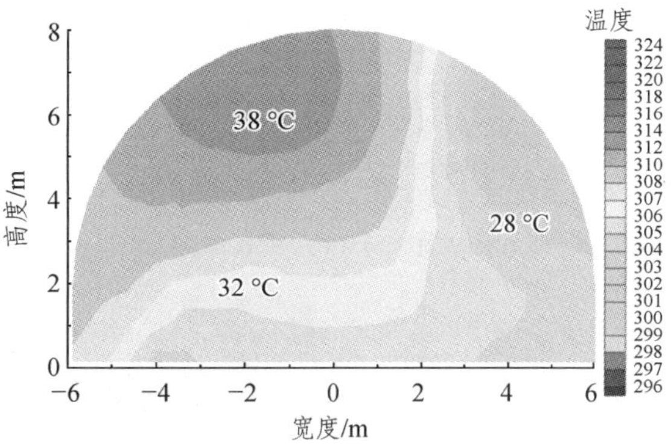

图 5.52　距离掌子面 5 m 处截面图

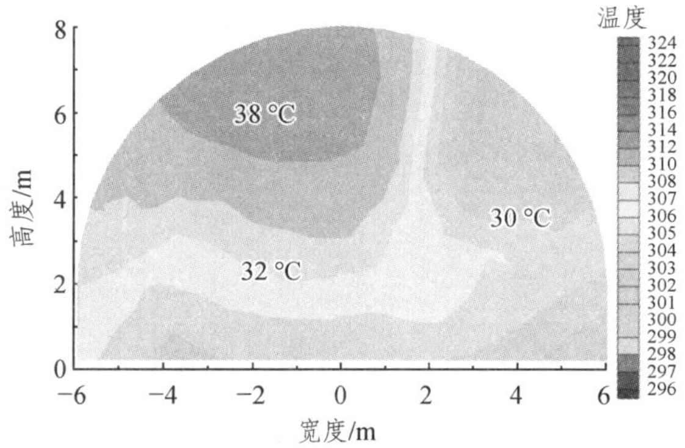

图 5.53　距离掌子面 10 m 处截面图

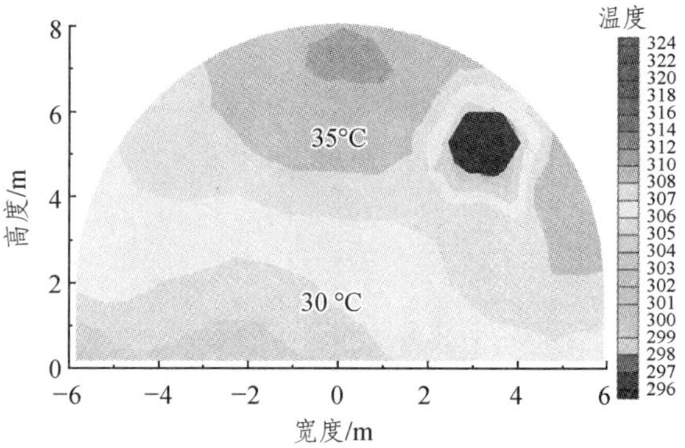

图 5.54　距离掌子面 20 m 处截面图

隧道的通风量设置为 600 m³/min，相应的进口风速约为 12 m/s，进口风流温度为 22 °C。计算分析出整个工况下随着 Z 轴距离变化，温度的变化情况，其中提取出 X=0 时、X=3 时温度云图情况。

以风管距离掌子面是 20 m 为基础，对掌子面附近 1 m、5 m、10 m、20 m 做温度的断面图分析，再选取特征点，进行特别分析，如图 5.51 ~ 图 5.54 所示。

在参数设置中，控制送风温度不变，增大送风速度，伴随着送风速度由小到大，隧道空间中各点的温度都在降低，这是因为风流速度的增大使风流与隧道内热空气进行热交换的能力变强。因为增大了单位时间的送风量，同时增大的还有冷风流的吸热量。

从风管出口到工作面，随着送风风速的增大，截面上点的温度降低。从掌子面至隧道出口回风流温度也是随着风速的增大而降低。保持风温恒定，仅风速改变，可以看出温度场不变，只是温度高低变化。

总结 4 个工况，通过控制相关变量，如风速、热源体散热功率、隧道长度，可得到如下结论：风速改变，隧道各点的速度随着风速的增大而增大，但对温度云图的形状变化影响不大，仅对各区域温度数值变化影响较深；热源体散热功率与隧道长度影响温度云图的空间分布，对温度云图的形状起到主要决定作用。

5. 散热功率为 1 200 W，风速设置为 12 m/s

在该工况下，沿风管中心的温度变化如图 5.55 所示，距离掌子面 1 m、3 m、5 m、10 m、20 m 处断面的温度变化如图 5.56 ~ 图 5.60 所示。

6. 散热功率为 1 200 W，风速设置为 15 m/s

该工况下 X=0 和 X=3 时风管出口至掌子面的温度变化如图 5.61 和图 5.62 所示，距离掌子面 1 m、3 m、5 m、10 m、20 m 处断面的温度变化如图 5.63 ~ 图 5.67 所示。

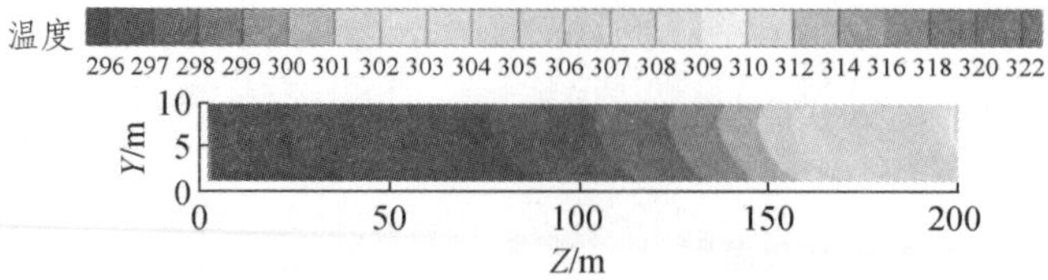

图 5.55　风管出口至掌子面温度变化图

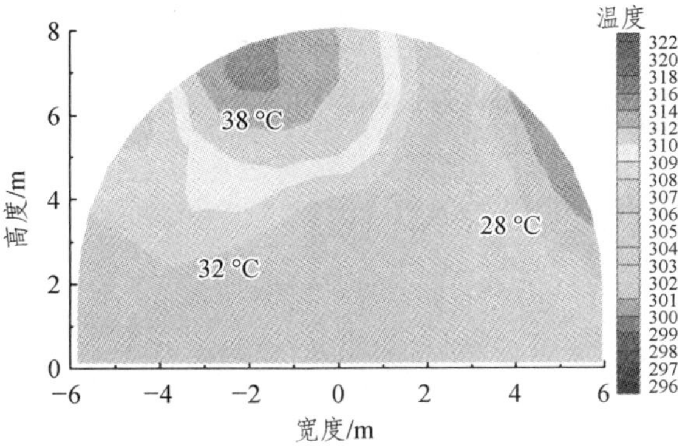

图 5.56　距离掌子面 1 m 处截面图

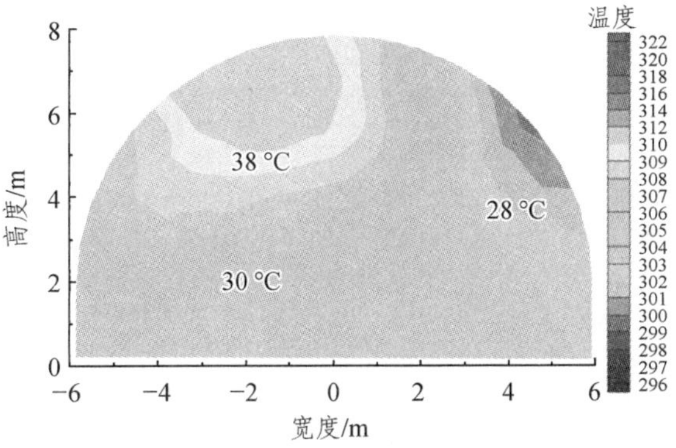

图 5.57　距离掌子面 3 m 处截面图

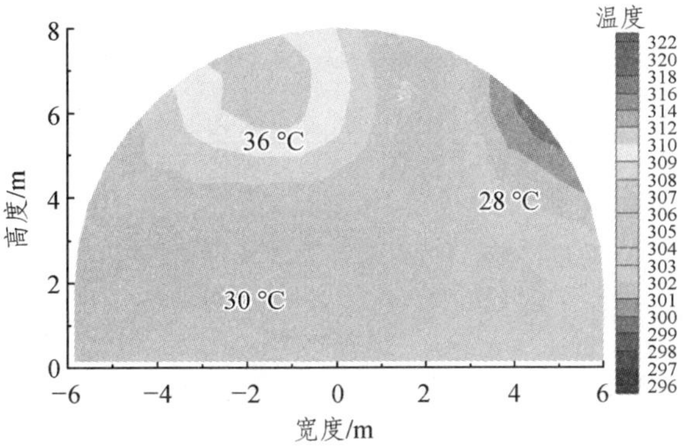

图 5.58　距离掌子面 5 m 处截面图

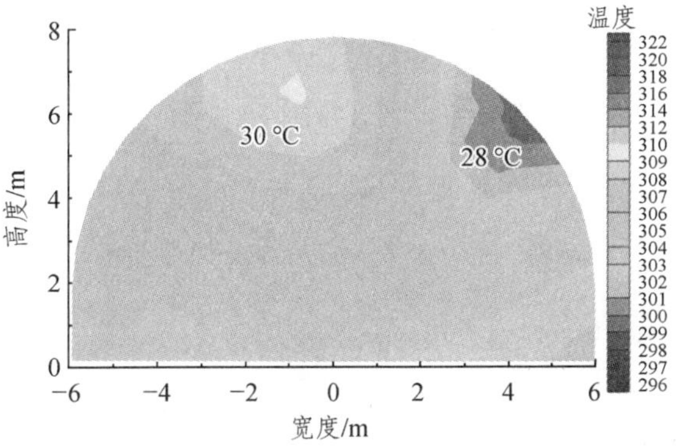

图 5.59　距离掌子面 10 m 处截面图

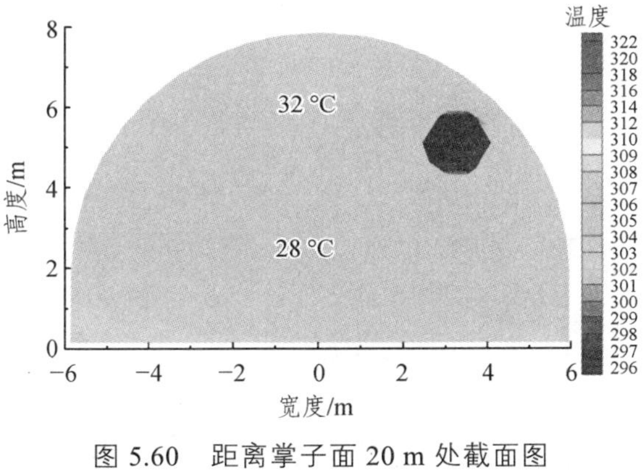

图 5.60　距离掌子面 20 m 处截面图

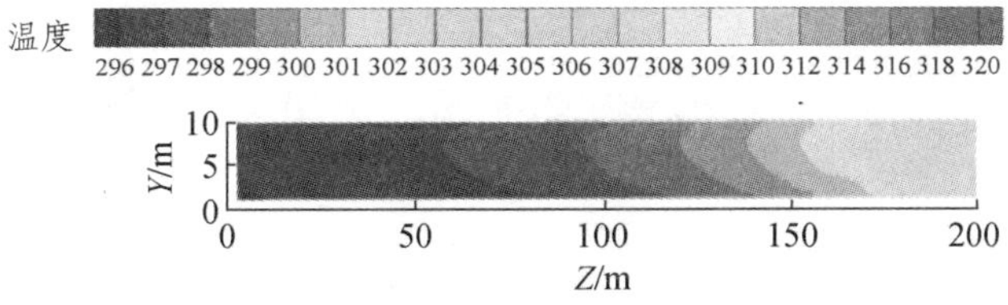

图 5.61　风管出口至掌子面温度变化图（X=0）

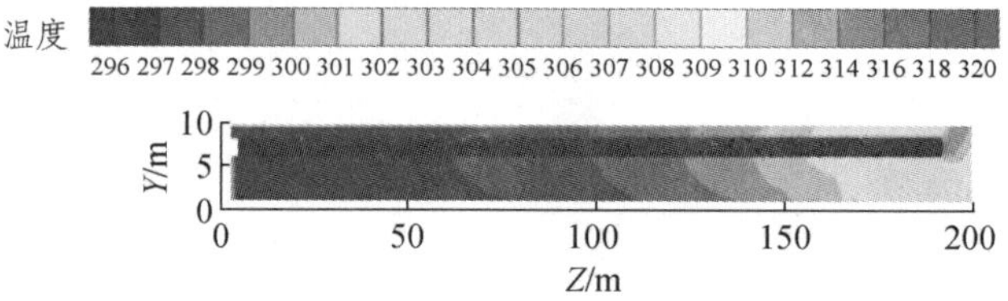

图 5.62　风管出口至掌子面温度变化图（X=3）

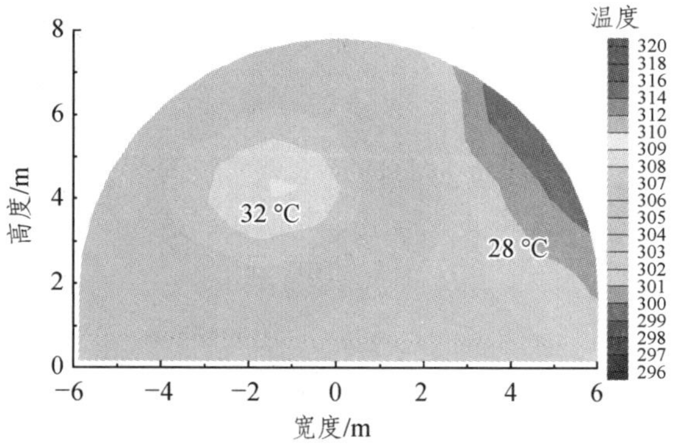

图 5.63　距离掌子面 1 m 处截面图

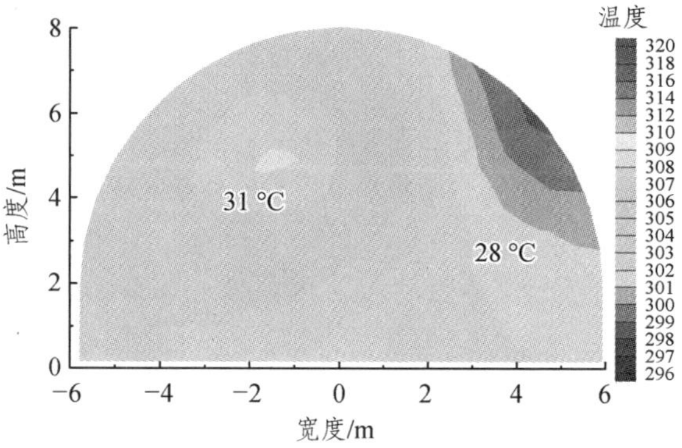

图 5.64　距离掌子面 3 m 处截面图

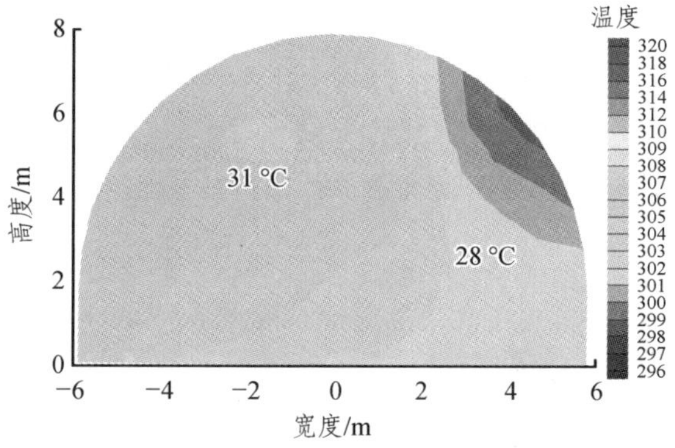

图 5.65　距离掌子面 5 m 处截面图

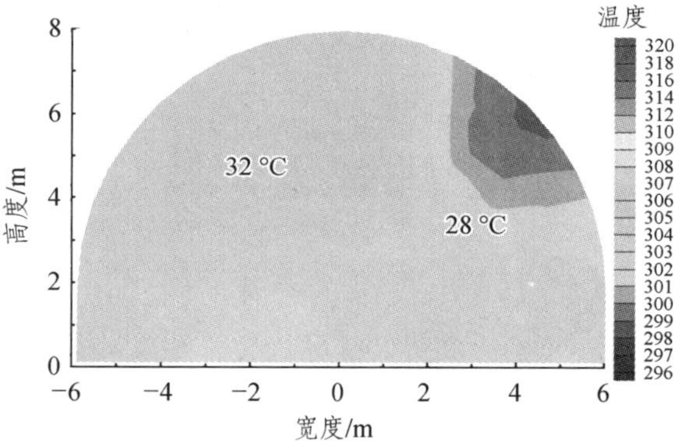

图 5.66　距离掌子面 10 m 处截面图

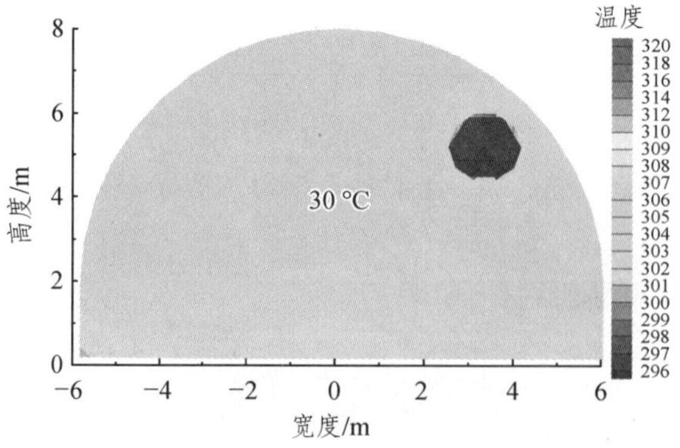

图 5.67　距离掌子面 20 m 处截面图

5.7 上行隧道高温研究结论与未来展望

本研究在分析总结数值模拟隧道高温积热的研究成果基础上，针对五老山隧道建设中遇到的高速公路上行隧道的高温问题，分析了整个隧道的高温分布情况，并与通风后温度进行了对比，且做了多种工况下的温度云图分析。通过 4 个工况数据的整理分析，并对比不同情况下的隧道散热效果，得到以下结论：

（1）在送风温度、风速恒定的情况下，隧道温度分布情况受热源体散热功率和隧道长度影响，其中热源体影响温度数值大小及高温分布空间情况，隧道长度主要影响温度分布空间情况即温度云图形状。

（2）在隧道长度和热源体散热功率确定的情况下，风速与送风温度影响隧道温度数值大小，对温度分布空间情况影响效果不明显。

（3）通过 CFD 软件的数值模拟可知，在风温恒定情况下，风速为 12 m/s 时，五老山隧道工作面温度均温能降低到 28.2 °C，达到施工要求的限值。

由于时间和个人学术水平有限，试验分析在很多方面存在着不足，需要进一步地提高和完善的方面有：

（1）软件本身的局限性，无法完全模拟现场施工具体情况，现场热源体分散，但高温集中，软件抽象建模的过程中忽略了现场复杂多变情况。

（2）在软件建模过程中，风管散热过于抽象化，无法考虑风管漏风以及中途设备热量损失情况，导致具体温度数值可能存在偏差。

6

高速公路隧道竖井研究

6.1　高速公路隧道正井施工研究

6.1.1　数值模拟

1. 计算模型介绍

（1）模型的建立。

考虑到竖井开挖过程中不需要考虑边界条件以外的地层条件，因此，在对竖井建模时就应当考虑三维模型的边界条件。一般情况下，选择地下工程进行建模时工程模型选取范围为距离洞口 3 ~ 5 倍洞径。本工程竖井开挖后的直径为 7 m，而竖井洞口初始开挖直径为 19.2 m，则距离洞口中心位置单侧横向距离取值为 30 m，竖井深度为 292.5 m，因此本竖井模型尺寸最终取值为 60 m×60 m×300 m。

为了更加准确地模拟工程的实际情况，还应对实际模型进行更加细致的划分。将本工程每 60 m 进行一次建模，并且对模型取 1/4 进行模拟，以便更加容易地观察模型在开挖和衬砌过程中土体的变形和应力变化。

（2）边界设置。

本计算模型考虑在影响竖井开挖的范围都进行相应的约束，特别是对于模型四周的边缘和底面设置了相应的法向约束和位移约束，同时对模型施加地应力场和自重应力场。根据实际工程概况，本次主要是模拟竖井在开挖过程中竖井洞口以及竖井井壁的变形大小和应力变化情况，因此模型主要模拟竖井 1/4 的井壁情况，所以边界条件的约束也选择整体模型 1/4 的约束。模型分组如图 6.1 所示。

2. 材料参数取值

根据五老山竖井场地勘探及地质调查结果并结合相关规范，竖井周边地质围岩及材料物理参数取值如表 6.1、表 6.2 所示，竖井区的地质围岩级别为Ⅲ ~ Ⅴ级，竖井深 0 ~ 20 m 段为Ⅴ$_2$级围岩，围岩为粉质黏土、强风化花岗片麻岩；竖井深 20 ~ 50 m 段为Ⅴ$_1$级围岩，围岩主要为花岗片麻岩，多呈强风化状态，岩体破碎，呈碎石状破裂结构；竖井深 50 ~ 100 m 段为Ⅳ$_3$级围岩，围岩主要为花岗片麻岩，多呈强风化状态，岩体破碎，呈碎石状破裂结构；竖井深 100 ~ 220 m 段为Ⅳ$_1$级围岩，围岩主要为混合花岗岩，中风化，岩体较完整，局部较破碎，呈块状镶嵌结构或裂隙块状结构；竖井深 220 ~ 292.5 m 段为Ⅲ级围岩，围岩主要为混合花岗岩，中风化，岩体较完整，多呈块状镶嵌结构。五老山地层物理参数见表 6.1，围岩规范要求参数见表 6.2。

（a）整体模型 0～300 m

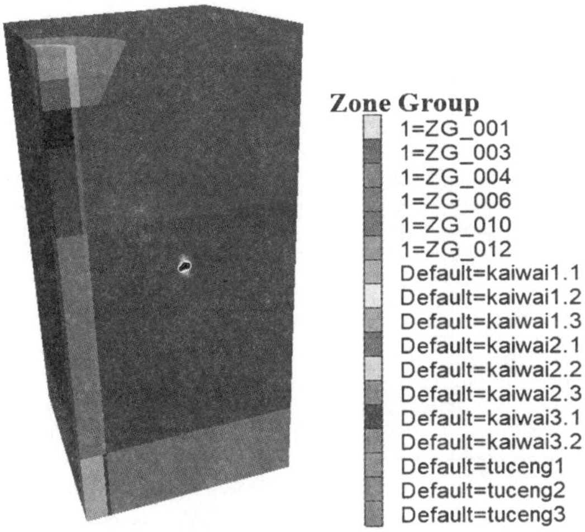

（b）0～60 m 模型

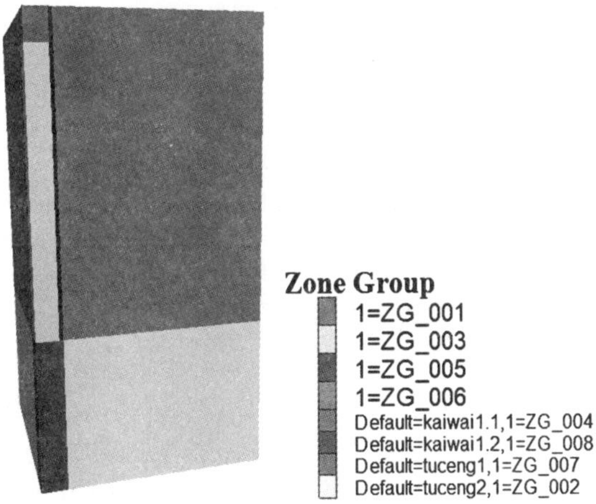

（c）60～120 m 模型

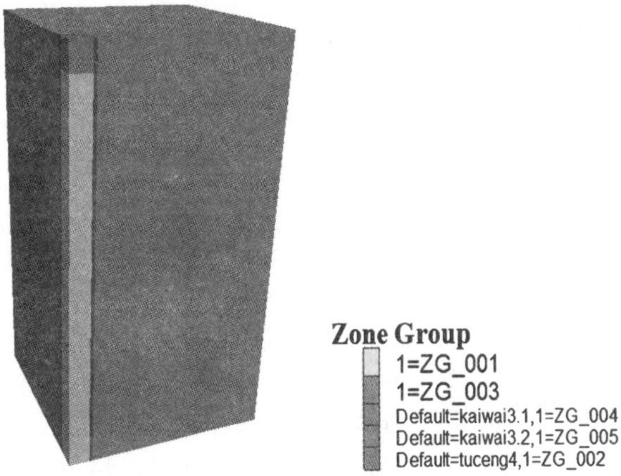

（d）120～180 m 模型

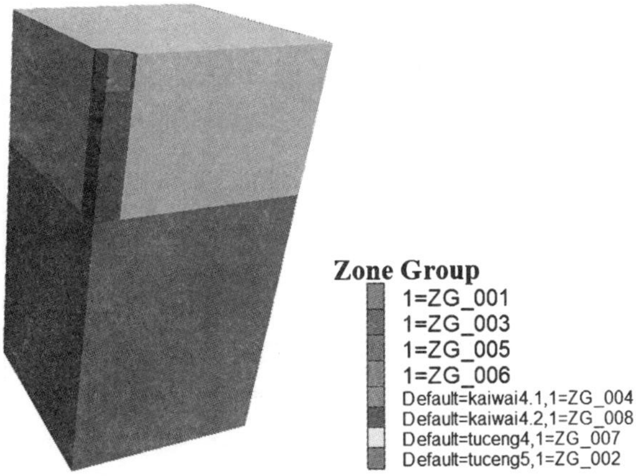

（e）180～240 m 模型

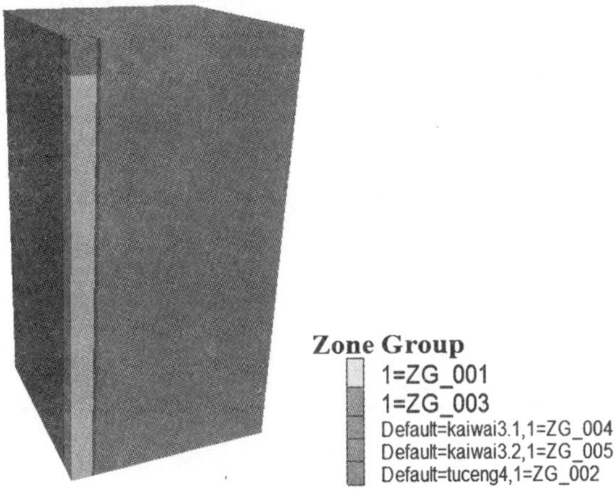

（f）240～300 m 模型

图 6.1　模型分组

表 6.1　各级围岩的主要参数建议值

围岩级别	岩土层名称	重度/（kN/m^3）	抗压强度 R_c/MPa	弹性抗力系数 K/（MPa/m）	变形模量 E/（10^4 MPa）	泊松比 ν	黏聚力 c/MPa	内摩擦角 φ/（°）	计算摩擦角 φ_c/（°）
Ⅲ	花岗岩	24.0	74	500	6.0	0.25	0.7	50	60
Ⅳ	花岗岩	20.0	35	200	1.3	0.35	0.2	39	50
Ⅴ	粉质性黏土	17.0		100	1.0	0.45	0.05	27	30
Ⅴ	素填土	17.0		100	1.0	0.15	0.05	27	30

表 6.2　各级围岩物理力学指标

围岩级别	重度/（kN/m^3）	弹性抗力系数 K/（MPa/m）	变形模量 E/（10^4 MPa）	泊松比 ν	黏聚力 c/MPa	内摩擦角 φ/（°）	计算摩擦角 φ_c/（°）
Ⅰ	26～28	1 800～2 800	>33	<0.2	>2.1	>60	>78
Ⅱ	25～27	1 200～1 800	20～33	0.2～0.25	1.5～2.1	50～60	70～78
Ⅲ	23～25	500～1 200	6～20	0.25～0.3	0.7～1.5	39～50	60～70
Ⅳ	20～23	200～500	1.3～6	0.3～0.35	0.2～0.7	27～39	50～60
Ⅴ	17～20	100～200	1～2	0.35～0.45	0.05～0.2	20～27	40～50
Ⅵ	15～17	<100	<1	0.4～0.5	<0.1	<22	30～40

注：① 本表数值不包括黄土地层；② 选用计算摩擦角时，不用计算内摩擦角和黏聚力。

在数值计算中，使用变形参数为体积模量 K 和剪切模量 G，而非杨氏模量 E 和泊松比 ν，这是因为 K 表征材料的抗体积变形能力，G 表征材料的抗剪切变形能力，比 E 和 ν 更适合用来描述对静水压力敏感的岩体、土体材料的变形行为。不过在实际应用中，通常提供的变形参数是 E 和 ν，需要进行相应的转换之后方能使用。一般而言，它们之间的转换关系如式（3.1）和式（3.2）所示。

根据表 6.1 参数取值可以得出体积模量 K 和剪切模量 G 的取值，见表 6.3。

表 6.3　各级围岩模量计算结果

围岩级别	岩土层名称	变形模量 E/（10^4 MPa）	泊松比 ν	体积模量 K/（10^4 MPa）	剪切模量 G/（10^4 MPa）
Ⅲ	花岗岩	6.0	0.25	4	2.4
Ⅳ	花岗岩	1.3	0.35	1.44	0.48
Ⅴ	粉质性黏土	1.0	0.45	3.33	0.34
Ⅴ	素填土	1.0	0.15	0.48	0.43

3. 网格划分

在确定了本工程三维竖井模型的几何尺寸以及岩土体和材料的物理力学参数后，需要对模型的实体模型进行网格组的创建和划分，并对每一组相应的单元网格进行赋值，分配不同的属性，从而能够有效地模拟实际工程。为了使网格划分之后整个模型分得更加细致，在模拟工程的过程中误差更小，模拟后更加符合工程实际施工情况，每 60 m 深度范围进行一次建模。此时模型划分时网格的最小边长取值为 0.5 m，最大取值也设置为 0.5 m，而且，最大与最小取值相同可以使每个模型的每一个网格划分得更加均匀，不容易出现错误或网格划分差异过大的情况。网格划分后每个网格划分数量见表 6.4。

表 6.4　具体模型划分数量取值

模型位置	整体模型	1 ~ 60 m	60 ~ 120 m	120 ~ 180 m	180 ~ 240 m	240 ~ 300 m
模型大小	60×60×300	30×30×60	30×30×60	30×30×60	30×30×60	30×30×60
最大边长取值	1.0	0.5	0.5	0.5	0.5	0.5
最小边长取值	1.0	0.5	0.5	0.5	0.5	0.5
法线条数	107 595	47 083	42 198	42 566	42 218	42 525
顶点个数	111 116	49 463	44 264	44 293	44 271	44 269

4. 分析设置

完成网格组的划分以及网格参数的定义之后，进行赋值的分析设置，具体步骤如下：

（1）定义模型名称。

在犀牛软件中进行的划分组只是一个机械的定义，因此需要根据实际工程中的名称更改，这样能够方便后续的操作，并且能够方便看图的人与实际工程的对照。

（2）定义边界条件。

在三维模型的计算工程中，以整体的坐标系为准，然后对模型的前后左右方向以及底面 5 个平面进行位移约束，只留下顶面也就是地表面是自由面，不需要添加相应的约束。

添加的参数约束为：X 方向 X=0、X=30；Y 方向 Y=0、Y=30；Z 方向 Z=0；顶面为自由面。5 个模型的具体约束条件相同，均为约束平面的速度向任意方向移动从而使得模型能够顺利地在地形影响范围内完成模拟。

（3）位移与应力节点监测。

为了更加主观清晰地反映开挖衬砌周围岩土体的位移情况和应力的变化情况，对模拟施工阶段的每个工况井壁及开挖后的底部进行监测。具体的监测点如图 6.2 所示。

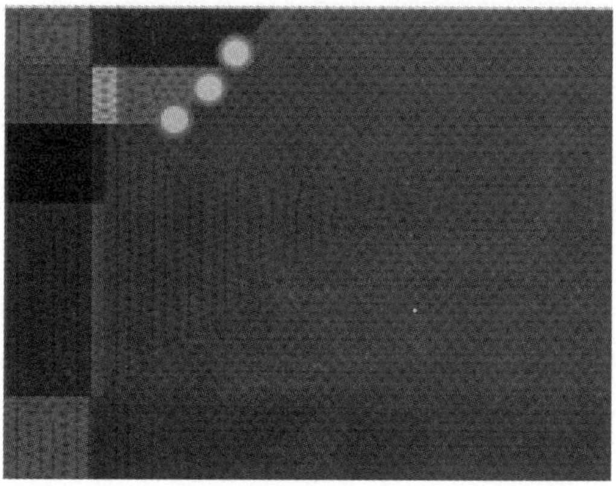

（a）洞口监测点

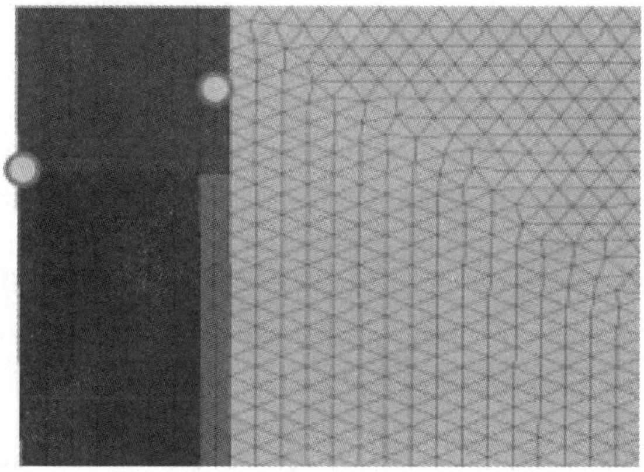

（b）X 方向监测点

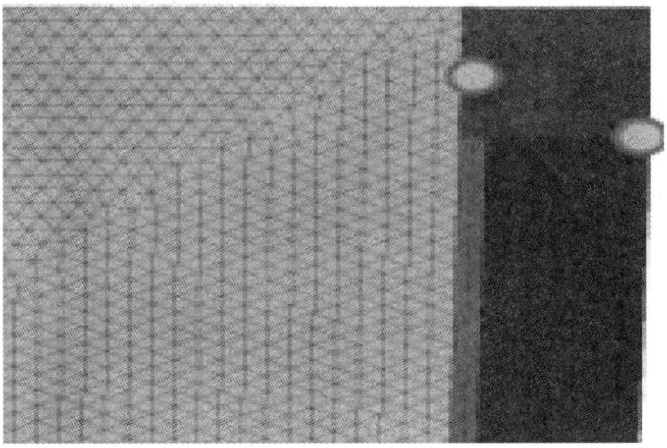

（c）Y 方向监测点

图 6.2　监测点示意图

（4）定义荷载条件。

在设置好各个地层的参数后，软件根据输入的岩土参数自动计算荷载。由于本模型的复杂性，需要手动计算出除第一工况模型之外的模型作用自重应力，具体公式及结果如下。

根据自重应力的定义，地基中任意深度 Z 范围处的地基竖向自重应力等于该地基单位面积上各层土柱自重的总和，自重应力公式为

$$\sigma_{cZ} = \sum \gamma Z$$

根据表 6.3 中建议参数取值可以计算出模型 A、B、C、D、E 段模型的自重应力取值，如表 6.5 所示。

表 6.5　模型自重应力取值

模型	平均重度 γ/（kN/m³）	底部产生的自重应力/kPa	作用深度 Z/m	作用的自重应力/kPa
A 段 0～60 m	17.50	1 050	0	0
B 段 60～120 m	20.67	1 240	60	1 050
C 段 120～180 m	22.00	1 320	120	1 240
D 段 180～240 m	22.67	1 360	180	1 320
E 段 240～300 m	23	1 380	240	1 360

（5）定义施工阶段。

FLAC^{3D} 中提供的施工方法有很多种，比如自平衡沉降分析、应力分析渗流分析、固结分析、应力-渗流-边坡分析等。但本次模拟主要定义为应力分析和位移监测分析。

在 FLAC^{3D} 中，划分网格并编号后，根据相应的命令对相应的模块分组进行开挖和衬砌，每 60 m 为一个工况，每个工况根据实际工程开挖两倍——4 m。具体的施工工序如下：

① 开挖圆台洞口，开挖深度为 6 m，确定竖井开挖的中心位置，并进行明洞衬砌，回填洞口开挖区域。

② 开挖下一个竖井进口段 60 m 工况，开挖深度 4 m，开挖后进行衬砌。
③ 开挖下一个竖井进口段 120 m 工况，开挖深度 4 m，开挖后进行衬砌。
④ 开挖下一个竖井进口段 180 m 工况，开挖深度 4 m，开挖后进行衬砌。
⑤ 开挖下一个竖井进口段 240 m 工况，开挖深度 4 m，开挖后进行衬砌。

6.1.2 分析数值模拟结果

在数值模拟分析设置完成后，即可开始对三维竖井模型进行求解，计算结果主要包括竖井自平衡后的位移变化和应力场结果，竖井开挖后的周边围岩以及衬砌支护的应力场及位移场分布情况，还包括位移曲线和应力曲线。

1. 围岩塑性区分析

根据莫尔-库仑（Mohr-Coulomb）屈服强度准则，竖井井壁在开挖并衬砌完成后，并未出现塑性区域，由此证明竖井结构的参数取值选择是合理的，也适合当前的围岩地质情况，能为衬砌提供一定的安全储备。这表明竖井的井身在支护后具有一定的稳定性，满足了竖井数值模拟计算的要求，对工程实际也会有一定的指导意义。

2. 围岩自平衡沉降分析

（1）本节选择竖井开挖过程中地表下的 3 个点来分析竖井周边地表沉降，3 个点均位于竖井洞口处（图 6.3），其位移监测变形如图 6.4 所示。

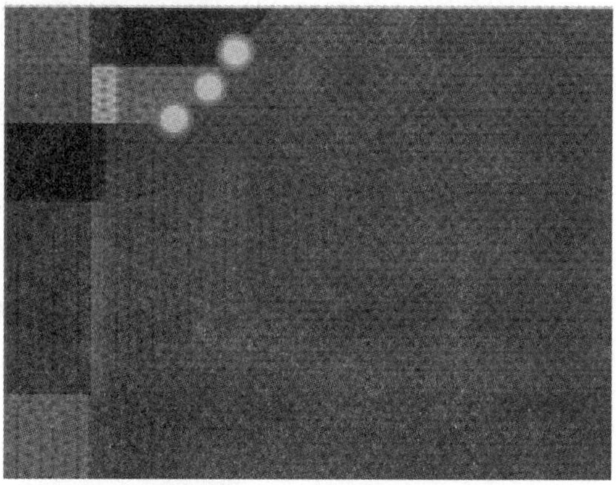

图 6.3 监测点位置

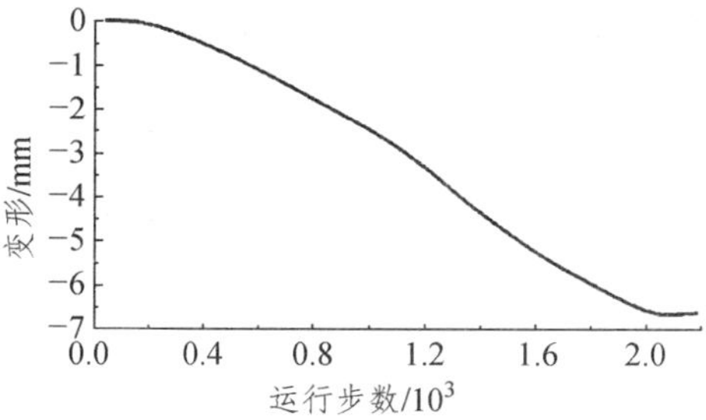

（a）点（3.5，0，56）变形图

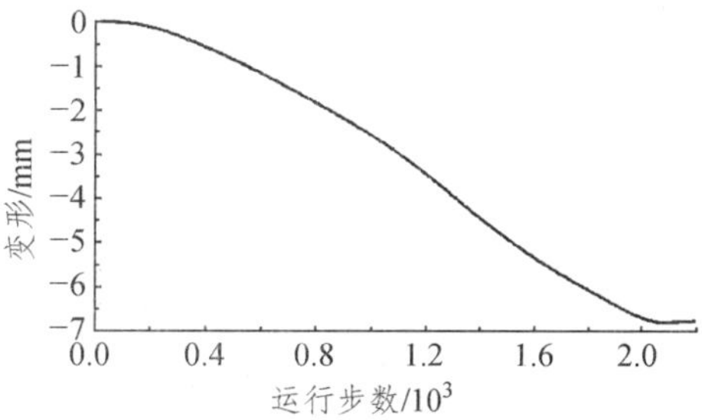

（b）点（3.5，0，57）变形图

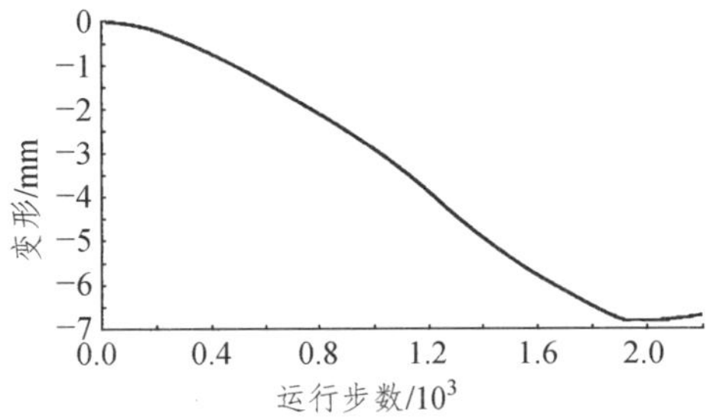

（c）点（3.5，0，58）变形图

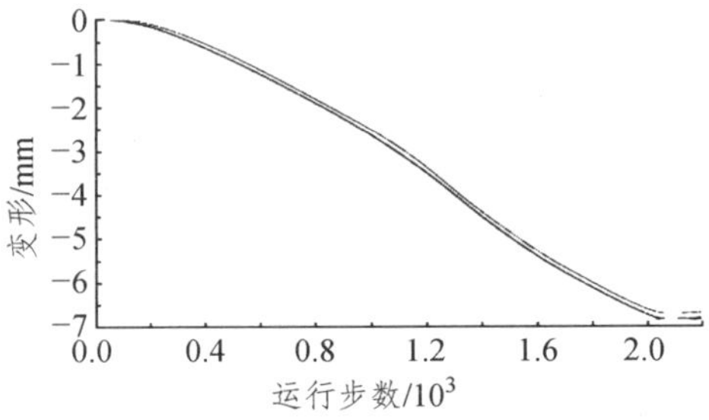

（d）变形图汇总

图 6.4　位移变化监测

从上面的图中可以得出的结论如下：

① 在初始自重应力作用下，土体位移变化为 0，随着洞口土体的开挖，洞口井壁的位移在逐渐增大，最大变形达到 7 mm。

② 在土体自平衡及开挖过程中，土体的变形逐渐增大，最后趋于稳定。

③ 位移监测点距离地表越远，位移监测的数值变形越大，与实际工程监测值基本吻合。

（2）本节给出了竖井 5 个不同深度范围的 Z 方向位移云图，具体数值变化如图 6.5、图 6.6 所示。

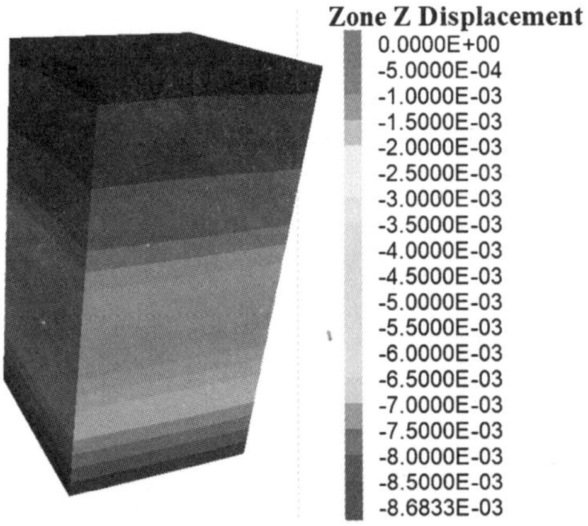

（a）A 段 0 ~ 60 m Z 方向位移

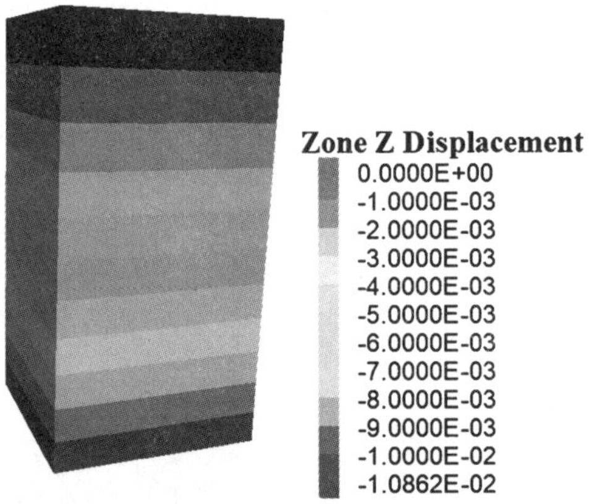

（b）B 段 60 ~ 120 m Z 方向位移

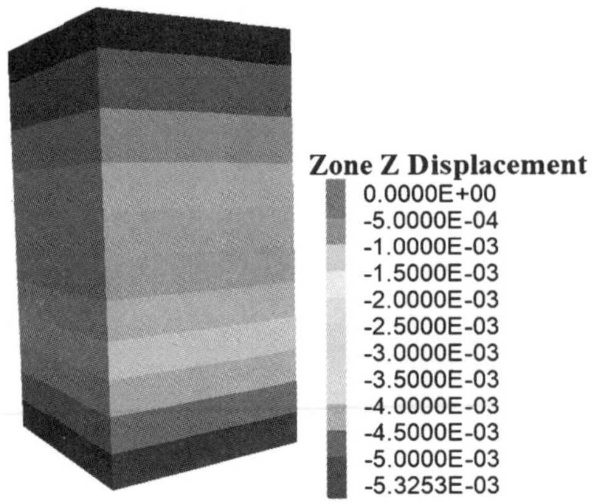

（c）C 段 120 ~ 180 m Z 方向位移

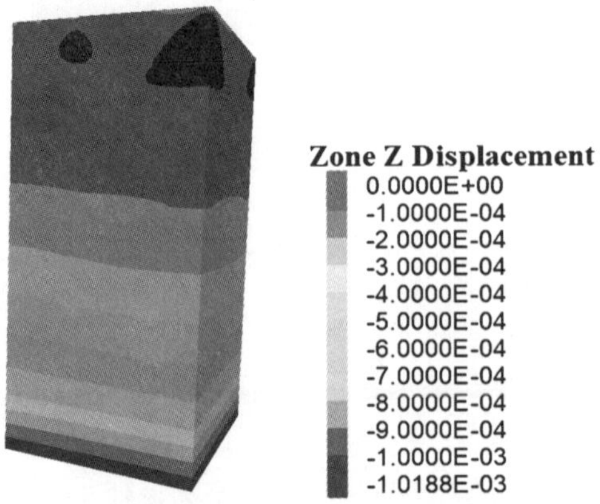

（d）D 段 180 ~ 240 m Z 方向位移

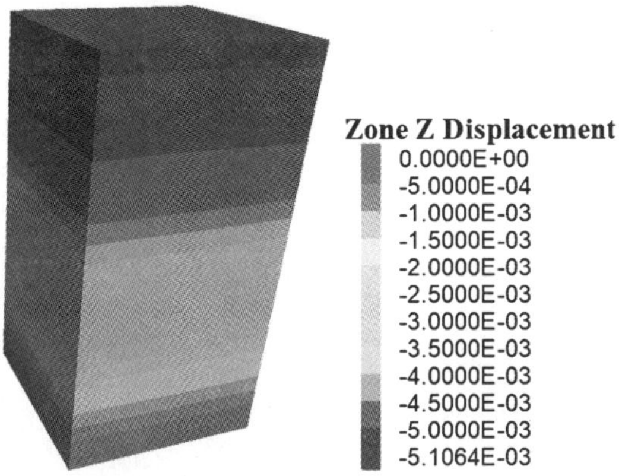

（e）E 段 240～300 m *Z* 方向位移

图 6.5　*Z* 方向位移云图

分析图 6.5 可以得知：

① 竖井在开挖之前的自动沉降最大变形发生在第一个模型的底部和第二个模型的顶部，最大变形为 10.8 mm，最小变形为 0.1 mm。根据分析，其主要原因是该部分土层为强风化带，土体的强度也相对较低，因此产生的变形较大，并且与实际经验较为吻合。建议在实际施工过程中减小开挖深度，加强该段衬砌强度，必要时可采取先灌浆待岩体达到一定强度后再继续开挖。

② 在第三个模型中出现了某一部位变形相对周边变形较大的现象。因为该部分会进行竖井的开挖，所以在施工到该部位时应注意检查岩土体是否与勘察报告相符合。该部位出现变形较大也有可能是因为应力集中。在实际的工程施工中，该部位也出现了坍塌现象，宜先采用灌浆加固处理后再开挖。

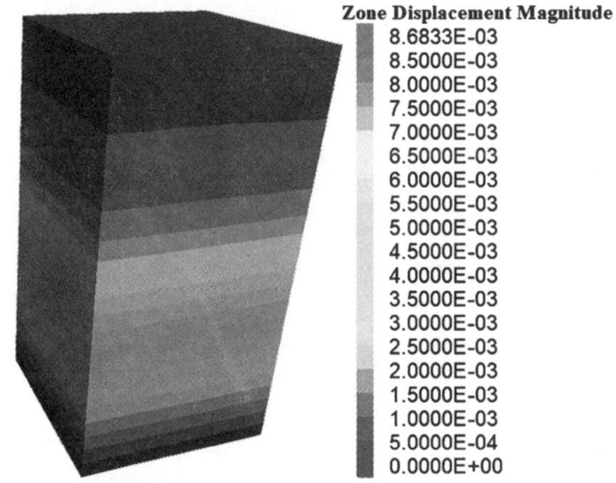

（a）A 段 0～60 m 综合位移

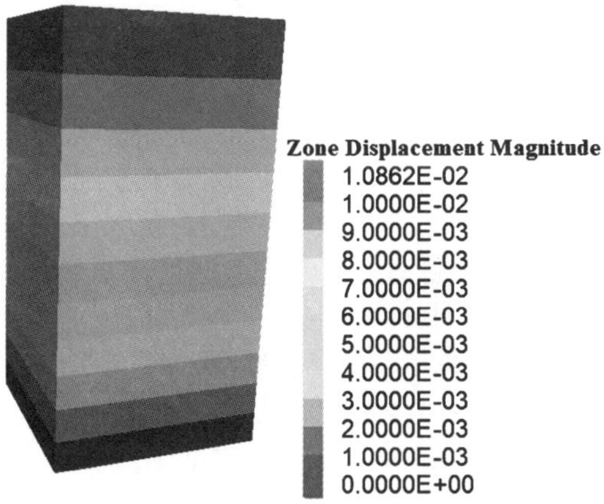

（b）B 段 60～120 m 综合位移

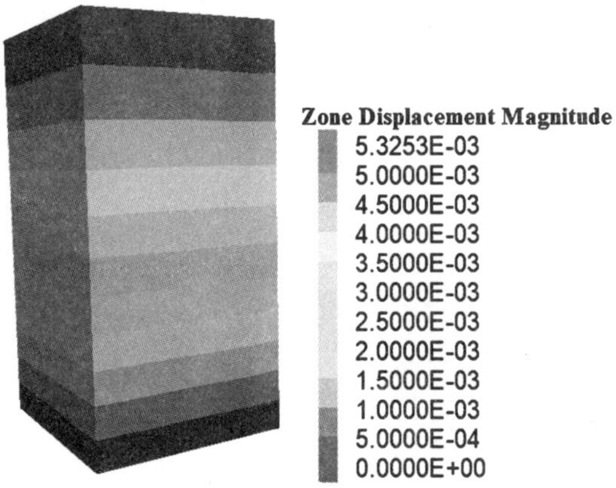

（c）C 段 120～180 m 综合位移

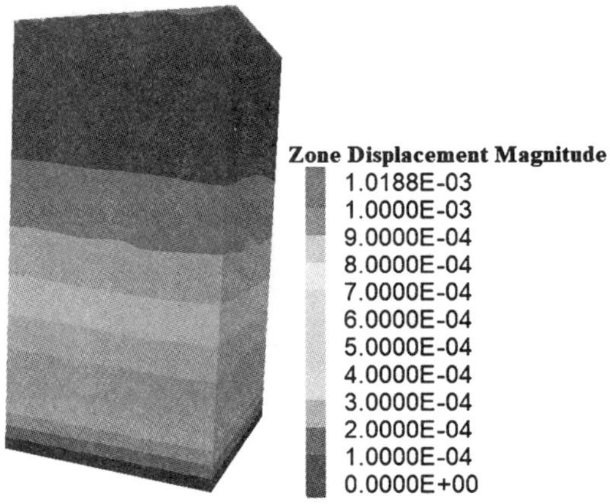

（d）D 段 180～240 m 综合位移

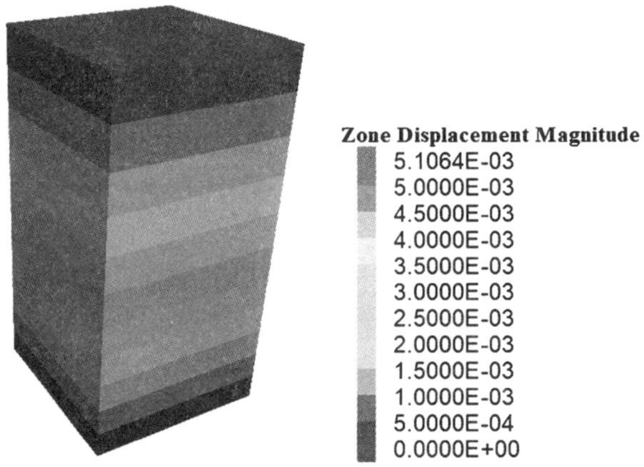

（e）E 段 120～180 m 综合位移

图 6.6　综合位移云图

分析图 6.6 可得知：

① 位移综合是根据 X、Y、Z 三个方向的变形云图进行组合得出的实际变形，与工程的实际情况更加符合，最大变形同样出现在第一个和第二个模型之间，最大变形为 10.8 mm，最小变形为 0.5 mm。

② 在重力自平衡作用下，该位移云图所示的变形影响范围内位移变化量不大，相对地表仅仅是存在轻微的沉降现象。

（3）本节给出了竖井 5 个不同深度范围的 Z 方向应力云图，揭示了土体自平衡作用下不同方向上的应力变化情况，具体情况如图 6.7、图 6.8 所示。

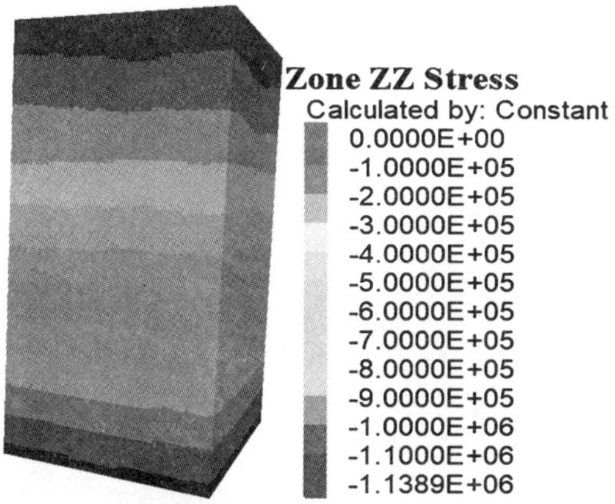

（a）A 段 0～60 m Z 方向应力云图

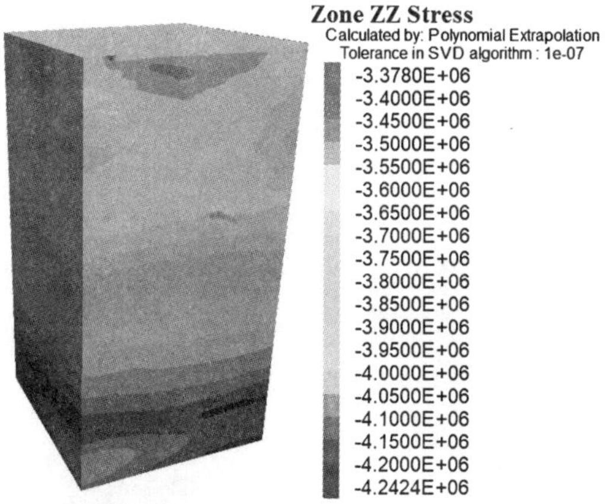

（b）B 段 60～120 m Z 方向应力云图

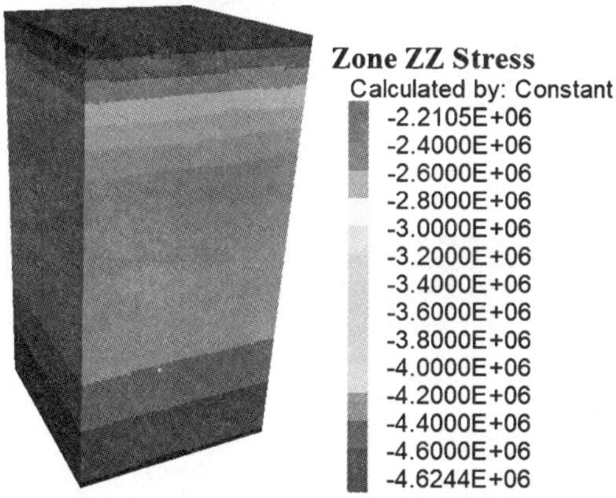

（c）C 段 120～180 m Z 方向应力云图

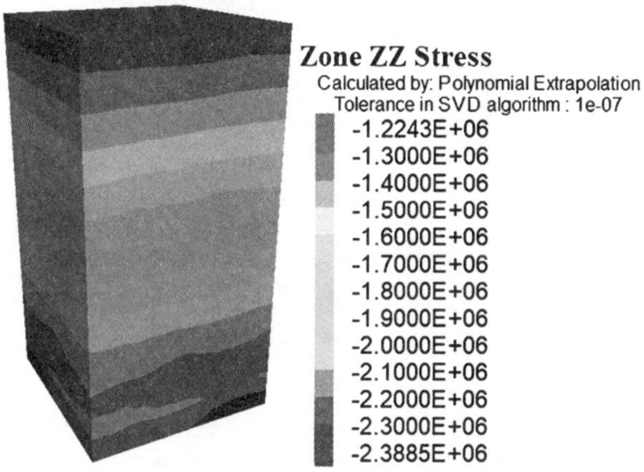

（d）D 段 180～240 m Z 方向应力云图

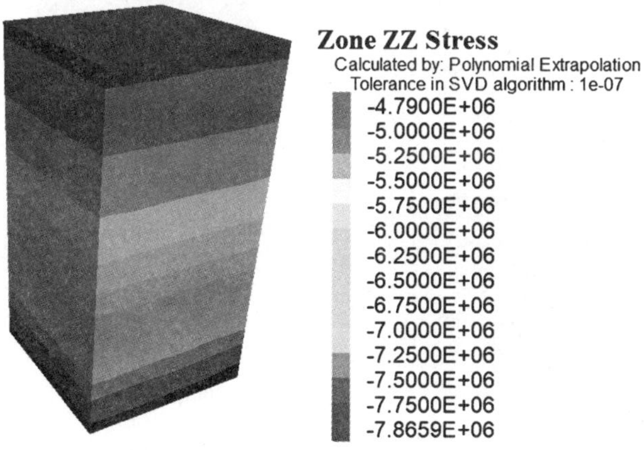

（f）E 段 240～300 m Z 方向应力云图

图 6.7　Z 方向应力云图

分析图 6.7 可以得出：

① 根据自重应力自平衡状态下应力云图变化情况结果，B 段 60～120 m 的应力云图出现了不连续状况，在 X 面出现了应力集中，显然是该部分土体强度不够，再加上该部分土体变

形较大，该部分土体承载能力不足，从而出现应力云图不均匀的现象。

② 同样在 D 段 180～240 m 底部的应力云图出现了不连续状况，这很大程度上是土层的分层导致的，因上一土层与下一土层的岩石性质变化较大，上一土层为Ⅳ级中风化混合花岗岩，而下面的土层为Ⅲ级花岗岩，相对而言强度参数取值差异也较大，所以出现了应力云图不连续的情况。根据工程经验，该处土层分层处宜做加固处理。

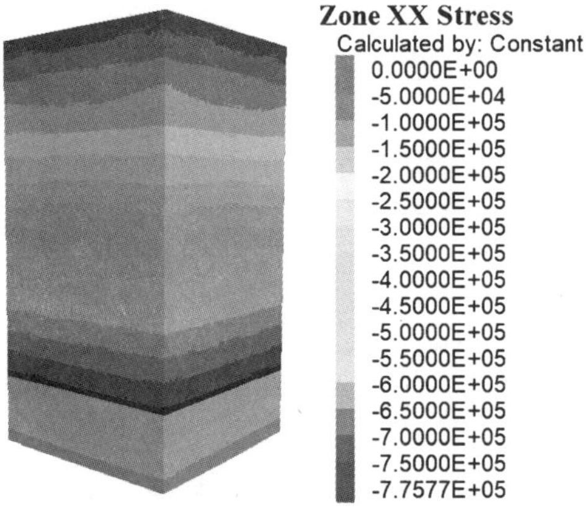

（a）A 段 0～60 m X 方向应力云图

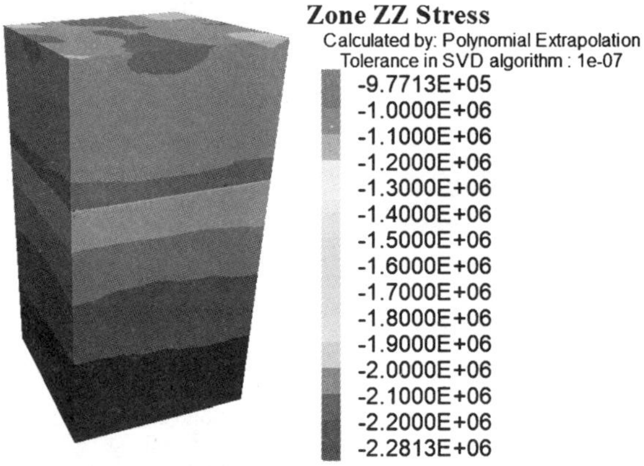

（b）B 段 60～120 m X 方向应力云图

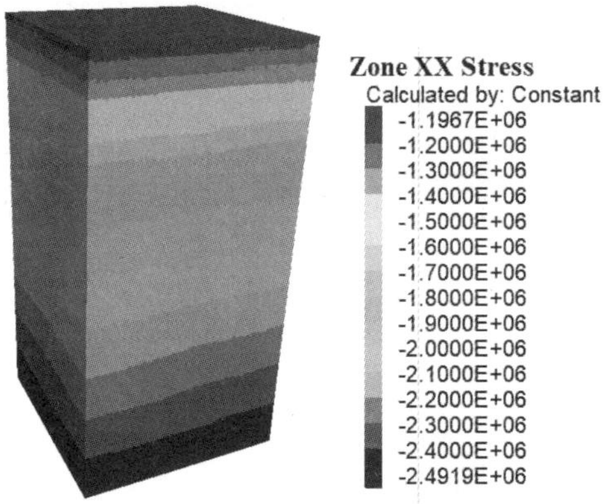

（c）C 段 120～180 m X 方向应力云图

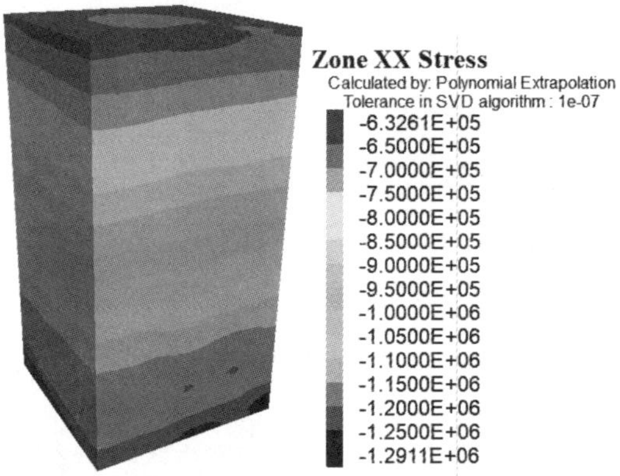

（d）D 段 180～240 m X 方向应力云图

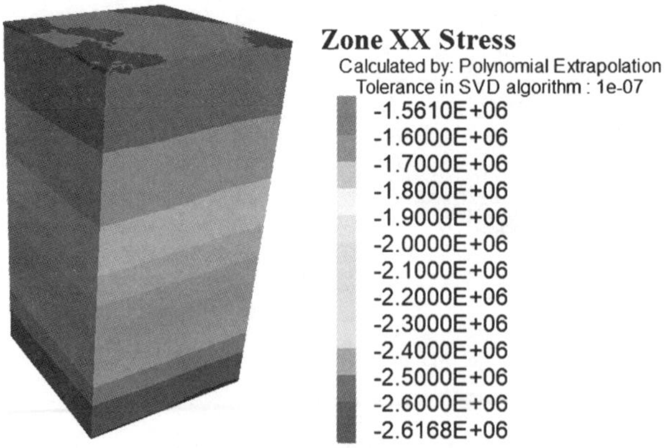

（e）E 段 240～300 m X 方向应力云图

图 6.8　X 方向应力云图

分析图 6.8 可以得出：

① A 段 0 ~ 60 m 的应力云图距离地表面 50 m 处出现了不连续状况，在 Z=50 m 的平面上应力变化较为明显，极有可能是土层的分层导致的。根据勘察报告提供的资料，该处明显变化的位置是强风化岩和中风化岩体的分界面，其他的条件并无明显的不同，因此可以大致猜测该处是岩层分界导致应力云图不均匀。在实际的施工中，该处宜设置监测点。

② B 段 60 ~ 120 m 顶部的应力云图出现了不连续状况，在距离地层表面 60 m 的位置出现了应力集中，有可能是该部分土体强度不够且变形较大。

③ D 段 180 ~ 240 m 的应力云图出现了不连续状况。该部分应力云图出现不连续很大程度上是土层的分层导致的，因上一土层与下一土层的岩石性质变化较大，上一土层为Ⅳ级中风化混合花岗岩，而下一土层为Ⅲ级花岗岩，相对而言强度参数取值差异较大，进而出现了应力云图不连续的情况。根据工程经验，该处土层分层处宜做加固处理。

6.1.3 工况分析

1. 第一工况分析

洞口施工是五老山竖井施工最为重要的工况，也是施工难度最大的工况。该工况的施工属于 0 ~ 60 m 段模型模拟工况中的一个，洞口部分是该模拟施工段工况最好的，也是最具代表性的选择。

1）变形云图分析

（1）开挖变形云图。

第一个工况开挖变形云图如图 6.9 所示。

分析说明：

① 在竖井洞口开挖过程中，最大变形出现在开挖斜坡面与洞口底面交界处的第二次开挖底部，约为 1 mm，满足小于 10 mm 的常规控制标准，方向为向外挤压。

② 竖井洞口开挖过程中竖向位移随着开挖深度的增加而增大，在第二次开挖洞口的过程中 Z 方向上的位移并未见到有明显的增加，只是随着开挖深度的增加影响范围明显。

③ 在图 6.9 变形云图中我们可以看到该工况的两次开挖对下部土层的变形影响较小，对洞口开挖周边的土体影响较大，因此，在开挖完成后应尽快进行衬砌，对周围土体压实回填。

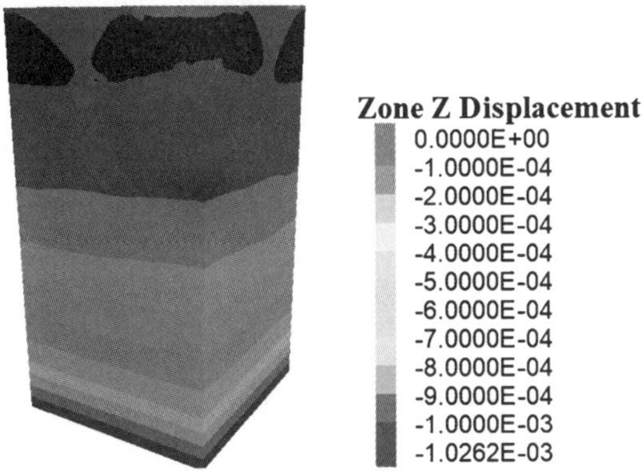

（a）第一次开挖 Z 方向变形云图

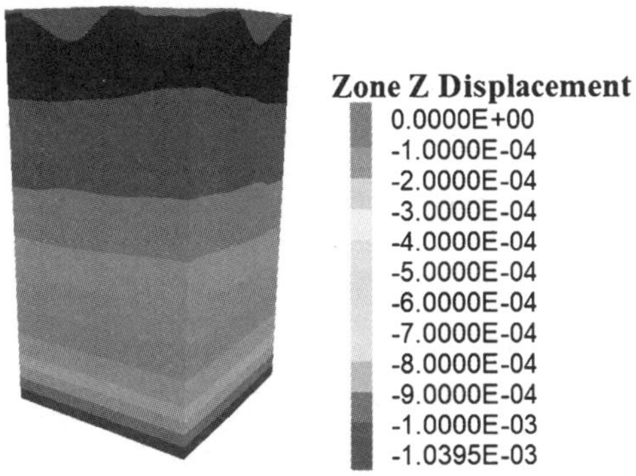

（b）第二次开挖 Z 方向变形云图

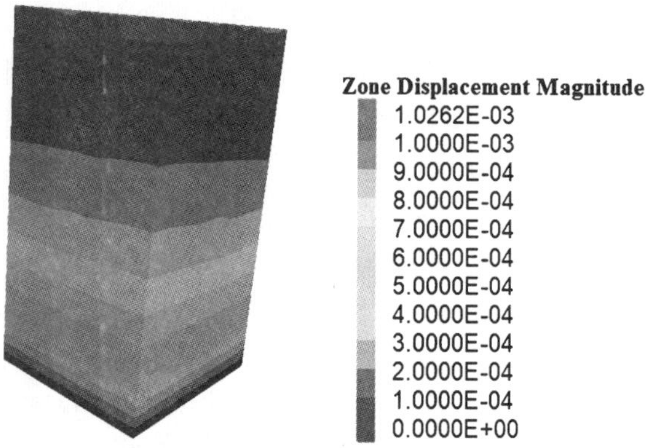

（c）第一次开挖变形云图综合

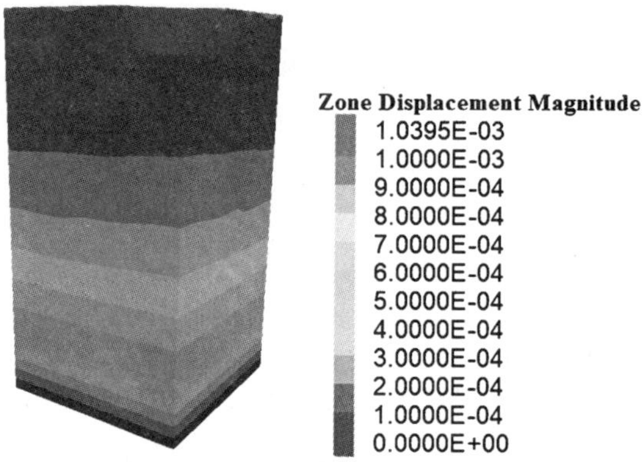

（d）第二次开挖变形云图综合

图 6.9　开挖变形云图

（2）衬砌变形云图。

第一个工况的衬砌变形云图如图 6.10 所示。

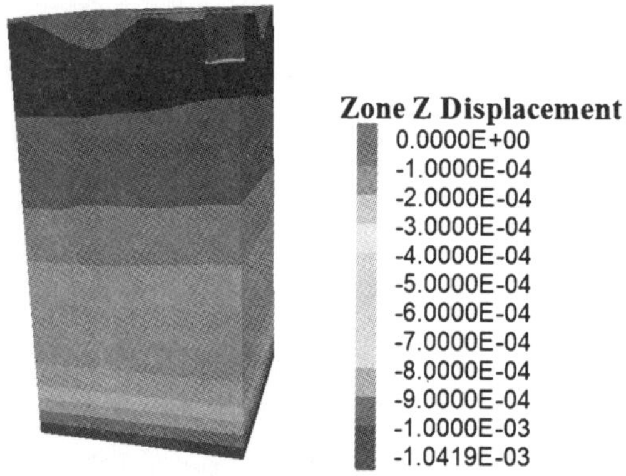

（a）衬砌 Z 方向变形云图

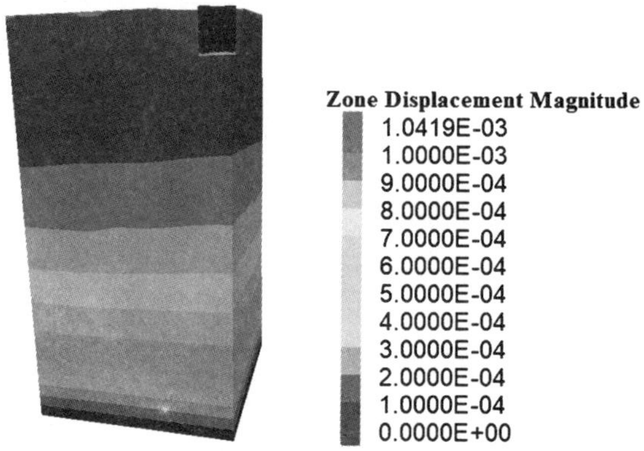

（b）衬砌变形云图综合

图 6.10　衬砌变形云图

分析说明：

① 洞口衬砌完成后，在衬砌体与土体交界处出现了一定的向下位移趋势，这可能是因为上部钢筋混凝土产生的自重应力大于土体的承载能力，不过沉降的量几乎可以忽略不计。若实际工程中衬砌的沉降位移太大，则宜采取灌注混凝土加固下部土体的措施提高承载力。

② 从衬砌体的变形来看，变形量为 0，衬砌的整个部分为刚体，因为该部分衬砌的参数是按照 C30 钢筋混凝土取值的，所以该部分模拟衬砌与实际钢筋混凝土衬砌效果应当相同。

（3）回填变形云图。

第一个工况的回填变形云图如图 6.11 所示。

分析说明：

① 在洞口的回填中，从图 6.11（a）中可以看到回填土体相对原位土体产生了一定的变形。该部分变形极可能是回填土体对周围土体产生的挤压，不过变形较小，最大的挤压变形没有超过 1 mm，对整体模型的影响不大。

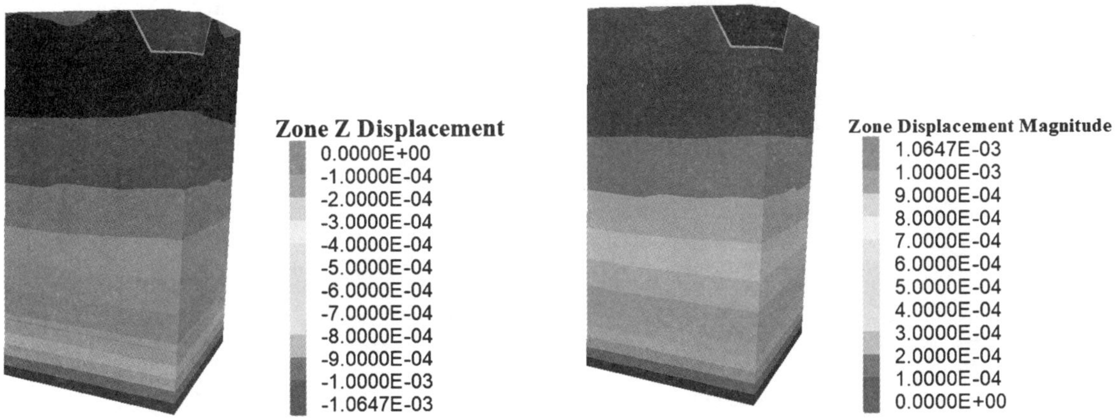

（a）回填 *Z* 方向变形云图　　（b）回填变形云图综合

图 6.11　回填变形云图

② 从沉降的最大位置来看，主要是第一层土产生的变形最大，可能是因为第一层土为粉质黏土，本身的承载能力较弱，土质较为松散。

2）应力云图分析

（1）开挖应力云图。

第一个工况的开挖应力云图如图 6.12 所示。

分析说明：

① 在该工况的开挖过程中 *XX*、*YY* 的应力云图出现了向上的应力，根据图上显示，该部分的位置为开挖斜坡面和开挖底面的交界处，分析原因可能是该部分受到上部土层与水平面的挤压。

② 该工况开挖范围第一层土层，作用在地表的自重应力为 0，因此在以上应力云图中底层表面应力云图必然显示为 0，见图 6.12 中 *ZZ* 方向应力云图，显然该次模拟与实际工程经验中情况相符合。

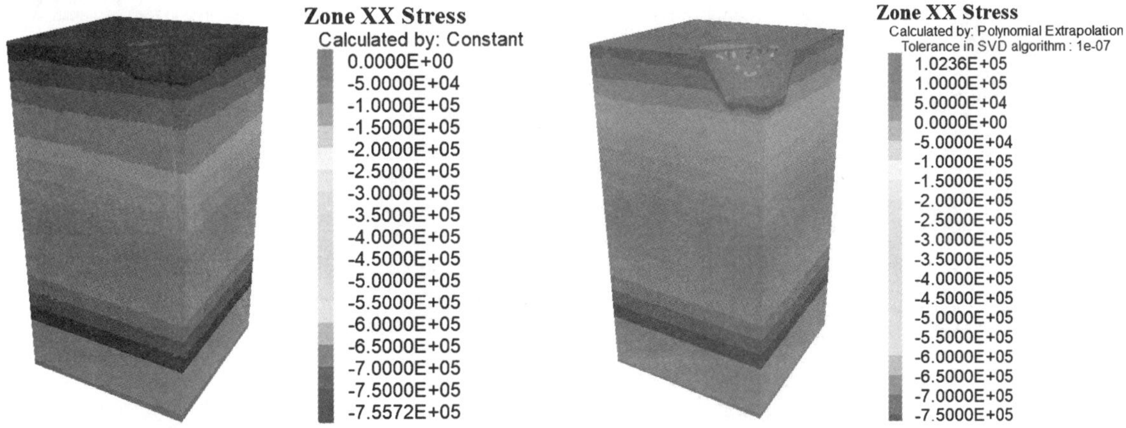

（a）第一次开挖 *XX* 方向应力云图　　（b）第二次开挖 *XX* 方向应力云图

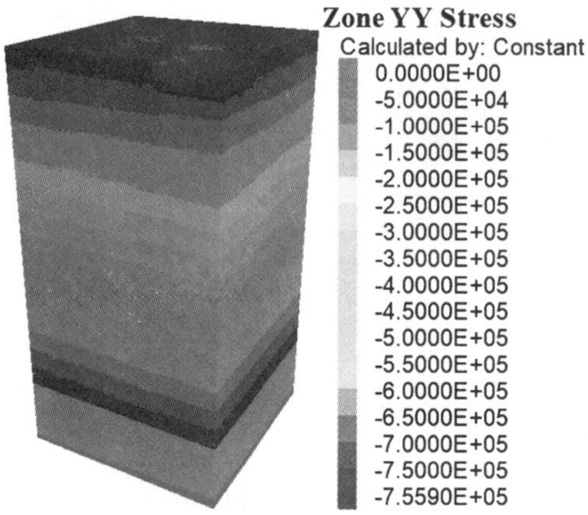

（c）第一次开挖 *YY* 方向应力云图

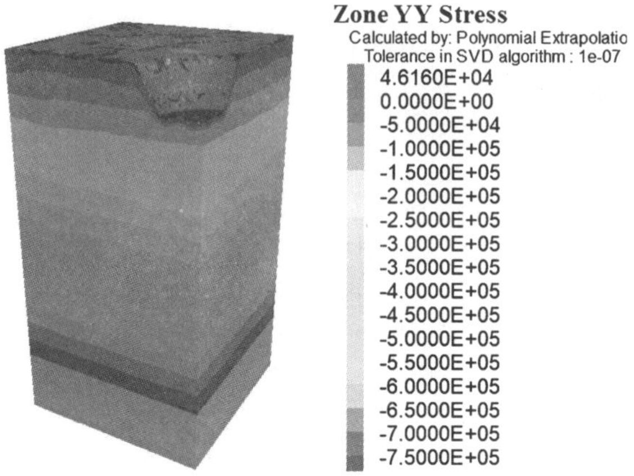

（d）第二次开挖 *YY* 方向应力云图

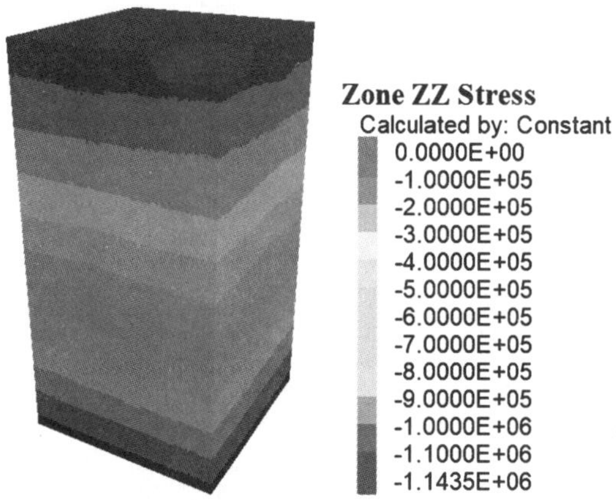

（e）第一次开挖 *ZZ* 方向应力云图

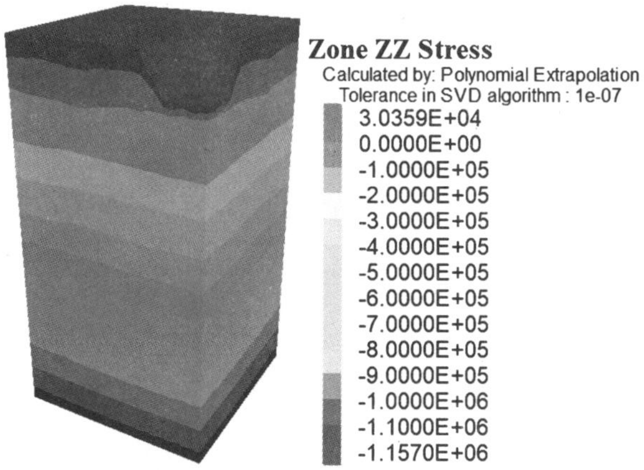

（f）第二次开挖 *ZZ* 方向应力云图

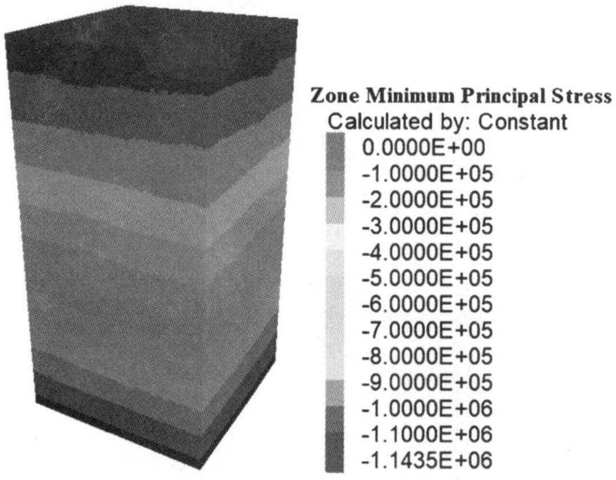

（g）第一次开挖最小主应力云图

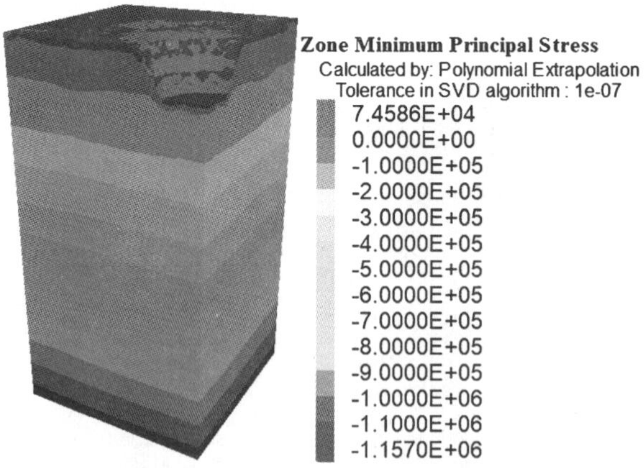

（h）第二次开挖最小主应力云图

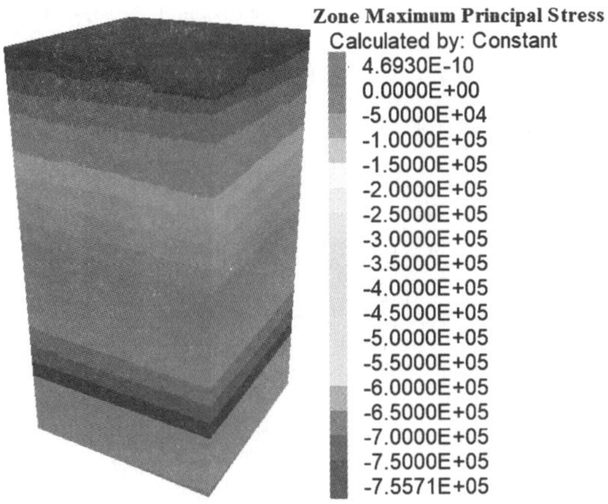

（i）第一次开挖最大主应力云图

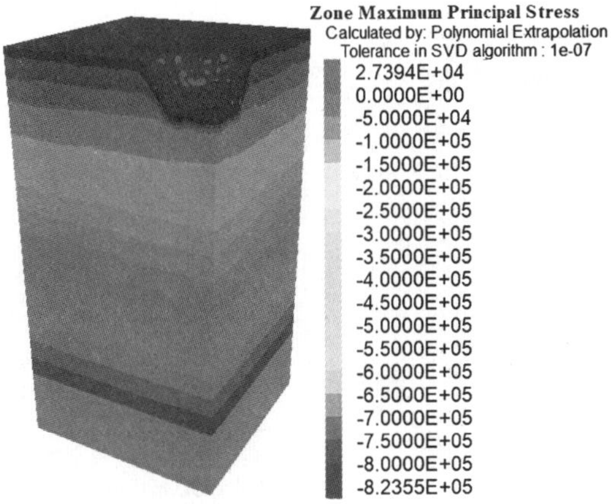

（j）第二次开挖最大主应力云图

图 6.12　开挖应力云图

③ 在最大及最小主应力中出现了一定的正应力，其主要原因是在围岩开挖后存在卸载效应。

④ 从围岩云图上很容易就能看出，同一水平地层的围岩颜色基本相同，说明同一地层的应力大致相等，局部颜色不均匀，可能是该软件开挖模拟过程中存在一定的误差。

⑤ 从围岩应力云图右边的图例中可以看出，竖井所受的各项应力均为负值，这说明了围岩所受的力均为压应力，在此开挖深度范围内不会出现拉裂破坏。

（2）衬砌应力云图。

第一个工况的衬砌应力云图如图 6.13 所示。

分析说明：

竖井洞口支护厚度为 1 000 mm，图 6.13 中仅仅是对洞口开挖后进行衬砌，衬砌体的周围并未受到土层的压应力作用，产生的应力也没有增大。

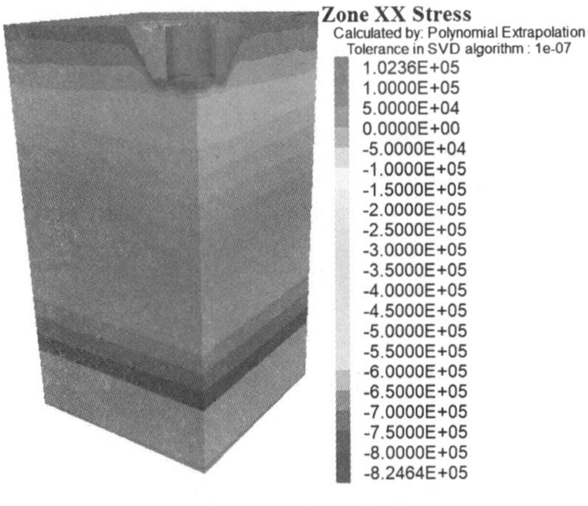

（a）衬砌 *XX* 方向应力云图

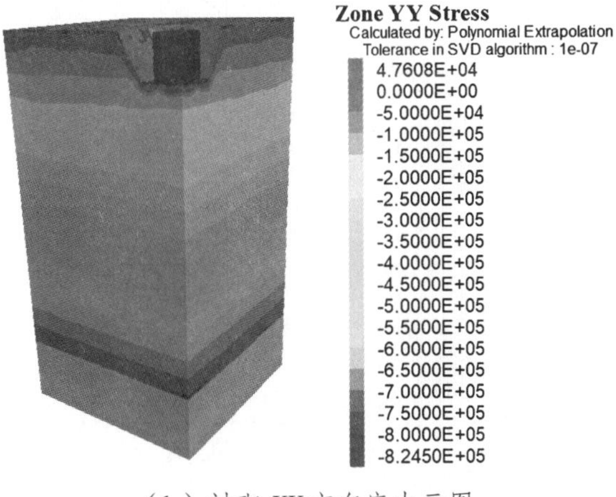

（b）衬砌 *YY* 方向应力云图

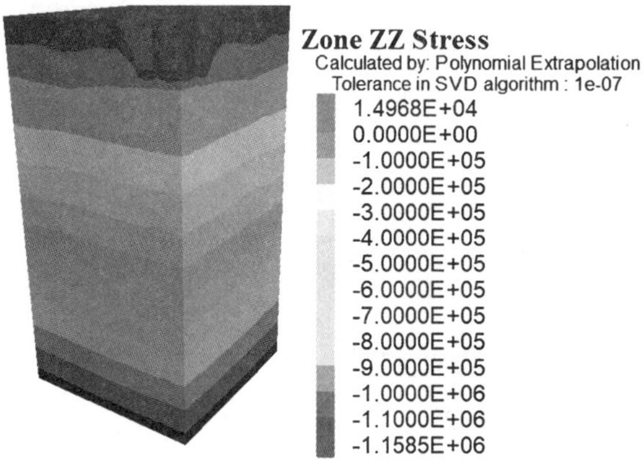

（c）衬砌 *ZZ* 方向应力云图

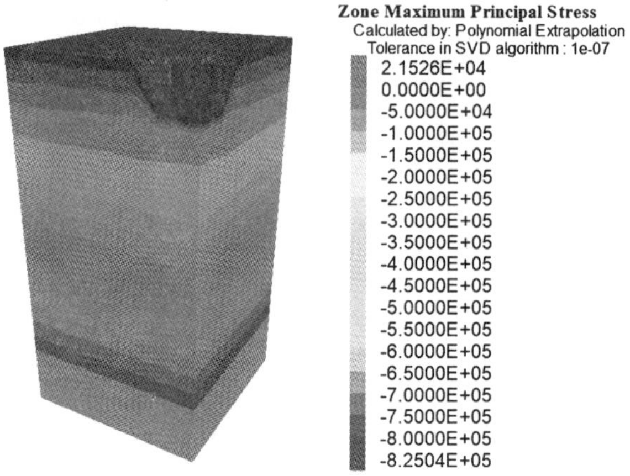

（d）衬砌最大主应力云图

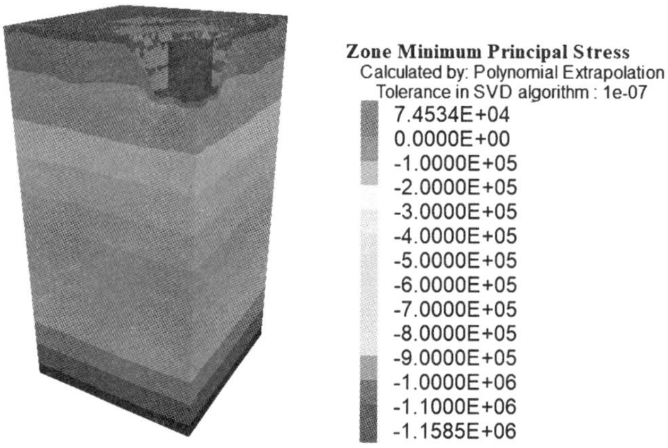

（e）衬砌最小主应力云图

图 6.13　衬砌应力云图

（3）回填应力云图。

第一个工况的回填应力云图如图 6.14 所示。

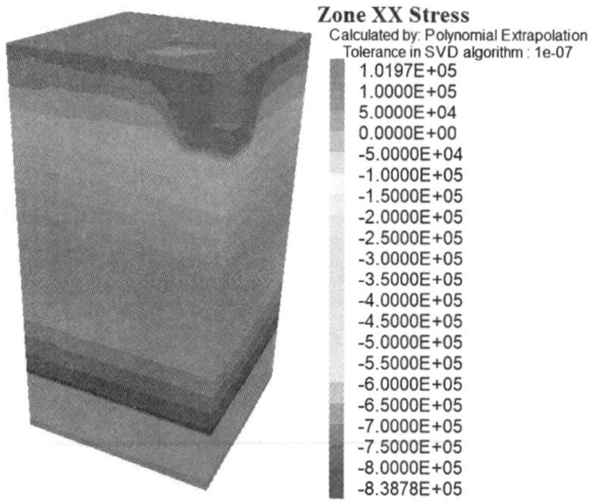

（a）回填 *XX* 方向应力云图

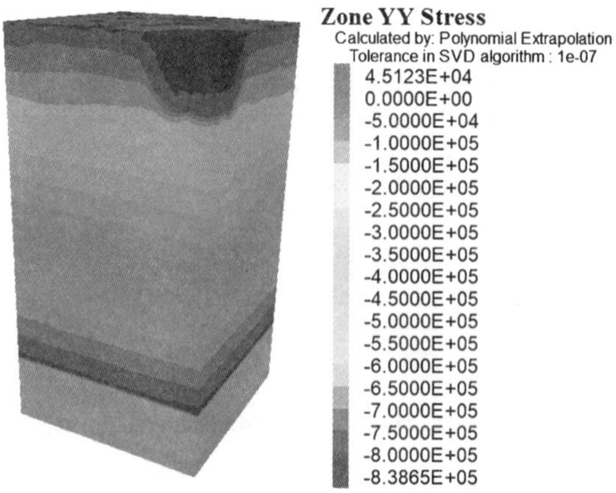

（b）回填 *YY* 方向应力云图

（c）回填 ZZ 方向应力云图

（d）回填最小主应力云图

（e）回填最大主应力云图

图 6.14　回填应力云图

分析说明：

① 从图 6.14 中能够清晰地观察出来，在回填土体与原状土体之间存在明显的应力变化，回填土土体以下全部为压应力，在回填土体和衬砌混凝土上存在着拉应力，不过所产生的数值较小，结合图 6.11 可知，衬砌后回填土的位移变化量几乎为 0，因此，该次衬砌模拟设计合理。

② 从应力云图中可以看出回填土对开挖后竖井洞口周围的原状土存在明显的挤压，这种挤压的分层也是应力云图的变化分层、应力大小的分层。为了保证该处应力的挤压对周围土体不造成破坏，宜在模拟过程中在洞口开挖后设置多个应力监测点和位移监测点，以掌握应力变化的第一手数据。

3）应力监测点分析

本节选取了洞口开挖过程中圆台基坑面的 6 个点来分析该洞口在开挖过程中的应力变化情况，6 个点的监测位置均设置在靠近开挖面的单元格附近，具体如图 6.15 所示。其中各监测点的坐标分别为：*a*（6，0，54）、*b*（6.5，0，55）、*c*（7.2，0，56）、*d*（7.8，0，57）、*e*（8.5，0，58）、*f*（9，0，59）。监测点距离地表最远的深度为 6 m，最浅的深度为 1 m，并且 6 个点基本在一条直线上，具体应力数值变化如图 6.16 所示。

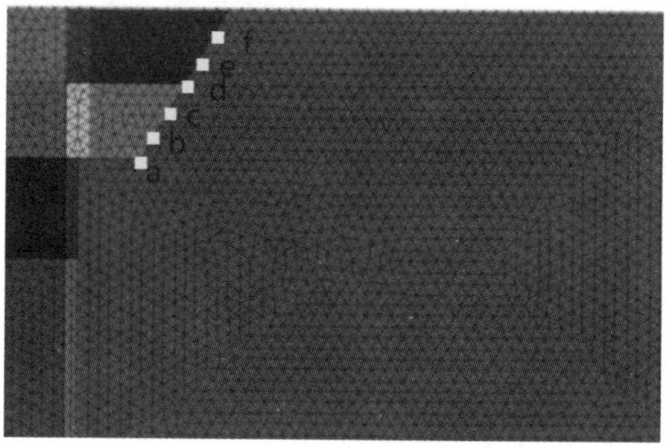

图 6.15　监测点位置

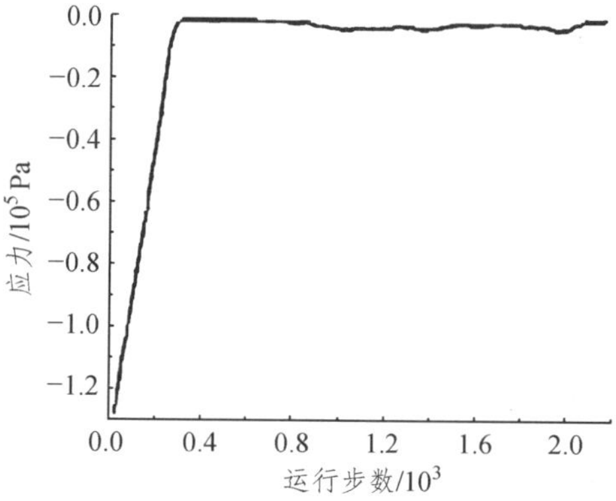

（a）点（6，0，54）应力变化

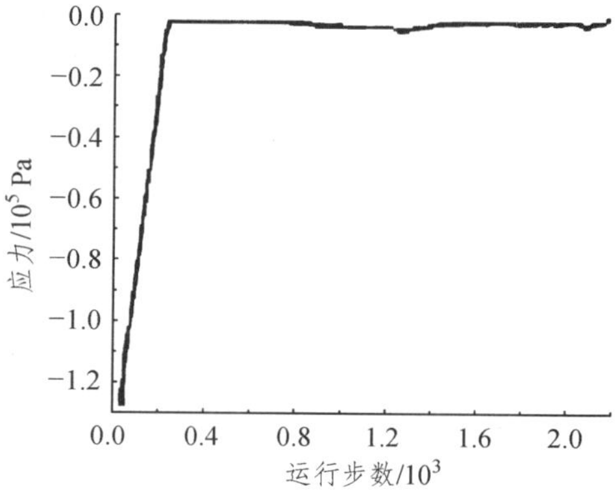

（b）点（6.5，0，55）应力变化

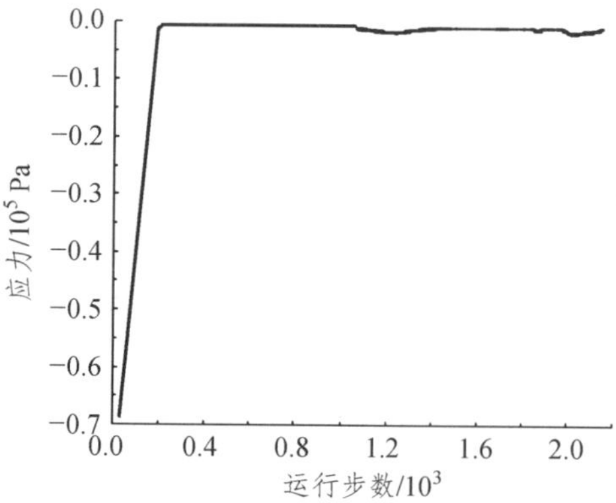

（c）点（7.2，0，56）应力变化

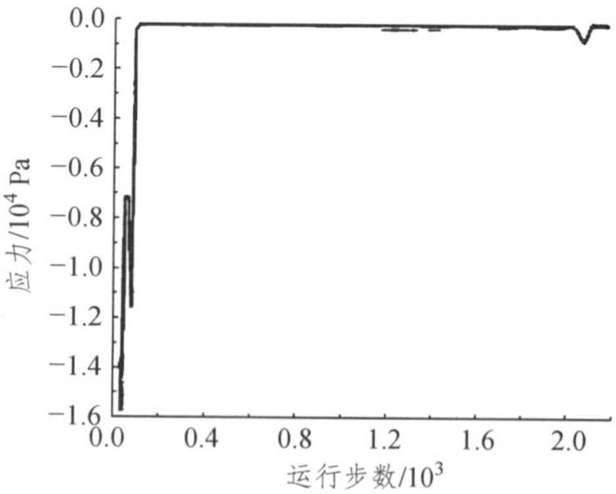

（d）点（7.8，0，57）应力变化

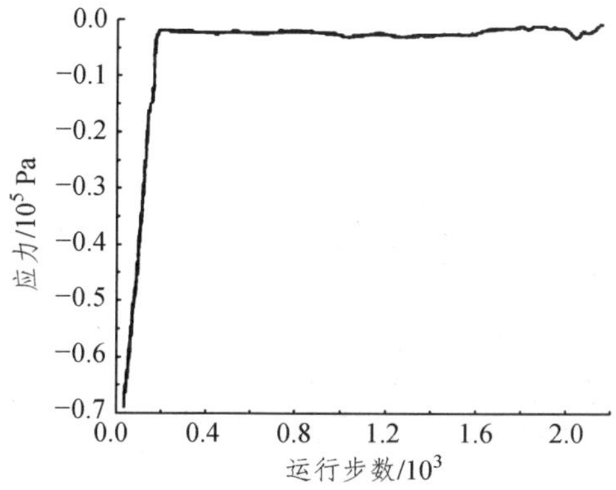

（e）点（8.5，0，58）应力变化

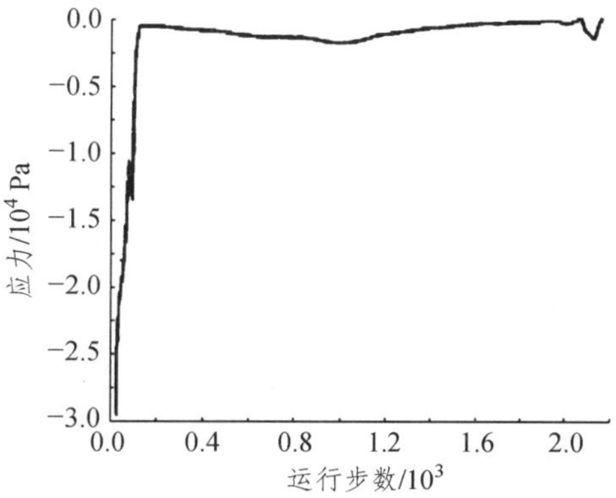

（f）点（9，0，59）应力变化

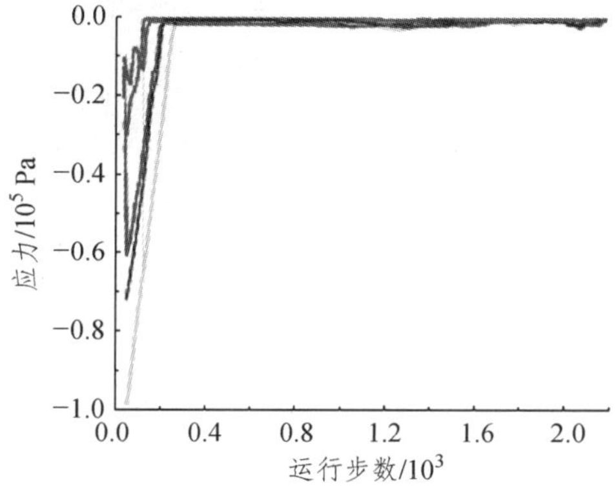

（g）洞口应力监测汇总

图 6.16　应力变化曲线

由图 6.16 可以得出：

① 竖井洞口开挖应力监测点在垂直距离上设置为 1 m，监测的水平方向为沿 X 轴方向。

② 根据图 6.15，应力监测点是设置在同一条直线上的，而且该直线是竖井洞口的基坑开挖面，在开挖完成后开挖面的应力显示为 0，显然符合实际工程经验。

③ 竖井在开挖过程中，对浅层地表存在一定的扰动现象，通过软件模拟设置应力监测点在一定程度上可以监测土层下部的应力变化。从上面的应力曲线图中可以轻松地观察到图 6.16（d）、（e）、（f）的应力在中间存在一定的曲折，而这三点是最接近地表的 3 个监测点，这有可能是软件在模拟开挖的过程中模拟机械开挖产生的变化。

④ 根据图 6.16（g）可以清晰直观地看出监测点的应力随深度的增加而逐渐增大：a 点（6，0，54）的深度最深，其应力最大，为 1.22×10^5 Pa；f 点（9，0，59）的应力最小，为 3×10^4 Pa。

2. 第二个工况分析

根据实际工程工况的划分，第二个工况应当是 0 ~ 60 m 段模型模拟工况中的下一个。不过为了竖井工程的运算分析，将该竖井工程每 60 m 分为一个模型，每个实际模型为一个工况。第二个工况实际模拟的是第 26 次开挖和衬砌，选取的该部分模拟施工段工况属于第二个模型的顶部。

1）变形云图分析

（1）开挖变形云图。

第二个工况的开挖变形云图如图 6.17 所示。

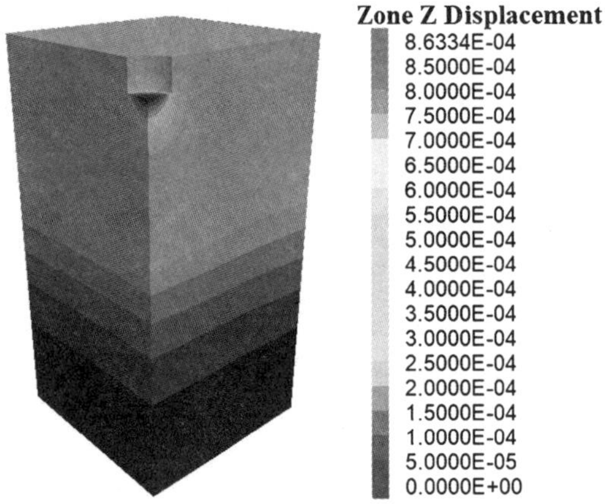

（a）开挖第二工况 Z 方向变形云图

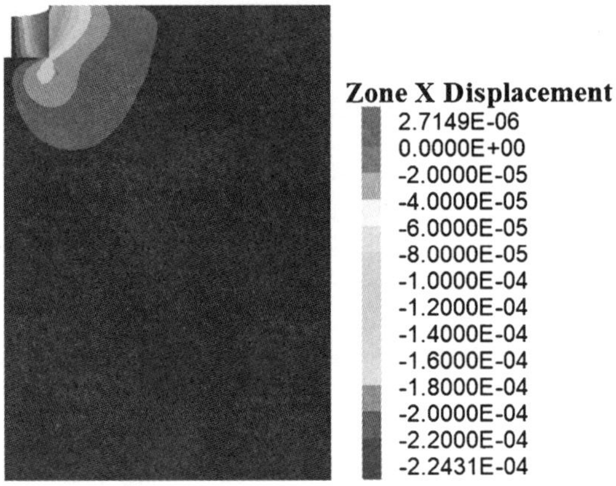

（b）开挖第二工况 X 方向变形云图

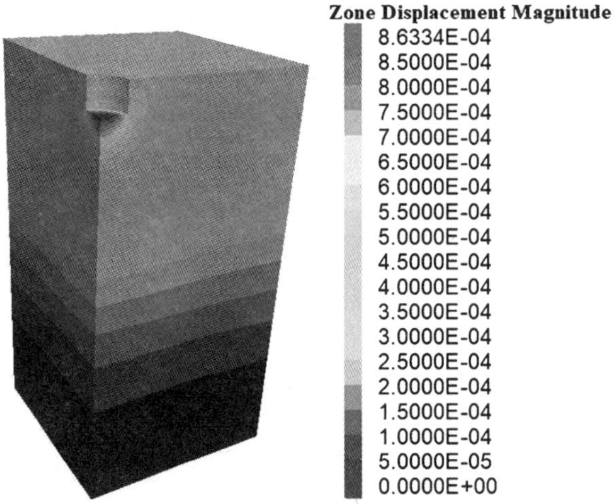

（c）开挖第二工况变形云图综合

图 6.17　开挖变形云图

分析说明：

① 在竖井第二工况开挖过程中，最大变形出现在竖井底面，约为 1 mm，满足小于 10 mm 的常规控制标准，方向为向下。并且在竖井位移变化 Z 图中，可以隐约看到位移绕开挖后的竖井向外呈现递减趋势。

② 竖井洞口开挖后 X 方向位移在竖井顶端出现了最大位移，该位移围绕竖井 X 平面向外呈现递减趋势，并且将开挖后的竖井包围起来。这与实际工程中的变形基本符合。

③ 在图 6.17 中我们可以看到该工况开挖对下部土层的位移变化影响较大，对洞口开挖后周边的土体影响较大，因此，在开挖完成后应尽快进行衬砌。若开挖后变形较大，应将开挖深度降低，以保证工程的安全性。

（2）衬砌变形云图。

第二个工况的衬砌变形云图如图 6.18 所示。

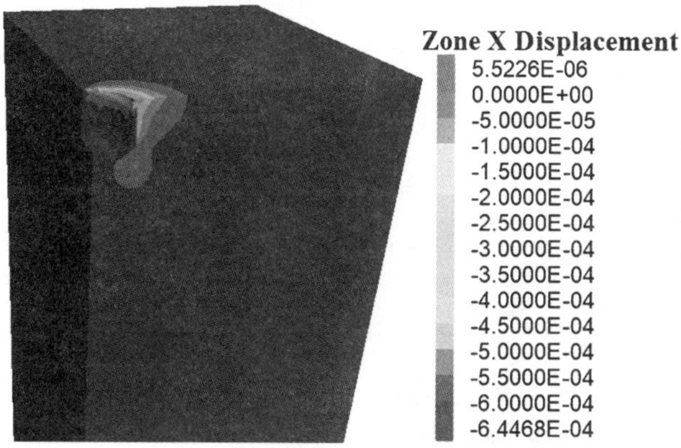

（a）第二工况衬砌 *X* 方向变形云图

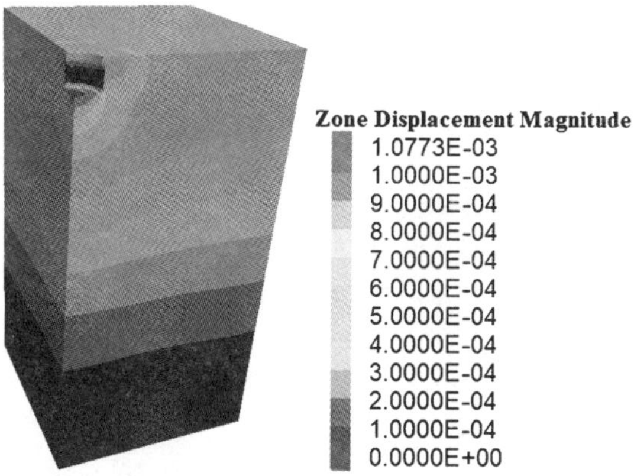

（b）第二工况衬砌 *Z* 方向变形云图

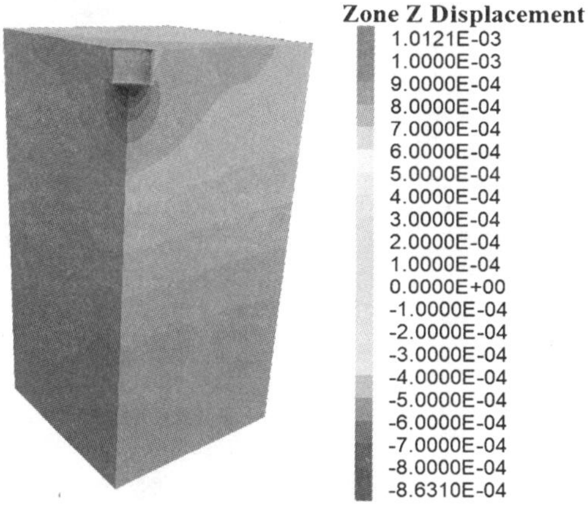

（c）第二工况衬砌变形云图综合

图 6.18　衬砌变形云图

分析说明：

① 该部分竖井衬砌厚度为 50 mm，在竖井衬砌完成后，衬砌体的下部沉降变形为 0 mm，说明该部分钢筋混凝土满足模拟设计要求。但是在 *X* 方向位移图中存在部分位移为正的现象，可能是因为上部土体产生的较大压力使得土体隆起。

② 从衬砌体的变形来看，变形量较小，而且衬砌的整个部分为刚体，因为该部分衬砌的参数与第一工况相同，是按照 C30 钢筋混凝土取值的，所以该部分模拟衬砌与实际钢筋混凝土衬砌效果应当相同。

③ 在竖井综合云图中，可以看到竖井周围土体绕衬砌产生一定的变形。该部分变形极可能是回填土体对周围土体产生的挤压，不过产生的变形较小，最大的挤压变形没有超过 1 mm，对整体模型的影响不大。

④ 从沉降的最大位置来看，主要是竖井底部土产生的变形最大，而且表现为基底隆起。产生该种现象的原因可能是该部分土体受到衬砌周围土体的挤压作用、上部土体卸载、自身的承载能力较弱、土质较为松散。

2）应力云图分析

（1）开挖应力云图。

第二个工况的开挖应力云图如图 6.19 所示。

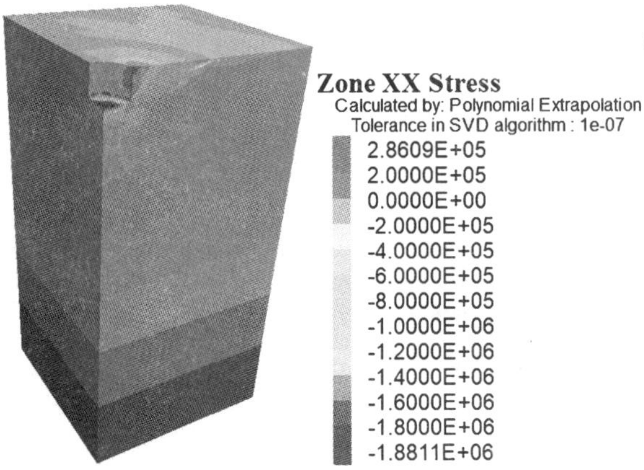

（a）开挖第二工况 *XX* 方向应力云图

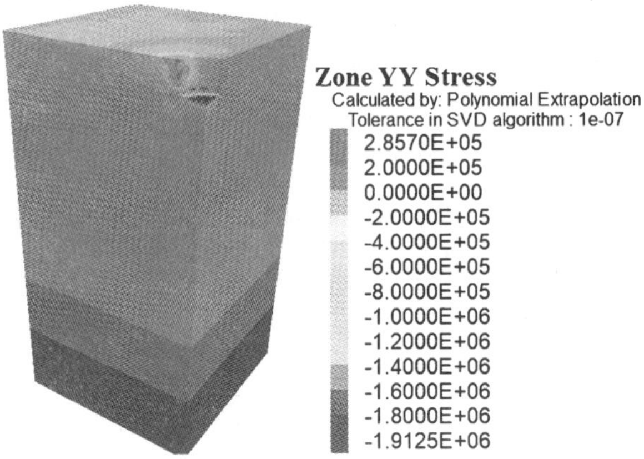

（b）开挖第二工况 *YY* 方向应力云图

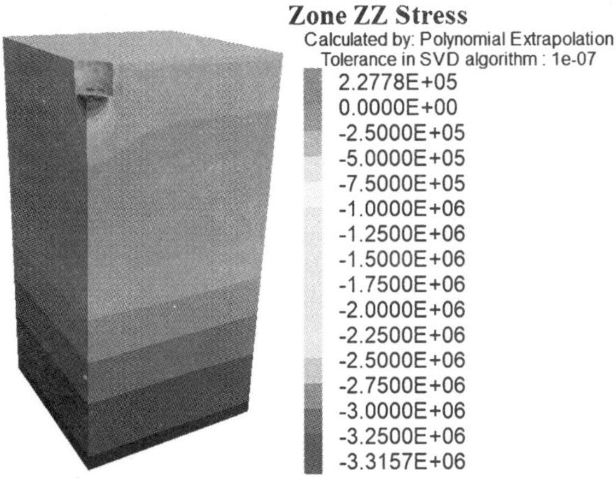

（c）开挖第二工况 *ZZ* 方向应力云图

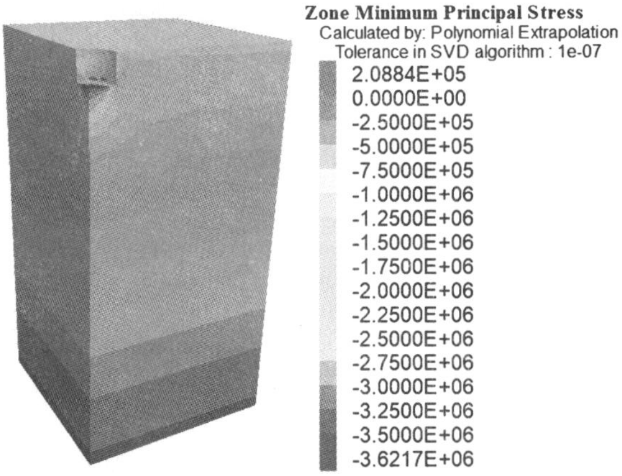

（d）开挖第二工况最小主应力云图

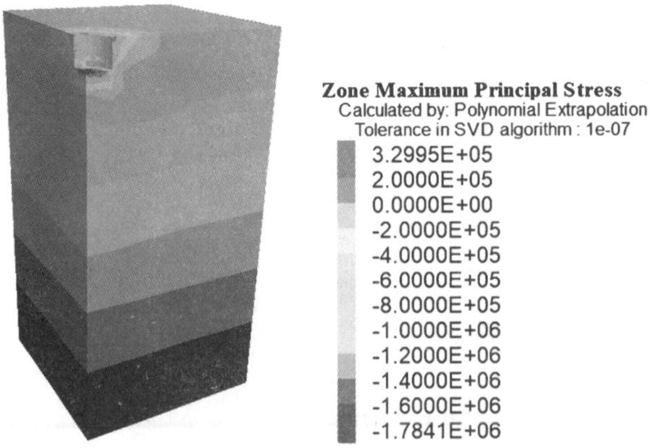

（e）开挖第二工况最大主应力云图

图 6.19　开挖应力云图

分析说明：

① 在该工况的开挖过程中 *XX*、*YY* 方向出现了受拉的应力。根据图上显示，*XX* 与 *YY* 部分的受力位置相对而言关于 45°直线对称，并且受力较大的点都集中在开挖后的角顶点上，分析原因可能是该部分受到上部土层与水平面的挤压，并且该部位属于应力集中区。

② 该工况开挖范围为中风化花岗岩土层，作用在该模型顶面的自重应力为 1.05×10^5 Pa，详细的受力土层见开挖第二工况 *ZZ* 应力云图。从图中可以观察到在竖井开挖底部有向上的应力，因此结合变形云图出现基坑底部隆起的现象就相对容易解释了。

③ 在最大及最小主应力云图中出现了应力为正和应力为负现象，其主要原因是围岩在开挖后卸载，而竖井周围土体产生的压力向竖井中心挤压，中间的土体就会向着受力较小的方向移动，受力较小的方向自然是竖井开挖的区域。

④ 从围岩云图上很容易就能看出，同一水平地层的围岩颜色基本相同，这说明同一地层的应力大致相等。最大主应力云图竖井井壁上颜色不均匀，但是同一水平面上颜色都大致相同，这说明竖井井壁受到上部的压应力。结合前面变形云图可知，该部分在开挖过程中应当降低开挖深度。

（2）衬砌应力云图。

第二个工况的衬砌应力云图如图 6.20 所示。

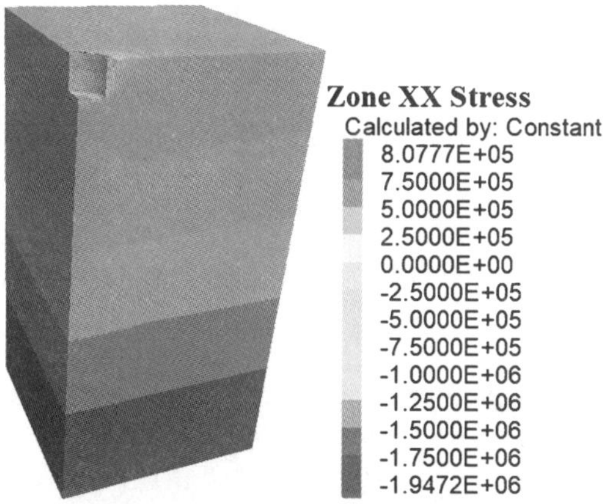

（a）第二工况衬砌 *XX* 方向应力云图

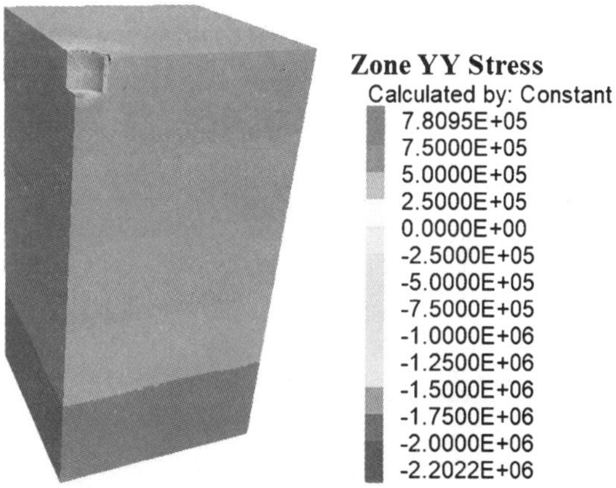

（b）第二工况衬砌 *YY* 方向应力云图

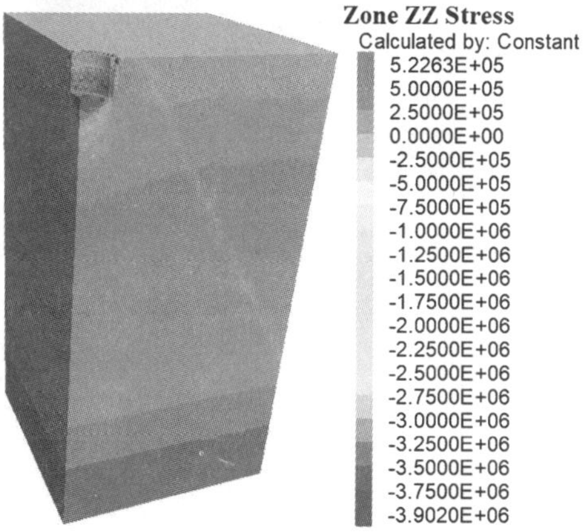

（c）第二工况衬砌 *ZZ* 方向应力云图

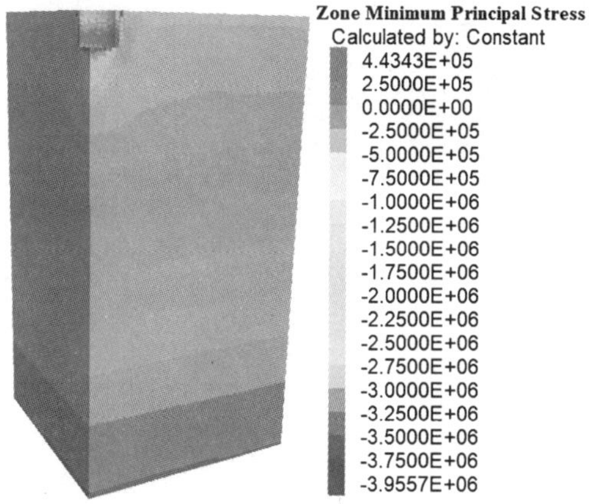

（d）第二工况衬砌最小主应力云图

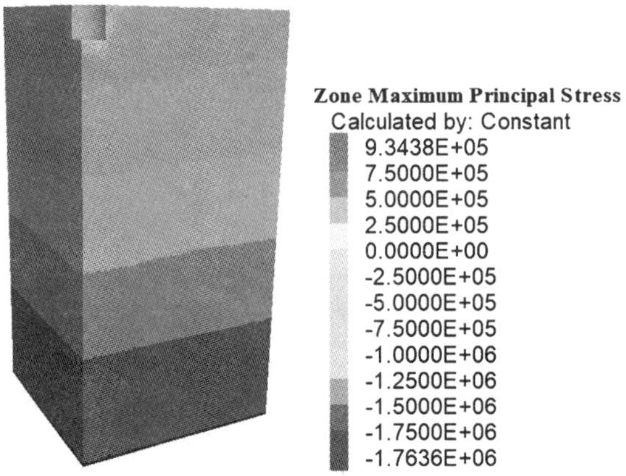

（e）第二工况衬砌最大主应力云图

图 6.20 第二工况衬砌应力云图

分析说明：

① 竖井洞口支护厚度为 500 mm，图 6.20 模拟的是开挖后对竖井井壁进行衬砌的工况，结合上一开挖应力云图可知，衬砌体会受到围岩对它的压应力。根据图 6.20（c）和（d），可以明显地看出该部分衬砌的受力云图。

② 从图 6.20 中能够清晰地观察到，在衬砌支护与原状土体之间存在明显的应力变化，衬砌周围的土体全部为受压应力，而衬砌支护混凝土上存在着拉应力，不过数值较小。因此，该次衬砌模拟设计合理。

3）应力监测点分析

本节选取了竖井开挖过程中竖井底部和竖井井壁的 3 个点作为监测点，其位置如图 6.21 所示，具体监测数值变化如图 6.22 和图 6.23 所示。

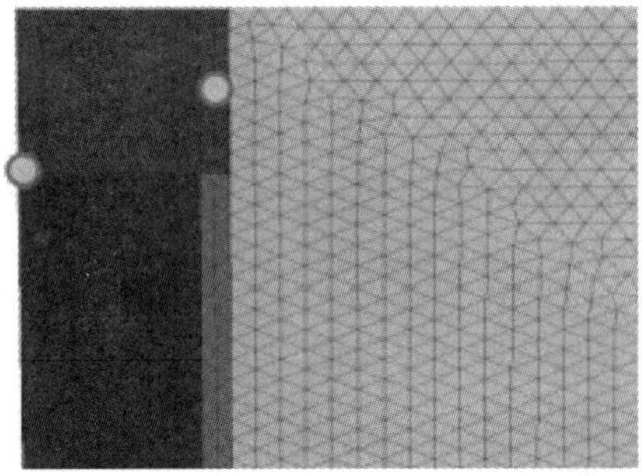

（a）*X* 方向监测点

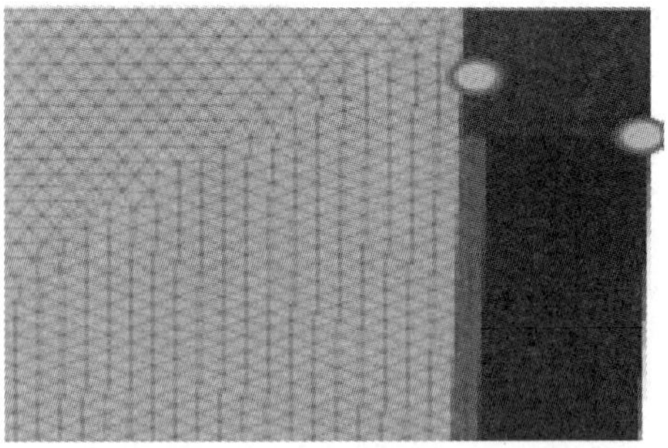

（b）*Y* 方向监测点

图 6.21 监测点位置

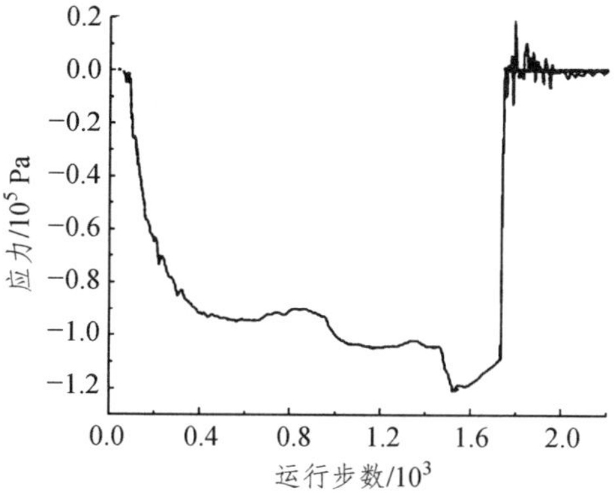

（a）（0，0，56）

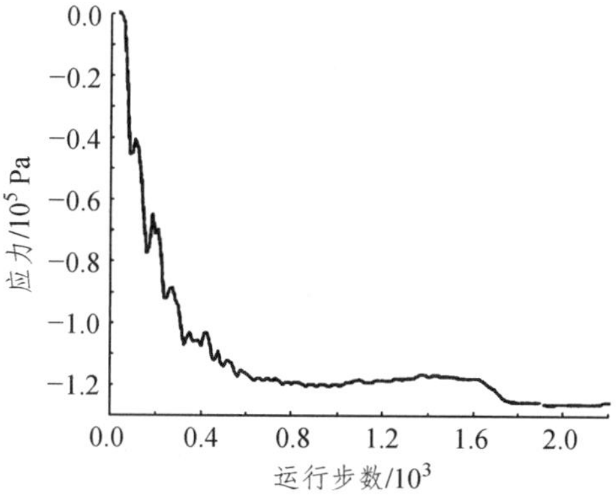

（b）（3.5，0，58）

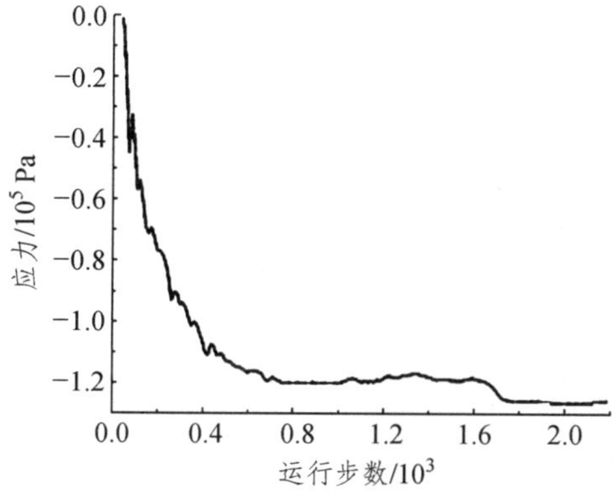

（c）（0，3.5，58）

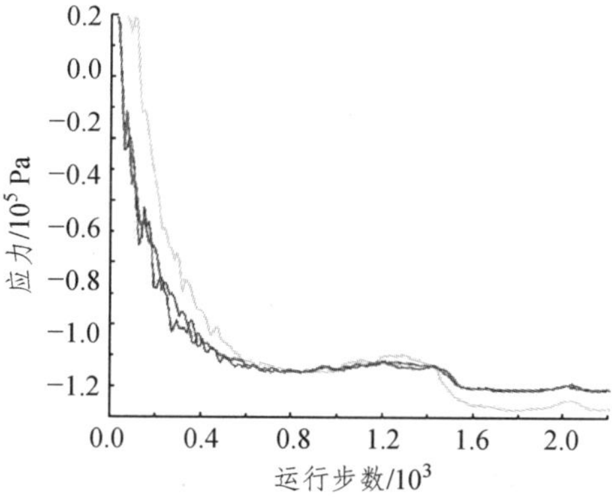

（d）应力曲线综合

图 6.22　应力变化曲线

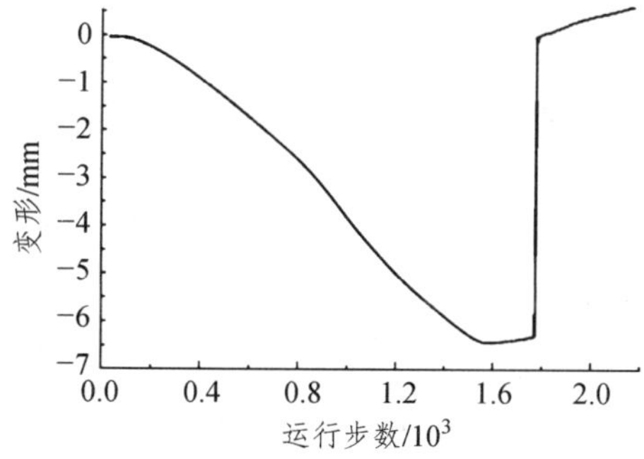

（a）（0，0，56）

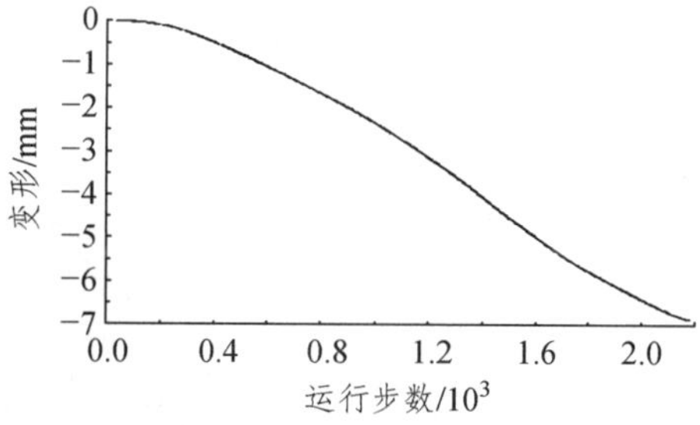

（b）（3.5，0，58）

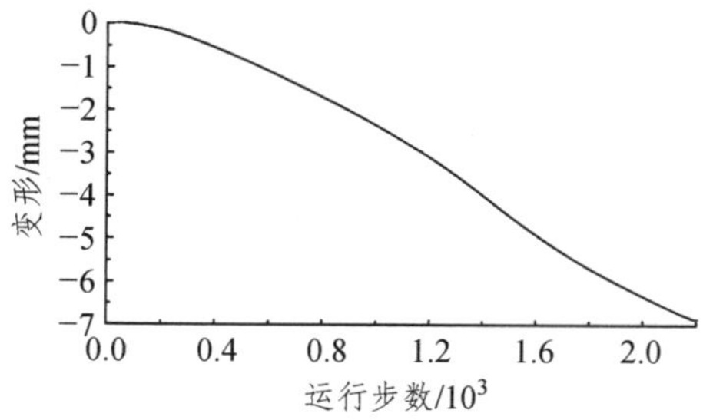

（c）（0，3.5，58）

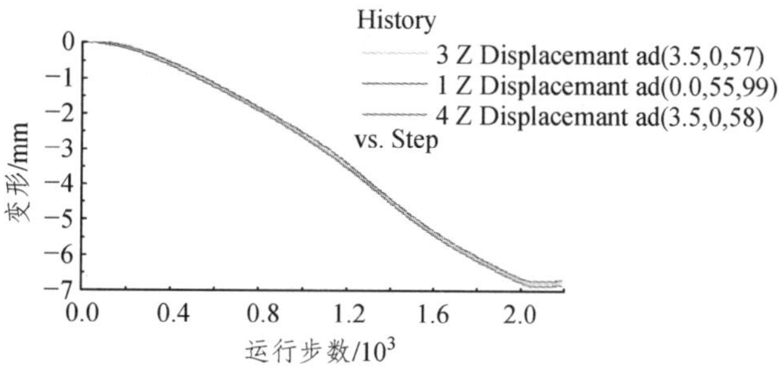

（d）位移变化综合

图 6.23　位移变化曲线

由上面的图分析可以得出：

① 竖井开挖应力及变形监测点分别设置在竖井开挖中心底部，水平方向为沿 X 轴方向开挖深度的中间位置，竖直方向为沿 Y 轴方向开挖深度的中间位置。

② 根据图 6.22 和图 6.23 可知，两者的变形都是在逐渐地增大，然后达到一定的程度之后就会逐渐趋于稳定，显然符合实际工程经验。

③ 根据竖井变形应力云图，竖井在开挖过程中，基坑底部出现了向上隆起的情况，通过图 6.22 软件模拟设置位移监测曲线的变化也在一定程度上印证了位移云图的正确性。

④ 图 6.23 中的 a 点（0，0，56）的变形为+0.5 mm，表示出现向上隆起；除此之外其他的变形值均为负，移动方向全都向下。

3. 第三个工况分析

1）变形云图分析

（1）开挖变形云图。

第三个工况的开挖变形云图如图 6.24 所示。

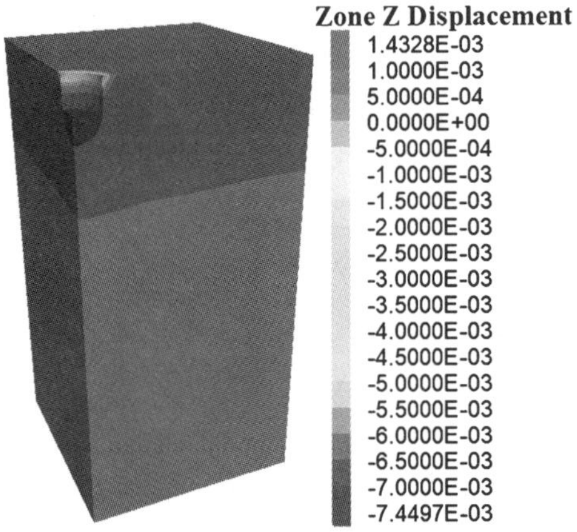

（a）开挖第三工况 Z 方向变形云图

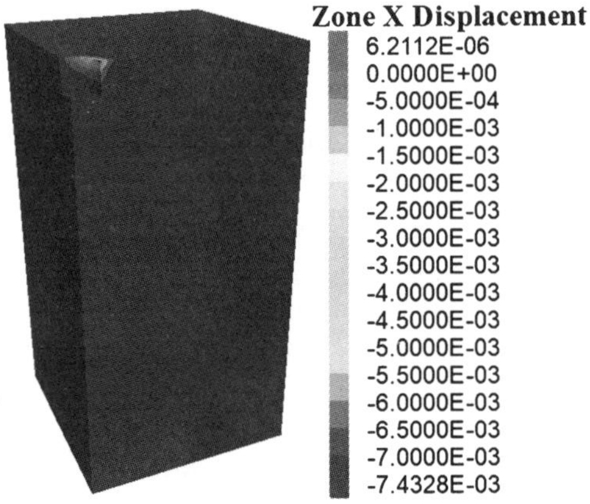

（b）开挖第三工况 X 方向变形云图

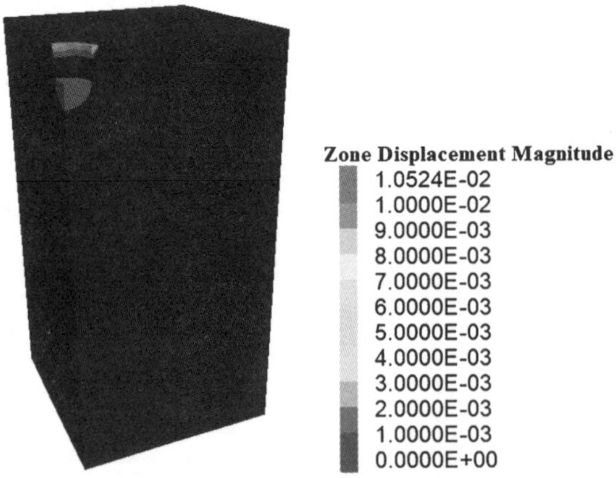

（c）开挖第三工况变形云图综合

图 6.24　开挖变形云图

分析说明：

① 在竖井第三工况开挖过程中，最大变形出现在竖井顶，约为 1 cm，方向向下，如图 6.24（c）所示，显然超过了 10 mm 的常规控制标准，不符合位移限制标准的要求。建议在下部的开挖过程中降低开挖深度或者采用先灌注混凝土后开挖施工的方式才能有效地避免竖井出现坍塌现象。

② 竖井洞口开挖后在竖井顶端出现了最大位移，虽然该位移向外呈现递减趋势，但是联系实际洞口开挖工程可知，该部分极有可能出现掉块现象。

（2）衬砌变形云图。

第三个工况的衬砌变形云图如图 6.25 所示。

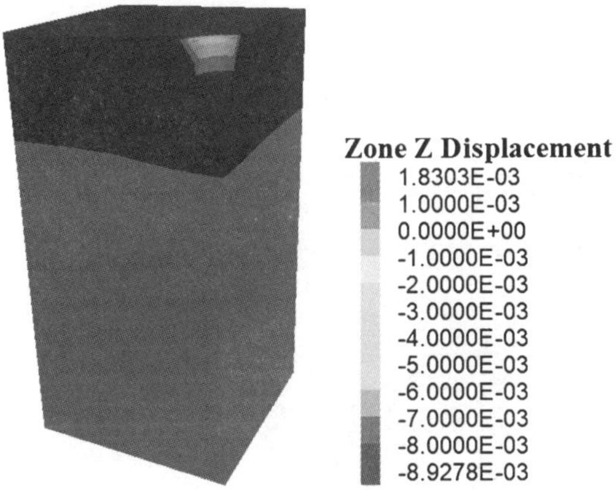

（a）第三工况衬砌 X 方向变形云图

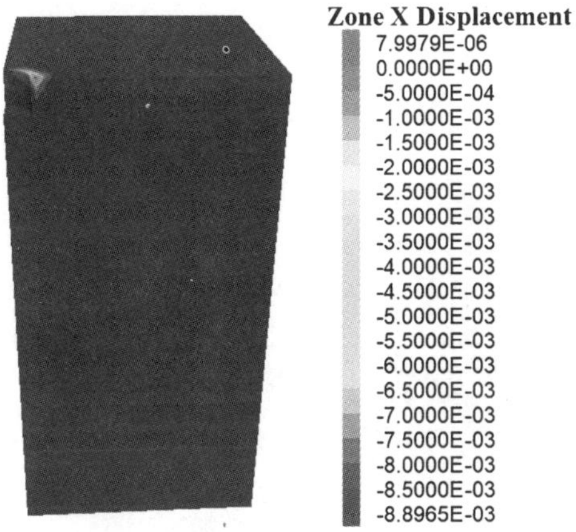

（b）第三工况衬砌 Z 方向变形云图

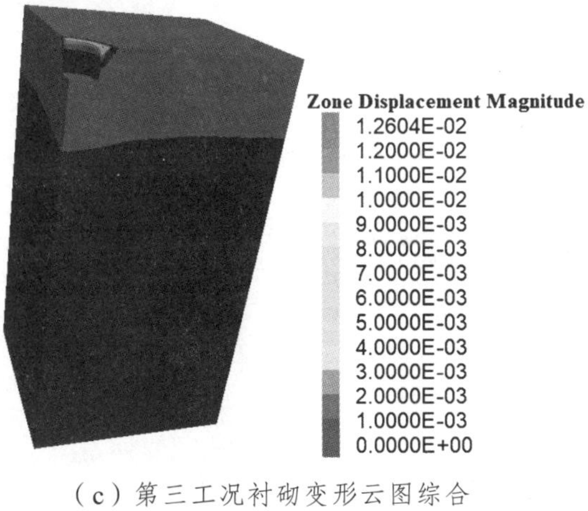

（c）第三工况衬砌变形云图综合

图 6.25　衬砌变形云图

分析说明：

① 该部分竖井衬砌厚度为 50 mm，在竖井衬砌完成后，衬砌体的下部沉降变形为 0 mm，说明该部分钢筋混凝土满足模拟设计要求。但是在 X 方向位移图中存在部分位移为正的现象，原因可能是上部土体产生的较大压力使得土体隆起。

② 从衬砌体的变形来看，变形量较小，而且衬砌的整个部分为刚体，因为该部分衬砌的参数与第一工况相同，是按照 C30 钢筋混凝土取值的，所以该部分模拟衬砌与实际钢筋混凝土衬砌效果应当相同。

③ 在竖井综合云图中，可以看到竖井周围土体绕衬砌产生一定的变形，该部分变形极可能是由于回填土体对周围土体的挤压而产生的，不过数值较小，最大没有超过 1 mm，对整体模型的影响不大。

④ 从沉降的最大位置来看，主要是竖井底部土产生的变形最大，而且表现为基底隆起，产生该种现象的原因可能是该部分土体受到衬砌周围土体的挤压作用、上部土体卸载、自身的承载能力较弱、土质较为松散。

2）应力云图分析

（1）开挖应力云图。

第三个工况的开挖应力云图如图 6.26 所示。

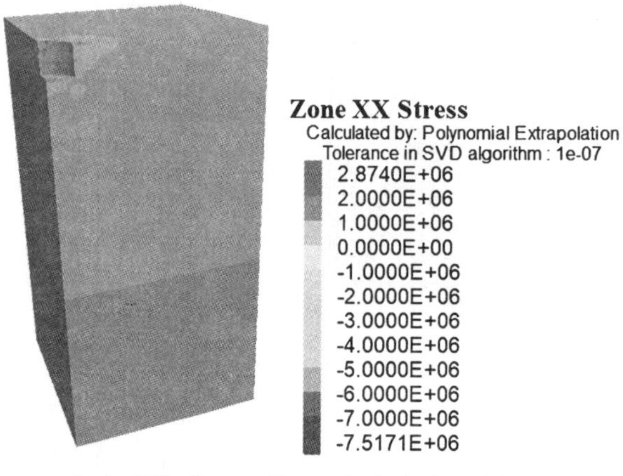

（a）开挖第三工况 *XX* 方向应力云图

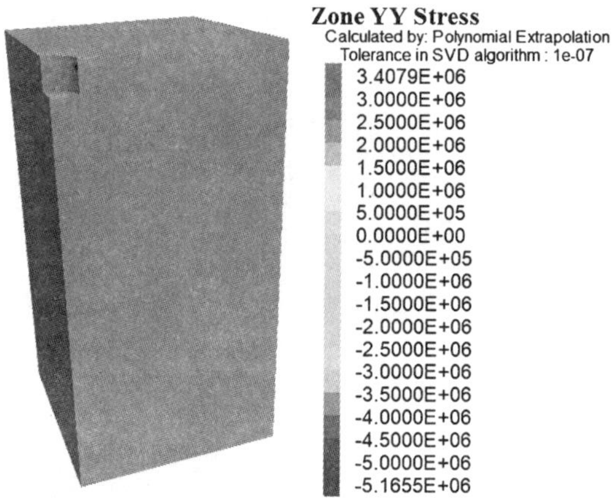

（b）开挖第三工况 *YY* 方向应力云图

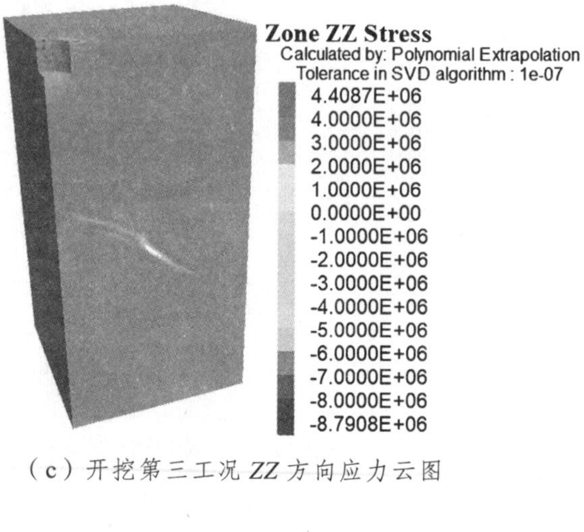

（c）开挖第三工况 *ZZ* 方向应力云图

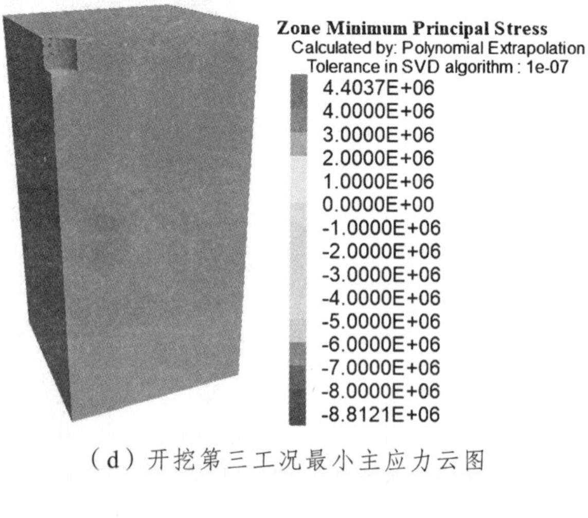

（d）开挖第三工况最小主应力云图

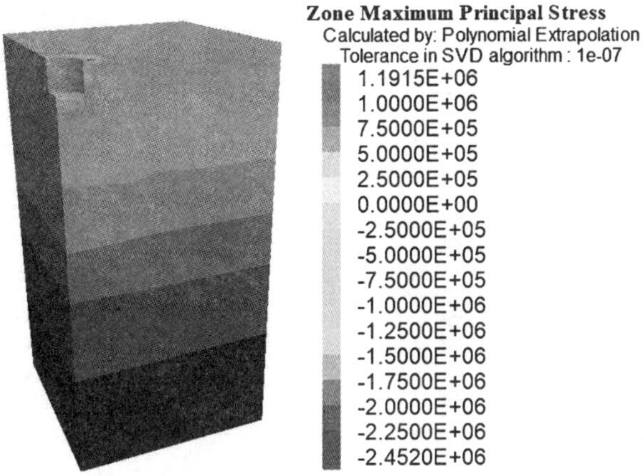

（e）开挖第三工况最大主应力云图

图 6.26　开挖应力云图

分析说明：

① 从图 6.26（a）中可以看出，受力较大的点都集中在开挖后的角顶点上，分析原因可能是该部分受到上部土层与水平面的挤压，并且该部位属于应力集中区。

② 该工况开挖范围为中风化花岗岩土层，作用在该模型顶面的自重应力为 2.29×10^5 Pa，详细的受力如图 6.26（c）所示，从图中可以观察到在竖井开挖底部有向上的应力，因此结合变形云图出现基坑底部隆起的现象就相对容易解释了。

③ 在最大及最小主应力云图中出现了应力为正和应力为负现象，其主要原因是围岩开挖后卸载，而竖井周围土体产生的压力向竖井中心挤压，中间的土体就会向着受力较小的方向移动，受力较小的方向自然是竖井开挖的区域。

④ 从围岩云图上很容易就能看出，同一水平地层的围岩颜色基本相同，这说明同一地层的应力大致相等。最大主应力云图竖井井壁上颜色不均匀，但是同一水平面上颜色都大致相同，这说明竖井井壁受到上部的压应力。结合前面变形云图可知，该部分在开挖过程中应当降低开挖深度。

⑤ 从图 6.26（c）、（d）下部可以看出有明显的应力分界线，分析该部分的应力云图可以得出结论，这是土层突然变化引起的。

（2）衬砌应力云图。

第三个工况的衬砌应力云图如图 6.27 所示。

分析说明：

① 在该工况开挖过程中，*XX*、*YY* 方向出现了受拉的应力，根据图上显示，*XX* 与 *YY* 部分的受力位置相对而言关于 45°直线对称，并且受力较大的点都集中在开挖后的角顶点上，分析原因可能是该部分受到上部土层与水平面的挤压，并且该部位属于应力集中区。

② 竖井洞口支护厚度为 500 mm，图 6.27 模拟的是对开挖后的竖井井壁进行衬砌的工况，结合上一开挖应力云图，衬砌体会受到围岩对它的压应力。根据图 6.27（c）和（d），可以明显看出该部分衬砌的受力云图。

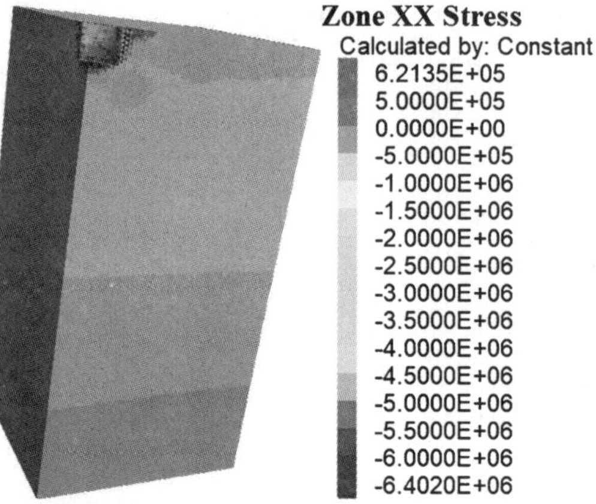

（a）第三工况衬砌 *XX* 方向应力云图

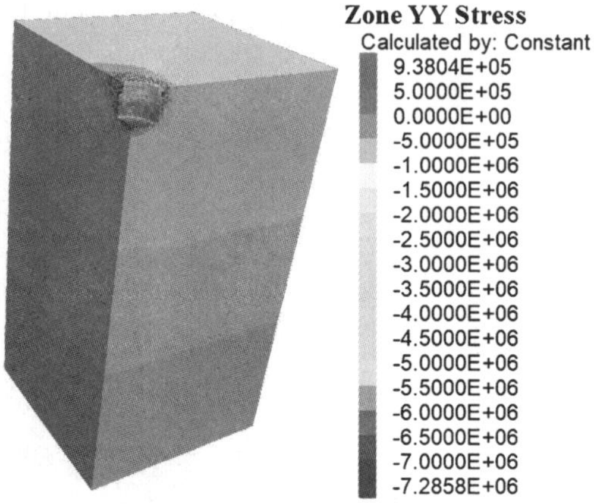

（b）第三工况衬砌 *YY* 方向应力云图

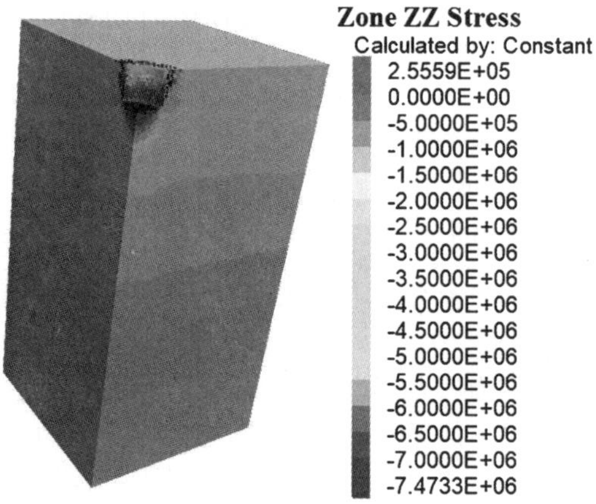

（c）第三工况衬砌 *ZZ* 方向应力云图

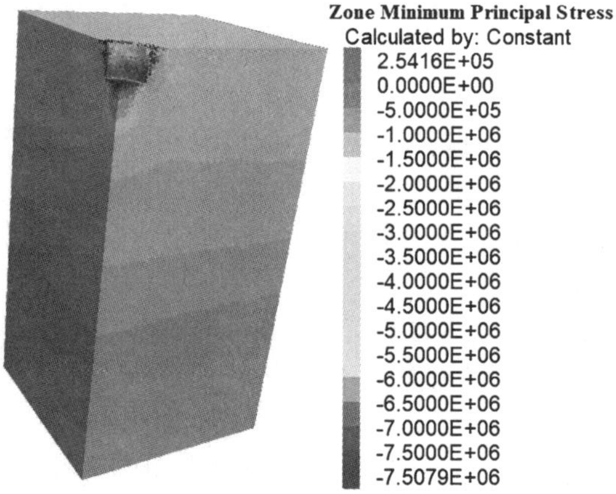

（d）第三工况衬砌最小主应力云图

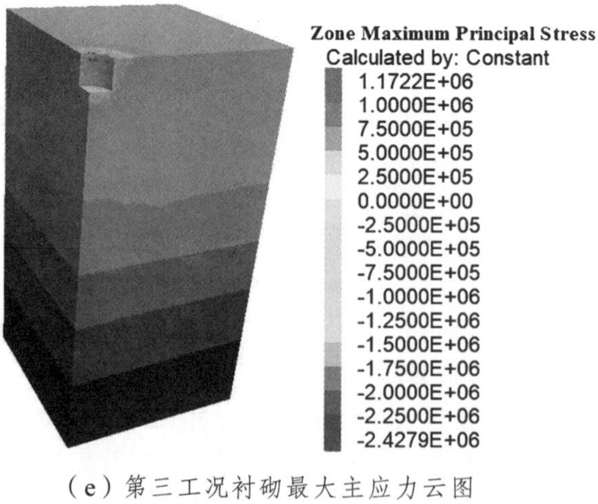

（e）第三工况衬砌最大主应力云图

图 6.27　第三工况衬砌应力云图

③ 从图 6.27 中能够清晰地观察到，在衬砌支护与原状土体之间存在明显的应力变化，衬

砌周围的土体全部为受压应力，而衬砌支护混凝土上存在着拉应力，不过数值较小。因此，该次衬砌模拟设计合理。

4. 第四个工况分析

1）变形云图分析

（1）开挖变形云图。

第四个工况的开挖变形云图如图 6.28 所示。

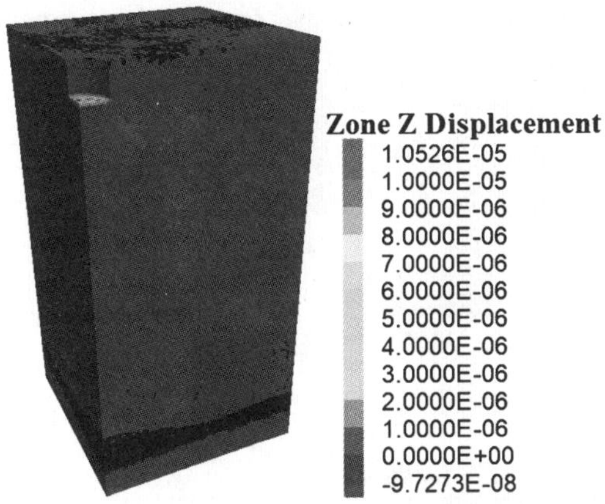

（a）开挖第四工况 Z 方向变形云图

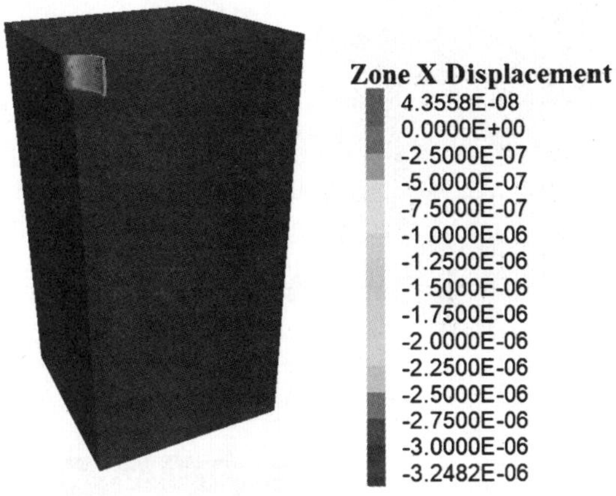

（b）开挖第四工况 X 方向变形云图

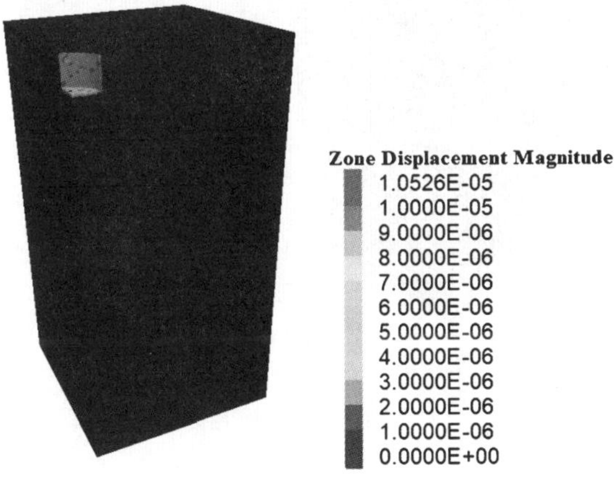

（c）开挖第四工况变形云图综合

图 6.28　开挖第四工况变形云图

分析说明：

① 在竖井第四工况开挖过程中，最大变形出现在竖井底面，方向向上，数值未超过 1 mm，满足小于 10 mm 的常规控制标准。在竖井位移变化 Z 图中，可看到位移云图变形出现了很大的颜色变化，分析原因是该部分土层为同一土层，而且该部分土层承载能力较强。

② 竖井洞口开挖后 X 方向位移指向竖井中心方向，但其值较小，基本可以忽略不计。

③ 在变形云图中我们可以看到该工况开挖对下部土层的位移变化影响较大，对洞口开挖

后周边的土体影响较大。因此，在开挖完成后应尽快进行衬砌，若开挖后变形较大，应将开挖深度降低，以保证工程的安全性。

（2）衬砌变形云图。

第四个工况的衬砌变形云图如图 6.29 所示。

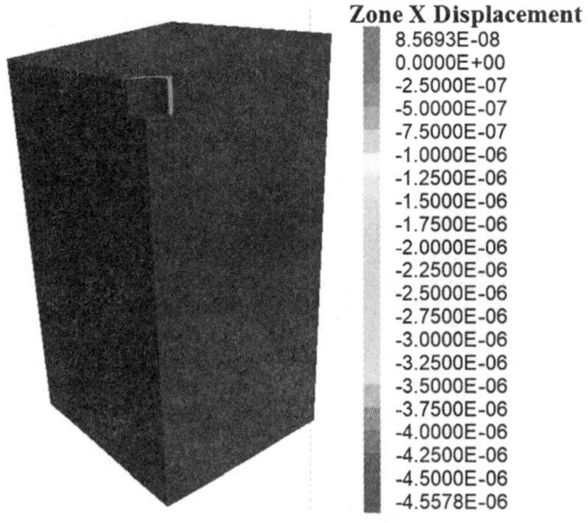

（a）第四工况衬砌 X 方向变形云图

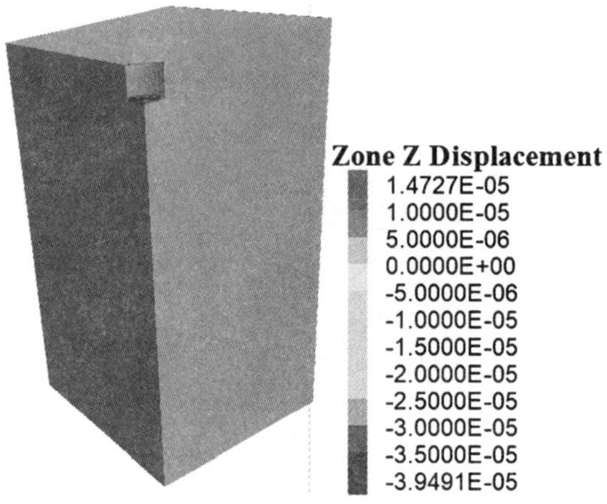

（b）第四工况衬砌 Z 方向变形云图

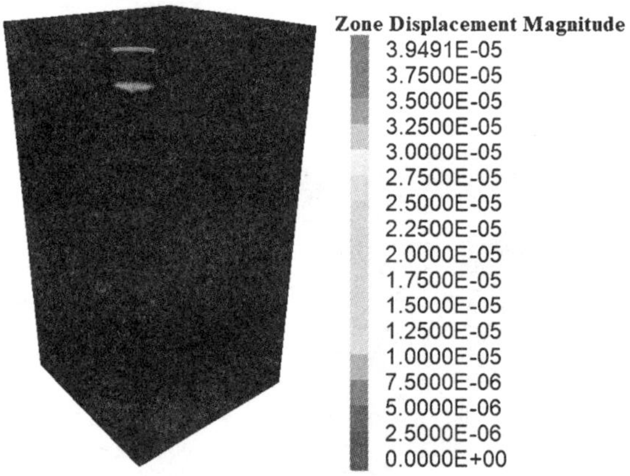

（c）第四工况衬砌变形云图综合

图 6.29　衬砌变形云图

分析说明：

① 该部分竖井衬砌厚度为 50 mm，在竖井衬砌完成后，衬砌体的下部沉降变形为 0 mm，说明该部分钢筋混凝土满足模拟设计要求。但是在 Z 方向位移图中存在部分位移为正的现象，原因可能是上部土体产生的较大压力使得土体隆起。

② 从衬砌体的变形来看，变形量较小，而且衬砌的整个部分为刚体，因为该部分衬砌的参数与第一工况相同，是按照 C30 钢筋混凝土取值的，所以该部分模拟衬砌与实际钢筋混凝土衬砌效果应当相同。

③ 在竖井综合云图中，可以看到竖井周围土体绕衬砌产生了一定的变形，该部分变形极可能是由于回填土体对周围土体的挤压产生的，不过数值较小，最大没有超过 1 mm，对整体

模型的影响不大。

④ 从沉降的最大位置来看，主要是竖井底部土产生的变形最大，而且表现为基底隆起，产生该种现象的原因可能是该部分土体受到衬砌周围土体的挤压作用、上部土体卸载、自身的承载能力较弱、土质较为松散。

2）应力云图分析

（1）开挖应力云图。

第四个工况的开挖应力云图如图 6.30 所示。

分析说明：

① 在该工况的开挖过程中 *XX*、*YY* 方向出现了受拉的应力，根据图上显示，*XX* 与 *YY* 部分的受力位置相对而言关于 45°直线对称，并且受力较大的点都集中在开挖后的角顶点上，分析原因可能是该部分受到上部土层与水平面的挤压，并且该部位属于应力集中区。

② 该工况开挖范围为Ⅳ级混合花岗岩土层，作用在该模型顶面的自重应力为 3.61×10^6 Pa，详细的受力土层见图 6.30（c）。

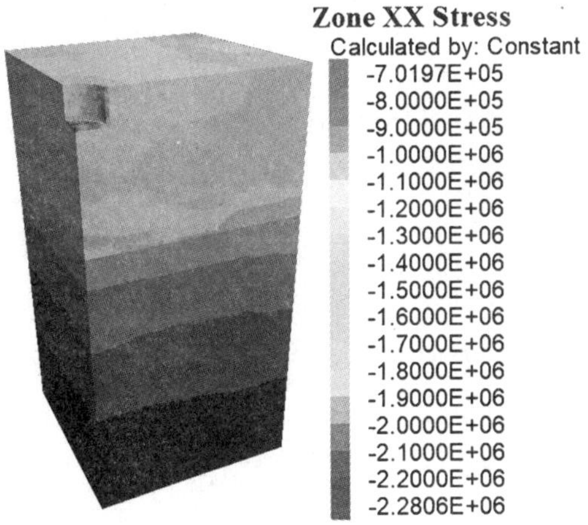

（a）开挖第四工况 *XX* 方向应力云图

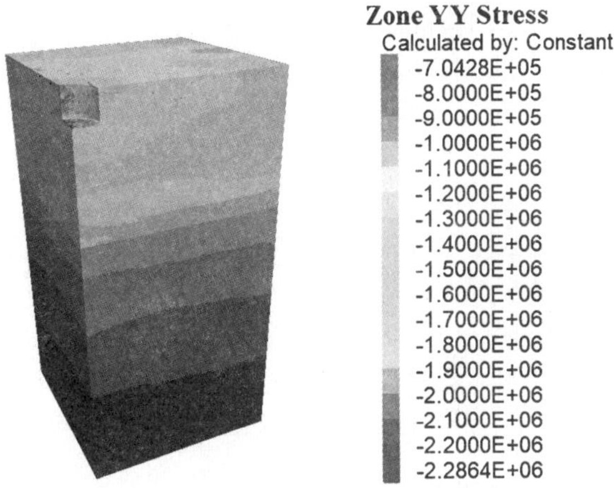

（b）开挖第四工况 *YY* 方向应力云图

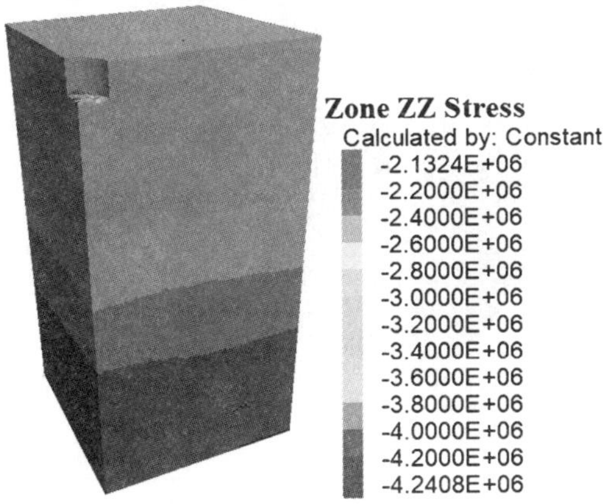

（c）开挖第四工况 *ZZ* 方向应力云图

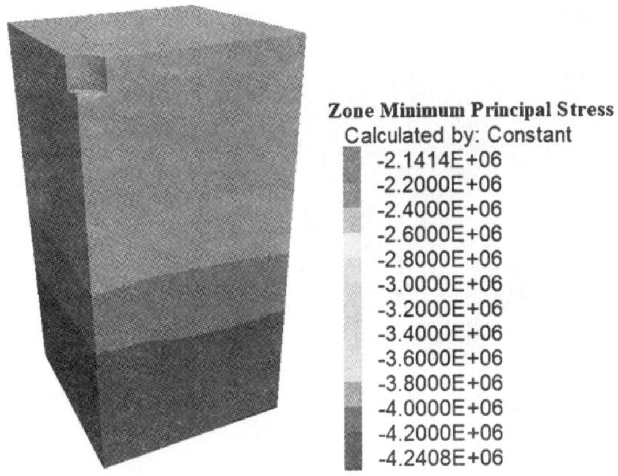

（d）开挖第四工况最小主应力云图

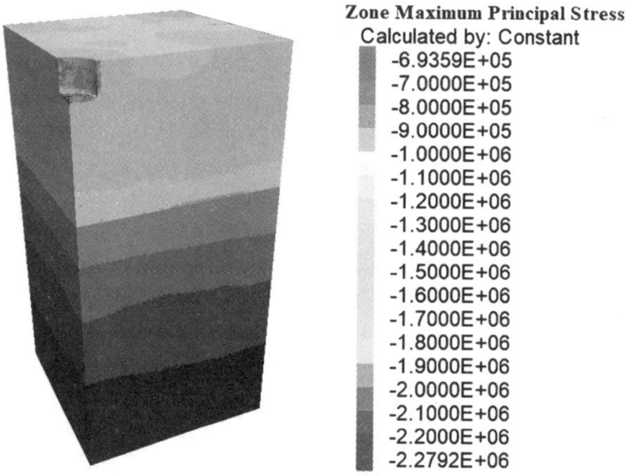

（e）开挖第四工况最大主应力云图

图 6.30 开挖应力云图

③ 从围岩云图上很容易就能看出，最大主应力云图竖井井壁上颜色不均匀，但是同一水平面上颜色都大致相同，这说明竖井井壁受到上部的压应力。

④ 在模型的 40 m 处出现了明显的应力分层，分析具体原因是该部位属于Ⅲ级和Ⅳ级围岩分界线。

（2）衬砌应力云图。

第四个工况的衬砌应力云图如图 6.31 所示。

分析说明：

竖井洞口支护厚度为 500 mm，图 6.31 模拟的是开挖后对竖井井壁进行衬砌的工况，从图中可以明显地看出该部分衬砌的受力云图所受的应力为 0，分析原因可能是该部分土层为Ⅲ级围岩，应力强度较高，对衬砌不会产生较大的压力。这说明该次衬砌模拟设计合理。

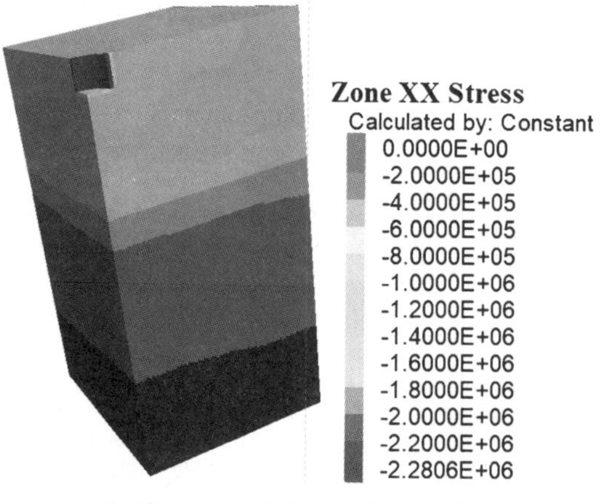

（a）第四工况衬砌 *XX* 方向应力云图

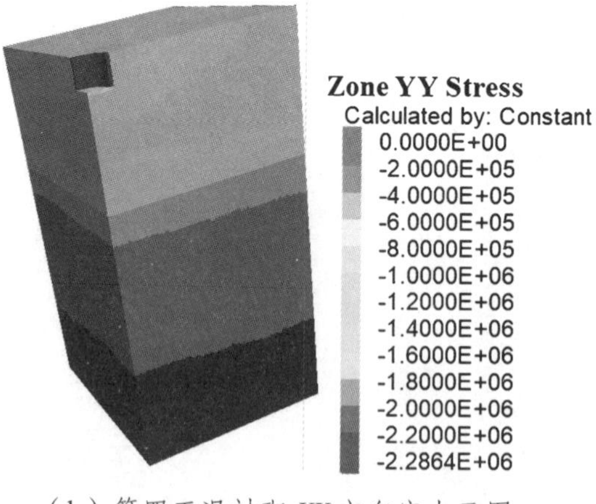

（b）第四工况衬砌 *YY* 方向应力云图

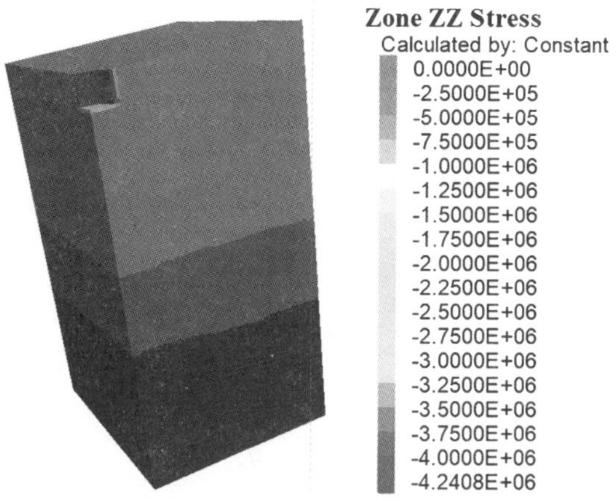

（c）第四工况衬砌 ZZ 方向应力云图

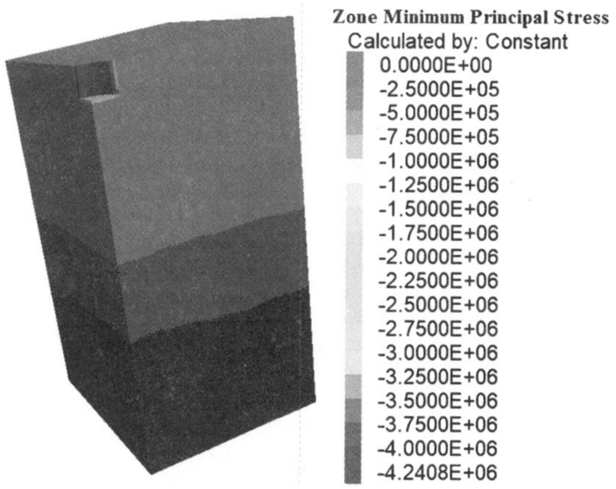

（d）第四工况衬砌最小主应力云图

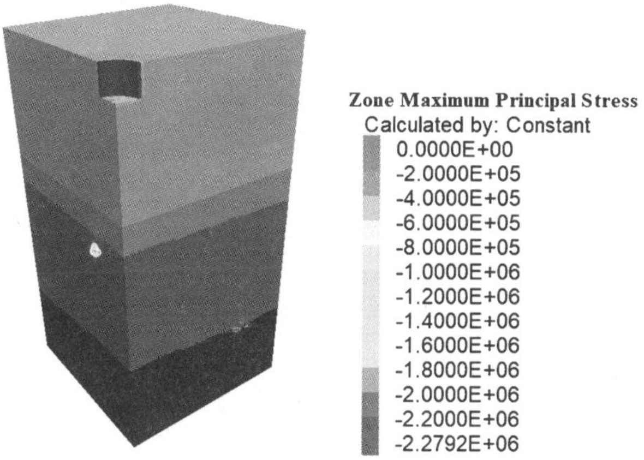

（e）第四工况衬砌最大主应力云图

图 6.31　第四工况衬砌应力云图

3）应力监测点分析

本节选取了竖井开挖过程中竖井底部和竖井井壁的 3 个点作为监测点，其位置如图 6.32 所示，具体监测数值变化如图 6.33、图 6.34 所示。

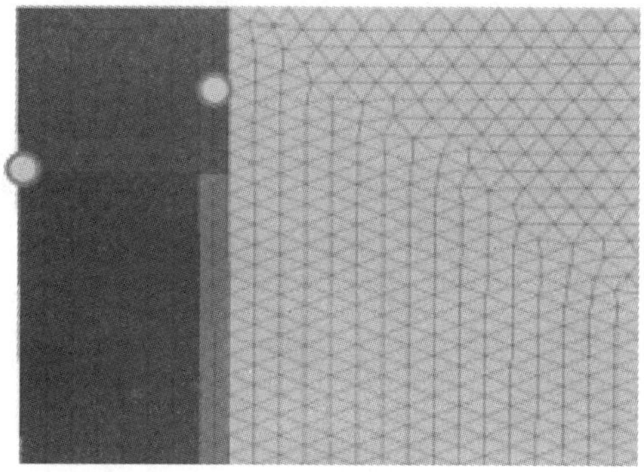

（a）*X* 方向监测点

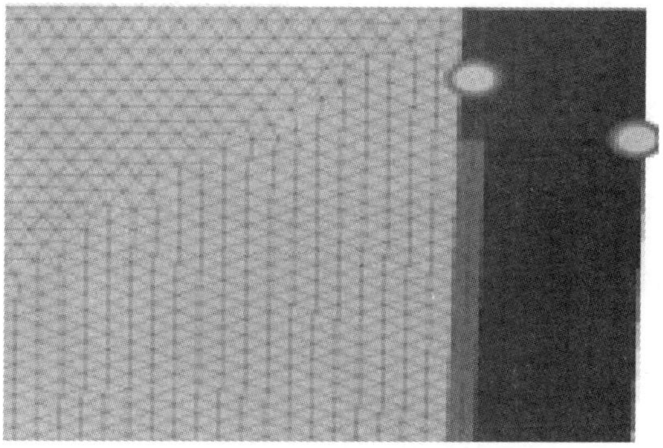

（b）*Y* 方向监测点

图 6.32　监测点位置

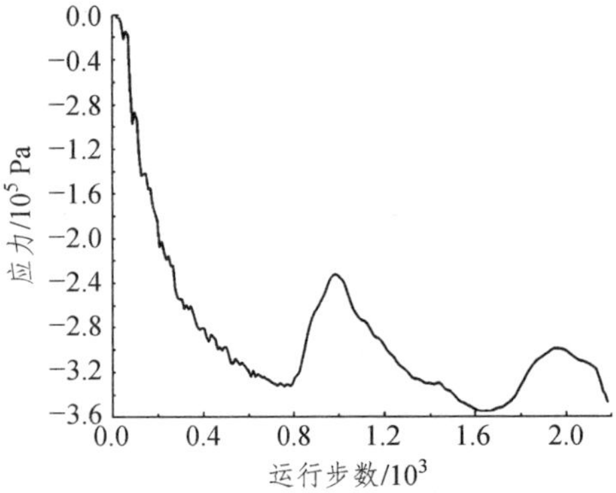

（a）（0，0，56）

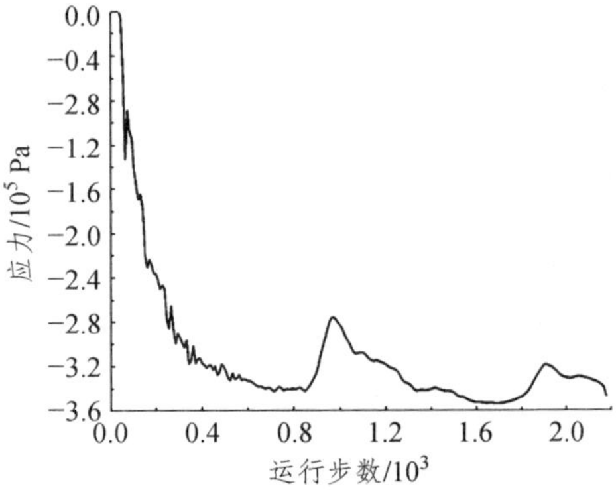

（b）（3.5，0，58）

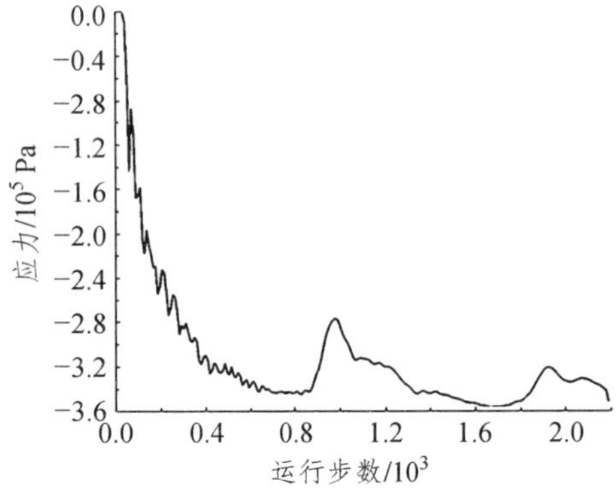

（c）（0，3.5，58）

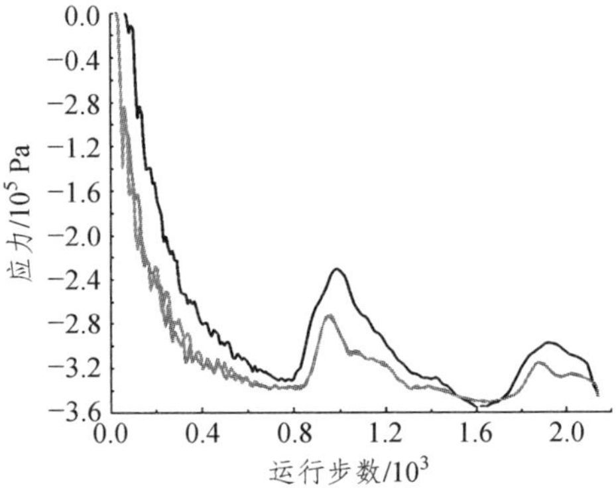

（d）应力曲线综合

图 6.33　应力变化曲线

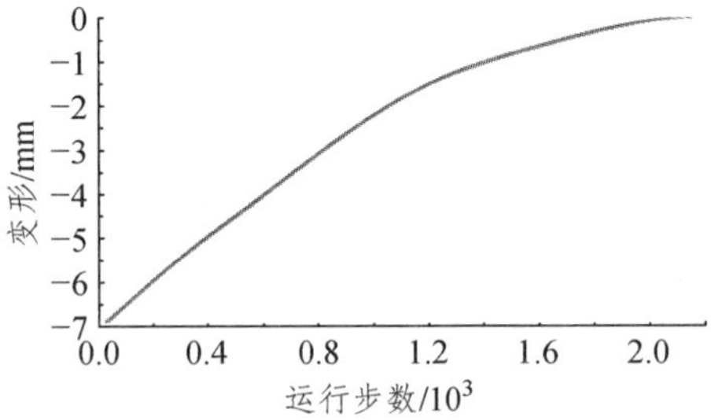

（a）位移变化综合

图 6.34　位移变化曲线

由上面的图分析可以得出：

① 竖井开挖应力及变形监测点分别设置在竖井开挖中心底部，水平方向为沿 X 轴方向开挖深度的中间位置，竖直方向为沿 Y 轴方向开挖深度的中间位置。

② 根据图 6.33 和图 6.34 可知，两者的变形都是在逐渐增大，达到一定程度之后逐渐趋于稳定，显然符合实际工程经验。

③ 根据竖井变形应力云图，竖井在衬砌完成后，位移变化接近于 0，通过图 6.33 软件模拟设置位移监测曲线的变化也在一定程度上印证了位移云图的正确性。

5. 第五个工况分析

1）变形云图分析

（1）开挖变形云图。

第五个工况的开挖变形云图如图 6.35 所示。

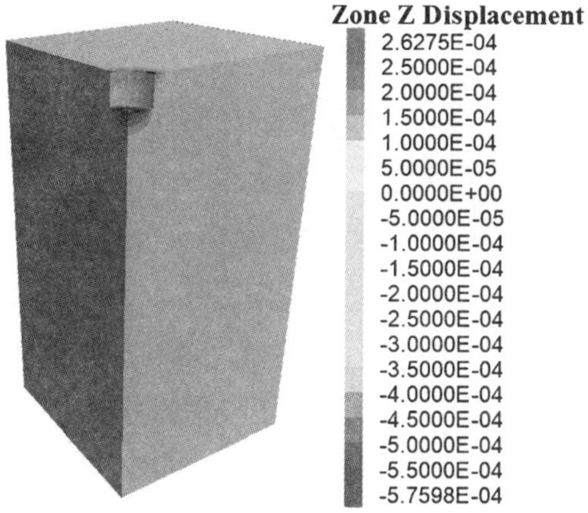

（a）开挖第五工况 Z 方向变形云图

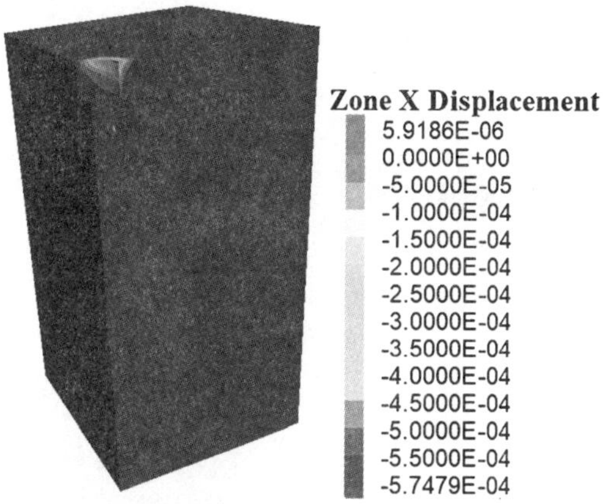

（b）开挖第五工况 X 方向变形云图

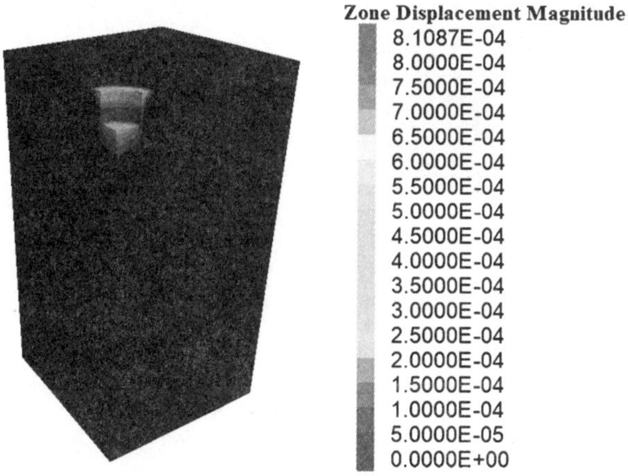

（c）开挖第五工况变形云图综合

图 6.35　开挖变形云图

分析说明：

① 在竖井第五工况开挖过程中，最大变形出现在竖井底部，其值未超过 1 mm，方向向上，符合模拟的小于 10 mm 的常规控制标准。

② 从图中可以观察到在竖井开挖底部有向上的位移，这可能是由于围岩压力太大导致基底隆起。

（2）衬砌变形云图。

第五个工况的衬砌变形云图如图 6.36 所示。

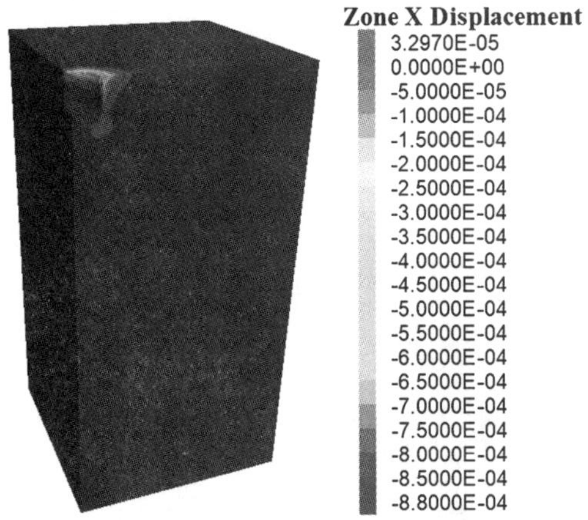

（a）第五工况衬砌 X 方向变形云图

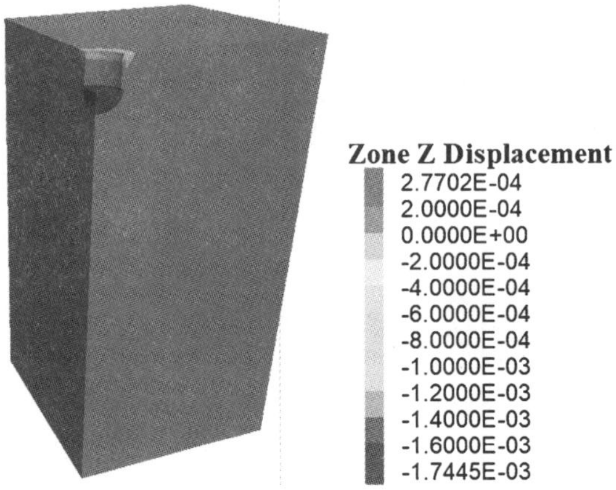

（b）第五工况衬砌 Z 方向变形云图

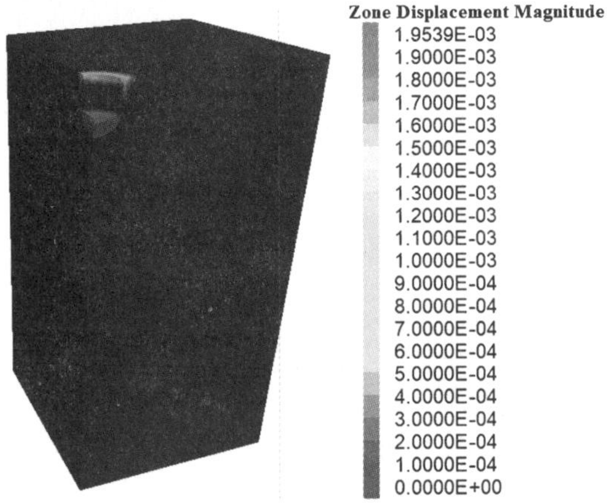

（c）第五工况衬砌变形云图综合

图 6.36　衬砌变形云图

分析说明：

① 该部分竖井衬砌厚度为 50 mm，在竖井衬砌完成后，衬砌体的下部沉降变形为 0 mm，说明该部分钢筋混凝土满足模拟设计要求。但是在 X 方向位移图中存在部分位移为正的现象，原因可能是上部土体产生的较大压力使得衬砌发生变形。

② 从衬砌体的变形来看，变形量较小，而且衬砌的整个部分为刚体，因为该部分衬砌的参数与第一工况相同，是按照 C30 钢筋混凝土取值的，所以该部分模拟衬砌与实际钢筋混凝土衬砌效果应当相同。

③ 从沉降的最大位置来看，主要是竖井底部土产生的变形最大，而且表现为基底隆起，产生该种现象的原因可能是该部分土体受到衬砌周围土体的挤压作用、上部土体卸载效应。

2）应力云图分析

（1）开挖应力云图。

第五个工况的开挖应力云图如图 6.37 所示。

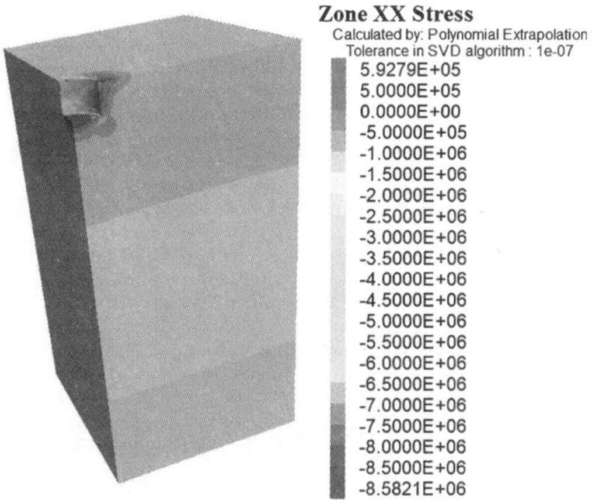

（a）开挖第五工况 *XX* 方向应力云图

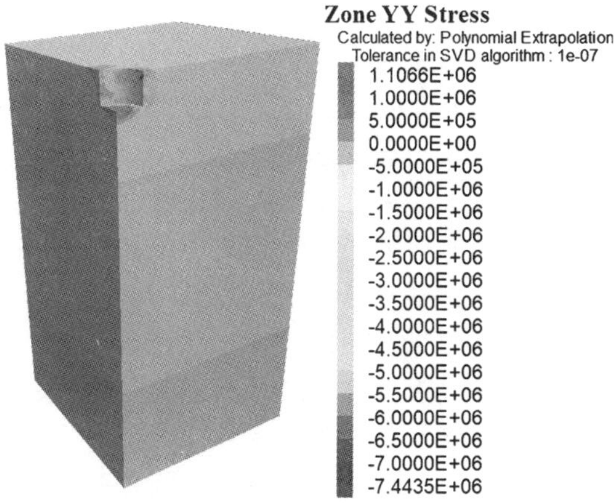

（b）开挖第五工况 *YY* 方向应力云图

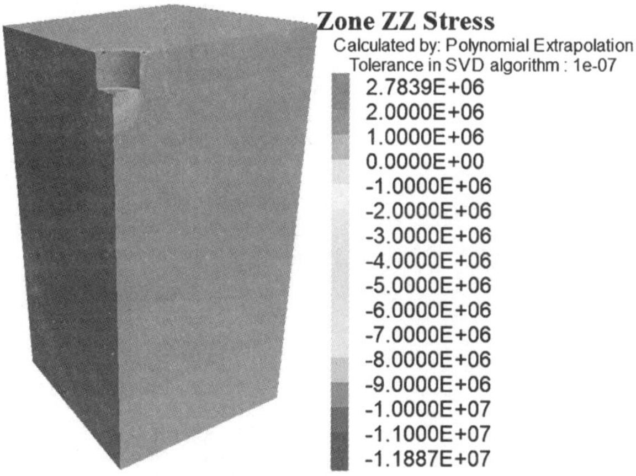

（c）开挖第五工况 *ZZ* 方向应力云图

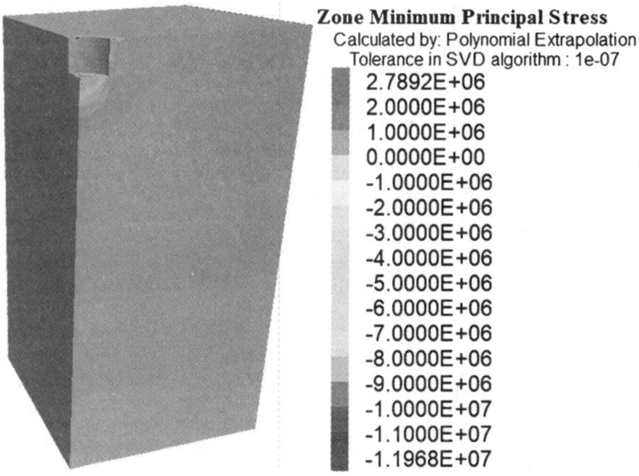

（d）开挖第五工况最小主应力云图

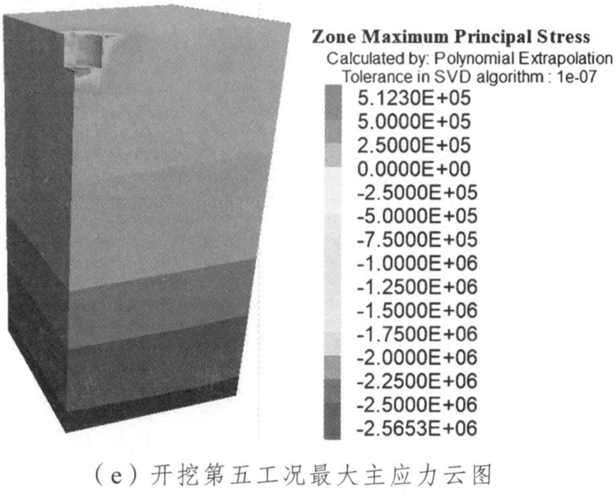

（e）开挖第五工况最大主应力云图

图 6.37　开挖应力云图

分析说明：

① 在图 6.37（a）中，开挖后的角顶点上出现了受拉应力，分析原因可能是该部分受到上部土层与水平面的挤压，并且该部位属于应力集中区。

② 该工况开挖范围为中风化花岗岩土层，作用在该模型顶面的自重应力为 4.97×10^{6} Pa，详细的受力土层见开挖应力云图。从图中可以观察到在竖井开挖底部有向上的应力，因此变形云图出现了基坑底部隆起的现象。

③ 在最大及最小主应力云图中出现了应力为正和应力为负的现象，其主要原因是围岩开挖后卸载，而竖井周围土体产生的压力向竖井中心挤压，中间的土体就会向着受力较小的方向移动，受力较小的方向自然是竖井开挖的区域。

④ 从围岩云图上很容易就能看出，同一水平地层的围岩颜色基本相同，说明同一地层的应力大致相等。最大主应力云图竖井井壁上颜色不均匀，但是同一水平面上颜色都大致相同，这说明竖井井壁受到上部的压应力。结合前面变形云图可知，该部分在开挖过程中应当降低开挖深度。

（2）衬砌应力云图。

第五个工况的衬砌应力云图如图 6.38 所示。

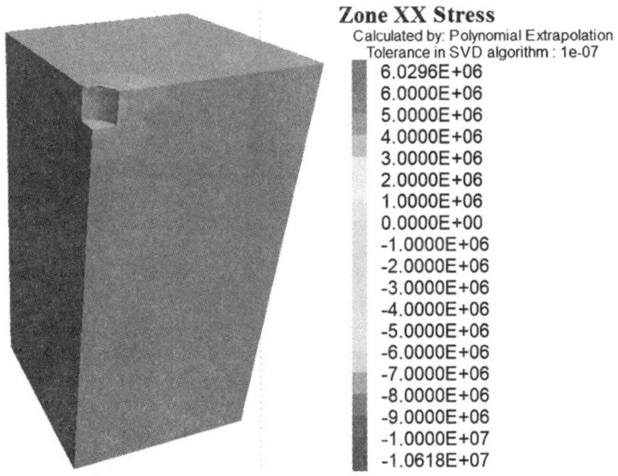

（a）第五工况衬砌 *XX* 方向应力云图

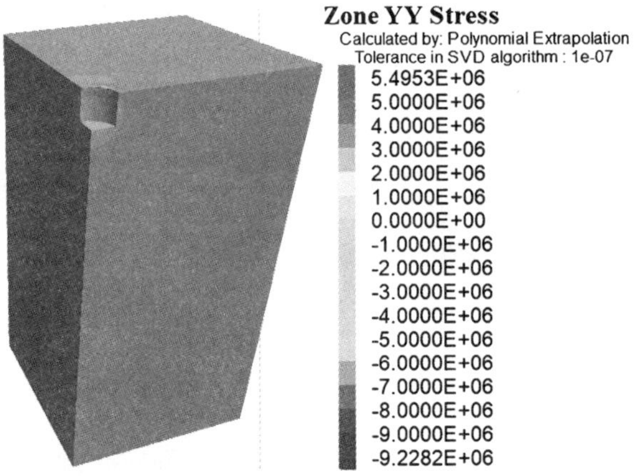

（b）第五工况衬砌 *YY* 方向应力云图

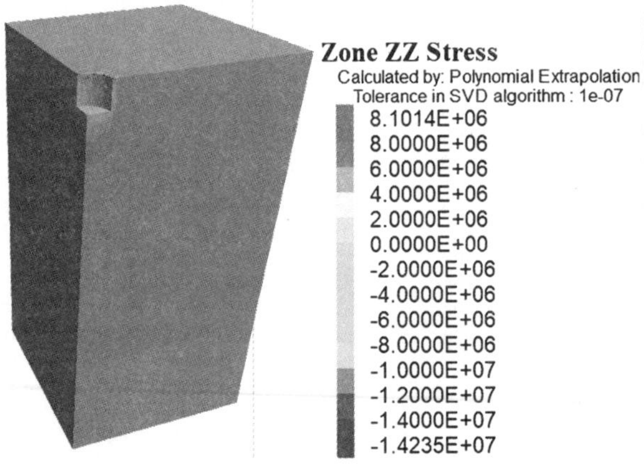

（c）第五工况衬砌 *ZZ* 方向应力云图

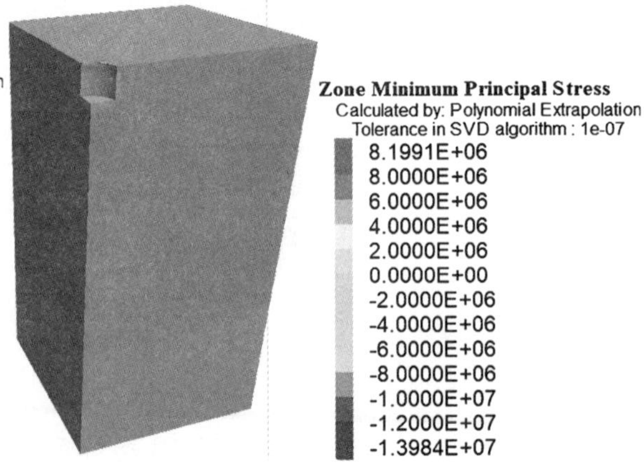

（d）第五工况衬砌最小主应力云图

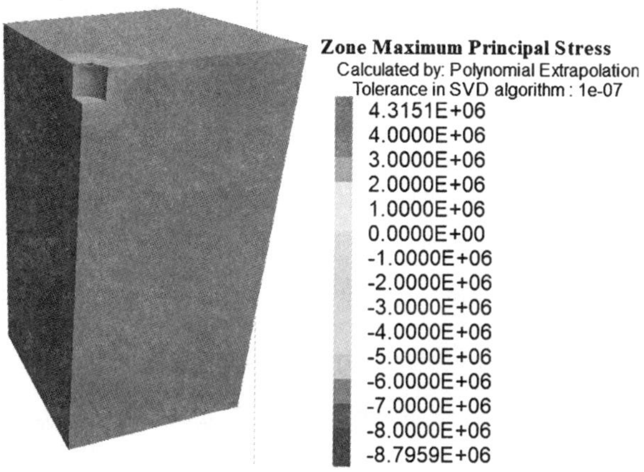

（e）第五工况衬砌最大主应力云图

图 6.38　第五工况衬砌应力云图

分析说明：

① 竖井洞口支护厚度为 500 mm，图 6.38 模拟的是开挖后对竖井井壁进行衬砌的工况，结合上一开挖应力云图，衬砌体会受到围岩对它的压应力。根据图 6.38（c）和（d），可以明显地看出该部分衬砌的受力云图。

② 从上面的衬砌最大应力云图中能够清晰地观察到，在衬砌支护与原状土体之间存在明显的应力变化，衬砌周围的土体全部为受压应力，而衬砌支护混凝土上存在着拉应力，不过所产生的数值较小。因此，该次衬砌模拟设计合理。

6.1.4　结论

对五老山隧道通风竖井工程施工，采用了莫尔-库仑（Mohr-Coulomb）屈服准则进行数值模拟分析，得出了以下结论：

（1）该模型以五老山隧道通风竖井为原型，该模型按照 1∶1 的尺寸进行设计模拟，模型竖井深度为 292.5 m，竖井洞口初始地面处直径 19.8 m，在深度 6 m 处的直径为 12 m，其余深度开挖直径均为 7 m，衬砌后竖井净直径为 5.8 m。

（2）该模型用犀牛软件进行建模，分为 5 个不同深度的模型，模拟不同深度范围的开挖工况情况，每个模型的分组节点和平面法线条数都超过 42 000，大大降低了模拟数据与实际工程结果的误差。

（3）分析五老山高速公路通风竖井模拟的结果可知，在竖井开挖以后存在一定的塑性区，竖井围岩沉降位移、竖井围岩应力及竖井支护受力变形基本设计均能满足模拟及工程要求标准，均能使竖井处于相对稳定状态，均能保证竖井施工的安全。这说明了该次竖井施工模拟的方法是安全可靠的，切实可行的。

（4）通过建立不同的模型模拟不同深度的竖井工况，并经分析得出：开挖竖井洞口的衬砌强度较高，可以适当降低混凝土强度等级，采用 C25 商品混凝土浇筑，这样能够降低竖井工程的成本；对于工况二的各项分析均能满足要求；对于 120 ~ 180 m 的第三个工况开挖深度在达到 4 m 后该竖井模型顶部出现一定的变形，在实际工程施工过程中宜降低开挖深度或提前浇筑混凝土；工况四和工况五在位移变化上均能满足各项分析要求，均可按照模拟参数施工。

（5）位移变化监测表最终都趋向于恒定的数值，这说明监测点的位置不再变化，竖井模型的变形也趋于稳定。

（6）应力监测表在不同位置的应力大小均不相同，应力变化曲线在竖井底部和开挖后井壁的某些位置会出现正应力，其他部位均为负值，这表明除了基底隆起和开挖竖井井壁出现受拉之外，其他部位应力均为受压应力。

6.2 高速公路隧道竖井反井施工研究

通过调整三维网格中的多面体单元来拟合实际的结构，以对高速公路竖井反井施工的开挖与支护进行模拟，计算中采用摩尔-库仑弹塑性模型，基坑围护结构与土体之间的接触面运用接触单元。通过计算得出不同开挖阶段的地表沉降、基底隆起和墙后土体水平位移，为工程设计与施工提供参考。

在运算过程中应该不时停下，对其进行检查，以此保证其响应是预期的。当确信模型为正确运行时，可按照顺序一起来计算几个模型的数据。在顺序运行的任何一个时间段内，均可中断计算，对其结果进行仔细审查，接着再继续进行运行或者适当修改模型。最后通过图形的方式将结果显示出来，其图形结果应该以某一种格式显示为主，确保其能够直接和现场的测试结果进行比较。

6.2.1 竖井反井施工方法及工艺

1. 竖井反井施工方法简介

竖井可以大大减小通风阻力，从而降低通风运营费用。本竖井井身 41 ~ 324.68 m 段采用钻机反井正向扩挖法施工：先用反井钻机在井位中心从上到下钻导向孔，直达联络通道顶；待井下联络通道与竖井贯通后，在隧道中拆除钻头，换成扩孔刀头，由下而上，扩成 1.6 m 的导井（卸渣孔）与联络通道连通；最后再用钻爆法从上往下扩挖到设计尺寸。炮渣直落井底，由装载机装渣，自卸汽车通过井下联络通道及五老山隧道进口段纵向隧道平洞将渣运送至弃渣场弃渣；初期支护紧跟掌子面，喷射混凝土在井口拌和，通过井架式提升机吊运至掌子面，经人工二次拌和后使用，人员上下、物料运输由进口井架式提升机完成；竖井二衬待开挖及初期支护完成后，从底部开始自下而上采用滑模施工。联络通道采用定型模板进行二次衬砌。

2. 竖井反井钻机施工工艺

竖井施工采用反井法施工，施工工艺及步骤如下，详见图 6.39：

（1）进场完成施工准备，平整场地，完善供电、供风、供水系统后，进行锁口段基坑明挖、锁口环地板浇筑，同时完成混凝土回填。锁口混凝土浇筑后，再浇筑基坑 2 m×2 m 中心混凝土桩，并做好反井钻机基础预留孔。

（2）完成锁口及进口段正向开挖后，在井底进行反井钻机基础混凝土（预留孔）的局部混凝土浇筑，反井钻机自上而下进行导孔施工。

（3）导孔完成后，在竖井底部通过横通道更换扩孔刀盘，自下而上反提施工至井口，完成导井施工。

（4）导井成孔后，进行井筒全断面钻爆掘进、初期支护，采用“两掘一支”法施工。掘进石渣通过导孔溜入井底，装载机于井底装渣，由自卸车外运排渣。

（5）完成竖井的掘进及初期支护后，井底组装滑模、调试（同时在井底进行与竖井连接处的水平排风道立模），地面建立混凝土输送系统，混凝土从井口通过门机吊笼及输料系统输送至舱面，进行井筒浇筑作业。

（6）“自下而上”不间断地进行井身混凝土滑模衬砌施工，至井口地坪位置停盘，模板与滑模同步上升，完成竖井的衬砌施工。

应注意反井钻机导孔钻进操作是由上向下钻直径 240 mm 的导向孔，导向孔钻进过程也是对地层的勘探过程。反井钻机虽然不是取芯钻进，但根据对钻进过程和排出岩屑的观测分析及以往经验，可以初步了解地层情况，从而可为扩孔钻进、孔壁围护及衬砌方案的制订提供参考依据。

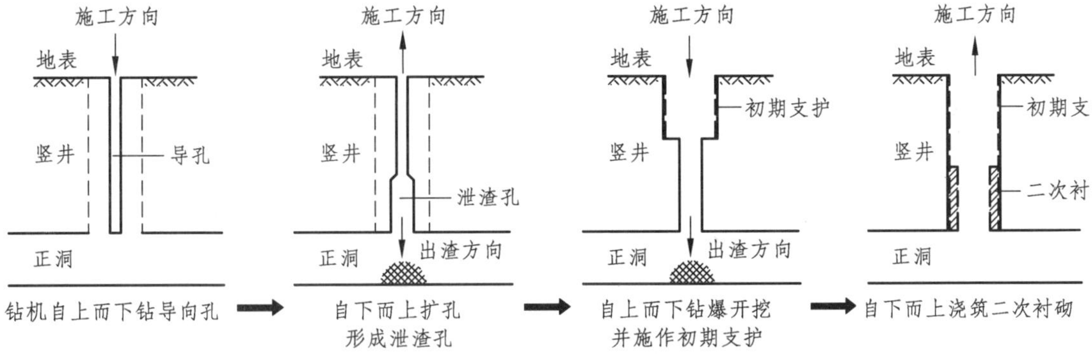

图 6.39　竖井反井施工步骤

根据实际情况，且借鉴已经施工完成的项目竖井施工经验、对技术掌握的程度并综合现场的地形地质，选用江苏常州机械厂生产的 LM-400 型反井钻机，导井施工直径 1.6 m。钻机基本性能参数见表 6.6。

表 6.6　反井钻机主要参数

名　称	单　位	参　数
型　号		LM-400
导孔直径	mm	240
扩孔直径	mm	1600
钻井深度	m	400
主机外形尺寸	mm	3 020×1 420×2 000
主机质量	t	12
泵站额定压力	MPa	副泵：28；主泵：25
泵站额定流量	L/min	副泵：40 L/min；主泵：320 L/min
泵站外形尺寸	mm	2 600×1 300×1 600

6.2.2　竖井反井数值模拟计算

1. 竖井反井施工模型建立

利用仿真模拟计算软件对该工程竖井施工建立模型，模型的设计和计算能客观地反映竖井周边土体的稳定性。根据地勘资料可以得到竖井设计长度累计经过：V_2级围岩，为粉质黏土、强风化花岗片麻岩（0 ~ 20 m）；V_1级围岩，主要为花岗片麻岩，多呈强风化，岩体破碎，呈碎石状破裂结构（20 ~ 50 m）；IV_3级围岩，主要为花岗片麻岩，多呈强风化，岩体破碎，呈碎石状破裂结构（50 ~ 100 m）；IV_1级围岩，主要为混合花岗岩，中风化，岩体较完整，局部较破碎，呈块状镶嵌结构或裂隙块状结构（100 ~ 220 m）；Ⅲ级围岩，主要为混合花岗岩，中风化，岩体较完整，多呈块状镶嵌结构（220 ~ 292.5 m）。

由此建立的模型长 292.5 m，上下平台面尺寸为 3.8 m×3.8 m，反竖井施工段井孔直径为 1.6 m，土层根据该竖井穿越的岩层自下往上被划分为 5 个组，且进行合适的单元划分，以方便后面进行数值模拟计算。竖井开挖的土体在竖直方向上是自由沉降变形的，模型的上表面设置为自由面，对模型的左右（*X*、*Z* 轴方向）边界面设置水平向约束，对模型底部土体设置竖直方向（*Y* 轴方向）约束。且需要注意的是，在进行单元划分时，为保证该竖井数值模拟仿真计算的准确性，距离开挖面近的土层网格划分要适当加密，距离开挖面远的土层网格划分要适当稀疏。

2. 土层相关参数

从该竖井地勘资料可知，该竖井历经 5 个不同岩层，对各土层进行相关参数的添加及编写。通过查阅大量相关文献和资料，将该竖井穿越的 5 个土层参数确定在一个合理的范围，保证了该竖井反井施工仿真模拟计算的准确性，如表 6.7、表 6.8 所示。

表 6.7　围岩参数

岩性	风化程度	类别	饱和单轴极限值/MPa	完整性系数	修正后	围岩级别
土、全风化			0.50	0.06	76.50	Ⅴ
各种岩性	强风化	最小值	1.0	0.16	103.00	Ⅴ
		最大值	10.00	0.32	171.00	Ⅴ
花岗岩、砂岩、片麻岩	中风化	最小值	30.00	0.43	257.50	Ⅳ
		最大值	50.00	0.58	355.00	Ⅲ
	微风化	最小值	50.00	0.60	360.00	Ⅲ
		最大值	80.00	0.80	500.00	Ⅱ

表 6.8　围岩力学指标表

围岩级别	重度/（kN/m^3）	弹性抗力系数 *K*/（MPa/m）	变形模量 *E*/（10^4 MPa）	泊松比 ν	黏聚力 *c*/MPa	内摩擦角 φ/（°）	计算摩擦角 φ_c/（°）
Ⅰ	26 ~ 28	1 800 ~ 2 800	>33	<0.2	>2.1	>60	>78
Ⅱ	25 ~ 27	1 200 ~ 1 800	20 ~ 33	0.2 ~ 0.25	1.5 ~ 2.1	50 ~ 60	70 ~ 78
Ⅲ	23 ~ 25	500 ~ 1 200	6 ~ 20	0.25 ~ 0.3	0.7 ~ 1.5	39 ~ 50	60 ~ 70
Ⅳ	20 ~ 23	200 ~ 500	1.3 ~ 6	0.3 ~ 0.35	0.2 ~ 0.7	27 ~ 39	50 ~ 60
Ⅴ	17 ~ 20	100 ~ 200	1 ~ 2	0.35 ~ 0.45	0.05 ~ 0.2	20 ~ 27	40 ~ 50
Ⅵ	15 ~ 17	<100	<1	0.4 ~ 0.5	<0.1	<22	30 ~ 40

根据表 6.7 和表 6.8，结合其他研究资料和文献，笔者取定了下述各级围岩的建议取值，如表 6.9 所示。

表 6.9　围岩建议取值表

围岩级别	岩土层名称	重度（kN/m³）	抗压强度 R_c/MPa	弹性抗力系数 K/（MPa/m）	变形模量 E/（10^4 MPa）	泊松比 ν	黏聚力 c/MPa	内摩擦角 φ/（°）	计算摩擦角 φ_c/（°）
Ⅲ	花岗岩	24.0	74	500	6.0	0.25	0.7	50	60
Ⅳ	花岗岩	20.0	35	200	1.3	0.35	0.2	39	50
Ⅴ	粉质性黏土	17.0		100	1.0	0.45	0.05	27	30
Ⅴ	素填土	17.0		100	1.0	0.15	0.05	27	30

3. 竖井反井施工模型开挖图示

由于竖井开挖技术条件的限制，在保证原始地质条件尽可能反映的情况下，我们对模型的建立条件做了一定的简化以及假设，规定各土层内沿途均为均匀连续介质，仅考虑自重应力场，而不将构造应力场考虑在内。在建立该竖井反井施工模型命令流里将模型的水平方向固定，而把自由边界放在了竖直边。考虑到 Mohr-Coulomb 强度准则较为符合岩土材料的屈服和破坏特征，故在数值模拟中采用 Mohr-Coulomb 本构模型，再根据所确定的模型尺寸以及土层参数，即可建立该竖井反井施工模型。

由于该研究课题是关于竖井反井施工的，是从下自上的开挖过程，故笔者将深度为 292.5 m 的竖井自下而上的开挖过程分为 8 次，每次向上开挖高度为 40 m（除最后一次向上开挖外），直至竖井反井施工段顶部，见图 6.40 ~ 图 6.47。

图 6.40　第一次开挖

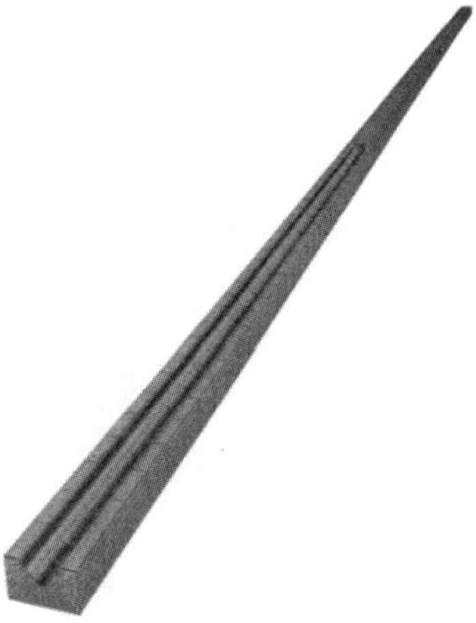

图 6.41　第二次开挖

图 6.42　第三次开挖

图 6.43　第四次开挖

图 6.44　第五次开挖

图 6.45　第六次开挖

图 6.46　第七次开挖

图 6.47　第八次开挖

上述给出了该竖井反井施工仿真模拟数值计算自下而上的开挖过程，基于该模拟过程和模型，可以计算每次开挖井筒周围土体的应力应变变化情况。

6.2.3　竖井反井施工数值模拟计算结果分析

1. 数值模拟计算结果分析简介

以往的研究资料表明，井筒和竖井结构具有成拱效应，本模型采用逐次向上开挖 8 次进行计算。参考以往的有限差分软件的计算实例和相关的工程实际经验，竖井的平面计算范围一般为开挖孔直径的 3 ~ 5 倍。故本竖井模型的计算边界范围是：X 方向上为 X=3.8 m、X=−3.8 m，Z 方向上为 Z=3.8 m、Z=−3.8 m。

在上述阐述中，笔者将该竖井反井施工仿真模拟计算模型工况分为 8 次向上开挖，每次向上开挖 40 m，直至反竖井施工段顶部位置，运用 FLAC^{3D} 仿真模拟分析软件对模型进行计算，共得到 8 组计算结果。由这些计算结果可得知反竖井施工中竖井随着开挖过程周围土层的应力应变情况以及变形情况，对实际施工过程具有重要的参考意义，在一定程度上讲保证了竖井施工的顺利进行。实际施工过程中可借此结果对不同情况的土层采取相应的施工措施。

2. 一次向上开挖 40 m 工况仿真模拟计算结果分析

1）一次开挖基本情况简介

该竖井采取反井钻机施工，是自下而上分层开挖的。在模型中自下往上首次开挖 40 m，开挖孔直径为 1.6 m，模型平台面尺寸为 3.8 m×3.8 m。由于一次向上开挖 40 m，即达到了竖井正向 252.5 m 处，穿越的是Ⅲ级围岩，围岩的岩性大多数为混合花岗岩，中风化。土层参数参考表 6.7 ~ 表 6.9，选择情况如表 6.10 所示。

表 6.10　一次开挖土层参数

围岩级别	岩土层名称	重度 /（kN/m^3）	抗压强度 R_c/MPa	弹性抗力系数 K/（MPa/m）	变形模量 E/（10^4 MPa）	泊松比 ν	黏聚力 c/MPa	内摩擦角 φ/（°）	计算摩擦角 φ_c/（°）
Ⅲ	花岗岩	24.0	74	500	6.0	0.25	0.7	50	60

2）一次向上开挖竖井井筒周围土层应力云图变化分析

在所建立的竖井反井施工段模型中，一次向上开挖 40 m，运用有限差分仿真模拟分析软件对首次向上开挖工况进行有限差分分析，可得到首次向上开挖 40 m 工况各个方向的应力云图，下面分别给出并作解释。

（1）XX 向应力云图分析。

首先可以得到首次开挖工况 XX 方向的应力云图，如图 6.48、图 6.49 所示。

图 6.48、图 6.49 为模型第一次向上开挖 40 m 的 XX 水平方向的应力分布云图，分为剖面图和俯视图展示。由图可以直观地看到开挖施工中井筒周围的 XX 水平方向应力变化。值得注意的是，该段为反井施工段，竖井侧壁向上开挖部分受到的水平方向 XX 的拉应力范围大致是 0.11 ~ 0.6 MPa。从图 6.48、图 6.49 也可得到竖井开挖侧壁随着开挖进程向上，其 XX 水平拉应力从已开挖部分的 0.11 MPa 增至未开挖部分的 0.9 ~ 1.0 MPa，并逐渐趋于一个稳定的 XX 水平拉应力 1.0 MPa。根据第一次向上开挖 40 m 模拟结果显示，处于开挖进程时，竖井的井壁周围出现的大面积压应力集中现象不是很明显，但沿着 X 轴的方向也出现了细微的应力集

中现象，故而竖井侧壁的围岩土层有细微程度的压缩现象，但该压缩现象可以忽略不计，在实际施工过程中不用着重考虑。而且随着开挖进程越往上，竖井侧壁周围的水平拉应力越趋于稳定，土层压缩现象也更加趋于稳定。

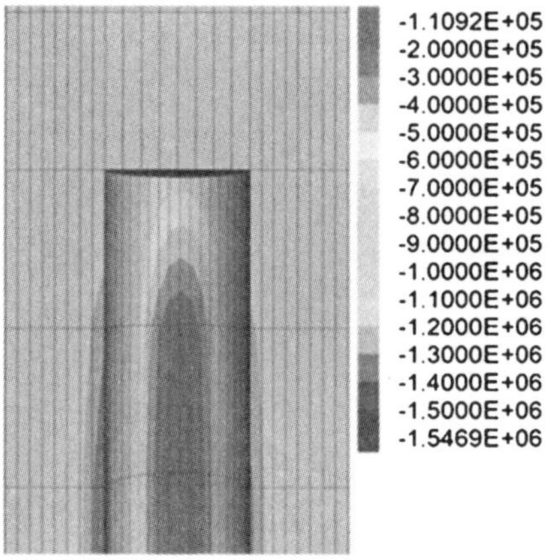

图 6.48　首次开挖 *XX* 向应力云图——剖面图

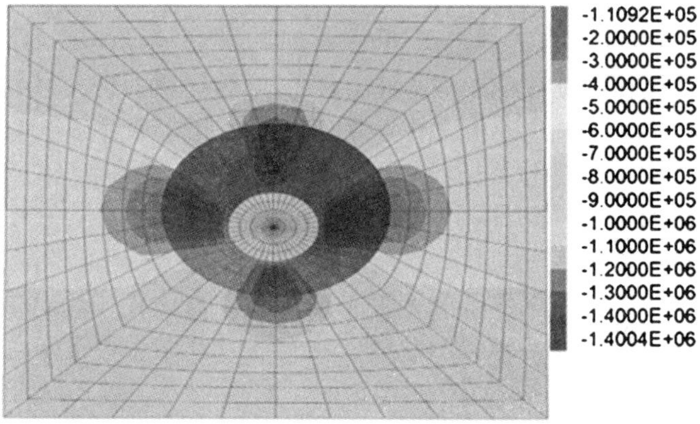

图 6.49　首次开挖 *XX* 向应力云图——俯视图

（2）*ZZ* 向应力云图分析。

ZZ 向与 *XX* 向同样处于水平平面，且互为垂直关系，可导出处于第一次向上开挖 40 m 的工况时，*ZZ* 向的水平应力云图，如图 6.50、图 6.51 所示。

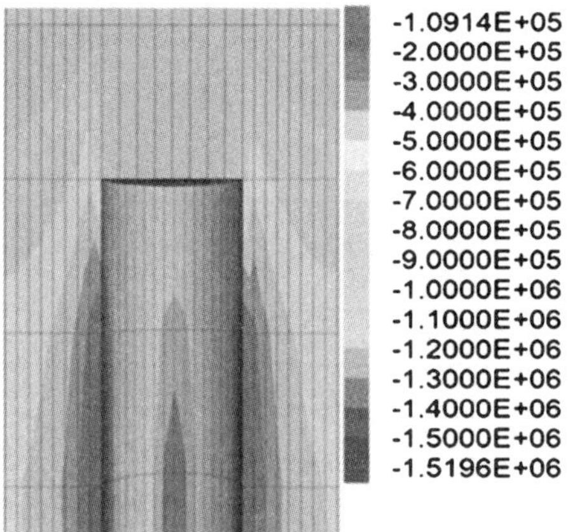

图 6.50　首次开挖 *ZZ* 向应力云图——剖面图

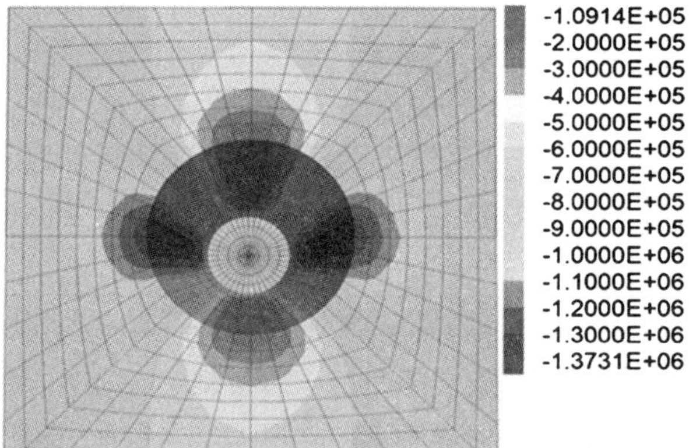

图 6.51　首次开挖 *ZZ* 向应力云图——俯视图

图 6.50、图 6.51 为本模型第一次向上开挖 40 m 的 *ZZ* 水平方向的应力分布云图，分别以剖面图和俯视图展示。由图可以直观地看到开挖施工中井筒周围的 *ZZ* 水平方向应力变化。需要注意的是，该段为竖井反井施工段，竖井侧壁向上开挖部分受到的 *ZZ* 水平方向的拉应力范围大致是 0.9 ~ 1.3 MPa，在向上开挖过程中，已开挖的竖井内土量减少，又因为本模拟仿真计算暂且只考虑考虑土的自重效应，故上部未开挖土层受自重应力的影响是小于下部已开挖土层部分的。从图 6.50、图 6.51 也可得到竖井开挖侧壁的水平拉应力随着开挖进程向上，*ZZ* 水平拉应力从已开挖部分的 0.9 ~ 1.3 MPa 减小至未开挖部分的 0.8 ~ 0.9 MPa，并逐渐趋于一个稳定的 *ZZ* 水平拉应力 0.9 MPa。由向上开挖 40 m 模拟结果显示，处于开挖进程时，竖井的

井壁周围出现的大面积压应力集中现象同 *XX* 向相比较为明显，沿着 *Z* 轴的方向也出现了一定的应力集中现象，故而竖井侧壁的围岩土层有一定程度的压缩现象，该压缩现象相对于 *XX* 向的水平应力集中现象来说要明显一些，但该压缩现象总体来说仍不是很明显，在实际施工过程中同样不用着重考虑。而且随着开挖进程越往上，竖井侧壁周围的各向水平拉应力越趋于稳定，土层压缩现象也更加趋于稳定。

（3）*YY* 向应力云图分析。

本模型在有限差分分析建模时选取 *Y* 方向为竖直方向，可计算并得出竖直方向的应力云图，如图 6.52 所示。

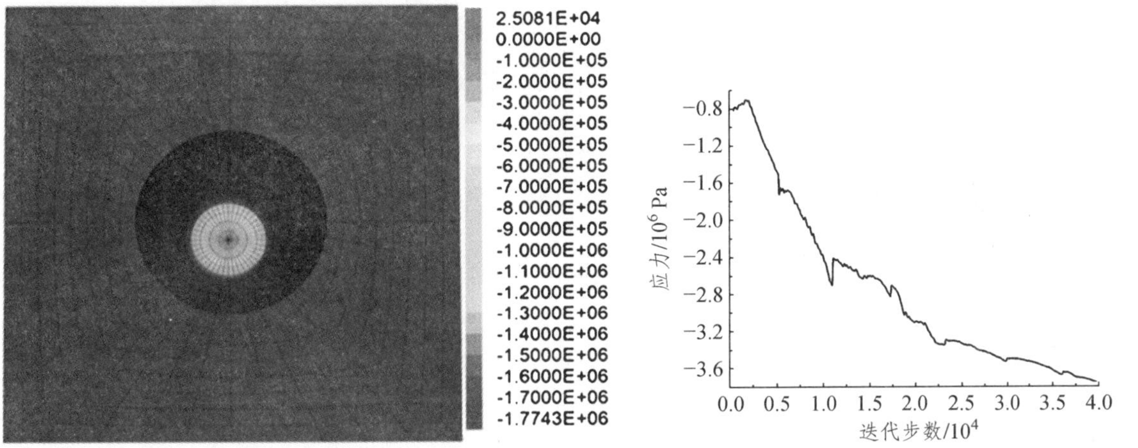

（a）首次开挖 *YY* 向应力云图　　（b）*YY* 向（0.8，40，0）应力检测点应力变化折线图

图 6.52　首次开挖 *YY* 向应力云图及应力检测点应力变化折线图

从图 6.52 可得知初次向上开挖 40 m 时，竖井井壁及周围竖直方向的应力状况。初次开挖产生的井侧壁竖直应力基本都为 1.7 MPa 左右，处于非常稳定的状态。由于本模型模拟的是反井施工，开挖过程是由下至上，因此不会出现竖井正向施工时竖井底部有应力集中的现象，故而反竖井施工开挖至竖井顶部的竖直应力反而减小了，在本模型中大致范围为 0.6 ~ 1 MPa。并且随着该模型向上开挖进程，竖直拉应力的范围对同一地层竖井井壁周围的影响也在逐渐增大，具体体现为随着反井施工向上开挖，处在相同地层竖井井壁周围的竖直拉应力显示为增大趋势。

（4）第一次开挖最大主应力和最小主应力概述。

查阅资料可以知道，对于本模型这种长竖井筒结构，采用竖井正向施工或是反竖井施工是否发生井筒大破坏或坍塌与最大主应力和最小主应力有一定的联系，同时还和最大水平主应力与最小水平主应力的比值有关系，该比值在一定程度上反映了地应力的不均匀性。地应力大小是长井筒发生破坏与否的直接反映，因此对最大主应力与最小主应力的研究以及分析十分有必要，下面分别给出最大主应力云图与最小主应力云图。

① 一次开挖最大主应力云图分析。

对本模型进行仿真模拟计算可导出最大主应力云图，如图 6.53、图 6.54 所示。从一次开挖的最大主应力图的剖面和俯视图可以轻易得到最大主应力沿着一次向上开挖 40 m 的应力云图情况。由此可知在一次向上开挖的工况下，在已开挖段该竖井井筒侧壁最大主应力数值变化范围是 0.05 ~ 0.6 MPa，且在已开挖部分，越往上，最大主应力在数值上越大。在井筒上方的未开挖部分，最大主应力在数值上的变化范围是 0.8 ~ 0.9 MPa，其趋向与已开挖部分相反，越往上，最大主应力的数值越小。但总体来说，最大主应力变化幅度小，不会出现严重的应力积压现象。

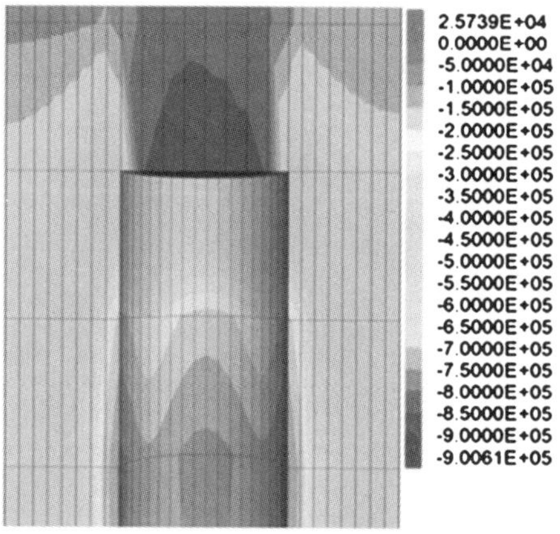

图 6.53　一次开挖最大主应力云图——剖面图

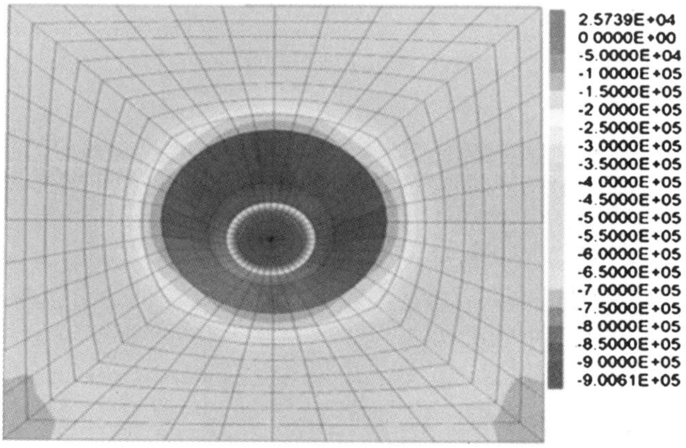

图 6.54　一次开挖最大主应力云图——俯视图

② 一次开挖最小主应力云图分析。

仿真模拟计算可导出最小主应力云图，如图 6.55、图 6.56 所示。从一次开挖的最小主应力图的剖面图和俯视图可以轻松得到最小主应力沿着一次向上开挖 40 m 的应力变化情况。从一次开挖最小主应力云图可以得到，在一次向上开挖的工况下，在已开挖段该竖井井筒侧壁最小主应力数值变化范围是 1.3 ~ 1.7 MPa，且在已开挖部分，越往上走，最小主应力在数值上越大。在井筒上方的未开挖部分，最小主应力在数值上的变化范围是 1.1 ~ 1.3 MPa，其趋向与已开挖部分相比，越往上，最小主应力的数值越趋于稳定。从总体情况来看，一次向上开挖 40 m 工况最小主应力变化幅度比之一次向上开挖 40 m 工况的最大主应力在数值上变化幅度更小，更加有平稳、波动小的特点，与该工况下最大主应力云图情况相比更加不会出现严重的应力积压现象。

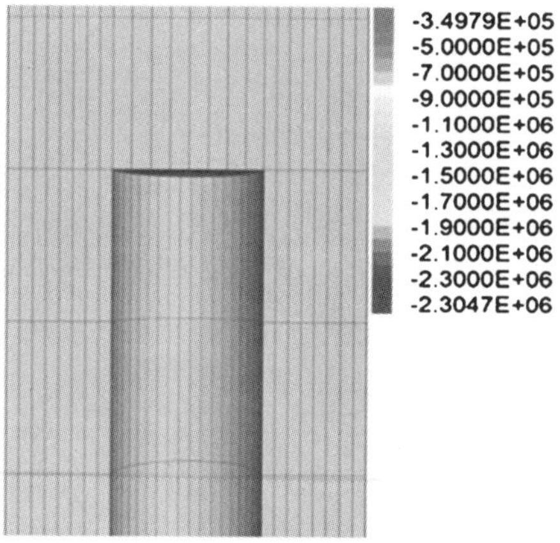

图 6.55　一次开挖最小主应力云图——剖面图

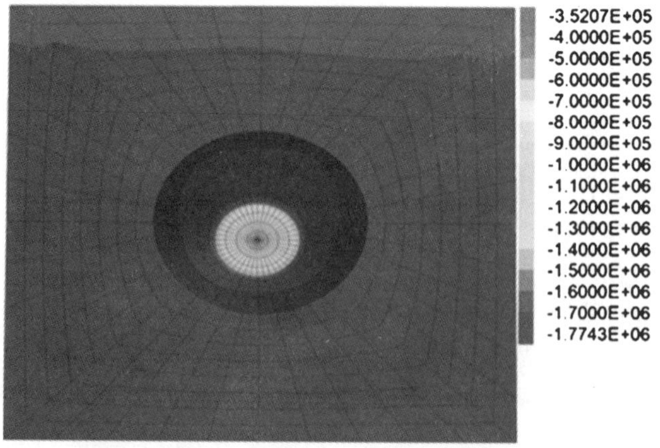

图 6.56　一次开挖最小主应力云图——俯视图

3）一次开挖竖井井筒周围位移云图变化分析

一般来说，对此类模型的开挖过程进行位移和变形研究，于实际工程有重大的借鉴意义。下面给出第一次向上开挖 40 m 的各向位移云图进行分析解释。

（1）*XX* 向位移云图分析。

本工况为第一次向上开挖 40 m 的情况，即开挖至竖井反井施工段正向向下 252.5 m 处导出的 *XX* 水平方向的位移云图。为了方便识图，分为剖面图以及俯视图进行说明，如图 6.57、图 6.58 所示。

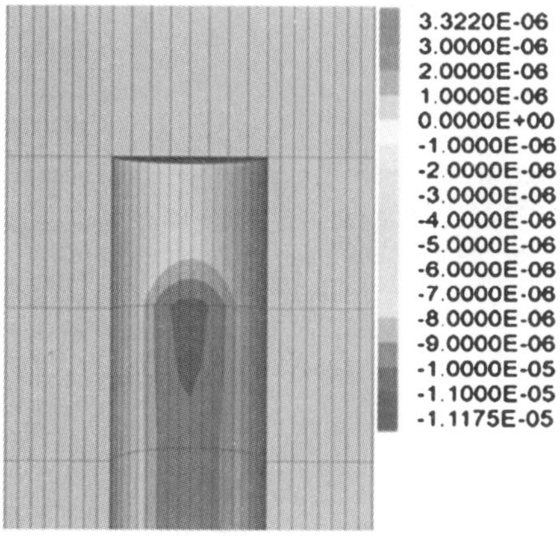

图 6.57　一次开挖 *XX* 向位移云图——剖面图

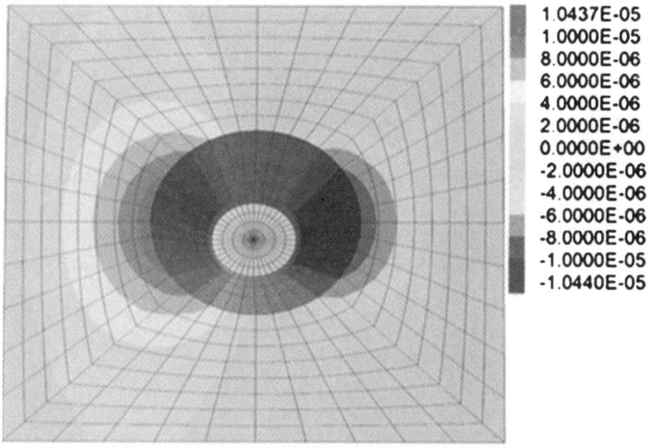

图 6.58　一次开挖 *XX* 向位移云图——俯视图

由上述 *X* 水平方向的位移云图可知，在首次向上开挖 40 m 的工况下，竖井井筒侧壁出现比较微小的位移。通俗地讲，在图 6.58 中 *X* 左水平向的位移与 *X* 右水平向的位移大致相同。其中：*X* 向左边的位移变化范围是 2.00 m×10^{-6} m ~ 1.043 m×10^{-5} m，方向为 *X* 正方向；而 *X* 向右边的位移变化范围是 2.00 m×10^{-6} m ~ 1.044 m×10^{-5} m，方向为 *X* 负方向。因此，总体来看，在一次向上开挖工况中，位于 *X* 向的位移变化不大，且正反方向的位移基本相同，因此在开挖中井筒侧壁的变形稳定，处于可接受范围内。

（2）*ZZ* 向位移云图分析。

本工况为第一次向上开挖 40 m 的情况，即开挖至竖井反井施工段正向向下 252.5 m 处导出的 *ZZ* 水平方向的位移云图。为方便识图，分为剖面图和俯视进行展示，如图 6.59、图 6.60 所示。

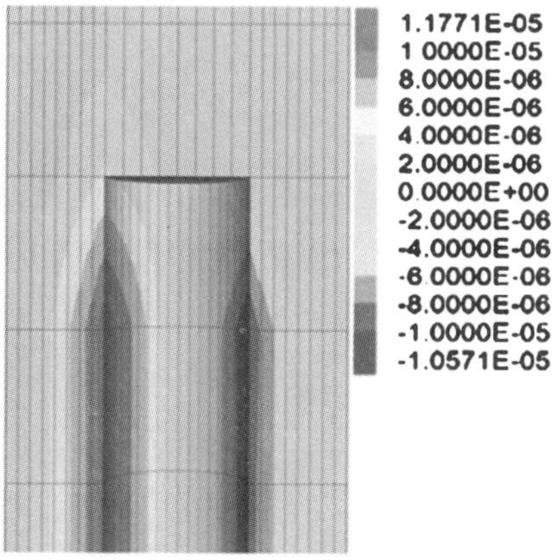

图 6.59　一次开挖 *ZZ* 向位移云图——剖面图

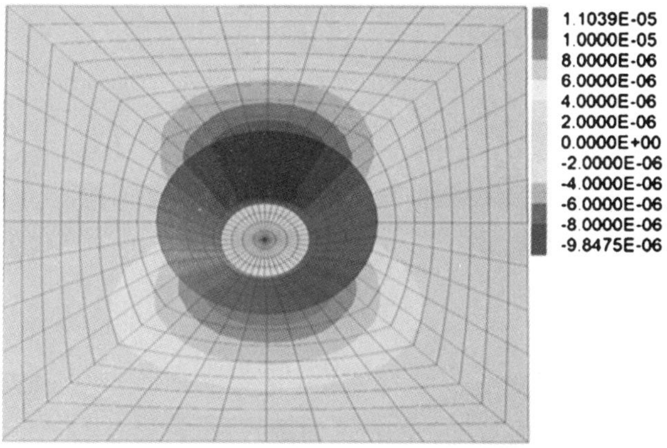

图 6.60　一次开挖 *ZZ* 向位移云图——俯视图

由上述 Z 水平方向的位移云图可知，在首次向上开挖 40 m 的工况下，竖井井筒侧壁出现比之 X 水平方向更微小的位移。总的来说，在图 6.59、图 6.60 中 Z 水平向正反两个方向的位移是高度一致的且极其微小，在实际工程中可不予考虑，因此在这里也不做更多分析。

（3）YY 向位移云图分析。

YY 向位移，即为垂直方向的位移，可验算工程在开挖过程中是否有沉降现象，对实际工程有一定借鉴意义，因此在这里做一定分析。下面给出垂直方向的位移云图并作出分析，同样以剖面图和俯视图进行展示，如图 6.61、图 6.62 所示。

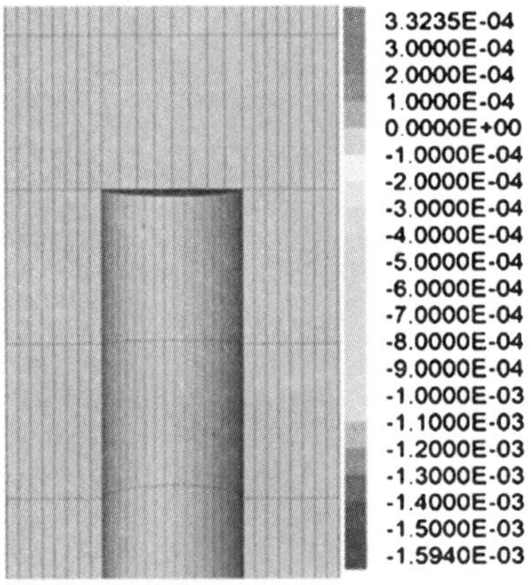

图 6.61　一次开挖垂直位移云图——剖面图

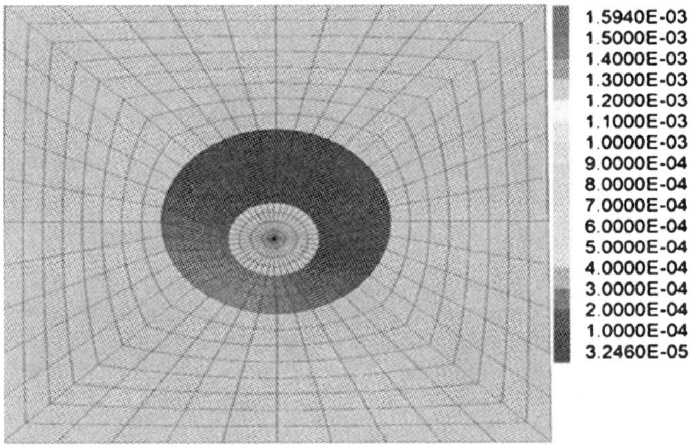

图 6.62　一次开挖垂直位移云图——俯视图

上述关于第一次向上开挖 40 m 的工况的位移云图比较形象地说明了此次工况下垂直方向的位移情况。总体来看在垂直方向位移情况大致都在一个水平上，但从图 6.63 可知，存在一界面，以该界面为界，位移情况发生了一些变化。在该界面以上存在一部分已开挖竖井井筒以及未开挖部分，垂直位移大小大致为 8.5×10^{-4} m，方向为垂直向下；而在该界面以下的位移大小大致为 6.0×10^{-4} m。总体来看，虽然存在一定的垂直位移的小突变，但位移量都不大，都在合理范围内，在实际工程中也是合理的。

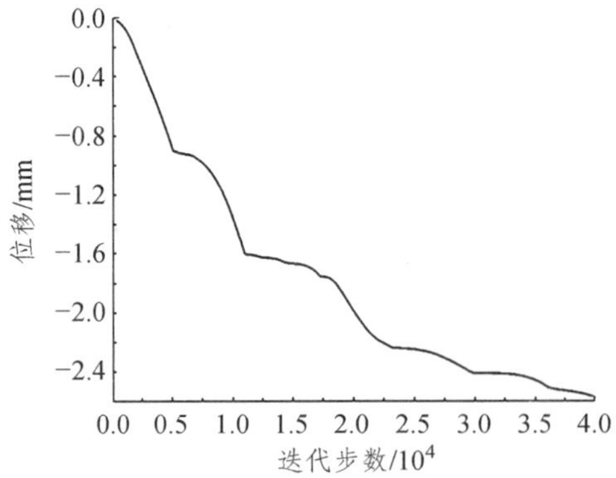

图 6.63　YY 向（0.8，40，0）位移检测点位移变化折线图

3. 二次向上开挖 40 m 工况仿真模拟计算结果分析

1）二次开挖基本情况简介

该竖井采取反井钻机施工，是自下而上分层开挖的。在模型中自下往上二次向开挖了

40 m，开挖孔直径为 1.6 m，模型平台面尺寸为 3.8 m×3.8 m，至此总向上开挖高度达到了 80 m，即达到了竖井反井段竖直向下 212.5 m 处，穿越的是Ⅲ级围岩以及$Ⅳ_1$级围岩，围岩大多数为混合花岗岩，中风化。土层参数参考表 6.7～表 6.9，选择情况如表 6.11 所示。

表 6.11　二次开挖土层参数

围岩级别	岩土层名称	重度/（kN/m^3）	抗压强度 R_c/MPa	弹性抗力系数 K/（MPa/m）	变形模量 E/（10^4 MPa）	泊松比 ν	黏聚力 c/MPa	内摩擦角 φ/（°）	计算摩擦角 φ_c/（°）
Ⅲ	花岗岩	24.0	74	500	6.0	0.25	0.7	50	60
Ⅳ	花岗岩	20.0	35	200	1.3	0.35	0.2	39	50

2）二次向上开挖竖井井筒周围土层应力云图变化分析

在所建立的竖井反井施工段模型中，二次向上开挖 40 m，即达到了该竖井反井施工段竖直向下 212.5 m 处。对第二次向上开挖工况进行有限差分分析，可得到第二次向上开挖 40 m 工况各个方向的应力云图，下面分别给出并作解释。

（1）*XX* 向应力云图分析。

首先可以得到第二次开挖工况 *XX* 水平方向的应力云图，如图 6.64、图 6.65 所示。

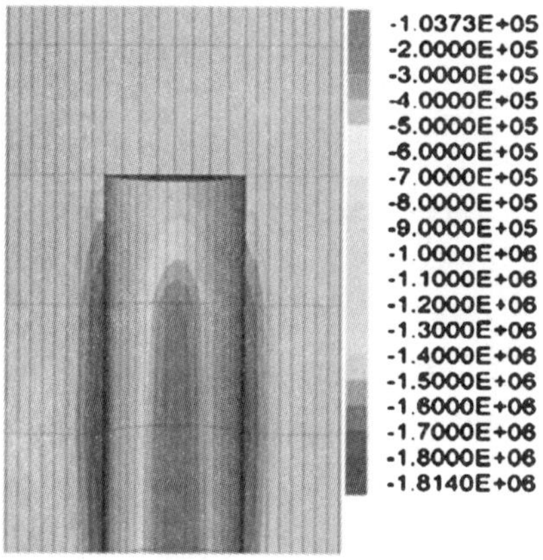

图 6.64　二次开挖 *XX* 向应力云图——剖面图

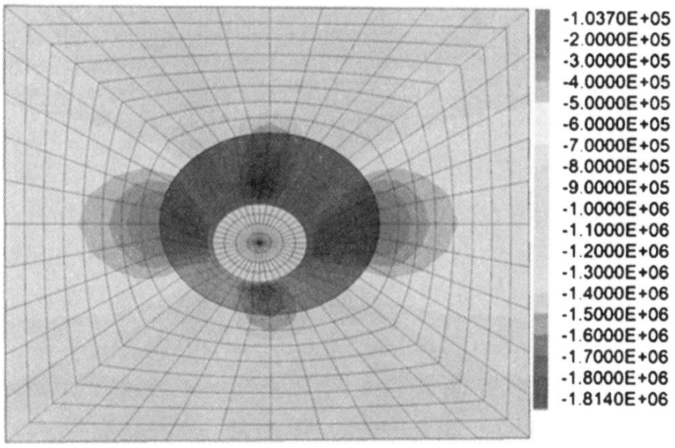

图 6.65　二次开挖 *XX* 向应力云图——俯视图

图 6.64、图 6.65 为模型第二次向上开挖 40 m 的 *XX* 水平方向的应力分布云图，分为剖面图和俯视图展示。由图可以清晰地看到开挖施工中井筒周围的 *XX* 水平方向应力变化。值得注意的是，该段为反井施工段，竖井侧壁向上开挖部分受到的水平方向 *XX* 的拉应力范围大致是 0.103～0.8 MPa。从图 6.64、图 6.65 也可得到竖井开挖侧壁随着开挖进程向上，其 *XX* 水平拉应力从已开挖部分的 0.103 MPa 增至未开挖部分的 1.1～1.3 MPa，并逐渐趋于一个稳定的 *XX* 水平拉应力 1.0 MPa。根据第二次向上开挖 40 m 模拟结果显示，处于开挖进程时，竖井的井壁周围出现的大面积压应力集中现象不是很明显，但沿着 *X* 轴的方向也出现了一定的应力集中现象，故而竖井侧壁的围岩土层有一定程度的压缩现象，但该压缩现象不是很明显，在实际施工过程中不用着重考虑。而且随着开挖进程越往上，竖井侧壁周围的水平拉应力越趋于稳定，土层压缩现象也更加趋于稳定。

（2）*ZZ* 向应力云图分析。

ZZ 向与 *XX* 向同样处于水平平面，且互为垂直关系，可导出处于第二次向上开挖 40 m 的工况时，*ZZ* 向的水平应力云图，如图 6.66、图 6.67 所示。

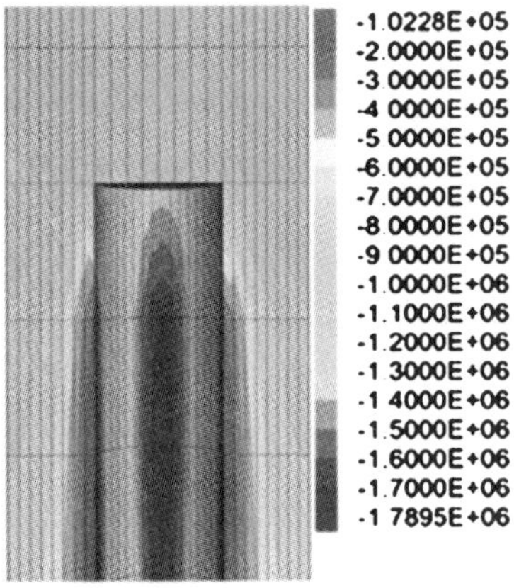

图 6.66　二次开挖 *ZZ* 向应力云图——剖面图

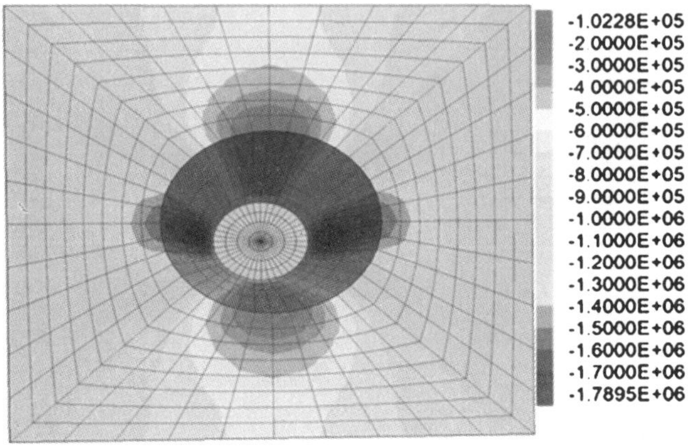

图 6.67　二次开挖 *ZZ* 向应力云图——俯视图

图 6.66、图 6.67 为本模型第二次向上开挖 40 m 的 *ZZ* 水平方向的应力分布云图，分别以剖面图和俯视图展示。由图可以看到开挖施工中井筒周围的 *ZZ* 水平方向应力变化。需要注意的是，该段为竖井反井施工段，竖井侧壁向上开挖部分受到的 *ZZ* 水平方向的拉应力范围大致是 1.1 ~ 1.7 MPa，在向上开挖过程中，已开挖的竖井内土量减少，又因为本模拟仿真计算暂且只考虑考虑土的自重效应，故上部未开挖土层受自重应力的影响是小于下部已开挖土层部分的。从图 6.66、图 6.67 也可得到竖井开挖侧壁随着开挖进程向上，其 *ZZ* 水平拉应力从已开挖部分的 1.1 ~ 1.7 MPa 减小至未开挖部分的 0.9 ~ 1.2 MPa，并逐渐趋于一个稳定的 *ZZ* 水平拉应力 0.9 MPa。由第二次向上开挖 40 m 模拟结果显示，处于开挖进程时，竖井的井壁周围出现的大面积压应力集中现象同 *XX* 向相比较为明显，沿着 *Z* 轴的方向也出现了一定的应力集中现象，故而竖井侧壁的围岩土层有一定程度的压缩现象，该压缩现象相对于 *XX* 向的水平应力集中现象来说要明显一些，但该压缩现象总体来说仍不是很明显，在实际施工过程中同样不用着重考虑。而且随着开挖进程越往上，竖井侧壁周围的各向水平拉应力越趋于稳定，土层压缩现象也更加趋于稳定。

（3）*YY* 向应力云图分析。

本模型选取 *Y* 方向为竖直方向，可计算并得出竖直方向的应力云图，如图 6.68 所示。

从图 6.68 可知第二次向上开挖 40 m 时，竖井井壁及周围竖直方向的应力状况。二次开挖产生的井侧壁竖直应力基本都为 2.4 MPa 左右，处于非常稳定的状态。由于本模型模拟的是反井施工，开挖过程是由下至上，因此不会出现竖井正向施工时在竖井底部有应力集中的现象，故而反竖井施工开挖至竖井顶部的竖直应力反而减小了，在第二次开挖中大致范围为 1.6 ~ 2.0 MPa。并且随着该模型向上开挖进程，竖直拉应力的范围对同一地层竖井井壁周围的影响也在逐渐增大，具体体现为随着反井施工向上开挖，处在相同地层竖井井壁周围的竖直拉应力显示为增大趋势。

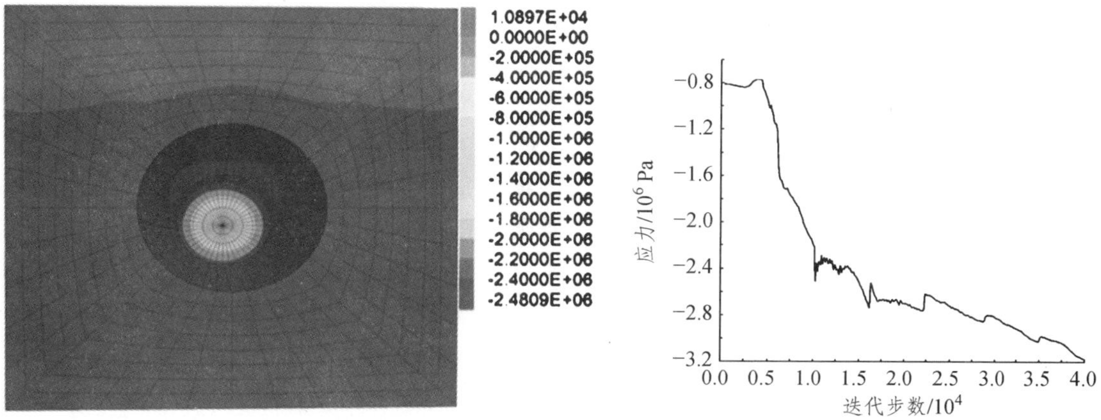

（a）二次开挖 *YY* 向应力云图　　（b）*YY* 向（0.8，80，0）应力检测点应力变化折线图

图 6.68　二次开挖 *YY* 向应力云图和应力检测点应力变化折线图

（4）第二次开挖最大主应力和最小主应力概述。

查阅资料可以知道，对于本模型这种长竖井筒结构，采用竖井正向施工或是反竖井施工是否发生井筒大破坏或坍塌与最大主应力和最小主应力有一定的联系，同时还和最大水平主应力与最小水平主应力的比值有关系，该比值在一定程度上反映了地应力的不均匀性。地应力大小是长井筒发生破坏与否的直接反映，因此对最大主应力与最小主应力的研究以及分析十分有必要，下面分别给出最大主应力云图与最小主应力云图。

① 二次开挖最大主应力云图分析。

对本模型第二次开挖工况进行仿真模拟计算可导出最大主应力云图，如图 6.69、图 6.70 所示。从二次开挖的最大主应力图的剖面图和俯视图可以轻易得到最大主应力沿着二次向上开挖 40 m 的应力云图情况。由此可知在二次向上开挖的工况下，在已开挖段该竖井井筒侧壁最大主应力数值变化范围是 0.1 ~ 0.8 MPa，且在已开挖部分，越往上，最大主应力在数值上越大。在井筒上方的未开挖部分，最大主应力在数值上的变化范围是 1.0 ~ 1.23 MPa，其趋向与已开挖部分相反，越往上，最大主应力的数值越小。但总体来说，最大主应力变化幅度小，不会出现严重的应力积压现象。

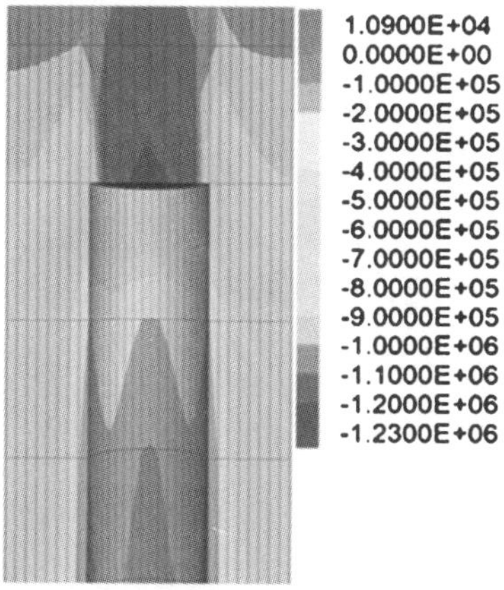

图 6.69　二次开挖最大主应力云图——剖面图

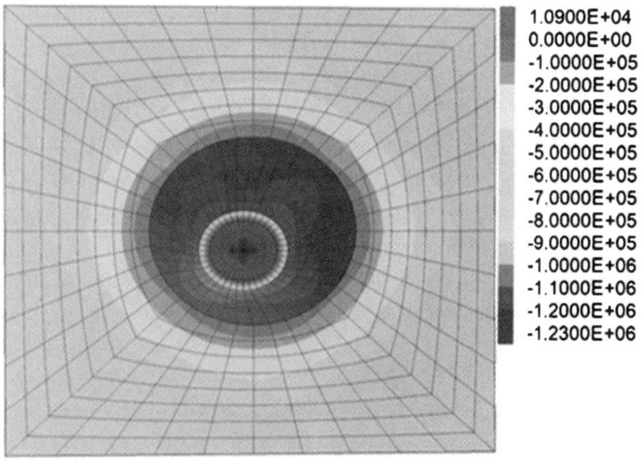

图 6.70　二次开挖最大主应力云图——俯视图

② 二次开挖最小主应力云图分析。

数值计算可导出最小主应力云图，如图 6.71、图 6.72 所示。从二次开挖的最小主应力图的剖面图和俯视图可以轻松得到最小主应力沿着二次向上开挖 40 m 的应力变化情况。从二次开挖最小主应力云图可以得到，在二次向上开挖的工况下，在已开挖段该竖井井筒侧壁最小主应力数值变化范围是 2.2 ~ 2.4 MPa，且在已开挖部分，越往上走，最小主应力在数值变小了一点。在井筒上方的未开挖部分，最小主应力在数值上的变化范围是 1.2 ~ 1.4 MPa，其趋向与已开挖部分相比，越往上，最小主应力的数值减小且趋于稳定。从总体情况来看，二次向上开挖 40 m 工况最小主应力变化幅度比之二次向上开挖 40 m 工况的最大主应力在数值上变化幅度更小，更加有平稳、波动小的特点，结合二次开挖工况最大主应力云图来看，目前工况下竖井反井施工在模拟计算上是安全的。

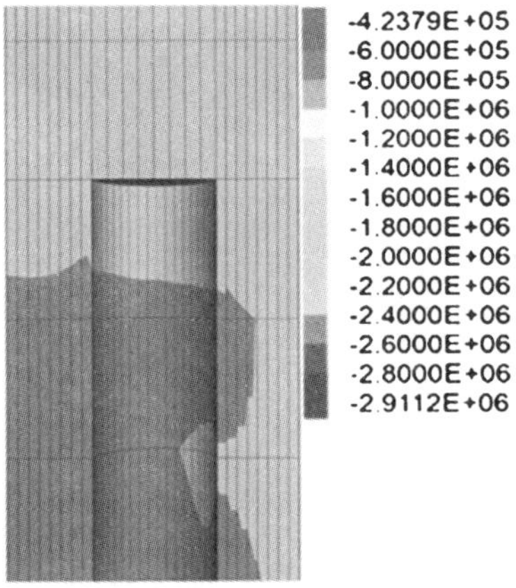

图 6.71　二次开挖最小应力云图——剖面图

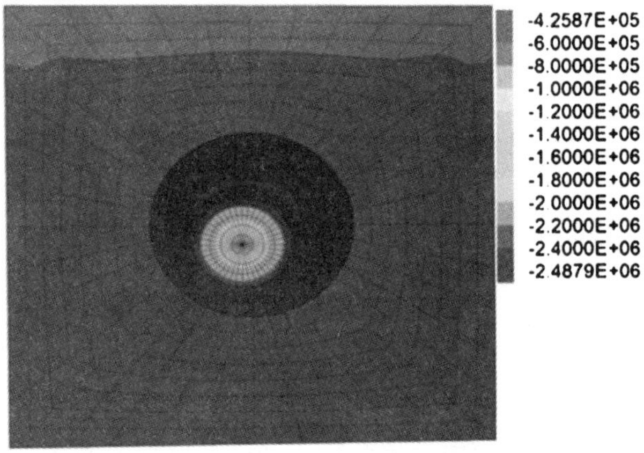

图 6.72　二次开挖最小主应力云图——俯视图

3）二次开挖竖井井筒周围位移云图变化分析

正常情况下，对此种类型的竖井模型的开挖过程进行位移和变形的研究，于实际工程有重大的借鉴意义。下面给出第二次向上开挖 40 m 的各向位移云图进行分析解释。

（1）*XX* 向位移云图分析。

本工况为第二次向上开挖 40 m 的情况，即开挖至竖井反井施工段正向向下 212.5 m 处导出的 *XX* 水平方向的位移云图。为了方便看图和识图，分为剖面图以及俯视图进行说明，如图 6.73、图 6.74 所示。

由上述 *X* 水平方向的位移云图可知，在第二次向上开挖 40 m 的工况下，竖井井筒侧壁出现比较微小的位移。通俗地讲，在图 6.74 中 *X* 水平向左右两边的位移大致相同。其中：*X* 向左边的位移变化范围是 2.5×10^{-6} ~ 1.75×10^{-5} m，位移方向为 *X* 正方向；而 *X* 向右边的位移变化范围是 2.5×10^{-6} ~ 1.75×10^{-5} m，位移方向为 *X* 负方向。因此，总体来看，在第二次向上开挖工况中，位于 *X* 向的位移变化不大，且正反方向的位移基本相同，因此在开挖中井筒侧壁的变形稳定，处于可接受范围内。

（2）*ZZ* 向位移云图分析。

本次工况为第二次向上开挖 40 m 的情况，即开挖至竖井反井施工段正向向下 212.5 m 处导出的 *ZZ* 水平方向的位移云图。为方便识图以及看图，分为剖面图和俯视图进行展示，如图 6.75、图 6.76 所示。

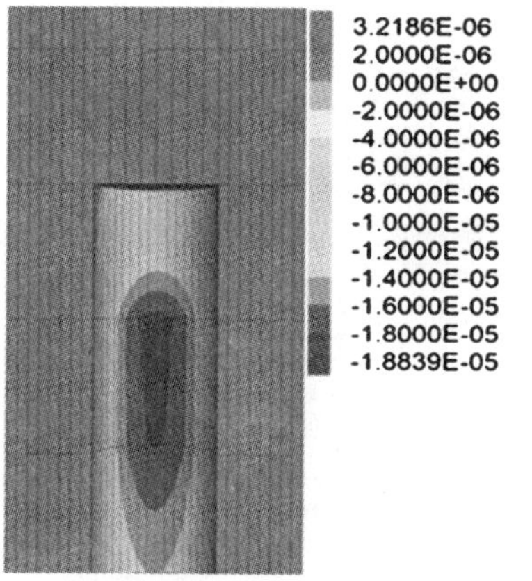

图 6.73　二次开挖 *XX* 向位移云图——剖面图

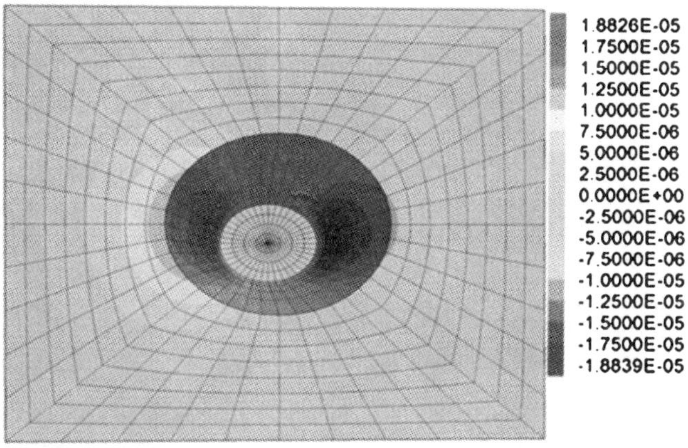

图 6.74　二次开挖 *XX* 向位移云图——俯视图

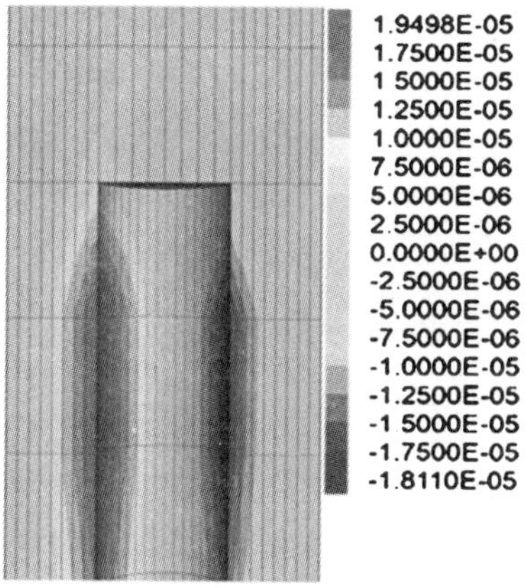

图 6.75　二次开挖 *ZZ* 向位移云图——剖面图

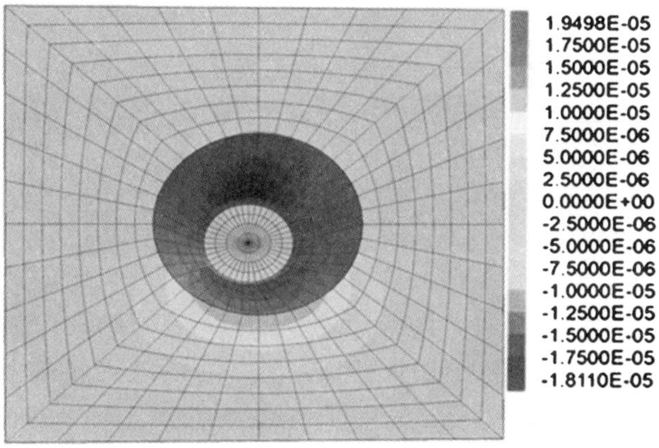

图 6.76　二次开挖 *ZZ* 向位移云图——俯视图

由上述 *Z* 水平方向的位移云图可知，在第二次向上开挖 40 m 的工况下，竖井井筒侧壁出现与其 *X* 水平方向相差不多的位移。总的来说，在图 6.75、图 6.76 中 *Z* 水平向正反两个方向的位移是高度一致的，大致的位移变化范围都在 $0.75\times10^{-6}\sim1.75\times10^{-5}$ m，变形方向都是朝着井筒内部。结合 *X* 向的水平位移情况，可知在该工况下井筒在向上开挖过程中井壁位移变化基本一致且变形微小，在实际工程中可不予考虑，因此在这里也不做更多分析。

（3）*YY* 向位移云图分析。

YY 向位移，即为垂直方向的位移，可验算工程在开挖过程中是否有沉降现象，对实际工程有一定借鉴意义，因此在这里做一定分析。下面给出垂直方向的位移云图并作出分析，同样在以剖面图和俯视图进行展示，如图 6.77、图 6.78 所示。

关于第二次向上开挖 40 m 的工况的位移云图比较形象地说明了此次工况下垂直方向的位移情况。总体来看在垂直方向位移情况大致都在一个水平上，但从图 6.78 可知，存在一界面，以该界面为界，位移情况发生了一些变化。在该界面以上存在一部分已开挖竖井井筒以及未开挖部分，垂直位移大小大致为 3.5×10^{-3} m，方向为垂直向下；而在该界面以下的位移大小大致为 2.5×10^{-3} m。总体来看虽然存在一定的垂直位移的小突变，但位移量都不大，都在合理范围内，在实际工程中没有什么不良影响。

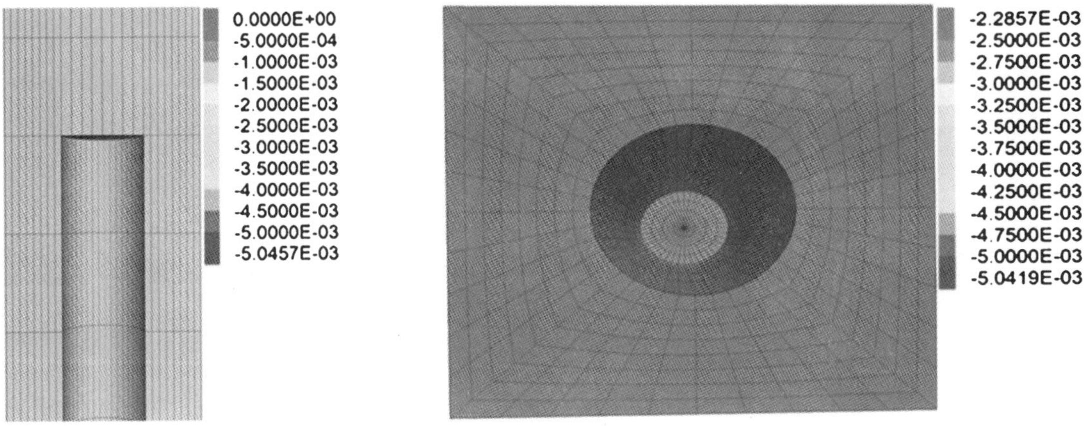

（a）剖面图　　　　（b）俯视图

图 6.77　二次开挖垂直位移云图

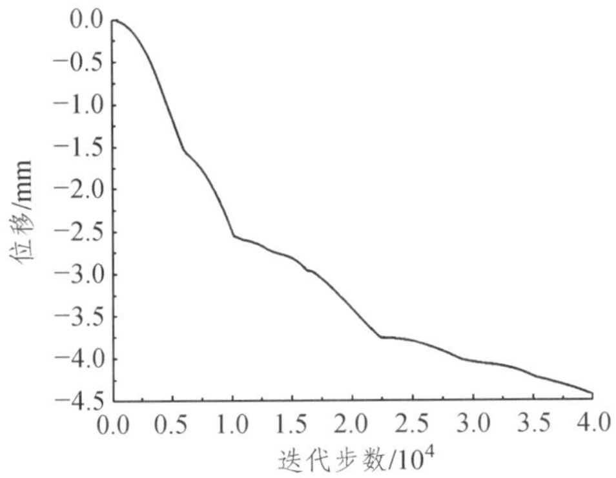

图 6.78　*YY* 向（0.8，80，0）位移检测点位移变化折线图

4. 三次向上开挖 40 m 工况仿真模拟计算结果分析

1）三次开挖基本情况简介

该竖井采取反井钻机施工，是自下而上分层开挖的，本次工况为第三次向上开挖 40 m，开挖孔直径为 1.6 m，模型平台面尺寸为 3.8 m×3.8 m，至此总向上开挖高度达到了 120 m，即达到了竖井反井段竖直向下 172.5 m 处，穿越的是Ⅳ_1级围岩，围岩大多数为混合花岗岩，中风化。土层参数参考表 6.7 ~ 表 6.9，选择情况如表 6.12 所示。

表 6.12　三次开挖土层参数

围岩级别	岩土层名称	重度/（kN/m^3）	抗压强度 R_c/MPa	弹性抗力系数 K/（MPa/m）	变形模量 E/（10^4 MPa）	泊松比 ν	黏聚力 c/MPa	内摩擦角 φ/（°）	计算摩擦角 φ_c/（°）
Ⅳ	花岗岩	20.0	35	200	1.3	0.35	0.2	39	50

2）三次向上开挖竖井井筒周围土层应力云图变化分析

在 FLAC^{3D} 建立的竖井反井施工段模型中，第三次向上开挖 40 m，即达到了该竖井反井施工段竖直向下 172.5 m 处，运用 FLAC^{3D} 有限差分仿真模拟分析软件对第三次向上开挖工况进行有限差分仿真模拟分析，可得到第三次向上开挖 40 m 工况各个方向的应力云图，下面分别给出并作解释。

（1）*XX* 向应力云图分析。

首先可以得到第三次开挖工况 *XX* 水平方向的应力云图，如图 6.79、图 6.80 所示。

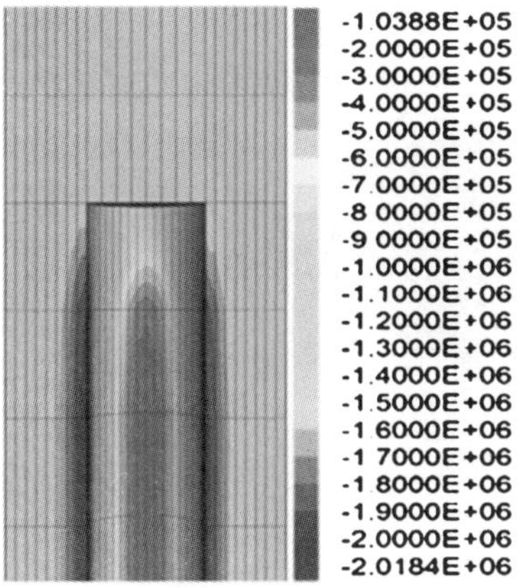

图 6.79　三次开挖 *XX* 向应力云图——剖面图

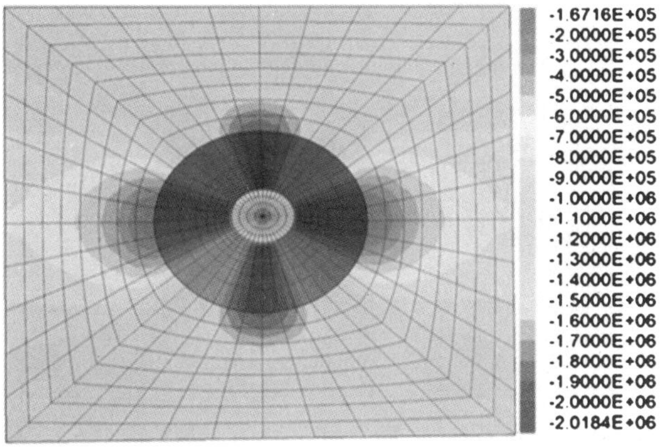

图 6.80　三次开挖 *XX* 向应力云图——俯视图

图 6.79、图 6.80 为模型第三次向上开挖 40 m 的 *XX* 水平方向的应力分布云图，分为剖面图和俯视图展示。由图可以直观地看到开挖施工中井筒周围的 *XX* 水平方向应力变化。值得注意的是，该段为反井施工段，竖井侧壁向上开挖部分受到的水平方向 *XX* 的拉应力范围大致是 0.103 ~ 0.80 MPa，又从图 6.79、图 6.80 也可得到竖井开挖侧壁随着开挖进程向上，其 *XX* 向水平拉应力从已开挖部分的 0.103 ~ 0.80 MPa 增至未开挖部分的 1.0 ~ 1.2 MPa，并逐渐趋于一个稳定的 *XX* 水平拉应力 1.1 MPa。根据 FLAC^{3D} 软件第三次向上开挖 40 m 模拟结果显示，处于开挖进程时，竖井的井壁周围不会出现大面积压应力集中现象，但沿着 *X* 轴的方向也出现了一定的应力集中现象，故而竖井侧壁的围岩土层有一定程度的压缩现象，但该压缩现象不是很明显，在实际施工过程中不用着重考虑。而且随着开挖进程越往上，竖井侧壁周围的水平拉应力越趋于稳定，土层压缩现象也更加趋于稳定。

（2）*ZZ* 向应力云图分析。

ZZ 向与 *XX* 向同样处于水平平面，且互为垂直关系。使用 FLAC^{3D} 有限差分分析软件对本模型进行计算，也可导出处于第三次向上开挖 40 m 的工况时，位于 *ZZ* 向的水平应力云图，如图 6.81、图 6.82 所示。

图 6.81、图 6.82 为本模型第三次向上开挖 40 m 的 *ZZ* 水平方向的应力分布云图，分别以剖面图和俯视图展示。由图可以直观地看到开挖施工中井筒周围的 *ZZ* 水平方向应力变化。需要注意的是，该段为竖井反井施工段，竖井侧壁向上开挖部分受到的 *ZZ* 水平方向的拉应力范围大致是 1.40 ~ 1.99 MPa。从图 6.81、图 6.82 也可得到竖井开挖侧壁随着开挖进程向上，其 *ZZ* 向水平拉应力从已开挖部分的 1.40 ~ 1.99 MPa 减小至未开挖部分的 1.0 ~ 1.4 MPa，并逐渐趋于一个稳定的 *ZZ* 水平拉应力 1.3 MPa。由 FLAC^{3D} 软件第三次向上开挖 40 m 模拟结果显示，处于开挖进程时，竖井的井壁周围出现的大面积压应力集中现象同 *XX* 向一样都不是很明显，但沿着 *Z* 轴的方向也出现了一定的应力集中现象，故而竖井侧壁的围岩土层有一定程度的压

缩现象，该压缩现象相对于 *XX* 向的水平应力集中现象来说要明显一些，但该压缩现象总体来说对工程仍无较大危害，在实际施工过程中同样不用着重考虑。而且随着开挖进程越往上，竖井侧壁周围的各向水平拉应力越趋于稳定，土层压缩现象也更加趋于稳定。

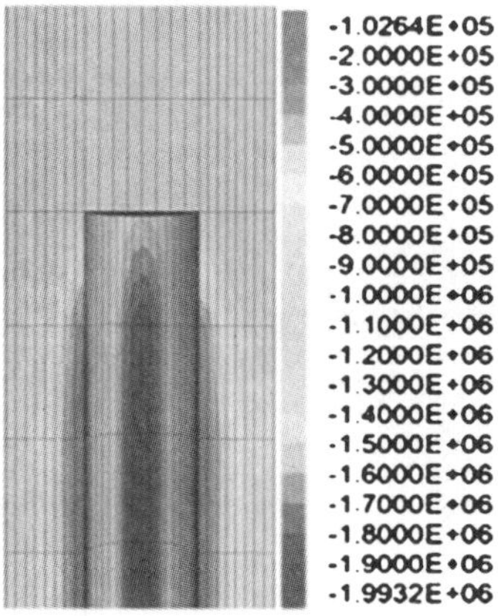

图 6.81　三次开挖 *ZZ* 向应力云图——剖面图

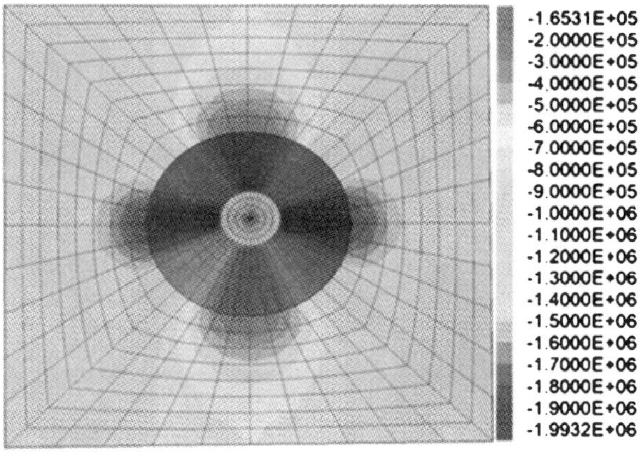

图 6.82　三次开挖 *ZZ* 向应力云图——俯视图

（3）*YY* 向应力云图分析。

本模型在 FLAC^{3D} 有限差分分析软件建模时选取 *Y* 方向为竖直方向，且 FLAC^{3D} 有限差分分析软件也可计算并得出竖直方向的应力云图，如图 6.83 所示。

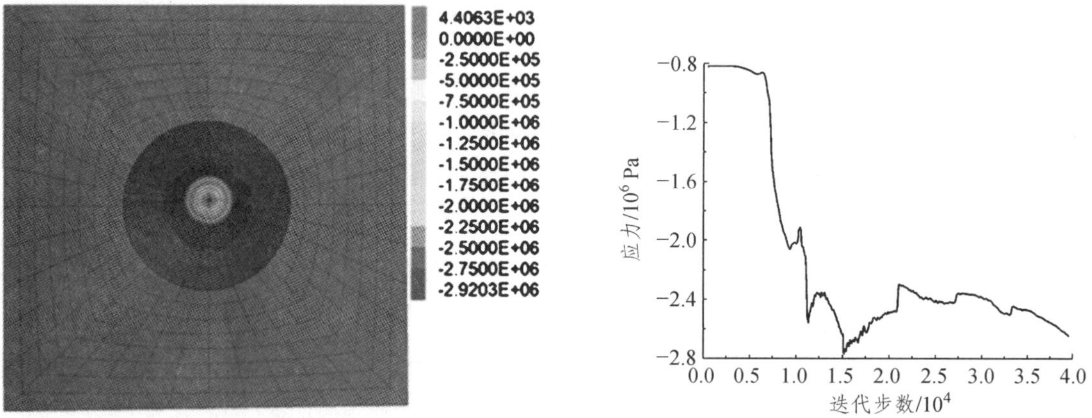

（a）三次开挖 *YY* 向应力云图　　（b）*YY* 向（0.8，120，0）应力检测点应力变化折线图

图 6.83　三次开挖 *YY* 向应力云图和应力检测点应力变化折线图

从图 6.83 可知第三次向上开挖 40 m 时，竖井井壁及周围竖直方向的应力状况。第三次向上开挖产生的井侧壁竖直应力基本都为 2.75 MPa 左右，处于非常稳定的状态。由于本模型模拟的是反井施工，开挖过程是由下至上，因此不会出现竖井正向施工时在竖井底部有应力集中的现象，故而反竖井施工开挖至竖井顶部的竖直压应力反而减小了，并且随着该模型向上开挖进程，竖直压应力的范围对同一地层竖井井壁周围的影响也在逐渐增大，具体体现为随着反井施工向上开挖，处在相同地层竖井井壁周围的竖直拉应力显示为增大趋势。

（4）第三次开挖最大主应力和最小主应力概述。

查阅资料可以知道，对于本模型这种长竖井筒结构采用竖井正向施工或是反竖井施工是否发生井筒大破坏或坍塌与最大主应力和最小主应力有一定的联系，同时还和最大水平主应力与最小水平主应力的比值有关系，该比值在一定程度上反映了地应力的不均匀性。地应力大小是长井筒发生破坏与否的直接反映，因此对最大主应力与最小主应力的研究以及分析十分有必要，下面分别给出最大主应力云图与最小主应力云图。

① 三次开挖最大主应力云图分析。

运用 FLAC^{3D} 对本模型进行仿真模拟计算可导出最大主应力云图，如图 6.84、图 6.85 所示。从三次开挖的最大主应力图的剖面图和俯视图可以轻易得到最大主应力沿着第三次向上开挖 40 m 的应力云图情况。由此可知在三次向上开挖的工况下，在已开挖段该竖井井筒侧壁最大主应力数值变化范围是 0.1 ~ 0.9 MPa，且在已开挖部分，越往上，最大主应力在数值上越大。在井筒上方的未开挖部分，最大主应力在数值上的变化范围是 1.0 ~ 1.37 MPa，其趋向与已开挖部分相反，越往上，最大主应力的数值越小。但总体来说，最大主应力变化幅度小，不会出现严重的应力积压现象。

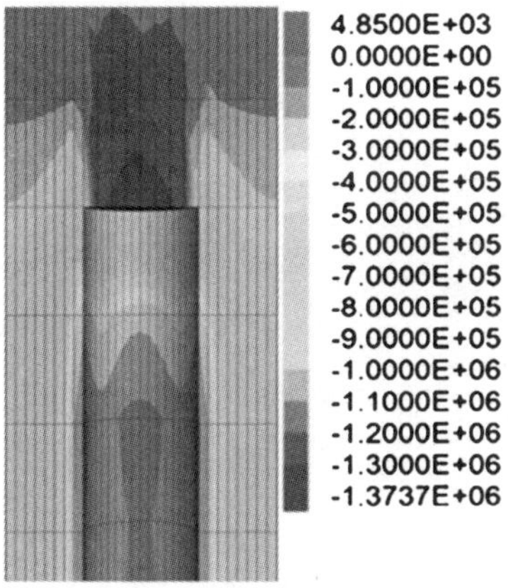

图 6.84　三次开挖最大主应力云图——剖面图

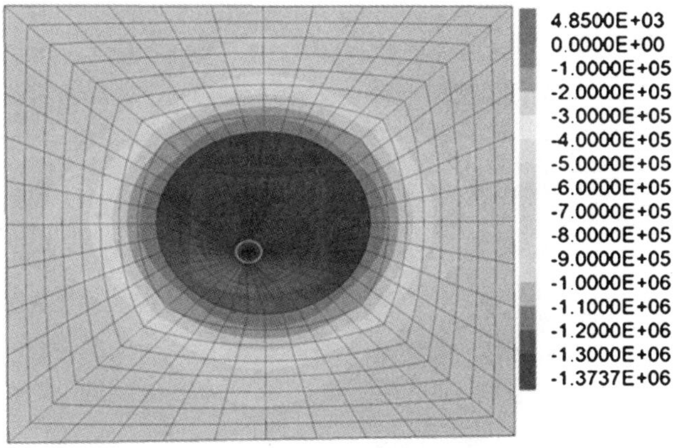

图 6.85　三次开挖最大主应力云图——俯视图

② 三次开挖最小主应力云图分析

运用 FLAC^{3D} 有限差分分析软件进行仿真模拟计算可导出最小主应力云图，如图 6.86、图 6.87 所示。从第三次开挖的最小主应力图的剖面图和俯视图可以轻松得到最小主应力沿着三次向上开挖 40 m 的应力云图情况。从第三次开挖最小主应力云图可以得到，在三次向上开挖的工况下，在已开挖段该竖井井筒侧壁最小主应力数值变化范围是 2.5 ~ 3.0 MPa，且在已开挖部分，越往上走，最小主应力在数值上越大。在井筒上方的未开挖部分，最小主应力在数值上的变化范围是 1.25 ~ 1.75 MPa。从总体情况来说，三次向上开挖 40 m 工况最小主应力变化幅度比之三次向上开挖 40 m 工况的最大主应力在数值上变化幅度更小，更加有平稳、波动小的特点，与该工况下最大主应力云图情况相比更加不会出现严重的应力积压现象。

3）三次开挖竖井井筒周围位移云图变化分析

一般来说，对此类模型的开挖过程进行位移和变形研究，于实际工程有重大的借鉴意义。因此对使用 FLAC^{3D} 有限差分分析软件导出的各向位移云图进行分析具有重大借鉴意义。下面给出第三次向上开挖 40 m 的各向位移云图进行分析解释。

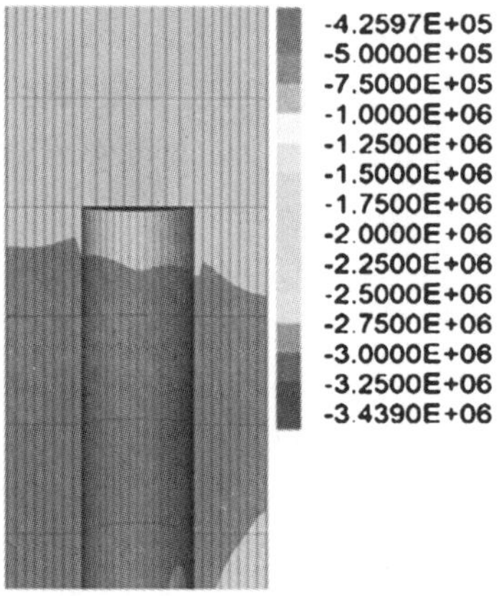

图 6.86　三次开挖最小主应力云图——剖面图

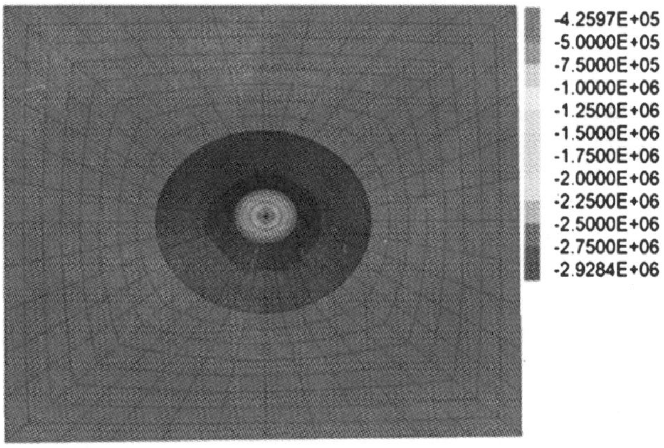

图 6.87　三次开挖最小主应力云图——俯视图

（1）*XX* 向位移云图分析。

本工况为第三次向上开挖 40 m 的情况，即开挖至竖井反井施工段正向向下 172.5 m 处导出的 *XX* 水平方向的位移云图。为了方便识图，分为剖面图以及俯视图进行说明，如图 6.88、图 6.89 所示。

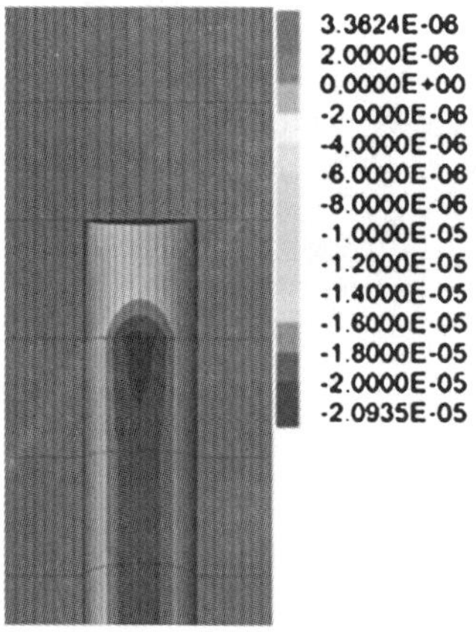

图 6.88　三次开挖 *XX* 向位移云图——剖面图

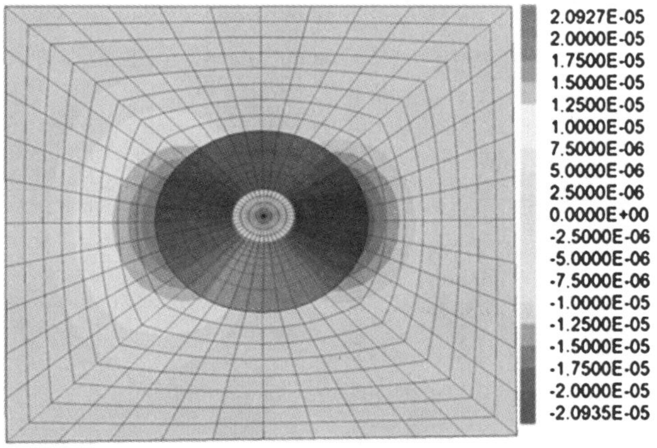

图 6.89　三次开挖 *XX* 向位移云图——俯视图

由上述 *X* 水平方向的位移云图可知，在第三次向上开挖 40 m 的工况下，竖井井筒侧壁出现比较微小的位移。通俗地讲，在图 6.89 中 *X* 水平向的位移左右两边大致相同，其中 *X* 向左边的位移变化范围是 $2.5\times10^{-6}\sim2.092\times10^{-5}$ m，方向为 *X* 正方向；而 *X* 向右边的位移变化范围是 $2.5\times10^{-6}\sim2.092\times10^{-5}$ m，方向为 *X* 负方向。因此总体来看，在第三次向上开挖工况中，位于 *X* 向的位移变化不大，且正反方向的位移距离基本相同，因此在开挖中井筒侧壁的变形稳定，是能够接受的。

（2）*ZZ* 向位移云图分析。

本工况为第三次向上开挖 40 m 的情况，即开挖至竖井反井施工段正向向下 172.5m 处导出的 *ZZ* 水平方向的位移云图。为方便识图，分为剖面图和俯视图进行展示，如图 6.90、图 6.91 所示。

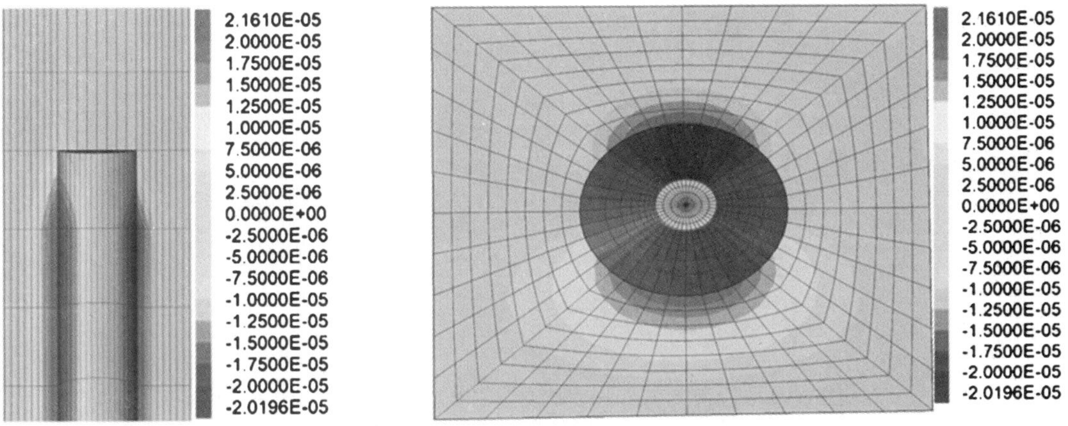

图 6.90 三次开挖 *ZZ* 向位移云图——剖面图　　图 6.91 三次开挖 *ZZ* 向位移云图——俯视图

由上述 *Z* 水平方向的位移云图可知，在第三次向上开挖 40 m 的工况下，竖井井筒侧壁出现比之 *X* 水平方向更微小的位移。总的来说，在图 6.90、图 6.91 中 *Z* 水平向正反两个方向的位移是高度一致的且极其微小，在实际工程中可不予考虑，因此在这里也不做更多分析。

（3）*YY* 向位移云图分析。

YY 向位移，即为垂直方向的位移，可验算工程在开挖过程中是否有沉降现象，对实际工程有一定借鉴意义，因此在这里做一定分析。下面给出使用 FLAC^{3D} 有限差分分析软件导出的垂直方向的位移云图并作出分析，同样以剖面图和俯视图进行第三次向上开挖工况展示，如图 6.92、图 6.93 所示。

上述关于第三次向上开挖 40 m 的工况的位移云图比较形象地说明了此次工况下垂直方向的位移情况。总体来看，在垂直方向位移情况大致都在一个水平上，垂直位移大概都在 4.0×10^{-3} m，没有出现前两次工况垂直位移云图上有分界面的情况，故没有产生垂直位移突变，变形稳定。

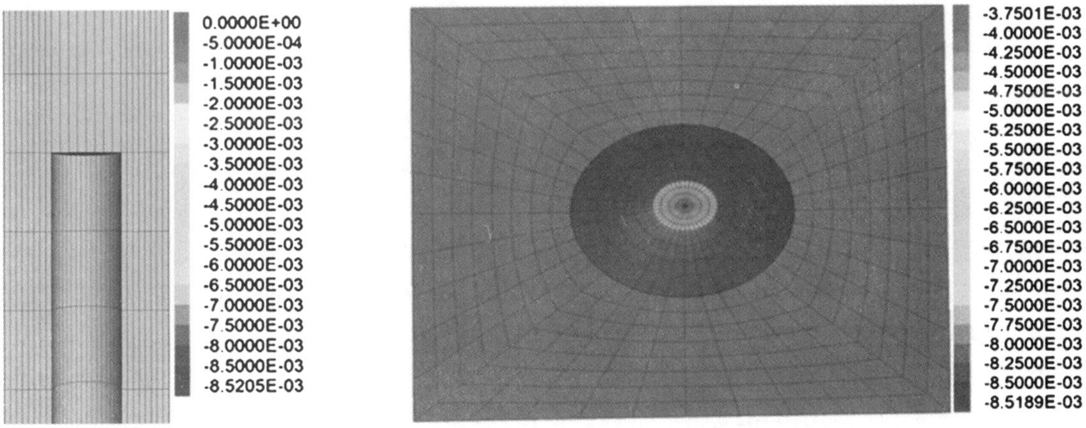

（a）剖面图　　（b）俯视图

图 6.92 三次开挖垂直位移云图

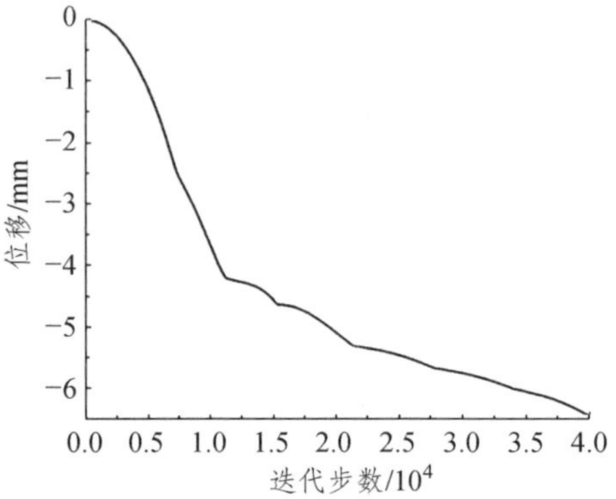

图 6.93　*YY* 向（0.8，120，0）位移检测点位移变化折线图

5. 四次向上开挖 40 m 工况仿真模拟计算结果分析

1）四次开挖基本情况简介

因为该竖井采取反井钻机施工，是自下而上分层开挖的，在模型中自下往上四次向上开挖了 40 m，开挖孔直径为 1.6 m，模型平台面尺寸为 3.8 m×3.8 m，至此总向上开挖高度达到了 160 m，即达到了竖井反井段竖直向下 132.5 m 处，穿越的是IV_1级围岩，围岩大多数为混合花岗岩，中风化。在 FLAC^{3D} 有限差分计算软件中此次工况运算步骤为 5 000 step，土层参数参考表 6.7 ~ 表 6.9，选择情况如表 6.13 所示。

表 6.13　四次开挖土层参数

围岩级别	岩土层名称	重度/（kN/m^3）	抗压强度 R_c/MPa	弹性抗力系数 K/（MPa/m）	变形模量 E/（10^4 MPa）	泊松比 ν	黏聚力 c/MPa	内摩擦角 φ/（°）	计算摩擦角 φ_c/（°）
Ⅳ	花岗岩	20.0	35	200	1.3	0.35	0.2	39	50

2）四次向上开挖竖井井筒周围土层应力云图变化分析

所建立的竖井反井施工段模型中，四次向上开挖 40 m，即达到了该竖井反井施工段竖直向下 132.5 m 处，可得到第四次向上开挖 40 m 工况各个方向的应力云图，下面分别给出并作解释。

（1）*XX* 向应力云图分析。

首先可以得到第四次开挖工况 *XX* 水平方向的应力云图，如图 6.94、图 6.95 所示。

图 6.94、图 6.95 为模型第四次向上开挖 40 m 的 *XX* 水平方向的应力分布云图，分为剖面图和俯视图展示。由图可以直观地看到开挖施工中井筒周围的 *XX* 水平方向应力变化。值得注意的是，该段为反井施工段，竖井侧壁向上开挖部分受到的水平方向 *XX* 的拉应力范围大致是 0.144 ~ 0.60 MPa。从图 6.94、图 6.95 也可得到竖井开挖侧壁随着开挖进程向上，其 *XX* 向水平拉应力从已开挖部分的 0.144 ~ 0.60 MPa 增至未开挖部分的 1.0 MPa 左右，并逐渐趋于一个稳定的 *XX* 水平拉应力 1.0 MPa。向上开挖 40 m 模拟结果显示，处于开挖进程时，竖井的井壁周围出现的大面积压应力集中现象不是很明显，但沿着 *X* 轴的方向也出现了一定的应力集中现象，故而竖井侧壁的围岩土层有一定程度的压缩现象，但该压缩现象不是很明显，在实际施工过程中不用着重考虑。而且随着开挖进程越往上，竖井侧壁周围的水平拉应力越趋于稳定，土层压缩现象也更加趋于稳定。

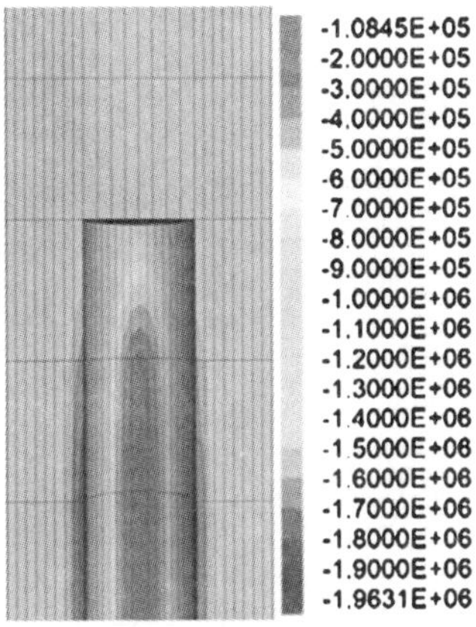

图 6.94　四次开挖 *XX* 向应力云图——剖面图

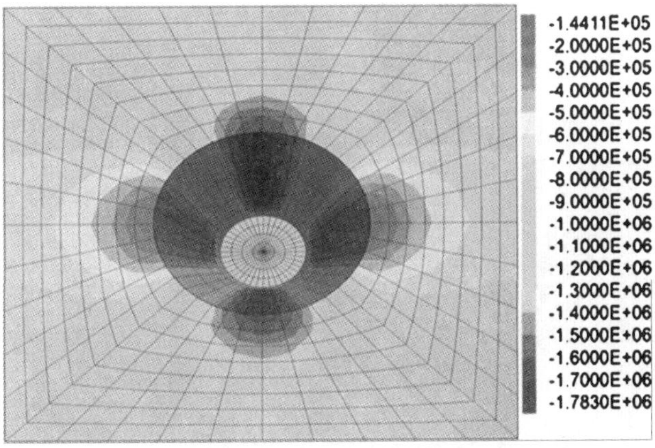

图 6.95　四次开挖 *XX* 向应力云图——俯视图

（2）*ZZ* 向应力云图分析。

ZZ 向与 *XX* 向同样处于水平平面，且互为垂直关系，可导出处于第四次向上开挖 40 m 的工况时，*ZZ* 向的水平应力云图，如图 6.96、图 6.97 所示。

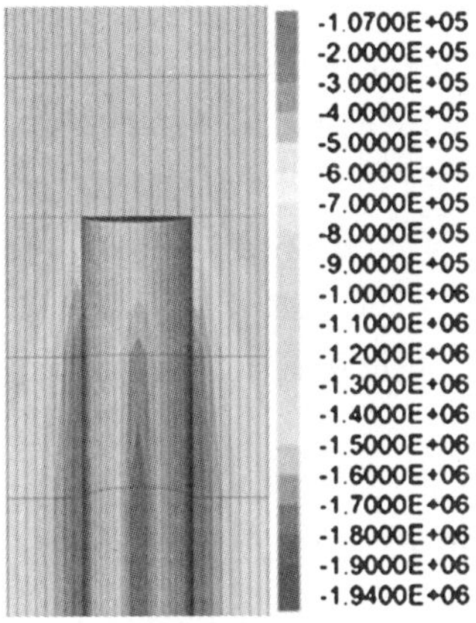

图 6.96　四次开挖 *ZZ* 向应力云图——剖面图

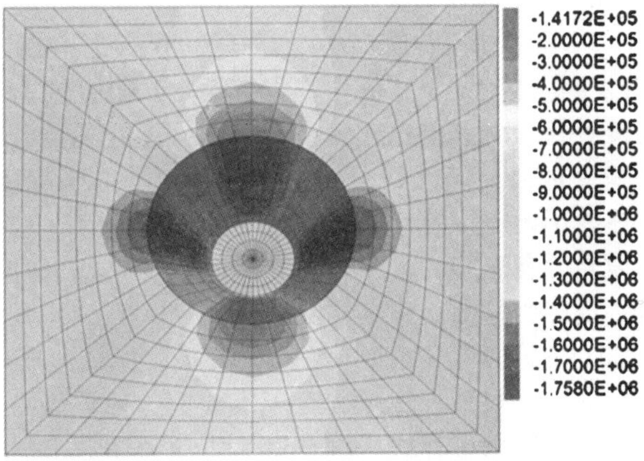

图 6.97　四次开挖 *ZZ* 向应力云图——俯视图

图 6.96、图 6.97 为本模型第四次向上开挖 40 m 的 *ZZ* 水平方向的应力分布云图，分别以剖面图和俯视图展示。由图可以直观地看到开挖施工中井筒周围的 *ZZ* 水平方向应力变化。需要注意的是，该段为竖井反井施工段，竖井侧壁向上开挖部分受到的 *ZZ* 水平方向的拉应力范围大致是 1.0 ~ 1.758 MPa。从图 6.96、图 6.97 也可得到竖井开挖侧壁随着开挖进程向上，其 *ZZ* 向水平拉应力从已开挖部分的 1.0 ~ 1.758 MPa 减小至未开挖部分的 1 MPa，并保持稳定状态。向上开挖 40 m 模拟结果显示，处于开挖进程时，竖井的井壁周围出现的大面积压应力集中现象同 *XX* 向一样都不是很明显，但沿着 *Z* 轴的方向也出现了一定的应力集中现象，故而竖井侧壁的围岩土层有一定程度的压缩现象，该压缩现象相对于 *XX* 向的水平应力集中现象来说要明显一些，但该压缩现象总体来说仍不是很明显，在实际施工过程中同样不用着重考虑。而且随着开挖进程越往上，竖井侧壁周围的各向水平拉应力越趋于稳定，土层压缩现象也更加趋于稳定。

（3）*YY* 向应力云图分析。

建模时选取 *Y* 方向为竖直方向，得出第四次工况竖直方向的应力云图，如图 6.98 所示。

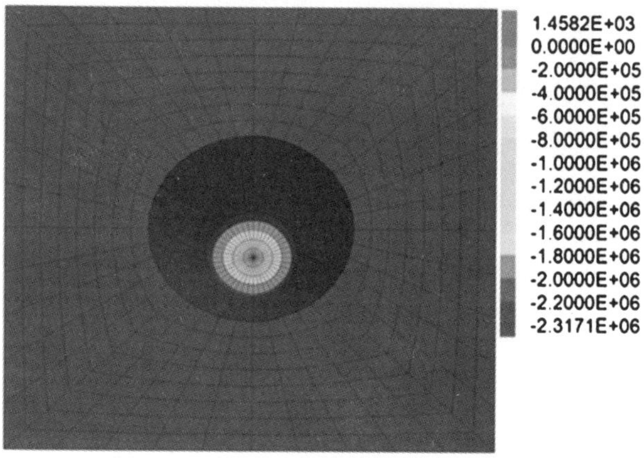

（a）四次开挖 *YY* 向应力云图

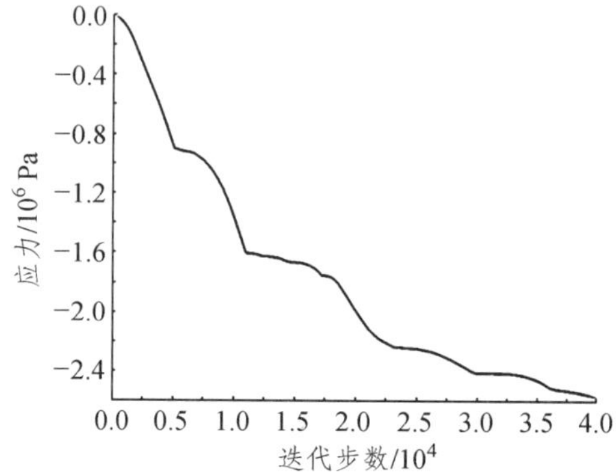

（b）*YY* 向（0.8，160，0）应力检测点应力变化折线图

图 6.98　四次开挖 *YY* 向应力云图和应力检测点应力变化折线图

从图 6.98 可知第四次向上开挖 40 m 时，竖井井壁及周围竖直方向的应力状况。第四次开挖产生的井侧壁竖直应力基本都为 2.3 MPa 左右，属于比较稳定的状态。由于本模型模拟的是反井施工，开挖过程是由下至上，因此不会出现竖井正向施工时在竖井底部有应力集中的现象，故而反竖井施工开挖至竖井顶部的竖直压应力反而减小了，在本模型中大致范围为 1.8 ~ 2.0 MPa。并且随着该模型向上开挖进程，竖直拉应力的范围对同一地层竖井井壁周围的影响也在逐渐增大，具体体现为随着反井施工向上开挖，处在相同地层竖井井壁周围的竖直应力显示为增大趋势。

（4）第四次开挖最大主应力和最小主应力概述。

查阅资料可以知道，对于本模型这种长竖井筒结构采用竖井正向施工或是反竖井施工是否发生井筒大破坏或坍塌与最大主应力和最小主应力有一定的联系，同时还和最大水平主应力与最小水平主应力的比值有关系，该比值在一定程度上反映了地应力的不均匀性。地应力大小是长井筒发生破坏与否的直接反映，因此对最大主应力与最小主应力的研究以及分析十分有必要，下面分别给出最大主应力云图与最小主应力云图。

① 四次开挖最大主应力云图分析。

对本模型进行仿真模拟计算可导出最大主应力云图，如图 6.99、图 6.100 所示。从第四次开挖的最大主应力图的剖面图和俯视图可以轻易得到最大主应力沿着第四次向上开挖 40 m 的应力云图情况。由此可知在第四次向上开挖的工况下，在已开挖段该竖井井筒侧壁最大主应力数值变化范围是 0.1 ~ 0.8 MPa，且在已开挖部分，越往上，最大主应力在数值上越大。在井筒上方的未开挖部分，最大主应力在数值上的变化范围是 1.1 ~ 1.2 MPa，其趋向与已开挖部分相反，越往上，最大主应力的数值越小。但总体来说，最大主应力变化幅度小，不会出现严重的应力积压现象。

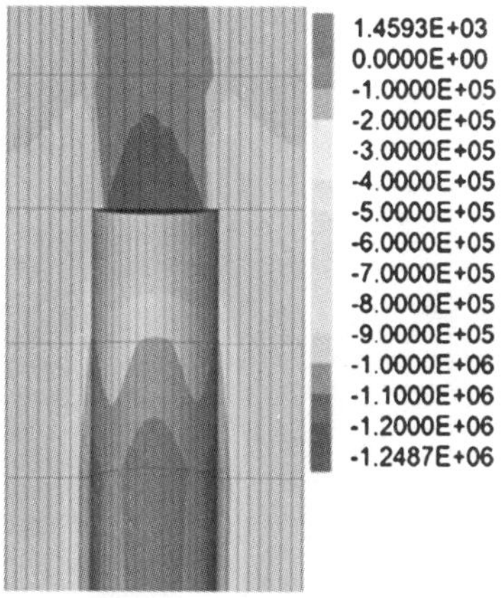

图 6.99　四次开挖最大主应力云图——剖面图

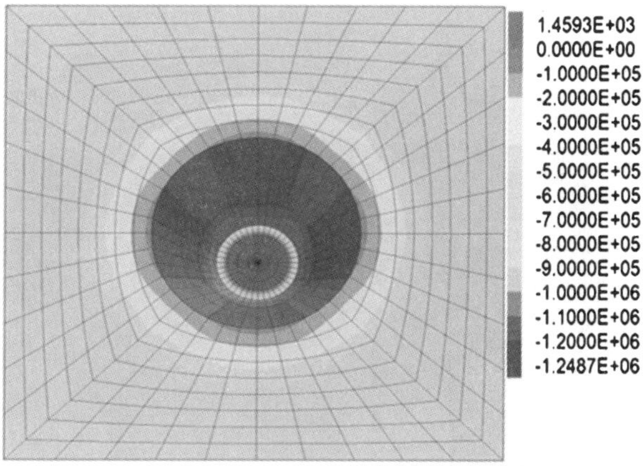

图 6.100　四次开挖最大主应力云图——俯视图

② 四次开挖最小主应力云图分析。

模拟计算可导出最小主应力云图，如图 6.101、图 6.102 所示。从第四次开挖的最小主应力图的剖面图和俯视图可以轻松得到最小主应力沿着第四次向上开挖 40 m 的应力云图情况。从第四次开挖最小主应力云图可以得到，在第四次向上开挖的工况下，在已开挖段该竖井井筒侧壁最小主应力数值为 2.25 MPa，且在该工况下，已开挖部分最小主应力很稳定。在井筒上方的未开挖部分，最小主应力在数值上的变化范围是 1.5 ~ 1.7 MPa，其趋向与已开挖部分一样，最小主应力的数值都趋于稳定。从总体情况来说，第四次向上开挖 40 m 工况最小主应力变化幅度比之第四次向上开挖 40 m 工况的最大主应力在数值上变化幅度更小，更加有平稳、波动小的特点，与该工况下最大主应力云图情况相比更加不会出现严重的应力积压现象。

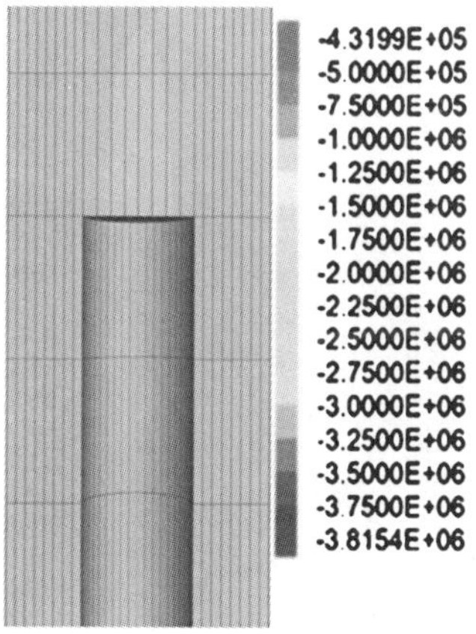

图 6.101　四次开挖最小主应力云图——剖面图

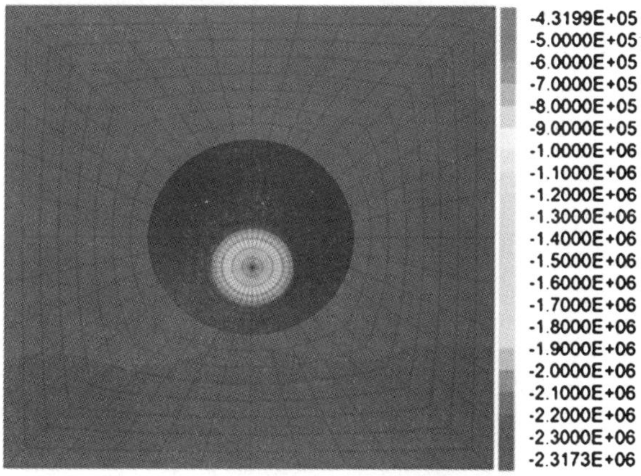

图 6.102　四次开挖最小主应力云图——俯视图

3）四次开挖竖井井筒周围位移云图变化分析

一般来说，对此类模型的开挖过程进行位移和变形研究，于实际工程有重大的借鉴意义。下面给出第四次向上开挖 40 m 的各向位移云图进行分析解释。

（1）*XX* 向位移云图分析。

本工况为第四次向上开挖 40 m 的情况，即开挖至竖井反井施工段正向向下 132.5 m 处导

出的 *XX* 水平方向的位移云图。为了方便识图，分为剖面图以及俯视图进行说明，如图 6.103、图 6.104 所示。

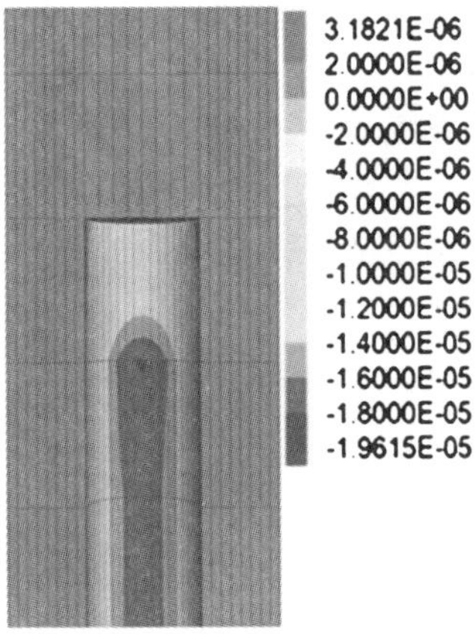

图 6.103　四次开挖 *XX* 向位移云图——剖面图

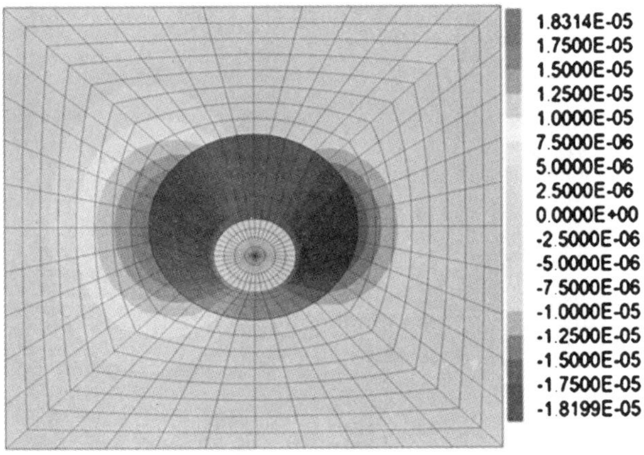

图 6.104　四次开挖 *XX* 向位移云图——俯视图

由上述 *X* 水平方向的位移云图可知，在第四次向上开挖 40 m 的工况下，竖井井筒侧壁出现比较微小的位移。通俗地讲，在图 6.104 中 *X* 水平向的位移比左右两边都大致相同，其中：*X* 水平向左边的位移变化范围是 2.5×10^{-6} ~ 1.83×10^{-5} m，方向为 *X* 正方向；而 *X* 向右边的位移变化范围是 2.5×10^{-6} ~ 1.81×10^{-5} m，方向为 *X* 负方向。因此总体来看，在第四次向上开挖工况中，位于 *X* 向的位移变化不大，且正反方向的位移基本相同，因此在开挖中井筒侧壁的变形稳定，处于可接受范围内。

（2）*ZZ* 向位移云图分析。

本工况为第四次向上开挖 40 m 的情况，即开挖至竖井反井施工段正向向下 132.5 m 处导出的 *ZZ* 水平方向的位移云图。为方便识图，分为剖面图和俯视图进行展示，如图 6.105、图 6.106 所示。

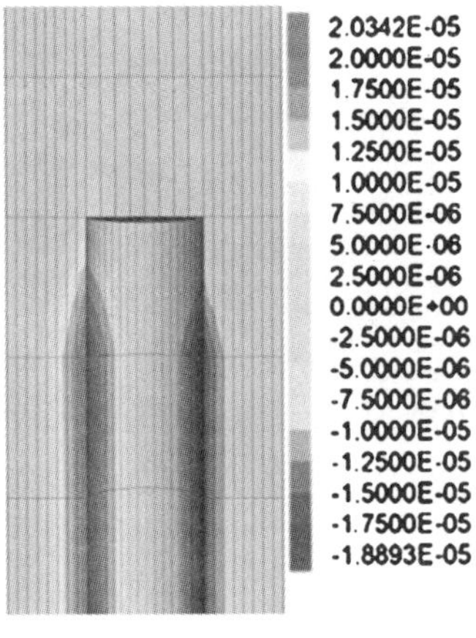

图 6.105　四次开挖 *ZZ* 向位移云图——剖面图

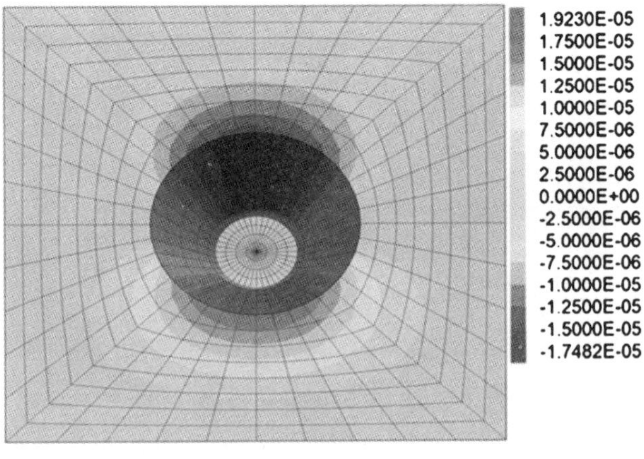

图 6.106　四次开挖 *ZZ* 向位移云图——俯视图

由上述第四次开挖工况 *Z* 水平方向的位移云图可知，在第四次向上开挖 40 m 的工况下，竖井井筒侧壁出现比之 *X* 水平方向更微小的位移。总的来说，在图 6.105、图 6.106 中 *Z* 水平向正反两个方向的位移是高度一致的且极其微小，在实际工程中可不予考虑，因此在这里也不做过多分析。

（3）*YY* 向位移云图分析。

YY 向位移，即为垂直方向的位移，可验算工程在开挖过程中是否有沉降现象，对实际工程有一定借鉴意义。下面给出第四次工况垂直方向的位移云图并作出分析，同样以剖面图和俯视图进行展示，如图 6.107、图 6.108 所示。

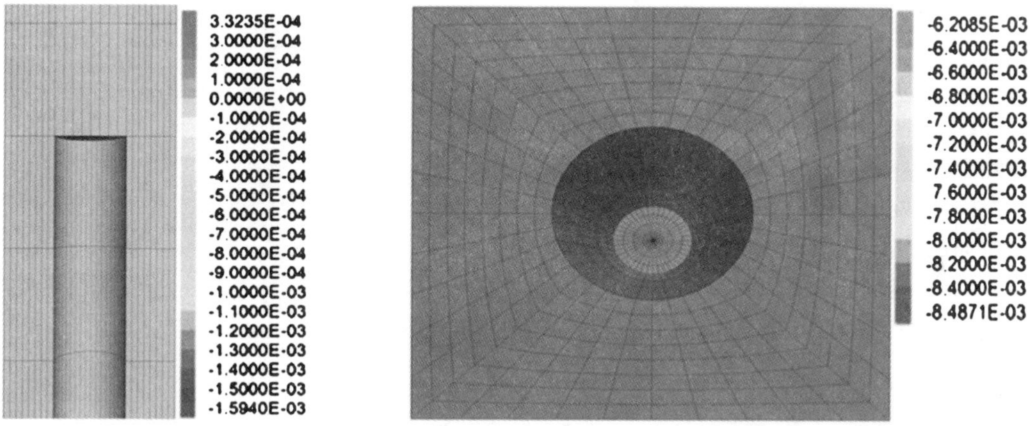

（a）剖面图　　　　（b）俯视图

图 6.107　四次开挖垂直位移云图

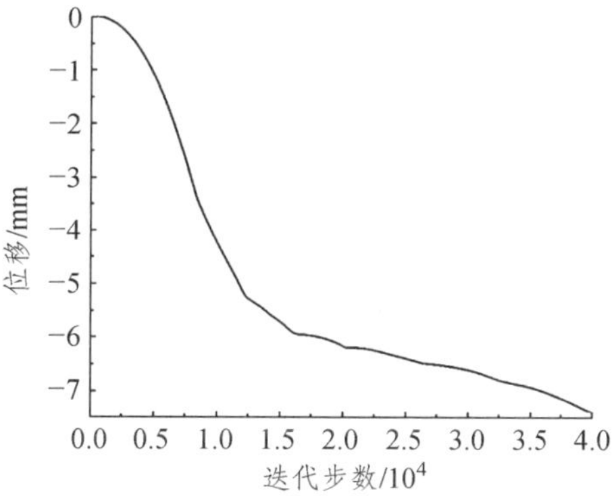

图 6.108　*YY* 向（0.8，160，0）位移检测点位移变化折线图

上述关于第四次向上开挖 40 m 的工况的位移云图比较形象地说明了此次工况下垂直方向的位移情况。总体来看，在垂直方向位移情况大致都在一个水平上，但从图 6.108 可知，存在一界面，以该界面为界，位移情况发生了一些变化。在该界面以上存在一部分已开挖竖井井筒以及未开挖部分，垂直位移大小大致为 9×10^{-4} m，方向为垂直向下；而在该界面以下的位移大小大致为 7×10^{-4} m。总体来看虽然存在一定的垂直位移的小突变，但突变量都不大，都在合理范围内，在实际工程中也是合理的。

6. 五次向上开挖 40 m 工况仿真模拟计算结果分析

1）五次开挖基本情况简介

该竖井采取反井钻机施工，是自下而上分层开挖的，本次工况是该模型自下往上第五次向上开挖了 40 m，开挖孔直径为 1.6 m，模型平台面尺寸为 3.8 m×3.8 m，至此总向上开挖高度达到了 200 m，即达到了竖井反井段竖直向下 92.5 m 处，穿越的是Ⅳ$_3$级围岩以及Ⅳ$_1$级围岩，围岩分别为花岗片麻岩和混合花岗岩，呈强风化和中风化。土层参数参考表 6.7 ~ 表 6.9，选择情况如表 6.14 所示。

表 6.14 五次开挖土层参数

围岩级别	岩土层名称	重度/（kN/m^3）	抗压强度 R_c/MPa	弹性抗力系数 K/（MPa/m）	变形模量 E/（10^4 MPa）	泊松比 ν	黏聚力 c/MPa	内摩擦角 φ/（°）	计算摩擦角 φ_c/（°）
Ⅳ	花岗岩	20.0	35	200	1.3	0.35	0.2	39	50

2）五次向上开挖竖井井筒周围土层应力云图变化分析

在建立的竖井反井施工段模型中，第五次向上开挖 40 m，即达到了该竖井反井施工段竖直向下 92.5 m 处。对第五次向上开挖工况进行有限差分分析，可得到第五次向上开挖 40 m 工况各个方向的应力云图，下面分别给出并作解释。

（1）*XX* 向应力云图分析。

首先可以得到第五次开挖工况 *XX* 水平方向的应力云图，如图 6.109、图 6.110 所示。

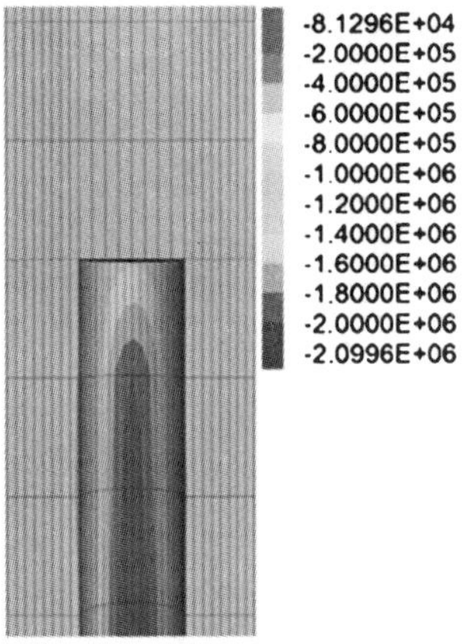

图 6.109 五次开挖 *XX* 向应力云图——剖面图

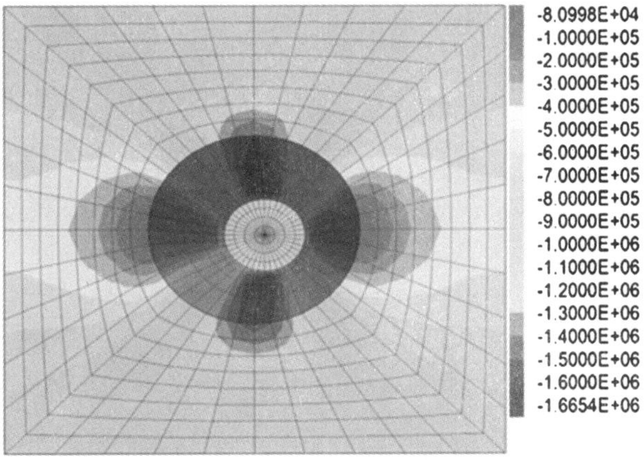

图 6.110 五次开挖 *XX* 向应力云图——俯视图

图 6.109、图 6.110 为模型第五次向上开挖 40 m 的 *XX* 水平方向的应力分布云图，分为剖面图和俯视图展示。由图可以直观地看到开挖施工中井筒周围的 *XX* 水平方向应力变化。值得注意的是，该段为反井施工段，竖井侧壁向上开挖部分受到的水平方向 *XX* 的拉应力范围大致是 0.08 ~ 0.7 MPa。从图 6.109、图 6.110 也可得到竖井开挖侧壁随着开挖进程向上，其 *XX* 向水平拉应力从已开挖部分的 0.08 ~ 0.7 MPa 增至未开挖部分的 1.2 MPa，并逐渐趋于一个稳定的 *XX* 水平拉应力 1.2 MPa。向上开挖 40 m 模拟结果显示，处于开挖进程时，竖井的井壁周围出现的大面积压应力集中现象不是很明显，但沿着 *X* 轴的方向也出现了一定的应力集中现象，故而竖井侧壁的围岩土层有一定程度的压缩现象，但该压缩现象不是很明显，在实际施工过程中不用着重考虑。而且随着开挖进程越往上，竖井侧壁周围的水平拉应力越趋于稳定，土层压缩现象也更加趋于稳定。

（2）*ZZ* 向应力云图分析。

ZZ 向与 *XX* 向同样处于水平平面，且互为垂直关系，可导出处于第五次向上开挖 40 m 的

工况时，*ZZ* 向的水平应力云图，如图 6.111、图 6.112 所示。

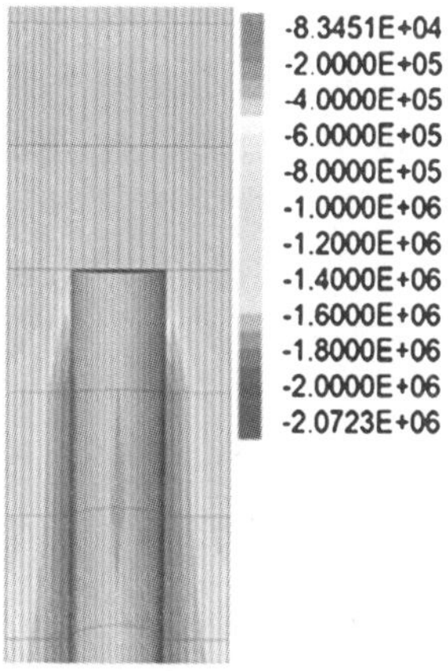

图 6.111　五次开挖 *ZZ* 向应力云图——剖面图

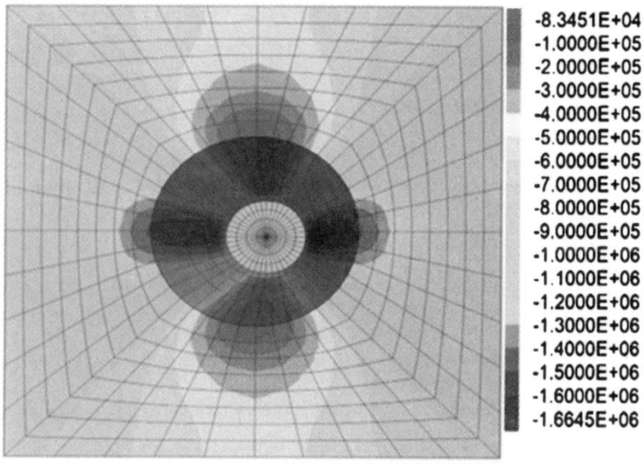

图 6.112　五次开挖 *ZZ* 向应力云图——俯视图

图 6.111、图 6.112 为本模型第五次向上开挖 40 m 的 *ZZ* 水平方向的应力分布云图，分别以剖面图和俯视图展示。由图可以直观地看到开挖施工中井筒周围的 *ZZ* 水平方向应力变化。需要注意的是，该段为竖井反井施工段，竖井侧壁向上开挖部分受到的 *ZZ* 水平方向的拉应力范围大致是 1.0 ~ 1.66 MPa。从图 6.111、图 6.112 也可得到竖井开挖侧壁随着开挖进程向上，其 *ZZ* 水平拉应力从已开挖部分的 1.0 ~ 1.66 MPa 减小至未开挖部分的 1.0 MPa，并保持一个稳定的 *ZZ* 水平拉应力 1.0 MPa。第五次向上开挖 40 m 模拟结果显示，处于开挖进程时，竖井的井壁周围出现的大面积压应力集中现象同 *XX* 向一样都不是很明显，但沿着 *Z* 轴的方向也出现了一定的应力集中现象，故而竖井侧壁的围岩土层有一定程度的压缩现象，该压缩现象相对于 *XX* 向的水平应力集中现象来说要明显一些，但该压缩现象总体来说仍不是很明显，在实际施工过程中同样不用着重考虑。而且随着开挖进程越往上，竖井侧壁周围的各向水平拉应力越趋于稳定，土层压缩现象也更加趋于稳定。

（3）*YY* 向应力云图分析。

建模时选取 *Y* 方向为竖直方向，可计算并得出竖直方向的应力云图，如图 6.113 所示。

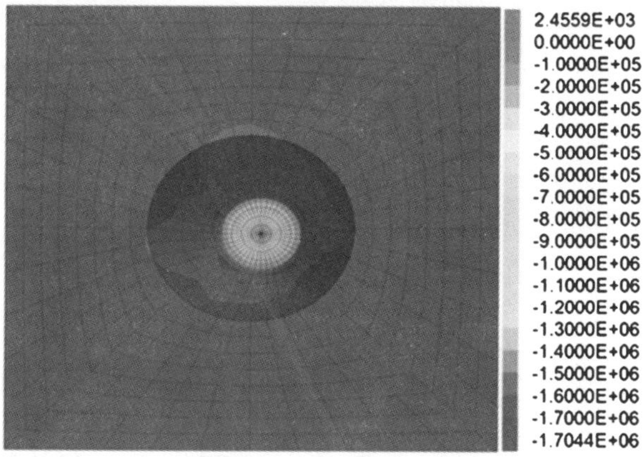

（a）五次开挖 *YY* 向应力云图

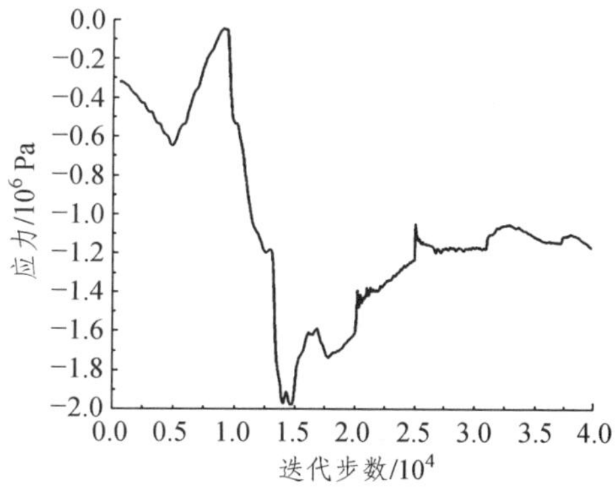

（b）*YY* 向（0.8，200，0）应力检测点应力变化折线图

图 6.113　五次开挖 *YY* 向应力云图和应力检测点应力变化折线图

从图 6.113 可知第五次向上开挖 40 m 时，竖井井壁及周围竖直方向的应力状况。第五次开挖产生的井侧壁竖直应力为 1.4 ~ 1.7 MPa，与前四次开挖工况相比，此次工况井壁的竖直应力有点波动，但变化范围不大。由于本模型模拟的是反井施工，开挖过程是由下至上，因此不会出现竖井正向施工时在竖井底部有应力集中的现象，故而反竖井施工开挖至竖井顶部的竖直拉应力反而减小了，在本模型中大致范围为 1.2 ~ 1.4 MPa。并且随着该模型向上开挖进程，垂直应力的范围对同一地层竖井井壁周围的影响也在逐渐增大，具体体现为随着反井施工向上开挖，处在相同地层竖井井壁周围的垂直应力显示为增大趋势。

（4）第五次开挖最大主应力和最小主应力概述。

查阅资料可以知道，对于本模型这种长竖井筒结构采用竖井正向施工或是反竖井施工是否发生井筒大破坏或坍塌与最大主应力和最小主应力有一定的联系，同时还和最大水平主应力与最小水平主应力的比值有关系，该比值在一定程度上反映了地应力的不均匀性。地应力大小是长井筒发生破坏与否的直接反映，因此对最大主应力与最小主应力的研究以及分析十分有必要，下面分别给出最大主应力云图与最小主应力云图。

① 五次开挖最大主应力云图分析。

模拟计算可导出最大主应力云图，如图 6.114、图 6.115 所示。从第五次开挖的最大主应力图的剖面图和俯视图可以轻易得到最大主应力沿着第五次向上开挖 40 m 的应力云图情况。由此可知在第五次向上开挖的工况下，在已开挖段该竖井井筒侧壁最大主应力数值变化范围是 0.1 ~ 0.8 MPa，且在已开挖部分，越往上，最大主应力在数值上越大。在井筒上方的未开挖部分，最大主应力在数值上的变化范围是 0.9 ~ 1.21 MPa，其趋向与已开挖部分相反，越往上，最大主应力的数值越小。但总体来说，最大主应力变化幅度小，不会出现严重的应力积压现象。

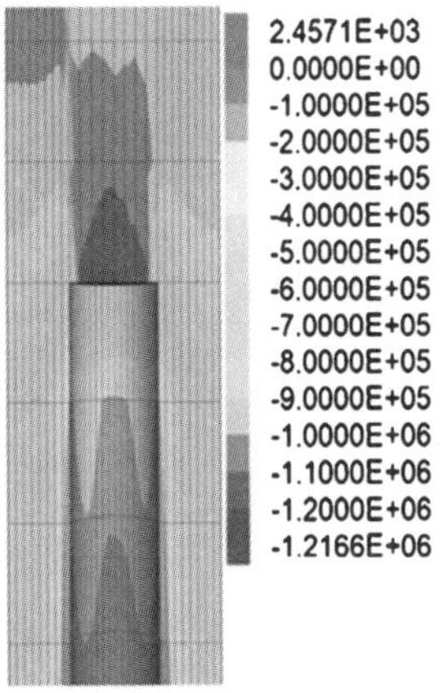

图 6.114　五次开挖最大主应力云图——剖面图

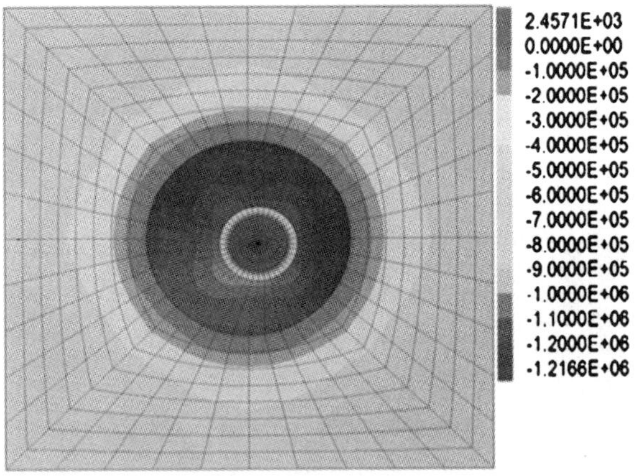

图 6.115　五次开挖最大主应力云图——俯视图

② 五次开挖最小主应力云图分析。

模拟计算可导出最小主应力云图，如图 6.116、图 6.117 所示。从第五次开挖的最小主应力图的剖面图和俯视图可以轻松得到最小主应力沿着第五次向上开挖 40 m 的应力云图情况。从第五次开挖最小主应力云图可以得到，在第五次向上开挖的工况下，在已开挖段该竖井井筒侧壁最小主应力数值变化范围是 1.25 ~ 1.75 MPa，且在已开挖部分，应力的变化规律性较差。在井筒上方的未开挖部分，最小主应力在数值上的变化范围是 1.0 ~ 1.25 MPa，其趋向与已开挖部分相比，越往上，最小主应力的数值越趋于稳定。从总体情况来说，第五次向上开挖 40 m 工况最小主应力变化幅度比之第五次向上开挖 40 m 工况的最大主应力在数值上变化幅度更小，更加有平稳、波动小的特点，与该工况下最大主应力云图情况相比更加不会出现严重的应力积压现象。

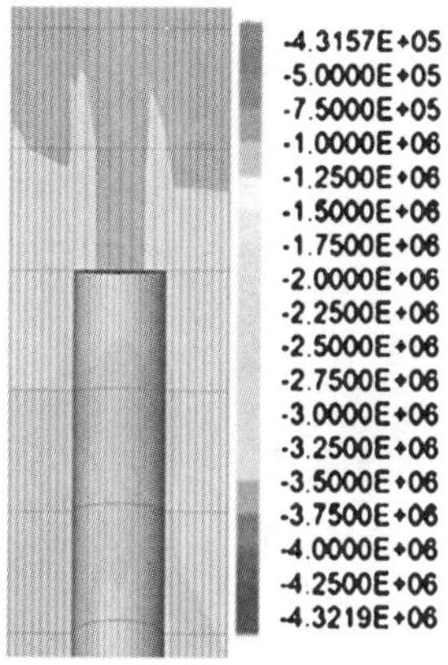

图 6.116　五次开挖最小主应力云图——剖面图

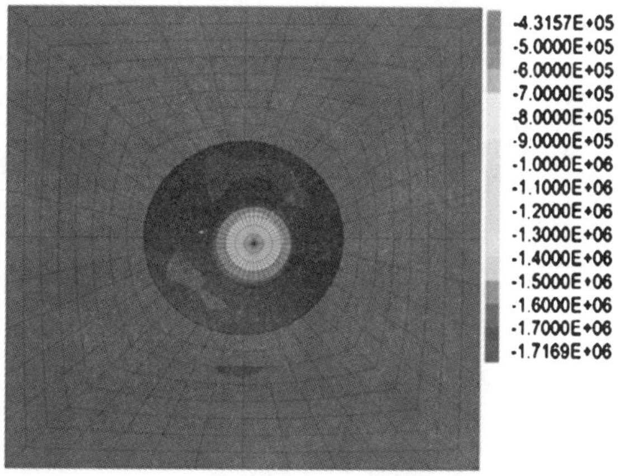

图 6.117　五次开挖最小主应力云图——俯视图

3）五次开挖竖井井筒周围位移云图变化分析

一般来说，对此类模型的开挖过程进行位移和变形研究，于实际工程有重大的借鉴意义。下面给出第五次向上开挖 40 m 的各向位移云图进行分析解释。

（1）*XX* 向位移云图分析。

本工况为第五次向上开挖 40 m 的情况，即开挖至竖井反井施工段正向向下 92.5 m 处导出的 *XX* 水平方向的位移云图。为了方便识图，分为剖面图以及俯视图进行说明，如图 6.118、图 6.119 所示。

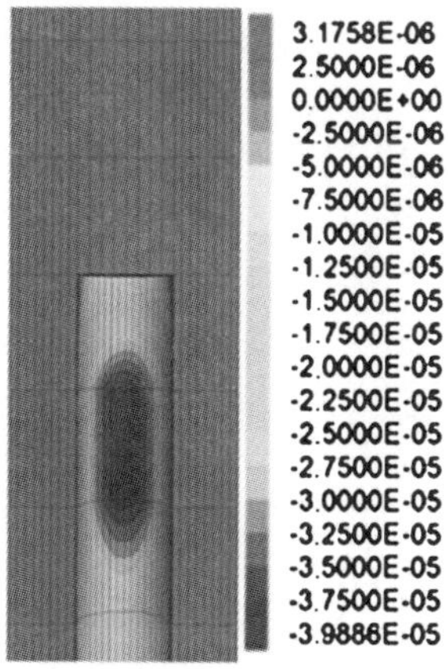

图 6.118　五次开挖 *XX* 向位移云图——剖面图

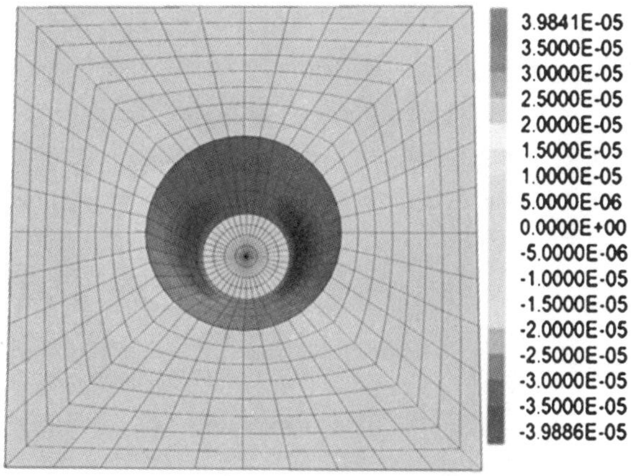

图 6.119　五次开挖 *XX* 向位移云图——俯视图

由上述 *X* 水平方向的位移云图可知，在第五次向上开挖 40 m 的工况下，竖井井筒侧壁出现比较微小的位移。通俗地讲，在图 6.119 中 *X* 水平方向的位移左右边都大致相同，其中：*X*

向左边的位移变化范围是 $5.00\times10^{-6}\sim3.984\times10^{-5}$ m，位移方向为 X 正方向；而 X 向右边的位移变化范围是 $5.00\times10^{-6}\sim3.988\times10^{-5}$ m，位移方向为 X 负方向。因此总体来看，在第五次向上开挖工况中，位于 X 向的位移变化不大，且正反方向的位移基本相同，因此在开挖中井筒侧壁的变形稳定，处于可接受范围内。

（2）*ZZ* 向位移云图分析。

本工况为第五次向上开挖 40 m 的情况，即开挖至竖井反井施工段正向向下 92.5 m 处导出的 *ZZ* 水平方向的位移云图。为方便识图，分为剖面图和俯视图进行展示，如图 6.120、图 6.121 所示。

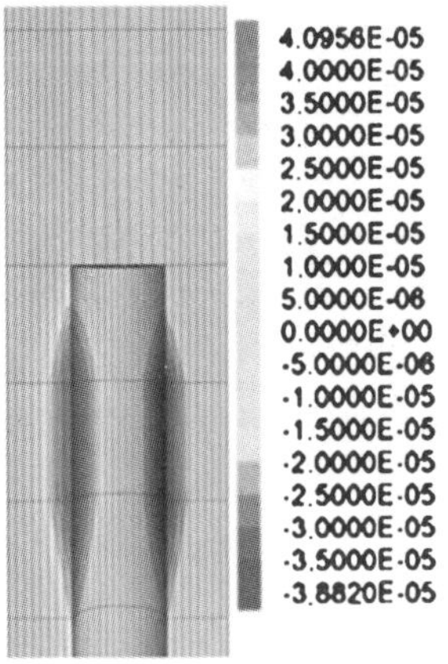

图 6.120　五次开挖 *ZZ* 向位移云图——剖面图

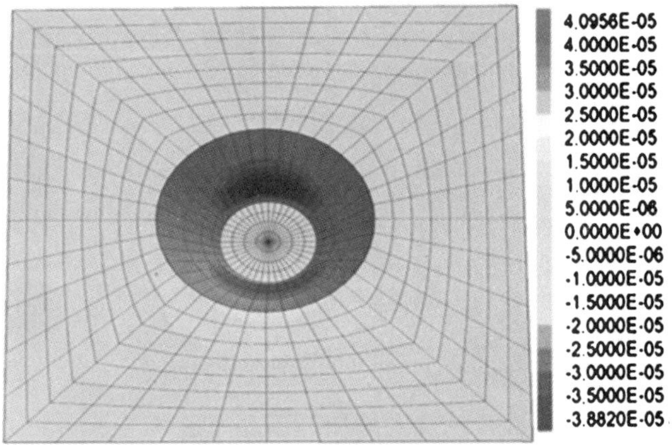

图 6.121　五次开挖 *ZZ* 向位移云图——俯视图

由上述 Z 水平方向的位移云图可知，在第五次向上开挖 40 m 的工况下，竖井井筒侧壁出现比之 X 水平方向更微小的位移。总的来说，在图 6.120、图 6.121 中 Z 水平向正反两个方向的位移是高度一致的且极其微小，在实际工程中可不予考虑，因此在这里也不做更多分析。

（3）*YY* 向位移云图分析。

YY 向位移，即为垂直方向的位移，可验算工程在开挖过程中是否有沉降现象，对实际工程有一定借鉴意义。下面给出第五次工况垂直方向的位移云图并作出分析，同样以剖面图和俯视图进行展示，如图 6.122 所示。

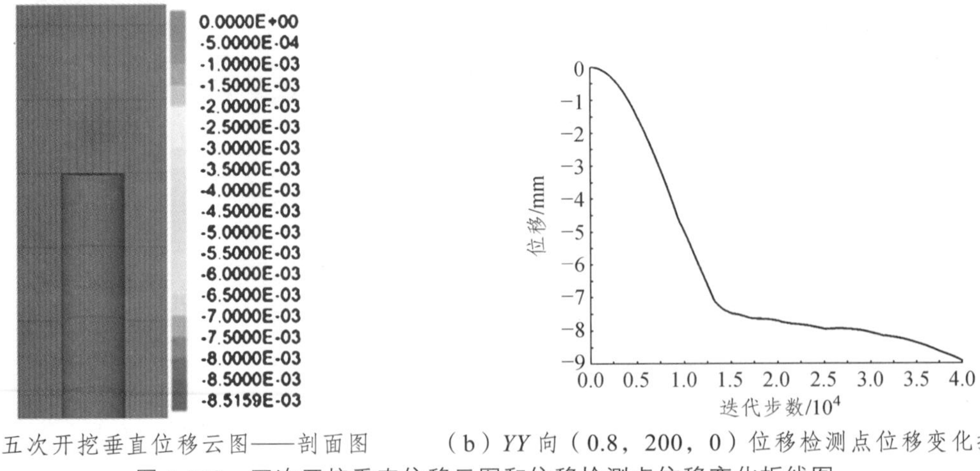

（a）五次开挖垂直位移云图——剖面图　　（b）*YY* 向（0.8，200，0）位移检测点位移变化折线图

图 6.122　五次开挖垂直位移云图和位移检测点位移变化折线图

上述关于第五次向上开挖 40 m 工况的位移云图比较形象地说明了此次工况下垂直方向的位移情况。总体来看在垂直方向位移情况大致都在一个水平上，大约都是 8.5×10^{-3} m，说明该工况下变形稳定，实际施工过程中也一般不会出现大变形或者垂直方向上的位移突变。

7. 六次向上开挖 40 m 工况仿真模拟计算结果分析

1）六次开挖基本情况简介

该竖井采取反井钻机施工，是自下而上分层开挖的，在模型中自下往上第六次向上开挖了 40 m，开挖孔直径为 1.6 m，模型平台面尺寸为 3.8 m×3.8 m，至此总向上开挖高度达到了 240 m，即达到了竖井反井段竖直向下 52.5 m 处，穿越的是$Ⅳ_3$级围岩，围岩大多数为花岗片麻岩，强风化。土层参数参考表 6.7 ~ 表 6.9，选择情况如表 6.15 所示。

表 6.15　六次开挖土层参数

围岩级别	岩土层名称	重度/（kN/m^3）	抗压强度 R_c/MPa	弹性抗力系数 K/（MPa/m）	变形模量 E/（10^4 MPa）	泊松比 ν	黏聚力 c/MPa	内摩擦角 φ/（°）	计算摩擦角 φ_c/（°）
Ⅳ	花岗岩	20.0	35	200	1.3	0.35	0.2	39	50

2）六次向上开挖竖井井筒周围土层应力云图变化分析

在建立的竖井反井施工段模型中，第六次向上开挖 40 m，即达到了该竖井反井施工段竖直向下 52.5 m 处。对第六次向上开挖工况进行有限差分分析，可得到第六次向上开挖 40 m 工况各个方向的应力云图，下面分别给出并作解释。

（1）*XX* 向应力云图分析。

首先可以得到第六次开挖工况 *XX* 水平方向的应力云图，如图 6.123、图 6.124 所示。

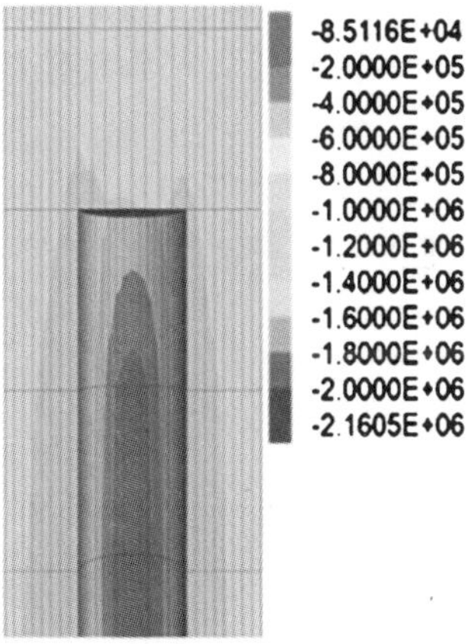

图 6.123　六次开挖 *XX* 向应力云图——剖面图

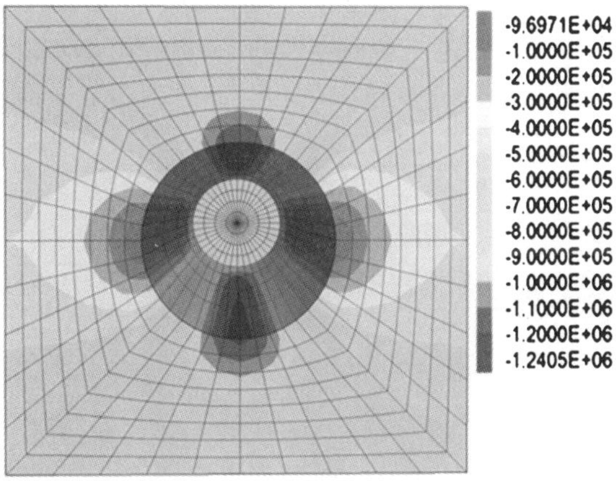

图 6.124　六次开挖 *XX* 向应力云图——俯视图

图 6.123、图 6.124 为模型第六次向上开挖 40 m 的 *XX* 水平方向的应力分布云图，分为剖面图和俯视图展示。由图可以直观地看到开挖施工中井筒周围的 *XX* 水平方向应力变化。值得注意的是，该段为反井施工段，竖井侧壁向上开挖部分受到的水平方向 *XX* 的拉应力范围大致是 0.09 ~ 0.5 MPa。从图 6.121、图 6.122 也可得到竖井开挖侧壁随着开挖进程向上，其 *XX* 水平拉应力从已开挖部分的 0.09 ~ 0.5 MPa 增至未开挖部分的 0.6 MPa，并逐渐趋于一个稳定的 *XX* 水平拉应力 0.6 MPa。

（2）*ZZ* 向应力云图分析。

ZZ 向与 *XX* 向同样处于水平平面，且互为垂直关系，可导出处于第六次向上开挖 40 m 的工况时，*ZZ* 向的水平应力云图，如图 6.125、图 6.126 所示。

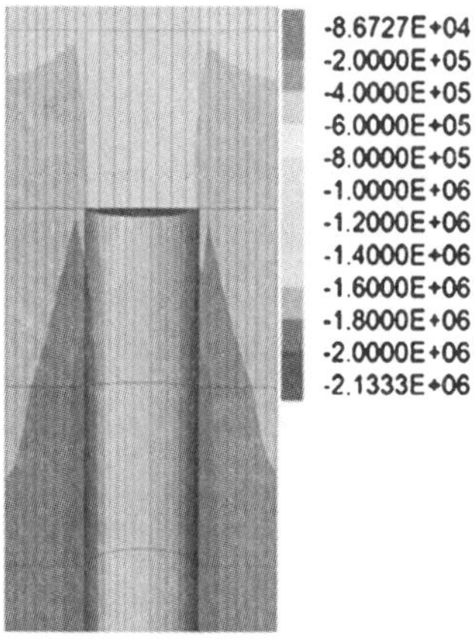

图 6.125　六次开挖 *ZZ* 向应力云图——剖面图

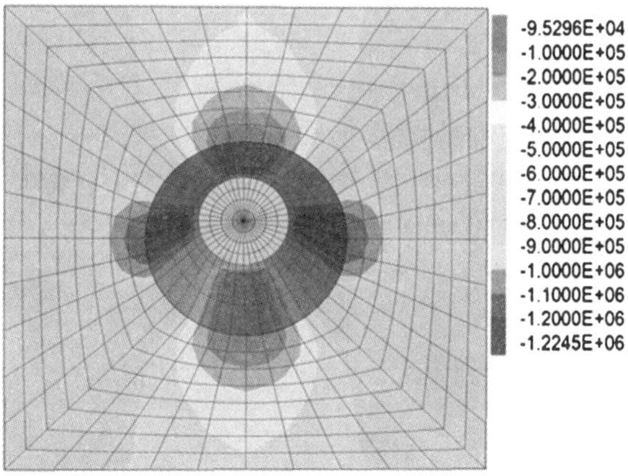

图 6.126　六次开挖 *ZZ* 向应力云图——俯视图

图 6.125、图 6.126 为本模型第六次向上开挖 40 m 的 *ZZ* 水平方向的应力分布云图，分别以剖面图和俯视图展示。由图可以直观地看到开挖施工中井筒周围的 *ZZ* 水平方向应力变化。竖井侧壁向上开挖部分受到的 *ZZ* 水平方向的拉应力范围大致是 0.8 ~ 1.224 MPa。从图 6.125、图 6.126 也可得到竖井开挖侧壁随着开挖进程向上，其 *ZZ* 水平拉应力从已开挖部分的 0.8 ~ 1.224 MPa 变化至稳定的 0.8 MPa 左右。第六次向上开挖 40 m 模拟结果显示，处于开挖进程时，竖井的井壁周围出现的大面积压应力集中现象同 *XX* 向一样都不是很明显，但沿着 *Z* 轴的方向也出现了一定的应力集中现象，故而竖井侧壁的围岩土层有一定程度的压缩现象，且可以观察到 *ZZ* 向水平应力的应力变化波动不大，在 *ZZ* 向井壁周围的土层应力变化频率不快，说明其稳定性较好。

（3）*YY* 向应力云图分析。

建模时选取 *Y* 方向为竖直方向，且 FLAC^{3D} 有限差分分析软件也可计算并得出竖直方向的应力云图，如图 6.127 所示。

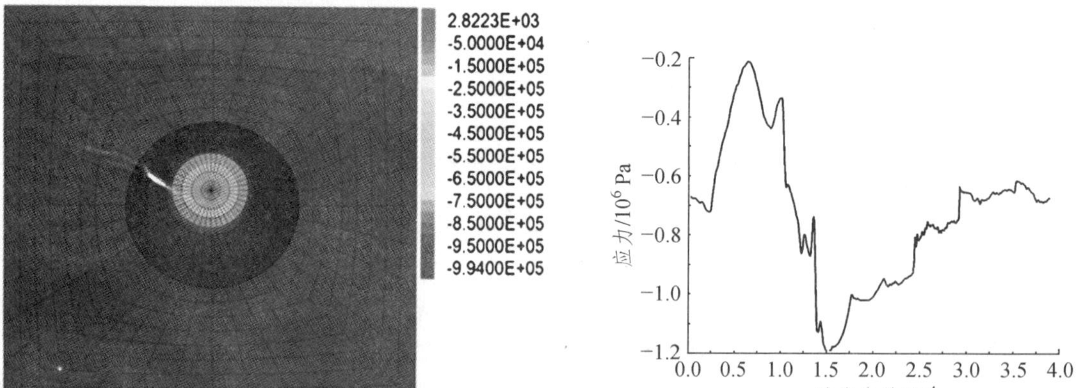

（a）六次开挖 *YY* 向应力云图　　（b）*YY* 向（0.8，240，0）应力检测点应力变化折线图

图 6.127　六次开挖 *YY* 向应力云图和应力检测点应力变化折线图

从图 6.127 可知第六次向上开挖 40 m 时，竖井井壁及周围竖直方向的应力状况。初次开挖产生的井侧壁竖直应力基本都在 1.0 MPa 左右，处于非常稳定的状态，这里不做过多分析。

（4）六次开挖中最大主应力和最小主应力概述。

查阅资料可知，对于本模型这种长竖井筒结构采用竖井正向施工或是反竖井施工是否发生井筒大破坏或坍塌与最大主应力和最小主应力有一定的联系，同时还和最大水平主应力与最小水平主应力的比值有关系，该比值在一定程度上反映了地应力的不均匀性。地应力大小是长井筒发生破坏与否的直接反映，因此对最大主应力与最小主应力的研究以及分析十分有必要，下面分别给出最大主应力云图与最小主应力云图。

① 六次开挖最大主应力云图分析。

对本模型进行仿真模拟计算可导出最大主应力云图，如图 6.128、图 6.129 所示。从第六次开挖的最大主应力图的剖面图和俯视图可以轻易得到最大主应力沿着第六次向上开挖 40 m 的应力云图情况。由此可以得知在第六次向上开挖的工况下，在已开挖段该竖井井筒侧壁最大主应力数值变化范围是 0.1 ~ 0.6 MPa，且在已开挖部分，越往上，最大主应力在数值上越大。在井筒上方的未开挖部分，最大主应力在数值上基本保持在 0.7 MPa。总体来说，最大主应力变化幅度小，不会出现严重的应力积压现象。

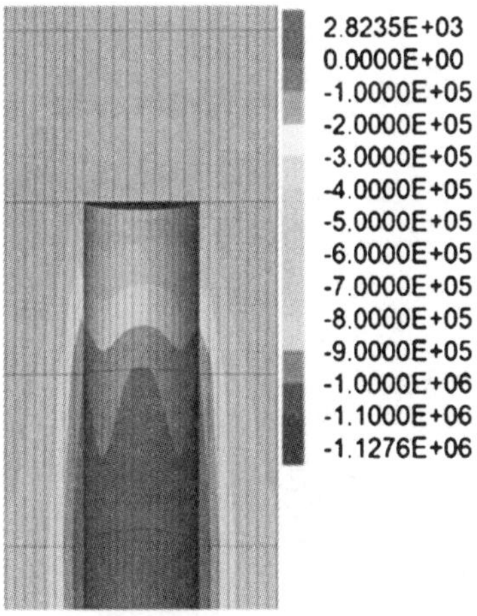

图 6.128　六次开挖最大主应力云图——剖面图

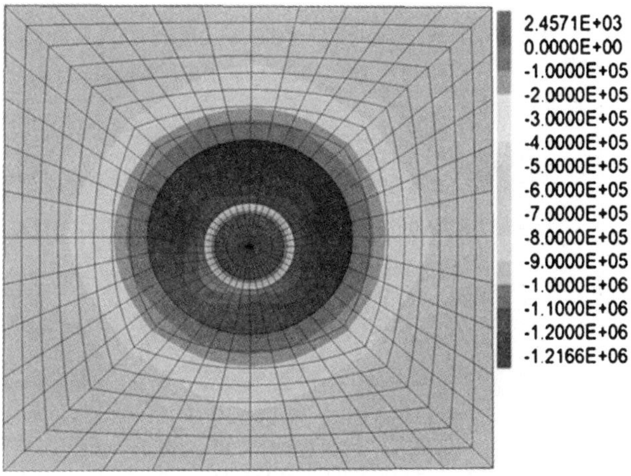

图 6.129　六次开挖最大主应力云图——俯视图

② 六次开挖最小主应力云图分析。

模拟计算可导出最小主应力云图，如图 6.130、图 6.131 所示。从第六次开挖的最小主应力图的剖面图和俯视图可以轻松得到最小主应力沿着第六次向上开挖 40 m 的应力云图情况。从第六次开挖最小主应力云图可以得到，在第六次向上开挖的工况下，在已开挖段该竖井井筒侧壁最小主应力数值变化范围是 1.0 ~ 1.25 MPa，且在已开挖部分，越往上走，最小主应力在数值上越稳定。在井筒上方的未开挖部分，最大主应力在数值上也基本保持在是 0.75 MPa。从总体情况来说，一次向上开挖 40 m 工况最小主应力变化幅度比之一次向上开挖 40 m 工况的最大主应力在数值上变化幅度更小，更加有平稳、波动小的特点，与该工况下最大主应力云图情况相比更加不会出现严重的应力积压现象。

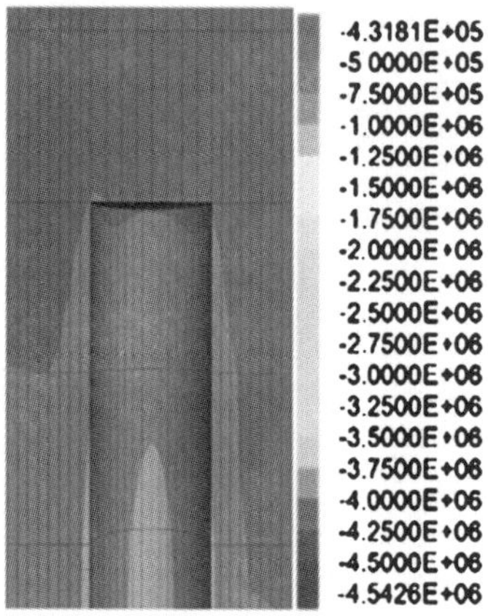

图 6.130　六次开挖最小主应力云图——剖面图

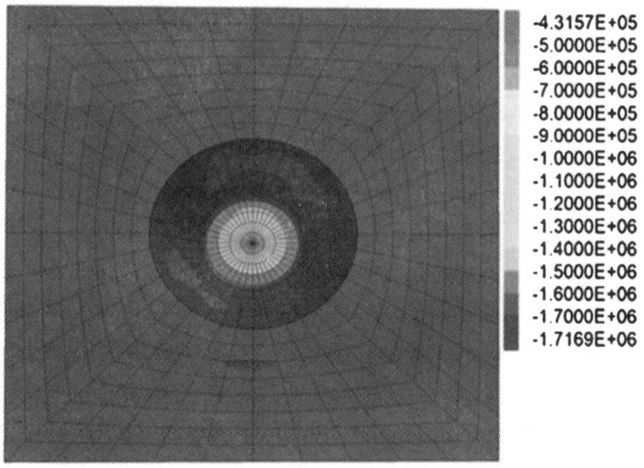

图 6.131　六次开挖最小主应力云图——俯视图

3）六次开挖竖井井筒周围位移云图变化分析

一般来说，对此类模型的开挖过程进行位移和变形研究，于实际工程有重大的借鉴意义。下面给出第六次向上开挖 40 m 的各向位移云图进行分析解释。

（1）*XX* 向位移云图分析。

本工况为第六次向上开挖 40 m 的情况，即开挖至竖井反井施工段正向向下 52.5 m 处导出的 *XX* 水平方向的位移云图。为了方便识图，分为剖面图以及俯视图进行说明，如图 6.132、图 6.133 所示。

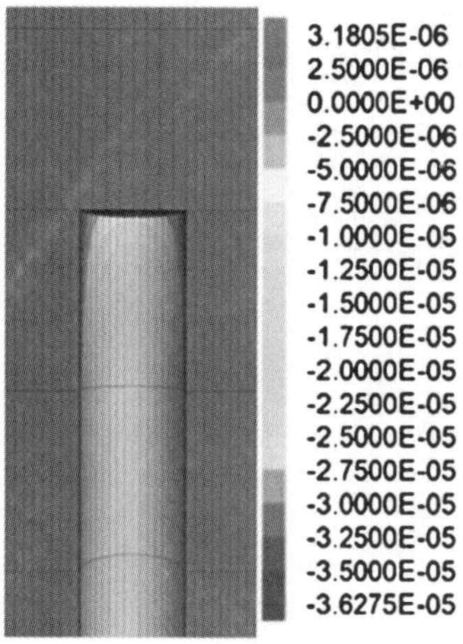

图 6.132　六次开挖 *XX* 向位移云图——剖面图

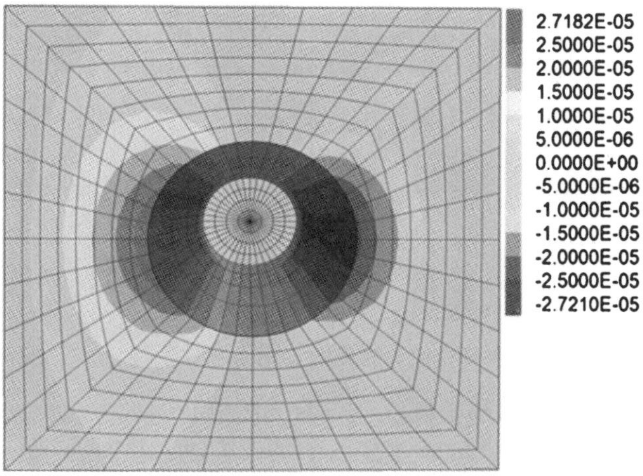

图 6.133　六次开挖 *XX* 向位移云图——俯视图

由上述 *X* 水平方向的位移云图可知，在第六次向上开挖 40 m 的工况下，竖井井筒侧壁出现比较微小的位移。通俗地讲，在图 6.133 中 *X* 水平向的位移井筒两侧大致相同，其中：*X* 向左边的位移变化范围是 $5.00\times10^{-6}\sim2.718\times10^{-5}$ m，方向为 *X* 正方向；而 *X* 向右边的位移变化范围是 $5.00\times10^{-6}\sim2.721\times10^{-5}$ m，方向为 *X* 负方向。因此总体来看，在第六次向上开挖工况中，位于 *X* 向的位移变化不大，且正反方向的位移基本相同，因此在开挖中井筒侧壁的变形稳定，处于可接受范围内。

（2）*ZZ* 向位移云图分析。

本工况为第六次向上开挖 40 m 的情况，即开挖至竖井反井施工段正向向下 52.5 m 处导出的 *ZZ* 水平方向的位移云图。为方便识图，分为剖面图和俯视图进行展示，如图 6.134、图 6.135 所示。

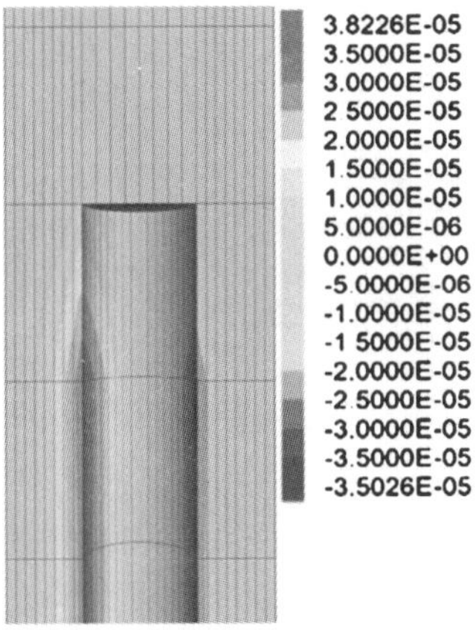

图 6.134　六次开挖 *ZZ* 向位移云图——剖面图

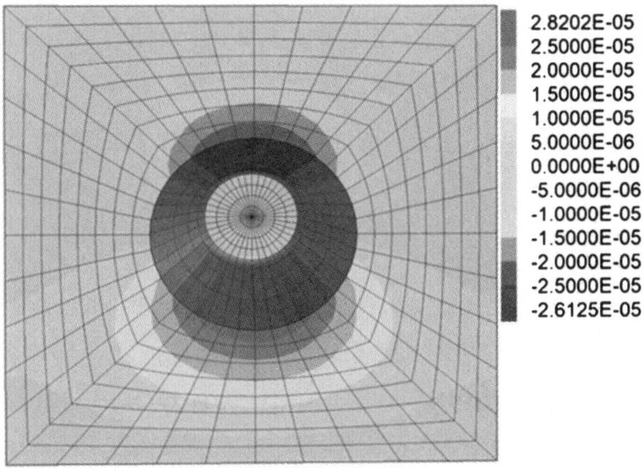

图 6.135　六次开挖 *ZZ* 向位移云图——俯视图

由上述 *Z* 水平方向的位移云图可知，在第六次向上开挖 40 m 的工况下，竖井井筒侧壁出现比之 *X* 水平方向更微小的位移。总的来说，在图 6.134、图 6.135 中 *Z* 水平向正反两个方向的位移是高度一致的且极其微小，在实际工程中可不予考虑，因此在这里也不做更多分析。

（3）*YY* 向位移云图分析。

YY 向位移，即为垂直方向的位移，可验算工程在开挖过程中是否有沉降现象，对实际工程有一定借鉴意义，因此在这里做一定分析。下面给出垂直方向的位移云图并作出分析，同样以剖面图和俯视图进行展示，如图 6.136、图 6.137 所示。

上述关于第六次向上开挖 40 m 工况的位移云图比较形象地说明了此次工况下垂直方向的位移情况。总体来看在垂直方向位移情况大致都在一个水平上，垂直位移大小大致为 8.6×10^{-3} m，方向为垂直向下，故可知道没有发生位移较大变形。

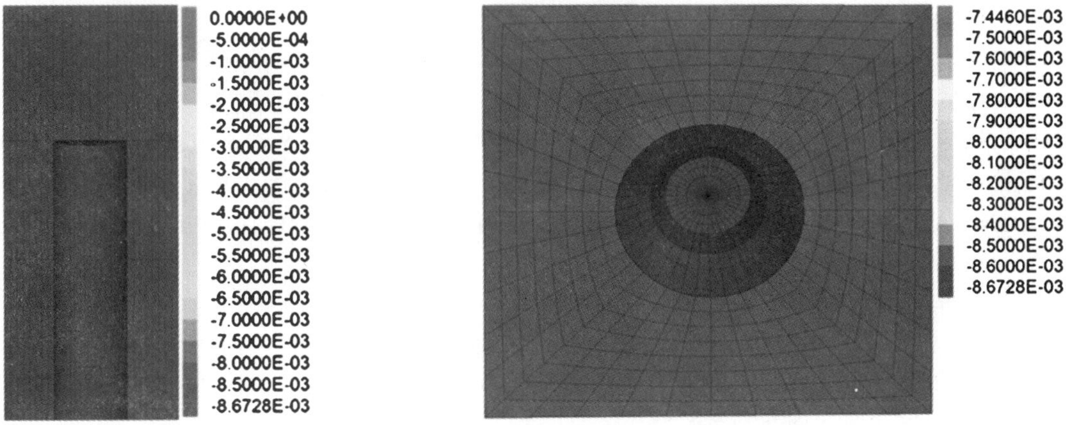

（a）剖面图　　　　（b）俯视图

图 6.136　六次开挖垂直位移云图

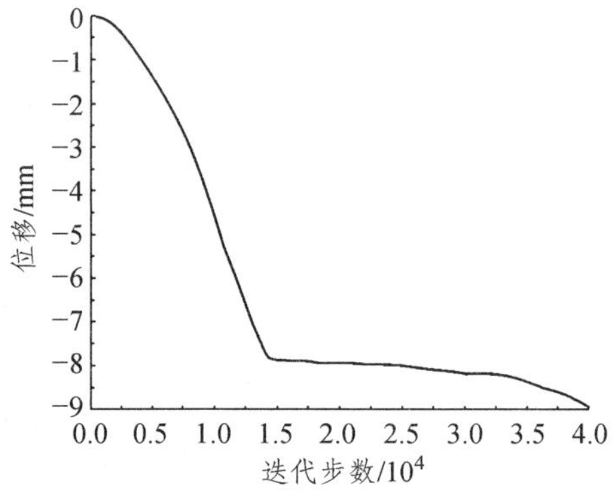

图 6.137 *YY* 向（0.8，240，0）位移检测点位移变化折线图

8. 七次向上开挖 40 m 工况仿真模拟计算结果分析

1）七次开挖基本情况简介

本工况为在模型中自下往上第七次向上开挖了 40 m，开挖孔直径为 1.6 m，模型平台面尺寸为 3.8 m×3.8 m，至此总向上开挖高度达到了 280 m，即达到了竖井反井段竖直向下 12.5 m 处，穿越的是 V_1 级围岩以及 V_2 级围岩，围岩大多数为花岗片麻岩，强风化。土层参数参考表 6.7 ~ 表 6.9，选择情况如表 6.16 所示。

表 6.16 七次开挖土层参数

围岩级别	岩土层名称	重度/（kN/m³）	抗压强度 R_c/MPa	弹性抗力系数 K/（MPa/m）	变形模量 E/（10^4 MPa）	泊松比 ν	黏聚力 c/MPa	内摩擦角 φ/（°）	计算摩擦角 φ_c/（°）
V	粉质性黏土	17.0		100	1.0	0.45	0.05	27	30

2）七次向上开挖竖井井筒周围土层应力云图变化分析

在建立的竖井反井施工段模型中，第七次向上开挖了 40 m，即达到了该竖井反井施工段竖直向下 12.5 m 处。对第七次向上开挖工况进行有限差分分析，可得到第七次向上开挖 40 m 工况各个方向的应力云图，下面分别给出并作解释。

（1）*XX* 向应力云图分析

首先可以得到第七次开挖工况 *XX* 水平方向的应力云图，如图 6.138、图 6.139 所示。

图 6.138、图 6.139 为模型第七次向上开挖 40 m 的 *XX* 水平方向的应力分布云图，分为剖面图和俯视图展示。由图可以直观地看到开挖施工中井筒周围的 *XX* 水平方向应力变化。值得注意的是，竖井侧壁向上开挖部分受到的水平方向 *XX* 的拉应力范围大致是 0.10 ~ 0.5 MPa。从图 6.138、图 6.139 也可得到竖井开挖侧壁随着开挖进程向上，其 *XX* 未开挖部分的水平拉应力为 0.6 MPa，并保持了稳定。

（2）*ZZ* 向应力云图分析。

ZZ 向与 *XX* 向同样处于水平平面，且互为垂直关系，可导出处于第七次向上开挖 40 m 的工况时，*ZZ* 向的水平应力云图，如图 6.140、图 6.141 所示。

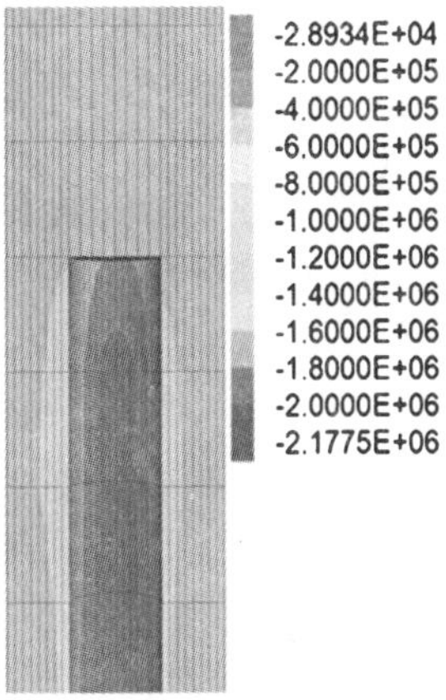

图 6.138　七次开挖 *XX* 向应力云图——剖面图

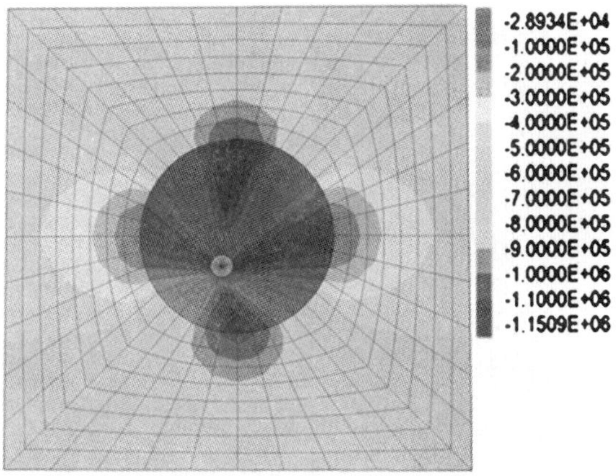

图 6.139　七次开挖 *XX* 向应力云图——俯视图

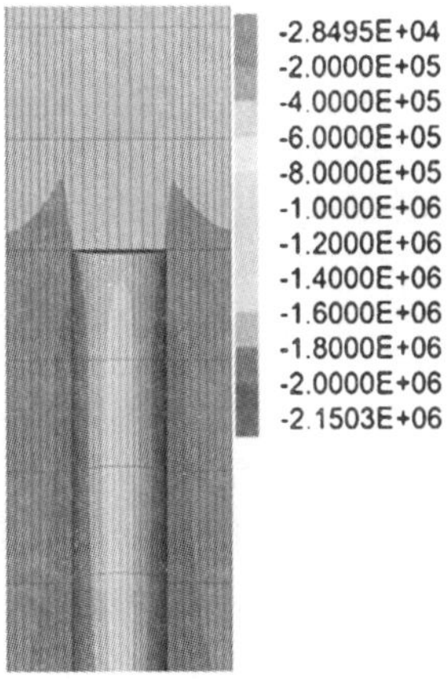

图 6.140　七次开挖 *ZZ* 向应力云图——剖面图

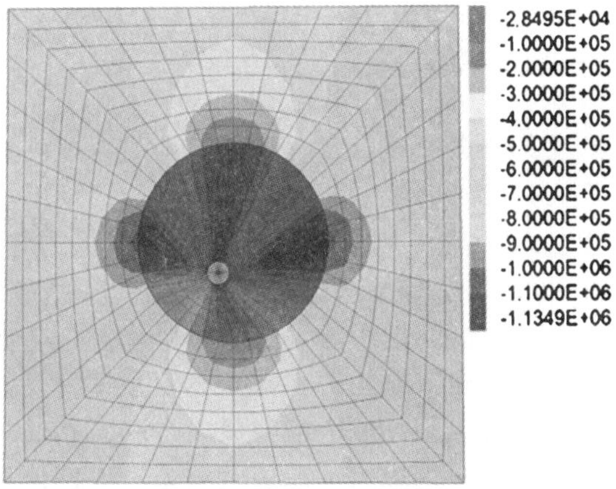

图 6.141　七次开挖 *ZZ* 向应力云图——俯视图

图 6.140、图 6.141 为本模型第七次向上 40 m 开挖的 *ZZ* 水平方向的应力分布云图，分别以剖面图和俯视图展示。由图可以直观地看到开挖施工中井筒周围的 *ZZ* 水平方向应力变化。需要注意的是，竖井侧壁向上开挖部分受到的 *ZZ* 水平方向的拉应力范围大致是 0.9 ~ 1.13 MPa，而且 *ZZ* 水平方向未开挖部分水平拉应力基本都为 0.6 MPa，并保持稳定。第七次向上开挖 40 m 模拟结果显示，处于开挖进程时，竖井的井壁周围出现的大面积压应力集中现象同 *XX* 向一样都不是很明显，但沿着 *Z* 轴的方向也出现了一定的应力集中现象，故而竖井侧壁的围岩土层有一定程度的压缩现象，该压缩现象相对于 *XX* 向的水平应力集中现象来说要明显一些，但该压缩现象总体来说仍不是很明显，在实际施工过程中同样不用着重考虑。而且随着开挖进程越往上，竖井侧壁周围的各向水平拉应力越趋于稳定，土层压缩现象也更加趋于稳定。

（3）*YY* 向应力云图分析。

本模型在 $FLAC^{3D}$ 有限差分分析软件建模时选取 *Y* 方向为竖直方向，可计算并得出竖直方向的应力云图，如图 6.142 所示。

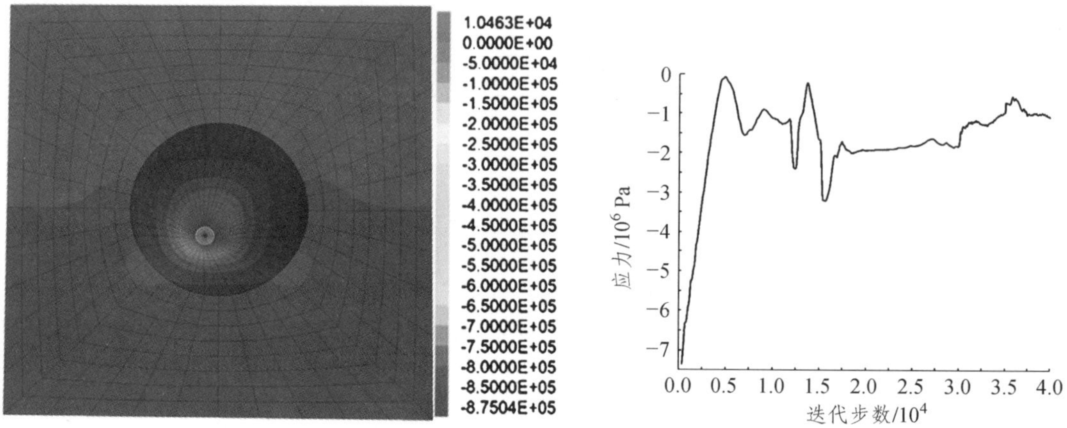

（a）七次开挖 *YY* 向应力云图　　（b）*YY* 向（0.8，280，0）应力检测点应力变化折线图

图 6.142　七次开挖 *YY* 向应力云图和应力检测点应力变化折线图

从图 6.142 可知第七次向上开挖 40 m 时，竖井井壁及周围竖直方向的应力状况。初次开挖产生的井侧壁竖直应力基本都在 0.85 MPa 左右，处于比较稳定的状态。由于本模型模拟的是反井施工，开挖过程是由下至上，因此不会出现竖井正向施工时在竖井底部有应力集中的现象，故而反竖井施工开挖至竖井顶部的竖直拉应力反而减小了，在本工况中大致范围为 0.45 ~ 0.65 MPa。

（4）七次开挖中最大主应力和最小主应力概述。

查阅资料可以知道，对于本模型这种长竖井筒结构采用竖井正向施工或是反竖井施工是否发生井筒大破坏或坍塌与最大主应力和最小主应力有一定的联系，同时还和最大水平主应力与最小水平主应力的比值有关系，该比值在一定程度上反映了地应力的不均匀性。地应力大小是长井筒发生破坏与否的直接反映，因此对最大主应力与最小主应力的研究以及分析十分有必要，下面分别给出最大主应力云图与最小主应力云图。

① 七次开挖最大主应力云图分析。

模拟计算可导出最大主应力云图，如图 6.143、图 6.144 所示。从第七次开挖的最大主应力图的剖面图和俯视图可以轻易得到最大主应力沿着第七次向上开挖 40 m 的应力云图情况。由此可以得知在第七次向上开挖的工况下，在已开挖段最上部趋于该竖井井筒侧壁最大主应力数值变化范围是 0 ~ 0.2 MPa，且在已开挖上部和未开挖部分，最大主应力数值基本都为 0.1 MPa，处于稳定状态，因为该次工况距离反井施工段顶部非常接近了，因此最大主应力在数值上比之前几次工况都有所减小，故该结算结果是正确的。

② 七次开挖最小主应力云图分析。

模拟计算可导出最小主应力云图，如图 6.145、图 6.146 所示。从第七次开挖的最小主应力图的剖面图和俯视图可以轻松得到最小主应力沿着第七次向上开挖 40 m 的应力云图情况。从第七次开挖最小主应力云图可以得到，在第七次向上开挖的工况下，在已开挖段接近开挖顶面处该竖井井筒侧壁最小主应力数值变化范围是 0.75 MPa，竖井最地面井口四周的最小主应力在数值上为 1.0 ~ 1.15 MPa，出现轻微的应力集中现象。从总体情况来说，第七次向上开挖 40 m 工况最小主应力变化幅度比之第七次向上开挖 40 m 工况的最大主应力在数值上变化幅度更小，更加有平稳、波动小的特点，与该工况下最大主应力云图情况相比更加不会出现严重的应力积压现象。

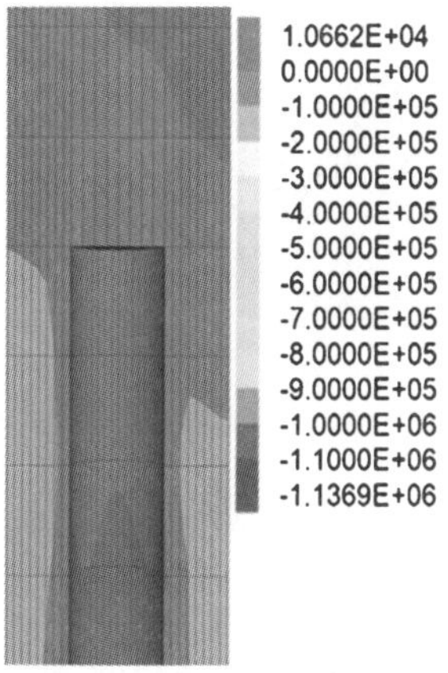

图 6.143　七次开挖最大主应力云图——剖面图

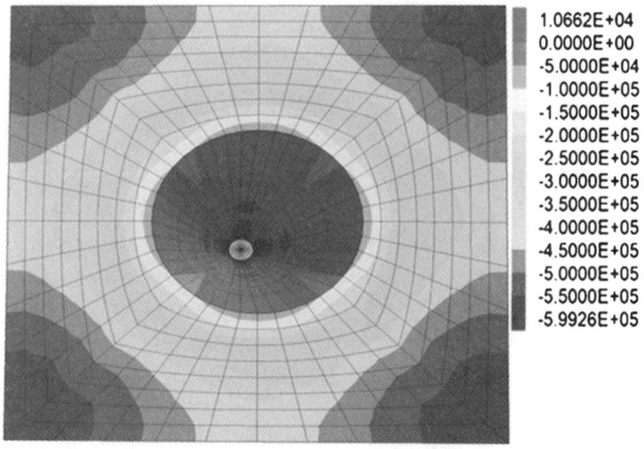

图 6.144　七次开挖最大主应力云图——俯视图

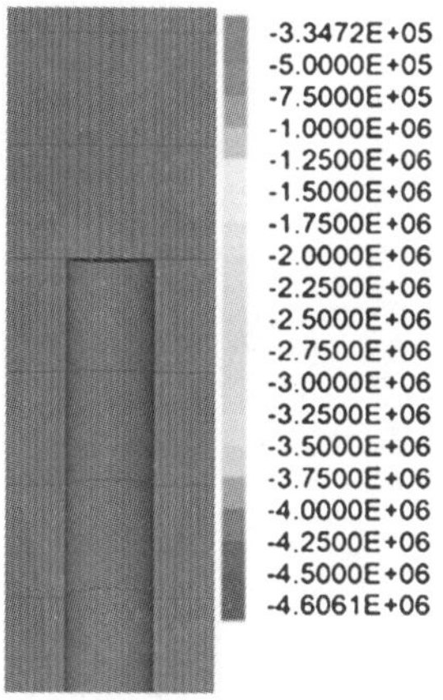

图 6.145　七次开挖最小主应力云图——剖面图

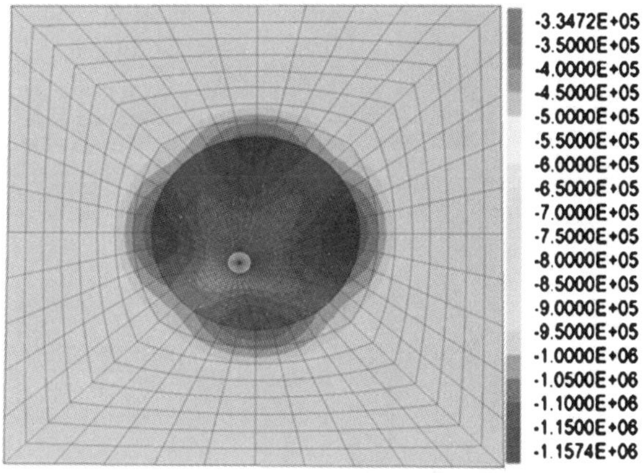

图 6.146　七次开挖最小主应力云图——俯视图

3）七次开挖竖井井筒周围位移云图变化分析

一般来说，对此类模型的开挖过程进行位移和变形研究，于实际工程有重大的借鉴意义。下面给出第七次向上开挖 40 m 的各向位移云图进行分析解释。

（1）*XX* 向位移云图分析。

本工况为第七次向上开挖 40 m 的情况，即开挖至竖井反井施工段正向向下 12.5 m 处导出的 *XX* 水平方向的位移云图。为了方便识图，分为剖面图以及俯视图进行说明，如图 6.147、图 6.148 所示。

由上述 *X* 水平方向的位移云图可知，在第七次向上开挖 40 m 的工况下，竖井井筒侧壁出现比较微小的位移。通俗地讲，在图 6.148 中 *X* 水平向的井筒底部位移左右大致相同，其中：*X* 向左边的位移变化范围是 $1.00\times10^{-5}\sim5.00\times10^{-5}$ m，方向为 *X* 正方向；而 *X* 向右边的位移变化范围是 $1.00\times10^{-5}\sim5.00\times10^{-5}$ m，方向为 *X* 负方向。因此总体来看，在第七次向上开挖工况中，位于 *X* 向的位移变化不大，且正反方向的位移距离基本相同，因此在开挖中井筒侧壁的变形稳定，处于可接受范围内。

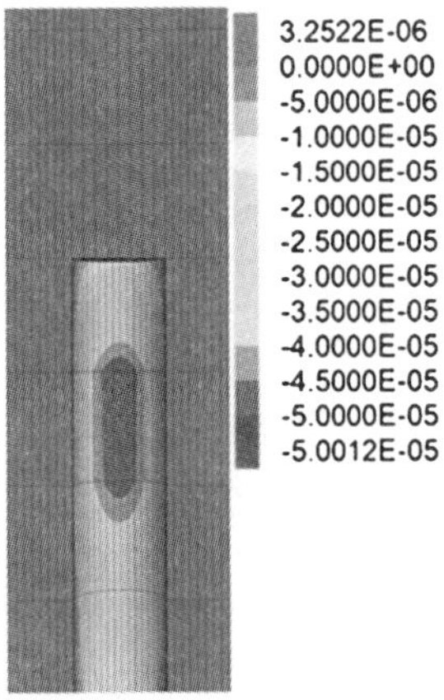

图 6.147　七次开挖 *XX* 向位移云图——剖面图

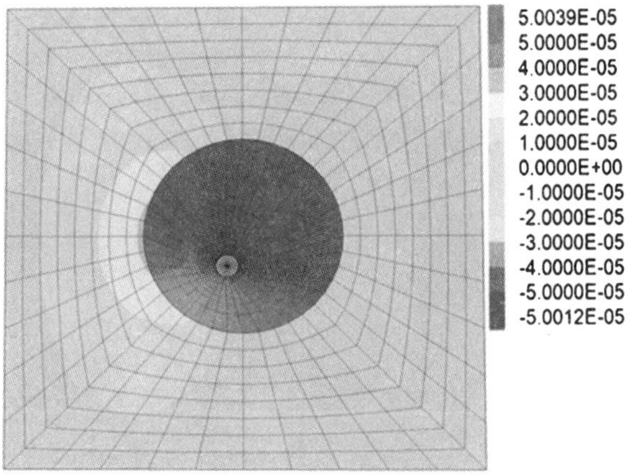

图 6.148　七次开挖 *XX* 向位移云图——俯视图

（2）*ZZ* 向位移云图分析。

本工况为第七次向上开挖 40 m 的情况，即开挖至竖井反井施工段正向向下 12.5 m 处导出的 *ZZ* 水平方向的位移云图。为方便识图，分为剖面图和俯视图进行展示，如图 6.149 所示。

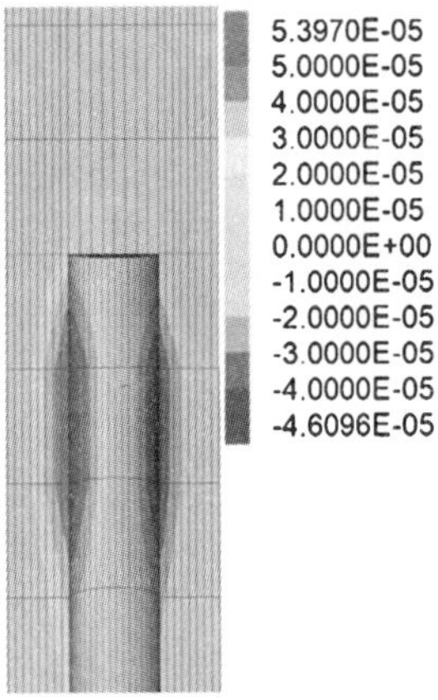

（a）剖面图

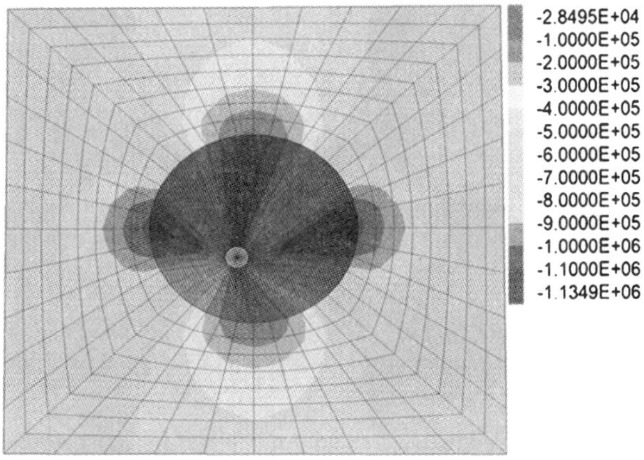

（b）俯视图

图 6.149　七次开挖 *ZZ* 向位移云图

由上述 *Z* 水平方向的位移云图可知，在第七次向上开挖 40 m 的工况下，距离开挖顶面接近的位置竖井井筒侧壁出现比之 *X* 水平方向更微小的位移。总的来说，在图 6.149 中可以看到不论是从开挖剖面图或是底部俯视图来看，*Z* 水平向正反两个方向的位移是高度一致的且极其微小，在实际工程中可不予考虑，因此在这里也不做更多分析。

（3）*YY* 向位移云图分析。

YY 向位移，即为垂直方向的位移，可验算工程在开挖过程中是否有沉降现象，对实际工程有一定借鉴意义，因此在这里做一定分析。下面给出垂直方向的位移云图并作出分析，同样以剖面图和俯视图进行展示，如图 6.150、图 6.151 所示。

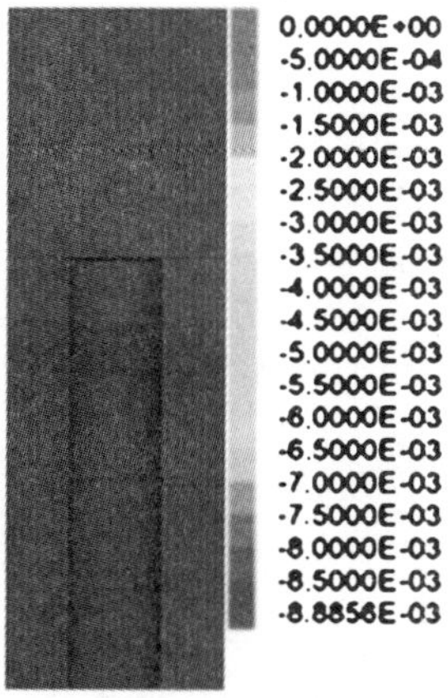

（a）剖面图

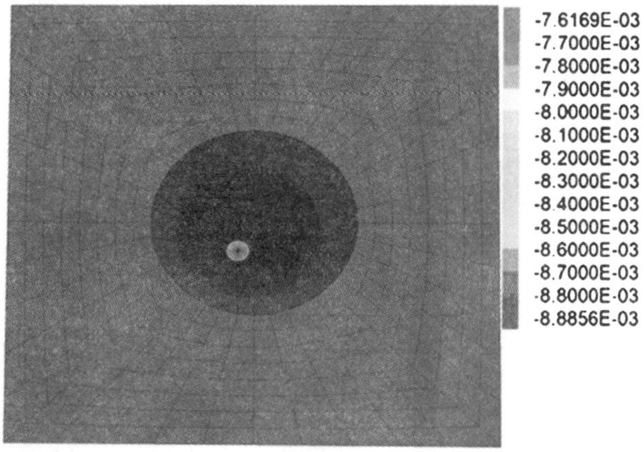

（b）俯视图

图 6.150　七次开挖垂直位移云图

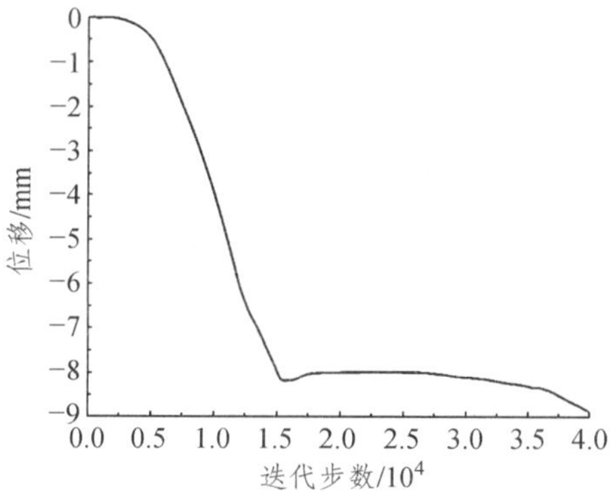

图 6.151　*YY* 向（0.8，280，0）位移检测点位移变化折线图

上述关于第七次向上开挖 40 m 工况的位移云图比较形象地说明了此次工况下垂直方向的位移情况。总体来看在垂直方向位移情况大致都在一个水平上，垂直位移大小大致都为 8.5×10^{-3} m，方向为垂直向下。故可知位移量都不大，都在合理范围内，在实际工程中也是可接受的。

9. 八次向上开挖 12.5 m 工况仿真模拟计算结果分析

1）八次开挖基本情况简介

该竖井采取反井钻机施工，是自下而上分层开挖的，在模型中自下往上第八次向上开挖了 12.5 m，开挖孔直径为 1.6 m，模型平台面尺寸为 3.8 m×3.8 m，至此总向上开挖高度达到了 292.5 m，即达到了竖井反井段竖直向下 0 m 施工终止处，至此该竖井反井施工模拟开挖全部完成，穿越的是 V_2 级围岩，围岩大多数为花岗片麻岩，强风化。土层参数参考表 6.7 ~ 表 6.9，选择情况如表 6.17 所示。

表 6.17　八次开挖土层参数

围岩级别	岩土层名称	重度/（kN/m³）	抗压强度 R_c/MPa	弹性抗力系数 K/（MPa/m）	变形模量 E/（10^4 MPa）	泊松比 ν	黏聚力 c/MPa	内摩擦角 φ/（°）	计算摩擦角 φ_c/（°）
V	粉质性黏土	17.0		100	1.0	0.45	0.05	27	30

2）八次向上开挖竖井井筒周围土层应力云图变化分析

在建立的竖井反井施工段模型中，第八次向上开挖 12.5 m，即达到了该竖井反井施工段竖直向下 0 m 处。对第八次向上开挖工况进行有限差分分析，可得到第八次向上开挖 40 m 工况各个方向的应力云图，下面分别给出并作解释。

（1）*XX* 向应力云图分析。

首先可以得到第八次开挖工况 *XX* 水平方向的应力云图，如图 6.152、图 6.153 所示。

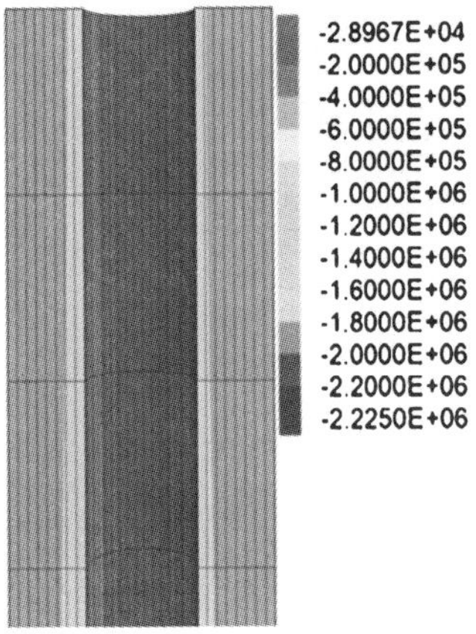

图 6.152　八次开挖 *XX* 向应力云图——剖面图

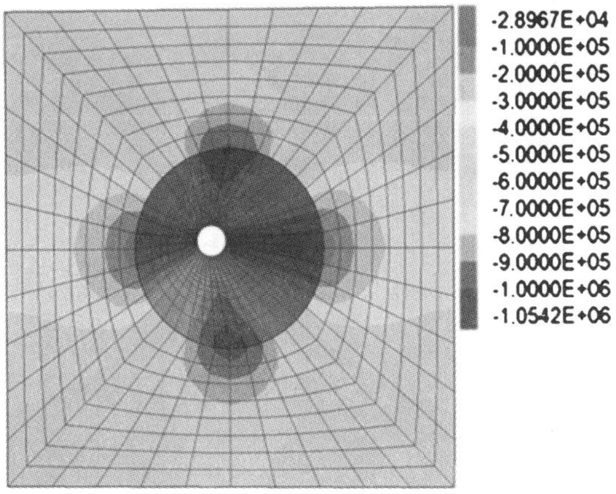

图 6.153　八次开挖 *XX* 向应力云图——俯视图

图 6.152、图 6.153 为模型第八次向上开挖了 12.5 m 的 *XX* 水平方向的应力分布云图，分为剖面图和俯视图展示。由图可以直观地看到开挖施工中井筒周围的 *XX* 水平方向应力变化。值得注意的是，该工况 *XX* 向应力云图分为底部俯视图和顶部俯视图进行展示，可以看到竖井侧壁受到的 *XX* 水平方向的拉应力范围从底部来看大致是 0.02 ~ 0.4 MPa，从顶部来看大致是 0.06 ~ 0.3 MPa，可知应力变化范围数值接近，是稳定的。

（2）*ZZ* 向应力云图分析。

ZZ 向与 *XX* 向同样处于水平平面，且互为垂直关系，可导出处于第八次向上开挖 12.5 m 的工况时，*ZZ* 向的水平应力云图，如图 6.154、图 6.155 所示。

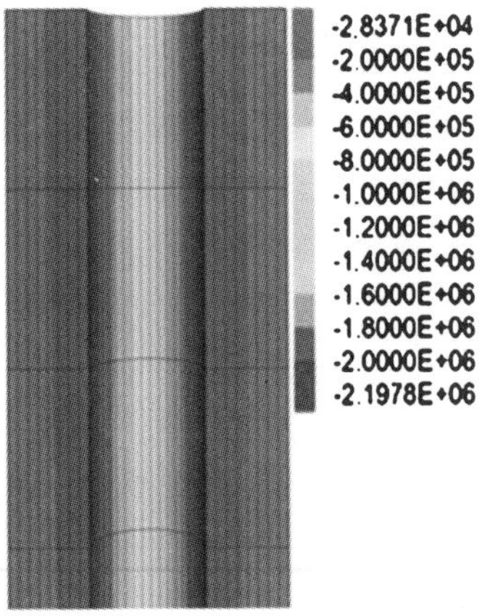

图 6.154　八次开挖 *ZZ* 向应力云图——剖面图

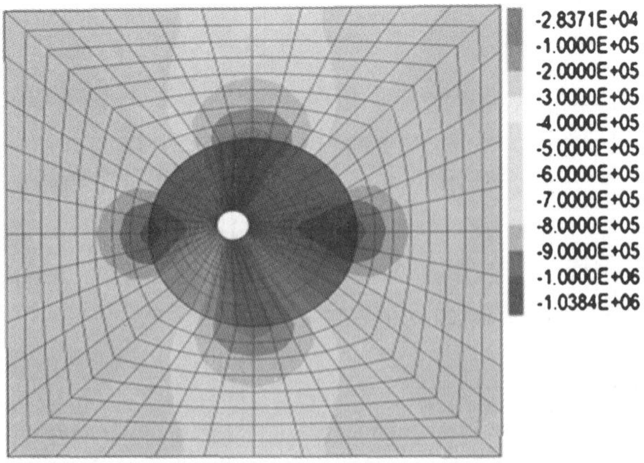

图 6.155　八次开挖 *ZZ* 向应力云图——俯视图

图 6.154、图 6.155 为本模型第八次向上开挖 12.5 m 的 *ZZ* 水平方向的应力分布云图，分别以剖面图和俯视图展示。由图可以直观地看到开挖施工中井筒周围的 *ZZ* 水平方向应力变化。值得注意的是，该工况 *ZZ* 向应力云图分为底部俯视图和顶部俯视图进行展示，可以看到竖井侧壁受到的 *ZZ* 水平方向的拉应力范围从底部来看大致是 0.7 ~ 1.03 MPa，从顶部来看大致是 0.5 ~ 0.75 MPa，故可知底部的 *ZZ* 向水平应力比顶部的 *ZZ* 向水平应力稍大一些，这是因为底部受土层自重应力的影响更大一些。由 FLAC^{3D} 软件第八次向上开挖 12.5 m 模拟结果显示，处于开挖进程时，竖井的井壁周围出现的大面积压应力集中现象同 *XX* 向一样都不是很明显，但沿着 *Z* 轴的方向也出现了一定的应力集中现象，故而竖井侧壁的围岩土层有一定程度的压缩现象，该压缩现象相对于 *XX* 向的水平应力集中现象来说要明显一些，但该压缩现象总体来说仍不是很明显，在实际施工过程中同样不用着重考虑。而且随着开挖进程越往上，竖井侧壁周围的各向水平拉应力越趋于稳定，土层压缩现象也更加趋于稳定。

（3）*YY* 向应力云图分析。

所建模时选取 *Y* 方向为竖直方向，可计算并得出竖直方向的应力云图，如图 6.156 所示。

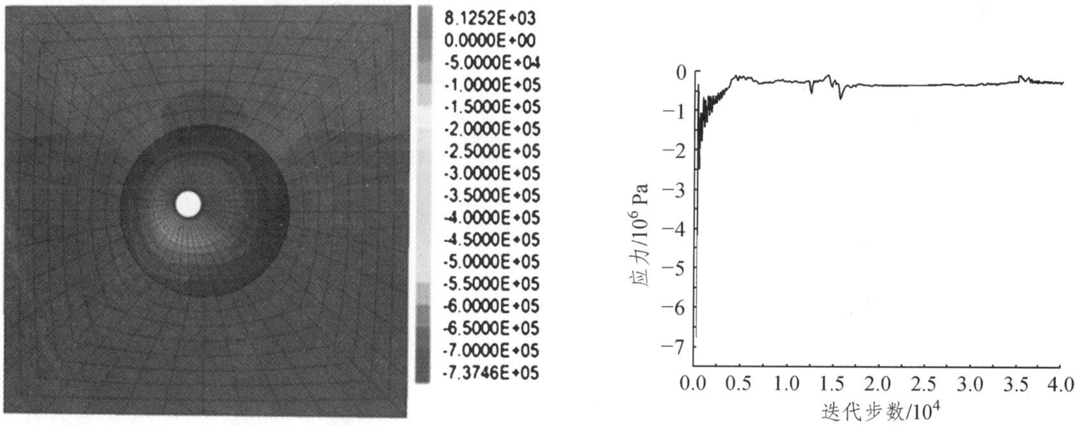

（a）八次开挖 *YY* 向应力云图——俯视图　　（b）*YY* 向（0.8，292.5，0）应力检测点应力变化图

图 6.156　八次开挖 *YY* 向应力云图和应力检测点应力变化图

第八次向上开挖 12.5 m 时，竖井井壁及周围竖直方向的应力状况。第八次开挖产生的井侧壁竖直应力从底部来看基本都为 0.7 MPa 左右，处于非常稳定的状态，而从顶部来看在井壁周围附近大致都为 0.04 ~ 0.07 MPa，比之底部 *YY* 向竖直应力小了很多，这是因为底部受土层自重应力的影响更大一些，而且该工况为向上开挖最后一次工况，顶部应力小是正确且合理的。

（4）八次开挖中最大主应力和最小主应力概述。

查阅资料可以知道，对于本模型这种长竖井筒结构采用竖井正向施工或是反竖井施工是否发生井筒大破坏或坍塌与最大主应力和最小主应力有一定的联系，同时还和最大水平主应力与最小水平主应力的比值有关系，该比值在一定程度上反映了地应力的不均匀性。地应力大小是长井筒发生破坏与否的直接反映，因此对最大主应力与最小主应力的研究以及分析十分有必要，下面分别给出最大主应力云图与最小主应力云图。

① 八次开挖最大主应力云图分析。

模拟计算可导出最大主应力云图，如图 6.157、图 6.158 所示。从第八次开挖的最大主应力图的剖面图和俯视图可以轻易得到最大主应力沿着第八次向上开挖 12.5 m 的应力云图情况。可以得知在第八次向上开挖的工况下，第八次开挖产生的井侧壁最大主应力从底部来看，井壁四周为应力数值为 0.05 ~ 0.3 MPa，而从顶部来看在井壁周围最大主应力在数值上大致都为 0.03 ~ 0.05 MPa，比之底部最大主应力小了很多，这是因为底部受土层自重应力的影响更大一些，而且该工况为向上开挖最后一次工况，顶部应力小是正确且合理的。

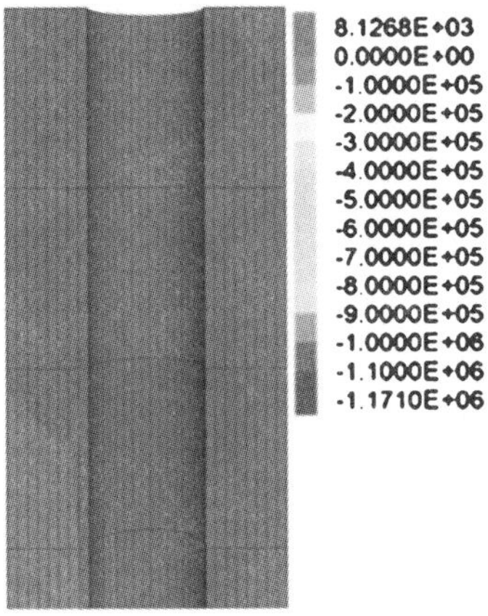

图 6.157　八次开挖最大主应力云图——剖面图

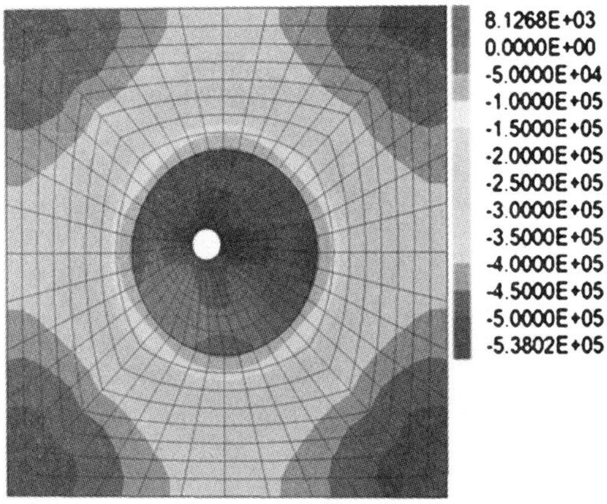

图 6.158　八次开挖最大主应力云图——俯视图

② 八次开挖最小主应力云图分析。

模拟计算可导出最小主应力云图，如图 6.159、图 6.160 所示。从第八次开挖的最小主应力图的剖面图和俯视图可以轻松得到最小主应力沿着第八次向上开挖 12.5 m 的应力云图情况。从第八次开挖最小主应力云图可以得到，在第八次向上开挖的工况下，第八次开挖产生的井侧壁最大主应力从底部来看，井壁四周为应力数值为 1.05 MPa 左右，而从顶部来看在井壁周围最大主应力在数值上大致都为 0.55 MPa，比之底部最小主应力小了很多，这是因为底部受土层自重应力的影响更大一些，而且该工况为向上开挖最后一次工况，顶部最小主应力小比底部最小主应力小是正确且合理的。

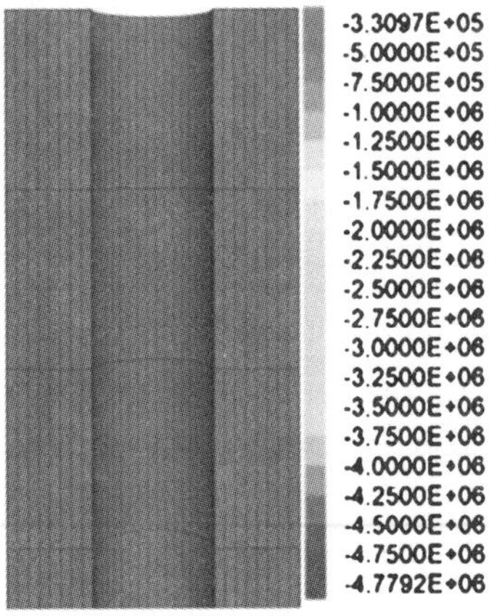

图 6.159　八次开挖最小主应力云图——剖面图

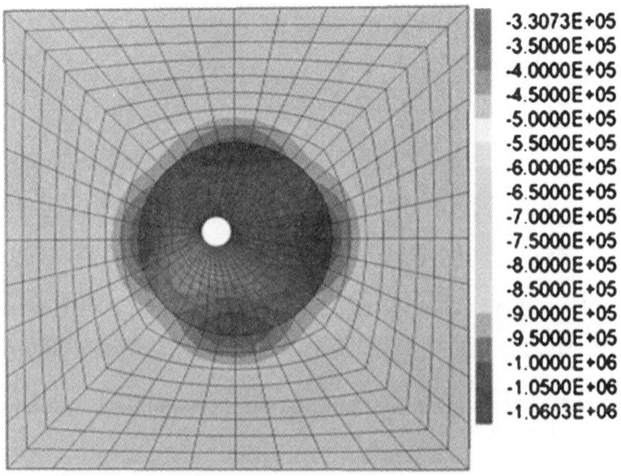

图 6.160　八次开挖最小主应力云图——俯视图

3）八次开挖竖井井筒周围位移云图变化分析

一般来说，对此类模型的开挖过程进行位移和变形研究，于实际工程有重大的借鉴意义，对导出的各向位移云图进行分析亦具有重大借鉴意义。下面给出第八次向上开挖 12.5m 的各向位移云图进行分析解释。

（1）*XX* 向位移云图分析。

本工况为第八次向上开挖 12.5 m 的情况，即开挖至竖井反井施工段顶部处导出的 *XX* 水平方向的位移云图。为了方便识图，分为剖面图以及俯视图进行说明，如图 6.161、图 6.162 所示。

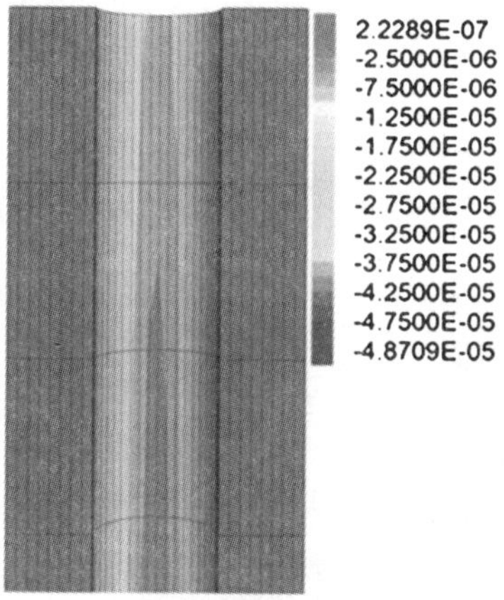

图 6.161　八次开挖 *XX* 向位移云图——剖面图

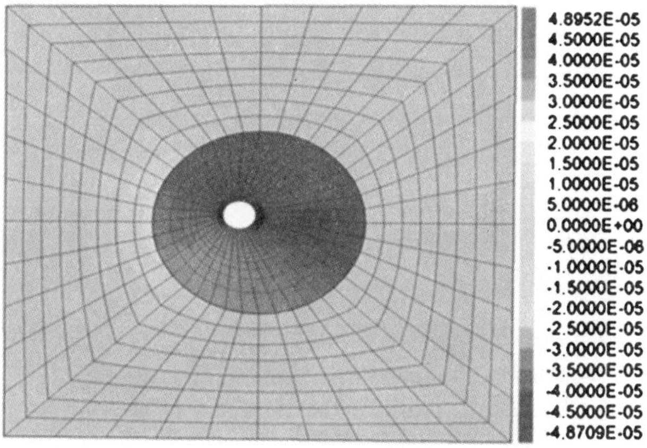

图 6.162　八次开挖 *XX* 向位移云图——俯视图

由上述 *X* 水平方向的位移云图可知，在第八次向上开挖 12.5 m 的工况下，竖井井筒侧壁出现比较微小的位移。通俗地讲，在图 6.162 中 *X* 水平向的位移左右两边的位移大致相同，其中：*X* 向左右边的位移变化范围都是 2.5×10^{-5} m 左右，方向朝井筒方向发生位移变化。因此总体来看，在一次向上开挖工况中，位于 *X* 向的位移变化不大，且正反方向的位移基本相同，因此在开挖中井筒侧壁的变形稳定，处于可接受范围内。又可得知在图 6.162 中 *X* 水平向的位移左右两边的位移同样大致相同，*X* 向左右边的位移变化范围都是 3.75×10^{-5} m 左右，变形相对于井筒底部来说要大一点，但变形都很细微，说明该竖井 *XX* 向的变形到施工结束时都是稳定的。

（2）*ZZ* 向位移云图分析。

本工况为第八次向上开挖 12.5 m 的情况，即开挖至竖井反井施工段顶部处导出的 *ZZ* 水平方向的位移云图。为方便识图，分为剖面图和俯视图进行展示，如图 6.163 所示。

在第八次向上开挖 12.5 m 的工况下，竖井井筒侧壁出现比之 *X* 水平方向更微小的位移。总的来说，在图 6.163 中 *Z* 水平向正反两个方向的位移是高度一致的且极其微小，在实际工程中可不予考虑，因此在这里也不做更多分析。

（3）*YY* 向位移云图分析。

YY 向位移，即为垂直方向的位移，可验算工程在开挖过程中是否有沉降现象，对实际工程有一定借鉴意义，因此在这里做一定分析。下面给出垂直方向的位移云图并作出分析，同样以剖面图和俯视图进行展示，如图 6.164、图 6.165 所示。

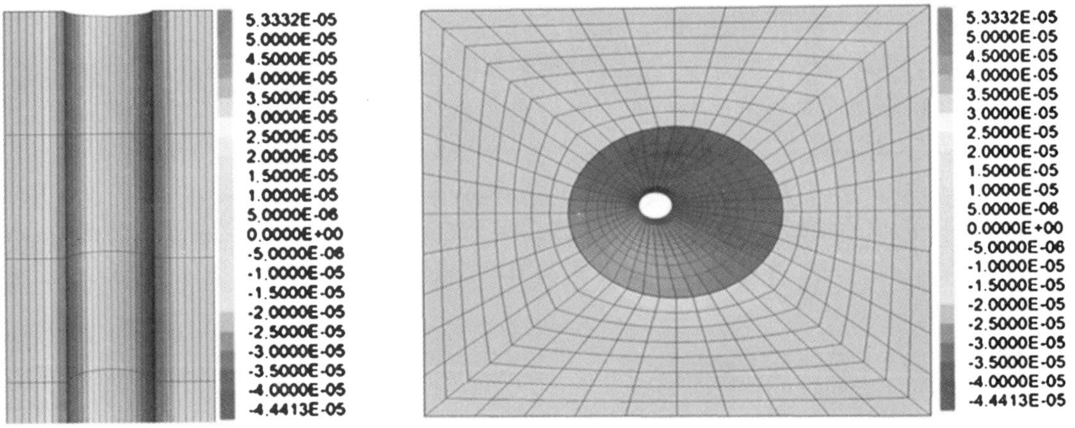

（a）剖面图　　（b）俯视图

图 6.163　八次开挖 *ZZ* 向位移云图

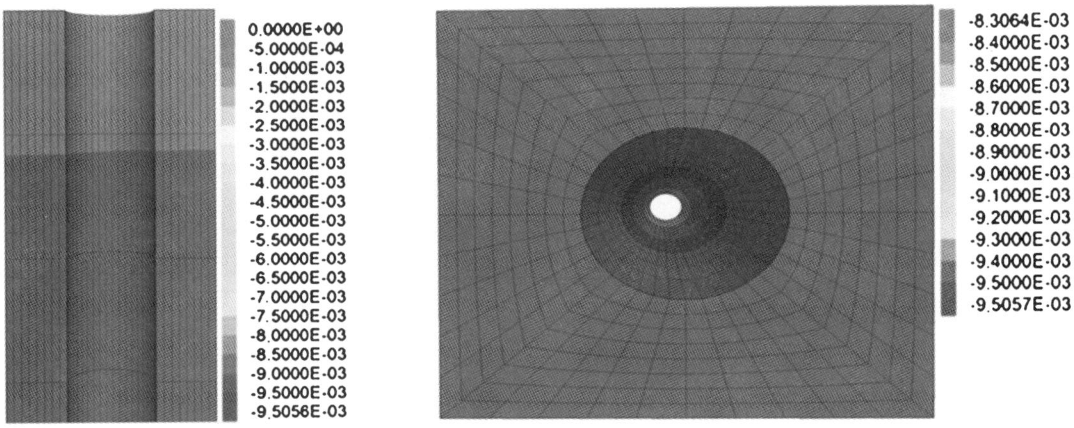

（a）剖面图　　（b）俯视图

图 6.164　八次开挖垂直位移云图

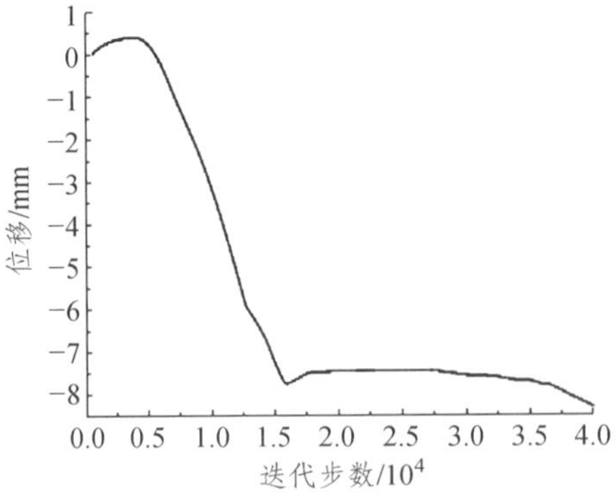

图 6.165　*YY* 向（0.8，292.5，0）位移检测点位移变化折线图

上述关于第八次向上开挖 12.5 m 工况的位移云图比较形象地说明了此次工况下垂直方向的位移情况。总体来看在垂直方向位移情况大致都在一个水平上，垂直位移大小大致都为

8.5×10^{-3} m，方向为垂直向下。但从图 6.165 来看，至竖井开挖结束，根据云图颜色判断井筒内壁周围附近的位移也会有波动，但是基本上处于稳定，总体来看虽然存在一定的垂直位移小突变，但位移量都不大，都在合理范围内，在实际工程中也是合理的。

下面给出 Y 方向各监测点应力和位移变化的总图，如图 6.166、图 6.167 所示。

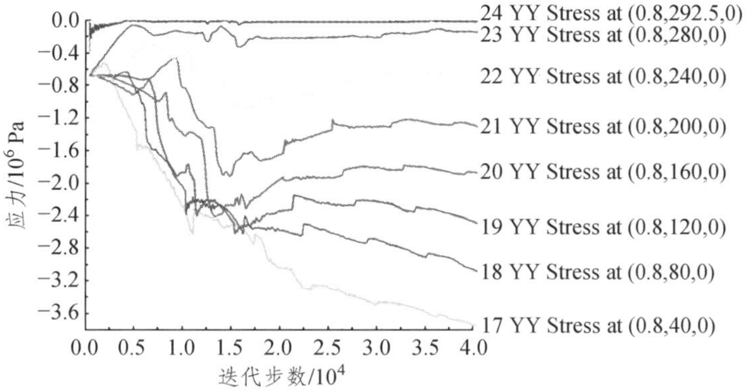

图 6.166　监测点应力变化折线总图

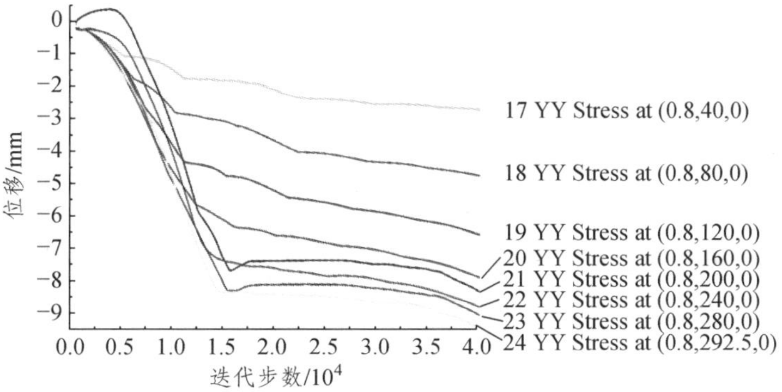

图 6.167　监测点位移变化折线总图

6.2.4　结论与展望

竖井施工是大型地下工程，与地质条件密切相关，施工速度和设备应结合现场实际地质条件选择，也需要在施工前进行仿真模拟计算。

本节以玉临高速五老山隧道为工程背景，结合该地区“土岩”复合的特殊地质情况，首先利用实际监测数据对盾构始发井、盾构接收井和暗挖区间临时施工竖井进行了分析，联系实际工况，总结分析得到了竖井开挖引起周边地表变形的规律；然后详细分析了该标段的风道竖井，在统计分析实际监测数据的基础上，运用有限差分数值对竖井开挖过程进行分析，并通过与现场实际监测数据对比，验证了数值模拟的可行性；接着进一步探讨了竖井施工过程中周围场地地表变形的特点和机理；最后通过不同施工工况的对比研究，分析了施工中土层的作用效应，确定了本工程安全有效进行的合理性，对今后类似相关工程的设计与施工具有借鉴意义。

对本竖井反井施工模型作仿真模拟计算，分 8 个工况分别进行应力云图、应力变化折线图、位移云图、位移变化折线图的分析解释，主要得到以下结论：

（1）在该竖井向上开挖中，竖井井壁出现大面积压应力的情况不多或者说是比较轻微，原因可能是该竖井反井施工段向上开挖的竖井直径只有 1.6 m，口径较小，因此较为稳定。

（2）根据数值模拟计算结果，本模型在向上开挖过程中，各个方向的应力数值变化不大，但越往上开挖，大部分区域应力数值在逐渐增大，后续又逐渐减小继而保持相对稳定的应力水平。除了位于第七次向上开挖工况和第八次开挖工况 *YY* 向检测点的应力变化数值一开始就为减小趋势然后保持稳定的应力水平状态外，位于其他工况范围内的检测点的 *YY* 向应力水平在数值上都为先增大后减小，然后越接近开挖完成，应力就越保持稳定水平。

（3）根据上述八次工况的位移情况分析可得知，在水平向即 *XX* 向和 *ZZ* 向的位移都较小，构不成井筒大破坏或者失稳危险，因此在总结位移变化时，笔者就以垂直方向 *YY* 向为例进行总结。可知在绝大多数工况下，各检测点的 *YY* 垂直方向位移变化情况在数值上都是先增大然后趋于稳定，位移变化方向为垂直向下。在计算至 15 000 步左右时，位移变形量最大大致为 8.5 cm。随着软件继续计算，各工况垂直位移的数值都在缓慢增大，一般规律是：混合花岗岩<粉质黏土<花岗片麻岩。

6.3 隧道通风竖井专项施工方案

6.3.1 主要工程内容

竖井设计深度 292.5 m，围岩划分为Ⅴ、Ⅳ、Ⅲ级，如表 6.18 所示。

表 6.18 五老山隧道竖井及井底工程一览表

布置位置	竖井深度	竖井净径	地质概况	围岩及长度/m					井底工程
中心桩号	m	m		Ⅴ$_2$级	Ⅴ$_1$级	Ⅳ$_3$级	Ⅳ$_1$级	Ⅲ级	m^2
K261+840.5	292.5	5.8	隧道围岩为片麻岩和花岗岩，开挖时可能产生较大量的滴水、渗水现象	21	30	50	120	72.5	约 2000

主要工程内容：根据竖井所在的工程地质条件，按新奥法原理进行设计，采用复合式衬砌。竖井初期支护以喷射混凝土、锚杆钢筋网、工字钢架为主要支护手段，洞口段设置竖井锁口。竖井二次衬砌采用 C30 钢筋混凝土结构，为防止竖井二衬掉落，增加竖井支护结构与地层间的嵌固力，设计沿竖井设置钢筋混凝土壁座一环，五级围岩按 35 m 间距，四级和三级围岩按 45 m 间距。要求施工开挖时壁座处一次扩挖到位，并进行支护。主要工程量如表 6.19 所示。

表 6.19 主要工程数量

序号	项目	项目	单位	数量	备注
1	通风竖井	土方明挖	m^3	3806	
2		五级暗挖	m^3	2 182.18	
3		四级暗挖	m^3	6541.6	

续表

序号	项目	项目	单位	数量	备注
4	通风竖井	三级暗挖	m^3	2 254.73	
5		喷 C25 混凝土	m^3	1 263.49	
6		I16 型钢钢架	t	33.966	
7		I14 型钢钢架	t	78.149	
8		衬砌钢筋	t	54.38	
9		C30 衬砌防水混凝土	m^3	3230	
10	地下联络通道	五级暗挖	m^3	0	
11		四级暗挖	m^3	0	
12		三级暗挖	m^3	46 316	
13		喷 C25 混凝土	m^3	3 000	
14		型钢钢架	t	342.15	
15		衬砌钢筋	t	578.33	
16		C30 衬砌防水混凝土	m^3	7044	
17		交叉口 I32 工字钢	t	32.2	

6.3.2 施工进度要求

依据现场实际地质及第 25 期会议纪要（云南玉临高速公路建设有限责任公司临沧建设指挥部关于五老山剩余工程进度座谈会纪要），2020 年 8 月 15 日前完成反井钻机扩孔刀盘安装，9 月 25 日前完成直径 1.6 m 导井施工，11 月 15 日前全部完成风机洞室及联络通道土建施工，在保证安全、质量的前提下，尽量往前赶，为后续专业预留施工时间。

总体方案：反井钻机正向扩挖法开挖支护，开挖完成后滑模自下而上衬砌（该方案总体工期最短，前提是井口 0 ~ 110 m 段落需要进行管棚帷幕注浆，确保反井钻机直径 1.6m 导井不坍塌）。地下风机洞室及联络通道具备施工条件的依次平行施工，采用钻爆法开挖，模筑混凝土衬砌[36-38]。

根据现场实际施工情况，2020 年 8 月 14 日完成竖井底部先导洞施工，并完成反井钻机扩孔刀盘安装，9 月 11 日完成直径 1.6 m 导井施工，竖井正向扩挖开工时间为 2020 年 9 月 15 日，反井法正向开挖完工时间为 2020 年 12 月底，滑模衬砌完成时间为 2021 年 3 月底。施工进度要求为：

（1）2020 年 8 月 15 日反井钻机直径 1.6 m 扩孔刀盘开始反提，110 m ~ 井底 293 m 深 183 m 较好围岩段反提进度 10 m/d，用时 20 d；竖井井口段Ⅴ级较差围岩 110 m 软岩段 20 m/d，用时 6 d；钻机拆除及扩挖井架安装 4 d。2020 年 9 月 15 日具备扩挖施工条件。

（2）经先导孔及地勘钻探，竖井较差围岩段井口至井下深度 110 m（其中原设计 V_2 级围岩 20 m，V_1 级围岩 30 m，IV_3 级围岩 50 m）位置，该段开挖前在原设计基础上采用 110 m 深 ϕ108 mm 超前大管棚进行帷幕注浆，机械辅助局部爆破进行开挖，平均施工进度计划 2.3 m/d，用时约 47 d。计划施工时间为 2020 年 9 月 15 日至 2020 年 10 月 31 日。

（3）110 m～井底 293 m 深较好围岩段 183 m（其中原设计$Ⅳ_2$级围岩 120 m，Ⅲ级围岩段 72.5 m），平均施工进度计划 3.5 m/d，用时 52 d，约 2 个月时间，计划时间为 2020 年 11 月 1 日至 2020 年 12 月 31 日。

（4）滑模衬砌施工约 3 个月：井口～井底 293 m 深，按照工程所在地的温度及天气情况，根据以往施工经验，滑模衬砌速度可以达到 5 m/d，滑模衬砌施工约 2 个月，滑模台车组装用时 15 d，拆除用时 7 d，滑模衬砌施工完成约 3 个月。

竖井地下风机洞室及联络风道在 2020 年 11 月中旬前全部完成，不占竖井施工工期。

6.3.3　主要施工设备配置

根据施工组织总体安排，配置本分项工程施工所需的主要施工机械与设备。机械设备调配需根据工程进展实际需要和监理工程师的要求，及时分期分批上场，保证工程所需，杜绝延误。拟投入的主要施工设备见表 6.20。

表 6.20　拟投入竖井工程的主要施工机械表

序号	设备名称	型号	单位	数量	进场日期	备注
1	井架式提升机	330 m 深	台	1	2020 年 5 月	定制
2	挖掘机	小松 PC60-8	台	1	2020 年 4 月	
4	装载机	柳工 50	台	1	2020 年 4 月	
5	喷浆机	PZ-7F	台	2	2020 年 4 月	
6	反井钻机	LM-400	台	1	2020 年 5 月	
7	空压机	20 m^3	台	2	2020 年 4 月	
8	风动凿岩机	YT-28	台	10	2020 年 4 月	
9	发电机	200 kW	台	1	2020 年 4 月	备用电源

机械设备的保养维护要求：

（1）制定详细的机械设备操作规程，并严格执行。

（2）定人、定岗配齐足够的专业技术人员对机械设备进行保养维护。

（3）制定详细的机械设备配件需求计划表，并根据计划表配齐所需配件。

（4）加强机械保障责任制，加强机械设备保障领导，奖罚分明，责任到人，层层落实。

6.3.4　总体施工方法

依照设计图纸，按照“管超前、严注浆、弱爆破、短进尺、快封闭、强支护、勤量测”的施工要求，结合竖井和联络风道的特点施工，加强施工中的监控量测工作，通过监控量测数据指导现场施工。在监控量测过程中，地质及支护状态观察、周边位移、拱顶下沉（特别是交叉口处的拱顶下沉）、渗水压力和水流量作为重点必测项目。施工中，地质预报作为必备工序纳入施工组织管理，一般地质地段采用地质方法进行地质预报、调查，不良地质地段应进行超前地质预报，针对本竖井及地下联络风道的特点，采用地质雷达为主进行短距离地质预报，确保施工安全。

根据目前施工图纸以及施工现场的实际情况，结合本次施工类似的施工经验，竖井施工总体方案为：第一步做好井口附近设施的规划，做好三通一平工作，为下一步竖井施工提供场地支持。第二步先施工地表水沟及井点降水，完成后进行井口的放坡开挖及超前周边注浆加固工作，达到施工要求后施作竖井锁口段。竖井锁口段采用明挖法施工，然后自上而下全断面开挖，边开挖边防护；土质地层采用机械开挖，石质地层采用钻爆法开挖，锁口段回填时应两侧对称分层回填夯实。第三步拼装、安装提渣设备，进行竖井井身段及地下联络风道施工。按照新奥法组织，竖井Ⅴ、Ⅳ、Ⅲ级围岩均采用全断面法施工，竖井底部同联络风道连接段采用分部开挖方法施工，联络风道采用上下台阶法施工。竖井及地下联络风道均采用光面爆破，初期支护应紧跟开挖面，喷射混凝土采用湿喷技术施作，二次衬砌采用组合钢模板一次性整体浇筑，竖井中隔板与竖井衬砌整体浇筑，二衬施作采用“自下而上”的滑模施工，二衬作业时要提高衬砌内部的平整度，以减少通风阻力。当竖井井筒施工到地下联络风道顶板位置后，随着井筒下掘，两侧风道也各掘进 10 m，掘进同时采用锚杆、钢筋网、钢拱架及喷射混凝土进行初期支护，初期支护紧跟工作面，顺序是先拱后墙，掘进结束后开始施工二次衬砌。各联络风道掌子面 5 m 范围内二次衬砌先期施工，其余部分与竖井井筒连接处一次浇筑成型，并在先后浇筑的联络风道相接处设置变形缝。待正洞施工至联络风道并完成二次衬砌浇筑后，再由正洞向联络风道方向掘进，与联络风道贯通。

1. 总体施工工序流程

五老山隧道竖井总体施工工序流程为：明挖施作井口段，井口至井底采用反井钻机正向扩挖法施工洞身段。具体施工工序为：① 井口 0 ~ 6 m 全断面正向开挖支护；② 井口 0 ~ 6 m 施工锁口二次衬砌；③ LM-300 反井钻机安装及调试；④ 反井钻机导向孔施工；⑤ 反井钻机导井施工；⑥ 自上向下导井扩挖钻爆开挖；⑦ 施作井壁初期支护锚杆和喷射混凝土；⑧ 竖井滑模二次衬砌施工。如图 6.168 所示。

1）井口 0 ~ 6 m 全断面正向开挖及支护

井口开挖前复核井口旁的洪水位标高，在井口周围做好排水、截水措施，然后对开挖坡体及时进行锚喷支护，施作井口段。井口表土段采用挖掘机机械放坡挖掘，明洞开挖施工前，先进行测量放线，放出井点降水布置线和地表截水沟位置，按图纸设计要求施作截水沟和井点降水。待井点降水效果达到要求后开始明洞段开挖，洞口段仰坡边开挖边进行临时坡面防护，采用 10 cm 厚 C20 喷射混凝土及 25 cm×25 cmϕ8 钢筋网片，开挖明洞时，注意在一侧预留进出斜坡，以供机械上下通行。

根据竖井的地质条件、竖井深度及环境保护等多方面综合考虑，本竖井锁口段采用明挖方式完成 0 ~ 6 m 深开挖，自上而下全断面开挖，边开挖边临时防护；土质地层采用机械开挖，石质地层采用钻爆法开挖，锁口段回填，应两侧对称分层夯实。锁口高度为 6 m，顶部开口开挖直径 19.3 m，底部开挖直径 12.8 m，深 6 m，分 3 层施工，分层开挖后视边坡稳定性情况作出相应的临时支护措施。开挖完成后，首先施工底部大基础，高度为 75 cm，钢筋接头错开布置，并符合要求，底层混凝土浇筑完成后，在强度达到要求时进行混凝土凿毛处理，进行上部施工。竖井锁口段施工见图 6.169。

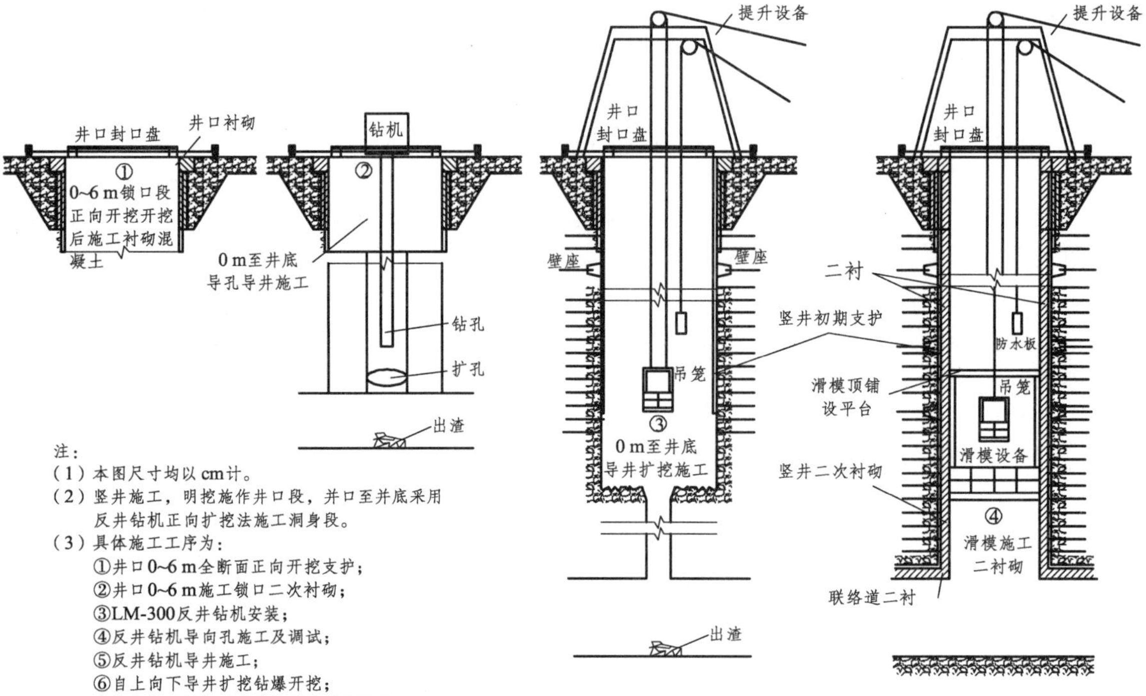

注：
（1）本图尺寸均以cm计。
（2）竖井施工，明挖施作井口段，井口至井底采用反井钻机正向扩挖法施工洞身段。
（3）具体施工工序为：
①井口0~6 m全断面正向开挖支护；
②井口0~6 m施工锁口二次衬砌；
③LM-300反井钻机安装；
④反井钻机导向孔施工及调试；
⑤反井钻机导井施工；
⑥自上向下导井扩挖钻爆开挖；
⑦施作井壁初期支护锚杆和喷射混凝土；
⑧竖井滑模二次衬砌施工。
（4）竖井内应设有安全梯和封口盘、安全吊盘，提升设备有防坠措施。
（5）竖井施工支护的每次支护高度根据围岩的稳定情况考虑。

图 6.168　竖井施工工序流程图

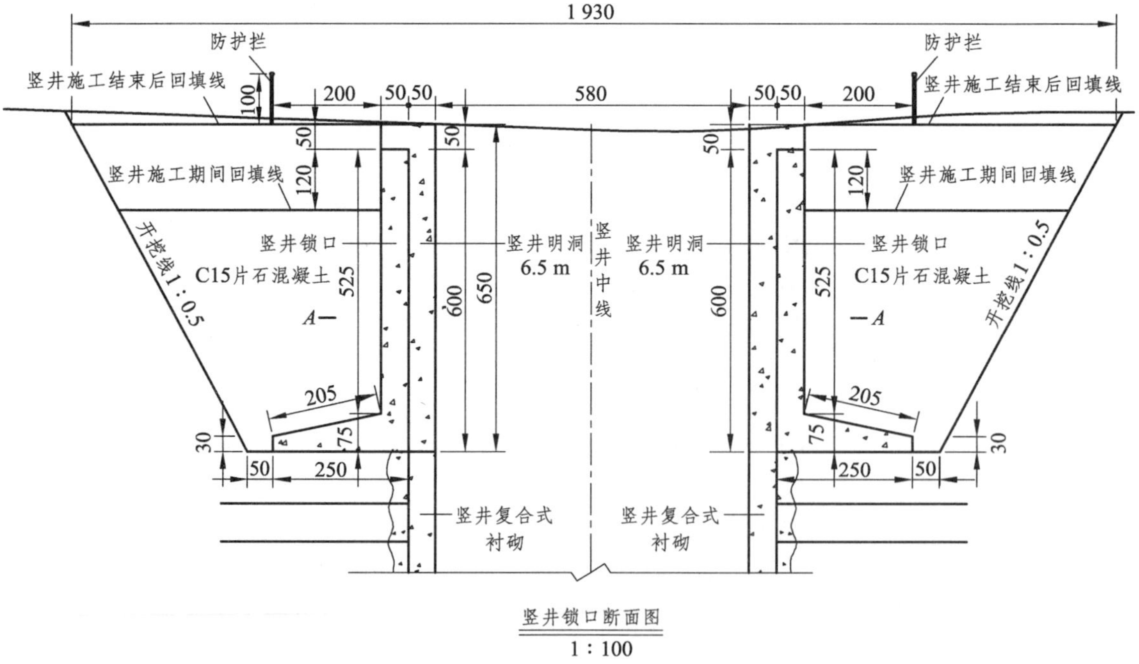

竖井锁口断面图
1：100

图 6.169　竖井锁口段施工图（单位：mm）

开挖时应注意在井口设置封口盘，防止坠物，以及在井底作业面上方设置安全吊盘，作为另一道安全防护，确保下方施工人员安全。滑模衬砌施工：井口设置封口盘，防止坠物，滑模设备顶部防水板作业平台上方设置安全吊盘，作为另一道安全防护，确保下方施工人员安全。竖井内应设有安全梯和休息平台，提升设备应有防坠措施。安全吊盘至下方作业面通过爬梯通行。

（1）封口盘。

封口盘作为井口安全防护及井架固定基础。封口通铺厚度不小于 10 mm 花纹钢板，钢板下设 I32 工字钢作为纵横梁，封口盘与吊笼通过位置预留活页开口，如图 6.170、图 6.171 所示。

图 6.170　封口盘 1

图 6.171　封口盘 2

（2）安全吊盘。

井底安全吊盘悬吊于工作面上方约 4 m，主要作用为保护工作面和作为延接管路的平台。吊盘周围采用高度不低于 1.2 m 的钢管进行防护，吊盘由 20 t 门机悬吊上下提升，待停留位置有悬吊井口钢丝绳固定，如图 6.172 所示。

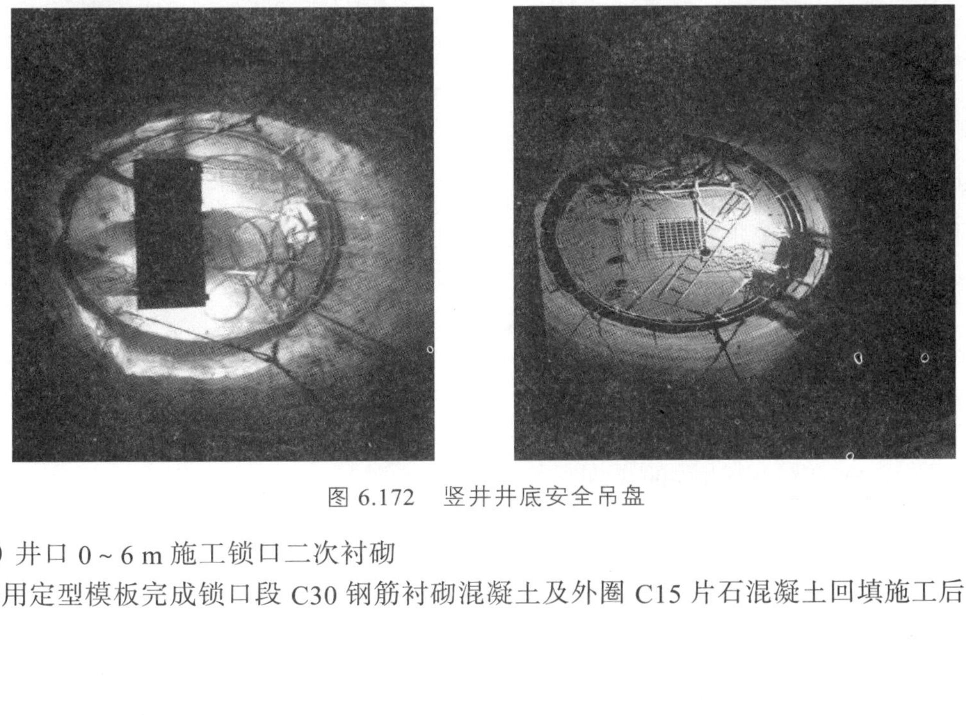

图 6.172　竖井井底安全吊盘

2）井口 0 ~ 6 m 施工锁口二次衬砌

采用定型模板完成锁口段 C30 钢筋衬砌混凝土及外圈 C15 片石混凝土回填施工后，采取湿养养护 28 d，然后进行背后 M7.5 浆砌片石回填施工。浆砌片石施工至距离锁口顶 1.2 m 处，作为竖井施工期间的回填线。锁口段底座应坐落在稳固的基础上，要求地基承载力不小于 200 kPa，回填施工结束后安装井架式提升机。

目前，国内竖井施工提升系统主要以钢丝绳悬吊设备、亭式井架、钻爆法施工为工艺线路。随着施工深度增加，排水设备能力、提升能力、通风能力、悬吊能力都将面临由量到质的变化，具体表现为：

（1）随着井筒深度增加，提升深度和重量相应增加，排矸、运料、上下运输等提升时间增加，导致施工速度成比例地降低，施工工期倍增。

（2）随着井筒深度增加，软弱破碎地层的地质压力增加，支护强度要求增加，加上施工空间约束，围岩加固和支护技术的难度都倍增，效率降低。

（3）随着深度增加，现有提升机、排水、通风设备的容量越来越受局限，竖井施工的技术安全性降低，直接导致施工费用倍增，施工工期风险加大。

高效可靠地解决竖井上、下垂直运输，是竖井施工的一项关键技术。目前，传统矿提升机应用较多且成熟，详见图 6.173 及图 6.174。

图 6.173　矿井井架式提升机

图 6.174　矿井井架式提升机平台

3）LM-300 反井钻机安装及调试

达到验收及安全施工条件后，开挖采用“反井钻机正向扩挖法”施工。本次施工综合现场的地形地质，选用江苏常州机械厂生产的 LM-400 型反井钻机，导井施工直径 1.6 m。钻机基本性能参数见表 6.21。

表 6.21　反井钻机主要技术参数

名　称	单 位	参　数
型　号		LM-400
导孔直径	mm	240
扩孔直径	mm	1 600
钻井深度	m	400

续表

名　称	单 位	参　　数
主机外形尺寸	mm	3 020×1 420×2 000
主机质量	t	12
泵站额定压力	MPa	副泵：28；主泵：25
泵站额定流量	L/min	副泵：40 L/min；主泵：320 L/min
泵站外形尺寸	mm	2 600×1 300×1 600

（1）钻机基础及辅助循环系统。

为满足钻机安装要求，根据反井钻机施工要求，与竖井中心对中浇筑长、宽各为 4 m，厚度为 100 cm 的 C25 混凝土平台，并预留 30 cm×40 cm 的排沙沟通往沉淀池；在主机下面铺设钢轨，钢轨和主机间垫上枕木，主机后方用卡轨器固定在钢轨上。为保证导孔钻进精度，必须把反井钻机安装在混凝土基础上。基础面保证水平，预留孔位置必须准确、对称。基础底部要清理干净，不得有杂物、浮渣等。

反井钻机施工需要建立循环系统，包括容积不小于 4 m^3 的循环池、循环沟槽、沉渣池等。同时要求供电负荷不小于 250 kV·A，供水量不小于 15 m^3/h，并要在施工现场建立照明系统。

（2）反井钻机安装调试。

① 主机、泵站、操作台及水泵就位。

根据施工现场环境，合理布置主机、泵站、操作台和水泵。操作台应布置在操作手视线较好的地方，能够看到夹钻杆和各个工作流程，以便操作钻机。泵站不能离主机和操作台太远，以免造成油管长度不够。水泵要靠近循环蓄水池布置。

② 组装。

钻机运到井位后，按设备布置顺序，将主机推到孔位中点处。根据钻机中心与行走机构轴距中心之间距，定好钻机位置，对正孔位中点处，将卡轨器固定在轨道上。

将泵站与操作台、主机油管连接好，油管组装前一定要用清洁柴油清洗干净，避免污物进入，损坏液压油管。然后接通电源，启动油泵，用斜撑缸竖起主机。

调节螺旋千斤顶，固定主机，接好风、水、管，注意立机时，需由专人负责指挥，确保安全。钻机立起或放倒前应减小节流阀开口，使钻机慢慢起落。

（3）反井钻机定位操作。

① 钻机运到井位后，将各部件按工作顺序排列好。固定主机，装上卡轨器，将机架用斜撑油缸慢慢竖起。此高压水道是竖直井，将机架竖直，到位，校正水平，检查机架中心是否对准孔位中点处。

② 调整钻机方位和垂直度。先用斜撑杆将钻机顶起（目测前后方向与地面大致垂直即可），然后调整钻机左右方向，要求与地面严格垂直。一般采用线垂测量法，即在钻架左右两边各悬挂 2 m 长的线垂，通过在底板下方预埋的螺栓进行调整，调整过程主要对前后、左右方、方向的垂直度进行控制，将偏差控制在 2 mm 范围内。

③ 固定钻机。靴板安装在反井钻机钻架底部侧面，装上地脚螺栓后，进行二次浇筑，将底板固定在基础上。导孔钻进中，要定期测量钻机倾斜角；若有变化，及时调节校正。除此

之外，不允许再动钻机，直至反井钻进施工结束。

（4）反井钻机系统调试。

钻机安装好后，全面检查主机安装得是否牢固，各部件的动作是否准确，液压系统是否漏油，风水系统的压力、流量是否合适，电气系统是否正常，所需钻杆垫圈、机油是否备齐，一切正常后再启动主机，空载运转 3 min，确认一切无误后方可开钻。

4）反井钻机导向孔施工

（1）导孔施工。

反井钻机导孔钻进操作是由上向下钻直径为 240 mm 的导向孔，导向孔钻进过程也是对地层的勘探过程，如图 6.175、图 6.176 所示。反井钻机虽然不是取芯钻进，但根据对钻进过程和排出岩屑的观测分析及以往经验，可以初步了解地层情况，从而可为扩孔钻进、孔壁围护及衬砌方案的制订提供参考依据。

图 6.175　反井钻机导孔施工 1

图 6.176　反井钻机导孔施工 2

（2）开孔施工。

开孔的质量不仅对钻进偏斜率有直接影响，而且孔口毁坏后还影响顺利排渣，从而影响效率和钻具寿命。

用短钻杆开孔时，首先将牙轮钻头与短钻杆接好，机械手抓住短钻杆，送入机架内与机头连接好，机械手收回，机头下降至牙轮钻头接触岩石，并在机架底座的孔内装入扶钎半卡环，扶住钻杆（硬岩选用球齿钻头，软岩使用楔齿钻头）。

先开水，用小钻压（约 1.5 ~ 2 MPa）低转速开孔，并断续推进，上下提动钻头扫孔，及时清理孔内的岩渣。同时还需加强测量，发现孔偏斜时及时纠正，孔偏斜过大时要另行开孔，绝不允许按已偏斜的钻孔继续钻进。

打完短钻杆后，先停机后停水。按程序装上一个钻杆，用扶钎半卡环扶住钻杆，并继续用小钻压、低转速钻进；待钻杆全部进入导孔后，停水，将这根钻杆卸掉，换上稳定器，推进至导孔内，再装上一根钻杆，并继续用小钻压、低转速钻进。钻孔深超过 3 m 后，可按正常参数钻进，并且开始逐渐增加轴压（3 ~ 4 MPa），提高转速。

（3）导孔施工。

导向孔钻进是反井钻井施工中最为关键的一个环节，其偏斜率直接关系到钻孔质量，甚至反井施工的成败。导向孔钻进成功通常意味着反井钻进成功了 80%，可为导井及扩井施工创造良好的条件。主要从以下几点操作及进行技术控制：

① 为了控制钻进偏斜率在1%以内，必须保证排渣的风量、水量和风压、水压，将孔内岩渣排净，防止堵孔。除了正确安装主机和控制开孔外，还需在第一根钻进 1 m 后加 1 根稳定器，钻进 3 m 后再加一根稳定器，以后每 5 ~ 30 m 加一根稳定器，随着钻孔深度的增加，稳定器之间的间隔可适当加大；计划在 1 m、3 m、8 m、18 m、38 m、68 m、98 m、128 m、158 m、188 m、218 m、248 m…处加稳定器。

② 上钻杆时，要注意加钻杆垫圈，加丝扣油，严格控制推进速度，免伤丝扣，将每根钻杆丝扣旋紧，这也是减小钻杆偏斜率的极为重要的一环。

③ 要保护孔口，切勿掉入金属和坚硬物体。若在钻孔时发现孔内有异常响动，要停钻处理。孔内若掉入金属物可使用磁铁吸出。

④ 要及时清走孔口的岩渣，注意排渣粒度。若发现量少粒细时，应加大水量；如果仍不见效，应考虑钻头是否损坏。

⑤ 确保排渣系统的水量和水压，将孔内岩渣排净，以防堵钻。当钻孔深度超过 20 m 时每钻完一根钻杆，需冲水排渣 1 ~ 2 min，孔越深排渣时间越长。

⑥ 钻进作业时，应经常紧固底座螺旋千斤顶。加固上顶油缸保持机身平稳，确保机架角度和水平以正常作业。

⑦ 接杆操作。

每钻进 1 m，必须装上一根钻杆。操作者先调低回转电机转速，旋转钻杆，使钻杆的四方口停在便于插入垫叉的位置。辅助工插入垫叉后将液压电机反转，同时使推进缸相应缓慢上行，直至丝扣脱开（如开始液压电机转不动，可先用辅助卸钎器将丝扣卸松，再反转液压电机），推进缸快速升到接近最大高度，再慢速升至上极限；机械手抓起钻杆，送进机头，把回转压力调到低挡，正转液压电机，同时使推进缸相应缓慢下行，直至上完丝扣、机头和钻杆接好；松开机械手卡爪，机械手臂摆回，退出机械手，液压电机缓慢正转，推进缸相应缓慢下降，与下面钻杆丝扣连接，直到丝扣拧紧，略提升钻杆取出垫叉。如需继续正常工作，则把回转压力调到高挡，再开始正常工作。

（4）反井钻机导孔施工偏斜控制。

在导孔施工过程中，偏斜度控制是整个施工中的关键因素，如果导孔偏斜度过大将造成无法施工，甚至偏离设计位置[39, 40]。偏斜度控制的重要性不言而喻。在进行偏斜度控制方面，可以借鉴已施工项目控制经验，同时，本次施工选用经验丰富的施工队伍。他们对竖井施工及反井钻机操作具有实战经验，尤其在地质判定及不良地质的处理上有独到的方法。

① 偏斜控制目标。

0 ~ 50 m 范围内偏差控制在 0.5%，即 25 cm；贯通偏差控制在 1%，即 280 cm。

② 偏斜控制措施。

在进行导孔施工过程中，施工技术控制非常关键，除了技术掌握情况及人为因素外，主要从以下几个方面进行控制：

a. 钻机定位控制。

在钻机安装过程中，钻机定位一定要准确。钻机定位采用全站仪坐标放样，同时使用框式水准仪、吊锤相互校核的办法，确保钻机定位准确。

b. 钻杆质量控制。

钻杆强度满足要求，保证钻进中无钻杆变形和断裂情况。

c. 钻进速度控制。

在钻进时，实时调整钻机各项参数设置，采取合理的推进压力和回转压力，确保钻进过程钻杆稳定。导向孔正常钻进速度高于开孔钻进速度，并应将动力头出轴转速调整为高速。钻进时应注意合理调整钻压和转速和及时清理完全排除岩渣。钻进速度按照以下进行控制：在 0 ~ 100 m 范围内，平均钻进速度控制在 0.9 m/2h，其中岩石较好的地段钻进速度控制在 1 m/2h，岩石软弱地段钻进速度控制在 0.8 m/2h；在 100 ~ 200 m 范围内，平均钻进速度控制在 1.5 m/2h；在 200 ~ 270 m 范围内平均钻进速度控制在 1 m/h。如果钻孔内返水量极少，甚至不返水，说明遇到了断层、裂隙或溶洞等地质构造，此时应勤量测、缓慢钻进。

d. 量测控制。

在钻进中加大观测频率，发现问题及时纠正。考虑到高压管道竖井开挖洞径小、深度大，本次施工采用 KXZ-1A 型数据测斜仪进行量测。量测位置为 30 m、60 m、100 m、150 m、210 m、270 m。在岩层变化处根据情况加大观测频率，进行数据分析时，对出现的问题及时纠偏，确保贯通偏差在目标范围内。在量测时，为保证准确性，下放探头应尽可能平稳，观测时保证探头稳定。在进行数据分析时，要做到准确、真实、可靠。其中，KXZ-1A 型数据测斜仪是一种新型的高精度数字井斜测量仪器，用于垂直或定向井（孔）的顶角和方位角的高精度测量，也可用于定向钻孔控制顶角、方位角和工具面向角的高精度测量，同时高精度地测量钻孔深度等参数。仪器由笔记本电脑（自备）、地面控制单元、测斜探管三部分组成，设计为便携式；采用数据编码长线传输技术，电缆传输数据准确可靠；高性能传感器测量结合数字信号处理技术，测量结果精度高、稳定性好；由 RS-232 串行口直接将数据上传至笔记本电脑，上位机软件显示清晰、直观的测量数据及平面、剖面、侧面投影图并存储测量数据；连接彩色喷墨打印机可打印 A4 版面测斜数据、平面、剖面、侧面投影图及空间轨迹图；测斜管通常安装在穿过不稳定土层至下部稳定地层的垂直钻孔内，使用数字垂直活动测斜仪探头，控制电缆、滑轮装置和读数仪来观测测斜管的变形。第一次观测可以建立起测斜管位移的初始断面。其后的观测会显示当地面发生运动时断面位移的变化。观测时，探头从测斜管底部向顶部移动，在半米间距处暂停并进行测量倾斜工作。探头的倾斜度由两支受力平衡的伺服加速度计测量所得。一支加速度计测量测斜管凹槽纵向位置，即测斜仪探头上测轮所在平面的倾斜度。另一支加速度计测量垂直于测轮平面的倾斜度。倾斜度可以转换成侧向位移。对比当前与初始的观测数据，可以确定侧向偏移的变化量，显示出地层所发生的运动位移。绘制偏移的变化量可以得到一个高分辨率的位移断面图。

KXZ-1A 型数据测斜仪主要技术指标：

测斜深度：≤1 200 m。参数参量范围与精度：顶角测量范围 0 ~ 60°，顶角为 0 ~ 20°时测量精度为±0.1°，顶角为 20° ~ 60°时测量精度为±0.2°；方位角测量范围 0 ~ 360°，顶角为 1° ~ 3°时测量精度为±3°，顶角为 3° ~ 60°时测量精度为±1.5°；工具面向角测量范围 0 ~ 360°（可选参数），测量精度为±1.5°。测斜探管外径：40 mm。地面控制单元工作环境：温度−10 ~ 50 °C；相对湿度≤85%。测斜探管工作环境：温度 0 ~ 75 °C，耐压≤15 MPa。电源：220V 50 Hz AC。测量方式：定点测量，测点深度间隔及测点数任意确定。

e. 围岩观测。

复杂岩层、不稳定情况、断层等不良地质对偏斜会造成一定影响，就目前的设计文件及招标文件无法判断出竖直段围岩变化情况，只能通过钻孔中冲洗出的石渣情况，判断围岩变化，通过石渣颜色、粒状进行推测。遇到变化情况时，应采取放缓钻进速度、勤量测等措施度过影响带。

③ 偏差纠偏措施。

a. 纠偏原则。

0 ~ 283 m 范围内，偏差在 1%内不予处理。0 ~ 150 m 范围内，若偏差在 1.5%内，则将导孔回填，重新钻孔。150 ~ 283 m 范围内，若偏差在 1.5% ~ 2%内，则与设计、监理、业主协商处理措施。不允许出现大于 2%的偏差。

b. 纠偏措施。

在 0 ~ 150 m 范围内出现超过 1.5%（即 1.5 m）的偏差时，需进行回填，回填深度至少高出出现偏斜位置 1.0 m 以上。回填方法：提出钻杆，将水泥砂浆或混凝土沿孔壁倒入，直到将偏斜段回填完成为止，待强度达到要求后，方可重新开钻。在进行钻进过程中，再次出现偏差时，按照上述方法进行处理。

在 100 ~ 283 m 范围内，出现 1.5% ~ 2%的偏差时，根据现场实际情况，与设计、监理、业主协商，共同确定处理意见。

（5）导孔施工可能出现的故障及注意事项。

① 运行中出现故障及处理。

在钻进过程，由于操作不当或定位不准确，出现导孔偏斜时应停止钻进，将钻头退出孔外，用混凝土浇筑导孔，重新开孔。开孔时一定要注意用小轴压、低转速慢慢钻进，做到先开水，后钻进，不能操之过急。

在钻进或接卸钻杆过程中，若孔内掉入金属物体，应马上停止转动，并用水将岩渣全部清洗干净。在冲水过程中，将钻杆上下摆动。将牙轮钻头提上 0.5 m，用磁铁吸出金属物体，然后继续开钻。如出现堵钻现象即水不能排出，出水量小时，应马上停止钻进。如果加大风压、水压都没有冲通，应卸掉 2 根钻杆，用水管（胶管）从钻杆孔内插入底部被堵处，用水冲。如果没有效果，只能将钻杆全部卸掉，清洗钻头。

钻孔位置如遇到塌方、破碎带，应将钻杆全部卸掉，浇筑水泥浆，待水泥浆凝结牢固后再重新钻进。

② 接杆操作出现故障及注意事项。

先将机头升到机架最高处，将短钻杆接上牙轮钻头，用机械手将钻杆抓起。机头液压电机缓慢正转，推进缸相应缓慢下降，当机头丝扣与钻杆丝扣连接好后停止转动，将机械手卡爪松开，退出机械手，推进缸下降，插上叉板，放入框架底板上方的缺口处，反转液压电机，推进缸缓慢上行，直至丝扣脱开。液压电机停止转动，推进缸快速提升到最大高度，然后机械手将放置在机架旁的钻杆抓起，送入机架内。把转压力调到低挡，机头液压电机缓慢正转，推油缸相应缓慢下降，与钻杆丝扣连好，松开机械手爪，退回机械手，进油缸继续缓慢下降，与下面钻杆丝扣连好，旋紧，停止正转，上钻杆取出叉板。然后把回转压力调到高挡，继续正常工作。

由于操作不当，接杆时液压电机转速过高，推进缸下降过快，压力过大，会将钻杆丝扣压坏，有时候会将机械手卡爪压弯、压断，严重影响接杆操作。此时，应将损坏丝扣的钻杆卸下，进行修理，将机械手修正，断裂的零件更换新的，保证机械手抓卸钻杆定位精度。

注意事项：机械手抓钻杆时，应保持夹杆动作 2 ~ 3 s，以利蓄能器正常工作，保持在装卸钻杆过程中钻杆不脱落。操作机械手要注意步骤，以免损坏；检查每根钻杆丝扣是否损坏，内孔是否有杂物；保持钻杆丝扣清洁，丝扣油中不得混入杂物；钻杆与钻杆丝扣连接必须加钻杆垫圈，旋紧丝扣；检查各连接销、螺栓、螺帽是否松动；观察各油管的位置，防止卡坏油管和零件。

5）反井钻机导井施工

（1）导井施工。

导孔钻通后，在反井下部用卸杆扳手卸掉牙轮钻头和短接杆。将扩孔刀盘运至竖直段下部，将刀盘和钻杆用吊具连接起来。上提钻杆，将刀盘吊正后，取出吊具，指挥操作者将钻杆丝扣接上，旋紧。导井施工如图 6.177、图 6.178 所示。

图 6.177　导井施工 1

图 6.178　导井施工 2

竖直段下部工作面要平整，保证刀盘滚刀受力状态良好，以减小扩孔刀盘的冲击。

扩孔开始时，因为接触面不平，应缓慢断续推进，合理控制拉力和转速，待刀盘的所有滚刀接触岩石后，方可按正常压力扩孔。

扩孔拉力保持在 7 ~ 8 MPa，液压电机压力保持在 16 ~ 18 MPa。扩孔过程中，要注意观察落下的岩屑，了解岩层变化情况。

导井洞径为 1.6 m，在进行导井施工时，控制好提升过程的转速，在 100 ~ 274 m 范围转速控制在 1 m/1h，在 50 ~ 100 m 范围控制在 1 m/1.5h，在 50 m 范围内控制在 1 m/2h。具体情况在施工中分别实际情况进行调整，确保施工安全。

反钻时确保有不小于 0.1 m^3/min 的冷却水由导孔口供给，供水不足时马上停止钻进。

当扩孔剩余 5 m 时，停止反钻，剩余的 5 m 改为正向钻爆开挖。

（2）卸杆操作。

将钻头放扩完 1 m 钻杆后，最好超过 0.2 ~ 0.3 m，将钻杆下降 30 ~ 50 mm，使滚刀脱离岩石面，转动液压电机。位于框架底板上方的钻杆四方口停在便于插入垫叉的位置，辅助工推入垫叉。卡牢钻杆，机头下降，将垫叉推入框架底板缺口处。用辅助卸钎器将丝扣卸松（钻杆与机头丝扣接合半圈位置）。辅助工将齿形围子卡块抱住钻杆四方口处，外齿与机头齿啮合好后，再用辅助卸钎器松动待卸钻杆的下丝扣，然后收回棘爪。若先松动的是钻杆下扣，则应取出垫叉，放下钻杆至底板位置，将垫叉插入上部钻杆的四方口。用辅助卸钎器将机头与钻杆丝扣卸松半圈，装上齿形围子卡快，将钻杆上提，取出垫叉，插入下一根钻杆四方口处，再用辅助卸钎器松动待卸钻杆，取下齿形围子卡块，反转机头（注意：操作者操作时，应为反转机头，推进油缸缓慢上升），当丝扣脱开后，液压电机停止转动，继续上升机头至卸杆位置，机械手摆入框架内，取下齿形围子卡块，反转液压电机，将机头与钻杆上部丝扣卸掉，推进油缸上升至最高位置，机械手退出，将钻杆放入钻杆车中。卸完一根钻杆后，机头与下一根钻杆的螺纹连接时，应把回转压力调到抵挡进行接杆操作，然后调回高挡继续正常扩孔。

（3）反井钻机导井施工可能出现的故障及注意事项。

① 运行出现故障及处理

将导向孔打通后，马上停水。把牙轮钻头放至导孔底部，卸掉钻头，接上扩孔刀盘，液压电机变换低转速，慢慢向上扩孔。在扩孔过程中，有可能遇到岩层破碎带，此时应减小推进油压，待通过破碎层以后方可逐步加大压力，提高扩孔速度。在扩孔过程中，如果发现扩孔速度突然放慢或者不能上提，机架振动加剧，机头不能正常旋转，此时应马上分析原因，查看钻进时此段岩层的记录情况。如果岩层变化，硬度高于其他位置，可适当加大推进压力，调高液压电机旋转压力继续扩孔。如果卡钻，机头不能旋转，此时可将机头下降，使滚刀盘脱开岩层，让机头空转，运转正常后，可再逐步加压进行扩孔。如果机头不能上下运行，又不能旋转，液压电机油压正常，推进油缸正常，可考虑受岩层塌方影响，大的岩石卡住刀盘，这时可采用迅速正反转方法将岩石振掉。切记不能反转 360°以上。若以上三种方法还不能正常扩孔，此时应将钻杆全部放到井底，检查滚刀是否脱落、损坏，如果脱落则重新装上滚刀，如果损坏则更换新的滚刀。

注意事项：经常检查各部件连接是否牢靠，螺丝、螺帽、有关接头是否松动，上顶油缸是否顶牢固。检查润滑油是否变质，润滑是否正常，油箱液压油是否充足。经常检查球铰钻套和钻杆丝扣是否损坏，及时进行手工修锉或更换。根据岩石条件合理选用刀具，在坚硬岩石中采用球齿滚刀。无论是钻孔，还是扩孔，均应先开水，后开钻，先停钻后停水，以达到有效地排渣和保护钻具。

② 卸杆操作出现故障及注意事项：每扩完 1 m 钻杆后，将机头下降 0.3 ~ 0.5 m。插上叉板，卡牢钻杆，液压电机反转，将机头球铰钻套与钻杆丝扣旋松 180°（半圈），如果液压电机反转松不动，可以用辅助卸杆器将丝扣松动，装上齿形围子卡块，抱住钻杆四方口，慢慢下降机头，外齿与机头齿相咬合后，再用辅助卸钎器松动待卸钻杆的下丝扣，收回棘爪。松动后继续反转液压电机。完全脱开后，推进油缸快速上升到位，将机械手送入机架内，抓牢钻杆，卸掉齿形围子卡块，反转液压电机，将机头与钻杆丝扣卸掉，收回机械手，机头快速下降，与接杆操作一致。接好钻杆后开始钻进。

注意事项：注意操作程序，机械手动作按顺序进行。辅助卸钎器工作后，切记要复位棘爪，否则传感控制系统会将正旋转动作锁定。钻杆卸出后，一定要将其放在妥当的位置。注意观察各油管的位置及各部件的接合处有否松动。卸钻杆时注意控制转速和推进速度。

（4）排水系统。

在进行导井施工时，用于钻机的供水将从导井流至下平段，利用竖井底部联络通道及五老山隧道进口的排水系统将水排出。根据洞内水情，在适当位置增加水泵，将水抽至洞外。

（5）出渣。

导井施工时，反钻的渣体沿着竖井直接溜至底部，装载机在竖井联络通道进行出渣，使用自卸车将渣运至洞外的弃渣场。

（6）反井钻机拆除。

在反钻至剩余 1 m 左右时，即至反井钻机基础平台混凝土底部时，停止反钻，混凝土平台改为正向钻爆开挖。此时，将钻头正向放至竖井底部，将钻头卸下。然后反钻进行钻杆拆卸。钻杆拆除结束后，对钻机机体等设备进行拆卸，清理现场，完成钻机施工。

6）自上向下导井扩挖钻爆开挖

（1）爆破方案选取。

根据施工环境及地勘揭露围岩情况，竖井采用全断面法施工，爆破开挖掘进[41, 42]。考虑爆破方式、岩石岩性及排渣要求等因素，选定采用微差光面爆破工艺。起爆网络采用中心对称法，每圈炮眼同时起爆。根据爆破设计的起爆左右顺序和延期时间，在炮孔内装入从低段到高段的毫秒雷管，确保按设计要求正常起爆。

爆破震动速度的大小与同时起爆的炸药量有关，设计中要使每段雷管的起爆时差错开，防止前后段震动波的叠加，并在实际施工中根据试爆效果逐步调整段别，严格控制单段最大一次起爆量，保证合理的起爆时差，以达到降震的目的。本工程选用毫秒延期雷管，低段跳段使用，主要使用 1 ~ 13 段别；选用 YJGN-500 型高压起爆器。隧道竖井Ⅴ、Ⅳ衬砌类型循环进尺分别不大于 1 m、2.0 m。周边眼采用不耦合间隔装药，为实现间隔装药，使药卷居中在孔内，采取预先加工周边眼药串（竹竿制作）的办法让药串架空居中在钻孔中心。竖井单循环钻爆参数：$Ⅳ_3$ 级围岩断面单循环钻爆参数统计详见图 6.179、图 6.180 及表 6.22。

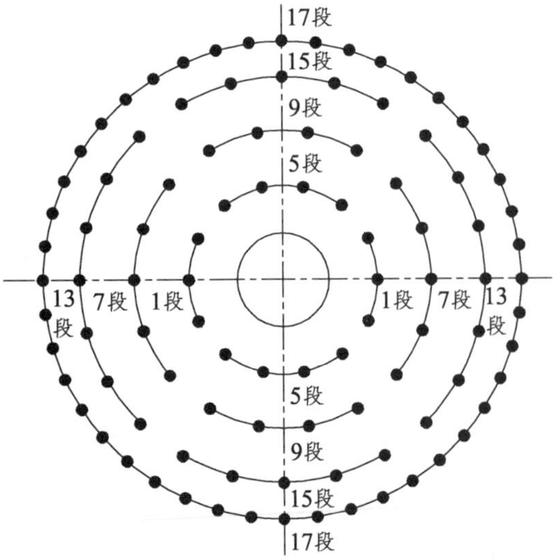

图 6.179　竖井爆破网络图

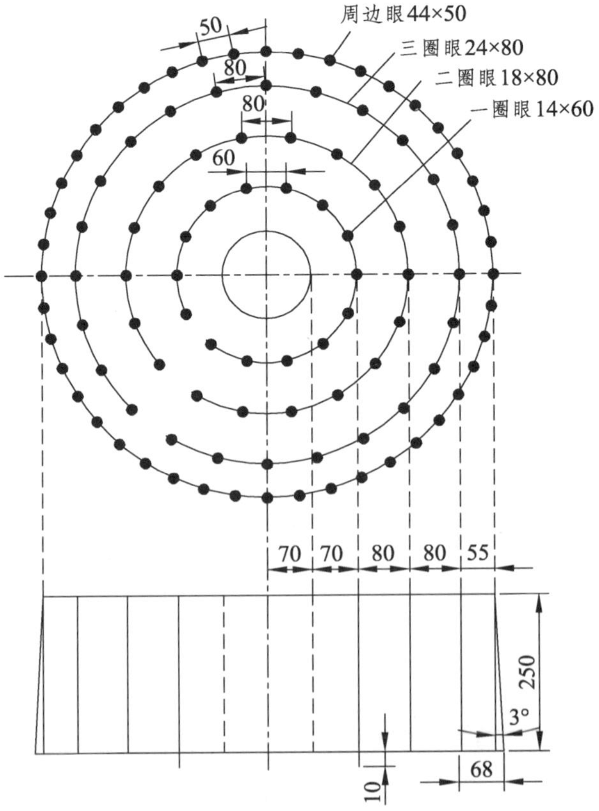

图 6.180　竖井爆破钻孔布置图（单位：cm）

表 6.22　IV_3 级围岩断面爆破数量表

开挖部位	炮眼名称	段别	炮眼深度/m	每孔装药量/kg	炮孔个数	小计装药量/kg
竖井隧道	掏槽眼	1	2.4	1.2	10	12
	辅助眼	3	2	0.6	20	12
		5	1.8	0.45	28	12.6
	周边眼	7	1.7	0.3	44	13.2
循环炮孔总数		102 个				
循环进尺总装药量		49.8 kg				
循环进尺爆破方量		57.71 m^3				
循环进尺炸药单耗		0.86 kg/m^3				

装药结构：

所有爆破孔均采用连续底部装药结构，采用岩屑、砂混合黏土作为炮泥堵塞，堵塞长度不小于 700 mm，装药结构如图 6.181 所示。

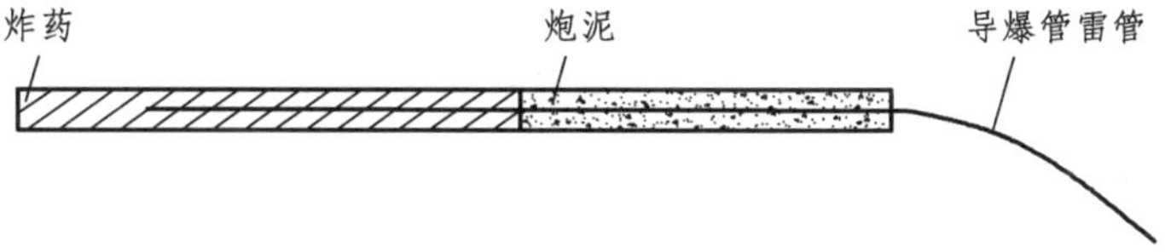

图 6.181　装药结构

起爆顺序：

爆破采取全断面一次起爆，按照分区分段原则，爆破顺序为先起爆掏槽眼、再起爆辅助眼、最后起爆周边眼。

（2）竖井扩挖施工。

井身开挖施工程序如图 6.182 所示。

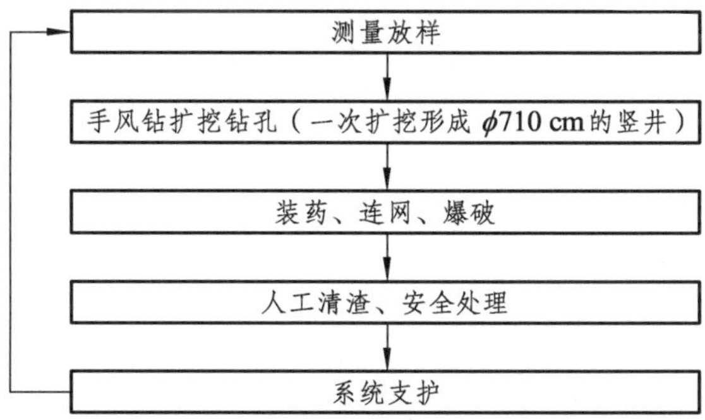

图 6.182　井身开挖施工程序图

① 测量放线：测量放样采用井口激光导向仪指导测量。采用全站仪施测出竖井中心线并延伸到顶部井壁上，在竖井中心对应的位置安装激光导向仪。设置好激光导向仪的角度及相应参数后，把激光束准确地打到竖井工作面，即竖井开挖面中心，再用卷尺量测出竖井开挖

边线，用红油漆标出。同时，随着井身开挖、支护进度，每隔 5 m 在井壁设高程、桩号标志。

② 钻孔作业：竖井开挖采用全断面光面爆破、一次成井的施工方法，采用中深孔爆破，工作面选用风钻打眼，正常Ⅲ类围岩炮眼深度 3.0 m，炮眼利用率按 85%计，每茬炮进尺 1 ~ 1.5 m。

竖井扩挖施工人员、材料由卷扬机牵引吊笼上下。钻孔均采用 YT28 手风钻，由熟练的手风钻工严格按照测量定出的开挖轮廓线和钻爆设计参数进行钻孔作业。各钻手分区、分部位定人定位施钻，实行严格的钻手作业质量经济责任制。每排炮由值班负责人按“平、直、齐”的要求进行检查。周边光爆孔间距严格控制在 50 cm 以内，要求各排光爆孔必须保持垂直，并与上排光爆孔首尾相接。根据现场实际岩石情况，除必须控制周边光爆孔孔距外，其余的造孔参数根据导井位置适当调整。但必须保证岩渣的块径小于 1/3 导井直径，不至于出现堵塞导井的现象。周边孔及掏槽孔的偏差不得大于 5 cm，其他炮孔孔位偏差不得大于 10 cm。

井口段的开挖，采用“浅钻孔、小药量、密孔、多循环、弱爆破”的施工方法，以减小对井口岩石的扰动和岩渣粒径，防止岩渣堵塞导井。

③ 装药爆破：由熟练的有经验的专业炮工按钻爆设计参数装药。孔口用砂袋或炮泥堵塞严实，装药完成后，由技术员和专业炮工分区分片检查，联结爆破网络，采用毫秒微差非电雷管起爆，最后一级的点爆雷管采用电雷管，用电线引到上口平洞的安全距离内，撤退工作面设备、材料至安全位置，再进行电雷管引爆。周边光爆孔采用竹片绑扎间隔装药，药卷直径ϕ32，装药线密度控制在 0.17 kg/m 以内，堵塞长度 80 cm。爆破效果应达到以下要求：

残留炮孔痕迹应在开挖轮廓面上均匀分布；

炮孔痕迹保存率：完整岩石在 80%以上，较完整和完整性差的岩石不少于 60%，较破碎和破碎岩石不小于 20%；

相邻两孔间的岩面平整，孔壁不应有明显的爆震裂隙；

相邻两茬炮之间的台阶或预裂爆破孔的最大外斜值，不应大于 15 cm；

预裂爆破后，必须形成贯穿连续性的裂缝；

隧洞周边不允许欠挖，平均线性超挖值应不大于 20 cm；

加强测量控制，测量误差必须控制在允许范围内。

④ 通风散烟及除尘：经井口查看，导井自然风风力可满足排烟除尘，因此爆破后产生的烟尘、废气由导井内的自然风流排至井外，并辅以工作面人工洒水降尘等综合治理措施。

⑤ 安全处理：爆破后，人工撬除井壁上残留的危石及碎块，保证进入人员及设备的安全。在整个施工过程中，设专职安全员每天进行安全检查，发现问题及时处理。

⑥ 扒渣：先由人工扒渣，岩渣通过导井掉落堆积于竖井底部，采用 3.0 m^3 侧装式装载机铲渣，装至 5 t 自卸车运至洞外渣场。

在爆破和出渣期间，各工作面要保持联络，做好爆破警戒工作，协调好上下工作面，在爆破和人工溜渣时井底不得有人员设备停留。井底出渣时，进行井内锚杆、爆破孔等的施工，必须用安全网盖住导井或在导井周围设安全网后方可进行，以防止石块及物品掉落。盖导井的材料由木板、竹跳板或钢板组成均可，但要求方便放置，并能够承载施工人员在上面进行正常施工。

⑦ 围岩支护：竖井系统支护紧跟开挖面进行。爆破岩渣清除完毕后，开挖揭露的井壁围岩情况较差时，按设计方案要求进行随机锚杆、挂网或拱架等喷混凝土支护，待支护结束后，方可进行下一循环。

⑧ 特殊部位施工方法：施工中若遇到极为破碎的Ⅳ、Ⅴ类围岩，要控制施工进尺在 2 m

以内。除上述施工方法外，还采取以下措施进行地质超前预报，在开挖过程中，加强地质跟踪及预测，可视导井外露地质情况，及时调整爆破参数和支护方式，阻止围岩坍塌和掉块，确保竖井施工安全。对不良地质段，视需要采用超前支护，超前支护优先选用超前锚杆或超前小导管，且对小导管进行灌浆，灌浆压力控制在 0.5 ~ 1.0 MPa，确保竖井内人员施工安全。

（3）竖井扩挖堵孔预防及处理措施。

① 竖井导井由反井钻施工完成。导井直径 1.6 m，采用二次扩挖，但若爆破岩渣量较大，会有发生堵井的可能。为保证堵井处理能够安全快速地完成，保证处理人员的安全，现制订施工中堵井处理预案。

② 爆破控制：防止堵井，首先要在源头上控制，在开挖阶段严格按照施工方案的规定进行扩挖，减少一次爆破岩渣量；并且必须严格按照设计的爆破参数执行，控制爆破钻孔的间排距，尽量减小岩渣粒径。

③ 安全控制：一旦发生堵井，要求在必须保证安全的前提下进行处理。首先，班组长和项目部现场技术人员及安全人员要对所有参与施工人员进行专题安全教育，进行处理方案的技术交底；并对参与人员进行分工，明确每个人所要承担的工作内容。

其次，工作前，施工人员相互检查安全防护用品是否配齐、佩戴牢靠。施工人员有序进入工作面后，先将安全绳绑扎牢靠并经过检查合格再进入工作区域，按照原定处理方案进行处理。在处理堵井作业时必须有专职人员进行现场全程监控和指挥。

④ 处理堵井：施工人员进入现场后，根据不同的堵井情况确定处理方法。首先用钢钎或钻杆试探性地确定井口处岩渣是否封堵牢靠，如果是轻微封堵且封堵渣料较小，则采用钢钎进行人工清撬。清撬时注意相互间的协作与监控，并保持作业人员有一定的安全距离。处理人员不宜过多，一般不得多于 3 人。

当扩挖深度在 5 m 以内发生堵井时，可试用长形竹竿，将堵井疏通；如不能疏通，则用钻机钻孔震动疏通；如仍不能疏通，则采取爆破疏通。必要时钻孔将封堵块石解小处理。在每次钻孔和安放炸药之前都要对封堵的安全性进行检查，确保安全后才作业。在第一次爆破处理后如果仍未达到效果，在第二次处理前必须严格检查，确保安全后施工人员才能登岩渣作业。作业时必须有专人旁站监控，重点监控堆渣体的变化情况。爆破作业前对连接的爆破网络进行仔细检查。爆破药量不宜过大，以达到松动效果又不产生飞石，必须做好相应的飞石防护工作。

扩挖深度在 5 m 以后发生堵井时，可利用特制吊笼将人员送到堵井处，首先清理导井口小块岩渣后，将炸药包安放在导井口岩渣表面，在炸药包上覆盖黄土层，保证密封不漏气。将导火索延长至井口地面，在地面点燃导火索，爆破疏通堵井。在人工清理导井口小块岩渣时，只允许清理表面浮石，不得撬动被卡住的块石。施工人员必须系好安全带、安全绳，安全绳不得过长，以能满足正常清理工作为准，应有专人在井台固定安全绳，并负责收、放。应将清理出的石块运送到井口平台，不得码放在井口上方。

7）施作井壁初期支护锚杆和喷射混凝土

（1）初期支护施工参数及施工工艺。

各级围岩段支护采用喷锚支护形式，系统锚杆采用ϕ22 组合中空锚杆，边墙采用ϕ22 全螺纹砂浆锚杆，钢架由格栅钢架及 I 字型钢钢架、钢筋网制作。喷射混凝土采用湿式喷射作业。

喷锚作业紧跟开挖工作面进行。钢筋网在洞外事先焊接绑扎成片，运至洞内铺设，固定在锚杆尾部。先进行初喷，厚度为 4 ~ 5 cm，型钢钢架安设完成后，再进行多次分层喷射至设计厚度，再施工锚杆，进行锚固，对表面凹凸不平处喷射平整、圆顺。

竖井初期支护参数和施工流程如表 6.23 和图 6.183 所示。

（2）锚杆施工。

施工顺序：初喷→钻孔→清孔→注浆→插入锚杆→安设垫板。

施工方法：

① 初喷：锚杆施工前采用 C25 喷射混凝土初喷 4 cm 对岩面进行封闭。

② 标记：钻孔前应根据设计要求定出孔位，作出标记，孔位允许偏差为+15 mm。

③ 钻孔：钻孔应圆而直，钻孔方向宜尽量与岩层主要结构面垂直；水泥砂浆锚杆孔位应大于杆体直径 15 mm；其他形式锚杆孔径应符合设计要求；水泥砂浆锚杆孔深允许偏差为+50 mm；锚杆安设后不得随意敲击，其端部 3 d 内不得悬挂重物；在有水地段，采用普通水泥砂浆锚杆时，如遇孔内流水，应在附近另行钻孔后再安设锚杆，亦可采用速凝剂早强药包锚杆或采用锚管锚杆向围岩压浆止水。

④ 钻孔技术要求：孔径 ϕ38 ~ ϕ45 mm；开口偏差小于 2%；孔深比锚杆插入部分长 3 ~ 5 cm。

⑤ 清孔：钻孔结束后应掏孔检查，孔内清洗干净，确保孔内无塌孔和探头石，符合设计和规范要求。

⑥ 注浆：砂浆配合比（质量比）：水泥∶砂∶水宜为 1∶1 ~ 1.5∶0.45 ~ 0.5，砂的粒径不宜大于 3 mm；砂浆应拌和均匀，随拌随用，一次拌和的砂浆应在初凝前用完；注浆开始或中途暂停超过 30 min 时，应用水润滑灌浆罐及其管路；注浆孔口压力不得大于 0.4 MPa；注浆管应插至距孔底 5 ~ 10 cm 处，随水泥砂浆的注入缓慢匀速拔出，随即迅速将杆体插入，锚杆杆体插入孔内的长度不得短于设计长度的 95%。若孔口无砂浆流出，应将杆体拔出重新注浆。

表 6.23 竖井初期支护参数设计（直径 D=5.8 m）

项目		单位	衬砌类别						
			SS-md	SS-5a	SS-5b	SS-4a	SS-4b	SS-3	SS-jd
预留变形量		cm		8	8	5	5	5	8
喷射混凝土	C25 混凝土	cm		22	22	20	20	10	22
锚杆	直径	mm		ϕ22	ϕ22	ϕ22	ϕ22	ϕ22	ϕ22
	长度	cm		300	300	250	250	200	300
	锚杆布置（环×纵）	cm		80×60	80×80	75×75	100×100	100×100	80×80
钢筋网	直径	mm		ϕ8	ϕ8	ϕ8	ϕ8	ϕ8	ϕ8
	钢筋布置	cm		20×20	20×20	20×20	20×20	25×25	20×20
钢架	工字钢架	型号		I16	I16	I14	I14		I16
	纵距	cm		60	80	75	100		80
二次模注衬砌	C30 混凝土	cm				40	40	30	
	C30 钢筋混凝土	cm	50	45	45				45

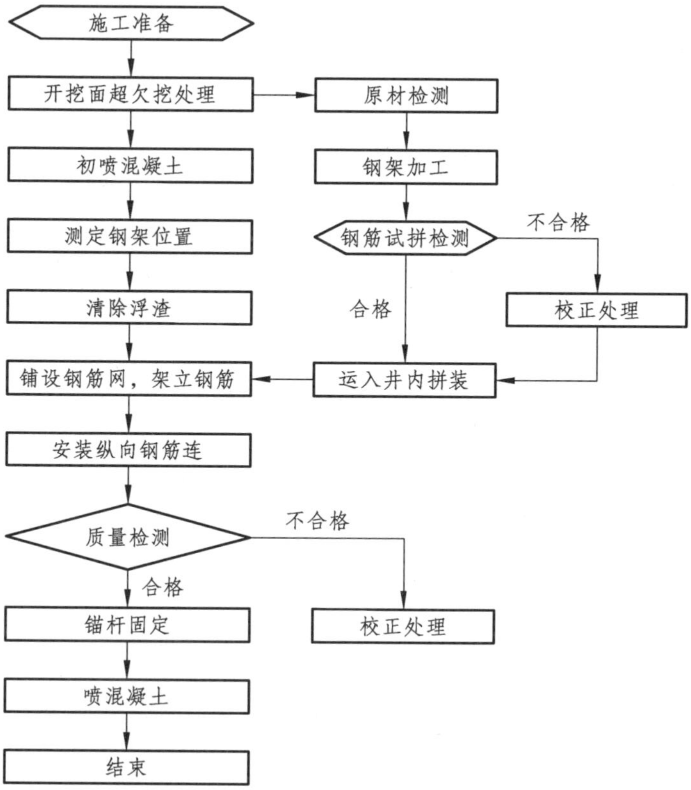

图 6.183　竖井初期支护施工流程

（3）钢筋网施工。

施工顺序：施工准备→测量→铺设钢筋网→检查。

施工方法：检查$\phi 8$钢筋尺寸、网格间距，清除钢筋表面锈蚀；钢筋网宜在岩面初喷 3 cm 混凝土后随受喷面起伏紧贴铺设，并在锚杆安设后进行；测定钢筋网铺设位置，并在断面上画出标记。铺设钢筋网：钢筋网应与锚杆或其他固定装置连接牢固，在喷射混凝土时不得晃动。质检工程师检查钢筋网铺设位置、钢筋网格尺寸等；测量检查钢筋网铺设完毕后断面净空，确保断面净空尺寸符合设计要求。

（4）钢架施工。

① 制作：钢架加工时应根据设计要求和施工方法分节制作，在型钢加工场硬化好的地面上安设地锚，按每 50 cm 一段计算待弯曲部位的弦高，并按照设计预留一部分弹性变形量，根据地面预先测量放样的轮廓进行校正，校正好后焊接连接钢板。焊制好的钢架使用前将整个轮廓各节拱架进行整体试拼，以检查连接部位是否吻合，加工误差符合规范要求的拱架才可运到现场使用。

② 安装：工字钢架在初喷 4 cm 混凝土之后架设，钢架与初喷混凝土之间务求紧密接触，空隙处用混凝土垫块揳紧。每榀拱架安装前，用仪器准确测量定出拱架安装的中线、标高内弧位置；修凿局部欠挖部分；拱架安装由人工借助机具进行架立就位，各钢架利用径向定位钢筋进行定位，以确保钢架的安装质量，每处定位钢筋为两根，每根长度 800 mm。焊接竖向连接筋将各榀拱架焊接成整体，超挖较大部位采用喷射混凝土填实。

（5）喷射混凝土施工。

在喷射混凝土前，检查隧道开挖净空尺寸，凿除欠挖部分，对喷射面所有的开裂，破碎水解、崩解破损岩面进行清除和处理；在喷射混凝土现场备一台备用湿喷机，以备在机械出现故障时即可投入使用。湿喷混凝土示意图如图 6.184 所示。

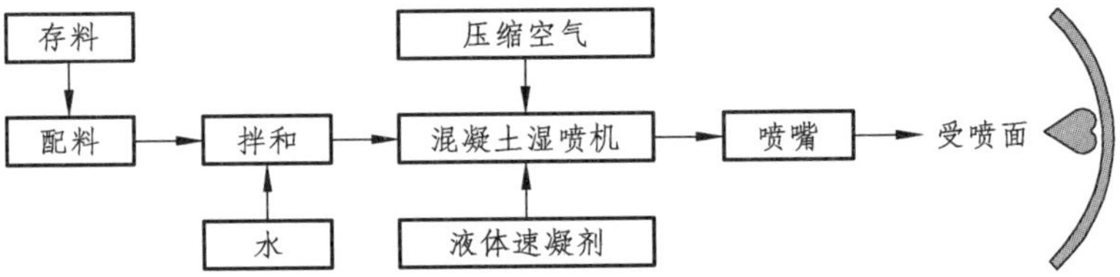

图 6.184　湿喷混凝土示意图

喷射混凝土应紧跟开挖，喷射混凝土完成后，一般在 4 h 后才允许进行下阶段的爆破和开挖。

隧道初期支护喷混凝土采用湿喷作业。水泥宜采用早强水泥，等级不低于 42.5 级。细集料应采用干净的中粗砂，细度模数宜大于 2.5，粗集料应采用干净的碎石，粒径不大于 15 mm。速凝剂应采用质量合格产品，注意保管，以防变质，使用前应做效果试验，要求初凝时间不超过 5 min，终凝时间不超过 10 min。

喷射前，启用通风、照明设施，做好防尘保护措施。喷射机、水箱、风机、注浆机必须装置压力表和闸阀，并定期进行密封和耐压试验。喷施前先用高压风、水清洗岩面，清除浮石，检查机具设备和管路。处理堵管时，喷嘴前方严禁站人，以免喷射混凝土伤人。一次喷射厚度和两次喷射时间间隔符合设计规范要求，喷射时喷嘴应与受喷面保持垂直，同时与受喷面保持一定的距离。喷射混凝土的工作人员必须穿戴必要的安全防护用品。喷射作业为分段分片依次进行，喷射顺序应自下而上进行，每段长度不宜超过 6m。新喷的混凝土按规定要求洒水养护。

对有涌水地段喷射混凝土时，应调整合适的配合比，适当增加水泥用量，先喷干混合料，待其与涌水融合后，再逐渐加水喷射，喷射时由远而近，逐渐向涌水点逼近，然后涌水点应安设导管，将水引出，再在导管附近喷射。涌水点较少时，可用开缝摩擦锚杆进行导水处理后再喷射。涌水点较多、涌水范围大时，先设置泄水孔，然后边排水边喷射。

8）竖井滑模二次衬砌施工

（1）内爬式滑模设计。

竖井混凝土浇筑施工采用的液压调平内爬式滑升模板施工，滑模采用整体钢结构设计。滑升动力装置选用 YZXT-36 型自动调平液压制台，GYD-35 型千斤顶，千斤顶通过埋在混凝土内的直径 48 mm 的钢管作支撑向上爬升，支撑杆每根 3 ~ 5 m，接头用电焊焊接，并进行打磨整平处理。

利用井架式提升机的提升设施，进行材料及组装件的上、下运输，服务滑模施工。竖井采用内爬式液压调平滑升模板施工，滑模采用整体钢结构设计。滑模主要分为模板、围圈、提升架、操作盘、辅助盘五部分，如图 6.185 所示。

① 模板：模板选用高 1.5 m 的钢模板（模板上下底边相差 2 ~ 3 mm），用角钢、螺栓固定在上下两道围圈上。升管段模板长 1.5 m，采用厚 t=6 的钢板焊制，用螺栓固定在大井操作盘鼓圈上形成升管模体。

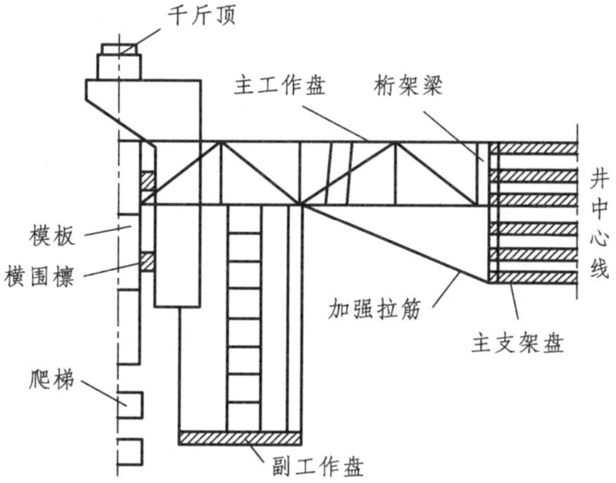

图 6.185 竖井滑模平台大样图

② 围圈：主要用来加固模板，使其形成一个圆筒形整体，周围采用上下两道［14 槽钢，周围同模板提升架横担相连。

③ 提升架：滑升模板与混凝土井壁间的联系构件，主要用于支撑模板周围滑模盘，并通过安装于顶部的千斤顶支撑在爬杆上，将整个滑升荷载传递给埋在混凝土内的爬杆，选用 T 形提升架，采用槽钢焊制组合成 140 mm×200 mm 截面。其中滑升动力装置为 YZXT-36 型自动调平液压制台、GYD-35 型千斤顶，千斤顶通过埋在混凝土内的直径 48 mm 的钢管作支撑向上爬升，支撑杆每根 3 ~ 5 m，接头采用电焊焊接。

④ 操作盘：施工的工作平台，承受工作物料等荷载，支撑于提升架主体竖杆上。操作盘由中鼓圈、轻型木桁架梁、铺板构成，中鼓圈子直径 4.2 m，外挂模板可用于升管滑模。

⑤ 辅助盘：养护、修面、预埋处理工作的平台，后期作为灌浆工作盘，采用型钢框架梁布置，上铺花纹钢板，用直径 25 mm 圆钢吊挂在操作盘以下 2.7 m 位置。

（2）内爬式滑模滑升。

竖井滑模靠液压千斤顶在爬杆上的单向爬升来实现位移，工作时爬杆固定。竖井滑模靠液压千斤顶在爬杆上的单向爬升来实现位移，工作时爬杆固定。千斤的动作分为两部分：活塞与上卡体为上组，缸体、端盖、下卡体为下组，两部分组件交替动作。当千斤顶进油时，上组的上卡体紧卡爬杆，锁紧在原来的位置；下组被液压力顶升，千斤顶即向上爬升一定行程，同时带动滑模向上移动；回油时，下组的下卡体紧卡爬杆锁紧，上组复位。由此循环节节上升。滑模装置组装验收合格，其他装备工作完毕，就可以进行滑升作业。

（3）内爬式滑模施工工艺。

① 滑模准备：滑模制作，液压系统试验编组。

② 井内准备：包括调压室混凝土凿毛井壁冲洗，测量放线。

③ 滑模组装：在井底板组装升管段模体，利用卷扬机整体吊装，完成钢筋绑扎、模板验收，具备开工条件。

④ 布置好一趟钢管形成下料系统，具备一盘条件。

⑤ 混凝土浇筑：钢筋采用卷扬悬吊下料吊篮下料，混凝土拌和站供料，井口布置斜溜槽，溜管下料。

滑模施工按下料→平仓振捣→滑升→钢筋绑扎→下料顺序施工，分 30 cm 一层，对称均匀下料，采用插入式振捣器振捣。

⑥ 修面修正及养护：表面修整是关系到结构外表和保护层质量的工序，当混凝土脱模后，须立即进行此项工作。一般用抹子在混凝土表面作原浆压平或修补，如表面平整亦可不做修整。为使已浇筑的混凝土具有适宜的硬化条件，减少裂缝，在辅助盘上设洒水管对混凝土进行养护。

（4）内爬式滑模滑升施工。

① 初次滑升。

滑模的初次滑升要缓慢进行，必须在对滑模装置和混凝土凝结状态进行检查后再进行，并在此过程中对液压装置、模板结构及有关设施在负载情况下作全面检查。少量滑升后要及时检查周边所有出露混凝土的实际凝结情况，确定是否继续滑升。初滑时，应将全部千斤顶同时缓慢升起 50 ~ 100 mm，出模的混凝土以手指用力按压应有轻微的指印，说明混凝土出模强度合适。待一切正常后，即可继续浇筑。每浇筑 30 cm，提升 3 ~ 5 个行程，直到混凝土表面距模板上口 10 cm 左右，即转入正常滑升。

② 正常滑升。

滑模经初始滑升并检查调整后，即可正常滑升。正常滑升应遵守“勤滑少滑、勤滑勤校”的原则。正常滑升的程序为：绑扎钢筋→埋件安装→浇筑混凝土→提升模板→下一循环。正常滑升阶段，每次滑升前，宜将混凝土浇筑至距模板上口以下 50 ~ 100 mm 处，并将最上一道横向钢筋留置在混凝土外。正常提升时应控制速率为 15 ~ 20 cm/h，两次提升的时间间隔不应超过 1.5 h。在气温较高时应增加 1 ~ 2 次中间提升，中间提升的高度为 30 ~ 60 mm，以减少模板与混凝土间的摩阻力。滑升时，若脱模混凝土有流淌、坍塌或表面呈波纹状，说明混凝土脱模强度低，应放慢滑升速度；若脱模混凝土表面不湿润，手按有硬感或伴有混凝土表面被拉裂现象，则说明脱模强度高，宜加快滑升速度。模板滑升时，应使所有的千斤顶充分进、排油。提升过程中，如出现油压值增至正常滑升的 1.2 倍，仍不能使全部液压千斤顶升起，则应停止提升操作，立即检查原因，及时进行处理。在滑升过程中，操作平台应保持水平。

（5）内爬式滑模滑升施工中可能出现的问题及处理措施。

滑模施工中常见的问题有滑模操作盘倾斜、滑模盘平移、扭转、模板变形、混凝土表面缺陷、爬杆弯曲等，其产生的根本原因在于千斤顶工作不同步、荷载不均匀、浇筑不对称、纠偏过急等。因此，在施工中首先把好质量关，加强观测检查工作，确保其良好的运行状态，发现问题及时解决。

① 纠偏：利用千斤顶自身纠偏，即关闭 1/5 的千斤顶，然后滑升 2 ~ 3 行程，再打开全部千斤顶，滑升 2 ~ 3 行程，反复数次逐步调整至设计要求。针对各种不同情况，施加一定外力给予纠偏。所有纠偏工作不能操之过急，以免造成混凝土表面拉裂、死弯、滑模变形、爬杆弯曲等事故发生。

② 爬杆弯曲处理：爬杆弯曲时，采用加焊钢筋或斜支撑进行处理，当弯曲严重应切断，接入爬杆并重新与下部爬杆焊接，加焊“人”字形斜支撑。

③ 模板变形处理：对部分变形较小的模板采用撑杆加压复原，变形严重时，将模板拆除修复。

④ 混凝土表面缺陷处理：采用局部立模，补上比原强度等级高一级的膨胀细骨料混凝土并

抹平。

（6）内爬式滑模滑的安装及拆除。

① 施工准备。

在竖井底部安装一模体防护平台，用来组装模体，并可在滑模施工时作为安全防护平台。安装平台支撑必须足够保证安全。

② 滑模安装及运行。

安装模板前，先在竖井底部搭设工作平台，工作平台使用ϕ50 钢管进行支撑，见图 6.186 和图 6.187。

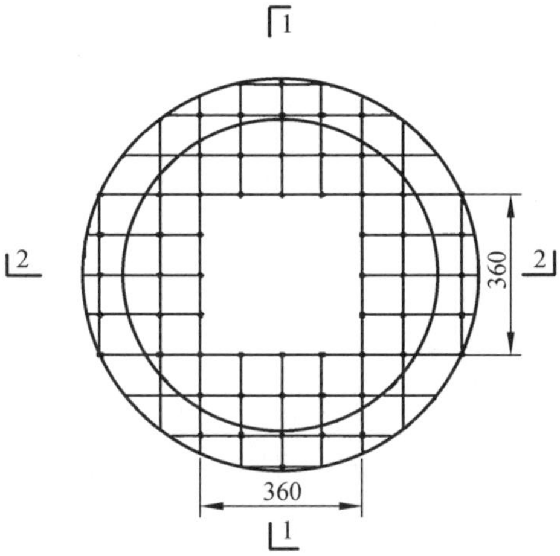

图 6.186　竖井滑模平面图（单位：cm）

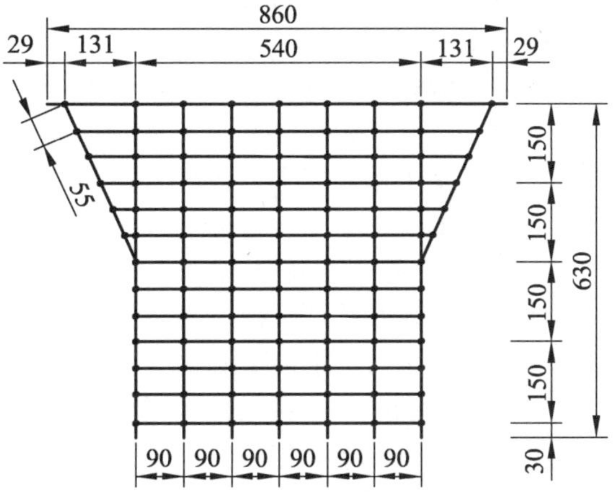

图 6.187　竖井滑模剖面图（单位：cm）

滑升爬杆采用ϕ50 钢管，架立在混凝土内壁，使用卷扬机将已制作好的桁架模体分块吊至底部的工作平台，按设计图纸进行组装。

组装完成经调试并在联合验收后，开始浇筑混凝土并起滑。模体滑升前混凝土应浇筑到模板高度的 2/3 处，模板上缘距混凝土表面预留 30 ~ 50 cm 浇筑层厚度，待第一层混凝土达到脱模强度后，开始滑升 1 ~ 2 个行程（约 6 cm），视脱模后混凝土表面情况再进行正常滑升。正常滑升时，滑升高度控制在一次 10 个行程以内（约 30 cm），每隔 30 ~ 60 min 再继续滑升。滑升速度取决于混凝土初凝时间、下料速度、施工环境温度等因素。通常混凝土脱模强度控制在 0.3 MPa 左右，过早脱模容易造成滑出的混凝土坍落，过晚脱模容易将混凝土拉裂。

③ 测量控制。

滑模体工作平台设控制点，从各点位观测数值直接反映出模体水平位移和扭转偏差。辅以一台经纬仪和 U 形管液面观测值，直接反映模体水平度偏差值，为纠偏提供可靠的依据。

④ 纠正措施。

对模体滑升过程中出现的水平倾斜问题，可利用液压系统自行纠正，对模体平移和扭转偏差，采用施加反方向约束或反方向力实行纠偏。对滑模施工中出现的偏差及时纠正，不使偏差积累，纠偏应逐渐进行，不准一次纠偏过大，造成模体变形或使混凝土表面破坏。

⑤ 拆卸方案。

在模体下部搭设安全拆卸平台，同时根据模体结构，为保证模体解除时剩余部分模体处于更好的受力状态及稳定性，借助井口 I20 工字钢桁架，挂钢丝绳将模体底部主支架盘及桁架梁锁住。并且在拆卸前，在滑出模体的上部沿井壁周圈打拉结筋同滑模桁架梁结构进行拉结固定。

整体拆卸顺序为：首先从井口平台，将周圈所有面板拆除，面板拆除过程中注意不要破坏围圈，以免影响整体受力；然后从弧段开始拆除，以主辐射梁为分块呈扇形向两侧进行拆卸，拆卸时根据辐射梁对模体的分块逐个退出千斤顶，对退出千斤顶部分的结构从外围向鼓圈中心方向再次逐块分解拆卸。

⑥ 拆卸顺序。

总施工程序为：模体滑出→防护平台、钢筋平台、抹面平台以及除千斤顶以外的液压系统等附属结构的拆除→拆卸平台搭设及模体拉结→面板拆除→模体分解拆卸→滑模主体桁架结构拆卸完毕清场。

（7）内爬式滑模滑的混凝土质量保证措施。

本工程达到招标文件和国家验收规范规定的质量标准，确保工程质量达到优良等级，争创国家级优质工程。要求二次衬砌，合格率 100%，优良率 97%。

① 控制措施。

“混凝土浇灌令”制度：

混凝土浇筑必须严格执行签署施工准可令制度。

工区负责填写“混凝土浇灌令”的填表送签工作。

“混凝土浇灌令”申请签发的条件：模板的支撑系统按施工方案施工完毕；模板、钢筋及其支架质量符合规定，验收合格；经技术复核，隐蔽工程验收、监理检查确认签证；施工范围内安全设施落实；施工机具准备就绪且能正常运转；材料、拌和站混凝土联系准备完毕。

② 混凝土工程质量过程控制：

现场浇筑混凝土的来源主要是拌和站自拌，根据现场的供需计划制订生产计划，并制订详细的进场验收制度。

配合比检验：根据工程特点、组成材料的质量、施工方法等因素，通过理论计算和试配来确定合理的配合化。

为保证混凝土质量，在检验中，应控制混凝土的最大水泥用量、最小水泥用量。

泵送混凝土的配合比应符合：碎石最大粒径与输送管内径之比，宜小于或等于 1∶3，卵石宜小于或等于 1∶2.5，通过 0.315 mm 筛孔的砂应不小于 15%，砂率宜控制在 40% ~ 50%；混凝土坍落度宜为 8 ~ 18 cm；混凝土内宜掺加适量的外加剂。

计量的控制：混凝土的拌制根据配合比，对水泥、砂、石、水、外加剂严格计量，主要控制内容为：拌制混凝土时，必须设置磅秤，并定期校核磅秤的准确性；防止磅秤虚设，或用体积比代替过磅。水泥、水、外加剂重量允许偏差±2%；粗细骨料允许偏差±3%；由于气候干湿的变化和气温高低的变化，应适时测定砂、石的含水率和调整施工配合比。

拌制过程的控制：拌制混凝土采用机械拌和，另外必须控制拌和时间，通常情况下，利用强制式拌和机，拌和混凝土的时间不应小于 60 s。

混凝土浇筑过程的质量控制：混凝土浇筑应分层连续进行，分层浇筑厚度，根据工程结构特点、配筋情况、捣实方法，井身混凝土浇筑单层为 0.3 m，阻抗孔单层为 0.7 m；在施工缝处继续浇筑混凝土时，应按规定对施工缝进行必要的防水处理和表面清除后进行。

混凝土的养护控制：为使混凝土达到设计强度要求和防止收缩裂缝，对浇筑好的混凝土应进行养护；在混凝土浇筑完毕后，应在 12 h 内加以覆盖和浇水，使混凝土保持足够的湿润状态；但在平均气温低于 5 °C 时，不得浇水；厚大体积混凝土的养护，在炎热气候条件下，还应采取降温措施。

③ 质量检控措施。

质检制度：严格执行“三检”制度，班组、现场技术员、质检工程师认真执行相关规范及设计要求，发现问题及时处理。做好各工序施工记录。

质检人员跟班作业：为保证施工质量，质检人员及技术人员现场跟班作业，执行轮班制度。

试验控制：安排专人及时做好材料、试件的取样工作，并对浇筑的混凝土进行抗压强度等相关检测。

混凝土外观控制：加强振捣的工作，对出现麻面、蜂窝等现象，借助滑模底部修整平台时进行处理。

2. 横通道及厂房施工方案及施工工艺

1）横通道及厂房施工方案

五老山隧道正洞在竖井施工一定安全距离后，沿预先在侧壁上标出的横通道轮廓线拱部位置打设大管棚并注浆加固，之后破除隧道初支混凝土及拱架，进行横通道施工。目前开挖主要采用新奥法施工，是以喷射混凝土、锚杆、钢筋网、钢支撑作为初次柔性支护，通过监测控制围岩的变形，充分发挥围岩的自承载能力的施工方法。二次衬砌主要是起安全储备和装饰美化的作用。新奥法施工基本原则为“少扰动、早喷锚、勤量测、紧封闭”。开挖方案主要为：Ⅴ级围岩采用台阶分部法开挖；Ⅳ级围岩采用台阶法开挖；Ⅲ级围岩采用全断面法开挖。其平面布置图见图 6.188。

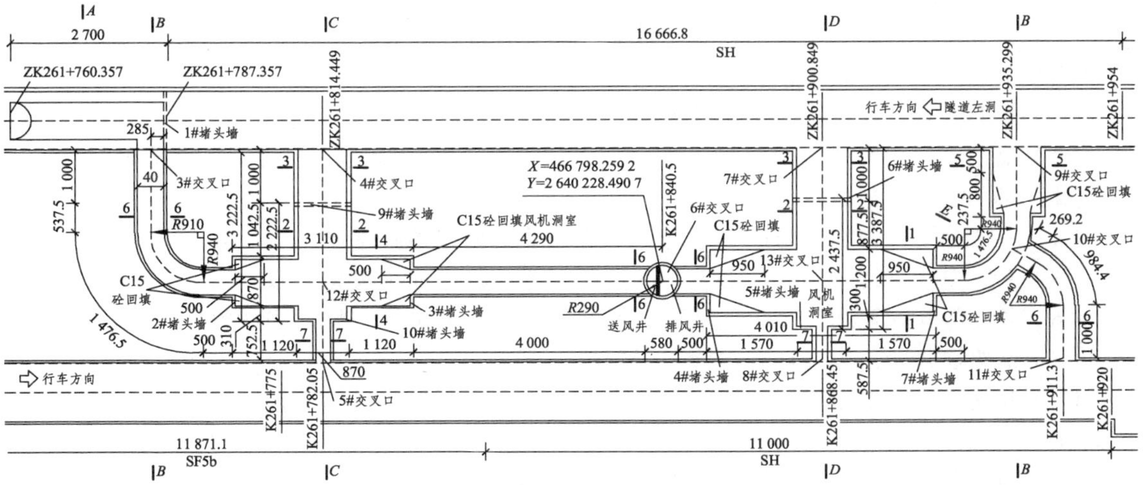

图 6.188 隧道正洞施工竖井横通道位置平面图（单位：mm）

293 m 深通风竖井先导孔（直径 20 cm）施工 310 m 深，主要作用是进行探明地质及反井钻机定位。五老山隧道进口段左幅隧道施工至 ZK261+843，右幅隧道施工至 YK261+812，距离竖井底剩余 28 m，如图 6.188 所示。目前左右幅隧道掌子面出现 15 ~ 20 m 的软泥夹层，正在进行超前大管棚施工。右幅隧道 5#交叉口先导洞已施工 18 m，距离竖井底剩余约 65 m，计划 8 月 15 日前施工至竖井底。环形开挖预留核心土施工示意图如图 6.189 所示。

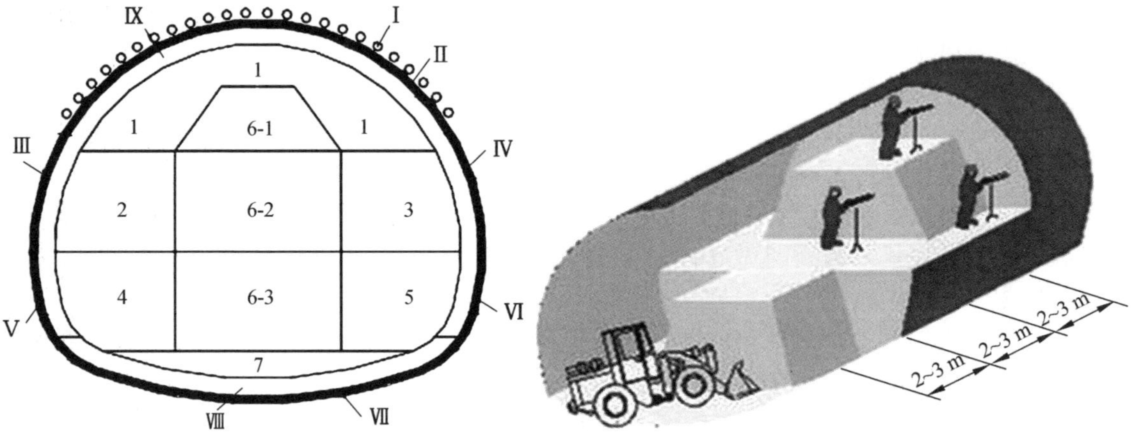

图 6.189　环形开挖预留核心土施工示意图

总体方案：反井钻机正向扩挖法开挖支护，开挖完成后滑模自下而上衬砌（该方案总体工期最短，前提是井口 0 ~ 110 m 段落需要进行管棚帷幕注浆，确保反井钻机直径 1.6m 导井不坍塌）。地下风机洞室及联络通道具备施工条件后依次平行进行施工，采用钻爆法开挖，模筑混凝土衬砌。

2）Ⅴ级围岩施工

Ⅴ级围岩采用台阶分部法开挖（又称环形开挖预留核心土法），大部分使用挖掘机配合人工开挖，局部辅以小炮开挖，喷、网、锚等联合支护。

三台阶七步法施工注意事项：

（1）开挖应以机械开挖为主，必要时辅以弱爆破，各分部平行作业，平行施作初期支护，各分部初期支护应衔接紧密，及时封闭成环。

（2）仰拱应紧跟下台阶施作，及时闭合成稳固的支护体系。

（3）施工过程中应通过监控量测掌握围岩和支护的变形情况，及时调整支护参数和预留变形量，保证施工安全。

（4）应完善洞内的临时防排水措施，防止地下水浸泡拱脚基础。

（5）上、中、下台阶预留核心土开挖进尺与各台阶循环进尺相一致。

（6）各分部开挖宽度、台阶高度可根据施工工具、人员等安排适当调整。

（7）钢架临时墙角应设锁脚钢管，以确保钢架基础稳定。

（8）开挖进尺应根据初支钢架间距确定，Ⅴ级围岩不超过 1 榀钢架间距，预留核心土的长度在 3 ~ 5 m 为宜。仰拱开挖Ⅴ级围岩一次不得超过 3 m，Ⅳ级围岩一次不得超过 5 m。

（9）喷射混凝土达到设计强度的 70%后再进行下一步开挖。

3）Ⅳ级围岩施工

Ⅳ级围岩采用台阶分部法开挖，如图 6.190 所示。

主要施工步骤：

① 开挖导坑上半断面；

② 上导坑拱部初期支护；

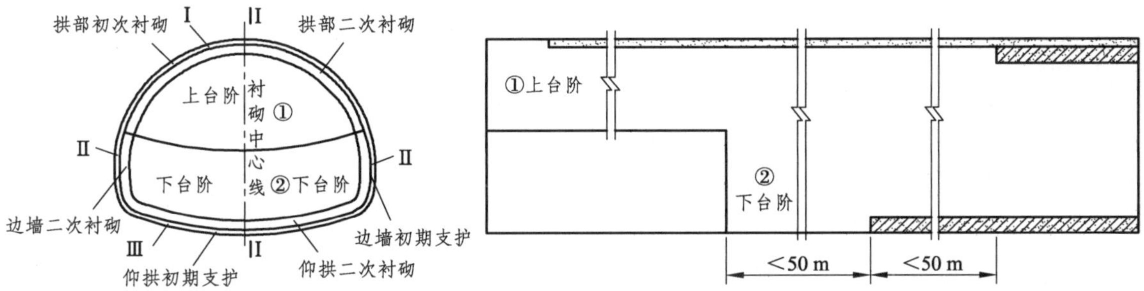

图 6.190　Ⅳ级围岩采用台阶法施工示意图

③ 开挖导坑下半断面；

④ 下导坑边墙初期支护；

⑤ 下导坑仰拱部初期支护。

Ⅲ、Ⅳ级围岩衬砌范围采用台阶法施工，台阶长度 10 ~ 15 m，一般开挖进尺 SF4a 衬砌段为 0.8 ~ 1.0 m，SF4 衬砌段为 1.0 ~ 1.2 m，SF3a、SF3b 衬砌段为 1.2 ~ 1.5 m。Ⅳ级围岩二次衬砌与掌子面之间距离不宜大于 90 m，Ⅲ级围岩二次衬砌与掌子面间的距离不宜大于 120 m。

台阶开挖时应注意以下几点：

① 解决好上、下半断面作业的相互干扰问题。微台阶基本上是合为一个工作面进行同步掘进；长台阶基本上拉开，干扰较小；而短台阶干扰就较大，要注意作业组织。

② 下部开挖时，应注意上部的稳定。若围岩稳定性较好，则可以分段顺序开挖；若围岩稳定性较差，则应缩短下部掘进循环进尺；若稳定性更差，则可以左右错开，或先拉中槽后挖边帮。

③ 下部边墙开挖后必须立即喷射混凝土，并按规定做初期支护。

④ 量测工作必须及时，以观察拱顶，拱脚和边墙中部位移值，当发现速率增大立即进行仰拱封闭。

4）Ⅲ级围岩施工

Ⅲ级围岩采用全断面开挖，单循环进尺为 2 ~ 3 m，如图 6.191 所示。

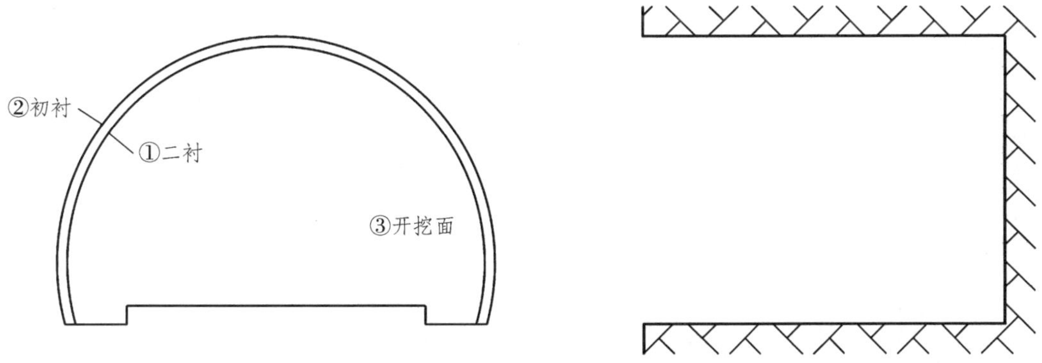

图 6.191　全断面法施工步骤横断面及纵断面示意图

全断面法开挖注意事项：

① 采用全断面法开挖隧道时，应控制一次同时起爆的炸药量，减少爆破震动对围岩的影响。

② 在地质条件较差地段采用全断面法开挖隧道时，必须对围岩进行超前支护或预加固，并控制循环进尺。

③ 当隧道地质条件发生变化时，必须根据情况及时变换适宜的开挖方法。

④ 隧道开挖爆破后应先采用机械进行找顶，然后用人工找顶。

本次爆破开挖采用水压爆破，周边采用光面爆破开挖，严格控制装药量及按照光面爆破设计施工，减少炮轰波对围岩的扰动，达到保护围岩的目的。

（1）工艺流程。

光面爆破受多种因素影响，包括围岩强度、整体性、节理、层理等地质因素，现场围岩地质结构千变万化，爆破参数进行现场设计动态调整。同一级围岩经试爆取得的技术参数，作为初步依据，每一循环爆破作业都要由有经验的爆破工程师根据上一循环爆破效果，以及本循环围岩特征进行适当调整，选择一组最佳技术参数。上一循环是下一循环的预设计和试爆破。光面爆破设计工艺流程见图 6.192。

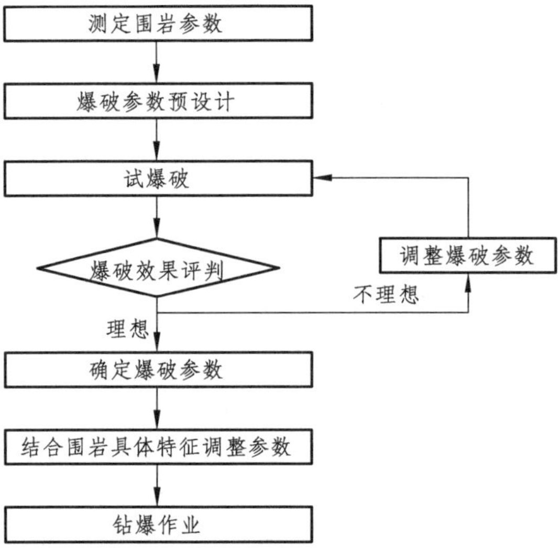

图 6.192　光面爆破设计工艺流程

（2）工艺要点。

钻爆采用钻孔台车。台车钻孔作业：固定人员司钻，固定部位孔眼，严格控制外插角和周边眼间距。在拱部周边眼钻孔完毕后，进行装药连线作业。

整个钻孔过程，可分为准备、定位、钻孔、移位四步。

准备：人员、风水准备就绪。

定位：在掌子面画出各炮孔位置及中线和高程十字线，确定钻孔范围，并明确钻孔先后次序。

钻孔：严格按设计进行钻孔，控制角度、深度和间距。

移位钻孔：钻好一个炮孔进行下一炮孔钻进时，要做到“准、顺、平、齐”。准：按周边孔参数要求，孔位要选准；顺：侧墙孔孔口要顺开挖轮廓线布置，使孔底均位于开挖允许的超欠范围内；平：各炮眼相互平行（孔口和孔底距相等）；齐：孔底要落在同一平面上，爆出的断面要整齐，便于下一循环作业。

保证钻孔质量措施：光爆钻孔时，由爆破设计技术员统一指挥协调行动，认真实行定人、定位、定机、定质、定量的“五定”岗位责任制；分区按顺序钻孔，避免相互干扰、碰撞、拥挤；固定钻孔班，以便熟练技术，掌握规律，提高钻孔的速度和准确性。

按各断面炮孔爆破设计装药量装药连线，周边眼采用ϕ25 mm 小直径药卷不耦合装药方式，其余炮眼采用连续装药，富水地段采用乳化防水炸药，掏槽眼采用复式楔形掏槽。爆破材料采用 1～17 段非电毫秒雷管和塑料导爆管起爆，周边眼采用低爆速、低密度、高爆力、传爆性好的小直径 2 号岩石硝铵炸药（ϕ25 mm 直径），富水地段采用乳化炸药、厂制炮泥堵塞、导爆管复式网络连接、各部一次起爆的方法开挖。

6.3.5　施工测量方案

1. 人员及设备配置

为保证整个工程测量的准确性，我公司选择业务能力强的人员组成测量队，负责整个工程的测量定位、加密控制桩的测设、施工测量放线等，不同班组间交叉复核。

测量队人员配备情况如下：① 测量工程师 1 名，负责工程全线的测量方案设计；② 技术员 2 名，配合测量工程师的技术工作；③ 资料员 1 名，负责资料收集整理管理；④ 队长 1 名，负责测量工作的全面开展；⑤ 测量工 2 名，负责测量仪器操作。

根据工程特点及精度要求选用仪器设备，工程中所用的测量仪器应按国家《计量法》第九条的规定执行，定期送计量部门进行保养、校核、鉴定。

2. 交桩复测

施工进场后，利用布设的导线、水准线路高程点对甲方所交中线桩、高程点进行验桩。

复核验线完毕，对所有的测量桩位都必须设有明显的标志，并加以保护。对地面控制点根据现场情况砌池护桩，采用混凝土浇筑，砌砖围护，严防车辆碾压。同时引出栓桩，作好栓桩图，以便日后桩破坏后再恢复。

3. 测量放线

桩位复核完成后，根据竖井位置，在地面上测设施工竖井的近井点，布置原则为：① 便于井上下联系测量；② 近井点处地面稳定，不发生沉降及位移；③ 有 2 个以上的后视点便于校测。同时布设复核水准路线，将高程引测到井口。点位作好以后，提请监理工程师验线。

联系测量是保证井下坐标及方位正确和全线顺利贯通的基础，是重中之重。由于井口较小、竖井深度较大，不便于用斜视线法投点，可采用竖井投点法和陀螺经纬仪定向法进行测量。

1）竖井投点法

采用标称精度不低于 1∶2 000 的光学垂准仪，按 0°、90°、180°、270° 4 个方向投 4 点，边长≤2.5 mm，投点误差≤±0.5 mm，每次投点均独立进行。然后取其重心为最后位置，以传递井上下坐标及方向。

2）陀螺经纬仪定向法

井上陀螺定向边为精密导线边或更高级边，井下定向边为靠近竖井长度大于 50 m 的导线边，并避免高压电磁场的影响。每条定向边在两端点上独立定向，各一次为一测回，半测回连续跟踪 5 个逆转点读数。测量时，先在井上定向边测定一测回，接着在井下定向边测定两测回，最后在井上定向边测定一测回。上下半测回间互差≤±15″，测回间互差≤±8″，每条边的陀螺方位角采用两测回的平均值。

竖井联系测量及检测分别进行 3 次。第 1 次在隧道开挖正线时进行；第 2 次在正线开挖 100 m 左右时进行；第 3 次在正线开挖 250 m 左右时进行。各次定向互差≤±10″时，可取平均值指导开挖。井下控制点设置在竖井或隧道的底板上，采用 20 cm×20 cm 钢板，钻 ϕ2 mm 深孔，镶入黄铜芯。测量控制点应做好保护，如有破坏时应及时补测并作好复核。

3）井下控制测量

竖井开挖进入隧道后，将中线点、水准控制点和方向引入隧道洞中。每个隧洞中配备 3 台激光指向仪，两侧的激光仪一般情况下高度与连接板或腰线高度等高，宽度距初支结构 20 cm 左右。同时为保证施工及测量精度，每前进 100 m 重新设置及调整激光仪。

4）井下高程测量

测量时，将井下水准控制点引测至隧洞中，在洞壁定出合适的高程指导点（如连接板或拱肩），指导激光指向仪方向，依激光仪指向施工。精确定出隧道变坡点，到达变坡点后需重新安置激光指向仪。

5）施工放样测量

本工程施工放样测量工作包括隧道中线测量、开挖轮廓标绘、初砌模板定位等，施工放样根据测量控制点进行，并交叉复核。在圆曲线段（转角处），根据设计图标绘出开挖边界和格栅的位置。

6）贯通测量

当两相向开挖的暗挖段贯通前，及时进行平面、高程的贯通测量，在整个贯通段内进行统一平差，求出控制点平差后坐标及高程，以便对下一步施工提供精度更高的数据。贯通测量限差参照技术规定的要求，直线夹角不符值≤±6″，曲线上折角互差≤±7″。

4. 测量要求

1）对测量人员的要求

测量人员要有高度的责任心，施工前认真核对技术交底，明确放样内容，熟悉放线步骤，并画出放线草图。对于放线工作中的每一步骤必须坚持步步校核的原则，做到测必核，核必实。爱护仪器，禁止对测量器具的人为损坏，禁止坐压仪器盒、塔尺等，对各种器具定时进行检测、保养，使之处于良好状态，确保日常工作的正常使用。

2）对操作的要求

测量人员放线时，必须严格遵守测量规范规定的操作步骤及要求，做到步步校核，避免出现错误。

3）测量目标

测量放线合格率 100%，保证达到施工进度的要求。

4）报验

每项工作完毕，均以书面形式上报监理，经检查合格批准后，方可进行下道工序。

5）资料的整理与收集

测量队设有专职的资料员进行资料的整理、收集与管理。凡属放线数据、观测成果均要有书面计算记录及草图，每日作好测量日志。为保证工程竣工后资料能及时归档，要求施工时要及时填写放线报验单和复核记录，上报监理签批后立即归档，确保资料完整无缺。测量成果做到步步有校核，正确无误后方可上报监理工程师。

5. 超前预报方案

本标段竖井及联络通道工程地质条件和水文地质条件复杂多变，主要不良地质为泥石流、岩堆、危岩落石、顺层偏压、高地应力、有害气体等。仅靠施工过程揭露后再进行处理，带有较大的盲目性，常常会发生各种突发事故。

本合同段竖井及联络通道根据施工需要增加超前预报系统，超前系统预报由地质雷达探测和超前地质钻孔组成。为确保竖井及联络通道施工安全和工期，需采取有效超前地质预报方法对竖井及联络通道掌子面前方不良工程地质灾害体进行准确及时的超前预测预报，以降低工程造价，减少施工盲目性，确保施工安全，并消除工程安全隐患。

（1）地质预测预报的目的。

通过利用各种已有的地质资料，综合采用各种超前预报手段和超前预报仪器和技术，对竖井及联络通道施工前方不良地质体的位置、产状、含水情况及围岩结构的完整性，包括断层、软弱破碎岩体及地下水等进行预报预测，及时发现异常情况，从而为制订实施性施工方案提供依据，为预防突泥、涌水等可能形成的灾害性事故及时提供信息，提前做好准备，及早做好预案，采取相应的技术和安全措施，保证施工的安全进行。

通过超前地质预测预报，可以了解掌握掌子面前方短距离内的工程地质条件、围岩类别，为正确选择开挖断面、支护参数和施工方法提供依据。通过竖井及联络通道超前地质预报，有效做到安全科学施工，提高施工效率，缩短施工周期，避免重大事故损失。

（2）预测预报的整体方案。

整体方案：采用地质雷达进行近距离（20 ~ 40 m）较微观近期预报；采用 TSP202/203 隧道地震探测仪进行远距离（200 m）较宏观长期预报；二者可以相互补充和印证。根据以上综合结果确定是否需要打探孔以及探孔位置和数量（1 ~ 3 个为宜）；可探测预报孤石、断层（风化）破碎带及含水量等；TSP 每次掌子面探测约需 1h；地质雷达每次掌子面探测约需 30 min；通过探测预报，起到补充勘探、提高勘探精度、防灾减灾的作用。

超前地质预报 4 种方案：

① 地质雷达超前地质预报系统：适用于短距离隧道不良地质地段，结合地质调查、地质素描及综合判断。

② TSP 超前地质预报系统：适用于中长距离隧道不良地质地段，结合地质调查、地质素描及综合判断。

③ TSP 与超前地质钻探（1 孔）组合：在工程地质与水文地质较复杂地段，仅采用 TSP 超前地质预报系统不能满足施工需要，这时应补充超前地质钻孔对 TSP 预报成果加以核查与确认。

④ TSP 与超前地质钻探（3 孔）组合：在岩溶、地质构造强烈发育及初步判断前方有大型隐伏含水体或发育中大型岩溶管道地段采用，超前预报钻孔建议采用小孔径钻机取芯，以降低超前预报费用。

可根据隧道根据水文、地质情况，结合业主要求选择采用以上一种或几种超前预报方案。

检测单位应提供检测物理量与围岩级别或围岩基本质量指标的对应关系。由于竖井及联络通道地质复杂，对地质进行超前探测，作出准确的预报是本项目施工的重点及关键。超前地质预报的主要项目内容如表 6.24 所示。

表 6.24 超前地质预报的主要项目内容

项目		预报主要内容	主要方法和仪器
一般地质	围岩类别	岩体特性、节理裂隙发育特征、岩体结构特征，是否与设计吻合	地质素描法
	水文地质	预报洞内涌水量大小、压力、变化规律水文地质特征及其变化规律，并评价施工开挖对环境水文的影响	超前钻探法、测流计和压力计等
特殊地质	断层、破碎带、浅埋及软岩变形	位置、规模、产状、破碎程度、性质、填充物情况、含水情况及是否为充水断层	超前钻探法、地质素描法、物探法
	塌方落石	进洞前对洞口塌方落石预报	地面地质调查、地质素描

竖井及联络通道根据施工需要增加超前预报系统，超前系统预报由地质雷达探测和超前地质钻孔组成。建立超前地质预测、预报组，配备富有经验的地质工程师和相关工程技术人员，认真制订超前地质预测、预报计划，并在施工过程中严格实施。超前地质预报系统工作流程见图 6.193。

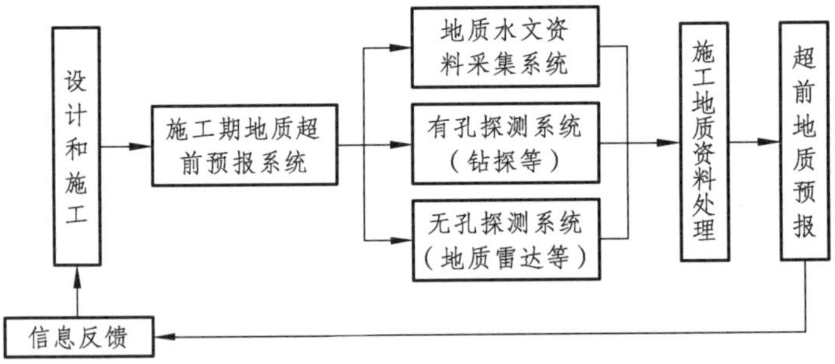

图 6.193 超前地质预报系统工作流程

视工程需要情况，根据现场需要将本项目的工程地质超前预测预报落到实处，发包人指挥部建立地质预测预报中心，其成员由专职地质和物探工程师及长期从事竖井及联络通道施工地质预报工作的技术人员和员工组成。超前地质预测预报组织机构见图 6.194。

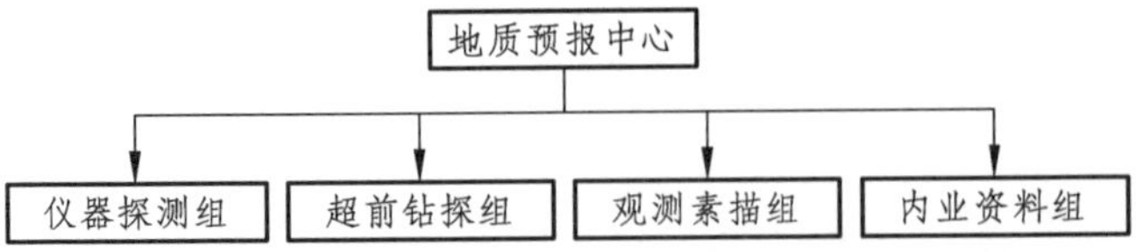

图 6.194 超前地质预报组织机构

地质超前预报，预测设备见表 6.25。

表 6.25　地质超前预报预测设备

序号	设备名称	型号	数量	备注
1	红外线探测仪	HY-303	2	
2	地质雷达	SIR-2k	1	
3	TSP 探测仪		1	
4	地质钻机	PG-200/MK-5	1	

6. 预报方法

施工过程地质超前预报预测，主要是根据地表和已经开挖的地质调查和各种探测方法（地面地质调查法、洞身地质素描法、综合物探法、钻探孔法）取得的资料，以及地质推断法预测开挖工作面前方一定长度范围内围岩的工程地质条件，如涌水量观测、有害气体预测、岩体结构面量测和围岩变形观测等。物探测试主要有地质雷达法、TSP 探测等。

预测时根据地质条件的不同，采用一种或几种方法组合综合预报，以工程地质法（包括图析法及地质素描法）进行超前宏观预报为前提，结合地质雷达、TSP 探测、红外线探测仪、超前探孔、经验法等综合手段，分长期预报、中期预报、短期预报三个阶段对隧洞岩体特征、断层、涌水等不良工程地质进行超前预测预报：

根据设计院地质设计提供资料进行长期（长距离）（大于 60 m 范围）地质预报；

根据设计院地质设计提供资料进行 20 ~ 40 m 距离的中期地质预报；

利用地质雷达、红外探测仪相结合，进行距离小于 30 m 的短期地质预报，利用 TSP 进行中长地质预报，特殊地段采用超前水平地质钻机钻探预测；

采用在钻爆循环中加深（4 m）3 ~ 5 个炮孔进行掌子面前方 4 m 范围的下一循环的探测。结合掌子面地质素描预测法进行掌子面作业影响区域内的当前地质预报。

对物探异常区采用钻孔进行验证，以便指导施工。

7. 超前地质预报的措施及手段说明

1）经验类比法预测

根据以往长大隧洞施工经验，在施工揭露的断层带构造情况、洞内裂隙发育情况、渗水、涌水特性以及施工方法、工艺基础类比确定该标段的地质情况、施工方法及工艺，并根据类比情况对相关问题提出预报。

2）地质分析法预报

由项目总工程师组织工程地质工程师及相关技术人员对设计图纸进行详细分析，对现场地表裸露情况进行核对。

对隧洞地表进行 GPS 测量，或借助高清卫星地图绘制地形图，计算汇水面积，判断不良地质，利用地面测绘和其他基础资料对隧洞的地层界线、大型断层、围岩类别、涌水以及其他的特殊工程地质问题进行预测。

测点的选择：测量点选在地面特征点上；点位尽量选在视野开阔的地方，无大树等障碍物阻挡接收信号；测量点最好不要选在山坡、盆地及大面积平静水面附近。以免多路效应对接收数据的影响。

数据采集：将两台 GPS 接收机架在已知平面坐标的点上，其余两台架在未知点上，通过接收机屏幕观测卫星个数（不少于 4 个）及卫星信号强度等信息，信息量采集够用后，基准点上的接收机不动，移动未知点上的接收机，用同样方法继续采集信息，所有数据信息存储在接收机中。野外作业完成后，通过 GPS 数据处理软件和红外线传输器将测量数据传入计算机。

建立一个新项目，通过两次坐标转换和两次平差求得各点在地方平面坐标系统中的坐标和高程，建立成果报表，并打印测量成果和测量点位分布图。

通过地表区域地质调查和对辅助洞掌子面已揭露地质体（岩层、不良地质等）进行观测与编录，以图文方式及表格形式来宏观判断可能发生的地质灾害及其程度。

通过掌子面所揭露的地层岩性、岩体结构面的发育程度、岩体的完整性、断层发育情况、岩溶化地层与非岩溶化地层分布、地下水渗流等进行地质素描，判断前方可能会出现的破碎岩体、出水构造情况以确定采用仪器探测和超前钻孔的布置形式。

预报以表格形式随时提出，并根据开挖情况来完善预测预报技术，为决策提供依据，以及时采取相应的防治手段，避免或减少地质灾害所带来的损失和负面影响。

8. 地质仪器法预报

1）地质雷达法

地质雷达工作原理见图 6.195。

采用地质雷达进行地质超前预报，该方法可以探查断层及破碎带、大节理、岩脉、陡倾角岩体分界线等。其工作原理是高频电磁波以宽频带脉冲形式，通过发射天线被定向送入地下，经存在电性差异的地下地层或目标体反射返回地面，由接收天线接收。高频电磁波在介质中传播时，其路径、电磁波强度与波形随所通过介质的电性特征及几何形态而变化。所以通过对时域波形的采集、处理和分析，可确定地下界面或地质体的空间位置和结构。地质雷达超前预报具有分辨率高、无损伤、高效率和抗干扰能力强的特点。

2）TSP 探测

TSP 探测仪是采用地震勘探原理对隧道未开挖区段地质情况进行超前预报的设备。它是目前隧道超前地质预报中采用的最新地球物理探测方法，属多波多分量地震探测技术。该技术主要是在隧道已开挖的左边墙或右边墙布设地震激发点和接收点，采用固定接收点、改变激发点的方法采集反射波信号。信号的接收采用高灵敏度的三分量加速度地震检波器，可以比较准确地确定反射波的空间位置。运用地震勘探原理对所得地震波进行处理分析可以分辨隧道开挖面前方地质体的性质、位置和规模，包括软弱岩石带、含水情况、节理裂隙发育带、断层及其影响带等，在地质情况较好时预报深度可达 200 m，其布置及原理详见图 6.196。

3）红外探测仪

该法是通过接收岩体的红外辐射强度，根据围岩红外辐射场的变化来分析判断开挖面附近 30 m 内是否含有含水体。它可在洞内全空间、全方位定点探测，分别在掌子面及四周逐点施测，绘出温差探测曲线，找出异常点所在的定向含水部位。

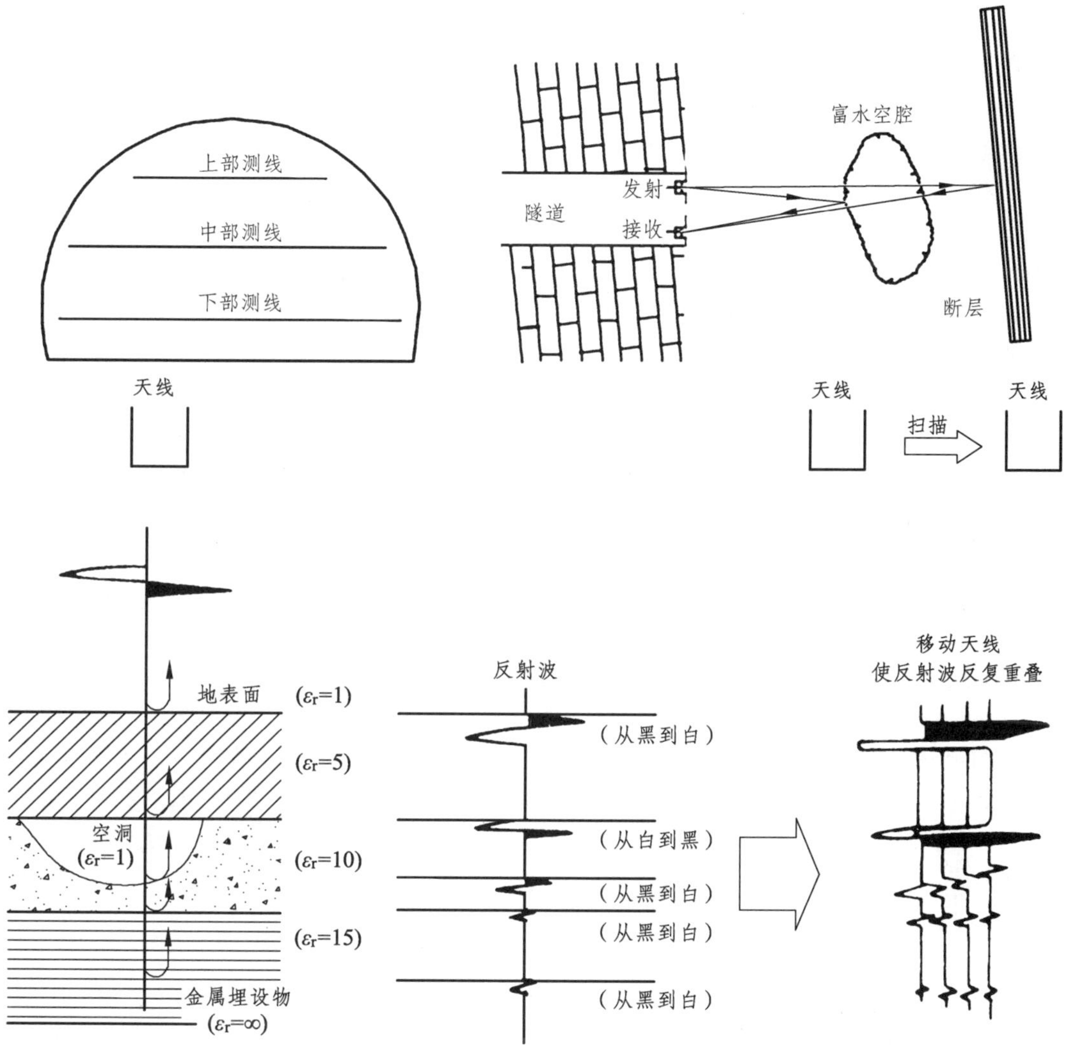

图 6.195　地质雷达工作原理

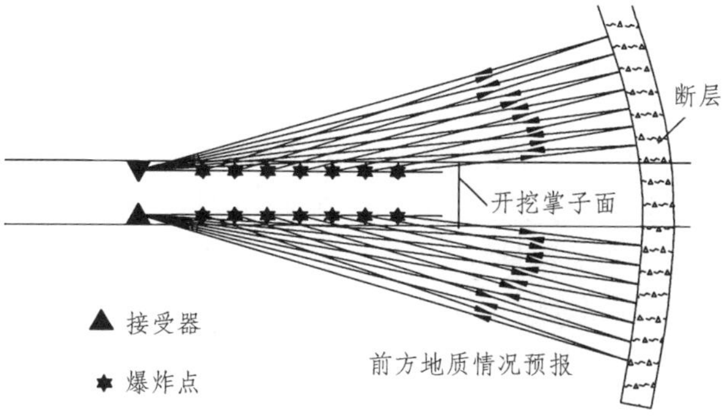

图 6.196　TSP 探测布置及其工作原理

4）地质素描及数码相机分析法预报

利用地质素描可判定工作面前方短距离范围内的地质情况。掘进施工时，派有经验的地质工程师在每排炮后对工作面进行地质观察、记录，并用数码相机照相摄影，绘制地质素描图。地质素描的主要内容包括：地下水状态（出水点、出水量、水压力、突水情况等）；地层岩性（产状、结构、地质构造影响程度等）；岩石特性（岩石名称、风化状况、岩石结构、质地、强度）；地质结构面（间距、延伸性、粗糙度、张开性等）；软弱夹层，贯穿性强的大节理、断层（填充情况、风化程度、开度、渗漏）等。根据掌子面地质情况，通过对地质素描图的分析，用工程类比法对开挖面前方短距离内的岩体稳定性进行分析，通过综合分析判断，提出地质预测报告。

5）超前探孔取芯验证法预报

根据设计地质资料及 TSP 等长期预报提供的不良地质资料，在掌子面距不良地质地段约 25 m 时，采用轻型地质钻机在掌子面进行钻孔探测，以便相互印证。根据 TSP 探测资料选择探孔位置，布置两个探孔，需要时对其中一个进行取芯，孔深 30 ~ 60 m。在钻孔的同时，记录钻孔速度、岩渣岩粉特征、冲洗液颜色、含泥量、出水部位、钻杆是否突进等情况，探明水量和水压情况，按设计和开挖面的地质资料，判定工作面前方的工程、水文地质情况，以采取必要的预防措施。钻孔前先用稍大直径的钻头钻孔，安设 3 m 孔口管，孔口处设闸阀，在遇到高压水时紧急关闭，防止突水。对于取芯钻孔，每次提钻后要对岩芯进行观察描述和记录，记录各岩层位置、岩性、厚度及其裂隙发育、充填胶结情况，做好岩芯的地质描述，同时记录好孔内出水情况。取出的岩芯要按孔位编号，摆放整齐，供地质人员分析研究。超前钻孔取芯能够较真实地反映掌子面前方的地质情况，在施工超前地质预报中已得到广泛应用。

除对可能突水点地段进行深孔探测外，为防止意外，对非长探孔地段，还应用钻孔台车在开挖前断面地质较差或渗流水部位钻不少于 2 个长度为 30 m 的 ϕ89 超前探孔，对掌子面前方地质进行超前探测和核实。

6）介入法进行地质预报

超前探孔取芯完毕之后，将安装在带有尺度探测杆上，带有照明灯的防水摄像头送入取芯孔中，通过通信线缆将取芯孔中不同部位的岩石整体性、节理、裂隙和出水状况等信息，记录存储于计算机中，由专人在现场通过电脑观察取芯孔情况，对异常点要进行全断面记录。一般情况下，送入和取出摄像头时，摄像头的角度相差 90°。要及时对所获得的记录数据进行处理，并与取芯分析结果进行对比分析。

7）观察法进行实时地质预报

在进行隧洞掘进钻眼时，钻工要按 10%的比例收集炮眼钻屑，并对每个炮眼的出水状况进行观察，将实际情况及时向值班工程师汇报，由值班工程师对当前循环岩体的情况进行实时预报。若无异常变化，则可进行正常施工，否则立即采取相应措施。

8）地质超前预测预报频率及数量

运用红外线探测仪探测开挖面附近 30 m 内是否含有水体，探测频率为 1 次/30 m，对可能突泥涌水区域可提高探测频率。

参考文献

[1] 吴庆曾. 工程地质的重要物探手段——声波探测仪的现状、应用及发展[C]//全国首届工程地质学术会议论文选集，1979：255-263.

[2] 朱大伟，吴桂武，胡大玲. 高频大地电磁法在贵州省江口县潮水天然矿泉水水文地质条件分析中的应用研究[J]. 有色金属设计，2019，46（4）：91-93.

[3] 王士鹏. 高密度电法在水文地质和工程地质中的应用[J]. 水文地质工程地质，2000（1）：52-56.

[4] 薛国强，李貅，底青云. 瞬变电磁法理论与应用研究进展[J]. 地球物理学进展，2007（04）：1195-1200.

[5] 薛国强，宋建平，武军杰，等. 瞬变电磁法探测公路隧道工程中的不良地质构造[J]. 地球科学与环境学报，2003（4）：73-75；79.

[6] 王齐仁. 隧道地质灾害超前探测方法研究[D]. 长沙：中南大学，2008.

[7] 朱琳. 扫描电子显微镜及其在材料科学中的应用[J]. 吉林化工学院学报，2007（2）：81-84；92.

[8] 祁文睿，高永涛. 公路隧道穿越软弱破碎围岩综合施工及监测技术研究[J]. 公路交通科技，2021，38（11）：88-96；105.

[9] 赵旭伟. 邻近水库富水断层破碎带隧道注浆圈参数研究[J]. 铁道建筑，2022，62（3）：119-121；131.

[10] 耿萍，于本昌，何悦，等. 隧洞开挖后渗流量影响因素分析[J]. 铁道建筑，2014，54（4）：54-57.

[11] 傅鹤林，安鹏涛，李凯，等. 隧道穿越高压富水断层破碎带过程分析[J]. 现代隧道技术，2020，57（增刊1）：458-465.

[12] 李华. 公路隧道衬砌健康状态地质雷达检测的分析软件开发与应用[D]. 上海：同济大学，2006.

[13] 姜勇，吴佳晔，冯源. 铁路隧道衬砌缺陷检测中地质雷达法和冲击回波法的联合应用研究[J]. 铁道建筑，2018，58（12）：6-11.

[14] 钟国君. 油竹山隧道超前地质预报（岩溶探测）地质雷达法应用研究[D]. 成都：西南交通大学，2014.

[15] 吴怡洁，王慧，詹少全，等. 地震映像法和探地雷达法在城市地质勘查中的应用[J]. 工程地球物理学报，2019，16（6）：910-914.

[16] 李霄凯，童正洪. 高速铁路隧道地质雷达法检测技术[J]. 铁道标准设计，2012（2）：88-91；106.

[17] 高至飞，侯长兵. 地质雷达法检测高速铁路隧道常见质量缺陷及图像解释[J]. 铁道建筑，2014（11）：94-97；118.

[18] 郭俊. 地质雷达检测隧道衬砌质量的技术研究[D]. 南昌：华东交通大学，2011.

[19] 李磊，陈光荣，杨燕伟，等. 基于TRT6000弹性波反射法、地质雷达法、地质编录的隧道综合超前预报技术研究[J]. 西北水电，2011（S1）：91-96.

[20] 孔恒，彭峰. 分段前进式超前深孔注浆地层预加固技术[J]. 市政技术，2008（6）：483-486.
[21] 高广义. 富水风化花岗岩铁路深大竖井涌水治理施工技术——以大理至瑞丽铁路高黎贡山隧道 1#竖井为例[J]. 隧道建设，2020，40（S1）：358-363.
[22] 黄人春. 超前长探注浆治水在深井施工中的应用[J]. 低碳世界，2017（7）：81.
[23] 林伟明，袁赟，谢剑波，等. 水利工程超深竖井工作面涌水高压预注浆施工技术[J]. 四川水力发电，2019，38（4）：76-79；91.
[24] 冯志强. 破碎煤岩体化学注浆加固材料研制及渗透扩散特性研究[D]. 北京：煤炭科学研究总院，2007.
[25] 张伟杰. 隧道工程富水断层破碎带注浆加固机理及应用研究[D]. 济南：山东大学，2014.
[26] 张学富，苏新民，赖远明，等. 寒区隧道三维温度场非线性分析[J]. 土木工程学报，2004，37（2）：47-53.
[27] 李湘权，代立新. 发电引水隧洞高地温洞段施工降温技术[J]. 水利水电技术，2011，41（2）：36-41.
[28] 邵珠山，乔汝佳. 考虑隔热层的高岩温隧道温度场和应力场分布规律研究[J]. 应用力学学报，2017，34（5）：869-874；1011.
[29] 夏丰勇，王亚琼，谢永利. 公路隧道双洞互补式通风的设计方法与试验[J]. 公路交通科技，2015，32（3）：103-108.
[30] 李炎，周鸣镝，孙三祥，等. 隧道活塞风模型试验研究[J]. 铁道科学与工程学报，2015，12（1）：145-149.
[31] 吴根强. 高地温铁路隧道温度场及隔热层方案研究[D]. 成都：西南交通大学，2016.
[32] 范磊. 高地温深埋特长隧道热害综合防治关键技术研究[J]. 现代隧道技术，2019，56（6）：1-10.
[33] 王闯，刘石磊，邵建霖，等. 京张高铁正盘台隧道施工通风方案研究[J]. 铁道标准设计，2020，64（1）：153-158.
[34] 王小芝. 崇明隧道运营累积温升及喷雾降温可行性研究[D]. 上海：同济大学，2007.
[35] 邹丽，丛北华，李贤斌. 长大隧道细水雾降温技术的仿真研究[J]. 武汉理工大学学报（信息与管理工程版），2019，41（2）：124-129.
[36] 刘庆平，冯炼. 长大公路隧道喷雾降温可行性分析[J]. 制冷与空调（四川），2020，34（5）：577-580.
[37] 程守业. 铁路隧道深竖井反井法施工技术研究及应用——以当金山隧道为例[J]. 隧道建设（中英文），2018，38（9）：1560-1565.
[38] 刘志强. 反井钻井法施工特长公路隧道的通风竖井[J]. 公路，2007（4）：208-211.
[39] 李晓锋. 反井钻机在竖井工程施工中的应用[J]. 公路交通技术，2009（4）：125-128.
[40] 孙建荣，刘志强，何昊，等. 反井钻机钻进竖井深孔偏斜控制技术[J]. 煤炭工程，2008（9）：92-94.
[41] 费万堂，马雨峰，刘志强，等. 大倾角斜反井导孔定向钻进应用研究[J]. 隧道建设（中英文），2018，38（11）：1853-1859.
[42] 韩亮，李鹏毅. 基于数值方法的竖井光面爆破参数确定方法[J]. 爆破，2013，30（2）：73-78.
[43] 孙松，王海亮，彭志燕. 竖井爆破控制技术[J]. 山东科技大学学报（自然科学版），2015，34（1）：106-110.